莱西年鉴

（总第十五卷）

2019

中　共　莱　西　市　委
莱　西　市　人　民　政　府　主办
中共莱西市委党史研究中心
莱西市地方史志研究中心　编

九　州　出　版　社
JIUZHOUPRESS

图书在版编目（CIP）数据

莱西年鉴. 2019 / 中共莱西市委党史研究中心（莱西市地方史志研究中心）编. —北京：九州出版社，2019.12

ISBN 978-7-5108-8578-5

Ⅰ. ①莱… Ⅱ. ①中… Ⅲ. ①莱西—2019—年鉴 Ⅳ. ①Z525.24

中国版本图书馆CIP数据核字（2019）第272342号

莱西年鉴（2019）

作　　者	中共莱西市委党史研究中心 莱西市地方史志研究中心 编
出版发行	九州出版社
地　　址	北京市西城区阜外大街甲35号（100037）
发行电话	（010）68992190/3/5/6
网　　址	www.jiuzhoupress.com
电子信箱	jiuzhou@jiuzhoupress.com
印　　刷	山东黄氏印务有限公司
开　　本	889毫米×1194毫米　大16开
印　　张	31.5
字　　数	700千
版　　次	2019年12月第1版
印　　次	2019年12月第1次印刷
书　　号	ISBN 978-7-5108-8578-5
定　　价	200.00元

顾　　问　庄增大　姜水清
特邀主审　赵希胜　邹学新　战洪贤
主　　审　崔坤山
主　　编　江明辉
副 主 编　吴维谦　麻连飞
编　　辑　唐鲁超　陈　磊　孙苏蕾
编　　务　王可庆

编辑说明　Edit Memo

一、《莱西年鉴》是由中共莱西市委、莱西市人民政府主办，中共莱西市委党史研究中心（莱西市地方史志研究中心）编写的综合性年度出版物，2005年创刊，每年出版一卷，为各级党政机关、研究部门、社会各界人士了解、研究、建设莱西提供丰富翔实的地情资料，是国内外人士了解莱西的权威性工具书。

二、《莱西年鉴2019》坚持以马克思列宁主义、毛泽东思想、邓小平理论、“三个代表”重要思想、科学发展观、习近平新时代中国特色社会主义思想为指导，坚持辩证唯物主义和历史唯物主义的立场、观点和方法，围绕中共莱西市委、莱西市人民政府的中心工作，全面、客观、系统地记载2018年度莱西市自然、政治、经济、文化、社会等方面概貌和发展情况。

三、《莱西年鉴2019》为本年鉴总第15卷，全书正文总量70万字。采用分类编纂法，设类目、分目、子目等层次。设市情综述、政治、法治、工业、农业、国内贸易、外经外贸·经济合作、经济事务管理、城市建设与管理、生态建设、交通·邮政·信息、金融·保险、科技·文化、教育·体育、卫生·医疗保障、社会生活、旅游、镇·街道、人物、荣誉榜20个类目。

四、《莱西年鉴2019》在保持原有框架相对稳定的前提下，为体现时代的发展、变化，对部分篇目作了适当的调整。将“人物”类目放在“镇·街道”类目之后，在“镇·街道”类目下设“经济和社会发展”“特色村庄选介”分目；对其他一些分目做了相应调整。

五、本卷涉及全市经济与社会发展全局的数据由市统计局提供，凡市统计局未予统计和未予提供的，则采用各供稿单位提供的数据。个别单位有些数据由于统计口径和统计时间等原因，与市统计局公布的数据不完全一致，引用时请以统计公报为准。计量单位采用国务院公布的公制和国际单位制，少数非统计意义的计量单位仍用市制。

六、《莱西年鉴2019》资料由各镇（街道）、经济开发区、市直各部门、各单位撰（供）稿，并经其所在部门、单位领导审核。供稿者（单位和个人）署名于条目右下方。

目 录 Contents

特 载

大 事 记

市情综述

政 治

法 治

工 业

农 业

目 录 Contents

目 录 Contents

目　录　Contents

特 载

在市委十四届六次全体会议上的讲话

（2019年1月15日）

——中共莱西市委书记 庄增大

同志们：

昨天我们组织对部分镇街项目建设情况进行了实地观摩，今天会上印发的市委工作报告回顾总结了2018年的各项工作。一年来，我们坚持以习近平新时代中国特色社会主义思想和党的十九大精神为指导，深入学习贯彻习近平总书记视察山东、视察青岛重要讲话重要指示批示精神，认真落实青岛市委突出创新引领、实现三个更加目标要求，落实“一三三五”工作思路，扎实推进“1+5+4”目标体系，各项工作全面起势、多点突破，基本实现了“一年打基础、两年见成效”的目标。总结起来就是“四个新”：

新动能，主要体现在产业集群加快崛起上。过亿元项目签约、开工数量完成“双过百”目标，71个项目列入青岛市新旧动能转换项目储备库，64个项目入选青岛市乡村振兴战略项目库，北汽新能源汽车生产基地整车产量全国最大、世界第二，姜山基金小镇获评全国运行最规范的3个基金小镇之一，店埠通航机场列入全省近期建设计划，夏格庄绿色建筑产业园被评为青岛市产业示范基地，南墅引进中国五矿、贝特瑞两大行业龙头，经济开发区中建材智慧农业小镇、院上葡萄风情小镇顺利推进，置信智造谷、中科育成产业基地等一批专业化园区成为创新发展的新引擎。

新面貌，主要体现在美丽莱西建设全面升级上。南京路提升、烟台路北延等一批堵点难点问题得到有效解决，美丽乡村建设提档升级，海绵城市、智慧城市建设取得阶段性成果，拆违总量位居青岛前列，水、电、气、热等公用设施全面提升，老旧小区、背街小巷面貌焕然一新。以壮士断腕的决心打好污染防治攻坚战，新天地、畜禽养殖污染等群众反映强烈的突出问题得到有效解决，大气、水、土壤污染治理成效明显，河长制、湖长制全面落实，山水屏风、宜居典范的生态底色更加鲜明。

新福祉，主要体现在人民生活的持续改善上。坚决打好打赢脱贫攻坚战，户村脱贫成效巩固提升，经济薄弱镇脱贫摘帽，荣获全省脱贫攻坚系统先进集体。青岛莱西南开学校、山东文化产业职业学院开工建设，教育事业向高端化、品牌化、现代化转型迈出关键一步。北大新世纪言鼎医疗产业园加快建设，通过省医养结合示范市中期评估。扫黑除恶专项斗争走在前列，大案要案连续7年全破，双抢警情零发案，社会治安创近20年来最好水平，道路交通死亡人数创26年来最低，公众安全感和社会治安满意度调查得分列青岛各区市第1位，跻身全国最安全城市行列。成功申办2019第三届世界休闲体育大会，举办时光音乐节等活动60余场，“乐在莱西”深入人心。

新气象，主要体现在干事创业精气神显著提升上。完善四大班子协同工作机制，形成强大工作合力。扎实开展“解放思想大讨论”，邀请河北省委党校祁刚利教授、原杭州市委书记王国平作专题报告，帮助全市领导干部深化认识、开拓视野。坚持以考促学，组织全市各级党员干部参加党纪法规和德廉知识学习测试。出台机关事业单位工作人员因病休假管理办法，坚决刹住小病大养等“吃空饷”问题。扎实开展“乡村振兴村村行”“千人百企大走访”活动，在服务基层、服务企业中提高群众工作能力，密切党群干群关系。周明金同志被中共中央、国务院授予“改革先锋”称号，中央首次明确了农村基层党建“莱西经验”，全市上下倍感振奋。

这些成绩的取得，得益于“四大班子”和全市上下团结奋进、攻坚克难、敢于胜利的实干精神；得益于我们始终坚持自我加压、砥砺奋进，以跳起来摘桃子的精神，科学制定工作任务和目标；得益于持之以恒抓班子、带队伍、正风纪、强作风，为全市经济社会发展提供了坚强保障。我们要再接再厉、乘势而上，拉长优势、补齐短板，力求实现“三年大突破”。

做好2019年各项工作，总的要求是：以习近平新时代中国特色社会主义思想为指导，全面贯彻党的十九大和十九届二中、三中全会精神，认真落实习近平总书记视察山东、视察青岛重要讲话重要指示批示精神，按照“两个走在前列、一个全面开创新局面”总要求，统筹推进“五位一体”总体布局，协调推进“四个全面”战略布局，坚持稳中求进工作总基调，坚持新发展理念，坚持推进高质量发展，坚持以供给侧结构性改革为主线，认真落实青岛市委突出创新引领、实现三个更加目标要求，落实“一三三五”工作思路，扎实推进“1+5+4”目标体系，深入实施生态优先、创新驱动、人才支撑、融合发展战略，聚焦聚力新旧动能转换、乡村振兴、民生改善、打好三大攻坚战、全面加强党的领导等工作重点，统筹推进稳增长、促改革、调结构、惠民生、防风险工作，保持经济运行在合理区间，进一步稳就业、稳金融、稳外贸、稳外资、稳投资、稳预期，奋力开创绿色发展新局面，以优异成绩庆祝中华人民共和国成立70周年。

主要预期指标是：生产总值增长7.5%，公共财政预算收入增长3%，规模以上工业总产值增长8%，固定资产投资增长8%，社会消费品零售额增长10%，全体居民人均可支配收入增长8.3%。关于各项具体工作，前段时间市委、市政府进行了研究，后面还要印发市委工作要点。这里我重点强调5个方面的工作，即“5个新突破”。

一、在持续深入解放思想上实现新突破

我们今天之所以取得一系列的成绩，在很大程度上取决于解放思想，要取得更大成绩和进步，必须在更深层次、更高程度上持续深入解放思想。那么，思想最终要解放到哪里去，大致有三个着力点。

一要不忘初心。解放思想不是漫无边际的遐想，更不是没有原则没有界限的胡思乱想，而是有明确的方向性要求，归根到底就是要回归初心。我们党之所以有自我革命的勇气，是因为党除了国家、民族、人民的利益，没有任何自己的特殊利益。从我市干部情况看，整体氛围是好的，但也有一部分同志不敢担当、不愿担当，有的认为多一事不如少一事，不出事就是本事；还有的不敢坚持原则，怕得罪人，能躲就躲、得过且过。存在这些问题，“病根”出在主观上：一是心中有私，不愿意去做；二是心里没底，不知道该怎么去做。心底无私天地宽，无私才能无畏，无私才敢担当，对那些认准的、必须做的，只要出于公心、不谋私利，就要大胆干、放手干。大家可以看一看，公安、教体、发改等单位和一些镇街之所以业绩突出、进步明显，一个很重要的原因就是这些单位的同志特别是主要领导，具有强烈的为民情怀，始终保持那么一股革命精神、工作激情，敢于拼搏、甘于奉献，全市上下都要向他们学习。再比如，我们反复强调的“亲”“清”政商关系，只要是出于公心而不是为了私利，就要敢于、善于、真诚坦荡地同企业家交往，而不能畏首畏尾、瞻前顾后，就像我们扶持星空物联发展，完全是为了城市建设和产业发展，没有半点私心，因此我们敢于旗帜鲜明地支持。总之，当我们工作难以抉择的时候，就要仔细想一想我们的初心是什么，找准了方向，才能不迷失自我，做事才能有始有终。

二要与时代同步。关键就是要学懂弄通做实习近平新时代中国特色社会主义思想，解决好“身子进入新时代，脑子停留在旧时代”“穿新鞋、走老路”的问题。我们一些工作之所以做得好，主要原因在于认真贯彻落实中央和省委、青岛市委的部署要求，不等不靠，早谋划、早动手，积极主动开展工作。比如扫黑除恶，我们超前谋划、果断行动，率先开展“打黑恶、除霸痞”行动，依法查办了李晓庆案，得到了各方面的认可，起到了强大的震慑作用。再比如，习近平总书记2013年视察山东时提出了腾笼换鸟、凤凰涅槃的要求，如何发展新经济，金融是个关键因素。我们抢抓机遇、顺势而为，成立了全省首个基金小镇，仅1年多的时间，就入驻各类基金企业430多家，认缴资金规模突破300亿元，并且导入了一批重点项目，把不可能变成了可能，实践证明，我们的选择是完全正确的。再比如，上周召开的中纪委全会提出，要开展民生领域专项整治，解决教育医疗、环境保护、食品药品安全等方面侵害群众利益问题，我们要加强分析研判，有针对性地开展工作，牢牢把握工作主动权。

三要按规律办事。我们常讲要用正确的方法办正确的事，那么什么是正确的方法，就是要认清形势、把握规律、找准方向。比如，在招商引资方面，现在我们一些干部担心目前建设项目过多，用未来的钱干现在的事，忧虑超前；对引进的项目在决策和资金使用上思虑过多，犹豫不定。实际上，当前的招商模式早已发生了根本变化，由过去的拼资源、拼政策转变为拼服务、拼环境，有些同志之所以存在这样那样的担忧和顾虑，主要还是对这些新变化新趋势把握不到位。早在2017年，商务部就在全国推广了南昌的“重资本轻资产”经验。这种招商模式既能解决企业初创期的资金困难，加快新兴产业落户，又能带动区域经济发展与产业结构升级，我们要认真学习，吸收借鉴。再比如，在乡村振兴方面，要坚持整合资源市场化，用改革的办法，市场化、法治化手段，把农村分散的资源整合起来对接市场，在这方面，马连庄镇仅用一年时间就流转土地500余公顷，增加集体和村民收入350万元，实现了集体和农户的双赢，要继续大胆突破，努力创出更多经验。

二、在加快新旧动能转换上实现新突破

宏伟蓝图已经绘就，关键是抓好落实，去年全市新旧动能转换呈现良好态势，完成了“双过百”目标。今年的目标非常明确，就是新签约、新开工、新竣工过亿元项目各100个以上，力争在引进百亿级项目上实现突破。

一要聚焦重点产业。要不断培育壮大新兴产业，改造提升传统产业，加快构建现代产业体系。新能源汽车产业，要在确保北汽二期按期达产的基础上，继续加大整车及电池、电机、电控核心零部件项目的引进建设力度，加快延伸上下游产业链，构建集研发、制造、营销、服务于一体的新能源汽车生态圈，力争年内新能源汽车产业总产值翻一番。石墨新材料产业，要加快推进中国五矿、贝特瑞等重点项目建设，充分发挥碳材料研究中心作用，进一步整合人才、技术、资源等要素，争创青岛市碳材料产业集聚区和全省石墨烯特色产业集群。基金产业，要进一步发挥基金小镇先发优势，设立新旧动能转换引导基金，建成启用办公、会议中心，力争年内注册基金企业总数达到600家，拟募集资金规模达到1500亿元，打造全省运营最规范、规模最大的基金小镇。绿色建筑产业，要推动天一超低能耗装配式建筑产业园、英良石文化产业园尽快建成投产，加快推进产业集聚发展，打造全国领先的绿色建筑示范基地和推广应用样板城市。通用航空产业，要确保通航机场开工建设，力争建成青岛市首个通航机场，同时加快美国温德克、哈飞航空产业园等重点项目落地，努力创建国家级通航产业示范区。新一代信息技术产业，这是抢占未来发展制高点的关键，要重点抓好西部控股数据小镇、上海领芯集成电路产业园建设，发挥中科创新园、中科育成产业基地等平台作用，着力孵化培育一批高技术项目。休闲旅游产业，要以举办世界休闲体育大会为契机，加大姜山湿地、大沽河等重点区域保护性开发力度，完成姜山野生动物园一期建设，全面提升城市知名度，叫响“乐在莱西”品牌。食品饮料产业，突出抓好九联、万福等龙头企业转型，鼓励和引导企业树立现代经营管理理念，完善现代企业制度，大力推进技术、资本等现代生产要素向传统产业渗透，争创青岛市食品饮料产业集聚区。

二要聚焦重点区域。要按照“双核驱动、两带展开、八区支撑”的产业格局，着力打造配套完善、产业集聚、各具特色的产业功能区。首先，姜山和开发区两个发展核心要发挥更大作用。要采取“规划+融资+建设+招商+运营”一体模式，加快推进PPP等模式的实践应用，有效拓宽社会资本投资配套设施建设的渠道，敢于给政策、给空间、给条件，解决投入不足、配套不全的问题。经济开发区要加快推进体制机制创新，加快出台推进经济开发区改革创新发展意见，优化提升经济、科技、文化功能，提升项目承载能力。同时，南墅、夏格庄、店埠、院上、马连庄、河头店等镇街，要结合各自实际，进一步完善配套设施，在污水处理厂建设、生活服务设施等方面实现突破，提高区域发展竞争力。要进一步加强资源整合力度，提前做好土地收储工作，盘活闲置土地，放大土地增值效益。其次，要加快推进专业化园区建设。大力推进园区体制机制创新，注重运用市场化手段，引入市场主体参与园区建设运营。在这方面，去年我们引进建设了置信智造谷、绿天使高新技术产业园、巨峰科技产业园等一批“园中园”，有效解决了项目“布局零散、圈而不建”等问题，在实现项目集中入驻、抱团发展的同时，有效提高土地产出效益，下一步要继续抓好专业化园区的引进建设，打造“进得去、留得住、发展得好”的综合平台。

三要聚焦重点项目。按照“培育储备一批、审批开工一批、加速建设一批、达产见效一批”的要求，形成项目建设与产业发展的良性互动机制。要着力优化项目服务。不断完善市级领导协同工作机制，对重点平台、重点园区、重点项目，实行“一名领导主抓、一个单位负责、一名专员推进、一套服务保障”推进机制。各职能部门，尤其是“一把手”，要结合开展“千人百企大走访”活动，靠前指挥、靠前协调、靠前攻坚，为项目建设提供全方位“保姆式”服务，坚决防止项目建设前面热热闹闹，中间冷冷清清，最后不了了之。要强化项目资金保障。一方面，要加大各级财政资金统筹力度，充分发挥国有平台公司作用，在人才公寓建设、项目股权投资方面实现突破和创新；另一方面，突出金融服务实体经济导向，探索建立纾困基金，大力发展普惠金融、绿色金融、供应链金融，完善企业应急周转金管理使用机制，优化政府性融资担保体系，多渠道解决企业融资难题。要加快信用体系建设。一个地区的信用状况是决定其竞争力的决定性因素，要加快构建集信用公示、信息归集、信息共享、信用约束于一体的市场监管体系，形成“一处失信、处处受限”的联合惩戒机制，提高违法失信的成本，杜绝“劣币驱逐良币”，把诚信打造成新的城市名片。

三、在高水平推进乡村振兴上实现新突破

在庆祝改革开放四十周年大会上，中央首次明确提出农村基层党建“莱西经验”，对此我们既倍感振奋，又深感压力，省委刘家义书记明确要求我们打造组织振兴的“莱西样板”，张江汀书记强调要深化拓展“莱西经验”，激发乡村发展动力，为打造乡村振兴齐鲁样板提供“青岛经验”，这都对我们提出了新的更高要求。我们要以“莱西经验”为引领，按照新时代生产力和生产关系发展要求，把改革创新精神贯穿基层组织建设全过程，努力创出新时代全国基层党建的“莱西经验”。

一要进一步明确工作思路。深化拓展“莱西经验”，核心是加强农村基层党组织建设，关键是“把农民组织起来”，充分发挥好各级党组织的组织、宣传、凝聚和服务群众功能，整合农村各类资源，有效对接市场，以组织振兴带动产业振兴，引领乡村全面振兴。要充分发挥新型农业经营主体对普通农户的辐射带动作用，把专业大户、家庭农场、农民合作社、龙头企业等新型农业经营主体作为培育重点，推动资本下乡投资农业，把农民组织起来搞组织化经营、规模化生产，推进小农户与大市场有效对接，提升农业发展规模化水平。要坚持城乡融合、市镇村联动，因地制宜、突出特色，加快推进整合资源市场化、农业发展现代化、特色产业品牌化、全域旅游时尚化、环境治理生态化，努力实现生产、生态、生活“三生”融合发展。

二要打造一批示范点。要以美丽乡村建设为抓手，在全市分类打造一批引领乡村振兴的示范样本，探索形成一批可复制可推广的乡村振兴路径和模式。要坚持高点规划，突出特色，不能搞单一模式、千篇一律、千村一面，更不能大拆大建、城市化翻版、简单化复制，争取让每个样板村、示范点既彰显特色，又富有气质，实现乡村整体美、全域美。在产业振兴方面，要以产业集聚、产业融合、产业提升为主线，突出抓好中建材智慧农业小镇、院上葡萄风情小镇建设，集中打造一批三产融合发展的典型。下一步，要借助广大合作社的渠道优势、信息优势、平台优势，把我市特色农产品推向全国，打造全国农业“新六产”示范企业。在生态振兴方面，要结合青岛北部绿色屏障建设，加快实施生态修复和环境治理，推进环境治理生态化，南墅镇要抓住机遇打造一批生态治理典型村。前期，媒体报道了一些地区改厕走形式的问题，有的一家修了五个化粪池，有的没有连通厕所成了摆设，还有的不做防渗处理，这类问题我们或多或少也存在，各有关方面要高度重视，在工作中注重实际效果，决不能做表面文章，真正把群众的事做好做实。在文化振兴方面，要结合“乐在莱西”旅游品牌培育，深入挖掘红色文化、民俗文化和胶东特色农耕文化，打造产芝、前保驾山、河崖等一批样板村，开发一批集研学游、民俗游、生态游于一体的示范点和精品路线，把资源优势转化为经济效益。在乡风文明方面，要围绕新时代文明实践中心建设，统筹推进“四德”建设、文明村镇、移风易俗等文明创建活动，让文明新风树起来，把沟东、茂芝场等村打造成为全国文明村。

三要形成工作合力。要发挥好市级领导、乡村振兴村村行工作队和驻村第一书记、广大农民的作用，凝聚乡村振兴强大合力。市级领导队伍。建立市级领导带队包联重点村制度，在全市选取一批有代表性的重点村庄，每个村庄由一名市级领导进驻包联，一个工作专班靠上包帮，以提升组织力为重点，通过抓班子带队伍，帮助村庄理清发展思路、制定发展计划，把包联村庄建成示范村、样板村。乡村振兴村村行工作队和驻村第一书记队伍。统筹用好青岛市派乡村振兴工作队、“乡村振兴村村行”工作组及驻村第一书记等资源，发挥观念新、人脉广优势，引导资本、人才、资源下乡，打造强有力的“三农”工作队伍，实现帮一个、富一个，扶一个、成一个，推动帮扶村大变样。广大农民队伍。激活农民的主动性，是实施乡村振兴战略的当务之急。一方面，要精准落实各项惠农政策，不折不扣把各项政策待遇落实到位，用资金效应引导农业全面升级、农村全面进步、农民全面发展；另一方面，要建立精神激励机制，在这方面，中央设立“农民丰收节”，就是要让农民精神被肯定、受尊重，要用好这种形式，组织更多涉农文化活动，营造关注农业、关心农村、关爱农民的浓厚氛围。

四、在打好、打赢三大攻坚战上实现新突破

这既是我们肩负的重大政治任务，也是推动高质量发展的机遇和抓手，必须站在政治和全局的高度，以对莱西长远发展负责的态度，坚决打好打赢三大攻坚战。

一要打好防范化解重大风险攻坚战。要统筹推进金融风险防控、矛盾纠纷化解、安全生产监管等工作，着力营造公平公正、安全有序、和谐稳定的社会环境。要强化金融风险防控，严厉打击非法集资、金融诈骗等违法行为，城投公司要与各金融机构密切配合，多渠道探讨化解不良资产的有效途径，结合僵尸企业处置，整合盘活闲置资产，坚决守住不发生系统性金融风险的底线。岁末年初是各类矛盾纠纷的高发期、各类安全事故的易发期，各级各单位要打起“十二分”精神，确保社会大局和谐稳定。要带着感情、带着责任深入做好矛盾隐患化解工作，最大限度地把问题解决在基层一线、控制在初始状态，坚决避免小事拖大和矛盾上行。要以严之又严、细之又细的作风，抓好安全生产、食品安全和公共安全，从细微处入手消除各种安全隐患，保障好人民群众生命财产安全。

二要打好精准脱贫攻坚战。去年以来，全市扶贫战线的同志们敢于担当、迎难而上、真抓实干，结合整改落实各级各方面的反馈意见，实现了后来居上，获评了山东省脱贫攻坚系统先进集体称号，但这并不代表扶贫领域已经完全没有问题了，这次青岛市审计局扶贫专项审计反馈的问题就充分说明了这一点。中央明确提出用三年时间打赢精准脱贫攻坚战，后面各级一定还会组织验收核查，因此必须坚决杜绝“一阵风”思想，对存在的问题持续跟进，动态梳理，做到老问题和新问题一起抓，大问题和小问题都不放过，问题不解决绝不收兵。下一步，要把基层组织建设同脱贫攻坚有机结合起来，在增强镇村“造血”能力上下更大功夫，把基层组织建设成带领群众脱贫致富的坚强战斗堡垒。同时，充分发挥帮扶单位和驻村工作队作用，凝聚各方力量，着力打造脱贫攻坚一线的生力军、先锋队。

三要打好污染防治攻坚战。去年，我们在解决新天地问题上打了一场大仗、硬仗，但改善环境质量一直在路上，我们不能动摇、不能松劲，今年要针对突出问题，在矿坑治理、畜禽养殖污染、重点河流治理等方面再打几场硬仗，进一步提高环境污染治理实效。矿坑治理问题，各有关镇街、部门要强化主体意识、积极主动作为，坚持科学规划设计，不断优化技术方案，加快推进问题整改。畜禽养殖污染问题，去年受理的68件省环保督查交办件中，有13件涉及畜禽养殖问题，占总数的19%，各有关部门要继续加大工作力度，加快推进规模化、标准化、生态化畜禽养殖，构建畜禽养殖污染治理与资源化利用的长效机制，提高畜禽粪污废弃物的无害化处理、资源化利用水平。重点河流治理问题，目前小沽河氟化物超标问题仍未彻底解决，大沽河、洙河等市控断面水体富营养化呈现进一步加剧的态势，要结合落实河长制、湖长制，扎实开展“清河行动”，推动全市水环境质量持续改善。

五、在保障和改善民生上实现新突破

人民对美好生活的向往就是我们的奋斗目标，要坚持聚焦人民群众最关心最直接最现实的利益问题，让民生福祉更有温度，幸福生活更有质感。

一要加强城市建设管理。城市是老百姓追求美好生活的重要载体，要强化“城市设计”和“经营城市”理念，推动城市内涵式发展。一方面，要推进“南部提升”“北部振兴”。“南部提升”即以建设姜山新城为重点，推进姜山、夏格庄、店埠组团发展，完善公共设施配套，为项目集聚、产业发展提供更强支撑。“北部振兴”即依托生态屏障建设和生态治理修复，完善南墅、马连庄等镇域规划，进一步优化提升道路交通，完善污水处理、生活服务等设施，提高石墨新材料、智慧物流、现代农业与休闲旅游产业承载能力；另一方面，加快提升城市品质。推动电影院、博物馆尽快开工建设，进一步完善城市功能。同时，深化国家智慧城市建设试点，加快推进公安天网、智能交通、数字城管建设，提高城市管理效率、质量。

二要推进社会事业发展。发展的根本目的就是要增进民生福祉，要聚焦突破民生短板，重点做好27项重点工程和10件民生实事，尤其是在教育投入、医疗健康等方面下更大力气，切实增强人民群众的幸福感、获得感。坚持教育优先发展，突出抓好青岛莱西南开学校、山东文化产业职业学院招生，做好新二中启用、香港路小学扩建、公办幼儿园改扩建等工作，切实满足群众在家门口“上好学”的需求。全面提升医疗技术和服务水平，重点抓好国药集团和北大新世纪言鼎医疗产业园项目建设，填补我市三级医院空白，让老百姓享受更优质、便捷的健康服务。以举办2019年世界休闲体育大会为契机，不断加强公共文化体育设施建设，推动全民健身事业蓬勃发展。

三要强化社会保障能力。公共服务是最基本的民生。要按照兜底线、织密网、建机制的要求，加快构建覆盖全面、城乡统筹、权责清晰、保障适度、可持续的多层次社会保障体系。要进一步完善就业服务体系，开展好职业技能培训，扩大就业帮扶覆盖面。要深入实施医保支付方式改革，继续狠抓社会保险扩面征缴，提高城乡居民社会医疗保险筹资标准及待遇水平。要扎实推进农村留守老人、妇女儿童关爱等服务体系建设，加快扶残、救孤、济困等福利事业发展，稳步提高城乡低保、社会救助、优恤优待等标准，坚决兜住民生底线。

六、在提高党的建设质量上实现新突破

只有党的建设高质量，才能实现经济发展高质量。进一步提升新时代党建工作水平，必须不断增强党的政治领导力、思想引领力、群众组织力、社会号召力，为建设绿色崛起的典范之城提供坚强政治保障。

一要旗帜鲜明讲政治。讲政治是中国共产党的鲜明特质，是共产党人的立身之本。讲政治就是讲信念，要始终与以习近平同志为核心的党中央保持高度一致，坚决贯彻中央和省委、青岛市委的各项决策部署，决不允许以任何名义、任何借口、任何理由拖着不办、顶着不办，切实提高执行力，以忠诚之心书写好自己的人生答卷；讲政治就是讲发展，心里必须始终装着大局观，把全部心思、精力、智慧用在发展上，反之，就是背离了以人民为中心的发展思想，也就失去了我们党员干部应有的价值；讲政治就是讲正气，要敢于同错误思潮、歪风邪气作坚决斗争，特别是对一些“低级红、高级黑”的不当言论，要注意分辨、坚决避免，牢牢掌握意识形态工作的主动权。

二要善作为勇担当。要突出事业为上、人岗相适的选人用人导向，把合适的干部放到合适的岗位上，大力选用敢闯敢试、能征善战的“狮子型”干部和脚踏实地、任劳任怨的“黄牛型”干部，对不担当、不创新、不作为的坚决予以调整。坚持严管和厚爱相结合、激励和约束并重，聚焦责任追究，完善问责机制，围绕“放管服”改革、优化营商环境出台问责办法，坚决打击吃拿卡要、不作为、乱作为等违法乱纪问题。要加强党员干部教育培训，有针对性地组织赴先进地区和重点高校举办专题培训班，帮助领导干部强化专业思维、掌握专业方法、树立专业精神，引导干部担当作为。要聚焦激励干部干事创业，完善干部容错纠错、澄清保护和诬告陷害追究机制，为敢于负责、敢于担当作为的干部撑腰鼓劲，为受到诬告陷害的干部及时澄清正名。

三是持之以恒正风肃纪。锲而不舍地抓好中央八项规定精神落实，坚决破除形式主义、官僚主义，严肃查处空泛表态、应景造势、敷衍塞责、出工不出力等问题。要紧盯危房改造、扶贫项目、农村低保确定等群众身边的不正之风和腐败问题，加强部门协调联动，实现涉农资金监督“全覆盖”。要把深入开展扫黑除恶专项斗争同反腐败、基层“拍蝇”结合起来，聚焦群众反映强烈的非法采矿采砂、非法占用土地等问题，全面摸排问题线索，深挖背后的腐败问题和“保护伞”。提高纪律建设的政治性、时代性、针对性，深化运用监督执纪“四种形态”，抓早抓小、防微杜渐，防止小错误变成大问题。要认真梳理巡察发现的问题，形成共性清单，组织未开展巡察的单位进行自查自纠、未巡先改，对再发现类似问题或整改不到位的，从严从重追究责任。

同志们，事无难易，惟在用心，惟干能成。所有的事业，所有的成就，都是干出来的。让我们更加紧密地团结在以习近平同志为核心的党中央周围，在省委、青岛市委的坚强领导下，同心同德、奋勇搏击，为把莱西建设成为大青岛北部绿色崛起的典范之城而努力奋斗！

（市委办公室）

政府工作报告

——2019年1月25日在莱西市第十八届人民代表大会第三次会议上

莱西市人民政府市长　姜水清

各位代表：

现在，我代表市人民政府向大会报告工作，请予审议，并请各位政协委员和其他列席人员提出意见。

一、2018年工作回顾

2018年是全面贯彻党的十九大精神的开局之年，也是改革开放40周年。一年来，在习近平新时代中国特色社会主义思想指导下，我们全面贯彻落实党的十九大和十九届二中、三中全会精神，深入学习贯彻习近平总书记视察山东、视察青岛重要讲话、重要指示批示精神。在中共莱西市委的坚强领导下，围绕“1+5+4”目标体系，坚持稳中求进工作总基调，落实高质量发展要求，经济运行企稳回升，三大攻坚战开局良好，供给侧结构性改革深入推进，改革开放、新旧动能转换、乡村振兴、生态文明建设等方面取得了明显成效，较好地完成了市十八届人大二次会议确定的各项目标任务。周明金同志被中共中央、国务院授予“改革先锋”称号。我市被确定为省新旧动能转换县域经济转型升级示范园区。在工信部赛迪智库发布的2018年中国县域经济百强县名单中列第35位，再进一个位次。

预计，全市生产总值实现645亿元，增长8%；社会消费品零售总额增长10%；全体居民人均可支配收入增长8.5%。实现一般公共预算收入49.38亿元。完成了青岛市下达的外贸进出口、到账外资、实际利用内资和节能减排等任务。

（一）经济运行稳中有进，质量效益明显提升。坚持质量优先、综合施策，加快推进新旧动能转换，现代化产业体系日益完善。预计固定资产投资增幅提高24.7个百分点。税收占比提高8.8个百分点。新增规上工业企业26家。新兴产业产值增长16.3%，增幅高于规上工业6.3个百分点。骨干企业进一步壮大，8家青岛市重点监测企业产值占全市规上工业的47.9%。国轩电池二期完工达产。北汽新能源青岛基地新工厂正式投产，总产能达到35万辆，完成产值70亿元，新能源汽车产业产值突破100亿元，成为全国最大的纯电动汽车生产基地。荣华集团成为我市首家产值过百亿元企业。新增“专精特新”企业27家。天邦线业被认定为省级单项冠军培育试点企业，长寿食品被认定为省级企业技术中心，新增恩宝生物等3家青岛市级工程研究中心和东方雨虹等6条青岛市级自动化生产线。在国内发起成立首个基金小镇联盟，发表基金小镇白皮书。青岛（姜山）基金小镇入选省深化改革典型案例，入驻各类基金企业438家，认缴资金规模突破300亿元。国有投资公司市场化改革基本完成。青岛和远产业基金完成首笔投资。企业应急周转金完成过桥95笔，累计周转金额20.89亿元。发布“乐在莱西”旅游品牌标识系统，举办时光音乐节等文旅活动60多场（次）。成功申办青岛（莱西）2019世界休闲体育大会，承办中国乒乓球俱乐部超级联赛等省级以上体育赛事21场。荣获“2018年度中国十大全域旅游示范市”。万福集团被评为国家级分布式冷链物流试点企业，雀巢公司被评为国家级供应链体系标准化建设试点企业。电商交易额140亿元，增长61.85%。与京东集团达成全面战略合作协议。开工建设莱西名优特产展销中心，开启优质特色产品线上线下运营新模式。

（二）“双招双引”成果喜人，产业集聚明显加快。聚焦“双百”目标，突出产业链招商、专业化园区招商和以商招商，新签约绿天使等过亿元项目171个，新开工中铁中基等过亿元项目110个，项目质量和数量均创历史新高。71个项目列入青岛市新旧动能转换项目储备库，其中3个被列为省新旧动能转换第一批优选项目。将新能源汽车产业链招商作为招商引资的重中之重，积极“建链、补链、延链、强链”，引进配套项目32个，零部件本地配套率达到43.96%。专业化园区招商成效明显，培育引进中科院智能制造、置信智造谷等产业地产和园区类项目5个，开工建设50万平方米。鼓励以商招商，通过嫁接改造、增资扩股，新落户核盛环保等项目23个。成功引进中科创新园，中科育成（莱西）产业基地正式开工，碳材料研究中心启动运行，落地科技成果转化项目15个。出台人才引进政策，全市“千人计划”专家、泰山产业领军人才等高层次人才达到51人。

（三）乡村振兴全面实施，惠民效应明显释放。坚持农业农村优先发展，按照乡村振兴战略“20字”总要求，加快国家现代农业示范区建设步伐。葡萄全产业链等64个项目入选青岛市乡村振兴战略重大项目库。2个镇、9个村庄入选省乡村振兴“十百千”示范创建单位。完成前保驾山村等15个美丽乡村示范村建设。产芝村入选首批省级美丽村居试点。姚沟村等4个村庄入选省森林村居名单。青岛市美丽乡村建设现场会在我市召开，社会资本参与共建的经验得到上级充分肯定。建成启用全省首个农业大数据平台。引进具有国内领先水平的中建材智慧农业小镇项目。农村集体产权制度改革全面完成。改造农村危房180户。新增“三品一标”农产品51个。完成农业水价综合改革面积9666.67公顷。土地流转规模达到3.35万公顷。改扩建农村公路120千米。市镇两级社区视频网络平台实现全覆盖。开展“整改提升百日会战”，脱贫攻坚决战决胜的氛围和态势全面形成。实施扶贫项目1100多个，安排扶贫公益岗位400多个。获评全国绿色高质高效农业示范市、主要农作物全程机械化示范市，顺利通过全国农产品质量安全市验收。

（四）城镇建设有序推进，人居环境明显优化。新一轮城市总体规划通过省级评审。海绵城市PPP项目顺利入库，投资总额12亿元，为城市基础设施持续改善奠定了良好基础。新增海绵城市建成面积2.08平方千米，城区道路雨污分流实现全覆盖。完成石岛中路北小区、建华街小区环境提升工程，改造昌隆市场北街等背街小巷。盘活供销社片区等3个城区闲置项目。启动洙河公园上海路至南京路段绿化工程，完成沙岭河公园北段绿化工程。改造城区老旧供水管网6168米、老旧小区自来水一户一表2155户。实施电力中低压配网工程线路改造690千米。天然气实现“镇镇通”。通用机场列入省民用机场和综合交通近期建设计划。潍莱高铁建设顺利推进，我市胶东半岛高铁枢纽地位初步确定。龙青高速北段提前建成通车，马连庄连接线正式投入使用。完成烟台路北延工程，南京路李家疃段拆迁结束、城区段提升工程顺利推进，市民多年期盼得以实现。大力推进违建治理，61处高炮广告全部拆除，“无违村”创建率达到98.7%，拆违总量居青岛市前列。在青岛市率先建设智慧安监和寄递物流智能管控系统，智慧城管系统实现城区网格化管理全覆盖。人工智能城市大脑、智慧环保监控系统获评省智慧城市大数据优秀应用和创新解决方案。

（五）环境保护更加严格，生态基础明显好转。致力于建设中国北方最佳生态城市，严格落实中央环保督察“回头看”和省环保督察有关要求，大力开展污染治理和环境保护，生态文明建设迈出了新步伐。PM2.5、PM10平均浓度分别改善8.9%、8.8%，空气质量优良天数达到282天，优良率提高4.1个百分点。国控、省控断面水质持续稳定达标，集中式饮用水水源地水质达标率100%。完成新天地危废处置工作。对67家化工企业开展“四评级一评价”。整治取缔“散乱污”企业215家。10蒸吨以上燃煤锅炉全部实现超低排放。日庄、院上等5个镇污水管网投入使用。新增清洁能源供热项目20个，增加供热面积48.8万平方米。实行环境违法“零容忍”，立案处罚183起。进一步完善河长制，全面推行湖长制，大力开展清河行动。完成大沽河上游水系联通工程。实施“绿满莱西”国土绿化行动，新造林4000公顷，建设生态廊道26.8千米。完成废弃矿井、矿坑地质环境治理178处。投资4.5亿元的垃圾综合处理项目主体完工。在42个村庄开展了垃圾分类试点。

（六）民生事业稳步发展，百姓福祉明显增强。公共财政民生投入57.53亿元，占支出的75%。10件市政府实事年度任务全部完成。城镇新增就业2.1万人，政策性扶持创业887人。居民医疗保险筹资标准持续提高。集中托养困难重度精神残疾人80名。机关幼儿园南京路分园投入使用。实行校长公开竞聘，开展教师轮岗交流，对城关中学、城关小学、洙河小学实行市直化管理，义务教育优质均衡发展水平进一步提高。高考成绩连续4年位居青岛市前列。职业学校8个专业取得五年一贯制和三二连读办学资质。成功举办全国机械行业职业院校智能制造创新创业大赛。青岛莱西南开学校正式开工，青岛北方航空职业学校开始招生。我市首所独立建制的高等院校山东文化产业职业学院开工建设。与青岛大学医疗集团等3家三级医院医联体合作不断深入，分级诊疗模式日趋完善。新建4个院前急救单元。医养结合示范市创建通过省级验收。试点推行新时代文明实践中心（站）建设，打造“20分钟文明实践圈”。21人获评青岛文明市民、山东好人和中国好人。圆满完成上合组织青岛峰会外圈安保任务。扫黑除恶专项行动动手早、力度大，成功打掉全省首批黑社会性质组织团伙1个，查获涉恶团伙9个。刑事警情连续3年下降，抢夺、抢劫等警情实现零发生。社会治安创近20年来最好水平，道路交通事故死亡人数下降到有历史记录以来最低水平。公众安全感、治安满意度位居青岛市首位。安全生产形势总体平稳。获评省食品安全先进市。东西部扶贫协作和对口支援工作扎实推进，产业、教育、医疗等领域合作交流取得明显成效。双拥、应急、司法行政、民族宗教、侨务、对台、气象、人防、水文、统计、档案、史志等工作得到加强，妇女儿童、青少年、老龄、红十字、慈善等事业全面发展。

（七）“放管服”改革持续深化，营商环境明显改善。大力推进简政放权，下放审批服务“就近办”事项41项，取消行政权力事项62项，企业和市民办事便利化程度进一步提高。全力推进“一次办好”改革，完成行政审批大厅“一窗式”改革，行政许可权相对集中改革顺利推进，行政审批全面提速。创新推出“3340”改革，在青岛市率先实现不动产登记3个工作日完成。全面推行“53证合一”，新培育市场主体13896家，工商登记注册赢得客商一致好评。建立审批服务事项标准化清单，开通“为民服务微大厅”，推行全程网上办理。严厉打击围标串标等违法行为，招投标程序进一步规范。

（八）政府自身建设不断加强，行政效能明显提高。过去的一年，我们始终坚持旗帜鲜明讲政治，以习近平新时代中国特色社会主义思想为指导，树牢“四个意识”，坚定“四个自信”，坚决做到“两个维护”，全面贯彻落实上级各项决策部署；过去的一年，我们始终坚持不折不扣执行市委决策部署，全力以赴落实市委工作安排，撸起袖子加油干，甩开膀子往前冲，项目落地建设、财源建设、城乡违建治理等一批重点工作得以有效推进；过去的一年，我们始终坚持“功成不必在我、功成必定有我”的情怀，以中央环保督察“回头看”、国务院大督查等为契机，锲而不舍、驰而不息，压实责任、标本兼治，发展基础得以有效巩固。过去的一年，我们始终坚持以人民为中心的发展思想，认真开展“三民”活动，升级为民服务热线，行风在线满意率位居青岛市前列，残疾人免费乘坐城乡公交等一批民生实事得以顺利推行；过去的一年，我们始终坚持依法行政、从严治政，全面推进法治政府建设。自觉接受市人大及其常委会法律监督、工作监督和市政协民主监督，认真落实向人大报告、向政协通报制度，办理人大代表建议140件、政协提案186件。持续强化审计监督，促进增收节支2.38亿元。“三公”经费再下降10.2%；过去的一年，我们始终坚持严格自律、转变作风，推进政府系统全面从严治党，深入开展“大学习、大调研、大改进”和解放思想大讨论活动，扎实推进中央巡视组、青岛市委巡察组反馈问题整改落实，认真贯彻各级关于激励广大干部新时代新担当新作为有关意见精神，干部作风实现了新转变。

各位代表！成绩的取得，是坚持以习近平新时代中国特色社会主义思想为指导的结果；是市委解放思想、高点定位，全面践行新发展理念，努力转变发展方式的结果；是市委致力于优化政治生态，四大班子协同工作的结果；是市人大、市政协监督支持的结果；是全市广大干部群众上下一心、团结拼搏的结果。成绩来之不易，每一位代表都是莱西发展的推动者和见证者，每一位市民都是莱西发展的建设者和共享者。在此，我谨代表市人民政府，向全市人民，向人大代表、政协委员和离退休老同志，向各民主党派、工商联、人民团体和社会各界人士，表示崇高的敬意和衷心的感谢！

在肯定成绩的同时，我们也清醒地看到，对照高质量发展的要求，我市发展中还有较多不平衡、不充分的问题。主要是：实体经济面临一些发展中的困难，传统产业转型升级还不够快，新经济、新动能培育还不够充分；人才支撑仍然不足；城市功能品质仍有弱项，内外交通、生态环境等方面仍需改善；营商环境仍需优化；优质公共服务供给与人民美好生活向往尚有不小差距，教育、医疗、养老等方面还存在短板；安全生产仍然存在薄弱环节。同时，政府系统干部能力和作风建设仍有欠缺，部分干部精神状态不够振奋、担当肩膀不宽不硬。对此，我们将采取更加精准、更加有力的措施，认真加以解决。

二、2019年工作安排

各位代表！今年是新中国成立70周年，也是决胜全面建成小康社会第一个百年奋斗目标的关键之年。经过改革开放40年的发展，莱西经济社会取得全面进步，为推动高质量发展奠定了坚实基础。站在新起点，瞄准新目标，我们将更加坚定改革开放的信心和决心，在新时代的历史潮流中再出发！

今年政府工作的总体要求是：以习近平新时代中国特色社会主义思想为指导，全面贯彻党的十九大和十九届二中、三中全会精神，统筹推进“五位一体”总体布局，协调推进“四个全面”战略布局。坚持稳中求进工作总基调，坚持新发展理念，坚持推进高质量发展，坚持以供给侧结构性改革为主线，坚持深化市场化改革、扩大高水平开放，统筹推进稳增长、促改革、调结构、惠民生、防风险工作，进一步稳就业、稳金融、稳外贸、稳外资、稳投资、稳预期。继续打好三大攻坚战，加快新旧动能转换，积极融入青岛“后峰会时代”发展大局，围绕青岛市突出创新引领、实现三个更加目标要求，落实“一三三五”工作思路，扎实推进我市“1+5+4”目标体系，务实担当、奋勇争先，在建设大青岛北部绿色崛起的典范之城进程中迈出更加坚实的步伐，以优异成绩迎接中华人民共和国成立70周年。

主要预期目标是：生产总值增长7.5%，一般公共预算收入增长3%，固定资产投资增长8%，社会消费品零售总额增长10%，全体居民人均可支配收入增长8.3%。完成青岛市下达的外贸进出口、到账外资、实际利用内资和节能减排任务。

工作中，我们将着重把握好以下四个方面：

坚持改革创新　进一步解放思想、提升境界，掀起一轮思想上的新旧动能转换，坚持向改革要动力，在各领域、各层面推出一批改革举措，加快创新驱动发展，努力在青岛率先走在前列新征程中展现莱西新作为。

坚持高质量发展　贯彻落实“巩固、增强、提升、畅通”八字方针，深化供给侧结构性改革，牢固树立制造业立市、制造业强市、制造业富市的理念，推进先进制造业与现代服务业深度融合，加快乡村振兴步伐，积极构建事关莱西长远发展的现代化产业体系。

坚持生态优先　践行绿水青山就是金山银山的理念，把生态振兴摆在更加突出的位置，加快绿色发展，以实施新一轮城市总体规划为契机，全力促进“南部提升”和“北部振兴”，加快全域统筹、市镇一体发展。

坚持以人民为中心　把人民对美好生活的向往作为奋斗目标，从市民最关心的问题着手，补短板、强弱项，不断提高公共服务水平，努力让发展成果惠及全体市民，实现更高水平的共建共享。

重点做好七个方面工作：

*（一）在更高层次上推进新旧动能转换，开创实体经济发展新局面。*立足我市“1153”产业发展目标，深入推进“双百千”行动和“一业一策”计划，注重利用技术创新和规模效应形成新的竞争优势，加快建设青岛先进制造业基地，推动实体经济高质量发展。

培育壮大新兴产业。全面落实我市新旧动能转换重大工程实施规划，加快发展新能源汽车、新材料、新一代信息技术、高端装备、生物医药等产业，推动战略性新兴产业和高技术产业快速崛起。重点加大对新能源汽车的支持推广力度，力争年内实现北汽新能源青岛基地产值翻一番，新能源汽车产业产值突破300亿元，5年达到千亿级产业规模，建设国内智能化程度最高、生产过程最环保的新能源汽车生产基地。推进通用机场建设，打造国家级通航产业示范区。加快石墨烯等新材料研发应用，争创青岛市碳材料产业集聚区和省石墨烯特色产业集群。大力扶持新一代信息技术、生物医药等产业发展，着力培育“独角兽”“瞪羚”企业和行业“隐形冠军”。推进绿色建筑、节能环保等产业发展，建设全国领先的绿色建筑示范基地和节能环保产业特色基地。加快推进一批军民融合项目建设。积极发展海洋装备制造等产业，打造海洋经济配套联动区，到2020年海洋经济占生产总值比重达到10%以上。力争年内新兴产业产值增长25%，新经济占生产总值比重达到17.5%。

改造提升传统产业。坚持以“四新”促“四化”，推动传统产业转型升级。推进万福、九联、浩丰食品等农副食品加工企业向高端研发和精深加工转变，加快雀巢、希杰、德州扒鸡等食品制造企业转型升级，抢占功能食品、营养保健食品、有机食品等产业链高端环节，力争年内食品饮料产业产值达到300亿元。突出重点行业，明确发展目标和政策措施，鼓励开展行业技术创新和商业模式创新，加强知识产权保护和运用，加快机械制造、纺织服装、橡胶化工等传统产业改造提升。引导更多企业参与创建国家标准、行业标准。设立科技成果转化专项资金。支持企业开展“机器换人”和智能化改造，积极创建数字化车间和智能工厂。加快制造业与互联网融合创新发展，鼓励个性化定制生产。年内新增规上工业企业25家，规上工业增加值增长8%。新认定“专精特新”企业10家，新增高新技术企业20家，创建青岛市级以上工程研究中心4家。

激发民营经济活力。民营经济是推动高质量发展的重要主体。我们将始终坚持“两个毫不动摇”“三个没有变”，落实好各级支持民营经济发展意见和减税降费政策，出台我市民营经济扶持政策，破除各种体制机制障碍，为民营企业创新发展提供更多“阳光雨露”。坚持主动服务、有求必应，积极开展“千人百企大走访”活动，坚决杜绝乱检查、乱收费、乱罚款行为，加快构建“亲”“清”新型政商关系。鼓励民营企业成立各类商会组织、行业协会，促进企业抱团发展。大力弘扬企业家精神，凝聚“人人都是发展环境”的强大共识，引导全社会关心支持民营企业发展，让民营经济的创新源泉充分涌流，让民营经济的创造活力充分迸发。

*（二）在更高层次上推进现代服务业提升，夯实高质量发展新支撑。*加快转变发展方式，推动金融与实体经济融合发展，大力发展现代物流、现代文旅，着力改善消费环境，稳步提升现代服务业对现代化产业体系的支撑作用。

增强金融服务实体经济能力。推进青岛（姜山）基金小镇建设，年内新注册基金100支、基金管理企业100家，总数达到600家，募集规模达到1500亿元。切实提高金融可及性，设立新旧动能转换引导基金，鼓励各类股权投资基金参与重点项目建设。将海氏海诺列为科创板上市重点培育对象，推动万福集团等企业进入主板上市辅导期，力争年内实现企业上市零突破。增加企业应急周转金，放宽担保准入条件，做大担保公司规模。引导金融机构对生产经营正常的企业稳贷、续贷，不盲目抽贷、压贷。坚决守住不发生系统性金融风险的底线。

推进半岛交通物流中心建设。按照“通道+枢纽+网络”的思路，发展智慧物流、供应链物流，放大高铁等交通设施快速提升的效应，大力发展枢纽经济，着力构建功能布局合理的现代物流体系。重点打造北部胶东智慧物流产业园、南部先进制造业物流园、西部蔬菜交易物流园、中部公铁联运物流园，大力培育引进物流龙头企业，配套建设食宿一体的服务中心。力争到2022年A级物流企业达到6家以上，现代物流业增加值突破50亿元，年均增长10%以上。

加快“乐在莱西”品牌培育。以打造国际休闲旅游目的地为目标，以“旅游+”为路径，促进文旅产业提质增效。加快培育特色景点，推进重点景区提档升级。实施姜山湿地保护性开发，建设北方最大的野生动物园，同步建设生态公园和节庆公园，力争到2025年打造成为国内领先的野生自然主题旅游度假区。举办时光音乐节等时尚节庆活动。引入市场化运作机制，大力发展文化事业和文化产业，加快推进博物馆等文化设施建设。开展文化惠民消费季活动，促进文化消费结构升级。深入挖掘莱西木偶戏、莱夷古乐等特色传统文化资源，丰富城市文化内涵。依托“一馆六区”，传承好红色基因，加快建设马连庄河崖村等一批红色教育培训基地。

着力改善消费环境。加快商贸流通、住宿餐饮等服务业发展，合理规划商圈布局，打造商业特色街。支持发展精品民宿、乡村客栈等业态。深入挖掘莱西湖淡水鱼宴等饮食文化，打造莱西特色餐饮品牌。支持消费模式创新，完善商超、影院等生活性服务配套，构建便民生活服务圈，让市民吃得放心、穿得称心、用得舒心。以创建国家级电商示范基地为目标，发挥天天购等龙头企业带动作用，加快市电子商务双创中心建设，实现农村电商示范镇全覆盖。加快京东农场、京东商事创新示范基地建设。规划建设海淘大宗跨境电商产业园，积极发展外贸新业态。

（三）在更高层次上推进项目引进建设，培育创新发展新动力。人才是第一资源，项目是经济工作的生命线。我们将把“双招双引”作为推动经济高质量发展的“一号工程”，发挥投资关键作用，突出专业化、精准化、高端化，引进新变量、创造新组合，不断培育新的增长点和动力源。

构建新能源汽车产业生态圈。新能源汽车产业是“十三五”国家战略性新兴产业，我市已经具备先发优势，必须将其作为撬动莱西跨越发展的战略支点和实现工业强市梦想的重要依托，集全市之力，大力引进电机、电池、电控和智能控制等全链条配套项目，加快形成从关键零部件到整车的完整产业体系，力争到2020年零部件本地配套率达到70%以上。争取北汽集团在我市设立国家级新能源汽车研发分院，支持北汽新能源青岛基地创建国家级工程研究中心，促进新能源汽车人才公寓尽快交付使用、山东工业技师学院尽快建成招生，为新能源汽车产业集聚奠定坚实的基础。

突出精准招商。将制造业作为招商引资的重点方向，瞄准国内外500强企业、重点央企和全国工商联会员企业，积极招大引强。深耕日韩，围绕新兴产业精心筹划专题推介活动，掀起一轮日韩招商热潮。继续加大对港澳台地区招商引资力度。加强与“一带一路”沿线国家和上合组织国家经贸交流与合作，着力打造对外开放新高地。组建专业招商团队，完善项目评审制度，提高项目质量。加强专业化园区招商，推进中科院智能制造、置信智造谷、巨峰科技、英良石文化等专业化园区建设，支持国有投资公司和股权基金参与产业地产建设，提升产业专业化、规模化、集群化水平。争取年内新签约三一绿色建筑等过亿元项目100个。促进钻石小镇项目尽快落地，建设全产业链式钻石交易加工中心和钻石文化体验中心。

加快项目建设。完善市级领导包联、红黄蓝牌督办等机制，创新签约项目落地率考核机制，全面推行“拿地即开工”模式，坚持进现场、抓落实、解难题，千方百计破除项目推进障碍。大力推进集约节约用地，落实亩均效益评价制度，实行资源差异化配置。加快闲置土地处置，推进“僵尸企业”和老市属工业企业资产盘活，有效释放沉淀资源。探索改革工业园区管理机制，推进姜山等工业集聚区基础设施改造，不断提升项目承载能力。积极扩大有效投资，优化投资结构，加快投资进度，推动工业投资和民间投资较快增长。推进中科钢研碳化硅项目竣工投产，实现我市集成电路产业零突破。围绕项目引进建设“三百”目标，争取年内再开工绿天使等过亿元项目100个，新竣工海建船舶装备、高胜轨道交通装备等过亿元项目100个。

强化人才支撑。进一步优化人才发展环境，畅通人才服务绿色通道，为各类人才提供更加便利的服务。实施顶尖人才、领军人才、沽水英才、基础人才等四项引才工程，年内新引进高层次人才5名以上。对符合我市新兴产业发展方向的初创期优质项目，政府引导基金优先给予投资。强化中科育成（莱西）产业基地、碳材料研究中心、中科创新园等科研平台资金支持，创新产学研合作模式，促进一批科研成果转化落地。发挥我市创业成本低的比较优势，规划建设人才公寓，解决好人才配偶安置及子女入学等问题，吸引更多优秀人才到我市创新创业。大力弘扬劳模精神和工匠精神。鼓励柔性方式引才。支持莱西籍优秀人才返乡创业。

（四）在更高层次上推进乡村振兴战略，力促“三农”工作迈入新阶段。深化拓展“莱西经验”，推动乡村全面振兴，促进农业全面升级、农村全面进步、农民全面发展，为打造乡村振兴“齐鲁样板”贡献莱西力量。

推动现代农业高质效。大力促进农村一二三产融合发展，延长产业链、提升价值链、完善利益链。加快中建材智慧农业小镇项目建设，构建基于云计算、大数据的种植技术体系，高标准建设深加工展示中心和智慧温室，打造新型农业生态模式国家级样板。加快农业大数据平台建设，强化数据分析与挖掘，有力支撑和服务农业现代化。高标准推进葡萄全产业链开发创新示范区建设，力争到2020年葡萄全产业链初步形成。深入实施产业兴村强县示范项目。建设高标准农田3600公顷。鼓励发展一批产业特色镇、特色村。支持建设各类田园综合体。加快农产品质量安全可追溯体系建设。抓好粮食生产，增加优质绿色农产品供给。依托广大果蔬等农产品经销企业，大力培育“沽河两岸”等品牌，新增农业品牌和“三品一标”农产品30个。建设大宗农产品网上交易平台，推动农产品由“种得好”向“销得快”“卖得好”转变。

续写农村改革新篇章。深入推进农业供给侧结构性改革，为农业农村发展注入新活力。鼓励农村宅基地有偿退出，推进农村住房改造、公共服务设施和基础设施建设，引导农村人口和产业有序向镇驻地和中心村集聚。支持农业保险产品创新，扩大“保险+期货”试点范围。建设市级土地流转平台，加快土地等农村生产要素集聚，有效对接市场。培育新型农业经营主体，创新农业社会化服务模式，托管土地4万公顷以上。实施农业水价综合改革面积1.07万公顷。积极改善小农户生产设施条件，将其引入现代农业发展大格局。培育一批新型职业农民，鼓励更多实用人才到农村创业，真正让乡村的人气旺起来、人才聚起来、发展活起来。

打造农村人居新环境。加快推进美丽乡村建设，打造示范村12个、达标村200个。健全长效机制，加强农村改厕后续管护。以创建省“四好农村路”示范县为抓手，投资5亿元实施农村道路大中修、危桥改造和网化连通等工程。处理好农村垃圾和污水，进一步提高城乡环卫一体化水平。推动清河行动向沟渠塘等小微水体延伸，消除劣五类水体。改造农村危房100户。启动农村饮水安全两年攻坚行动，让农村群众全部喝上干净的自来水。开展精准脱贫质量提升行动，实施户产业扶志项目1000个，开发扶贫公益岗位500个。

*（五）在更高层次上推进规划建设管理，推动城镇发展呈现新面貌。*以举办青岛（莱西）2019世界休闲体育大会为契机，坚持立足当前与着眼长远相结合，规划建设与长效管理相统筹，全方位提升城镇功能品质，加快建设现代化区域性次中心城市。

让世界休闲体育大会更加精彩。贯彻习近平总书记关于“办好一次会，搞活一座城”的指示精神，承办好青岛（莱西）2019世界休闲体育大会。从4月到10月，合理布局开闭幕式、休闲论坛、产品博览会以及20余项体育赛事，真正让休闲走进生活、让生活融入自然。同时，积极开展休闲体育赛事IP专业运营，加快品牌创建，探索品牌输出。大力发展休闲经济，丰富城市休闲业态，努力将我市打造成为“中国休闲体育之城”。

让城镇规划更加科学。加快实施新一轮城市总体规划，编制城市控制性详细规划和各类专项规划，推进中心城区和综合交通规划报批。争取青岛地铁向我市延伸列入城市轨道交通线网规划。力争早日实现城际铁路公交化运营。全力促进“南部提升”和“北部振兴”，推动区域经济协同发展。以建设山东一流强镇为目标，推进姜山镇规划调整，进一步明确姜山先进制造业功能区的产业定位和发展方向。加快高端要素集聚，提升南部副中心的城市功能和城市品质，争取用2至3年时间将其打造成制造业与服务业深度融合的现代化新城区。依托姜山、夏格庄、店埠等镇现有产业基础和优势，突出板块特色，加强区域融合，打造南部新型工业区，争取成为青岛市新旧动能转换新的支撑平台。调整南墅、马连庄等镇域规划，推进绿色生态屏障建设，实施土地生态治理修复，优化区域交通格局，加快北部生态振兴步伐。发挥生态优势，招引一批休闲旅游、生态农业项目，推动生态资源变生态资产、生态资产变生态资本。

让城镇建设更加时尚。全力配合做好潍莱高铁清障建设，积极融入济青烟城市群“1小时生活圈”和京津冀城市群“2小时经济圈”。强化“站城融合”理念，以胶东半岛高铁枢纽站为中心，拓展城市空间，规划建设新莱西北站中央商务区，打造一座集科创中心、总部基地、乐活街区等为一体的多功能高铁新城，促进交通、产业、城镇融合发展。积极争取204国道城区段改线，实施北京路东延、南京路南延、威海路西延和南水线贯通“三延一通”工程，打通一批内外区域融合新通道。启动“城市建设三年提升行动”，有序推进城中村、旧城片区改造，有步骤打通天津路等未贯通道路，打造南京路、烟台路、青岛路和北京路、上海路“三纵两横”精品示范街。突出绿城水乡特色，规划建设市民亲近易达的“口袋公园”。开展月湖水质提升工程。完成洙河公园上海路至南京路段绿化，启动青岛路至深圳路段绿化工程。树立“拥河发展”理念，沿洙河两岸实施保护性开发，打造城区生态活力中轴。

让城镇治理更加精细。全面推行街长制，落实主次干道和背街小巷网格责任，实行常态长效管理。开展市容秩序集中整治和“无违村”创建“回头看”，引导市民自觉抵制违建行为。升级改造黄海西路农副产品交易市场，启用梅山路农贸市场，引导业户入场经营，逐步取缔占路经营。实施香港路和长岛路防洪工程，开展杭州路、济南中路和贵阳路等改造工程，对部分城区主干道实施弱电线缆下地改造。启用智能交通和“天网”工程二期，加快推进便民服务、智慧社区等智慧城市应用系统建设，不断提升城市治理的现代化水平。

*（六）在更高层次上推进发展环境优化，塑造城市竞争新优势。*环境好，则人才聚、事业兴。我们将着力打造一流的发展环境，让政务环境更有温度，让社会环境更有厚度，让生态环境更有气度。

创造更优的政务环境。探索开展营商环境评价，加快推进“最诚信城市”建设，在省内率先开展政务诚信监测考核，以政务诚信带动社会诚信、商务诚信、司法公信，到2020年建成全国诚信示范城市。深化“放管服”改革，结合“数字莱西”建设，推行“互联网+政务服务”，努力实现群众办事线上“一网通办”、线下“只进一扇门”、现场“最多跑一次”。深入推进行政许可权相对集中改革，实行一个主体对外、一枚印章审批、一个平台服务。创新财源建设机制，巩固提升税收征管体制改革成果，加快培育骨干税源，加大增收节支力度，为全市经济社会发展提供财力保障。

建设更优的社会环境。把“最安全城市”作为最亮名片，深入开展扫黑除恶专项行动，以影响群众安全感的盗、抢、骗案件为重点，做到“快破大案、多破小案、完美办案”。认真贯彻落实《安全生产法》，全面推进安全生产双重预防体系建设，坚决防范和遏制重特大事故发生。进一步完善突发事件应急预案，不断提高预警和应急处置能力。在全市农村贫困空巢老人家庭安装安全监测自动报警系统。严厉打击各类食品药品违法行为，切实保障市民饮食用药安全。提高社区矫正社会化、专业化水平，加强青少年犯罪矫正，走实基层司法“最后一千米”。统筹抓好文明城市创建和城乡精神文明建设，实现新时代文明实践中心（站）市镇村三级全覆盖。开展“最美莱西人”和“感动莱西”道德模范评选活动，弘扬文明新风。

打造更优的生态环境。以环保督察倒逼问题整改，以“不畏惧”的勇气整治存量，以

"零容忍"的态度遏制增量。全面落实"四减四增"行动计划，深入推进化工产业安全生产转型升级。制定环境准入负面清单，实现"散乱污"企业动态清零。持续打好蓝天保卫战，全面推动大气环境质量考核向镇级延伸，加大燃煤的清洁利用技术和清洁能源、节能炉具等推广应用，削减煤炭消费总量1000吨以上。健全河长制、湖长制长效管理机制。实施姜山污水处理厂汛期应急改造工程，加快经济开发区电镀产业园污水处理厂建设，年内确保南墅污水处理厂投入使用。完善市场化机制，有效回收农药废弃包装。加快畜禽粪污资源化利用项目建设，争取畜禽粪污综合利用率达到90%以上。完成造林1333.33公顷。建成运营垃圾综合处理项目，全面推行城乡垃圾分类管理，从根本上实现生活垃圾处理减量化、资源化、无害化。

*（七）在更高层次上推进民生事业发展，满足社会保障新需求。*民生是人民幸福之基、社会和谐之本，保障和改善民生是政府义不容辞的责任。新的一年，我们将努力当好市民的贴心人，做好市民的贴心事，始终做到民有所呼我有所应、民有所困我有所为，真正与全体市民站在一起、想在一起、干在一起，让改革发展成果更多更公平地惠及全体市民。

进一步推动教育优质均衡发展。适应城镇化发展要求，积极优化中小学、幼儿园布局，合理配置教育资源。积极应对全面实施两孩政策后第一批适龄幼儿入园高峰，确保幼儿入园"一个都不少"。新建、改扩建公办幼儿园3所，实施香港路小学扩建和莱西一中体育馆维修改造工程，完成洙河小学等3所学校新建教学楼内设配备工程，进一步提升办学现代化水平。完成山东文化产业职业学院一期建设。争取青岛莱西南开学校年内招生。建成启用新莱西二中。创新产教融合机制，积极开展校企合作，培养更多实用型技能人才。组织评选名校长、名师、首席班主任，培养一批骨干教师，促进我市教育事业再上新台阶。

进一步推动卫生健康和体育事业发展。大力推进医药卫生体制改革，弘扬传统医德医风，实现医疗技术和服务水平双提升。加快医保支付方式改革和医共体建设，完善分级诊疗模式，实现医疗资源科学合理配置。加快医疗人才队伍建设，完善医疗机构绩效考核机制，激发医务人员工作积极性。加快北大新世纪言鼎项目建设，填补我市三级医院空白。推进医疗保障信息数据共享，逐步实现医疗就诊"一卡通"。加强院前急救服务体系建设。大力弘扬中医药传统文化，加快发展中医药事业。积极发展群众体育，新建笼式健身广场或笼式足球场11处，支持成立排球、羽毛球和武术等专业协会，引领全民健身行动深入开展。

进一步提升社会保障水平。改革民生实事投入机制，完善制度、守住底线，重点办好10件市政府实事。实施就业优先政策，鼓励大众创业、万众创新，城镇新增就业1.2万人。进一步提高居民社会医疗保险筹资标准和大病医疗保险待遇。做好退役军人安置。创新居家养老、社区养老和医养结合服务模式，努力实现老有颐养。完善社会救助机制。推进农村社会工作试点，关爱农村留守人员。推进志愿服务制度化。加强未成年人思想道德建设。实施人民医院小区、振华街小区等老旧小区环境提升工程。完成明华街等8条背街小巷改造。构建房地产市场健康发展长效机制。扎实开展东西部扶贫协作与对口支援工作。积极做好双拥、残疾人、民族宗教、侨务、对台工作，推动统计、档案、史志事业发展，提高人防、气象工作水平，促进妇女儿童、青少年事业健康发展。

三、加强政府自身建设

新时代呼唤新担当，新时代需要新作为。我们将坚持"讲信用、高效率、更廉洁"的工作追求，以坚定的决心、笃定的信心、持久的耐心，夙夜在公、勤勉工作，在建设法治政府、廉洁政府、服务型政府的道路上迈出新的步伐。

（一）以忠诚体现政治站位。自觉以习近平新时代中国特色社会主义思想为指导，树牢“四个意识”，坚定“四个自信”，坚决做到“两个维护”，始终与以习近平同志为核心的党中央保持高度一致。对上级的每一项决策、每一个部署，我们都将从全局谋划一域，以一域服务全局，创造性地贯彻执行。对市委作出的每一项决定，安排的每一项任务，我们都将第一时间研究，第一时间落实。对代表提出的每一条意见、每一条建议，我们都将用心对待、深入调研、务求实效，确保事事有着落、件件有回音。

（二）以干净体现廉洁作风。始终把纪律和规矩挺在前面，严格执行中央八项规定和市委贯彻落实办法，推进政府系统全面从严治党向纵深发展。加强法治政府建设，坚持依法决策、依法行政，加大对权力运行的制约和监督，把权力关进制度的笼子里。自觉接受市人大及其常委会的法律监督、工作监督和市政协的民主监督，高质量办理人大代表的建议和政协的提案。树立过紧日子的思想，严格压缩一般性支出。加强重点领域监管，强化审计监督，坚决整治群众身边的腐败和作风问题。完善政务信息公开制度，认真开展“三民”活动，畅通行风在线、为民服务热线等沟通渠道，推动权力规范高效运行。

（三）以改革体现责任担当。加快转变政府职能，更好地激发市场潜力，深化财税金融、社会管理等重点领域改革，扎实推进全面深化改革各项任务目标落实，建设人民满意的服务型政府。以新一轮机构改革为契机，完善正向引导机制，鼓励干部担当作为，为干事创业者撑腰鼓劲，对庸政懒政者严肃问责，努力建设一支有情怀、有激情、有担当的干部队伍。深入开展“工作落实年”活动，树立狠抓落实的工作导向，创新正向激励机制，加强政策配套，强化协同攻坚，改革督查方式，加大考核力度，力戒形式主义、官僚主义，不喊口号、不做样子，推动各项工作落细落地落实，努力在新起点上抢抓先机、干在实处、走在前列。

各位代表！大道至简，实干为要。在改革开放再出发的激扬旋律中，每一位代表都是优秀的演奏家。让我们同全市人民一道，高举习近平新时代中国特色社会主义思想伟大旗帜，在中共莱西市委的坚强领导下，不忘初心、牢记使命，锐意进取、创新实干，共同奏响新时代莱西昂扬向上的华美乐章，为加快建设大青岛北部绿色崛起的典范之城而努力奋斗，以优异成绩迎接中华人民共和国成立70周年！

（市政府办公室）

中共莱西市委常委会2018年工作要点

2018年是贯彻党的十九大精神的开局之年，是改革开放40周年，是决胜全面建成小康社会、实施“十三五”规划承上启下的关键一年。全市工作的总体要求是：高举习近平新时代中国特色社会主义思想伟大旗帜，紧密团结在以习近平同志为核心的党中央周围，切实增强“四个意识”，坚定“四个自信”，全面贯彻落实党的十九大精神，统筹推进“五位一体”总体布局和协调推进“四个全面”战略布局，坚持稳中求进工作总基调，坚持新发展理念，坚持高质量发展，强化走在前列的责任担当，认真落实青岛市委“创新+三个更加”目标要求和“一三三五”工作举措，扎实推进“1+5+4”目标体系，大力实施生态优先、创新驱动、人才支撑、融合发展战略，统筹抓好新旧动能转换、乡村振兴、深化改革、民生改善、美丽莱西建设等工作，全面加强党的领导，奋力开创绿色发展新局面，为把青岛建设得更加富有活力、更加时尚美丽、更加独具魅力贡献莱西力量。主要预期指标是：生产总值增长8%，公共财政预算收入增长3%，规模以上工业总产值增长10%，固定资产投资增长9%，社会消费品零售额增长10%，全体居民人均收入增长8.5%。

一、聚焦动能转换，在推进产业升级上实现新突破

大力实施新旧动能转换重大工程，深入推进“双百千”行动和“一业一策”计划，加快构建以先进制造业为主体、现代农业为基础、现代服务业为支撑、休闲旅游业为特色的现代产业体系。

推动产业向“两核、两轴、多组团”聚集。进一步优化产业发展空间布局，着力打造配套完善、产业集聚、各具特色的产业功能区。城区作为北部核心，突出质态提升，完善升级商务、文娱等配套功能，着力发展城市经济和区域性总部经济。姜山作为南部核心，突出做高做新，发挥基金小镇的金融集聚效应，快速壮大以新能源汽车为主导的先进制造业，增创生物医药、文化旅游、健康颐养产业发展新优势。204国道先进制造业发展轴，推进产业向园区集中，提升集聚集约发展水平。大沽河生态轴，整合“乐在莱西”旅游元素，打造休闲旅游与现代农业同步提升的绿色长廊。统筹推进经济开发区智慧新城、南墅石墨文化小镇、沽河休闲小镇、店埠航空文化小镇、夏格庄绿色建筑小镇、院上葡萄小镇、马连庄红色小镇、河头店物流小镇等特色产业平台建设，提高区域发展竞争力和吸引力。

推动工业向“中高端”迈进。把壮大新兴产业作为主攻方向，力争新能源汽车、信息技术、生物医药、节能环保、新材料和新能源产业产值增长30%以上。新能源汽车产业，充分发挥北汽的龙头作用，加快延伸电池、电机、电控、材料等上下游产业链，融合互联网、人工智能等要素，构建集研发、制造、营销、服务于一体的新能源汽车生态圈。通用航空产业，依托店埠航空文化小镇，加快推进通航机场建设，大力发展航空制造、商贸物流、国际社区等，打造国家级通航产业示范区。新一代信息技术产业，依托工信部赛迪加速器、星空物联等平台，重点发展人工智能和物联网，加快高科技成果转化。石墨新材料产业，整合现有资源，发挥传统优势，采取产业基金+平台+PPP模式，建设集石墨交易中心、制造基地、文化展示区等于一体的石墨文化小镇，再现“南墅石墨”辉煌。绿色建筑产业，深化与天一新能、荣华建设、中船重工等企业的合作，打造全国领先的绿色建筑示范基地。推进以智能技术为代表的创新驱动要素向传统产业渗透，促进技术创新和商业模式创新，推动食品加工、纺织服装、橡胶化工、机械制造向产业链中高端攀升。突出抓好食品加工龙头企业转型，采取“一企一策”，引导企业树立现代经营管理理念，完善现代企业制度，实现凤凰涅槃。

推动农业向“现代化”转型。跳出传统农业发展思维定势，坚持现代产业发展理念，发挥党和行政力量，运用市场化方法，把农村各类要素组织起来，集聚资本、人才等现代生产要素，培育一批新型农业经营主体，推动农业全环节升级、全链条增值。以农产品加工业和农村“双创”为重点，促进一二三产融合发展，建设集循环农业、创意农业、农事体验于一体的田园综合体。高标准推进3333.33公顷葡萄全产业链开发创新示范试点，为引领全国农业现代化建设树范例、激活力。依托布瑞克农信、中国供销总社物流项目，建设农业大数据平台、大宗农产品交易平台和跨境电商产业园，提升农业信息化、智慧化水平。健全农业社会化服务体系，提高农业经营标准化、组织化、规模化、社会化、产业化水平。大力推进农业科技创新和成果应用，建设高标准农田3600公顷、高效节水灌溉1333.33公顷。坚持质量兴农，实施农业品牌战略，扩大店埠胡萝卜、马连庄甜瓜等品牌知名度，新增“三品一标”农产品认证30个。提升标准化规模养殖水平，创建畜牧业绿色发展示范镇7处、无公害畜产品产地认证4个。

推动服务业向“全业态”拓展。在提升商贸、餐饮等传统服务业的同时，大力发展金融、现代物流等生产性服务业和休闲旅游、文化体育等生活性服务业。突出抓好姜山基金小镇建设，力争新增注册基金100家以上，管理资金规模达到1000亿元以上，打造全省“政府引导基金+基金小镇+产业新城”样板。高起点、高标准编制莱西北站周边区域综合交通规划，抓好中铁中基物流产业园、胶东乡村物流综合示范基地等项目建设，构建“四中心两基地”物流分拨体系，打造半岛交通物流中心。积极发展电子商务，努力争创全国电商示范基地。加快南通三建姜山文旅小镇、光彩小镇、光合文旅研学小镇建设，打造世界级文旅小镇，叫响“乐在莱西”品牌。放大世界休闲体育大会的综合效应，争取国家体育产业园落户，培育壮大休闲体育产业。挖掘莱夷文化、红色文化资源，打造文化旅游品牌。

推动创新创业向纵深发展。充分发挥政府引导作用，提高政策机制有效供给，大力推进“个转企、小升规、规改股、股上市”，构建数量众多、充满活力的创新型企业梯队。新增市场主体7000户以上，实现“个转企”400家以上，培育规上企业30家以上，新增产值过10亿元企业2家、过50亿元企业1家、过百亿元企业1家。加快打造“孵化器+加速器+产业园区”接力式孵化体系，新建孵化产业园1至2个。继续加大科研院所引进力度，抓好中科院青能所等“国字号”平台建设，深化“产学研用”协同创新，着力转化落地一批高技术项目，新增高技术企业10家以上。加强对科技型中小企业、领军人才创业初期项目的金融支持，培育更多“鲨鱼苗”“独角兽”企业，新增“专精特新”企业10家以上。创新人才工作体制机制，加快建设人才智库、金融专业人才、企业家和“工匠”人才四支队伍。大力弘扬创新精神，营造崇尚创新、宽容失败的浓厚氛围。

二、聚焦招大引强，在推动项目落地上实现新突破

坚持把项目作为赶超跨越、绿色崛起的主

抓手，全力以赴引项目、建项目、优服务，力争新开工项目数量、实际完成投资均翻一番。

大力推进招商引资。不断完善招商体制机制，实行“招商促进委+专业招商小分队+基金+产业研究院+高端人才+产业园区”联动招商，加强招商统筹，提升招商针对性和精准度。创新招商引资方式，在进一步强化基金招商、产业招商的同时，大力推进平台招商，在高科技成果转化和高技术项目孵化上实现突破。更加注重产业细分和特色发展，做好项目策划，对有投资意向、有优化战略布局需求的项目紧盯不放，以锲而不舍的精神打动投资者、留住投资者，着力引进产业链高端环节项目、缺失环节项目和推动主导产业链式发展的关键项目。加强招商队伍专业化建设，培养一支懂产业、通政策、擅谈判的招商队伍。力争新引进投资过5亿元产业项目20个以上，投资过亿元高技术项目50个以上。

强力推进项目建设。倡导“一线工作法”，落实好市级领导协同工作机制和包帮、调度、督查、考核“四位一体”项目推进机制。聚焦重点项目，按照“签约项目抓开工、在建项目抓进度、竣工项目抓投产”的思路，倒排工期、挂图作战，在确保安全和质量的前提下，加快项目建设进度，尽快形成新的经济增长点。强化企业用地保障，通过提前收储、“腾笼换鸟”等途径，清理批而未供、供而未用、低效利用土地，千方百计扩充增量、增加流量、盘活存量，为重大产业项目预留用地空间。深入开展“打霸治痞”专项行动，坚决依法打击阻工闹事、强揽工程等违法行为，确保项目建设全程“快车道”“无障碍”。力争投资过亿元项目新开工100个以上，竣工投产30个以上。

不断优化营商环境。主动服务、靠前服务、周到服务，对项目立项、规划、环评等前期准备工作及早介入，推动项目快签、快批、快建。健全企业减负机制，降低制度性交易成本，继续清理涉企收费，加大对乱收费的查处和整治力度，最大程度让企业减少包袱、轻装上阵。搭建政府与企业、企业与企业常态化交流平台，建立定期交流、回访和答复制度，广泛收集企业意见，及时帮助解决个性问题，集中研究解决共性问题。大力弘扬优秀企业家精神，促进非公有制经济健康发展和非公有制经济人士健康成长。严厉打击各种干扰企业正常经营行为，着力营造亲商、尊商、安商、扶商的浓厚氛围。

三、聚焦关键环节，在全面深化改革上实现新突破

以“将改革进行到底”的决心和气魄，推动落地一批群众最期盼、发展最急需的重大改革举措，努力形成一批先行先试、更具分量的改革成果。

抓好“放管服”改革，推进提速增效。深入推进简政放权，全面推行负面清单制度，放宽市场、行业、从业准入。继续深化商事制度改革，加快实施“多证合一”，扩大“证照分离”范围，完善市场主体退出制度。实行“一窗受理”“联审联办”，加快形成广覆盖的“一次办结”机制。全面推广“互联网+政务”服务，实行“一网通办”，进一步整合政务资源信息，实现信息共享和数据开放，推动网上政务服务向基层延伸。切实加强事中事后监管，完善部门协同监管机制、风险防控机制，全面推行“双随机、一公开”和“信用惩戒”制度，努力实现“一次抽查、全面体检”“守信者一路绿灯、失信者寸步难行”。

抓好农村综合改革，促进乡村振兴。落实第二轮土地承包到期后再延长30年政策，确保农村土地承包关系长期稳定并保持不变。深化农村土地“三权”分置改革，支持马连庄以农村土地承包经营权流转为突破口，探索“公司+合作社+村集体+农户”土地运营模式，在发展现代农业、增加集体收入、深化“莱西会议”精神上创出经验。分类推进集体产权制度改革，在做好集体资产清产核资的基础上，以城中村、城郊村和经济发达村为重点，实施经营性资产股份合作制改革，赋予农民更多财产权利。扎实推进房地一体的农村集体建设用地和宅基地使用权确权登记发证。完善盘活利用农村闲置宅基地和闲置农房政策，落实宅基地集体所有权，适度放活农民房屋使用权，探索宅基地有偿退出机制。理顺涉农资金管理体系，创新涉农资金使用管理机制，提升支农政策效果和支农资金使用效益。

抓好金融财税改革，扩大有效投入。充分发挥财政资金的引导作用，吸引金融机构和社会资本，设立市场化母基金，大力发展产业投资基金、创业投资基金，助推实体经济做大做强。推动国有投资公司完善现代企业制度，健全公司法人治理结构，聘请职业经理人，提升市场化运作水平，在债券融资、股权投资、融资租赁、PPP项目合作等领域实现新突破。完善金融机构评价激励办法，支持金融服务链创新，推动银企对接纵深化、常态化、制度化，加大对轻资产、创新型、高成长性中小微企业的信贷支持力度。积极推动企业上市挂牌，新增“新三板”“四板”企业15家以上。强化金融风险防控，守住不发生区域性系统性风险的底线。创新税源培植机制，促进市镇两级财政收入稳健增长。

四、聚焦生态低碳，在建设美丽莱西上实现新突破

牢固树立“绿水青山就是金山银山”理念，坚持规划与建设并重、治理与防范结合，扎实推进美丽莱西三年行动，打造青岛北部山水屏风、宜居典范。

构建城乡一体发展格局。统筹推进城乡规划、建设和管理，努力实现协调发展。突出规划引领作用，完善城市总规、控规和各专项规划，全面推进“多规合一”，形成层次分明、衔接顺畅的规划体系。坚持交通先行，推进潍莱高铁、新莱西北站建设，实施南京路提升、龙青高速马连庄连接线、农村公路大中修、躬崔路G204至龙青高速段拓宽改造等工程，提升农村道路“村村通”水平，加快实现“户户通”，构建多样化、开放式交通大格局。加强公共服务保障，改造老旧供水管网，建设展格庄水厂深度处理工程，实施中低压配网工程和35千伏以上电网工程，建设5个世界标准城市配电网示范区，提高镇驻地和集聚型农村新型社区天然气管网覆盖率、集中供暖率。加快海绵城市和地下综合管廊建设，实现城区道路雨污分流全覆盖。推进棚户区和农村危房改造，不断改善困难群众住房条件。改造提升城区集贸市场，解决马路市场、占道经营等问题。保持违建治理高压态势，加强物业管理标准化建设，推进环卫市场化运营，持续改善城乡面貌。加快智慧城市建设，推进城市管理智能化、精细化，不断提升群众满意度。

推动生态环境持续改善。以壮士断腕的决心、刮骨疗毒的勇气抓好中央环保督察组反馈意见整改落实，突出做好污染集中区、重点行业、重点企业环保问题排查整治，确保按期完成新天地危废处置等工作。加强大气污染防治，加快不达标产能依法关停退出，大力推广绿色节能建筑，提高清洁供暖比重，杜绝烧荒、秸秆焚烧等现象，让群众享有更多蓝天白云。严格落实河长制、湖长制，系统推进水环境治理、水生态修复、水资源管理，大力整治不达标水体、纳污坑塘，加强地下水污染综合防治，确保主要河流断面及饮用水源地稳定达标。开展土壤污染调查，建立土壤污染动态档案，抓好垃圾综合处理项目建设，提升危废医废无害化处理水平，加大农业废弃物综合利用力度，倡导科学施肥用药，有序推进土壤污染治理与修复。深入开展农村人居环境整治行动，实施生活垃圾、水源保护、养殖业污染、农业面源污染专项整治，深化“厕所革命”，创建美丽庭院，打造美丽乡村示范村14个、达标村209个。扎实开展“绿满莱西”国土绿化行动，新造林1666.67公顷，建设青岛北部生态屏障。

完善生态文明制度体系。健全归属清晰、权责明确、监管有效的自然资源资产产权制度，全面摸清资源底数，推动资源资产化、资产资本化，提高资源开发利用和保护规范化水平。完善生态考核补偿、排污权交易、企业环保信誉评价等制度，落实“费改税”，增强制度刚性约束力。推进环境监察监测体制改革，充实基层执法监管力量，健全网格化环境监管体系，实施联合执法、区域执法、交叉执法，严厉打击环境违法行为。健全环境突发事件应急机制，防范并妥善处置突发性环境事件。落实规划环评与建设项目环评联动机制，全面推行区域化环评，抓好源头预防。完善环保目标管理考核机制，严格落实“党政同责、一岗双责”，加强环保责任督查、审计和追究。

五、聚焦民生福祉，在增进和谐稳定上实现新突破

坚持以人民为中心的发展思想，重点办好10件民生实事，更好满足人民日益增长的美好生活需要，建设全省乃至全国最安全、最和谐、最具幸福感城市。

不断提高社会保障水平。按照兜底线、织密网、建机制的要求，加快构建覆盖全面、城乡统筹、权责清晰、保障适度、可持续的多层次社会保障体系。扎实推进精准扶贫，巩固提升户村脱贫成效，基本实现4个经济薄弱镇脱贫摘帽。健全精准脱贫长效机制，加强贫困人口动态管理，确保贫困对象应纳尽纳、应扶尽扶。实施更加积极的就业政策，鼓励创业带动就业。继续推进社会保险扩面征缴，实现新增被征地农民养老保险全覆盖，提高城乡居民社会医疗保险筹资标准及待遇水平，调增门诊统筹包干标准和支付额度。加快扶老、助残、救孤、济困等福利事业发展，完善“医养结合”养老服务模式，扩大居家养老覆盖面，集中托养困难重度精神残疾人，提升儿童福利服务水平，及时发放各类救助金。加强社会慈善组织建设，扩大社会救助受益面。加快建立多主体供应、多渠道保障、租购并举的住房制度，满足住房困难群众的需求。

大力发展各项社会事业。优先发展教育事业，推进学前教育普惠发展、义务教育优质均衡发展、高中教育多元特色发展、职业教育创新发展。突出抓好南开教育基地和山东文化产业职业学院项目建设，争创全省教育特色市。继续深化医药卫生体制和公立医院综合改革，推行分级诊疗制度，加强基层医疗卫生机构标准化建设，抓好北大新世纪言鼎医疗产业园建设，建成更高水平的公共卫生、医疗服务体系。深化“文明莱西”建设，以培育和践行社会主义核心价值观为根本，统筹推进城乡精神文明建设，深入开展群众性精神文明创建活动，提升公民文明素质和城乡文明程度。加强公共文化体育设施建设，筹建市剧院，建设10处笼式健身广场。申办第三届世界休闲体育大会，举办更多全国性体育赛事，承办好第24届省运会三项比赛，推进全民健身。推动双拥、红十字、档案、史志、防灾减灾、气象等各项社会事业持续健康发展。

切实维护社会和谐稳定。深化“法治莱西”建设，认真落实“七五”普法规划，着力推动公正司法、严格执法、全民守法。深化“平安莱西”建设，认真总结十九大安保维稳和成功创建全省社会治安综合治理先进市工作经验，进一步完善公共治安智能防控体系、矛盾纠纷排查预警和多元化解机制，统筹做好治安防控、积案化解、重点群体稳控等工作。严之又严、细之又细做好服务保障工作，为2018上海合作组织青岛峰会顺利召开营造良好的社会环境。严格落实安全生产责任，坚决杜绝重大安全事故发生。认真落实食品安全党政同责，切实加强食品安全监管，确保群众舌尖上的安全。

六、聚焦强基固本，在加强党的领导上实现新突破

认真落实管党治党责任，把全面从严治党要求贯穿于党的建设各个方面，充分发挥党在全市各项事业中的领导核心作用，为推动莱西绿色崛起提供坚强的政治保证。

坚持把党的政治建设摆在首位。牢固树立“四个意识”，旗帜鲜明讲政治，坚定执行党的政治路线，严格遵守政治纪律和政治规矩，在政治立场、政治方向、政治原则、政治道路上同以习近平同志为核心的党中央保持高度一致，自觉维护以习近平同志为核心的党中央权威和集中统一领导。认真学习党章党规，模范遵守党章党规，严肃认真开展党内政治生活，增强党内政治生活的政治性、时代性、原则性、战斗性，坚决抵制商品交换原则对党内生活的侵蚀，营造风清气正的良好政治生态。加强党内政治文化建设，倡导和弘扬忠诚老实、光明磊落、公道正派、实事求是、艰苦奋斗、清正廉洁等价值观。完善和落实民主集中制各项制度，严格按照民主集中制原则做决策、办事情。

用习近平新时代中国特色社会主义思想武装头脑。把学习宣传贯彻党的十九大精神作为重要政治任务，按照学懂、弄通、做实的要求，深入学习领会习近平新时代中国特色社会主义思想的科学体系、精神实质和实践要求，做到学深悟透、融会贯通。结合推进“两学一做”学习教育常态化制度化，扎实开展“不忘初心、牢记使命”主题教育，教育引导广大党员干部牢记宗旨，解决好“总开关”问题，进一步坚定“四个自信”，自觉做习近平新时代中国特色社会主义思想的坚定信仰者、积极实践者、忠诚捍卫者。落实意识形态工作责任制，认真组织开展中国特色社会主义主题宣传教育，弘扬主旋律，传播正能量。

建设高素质专业化干部队伍。坚持党管干部原则和好干部标准，树立正确的选人用人导向，加大对年轻干部、女干部、党外干部、基层干部的选拔培养力度，对特别优秀年轻干部，敢于大胆使用，打破“隐形台阶”。严肃干部工作纪律，防止干部“带病提拔”，完善后备干部选拔培养工作机制。严格执行领导干部能上能下各项制度，对不适宜担任现职的干部坚决予以调整，建立健全正向激励和容错纠错机制，营造干事创业的浓厚氛围。加强干部教育培训，通过组织赴先进地区培训、举办领导干部大讲堂等多种方式，着力增强“八种本领”。聚焦经济社会发展重要部署、重大任务、重点工作，完善干部考核评价机制。

加强基层党组织建设。以提升组织力为重点，突出政治功能，把基层党组织建设成为宣传党的主张、贯彻党的决定、领导基层治理、团结动员群众、推动改革发展的坚强战斗堡垒。加强和创新村级组织建设，充分发挥党组织的组织优势、组织力量、组织功能，探索新时代村集体经济发展的“莱西模式”，进一步深化“莱西会议”经验。抓好村、社区“两委”换届工作，选优配强基层党组织带头人。统筹推进街道“大党工委”、社区“大党委”和“两新”组织党建工作，推动区域化党建工作提档升级。严格执行组织生活制度，坚持和完善“三会一课”等制度，加强党员教育培训，提升基层党组织服务水平。总结“强基固本村村行”活动经验，完善党员干部联系服务群众制度。

持之以恒正风肃纪。聚力“三个提升”，深化作风建设，提振事事争先进、人人创一流的精气神，无论综合排名还是单项指标都努力创一流、争第一。按照中央和省委、青岛市委八项规定实施细则精神修订我市实施办法，巩固拓展落实中央八项规定精神成果，紧盯“四风”特别是形式主义、官僚主义的新表现，加大监督检查力度，解决好“门好进、脸好看、事难办”“行动少落实差”“只求不出事、宁愿不做事”等突出问题。深入开展“五型”机关创建活动，进一步提高机关管理科学化水平。坚持把纪律挺在前面，运用监督执纪“四种形态”，抓早抓小、防微杜渐，使铁的纪律转化为党员干部的日常习惯和自觉遵循。以坚如磐石的决心惩治腐败，聚焦党的十八大以来不收敛、不收手的领导干部，着力解决选人用人、审批监管、资源开发、工程建设等重点领域和关键环节的腐败问题。坚决整治群众身边腐败问题，开展扶贫领域腐败和作风问题专项治理。把惩治基层腐败同扫黑除恶结合起来，坚决查处涉黑“保护伞”。深入推进巡察工作，改革监察体制，增强监督实效。

加强民主政治建设。坚持和完善人民代表大会制度，支持和保障人大及其常委会依法行使职权、开展工作，充分发挥人大代表的主体作用。坚持和完善中国共产党领导的多党合作和政治协商制度，支持政协聚焦全市中心工作，把协商民主贯穿政治协商、民主监督、参政议政全过程。支持人民法院、检察院依法独立行使职能。支持民主党派加强自身建设，为民主党派、无党派人士参与协商民主提供便利条件。扎实推进新的社会阶层人士统战工作，加强党外代表人士队伍建设。做好新形势下民族宗教工作和港澳台海外统战工作。加强民兵预备役、征兵和人防工作。充分发挥工会、妇联、共青团等群团组织联系和服务群众作用。深化党务、政务、村务等领域办事公开。

抓好常委会自身建设。修订并严格落实《关于加强市委常委会自身建设的意见》，建设对党绝对忠诚、对组织绝对坦诚、牢记政治责任、忠诚干净担当的坚强领导集体。带头增强政治意识和全局观念，在班子内部形成既信任鼓励又批评监督、既包容失误又及时纠错、既团结协作又不违原则的良好政治生态。带头学习宣传贯彻党的十九大精神，坚决做维护核心、对党忠诚的表率。带头落实管党治党责任，履行“一岗双责”，推进全面从严治党向纵深发展。带头加强思想建设，健全完善集体学习制度，自觉提高理论修养和工作本领。带头执行民主集中制，进一步提高科学决策、民主决策和依法决策水平。带头严格党内政治生活，用好批评和自我批评武器，推动党内政治生态全面净化。带头加强和改进工作作风，带着感情和责任做好群众工作，从严从实落实中央八项规定精神。带头解放思想、抢抓机遇，以改革创新精神干事创业，不折不扣落实好中央和省委、青岛市委各项决策部署。带头遵守党的纪律，自觉用党章党规党纪规范一言一行，营造良好家风，自觉接受各方面监督。

（市委办公室）

大 事 记

2018年大事记

一月

2日

莱西市第一本青少年普法刊物《中小学生法制宣传手册》首发仪式在济南路小学举行。市委副书记、市关工委主任张升山，市委常委、政法委书记张笑，市政府副市长丁朝霞出席。

4日

全市经济工作暨金融工作会议在市委党校召开，市委副书记、市长姜水清主持会议并作总结讲话。

12日

青岛市委副书记、市长孟凡利参加莱西代表团对市人大常委会工作报告和市“两院”工作报告的审议，市领导庄增大、姜水清、赵希胜参加审议。

16日

青岛市普通高中课程与教学工作会在莱西市实验学校召开，副市长丁朝霞出席并致辞，青岛市教育局副局长王洪琪出席并讲话，青岛二中和莱西一中分别作了典型经验交流。

莱西市良种繁育场参研的“梨品种资源创新与开发利用”项目获青岛市科技进步一等奖，青岛海力源生物科技有限公司研发的“海洋生物源肥料增效剂研发与产业化”项目获青岛市科技进步二等奖。

18日

青岛北方航空职业学校取得办学许可证，为全日制普通中等职业学校，3月5日正式开学。

18—20日

中国人民政治协商会议第九届莱西市委员会第二次会议在市委党校召开。

19–21日

莱西市第十八届人民代表大会第二次会议在市委党校召开。

26日

中国冷链物流仓储有限公司董事长吴学等4人到莱西座谈并与市政府签署战略合作框架协议，市委书记庄增大、副市长江联军出席签约仪式。

市场监督管理局召开全市加油站点约谈会，各市场监管所所长和全市80余家加油站点负责人参加会议。各基层所与辖区加油站100%签订《成品油质量诚信经营承诺书》，督促行业自律经营，加大对成品油经营企业守法经营的约束力。

是月

莱西市被农业农村部评为一县一业典型示范县。

莱西市被山东省人力资源与社会保障厅、山东省农业农村厅评为全省农村土地承包经营权确权登记颁证先进集体。

青岛鲁林脱水蔬菜有限公司的“鲁林”牌脱水大蒜被评为山东省名牌产品。

莱西市公布2018年市政府重点办好的10件实事。实事包括22项内容，涉及教育、交通、医疗和环境整治等一批民生工程。

二月

4日

农业部规划设计研究院副所长常瑞甫一行到莱西调研葡萄全产业链产业规划情况，市委书记庄增大陪同。

市吕剧团创作的红色题材吕剧现代戏《初心》在九联剧场上演，拉开“不忘初心牢记使命”主题教育序幕。

6日

动力电池、新能源汽车等项目签约仪式在市行政办公中心举行，市委副书记、市长姜水清，市人大常委会副主任张显杰，副市长江联军参加活动。

潍莱高铁望城街道张家庄村打下全线第一根桩，标志着潍莱高铁全线开工建设。

7日

省双拥办主任金刚芦一行到姜山镇马家泊村走访慰问一等功现役军人全凤江的家人，副市长曹杰军陪同。

9日

青岛市侨联副主席矫曙光到河头店镇龙泉湖社区开展走访慰问活动，并走访“哈佛八剑客”之一刘青松的父亲刘振达。

13日

市领导庄增大、姜水清、赵希胜、邹学新、张升山等分组走访慰问全市老干部、劳模、老党员、低保户、贫困户、贫困职工、复员军人、残疾人。

23日

省委常委、青岛市委书记张江汀等18人到莱西市调研乡村振兴战略实施情况。

24日

市人社局、市妇联在月湖广场联合举办2018年“春风行动”暨精准扶贫就业对接大型招聘洽谈会，吸引全市食品、制造、化工等诸多行业178户用工企业参加，提供岗位5879个。

25日

全市领导干部会议在市委党校会议中心召开，围绕“深化作风建设，推进创新发展”主题，动员全市上下提振干事创业精气神，营造崇尚创新、勇于创新、善于创新的浓厚氛围，开创各项工作新局面。市委书记庄增大出席会议并讲话，市委副书记、市长姜水清主持会议。

27日

山东省电子商务促进会会长、山东星宏电讯有限责任公司董事长冯希宁等6人调研莱西市电子商务发展情况，研究电子商务发展方向及存在问题，指导开展电子商务发展规划及电子商务产业升级工作。

三月

2日

由市委宣传部、市文广新局举办的莱西市第十六届月湖文化艺术节开幕式暨2018年元宵节秧歌巡游正式拉开帷幕，全市12个镇（街）的34支秧歌队近千人参与演出。

5日

莱西市社工和志愿者联合会在市民政局正式成立。

6日

全省首个农业水文观测站在店埠镇国家级现代农业园建成，并投入试运行，4月底完成设备调试，5月1日正式运行。

12日

莱西市启动“红盾护农”打假保春耕行动，严厉打击假劣农资坑农、害农不法行为，维护广大农民群众的合法权益，保障农业生产顺利进行，行动至4月12日结束。

19日

省政府安委会第四次巡查组第一小组到莱

西市巡查安全生产工作，市领导姜水清、郝曙光、曹杰军、丁朝霞、江联军、谭建武、史立伟参加座谈会。

全市农村工作会议在市委党校召开。市领导姜水清、赵希胜、邹学新、张升山参加会议，青岛市级以上农产品加工龙头企业，农业合作社、家庭农场、种植养殖大户等新型经营主体参加会议。

24日

国家机械工业教育发展中心主任陈晓明等7人到莱西研讨全市智能制造基地建设合作事宜，并调研教体局承办2018年机械行业职业院校智能制造领域教育教学创新及创新创业大赛筹备工作。

25日

莱西特殊教育中心康复基地正式揭牌启用，探索特殊教育新模式，青岛海诺集团3年捐款60万元，用于自闭症儿童的康复训练等。

26日

青岛润耕佰川农业专业合作联合社拿到政策性苹果期货价格保险保单，标志着全国首单政策性苹果“保险+期货+银行”花落莱西。

市委组织部在市委党校举办4期全市基层党组织书记培训班，分期对村（社区）党组织书记、村（居）委会主任、大学生村官进行集中培训，培训持续至4月10日。

29日

莱西市旅游局与甘肃省两当县旅游局签订旅游合作框架协议，双方以互为目的地形式开展旅游宣传促销活动，可在政策允许范围内享受本地旅游企业同等待遇。

是月

山东省食安委正式命名莱西市为省级食品安全市，省级食品安全城市创建工作结束。

中共莱西市律师行业委员会成立，由莱西市委两新组织工委直接管理。市司法局党组成员、副局长董绍杰任党委书记。

市人防办由政府办划归市城乡建设局，为副科级公益一类事业单位。

四月

7日

莱西经济开发区管委会与湖南秋之韵生物技术有限公司签订合作协议，共同打造青岛国际医疗旅游先行区项目。

9日

2018年全市食药工作暨“双月大会战、食安大提升”集中整治行动动员会议在市行政办公中心召开，副市长张方宝参加会议。

12日

全市村“两委”成员培训班在市委党校举办，培训共分8期，持续至5月10日，对全市农村党组织书记和村委会主任以外的其他村（城市社区）“两委”成员进行集中培训，累计培训干部2776人次。

18日

2018先进碳材料产业发展高峰论坛在莱西华玺大酒店举办，市领导姜水清、郝曙光、孙明明、江联军、姚军出席活动。

21–22日

黑龙江省林口县县委书记吴庆兰带领林口县党政考察团到莱西考察学习。市领导庄增大、战洪贤、张显杰、江联军、姚军参加活动。

22日

2018年“4·23世界读书日”暨“书香莱西”读书节活动在书城拉开帷幕，活动由市委宣传部、市文广新局、市教体局、市综合行政执法局主办，市图书馆、市新华书店承办，市委常委、宣传部部长纪玉水，副市长丁朝霞出席启动仪式。

24日

青岛市美丽乡村建设现场观摩会暨美丽乡村建设领导小组会议在莱西市召开。青岛市副市长朱培吉主持会议，莱西市委副书记、市长姜水清，市委副书记张升山，副市长曹杰军参加会议。

第二届寻找“最美莱西人”系列评选表彰活动颁奖仪式在济南路中学举行，共25名“最美莱西人”受到表彰。

五月

3日

市政府与青岛证监局在市行政办公中心签署《关于促进莱西市资本市场健康发展的合作备忘录》。市领导庄增大、战洪贤、江联军参加活动。

6日

山东文化产业职业学院奠基仪式在望城街道举行。市委副书记、市长姜水清，副市长丁朝霞，市政协副主席吕英志等参加活动。

11日

省国土资源厅厅长李琥一行到莱西市调研省新一轮新旧动能转换重大项目及国土资源管理工作情况。市委书记庄增大，市委常委、副市长郝曙光参加活动。

14日

国内500强企业雅居乐建设集团旗下广州雅丰新型建材有限公司与莱西市签定投资合作协议。市领导姜水清、郝曙光、孙明明出席签约仪式。姜水清代表市委、市政府会见雅居乐集团总裁陈璐琳一行。

15日

世界休闲组织主席罗杰·科尔斯等4人到莱西考察并签订青岛（莱西）2019世界休闲体育大会举办协议，市领导庄增大、赵希胜、邹学新、丁朝霞参加签约仪式。

19日

莱西市人民政府办公室印发《关于印发莱西市“一窗式”政务服务改革实施方案的通知》（西政办发〔2018〕26号），建立实施“收办分离——统进统出——全程控制——高效服务”工作模式，构建统分结合、上下联动、便捷高效的政务服务工作体系。

20日

省委书记刘家义等25人到莱西市调研乡村振兴战略推进情况。青岛市委副书记、市长孟凡利，青岛市委常委、组织部部长边祥慧陪同调研。莱西市委书记庄增大，市委副书记、市长姜水清，市委常委、市委办公室主任战洪贤等参加调研。

22日

北极猫（北京）动力装备有限公司CEO李巧娜等6人到莱西围绕青岛Speed赛事嘉年华及赛车动力小镇建设项目进行考察。

23日

2018年全市政法工作暨扫黑除恶专项斗争工作会议在市委党校会议中心召开。

24日

由市旅游局、青岛市厨艺研究会共同举办的“蟾公酒”杯莱西市乡村特色美食评选大赛暨青岛本邦菜评审活动莱西站在老天宝庄园举行。夏格庄蒜香鸡、家常五花肉炖芋头、开门红、老酒焖鸳鸯鸭、黑猪肉白菜炖粉条等十个菜品被评为十大特色家乡菜，店埠炉包、院上傅家蒜蓉烤鸡、马连庄黄瓜皮、徐芝全日庄火烧、大缸烤肉等十个小吃被评为十大民俗特色小吃。

青岛市文物保护考古研究所和市博物馆组成联合考古队，对莱西市西沙埠遗址进行第三次考古调查与勘探。

25日

市农业局为莱西市玉香农资经营部颁发全市首张农药经营许可证，为青岛市第一张农药经营许可证。

省委组织部调研组到莱西开展为期12天的

调研活动，梳理“莱西会议”以来农村基层党组织建设的历史脉络，研究提出推动乡村组织振兴的思路对策。

26日

第三届全国葡萄苗木繁育与砧木创新学术研讨会在莱西召开，研讨会由中国园艺学会果树专业委员会组织，主题为葡萄苗木繁育与砧木创新。

28日

2018年山东省第24届运动会射箭预赛暨2018年山东省“中国体育彩票杯”射箭锦标赛在莱西市体育中心举行。

30日

莱西市首个实行法人治理结构的商会——莱西市碳材料商会成立。

六月

2日

市旅游局邀请在青外国友人十余人，市民代表，旅游渠道代表以及新华网、《中国旅游报》、《半岛都市报》等媒体代表四十余人，分三组路线走进山后人家、鲜多多农场、姜山湿地等特色景区，体验莱西“春季赏花踏青，休闲采摘”“夏季沽河休闲，精品研学”“秋季登山赏叶，休闲体育”“冬季温泉养生，休闲健康”多条四季不同主题一日游、两日游、精品研学游以及房车营地等休闲度假旅游产品。

3日

莱西市慈善“双十佳”（十佳单位和十佳个人）表彰晚会在济南路小学举办。聘请莱西籍2008年奥运女子射箭冠军张娟娟为莱西市首位“慈善大使”，市领导张升山、万国才、曹杰军、赵彦军参加活动。

7日

中科院青岛生物能源与过程研究所党委书记、副所长彭辉等12人到莱西市召开中科院青岛生物能源与过程研究所城镇化发展研究中心暨莱西市产业技术研究院第一届理事会第二次会议。

10日

莱西木偶团随省文化厅赴新西兰交流演出，在新西兰国家博物馆毛利文化厅表演代表作《西游记》片段“三打白骨精”。

12日

山东省人民政府印发《山东省民用机场布局规划》，莱西通用机场被列为近期（2022年前）建设的A1级通用机场。

15日

全市综合考核工作会议在市委党校召开。

16日

“乐在莱西”品牌LOGO暨旅游产品发布会在姜山湿地举行，会中发布“乐在莱西”LOGO及“运动休闲·乐在莱西”28条经典旅游产品线路。

2018时光音乐节在莱西涌泰湿地公园举办，演出为期3天。朴树、齐秦、郑钧、好妹妹、赵照、声音碎片、FrankiD、Csir等多种音乐风格的音乐人和乐队齐聚青岛莱西，为广大乐迷和游客奉献了一场户外音乐盛宴。

23日

全市脱贫攻坚会议在市行政办公中心召开。

25日

自13时开始至26日7时止，莱西市普降大到暴雨，局部大暴雨。平均降雨量85.4毫米。最大降雨量出现在店埠雨量站，降雨量为108.6毫米。

“七一”前夕，市领导庄增大、姜水清、张升山等分别走访看望部分新中国成立前老党员和生活困难党员，为其送去党和政府的关怀与温暖。

26日

四川泛美教育投资集团董事长魏全斌、青岛土木建工集团董事长张禄钊等一行6人到莱西，与市委书记庄增大及市委副书记、市长姜水清洽谈航空文化小镇项目投资事宜。

27日

市委组织部、市纪委机关、市民政局、市财政局、市农业局联合印发《莱西市村级重大事项“四议两公开”实施办法》，完善村党组织领导下的村级治理机制，推进村级事务健康有序运行。

30日

升级改造后的威东市场正式开业，为2017年政府实事之一。

庆祝中国共产党成立97周年暨开展“乡村振兴村村行”活动动员部署会议在市委党校召开，对全市80名优秀共产党员、50名优秀党务工作者和50个先进基层党组织进行表彰。

为纪念建馆20周年，崔子范美术馆举办为期6天的全国100位名家名作展及南京大写意名家赵钲作品展。

是月

截止到6月，莱西市共有海绵城市、美丽乡村、东欧产业新城、姜山湖生态保护及基础设施提升、垃圾焚烧5个工程项目获财政部PPP管理平台的审查论证许可，并进入国家PPP项目管理库，项目总投资约67.7亿元。

市老龄办为全市2.73万名80-99周岁老年人发放高龄津贴共计1102.04万元。

七月

5日

新组建的国家税务总局莱西市税务局举行挂牌仪式，市委副书记、市长姜水清，国家税务总局青岛市税务局党委委员、副局长任希巍出席仪式。

7日

第十六届月湖文化艺术节系列活动开演，内容涵盖舞蹈、器乐、声乐、戏剧等文艺形式，历时两个月，直至8月28结束。活动共计17场，演员3500余人，观众达3.5万人次。

“天泰·公园壹号杯”2018第二届“环山东半岛”200公里自行车挑战赛在莱西开赛，共吸引来自国内、英国、韩国的627名选手参加。

10日

青岛市市长孟凡利等14人到莱西市调研全市项目建设情况。

国家发改委国际合作中心执行总监、国合华夏城市规划院执行院长吴维海等8人到莱西调研乡村振兴规划编制有关事宜。

莱西市召开2017年泰山产业领军人才建设资金发放暨人才座谈会，为青岛晟科材料有限公司总经理孙立水、青岛超瑞纳米总经理赵屹坤各发放人才建设资金100万元，市委常委、组织部部长黄迪勇参加活动。

17日

市民政局与莱阳市民政局召开联席会议，协作完成全长180.22千米的莱西——莱阳行政区域界线实地联合检查。此次联检工作共涉及10个镇（街）132个村（居），全线共埋设单立双面大理石界桩24颗（不含三交点界桩），其中三交点三面界桩2颗。

18日

莱阳市委书记李胜刚率党政考察团一行到莱西市学习在新旧动能转换和项目建设等方面的先进经验和做法。市委书记庄增大陪同考察，市委常委、市委办公室主任战洪贤，副市长曹杰军参加。

市委副书记、市长姜水清代表市政府与凯盛科技、浩丰食品在青岛香格里拉酒店签订战略合作框架协议。青岛市副市长朱培吉，青岛市农委主任由翠玉，莱西市副市长江联军参加。

20日

以“乐在莱西，相约万友”为主题的第11届万友啤酒文化节在市体育馆开幕，2000余人参加开幕式。此次啤酒节主会场设在月湖广场，人民广场南段天津路广场、东鲁农业公园设分会场，各会场分别开设美食广场、商品展区、文体娱乐、酒文化主题日等主题活动。29日结束。

27日

莱西市组织2018年全市半年项目现场观摩会，观摩了店埠镇国家级现代农业园智能化种苗繁育工厂项目、德邦环保节能新材料项目、柏札莱奶酪生产项目、高端调味品研发生产项目、新型建筑材料产业园项目和青岛北方航空职业学校项目。

八月

1日

市人大常委会执法检查组召开《中华人民共国禁毒法》执法检查组会议，听取市政府有关部门就贯彻执行《中华人民共和国禁毒法》相关工作情况汇报及莱西市涉毒违法犯罪行为打击查处情况，市人大常委会副主任刘莉参加会议。

5日

赛伯乐绿科投资集团副董事长、绿科云城科技发展有限公司董事长汪名骕一行9人到莱西市调研考察，随后在行政办公中心进行座谈并签署合作协议，市领导庄增大、姜水清、战洪贤、江联军参加座谈。

6日

市委书记庄增大到市公安局调研扫黑除恶工作，看望慰问一线公安民警。市委常委、政法委书记张笑参加调研。

14日

来自北京、武汉、上海等地的张氏后代近300人齐聚莱西市夏格庄镇双山村，为“双山张氏先贤纪念碑”揭幕，纪念山东双山张氏家族第九代祖先张梦鲤诞辰485周年。

15日

莱西市与加拿大牧草团队、恒大绿洲（青岛）生态草业有限公司签署10万亩优质牧草合作协议，在马连庄镇重点推广种植加拿大新型三元杂交牧草（桑根草CFSH30）、建设新型牧草种子繁育基地和新型牧草种子研发中心。

16日

2018第二届中国基金小镇高峰论坛在莱西市举办，全国工商联原副主席、天津市人大常委会原副主任张元龙，市领导庄增大、赵希胜、邹学新、孙明明、张显杰、江联军、孙焕伟出席并参加论坛相关活动。

17日

市老龄委、市民政局共同在华玺大酒店举办“乐在莱西·爱在七夕”美满婚姻颁证活动。青岛市民政局副局长邢福栋，市领导张升山、纪玉水、刘莉、曹杰军、王志超参加活动并为伉俪颁发证书和纪念品。

22日

第二届全国农产品流通大数据与乡村振兴高峰论坛暨莱西市农业大数据平台启动仪式在莱西市举办。农业农村部农村经济体制与经营管理司司长张红宇，全国政协委员、中国质检学会会长、国家质检总局原副局长魏传忠等15人以及市领导庄增大、姜水清、邹学新、张升山、郝曙光、曹杰军出席会议。

青岛市市北区区委书记郑德雁一行对河头店镇、院上镇两个经济薄弱镇开展对口帮扶工作，给予对口帮扶资金各300万元。市领导庄增大、姜水清、黄迪勇、战洪贤参加活动。

27日

市委书记庄增大到望城街道田格庄村调研涉黑涉恶重点村庄。市委常委、组织部部长黄迪勇，市委常委、政法委书记张笑参加调研。

市委副书记张升山带领市发展改革局、望城街道、院上镇、马连庄镇负责人以及2家企业赴甘肃省陇南市两当县落实推进对口帮扶、扶贫协作重点工作。

28日

中国四联仪器仪表集团华北区总经理姚颖一行6人到开发区考察投资环境，考察团在行政办公中心进行座谈，市委书记庄增大、市政府副市长江联军、市政协副主席吕英志参加。考察团实地考察开发区中科创新园、置信产业园、智慧云谷项目。

29日

市委书记庄增大到市行政服务中心调研“一次办好”改革、企业开办、建设项目审批、“互联网+政务服务”等工作落实情况。市领导郝曙光、战洪贤、范丽平参加调研。

市检察院以涉嫌组织、领导、参加黑社会性质组织罪、非法采矿罪、强迫交易罪、敲诈勒索罪、寻衅滋事罪、破坏生产经营罪、容留他人吸毒罪等9项罪名对李晓庆等24名犯罪嫌疑人依法提起公诉。该案系山东省扫黑办挂牌督办案件，也是扫黑除恶专项斗争开展以来青岛地区首例提起公诉的黑社会性质组织犯罪案件。

由联合国举办的秸秆综合利用项目推进会在莱西市召开。

31日

莱西市人民政府办公室印发《关于深化“一次办好”改革全面推行政务服务帮办代办的实施意见》（西政办发〔2018〕53号），结合“一窗式”政务服务改革，建立无偿政务服务帮办代办服务制度，为企业和群众提供保姆式“一对一”贴心帮办代办服务，为全市经济发展提供政务服务保障。

九三学社莱西市基层组织成立30周年纪念大会在市文化中心举行。

市委组织部举办为期4天的黑龙江省萝北县党政干部进修班，萝北县县委、县政府班子成员，人大政协主要领导，各乡镇、部分县直单位主要领导等50人到莱西考察学习。

是月

莱西市被农业农村部评为农村创业创新典型县。

根据国家农业农村部、财政部《关于批准开展2018年农业产业强镇示范建设的通知》，莱西市店埠镇产业兴村强县示范项目成为青岛市唯一入选项目。项目分两期建设，总投资4600万元，其中一期总投资2400万元，实施主体自筹配套资金1200万元。

九月

3日

山东省城建集团党委书记、董事长总经理刘俊福等5人到莱西市参加中科院青岛产业育成（莱西）基地项目建设合作签约。

青岛市委书记张江汀等15人到莱西市调研乡村振兴、扫黑除恶工作。

5日

市“传承红色基因，争做时代新人”主题教育活动启动仪式在姜山镇前保驾山村胶东农村第一个党支部纪念馆举行。市委副书记、市关工委主任张升山出席仪式。

7日

莱西市开展人民群众“走进市办实事见证民生工程——美丽乡村”活动。与会群众代表集体观摩了水集街道下马庄村、产芝村、谭彪庄村、石佛院村、北张家庄村美丽乡村标准化建设情况，并听取市农工委办关于项目概况和进展情况的汇报。

8日

全市庆祝2018年教师节暨表彰大会在市委党校召开，市委书记庄增大主持会议并讲话。

10日

市委书记庄增大，市委常委、市委办公室

主任战洪贤，副市长丁朝霞到莱西一中看望慰问一线教师。市委副书记、市长姜水清到沽河街道西杨格庄小学走访慰问教师。市委常委、副市长郝曙光，市人大常委会副主任王志强到望城街道后塔埠头小学走访慰问教师。

中铁中基供应链集团汽车产业园启动仪式在姜山镇北汽新能源莱西基地举行。中铁中基供应链集团总裁岑鹏等7人，市委书记庄增大、副市长丁朝霞参加活动。

15日

由央视网、莱西市体育中心主办，宁拓（上海）体育管理有限公司承办的“前进中国·乐在莱西”2018悦水悠悠桨板俱乐部精英赛在月湖公园举行。

18日

市委副书记、市长姜水清到青岛耐克森轮胎有限公司、青岛艾世摩电装有限公司、希杰（青岛）食品有限公司实地调研莱西市外资企业发展情况。

18日至19日，市委书记庄增大率考察团到贵州省安顺市西秀区考察调研，对接莱西市与安顺市西秀区东西部协作工作。

19日

莱西市举办首届中国农民丰收节，在沽河街道山后人家设主会场，南墅镇东鲁农业公园设分会场。青岛市农办副主任杜绍波等领导参加庆祝活动开幕式，市领导曹杰军等陪同。

《莱西市情》被山东省县市报纸研究会评为山东省优秀县市报。

南京路道路提升工程开始施工，该工程是市政府基础设施建设重点工程之一，也是莱西市海绵城市建设项目内容。

20–21日

迎国庆·庆祝改革开放四十周年全市合唱大赛在人民广场举行，共有23支合唱队、900余名队员参赛，市领导纪玉水、王志强、丁朝霞、吕英志观看比赛。

23日

“岳王杯”第三届世界武术国际武林大会在市体育中心体育馆举行，由中国武术世界运动协会、莱西市体育中心主办，莱西市民俗体育协会承办，共吸引了6个国家86支代表队、1400余人参赛。

26日

《店埠镇志》编成付印。

27日

莱西市举行第四届“市长杯”校园足球联赛，副市长丁朝霞参加开幕仪式。

由青岛市委市政府主办的乡村振兴暨脱贫攻坚现场会在莱西市农业大数据中心召开，青岛市委常委、常务副市长王鲁明，市领导庄增大等领导陪同参加。

全国机械行业职业院校智能制造创新创业大赛在莱西市举行，全国51所职业院校、95支参赛队伍、393名选手同场竞技，是莱西市有史以来承办的最高规格的职业教育专项赛事。

28日

2018青岛·莱西第二届大沽河国际休闲节在沽河游乐园开幕。为期60天，以“运动休闲·乐在莱西”为主题，由大沽河国际休闲节暨“万人游莱西”活动启动仪式、大沽河休闲骑行活动、大沽河生态彩绘跑、“乐在莱西”旅游摄影大赛采风、莱西市首届中国农民丰收节以及第三届姜山湿地国际马拉松比赛等十项内容组成，市领导邹学新、丁朝霞、吕英志参加活动。

龙青高速龙口至莱西段建设完毕，正式通车。

30日

莱西市烈士纪念日向烈士敬献花篮仪式在莱西革命烈士陵园举行，市领导庄增大、姜水清、邹学新、张升山等出席仪式。学生代表200人、青年代表25人、驻军代表25人、烈属代表8人参加仪式。

莱西市与青岛农商银行在市行政办公中心签订《服务“乡村振兴”战略全面合作框架协议》，市领导庄增大、姜水清、战洪贤、江联军参加活动。

十月

10日

中国供销·青岛（莱西）国际农产品智慧物流园项目和中国供销·青岛（莱西）农产品商贸城项目奠基仪式在经济开发区北部工业园区内举行，市领导郝曙光、王志强、李美玲参加。

12日

省住房和城乡建设厅邀请中国城市规划设计研究院深圳分院、山东建筑大学、山东城市建设职业学院、青岛市城市规划设计研究院等单位的专家对《莱西市城市总体规划（2018-2035年）》成果进行审查。

14日

山东省第二十四届运动会乒乓球比赛在莱西市体育中心开赛，赛期6天，莱西市运动员于宗平、史楷代表青岛队出战，夺得男子乙组团体冠军。

16日

水集街道办事处和院上镇2处社区助老大食堂完成改造。市政协副主席赵彦军、市慈善总会副会长张志熙为助老大食堂启用揭牌。

17日

中国供销·青岛（莱西）国际农产品智慧物流园项目开工建设，项目总投资28亿元，是2018年青岛市重大项目和重点推进的新旧动能转换龙头项目。

莱西籍运动员张梦瑶参加在阿根廷布宜诺斯艾利斯举行的第三届夏季青年奥林匹克运动会，并在射箭女子反曲弓个人赛中夺得冠军。

18日

市委书记庄增大督察全市河长制、湖长制工作，实地查看洙河北京路至国道309线段、高格庄水库、小掖路以北大沽河上游水系连通项目等情况并召开工作会议。

21日

2018海氏海诺杯青岛姜山湿地国际马拉松赛在姜山湿地开赛，该赛事由青岛市体育局、青岛市体育总会、莱西市政府主办，莱西市体育中心、青岛海氏海诺集团、南通三建控股（集团）有限公司承办，副市长丁朝霞参加活动开幕式。

22日

全市非洲猪瘟等重大动物疫病防控暨畜禽养殖环保督查问题整改“回头看”工作会议在市行政办公中心召开。

23日

青岛市副市长朱培吉等领导对莱西市中央环境保护督察反馈意见整改工作进行督导，并到南墅镇相关现场进行督察，市领导庄增大等陪同。

26日

北汽新能源汽车青岛基地2018年供应链伙伴大会暨莱西市招商大会在青岛府新大厦举行。北汽集团党委书记、董事长徐和谊，北汽集团党委常委、副总经理蒋自力，北汽集团党委常委、北汽新能源党委书记、总经理郑刚，青岛市政府副市长张德平，莱西市委书记庄增大等领导出席会议，市委副书记、市长姜水清主持有关会议。

27日

“承传与创新——纪念崔子范美术馆建馆20周年暨中关村画院成立五周年全国名家作品展”在市崔子范美术馆举办。

31日

莱西市蟾公酒文化博物馆通过山东省文物局设立备案，至此，全市获得正式备案的非国有博物馆增至3家，另外两家是胶东民俗文化博物馆和青岛莱西市卢乡阁博物馆。

是月

《中国中小城市绿皮书2018》发布，莱西市在2018年度全国综合实力百强县市中排名第58位；在2018年全国绿色发展百强县市中排名第62位；在2018年全国科技创新百强县市中排名第49位。

十一月

1日

省委常委、秘书长王清宪到莱西市就有关重点项目开展走访调研，帮助企业解决实际困难。青岛市委常委、统战部部长王久军，莱西市领导孙明明、战洪贤陪同。

2018青岛旅游惠民月暨莱西第六届东大寨苹果丰收节启动仪式在河头店镇沁楠香休闲岛度假区举行。来自各个领域、行业群体代表1000余人参加启动仪式，活动当天累计吸引游客3000多人。青岛市政府副秘书长王哲，青岛市旅游发展委主任崔德志，青岛市财政局副局长王振海，莱西市政协主席、“乐在莱西”品牌培育工作领导小组组长邹学新，莱西市副市长丁朝霞以及相关部门和单位负责人出席仪式。

2日

莱西市在市行政办公中心召开中央生态环保督察“回头看”工作动员部署会暨市环委会2018年第3次全体会议。市委副书记、市长姜水清参加会议并讲话，副市长张方宝主持会议。

3日

莱西市第五届红枫节在夏格庄镇青岛熙丰北美红枫示范园开幕。

4日

投资4亿元的青岛（莱西）畜禽粪污资源化利用综合项目开工奠基仪式在河头店镇举行。中集集团党委书记张景泉，市领导张升山、曹杰军参加。

7日

全市“四好农村路”建设推进会召开，总结“四好农村路”建设成果，推进“四好农村路”建设和“三年集中攻坚”专项行动，副市长曹杰军参加。

10日

市委书记庄增大到企业、建筑工地，检查督导安全生产工作。市委常委、副市长郝曙光，市委常委、市委办公室主任战洪贤参加督导。

13日

2017年莱西市农村不动产权籍调查示范点项目在北京通过中国土地勘测规划院专家组检查验收。

14日

贵州省安顺市西秀区委副书记、区长陈天一率领的党政代表团访问莱西，莱西市委副书记、市长姜水清在市行政办公中心会见代表团，并召开莱西市——西秀区东西部扶贫协作党政联席会议，研究推动莱西市与西秀区交流协作和对口支援工作。

捷中互助教育交流协会会长杰西卡·刘率领捷克企业与文化代表团对莱西市进行考察交流，旨在为双边搭建沟通平台、寻求务实合作，副市长江联军参加。

15日

莱西市名优特产展销中心签约仪式在市行政办公中心举行，市领导姜水清、邹学新、孙明明、曹杰军、丁朝霞出席签约仪式。

莱西市篮球、足球协会成立大会在市体育中心会议室举行。

20日

“中国儿童营养健康教育项目——雀巢健康儿童全球计划”活动在九联小学举行，并决定2019年将青岛九联小学作为第一所试点学校。中国营养学会秘书长杜松明、雀巢大中华区董事长兼首席执行官罗士德、雀巢大中华区集团技术执行副总裁方思旺、雀巢大中华区集团事务副总裁董玉国、青岛雀巢有限公司总经理赵兰，市领导庄增大、姜水清、战洪贤、江联军参加活动。

21日

莱西市获2018年中国十大全域旅游示范县市称号。

27日

2018年冬季物资交流会（简称山会）在黄海西路农副产品交易市场拉开序幕，交流会为期6天（农历十月二十日至十月二十五日）。

28日

全市民营企业座谈会在市委常委会议室召开，市委书记庄增大出席会议并讲话，市委副书记、市长姜水清主持。

由市委组织部、市委党史研究室编撰的《不能忘却的记忆——莱西市建国前入党老党员口述故事》一书编印完成。

30日

青岛市委副书记、市长孟凡利带队与中国建材集团、凯盛浩丰农业有限公司签约，计划在莱西经济开发区建设中国建材·凯盛浩丰智慧农业田园综合体项目。

青岛市委副书记、市长孟凡利带队与青岛绿天使创业孵化器有限公司和恒大集团签约，项目位于莱西经济开发区国道308线南、扬州路西。总投资15亿元，占地17余公顷，主要引进高端环保装备制造产业。

是月

莱西市退役军人事务局组建。

十二月

5日

市委办公室印发《关于开展“千人百企大走访”活动的实施意见》，组织千名机关干部联系走访企业500余家，开展“千人百企大走访”活动，助力新旧动能转换。

8日

由青岛（莱西）2019世界休闲体育大会组委会、莱西市文化广电新闻出版局主办，组委会文化活动部、莱西市文化馆承办的“乐在莱西——喜迎青岛2019世界休闲体育大会”文艺团队展演在市文化中心举行。

11日

青岛中科育成（莱西）产业基地暨中科山建科技产业城项目启动仪式在姜山镇工业园举行。中科院青岛生物能源与过程研究所党委书记、副所长彭辉，市领导庄增大、姜水清、张显杰、江联军参加。

13日

由中央人民广播电台、《光明日报》、《经济日报》、《大众日报》等21家国家级、省级媒体组成的记者采访团到西市就新旧动能转换、乡村振兴等方面的先进经验与做法进行调研采访。

14日

南京路提升工程李家疃段搬迁完成，需搬迁的13栋二层楼搬迁工作全部完成。

15日

天津南开公能教育公司投资的“新时代·新城市·新南开”青岛莱西南开学校项目建设启动仪式暨首届南开公能教育论坛在姜山镇举行。张伯苓后人、第十二届全国政协常委张元龙，山东省工商联副主席郭建礼等嘉宾出席。市领导庄增大、张显杰、丁朝霞、江联军参加启动仪式。

18日

在全国庆祝改革开放40周年大会上，莱西市国土资源局原党组书记、莱西市委组织部原副部长周明金被中共中央、国务院授予“改革先锋”称号，颁授改革先锋奖章，并获评农村基层党建“莱西经验”的实践创新者。

19日

在青岛市农业委员会、青岛日报报业集团、青岛广播电视台联合举办的2018年“市民最喜爱的青岛知名农产品品牌”评选活动中，莱西市青岛万福集团股份有限公司万福（牌）鲜冻分割猪肉、青岛有田农业发展有限公司耿·田牌店埠胡萝卜、青岛九联集团股份有限公司九联鸡肉产品、青岛马连庄甜瓜专业合作社马连庄甜瓜、青岛东大寨果蔬专业合作社东大寨苹果、青岛浩丰食品有限公司绿行者结球生菜入选。

21日

山东省农业农村厅发布《第七批农业产业化省级重点龙头企业名单公示》，莱西市青岛鲁林脱水蔬菜有限公司、青岛金叶食品有限公司、青岛联盛益康食品科技有限公司3家企业被认定为第七批农业产业化省级重点龙头企业。

26日

莱西市人民政府印发《莱西市推进相对集中行政许可权组建市行政审批服务局改革方案》（西政字〔2018〕78 号）。12月28日，莱西市行政审批服务局正式挂牌运行。

中组部全国组织干部学院副院长张新刚一行就继承和发扬“莱西经验”到莱西市交流考察，在市行政办公中心与“改革先锋”周明金座谈交流，并进行实地考察。市委书记庄增大，市委副书记张升山，市委常委、组织部部长黄迪勇参加活动。

28日

根据市委市政府《关于改革城区部分中小学管理体制的工作方案》，城关中学、城关小学、洙河小学完成市直化改革，由镇办学校升格市直属学校，新增班额36个、增加学位1700个。

以“波澜壮阔的改革，翻天覆地的巨变”为主题的莱西市农村改革40周年辉煌成就图片展在市文化中心举行。市领导纪玉水、王志强、曹杰军、姚军参观展览。

29日

青岛市旅游发展委员会印发《关于公布2018年度山东省旅游强乡镇、旅游特色村、农业旅游示范点、好客人家星级农家乐和工业旅游示范点名单的通知》（青旅发规字〔2018〕15号），姜山镇前保驾山一村、马连庄镇河崖村、沽河街道董家山后村被评为山东省旅游特色村；青岛丰泰林家庭农场、怡禾家庭农场、青岛九龙花园农业种植专业合作社、金妈妈观光示范园被评为山东省农业旅游示范点；青岛德州扒鸡有限公司、北京新能源汽车股份有限公司青岛分公司被评为山东省工业旅游示范点。

是月

市委组织部组织全市各党（工）委做好全市2018年党内统计年报工作，全市共有党员4.4万名，基层党组织2075个。

莱西市被山东省农业农村厅评为山东省农产品加工示范县。

莱西市被农业农村部评为全国主要农作物全程机械化示范市。

《莱西年鉴（2018）》由中州古籍出版社出版，全书共计66万字。

在青岛市目标绩效考核中，莱西市的社会治安满意度、群众安全感和扫黑除恶群众知晓度、满意度四项指标均列青岛市第1名，在2018年度青岛市“平安青岛”建设绩效考核中，位列青岛10市区第1名。

莱西市被国土资源部授予地质灾害防治高标准十有县称号。

（市委党史研究中心）

2018年市政府在城乡建设和改善人民生活方面重点办好的实事

一、提升莱西一中实验室设施配备水平，在城区北部建设幼儿园1处，实施教育信息化应用水平提升及同步课堂建设工程，完善学校周边道路交通安全基础设施，进一步提升教育教学条件

1.莱西一中实验室设施配备。

项目内容：配备物理、化学等学科实验设备。

责任单位：市教体局

2.城区北部幼儿园建设工程。

项目内容：在洙河小学与洙河之间规划建设一处公办幼儿园，规模18个班，可容纳幼儿540名。

责任单位：市教体局

3.教育信息化应用水平提升及同步课堂建设工程。

项目内容：实施农村薄弱学校教育信息化建设，同时对全市中小学校同步课堂实施改造，实现校际互联互通。

责任单位：市教体局

4.完善学校周边道路交通安全基础设施。

项目内容：在全市学校周边设置“学校警示标志、黄闪灯（爆闪灯）、减速带”等道路交通安全设施。

责任单位：市公安局

二、完善城区智能交通系统，安装寄递物流业智能管控系统，实施“天网”二期和互联网+校园安全防护工程，进一步优化公共治安智能防控体系

1.完善城区智能交通系统。

项目内容：在市区重要路段设置诱导系统，对部分信号灯进行完善。

责任单位：市公安局

2.安装寄递物流业智能管控系统。

项目内容：安装寄递物流业e通人工智能管控系统。

责任单位：市公安局

3.“天网”二期。

项目内容：拟新建监控点位400个、治安卡口56套。

责任单位：市公安局

4.互联网+校园安全防护工程。

项目内容：实施中小学（幼儿园）安全防控设施建设，接入公安报警平台一键报警装置和报警系统。在市直学校、基层中心中学实施硬件设备智能化升级改造，并与市安全防控平台连接。建立隐患处置、安全设施设备管理等安全电子化台账和电子化应急预案、安全教育系统。

责任单位：市教体局

三、提高居民社会医疗保险筹资标准及待遇水平，改造部分农村危房，进一步提升社会保障水平

1.提高居民社会医疗保险筹资标准。

项目内容：成年居民一档筹资标准由930元提高到1080元，其中个人缴费由370元提高到390元，各级财政补贴由560元提高到690元；成年居民二档及少年儿童筹资标准由655元提高到870元，其中，个人缴费由175元提高到260元，各级财政补贴由480元提高到610元。

责任单位：市人社局

2.提高居民社会医疗待遇水平。

项目内容：主要是提高二档缴费人员有关待遇：一级定点医疗机构住院报销比例由80%调整为85%，门诊大病报销比例由75%调整为80%；大病医保超限报销由75%调整为80%；门诊统筹年度最高支付额由300元提高到400元；长期医疗护理保险报销比例由60%调整为70%。

责任单位：市人社局

3.改造部分农村危房。

项目内容：全市农村五保户、低保户、贫困残疾人危房改造180户。

责任单位：市城建局

四、深化精准扶贫工作，巩固提升脱贫成效

项目内容：深化对经济薄弱镇、贫困（经济薄弱）村和贫困户精准帮扶，推进经济薄弱镇基础设施“六项工程”建设，实现4个经济薄弱镇脱贫摘帽；实施贫困户特惠和普惠保险、产业扶持、公益岗位、雨露计划等帮扶政策，巩固贫困户脱贫成效；提高村“五通十有”配置水平，提升贫困村脱贫质量。

责任单位：市扶贫办，各镇政府、街道办事处、经济开发区管委会

五、落实残疾人免费乘坐城乡公交政策，集中托养全市困难重度精神残疾人，提升残疾人生活质量

1.落实残疾人免费乘坐城乡公交政策。

项目内容：将残疾人免费乘车范围扩大到全市所有安装琴岛通卡机具的公交车。

责任单位：市残联、市交通运输局

2.集中托养全市困难重度精神残疾人。

项目内容：对全市困难（低保）家庭重度（一、二级）精神残疾人实行集中托养。

责任单位：市残联

六、新建4个院前急救单元，完善急救医疗服务体系

项目内容：在日庄、河头店、沽河、夏格庄4个中心卫生院新建4个急救单元。

责任单位：市卫计局

七、建设农村集体“三资”监管和产权交易网络平台，规范农村产权交易

项目内容：建立市、镇、村三级具有农村集体“三资”管理与产权交易等各项管理服务功能的网络平台。

责任单位：市农业局

八、综合提升石岛中路北小区、建华街小区环境，实施城区老旧供水管网更新工程和老旧小区一户一表改造工程，进一步提高市民生活品质

1.老旧小区环境提升工程。

项目内容：对莱西市石岛中路北小区、建华街小区进行整治。

责任单位：市房管局、市城建局，水集街道办事处

2.城区老旧供水管网更新工程（跨年度工程）。

项目内容：对青岛路、南京路、文化路、通姜山管网等运行20年以上的约35千米老旧管道进行更换。

责任单位：市水利局

3.城区老旧小区一户一表改造工程（跨年度工程）。

项目内容：对颐和花园、上海花园、新市北小区等3000户居民实施自来水一户一表改造。

责任单位：市水利局

九、建设中低压配网工程和35千伏以上电网工程，提高电力供应可靠性

1.中低压配网工程。

项目内容：完成8条新建配出线路、40个线路改造项目以及249个台区项目，逐步提升安全供电能力。

责任单位：市供电公司

2.35千伏及以上电网建设工程（跨年度工程）。

项目内容：实施220千伏双桥变电站——昌阳35千伏线路工程、220千伏双桥变电站——绕岭35千伏线路工程以及35千伏朴木变电站增容扩建工程，优化姜山镇、店埠镇电网结构，满足工业园区负荷增长需求，提供可靠电力保障。

责任单位：市供电公司

十、持续建设笼式健身广场，方便居民就近健身

项目内容：在全市建设笼式健身广场或笼式足球场10处。

责任单位：市体育中心

（市政府办公室）

市 情 综 述

莱 西 概 要

地理位置

莱西市位于胶东半岛中部，地处北纬36°34′~37°09′、东经120°12′~120°40′。东临莱阳市，西以小沽河为界与平度市相邻，南沿五沽河同青岛市即墨区交错接壤，北、西北靠招远市、莱州市。南北最大长度63千米，东西最大宽度36千米，呈不规则的长方形。全市总面积1568.8平方千米。

历史沿革

莱西市境内在5000年前原始氏族社会就有先民定居。商朝时属莱夷地，西周属莱子国，东周属齐东境即墨地，秦属齐郡东境。西汉于境内置邹卢县，遗址在今望城街道古城庄村，公元前164年，隶胶东国。公元37年（东汉），撤邹卢县属挺县，隶东莱郡。59年，属昌阳县，隶北海国。470年（北魏献文帝皇兴四年），长广县治移于今沽河街道长清村，556年（北齐文宣帝天保七年），徙胶东城（今平度），原城遂废。596年（隋文帝开皇十六年），在邹卢县治故址置卢乡县。627年（唐太宗贞观元年），撤卢乡县，并入昌阳县，隶莱州。923年（后唐庄宗同光元年），改昌阳县为莱阳县，至宋、金均隶莱州。元朝初隶益都路，后改隶般阳路。明、清隶登州府。1912年（民国元年），莱阳县隶胶东道。1928年5月废道，莱阳县改隶山东省第八专员公署。1940年5月，莱阳县抗日民主政府成立，隶胶东行署。1941年2月，莱阳县析出莱东县（始称行署），莱阳县习称莱西县，隶南海专区；10月，莱阳县析出莱西南县（始称行署），隶南海专区。1943年8月，莱阳县改隶西海专区。1944年11月，隶南海专区。1950年3月，莱阳与莱西南两县合并，称莱西县；6月，改隶莱阳专区。1958年10月，莱西与莱阳两县合并，称莱阳县。1962年1月，莱西与莱阳两县分治，均隶烟台地区。1983年10月，莱西县改隶青岛市。1991年2月，撤莱西县，设莱西市。

人口简况

2018年，莱西市常住人口数76.29万人，常住人口城镇化率51.17%，比2017年提高1.21个百分点。

行政区划

1941年2月，莱阳县析出莱东县后，莱阳县（习称莱西县）辖原莱阳县的第五、六、七、九、十区。1945年8月，莱阳县辖12个区，莱西南县辖10个区。1950年3月，莱阳、莱西南县合并为莱西县，全县划为22个区、1个镇，辖836个行政村。1952年2月，全县划为18个区，176个乡。1958年5月，撤区设27个乡、1个镇。同年9月，撤乡镇设22个人民公社。10月，莱西、莱阳两县合并。1962年1月，莱西县从莱阳县析出，辖河头店、马连庄、南墅、日庄、院上、店埠、孙受、夏格庄、姜山、牛溪埠、水集11个人民公社。同年5月，增设望城、李权庄、武备、院里、唐家庄5个人民公社。1963年，又增设周格庄、绕岭、南岚、朴木、留存庄5个人民公社。1972年，从南墅人民公社析出河里吴家人民公社。至此，全县共有22个人民公社。1982年1月，水集人民公社改称水集镇。

1984年4月，改人民公社为乡镇，全县设8个镇（水集、南墅、河头店、日庄、院上、夏格庄、望城、姜山）、14个乡（牛溪埠、河里吴家、马连庄、李权庄、武备、院里、唐家庄、绕岭、周格庄、韶存庄、朴木、店埠、孙受、南岚），辖839个自然村。1992年6月，莱西市经济技术开发区成立。1993年10月，牛溪埠、周格庄、李权庄、院里、朴木、孙受、马连庄7个乡撤乡设镇。1994年8月，店埠乡撤乡设镇，同时设立滨河路街道，与莱西经济技术开发区合署办公。1995年12月，南岚乡、唐家庄乡、武备乡撤乡设镇。1996年，绕岭乡撤乡设镇。1997年12月，韶存庄乡、河里吴家乡撤乡设镇，莱西市共划为22个镇、1个街道。1998年12月，水集镇、望城镇撤镇设街道。2001年1月，经省政府批准，撤销河里吴家镇、南岚镇、朴木镇、唐家庄镇、院里镇、绕岭镇和滨河路街道，韶存庄镇、周格庄镇撤镇设街道。2002年3月，莱西市经济技术开发区更名为莱西经济开发区。2003年6月，经省政府批准，牛溪埠镇撤镇设沽河街道，韶存庄街道更名为梅花山街道，周格庄街道更名为龙水街道，莱西市划为10个镇、5个街道、1个省级经济开发区。2004年2月，龙水街道、梅花山街道分别与莱西经济开发区、水集街道合署办公。2007年12月，撤销梅花山街道，设立产芝街道。2012年5月，姜山镇与李权庄镇合并，设立新的姜山镇。2012年12月，望城街道与龙水街道合并，成立新的望城街道；沽河街道与孙受镇合并，成立新的沽河街道；院上镇与武备镇合并，成立新的院上镇；撤销产芝街道；调整后莱西市辖3个街道（水集、望城、沽河）、8个镇（姜山、夏格庄、店埠、院上、南墅、日庄、马连庄、河头店）和1个经济开发区，861个行政村。

自然环境

莱西地形总趋势是北高南低。北部为低山丘陵，中部为缓岗平原，南部为碟形洼地。地势由西北边境向南逐步降低，过荣潍高速公路后逐步向西南倾斜。地貌类型可分为低山、丘陵、平原、洼地4种。其中，低山占总面积的2.4%，丘陵占42.4%，平原占40.6%，洼地占14.6%。

境内北部蜿蜒起伏的低山小岭纵横交织。主要山脉有4支：西部宫山脉，由平度市入境，山势最高；中部芝山脉，由招远市入境，除南墅镇北部群山集聚外，于大沽河、小沽河之间蜿蜒南下，经马连庄、南墅、日庄、院上、沽河等镇、街道，形成一纵贯北半市的隆脊，有白石山、福山、疾驹山、岘山、大架山、长院山等；东北部夭山脉，由招远市入境，向西南转向西延伸，于大沽河东形成一隆起，有莲花山、垛山、大埠顶、重青山、马银山等；东部为由莱阳市入境的铎山余脉，有萝卜山、凤凰山等。境内最高海拔427.8米，为南墅镇与平度市交界处的周家大山；最低海拔26米，位于店埠镇鲍家庄一带。

境内大小河流共61条，主属大沽河水系。大沽河纵贯市中部南流，小沽河沿市西境南流，洙河沿市东部南流，五沽河沿市南境西流。洙河、小沽河、五沽河分别于水集街道北张家庄村西南、院上镇大里村前、店埠镇韩家汇村西汇入大沽河，然后南流注入胶州湾。

境内气候为温带季风型大陆性气候，四季变化和季风进退都比较明显。空气湿润，气候温和，四季分明。春季雨少、风大、多干旱；夏季高温多雨、湿度大；秋季多晴干旱；冬季漫长干冷。年平均气温11.7℃，极端最高气温39.8℃（2005年6月24日），极端最低气温-21.1℃（1981年1月27日）。全年7月最热，平均气温25.3℃；1月最冷，平均气温-3.3℃。降水量年平均为635.8毫米，降水最多为1420.4毫米（1964年）；最少仅377.0毫米（1981年）。一日最大降水量为172.7毫米（1997年8月20日）。主要风向为东南风和西北风，东南风出现在4月到8月，西北风出现在9月到翌年3月，年平均风速为3.6米/秒。日平均气压为1007.6百帕。年平均日照时数2656.3小时，年平均蒸发量为1423.5毫米。历年初霜出现日期为10月18日，最早为10月2日，最晚为11月2日；终霜结束日期为4月18日，最早为3月30日，最晚为5月14日，无霜期183天。最大冻土深度为51厘米（1968年2月），共有3天。2018年平均气温12.5℃，极端最高气温36.8℃，出现在8月2日，极端最低气温为-14.6℃，出现在1月26日。年降水量为613.7毫米。日照时数2512.27小时。终霜日为4月2日，初霜日为10月25日，无霜期184天。

莱西市土壤总面积12.0万公顷，占土地总面积的76.46%。主要土壤种类有棕壤土类、潮土土类、砂姜黑土土类、水稻土土类、褐土土类、风沙土土类等。

自然资源

莱西市土地总面积为15.69万公顷，农用地面积为12.34万公顷，占土地总面积的78.67%。其中，耕地8.45万公顷，园地1.51万公顷，林地6316.87公顷，其他1.75万公顷，分别占土地总面积的53.85%、9.61%、4.03%、11.18%。建设用地总面积2.45万公顷，占土地总面积的15.64%。未利用地面积8932.95公顷，占土地总面积的5.69%。

莱西市多年平均水资源总量3.65亿立方米，人均占有量为518.8立方米，亩均水资源量160.1立方米，属缺水区。新中国成立后，境内建有大型水库1座，中型水库3座，小（一）型水库4座，小（二）型水库49座，塘坝447座，机电井1万多眼，总库容5.12亿立方米，兴利库容2.16亿立方米。

境内已发现的各类矿产资源中，探明储量的有19种，以非金属矿为主。其中，金属矿产有铁、钛、金3种，稀土矿产1种，以及伴生铌、伴生钽2种矿产；非金属矿产有重晶石、钾长石、石墨、大理石、沸石、珍珠岩、膨润土、透辉岩、安山岩、砖瓦用黏土、伴生硫铁矿11种；水气矿产有矿泉水和地下水2种。优势矿种为石墨、沸石、透辉岩、金。已发现各类矿产地107处，其中大型矿床4处、中型矿床4处、小型矿床20处、矿点和矿化点79处。

动物资源除饲养的奶牛、肉牛、生猪、肉羊、鸡、鸭、鹅、兔外，还有丰富的野生动物，其中林中鸟类15目40科136种，占青岛地区鸟类资源种类的45.9%，野生动物18种，陆栖、两栖爬行动物22种，森林昆虫298种，隶属14目102科。植物有树木种类和品系58科250余种，国家级古树名木65株，用于园林绿化的主要花木113种，草木花卉、宿根花卉101种。野生植物有山枣树等；有木本药用植物26种，草本药用植物63种。

（市委党史研究中心）

2018年机构设置及主要领导名单

·中国共产党莱西市委员会·

书　记：庄增大

副书记：姜水清

常　委：庄增大　姜水清（女）　张升山　郝曙光
黄迪勇　纪玉水　孙明明　战洪贤
张　笑　崔坤山　王清秀（2月任职）

市委工作部门

部门名称	主要领导职务、姓名
市委办公室	主任:战洪贤
市委组织部	部长:黄迪勇
市委宣传部	部长:纪玉水
市委统战部	部长:孙明明
市委政法委员会(市社会治安综合治理委员会办公室)	书记:张　笑 主任:王旭令
市委市直机关工作委员会	书记:唐惟庆
市机构编制委员会办公室	主任:江世军

市委部门管理机构及办事机构

市委部门管理机构及办事机构	主要领导职务、姓名
市委巡察工作领导小组办公室	主任:朱华举
市委农村工作委员会办公室	主任:邹新占
市委老干部局	局长:李旭光(2月离职) 　　姜浩亮(2月任职,8月离职)
市委群众工作部 (加挂市委市政府信访局牌子)	部长:张　笑 局长:乔守福
市委610办公室	主任:徐东辉
市扶贫开发领导小组办公室	主任:王安慧

·莱西市人民代表大会常务委员会·

主　任: 赵希胜

副主任: 李信斋　王志强　刘　莉(女)　张显杰　万国才

部门名称	主要领导职务、姓名
办公室	主任:逄贵松
人事代表工作委员会	主任:胡豪杰(3月离职) 　　姜淑英(女,3月任职)
内务司法与法制工作委员会	主任:姜淑英(女,3月离职) 　　胡豪杰(3月任职)
财政经济工作委员会	主任:陈忠刚
城建环资工作委员会	主任:刘世伦(3月离职) 　　崔海杰(3月任职)
教科文卫工作委员会	主任:孙学广(2月离职)
农业与农村工作委员会	主任:崔海杰(3月离职) 　　刘世伦(3月任职)
预算工作委员会	主任:马秀杰

·莱西市人民政府·

市　长：姜水清（女）

副市长：郝曙光　曹杰军　丁朝霞（女）　张方宝　江联军

政府工作部门

部门名称	主要领导职务、姓名
市政府办公室	主任：徐兆华
市发展和改革局	局长：王崇斌（2月离职） 吴法先（3月任职）
市科技和工业信息化局	局长：刘　东（3月离职） 张绍东（3月任职）
市教育体育局	局长：李中禹
市公安局	局长：张方宝
市民政局	局长：于同荀
市司法局	局长：臧志勇
市财政局	局长：全成旭
市人力资源和社会保障局	局长：张秀杰
市城乡建设局	局长：于　胜
市交通运输局	局长：于建波
市农业局	局长：张洪才
市水利局	局长：任永升
市林业局	局长：陆　波
市商务局	局长：褚方晓
市文化广电新闻出版局	局长：吕英志 书记：孔祥月（2月离职） 刘延峰（2月任职）
市卫生和计划生育局	局长：刘术林（3月离职） 何贤德（3月任职）
市审计局	局长：乔玉文
市环境保护局	局长：宋学照
市统计局	局长：王仁波
市安全生产监督管理局	局长：柳国栋
市食品药品监督管理局	局长：王仁江
市综合行政执法局	局长：李春雷（9月离职）
市市场监督管理局	局长：何贤德（3月离职） 刘　东（3月任职）
市退役军人事务局	局长：王仁江（12月任职）

·中国人民政治协商会议莱西市委员会·

主　席：邹学新

副主席：赵彦军　李美玲（女）　王志超　孙焕伟　姚　军　吕英志

部门名称	主要领导职务、姓名
办公室	主任：张绍东（2月离职） 刘术林（3月任职）
经济与人口资源环境工作办公室	主任：
社会法制与港澳台侨工作办公室	主任：孙立云
教科文卫体与文史工作办公室	主任：孙永传（2月离职） 咸德涛（3月任职）
提案与委员活动工作办公室	主任：孙玉忠（1月离职）
民族与宗教工作办公室	主任：咸德涛（3月离职） 赵梅建（3月任职）

·中国共产党莱西市纪律检查委员会·

书　记：崔坤山

副书记：封芝宝　史世东

常　委：崔坤山　封芝宝　史世东　左雪琴（女）　姜　民　吕世宝　刘京成

·莱西市人民法院、莱西市人民检察院·

部门名称	主要领导职务、姓名
市人民法院	院　长：张　杰
市人民检察院	检察长：王中开

·群团组织·

部门名称	主要领导职务、姓名
市总工会	主席:隋庆九
共青团莱西市委员会	书记:马素琴(女)
市妇女联合会	主席:任春风(女)
市工商业联合会	主席:孙焕伟
市残疾人联合会	理事长:邹廷清
市文学艺术界联合会	主席:万洪波(2月离职) 于少军(2月任职)
市科学技术协会	主席:苏泓源
市红十字会	常务副会长:郭 坤

·市直事业单位·

部门名称	主要领导职务、姓名
市委党校	校长:庄增大 书记:万国才
市档案馆(市史志办公室)	馆长(主任):陈 伟
市新闻中心	主任:翟春林(2月离职) 孙永传(2月任职)
市委党史研究室	主任:
市农村党员干部现代远程教育管理中心	主任:王明学(2月任职)
市畜牧兽医局	局长:王志军
市水产局	局长:王德刚
市农业机械管理局	局长:吕文宝(2月离职) 展 翼(2月任职)
市机关事务管理局	局长:邹明波
市住房资金管理中心	主任:刘远萍(女)
市房产管理局	局长:任钦武
市月湖商城管理局	局长:刘 伟
崔子范美术馆	馆长:孙承浩
市市场发展局	局长:仇丽全
市产芝水库管理局	局长:吕国栋
市体育中心	主任:张言伟
市新区管理委员会	主任:马日荣(2月离职) 吕文宝(2月任职)
市旅游局	局长:吕英志(2月离职) 徐 云(2月任职)
中国国际贸易促进委员会莱西市支会	会长:刘延峰(2月离职) 李旭光(2月任职)
市外事侨务办公室	主任:赵明江
市招商局	局长:姜秀彬
市行政服务中心	主任:李建亭

续表

部门名称	主要领导职务、姓名
市地震局	局长:宋　杰
市广播电视台	台长:于少军(2月离职) 　　翟春林(2月任职)
市矿业集团公司	总经理:韩树生
市服务业发展局	局长:李　冰
青岛莱西革命烈士陵园管理处	主任:程显玉
市金融工作办公室	主任:郭永汶
市检验检测中心	主任:李　晓
市规划管理局	局长:刘维江
市供销合作社联合社	主任:孟宪凌(2月离职) 　　王文胜(2月任职)
市电子政务管理和大数据发展促进中心	主任:王同江

·镇、街道、经济开发区·

单位名称	主要领导职务、姓名
水集街道	党工委书记:张　平(9月离职) 　　　　　李春雷(9月任职) 办事处主任:孙淑玲(女) 人大工作委员会主任:耿炳正
河头店镇	党委书记:崔旭升 镇长:孙　强 人大主席:范建军
马连庄镇	党委书记:左　杰 镇长:刘光明 人大主席:陈德利(2月离职) 　　　　王进辉(2月任职)
南墅镇	党委书记:姚　军(8月离职) 　　　　姜浩亮(8月任职) 镇长:孙　涛 人大主席:宋秀玲(女)
日庄镇	党委书记:展　翼(2月离职) 　　　　王　春(2月任职,9月离职) 镇长:王　春(2月离职) 　　陈德利(2月任职) 人大主席:吴　雄
院上镇	党委书记:李超涛(2月离职) 　　　　田会康(2月任职) 镇长:田会康(2月离职) 　　孙学广(2月任职) 人大主席:王　辉
沽河街道	党工委书记:徐　宏 办事处主任:徐金胜 人大工作委员会主任:张春霞(女,2月离职) 　　　　　　　　　左明玺(3月任职)

续表

单位名称	主要领导职务、姓名
店埠镇	党委书记:张代利 镇长:赵秀磊(10月离职) 　　刘　坤(10月任职) 人大主席:孙颖超
夏格庄镇	党委书记:吴海波(女) 镇长:胡克宇 人大主席:葛顺鹏
姜山镇	党委书记:张显杰 镇长:姜浩亮(2月离职) 　　陈　军(2月任职) 人大主席:王　军
望城街道	党工委书记:路环宇 办事处主任:郭寿廷 人大工作委员会主任:李凌云
莱西经济开发区	党工委书记:徐一冰 管委会主任:左永胜 人大工作委员会主任:史先桥(3月离职)

（市委组织部）

2018年莱西市国民经济和社会发展统计公报

2018年是全面贯彻党的十九大精神的开局之年，也是改革开放40周年。莱西市按照“1+5+4”目标体系要求，坚持稳中求进工作总基调，积极加快供给侧结构性改革，新旧动能转换、乡村振兴等稳步推进，三大攻坚战开局良好，较好地完成了市十八届人大二次会议确定的各项目标任务。

一、综合

初步核算，2018年莱西市生产总值620.11亿元，按可比价格计算，比上年增长7.2%；其中，第一产业增加值61.88亿元，增长4.0%；第二产业增加值299.50亿元，增长9.1%；第三产业增加值258.73亿元，增长5.8%。三次产业比例为9.98：48.3：41.72。

截至2018年末，莱西市市场主体总量达到78606户，其中个体工商户达到57636户，私营企业16435户，内资企业735户，外资企业430户，农民专业合作社3370户。

二、农业

粮食播种面积130.86万亩，总产量达到55.89万吨，亩产达到427.07公斤；其中，夏粮（小麦）播种面积62.07万亩，总产量达到23.91万吨，亩产达到385.3公斤。全市花生总产量达到7.8万吨，比上年增长4.5%，亩产达到319公斤，蔬菜（含菜用瓜）总产量123.16万吨，比上年增长0.13%。

主要经济作物产量如下

	2018年(万吨)	比上年+-%
花生	7.8	4.5
蔬菜(含菜用瓜)	123.16	0.13
水果	28.78	3.52

全市畜牧业增加值完成22.39亿元，比上年增长4.5%。大牲畜年末存栏8.4万头，比年初增长3.19%，其中奶牛6.3万头，比年初减少3.08%；生猪年末存栏32.5万头，比年初下降18.14%；家禽出栏8150.79万只，比上年下降19.82%。肉类总产量16.79万吨，比上年减少19.28%。禽蛋总产量3.58万吨，比上年下降10.72%。奶类总产量19.93万吨，比上年下降4.41%。

主要畜产品产量如下

	2018年(万吨)	比上年+-%
肉类总产量	16.79	-19.28
其中:猪肉	4.22	-15.94
牛肉	0.29	0
羊肉	0.05	25
禽肉	12.22	-20.91
禽蛋	3.58	-10.72
奶类总产量	19.93	-4.41
其中:牛奶	19.23	-4.28

全市林业增加值完成0.55亿元，比上年增长27.3%。完成造林面积3861公顷，全年完成幼林抚育面积0.47万公顷。

全市渔业增加值完成0.66亿元，比上年增长39.4%。水产品总产量2187.4吨，比上年下降43.39%。

2018年末，全市拥有农业机械总动力132.8万千瓦，比上年增长1.5%；农用拖拉机43328辆，比上年增长0.35%。农田有效灌溉面积53.88千公顷，其中节水灌溉面积30.6千公顷。

三、工业与建筑业

2018年，全市规模以上工业增加值增长8.5%。分行业看，增速超过35%的有：废弃资源综合利用业增长143.8%，计算机、通信和其他电子设备制造业增长120.9%，电力、热力生产和供应业增长54.2%，电器机械和器材制造业增长38.5%，非金属矿物制品业增长36.7%，纺织业增长35.3%。而下降较大的行业有：木材加工和木、竹、藤、棕、草制品业下降81.8%，铁路、船舶、航空航天和其他运输设备制造业下降79.2%，造纸和纸制品业下降77.3%。

规模以上工业主要产品产量及增速

产品名称	单位	产量	增长(%)
汽车	万辆	9.0	13.9
其中:新能源汽车	万辆	9.0	13.9
锂离子电池	万只	0.57	-35.2
鲜、冷藏肉	万吨	45.6	15.7
乳制品	万吨	18.8	5.6
饲料	万吨	68.4	-13.7
橡胶轮胎外胎	万条	1085.6	0.4

全年完成建筑业增加值52.4亿元，比上年增长12.0%。

四、固定资产投资

2018年，固定资产投资（计划总投资500万元以上项目）达到162.7亿元，比上年增长3%，全市亿元以上新开工项目（不含房地产）55个。房地产开发投资完成28.47亿元，比上年增长17.88%；其中，住宅投资24.17亿元，比上年增长17.44%。商品房销售面积115.35万平方米，比上年增长13.73%；其中，住宅销售面积111.57万平方米，比上年增长15.76%。商品房待售面积24.63万平方米，比上年下降26.7%；其中，住宅待售面积12.08万平方米，比上年下降47.48%。

五、交通运输和邮电通信业

2018年，莱西市交通运输、仓储和邮政业共完成增加值31.05亿元，比上年下降0.8%。

2018年完成客货运周转量381017万吨千米。其中，完成公路客运周转量40869万人千米；完成公路货运周转量340148万吨千米。市区共有营运公交汽车296辆，运营线路网长度为2125.09千米。年末全市共有出租汽车287辆。

2018年完成邮政业务总量8873.52万元，比上年下降7.71%。

国内函件9.87万件，比上年下降47.80%；国际函件776万件，比上年增长391.44%；国内包件106.94万件，比上年下降23.80%；国内汇票0.7万张，比上年下降41.78%；特快专递4.15万件，比上年下降31.86%。订销报纸累计份数1198.63万份，比上年下降5.08%；订销杂志累计份数44.74万份，比上年增长7.14%。

2018年，861个村全部开通光纤，固定电话用户5.1万户，移动电话用户达到73.9万部，互联网用户累计达20.79万户（以上内容不包括电信数据）。

莱西市有广播电台1个频道，1套节目；电视台2个频道，2套节目。

六、国内贸易

2018年，实现社会消费品零售额342.98亿元，比上年增长9.23%。分行业看，批发业实现零售额44.94亿元；零售业实现零售额248.29亿元；住宿业实现零售额0.76亿元；餐饮业实现零售额48.98亿元。全年限额以上单位实现消费品零售额19.20亿元。

七、对外经济与国内招商

2018年，莱西市进出口总额实现217.19亿元，比上年增长18.8%，其中出口总额为174.58亿元，比上年增长22.9%。全市新批准利用外资项目48个。外资到账2.6亿美元（商务部FDI数据（资本项下））。全市实际利用内资198.2亿元。

八、财政和金融

2018年，莱西市实现财政总收入55.47亿元，比上年增长5.9%。其中，实现地方财政收入52.3亿元，比上年下降0.9%；地方税收收入24.77亿元，比上年增长17.1%。全年财政总支出79.99亿元，比上年增长5.7%。其中，地方财政支出70.94亿元，比上年增长4.2%。

2018年末，金融系统各项存款（本外币）余额达到408.56亿元，比年初增长0.13%。其中：境内住户存款285.21亿元，比年初增长5.38%。各项贷款（本外币）余额达到369.62亿元，比年初增长5.12%。其中：个人贷款129.31亿元，比年初增长20.42%；涉农贷款256.87亿元，比年初增长0.33%。

九、科学技术和教育

2018年，初步统计莱西市实施青岛市级以上科技计划4项。

全年新认定国家高新技术企业41家；技术合同成交额2.05亿元。全年发明专利申请738件，发明专利授权59件；PCT国际专利申请4件。

2018年末，全市各级各类学校共计107处，在校学生78556人。其中：小学70处，在校学生32238人；初中（含3处九年一贯制学校）29处，在校生29539人；高中（含1处完全中学）4处，在校生10019人。职业学校3处，在校生6658人。特殊教育中心1处，在校生102人。学龄儿童入学率100%，初中入学率达100%。本年度国家财政性教育资金达154598万元。

十、文化、旅游、卫生和体育

全市文化设施得到改善，现有农村文化大院861个，影剧院3处，文化馆（站）13处，博物馆5处，公共图书馆1处，营业性演出团体8个，秧歌队、广场舞队、戏迷俱乐部、庄户剧团等各类民间文艺团队959个。

年末拥有A级旅游景区11处，其中3A级旅游景区5处。拥有星级酒店2个，其中4星级酒店1个，3星级酒店1个。拥有旅行社7个，其中经营出境旅游业务旅行社0个，经营入境和国内旅游业务旅行社7个。

2018年，基本公共卫生服务经费为4279.52万元。年末医疗卫生机构达到828处（含诊所、卫生室），医疗床位达到4389张，每千人医院（卫生院）床位数为5.75张。卫生技术人员达到5401人。全年医院病床使用率为63.3%，卫生机构诊疗人次数达到191.8万人次。

2018年莱西市居民医保筹资标准为成年居民一档1080元/人，成年居民二档及少年儿童870元/人，其中财政补贴分别为690元/人、610元/人。2018年居民医保参保人数为52.2万人，共筹集居民医保基金4.73亿元，共为参保居民报销医药费用4.89亿元。

2018年莱西市城市居民最低生活保障标准为每人每月600元；农村居民最低生活保障标准为每人每月490元。

2018年，体育运动蓬勃开展，共向青岛市级以上体校和体育专业队伍输送体育人才22名。全市运动员参加青岛市级以上体育比赛共获得116枚奖牌，其中金牌48枚，银牌35枚，铜牌33枚。

十一、城市建设与环境保护

新铺设雨污管道5.40千米，新增园林绿地面积45.38公顷。全市主城区建成面积达到36.09平方千米。

全市实际用电量211149万千瓦时，比上年增长8.84%。其中工业用电123117万千瓦时，比上年增长9.44%。

全市自来水公司售水总量达到1466万立方米，其中生活用水795万立方米。

全市实际供热面积628.6万平方米，其中住户面积578.5万平方米。

城市天然气总户数达到73592户，销售总量达到9986.52万立方米。

全市城市道路长度达到518.11千米，道路面积达到844.75万平方米，人行道面积达到153.49万平方米，排水管道总长737.88千米，路灯18848盏。

市区空气质量优良天数达到282天，空气质量优良率为77.3%。集中式饮用水水源地水质达标率100%。市区区域噪声平均值50.5分贝，市区交通干线噪声平均值63.7分贝。建成区绿化覆盖率达到44.54%，建成区园林绿地面积1497.48公顷。城区现有公园9个，面积334.45公顷。

十二、人口、人民生活

2018年莱西市常住人口数76.29万人，常住人口城镇化率51.97%。人口自然增长率0.5%。

2018年，全体居民人均可支配收入31742元，比上年增长8.68%。农村居民人均可支配收入为20441元，比上年增长7.44%；城镇居民人均可支配收入为43079元，比上年增长8.91%。

2018年亿元GDP生产安全事故死亡率0.0085，十万工矿商贸就业人员生产安全事故死亡率1.0，道路交通事故万车死亡2.07人。

备注：

1.公报公布的数据为快报数，地区生产总值为初步核算数。

2.公报中涉及GDP、各产业增加值指标绝对值按现行价格计算，增长速度按可比价格计算。

3.规模以上工业企业为年主营业务收入2000万元及以上企业；限额以上贸易企业为批发业年主营业务收入在2000万元及以上、零售业500万元及以上、住宿和餐饮业200万元及以上的单位；固定资产投资项目统计的起点标准为计划总投资额500万元。

4.常住人口包括：①住本户、户口在本镇（街道）的人(含户口在本户，外出不满半年的人)；②住本户半年以上，户口在外镇（街道）的人；③住本户不满半年，户口在外镇（街道），离开户口登记地半年以上的人；④住本户，户口待定的人。

5.粮食有关数据从2018年开始为国家统计局莱西调查队提供。

（市统计局）

莱西市主要经济指标完成情况

全市主要经济指标完成情况（一）

指　标　名　称	单位	2014年	2015年	2016年	2017年	2018年	比17年±%
年末总户数	万户	25.12	25.07	25.04	25.07	25.18	0.44
年末总人口	万人	74.20	74.00	74.24	74.53	74.44	–0.12
乡村人口	万人	——	44.01	44.03	——	——	——
城镇人口	万人	——	29.99	30.20	——	——	——
出生人口	人	9014	5124	10211	9462	7068	–25.30
死亡人口	人	6317	6458	6058	6854	6695	–2.32
人口自然增长率	‰	3.63	–1.80	4.67	3.50	0.50	——
社会劳动者	万人	49.54	47.28	48.28	43.75	——	——
农村劳动力	万人	38.82	37.19	38.72	35.85	——	——
非私营单位在岗职工年末人数	人	107157	100943	95582	78955	91680	16.12
非私营单位在岗职工年平均人数	人	106525	101281	94991	78696	94510	20.10
非私营单位在岗职工年工资总额	万元	506382	548991	567009	508305	710990	39.87
非私营单位在岗职工年平均工资	元	47536	54205	59691	64591	75229	16.47
非私营单位全部职工年平均工资	元	48245	54429	60186	65711	75228	14.48
社会在岗职工年平均工资	元	39218	44673	——	——	——	——
全市单位在岗职工年平均工资	元	——	——	48917	51363	55318	7.70
全市生产总值（现价）	亿元	497.04	531.34	565.35	595.72	620.11	7.2
第一产业增加值(现价)	亿元	59.0333	63.36	66.68	66.28	61.88	4.0
第二产业增加值(现价)	亿元	247.11	258.81	271.24	288.03	299.50	9.1
第三产业增加值(现价)	亿元	190.9	209.17	227.43	241.41	258.73	5.8
常住人口	万人	75.07	75.47	76.10	76.42	76.29	–0.17
人均地区生产总值	元	66391	71359	76229	78117	81283	4.05
规模以上工业总产值	万元	10392645	11335450	12166053	6737436	4800415	——
规模以上工业主营业务收入	万元	10220821	11078355	11835960	6461748	4931494	——
规模以上工业增加值（现价）	万元	——	——	——	——	——	8.5
规模以上工业利润	万元	593140	612387	580621.8	277299	220479	——
规模以上工业利税	万元	——	——	——	——	288614	——
全体居民人均可支配收入	元	22611	24671	26811	29208	31742	8.68
城镇居民人均可支配收入	元	31123	33768	36523	39555	43079	8.91
农村居民人均可支配收入	元	15103	16447.00	17639	19026	20441	7.44

注：1.2015年，起公安局指标口径修改为乡村人口和城镇人口，公安局数据为粗略统计数。

2.根据青岛GDP核算调整，对2013年至2017年GDP和人均GDP数据进行了修正。

3.从2015年一季度开始两个收入数据按照新的计算方法和范围测算。

4.从2017年开始对规上工业进行单位核查修复数据。

全市主要经济指标完成情况（二）

指标名称	单位	2014年	2015年	2016年	2017年	2018年
粮田面积	万亩	70.96	71.65	70.81	68.20	130.86
单产	公斤	872	890	815	317	427
总产	吨	618818	637639	577019	432800	558872
小麦面积	万亩	69.18	70.10	68.85	65.32	62.07
单产	公斤	401	429	405	164	385
总产	吨	277437	300708	278938	107350	239141
秋粮面积	万亩	72.74	73.18	72.77	71.08	——
单产	公斤	469	460	410	458	——
总产	吨	341381	336931	298081	325451	319731
其中:玉米面积	万亩	71.89	72.32	71.98	70.31	68.16
单产	公斤	470	461	410	459	466
总产	吨	337917	333146	295195	322401	317308
花生面积	万亩	27.62	26.35	25.24	24.39	24.39
单产	公斤	309	294	297	305	319
总产	吨	85347	77426	74896	74476	77799
蔬菜面积	万亩	27.35	29.58	30.33	31.78	31.20
总产	吨	1146527	1162445	1162973	1230013	1231606
果园面积	万亩	12.07	12.19	13.38	13.37	13.34
水果总产量	吨	224205	241711	275009	278309	287794
蚕茧总产量	吨	108	——	——	——	——
肉类总产量	吨	193920	201956	204841	207945	167920
#猪肉产量	吨	56838	51156	53712	50181	42154
牛肉产量	吨	4148	2725	2844	2885	2993
牛羊奶产量	吨	249275	244439	208904	208523	199263
禽蛋总产量	吨	34035	42707	41080	40114	35804
水产品产量	吨	10520	9588	8099	3864	2187

注:2018年开始粮食部分数据由国家统计局莱西调查队统计,与往年数据不可比。

全市主要经济指标完成情况（三）

指标名称	单位	2014年	2015年	2016年	2017年	2018年	比17年±%
固定资产投资(500万以上)	亿元	516.78	601.93	670.13	527.10	——	3.0
社会消费品零售总额	亿元	232.24	266.21	294.43	323.80	342.98	9.2
银行存款余额(本外币)	万元	3098610	3391644	3884414	4080202	4085579	0.1
境内住户存款(本外币)	万元	——	2489474	2676513	2705970	2852075	5.4
银行贷款余额(本外币)	万元	2173082	2478837	3097646	3516190	3696187	5.1
财政总收入	万元	492137	511478	552728	523828	554744	5.9
#地方财政收入	万元	426867	481329	535530	527555	522993	-0.9
财政总支出	万元	628285	722572	826830	756970	799880	5.7
#地方财政支出	万元	469416	610517	692713	680449	709364	4.2
新批准外资项目个数(个)	个	19	27	12	19	48	——
合同利用外资金额	亿美元	6.52	8.27	5.91	5.56	7.76	39.51
到帐外资	亿美元	4.76	4.97	4.80	5.30	2.64	0.64
进出口总额	亿元	——	195.12	165.59	178.43	217.19	18.8
出口总额	亿元	——	158.58	132.45	138.68	174.58	22.9
学校处数	个	133	115	112	108	107	-0.93
在校学生	人	79000	78116	77153	77030	78556	1.98
#小学	人	37186	36695	34497	33502	32238	-3.77
普通中学	人	36881	36864	37880	38201	39558	3.55
教职工数	人	7290	7172	7277	7287	7341	0.74
#专任教师	人	6616	6526	6678	6751	6833	1.21
#小学	人	2685	2783	2610	2549	2405	-5.65
普通中学	人	3432	3429	3581	3718	3887	4.55
卫生机构数	个	943	890	851	831	828	-0.36
#镇(街道)卫生院	个	16	16	16	16	16	——
卫生技术人员	人	3823	4490	4507	4969	5401	8.69

备注：1.根据《中国人民银行关于调整金融机构存贷款统计口径的通知》(银发[2015]14号文)要求，自2015年1月1日起，金融机构本外币信贷收支合并表不再统计“储蓄存款”和“个人贷款”，新增“境内存款—住户存款”及“境内贷款—住户贷款”。

2.由于营改增2015年的财政总收入和地方收入进行了调整。

各镇（街道）、开发区主要经济指标完成情况

镇（街道）	地区生产总值（万元）	地方财政收入（万元）	外资到账（万美元）	进出口总额（万美元）	居民人均可支配收入（元）	固定资产投资（万元）	亿元以上新开工投资项目	
							个数（个）	投资额（万元）
水　集	932531	104477	8348	58344	23035	247252	9	99308
河头店	264873	4402	2537	4292	19905	65332	1	10085
马连庄	229427	6865	2580	3188	18820	52030	1	10089
南　墅	376394	10187	2560	6390	17528	91653	2	14080
日　庄	320093	5271	2520	10796	17196	40480	1	10400
沽　河	696598	31737	5957	42138	20311	82010	3	10079
院　上	503897	6989	2594	7618	20540	79669	4	41840
店　埠	396087	8786	2540	14400	21732	126325	3	81700
夏格庄	245051	9902	2598	8930	21953	154405	8	63635
姜　山	1034808	72992	11999	127034	23267	299087	12	96912
望　城	410683	20215	4978	15346	21758	85624	4	37865
开发区	405758	28283	8367	37548	22367	131191	6	69942

数据来源：财政局、商务局、国家统计局莱西调查队、统计局。

莱西一日（2018年）

指标名称	单位	数值
工业增加值	万元	6770
农业增加值	万元	1695
全市生产总值	万元	16989
到账外资	万美元	72
全社会用电量	万千瓦时	578
社会消费品零售总额	万元	9397
住宅竣工面积	平方米	1771
每日售水量	万立方米	4
天然气用气量	万立方米	27
出生人口	人	26
地方财政收入	万元	1433

注：数值来自统计公报数据。

精神文明建设

2018年，市文明办做好好人典型推荐和道德模范宣传、文明城市创建、新时代文明实践建设、群众性精神文明创建活动、志愿服务工作、未成年人思想道德建设、公益广告宣传和深入基层组织调研等工作。

好人典型推荐和道德模范宣传

在全市开展“我推荐我评议身边好人”以及青岛市文明市民、山东好人推荐评选活动，用身边的好人好事教育身边的人，累计选树宣传各类好人典型1700多人次，培育青岛市文明市民10例、“微笑青岛”十大人物1例、山东好人8例和“山东好人年度十大人物”1例。组织开展第七届“感动莱西”道德模范评选表彰活动、第二届“寻找最美莱西人”系列评选表彰活动，集中表彰“感动莱西”道德模范及莱西好人标兵22例，最美莱西人25人。开展“文明家庭”“好媳妇好婆婆”“五好家庭”“善行义举”四德榜等评选活动，树立道德标杆。举办了青岛市道德模范与身边好人故事汇基层巡讲启动仪式暨首场讲演等系列活动，营造崇德向善、见贤思齐的浓厚社会氛围。在《莱西市情》、电视台常年开设“榜样”专栏，宣传日常工作生活中涌现出的先进典型，扩大典型的社会影响力和群众认可度。

文明城市创建

文明委全委会召开，对新一轮文明城市创建工作进行了动员和布署。完善文明城市创建日常督查测评机制和月督查、月通报、季调度制度。全年召开文明城市季度暗访测评迎检调度会、情况分析通报会8次，组织月督查22次，印发督查通报22期、督查专报4期，发现并督促整改各类问题2380多个。建立健全全民创城机制，推行文明城市创建路长责任制，发动机关干部、志愿者包街包区域，参与文明城市创建工作，每周至少开展路长巡街一次，反馈创城问题300多个。开设文明城市“啄木鸟”微信公众号，引导发动群众积极参与文明城市创建“挑刺”行动，打通文明城市创建曝光、督促、整改通道，实现全民互动，解决创城难题40多个，提高了文明城市创建网格化、精细化水平。探索建立暗访调查制度，聘请第三方组建乡风文明行动、文明城市创建暗访调查（测评）队，每季度对文明城市创建工作进行一次暗访测评，每半年对城乡环卫一体化、移风易俗和群众文化活动等内容的乡风文明行动进行一次实地暗访调查，测评和调查结果分别以《通报》和《专报》形式反馈给各责任单位及单位一把手，并适时在《莱西市情》公布。组织开展“乡风文明书记谈”活动，把农村精神文明建设上升为“一把手”工程，推动镇容村貌和村风民俗实现大改观。

新时代文明实践建设

通过整合现有基层阵地与资源，揭牌成立莱西市新时代文明实践中心和马连庄、夏格庄两个镇级新时代文明实践所。建立水集街道永兴街社区、北庄社区和夏格庄镇滑田村3个新时代文明实践站，开展试点建设。打造精品现场，接待宁安市考察团到莱西市参观考察。借助新媒体传播优势，综合运用“互联网+”方式和大数据等技术，开设“新时代文明实践在莱西”微信公众号，打造集信息发布、活动策划、资源共享、数据采集、宣传报道等多功能于一体的文明实践信息平台。开展全方位战役性宣传，先后在《精神文明报》一版、《青岛日报》一版一条、《大众日报》、《经济日报》等重点报刊刊发莱西市创建经验信息，累计在各类报刊、网络刊发信息200多篇，多次登上中国文明网、中央文明实践公众号头条。创新宣传模式，拍摄的家门口的文明实践宣讲队、北庄文化胡同视频在抖音网络点击量超过2万人次。以此为试点，逐步建立起纵向涵盖市镇村三级、横向辐射党政群机关、企事业单位的新时代文明实践网络，打造“20分钟文明实践圈”，实现群众在哪里，文明实践就延伸到哪里。

群众性精神文明创建活动

推进文明村镇、文明单位、文明校园、文明家庭等创建活动，新评选莱西市文明单位25个，文明村镇180个，青岛市级以上文明单位、文明村镇、文明社区、文明校园326个。推进文明单位参与乡村振兴帮扶共建，一批次65个文明单位已经与67个村庄结成共建对子，在组织帮建、文明共建、资金帮扶、项目支持、文化建设、扶贫助困等方面全面开展结对帮扶工作，全市农村精神文明建设连点成片，抱团发展。组织开展青岛市2018年邻居节莱西分会场启动仪式、“文明出行·从我做起”、“崇德尚礼·喜迎峰会”文明旅游、车辆礼让斑马线等活动200多场次，提升市民文明素质。举办“2018年迎新春音乐会”，丰富了市民文化生活。创编拍摄《中华长歌行——元宵节（莱西篇）》，在中央文明网播发，彰显了莱西市独具地域特色的传统节日文化。

志愿服务

在全省率先成立全市社工和志愿者联合会，统筹社会工作和志愿者服务工作发展，志愿服务活动步入制度化、规范化、项目化、品牌化的良性发展轨道。全市通过民政局正式注册社会公益组织7个，注册志愿者数量6100多人，通过青岛市志愿服务网注册的志愿服务队伍100支，注册志愿者数量12.1万人。建立全市志愿服务团队微信群，协调各志愿团队在文明交通引导、贫困家庭救助、邻里老人关爱、春蕾女童帮扶、环境卫生清理等方面开展各具特色的志愿服务活动，定期在各媒体平台统一发布、交流工作信息。举办“绿色崛起 文明同行”主题宣传服务活动启动仪式，全年协调指导59个责任单位深入基层开展各类宣传服务活动206场次。按照志愿者管理加购买服务的思路组建全市公共文明引导员队伍，开展文明交通引导上岗服务。开展学雷锋志愿服务等系列活动，集中打造“蒲公英”“萤火虫”“一块帮”等志愿服务团队品牌，新评青岛市级以上最美志愿者19人，最佳志愿服务组织（单位）7个，最佳志愿服务项目7个，最美志愿服务社区5个。

未成年人思想道德建设

提高乡村学校少年宫建、管、用水平，对接财政局、教体局、市招标办，办理少年宫专项资金划拨转账手续，为5所学校协调划拨体彩扶持资金18.44万元。坚持以活动促活跃，协调教体局组织开展好“我们的节日”系列活动、童谣征集、“学国学、诵经典、传美德”知识竞赛、乡村学校少年宫才艺展等。1人获省未成年人先进工作者，2人获青岛市童谣征集活动一等奖，3名学生入选青岛市乡村学校少年宫才艺展书法比赛决赛，3名学生进入乒乓球比赛前八名莱西市获“童谣征集活动优秀组织奖”、青岛市国学竞赛三等奖、青岛市“乡村学校少年宫”才艺展乒乓球比赛团体亚军。

公益广告宣传

研究修订并印发《关于进一步加强公益广告宣传的意见》《莱西市城区公益广告设施分布及设置管理方案》。全面厘清市区公交车、校车、出租车等交通运输工具和候车亭、公交站牌、灯箱、果皮箱等市政设施以及临街的各类电子屏、广告位等社会媒介的数量和权属单位，按照“不少于三分之一”的比例要求，批量设计制作一批社会主义核心价值观、“讲文明树新风”公益广告，协调并设计制作安装各类公益广告1500多处，协调相关单位在月湖广场新建LED公益宣传大屏幕6块。在全市公园广场、宾馆饭店、窗口单位开展公益广告专项督查活动，张贴社会主义核心价值观、讲文明树新风、文明餐桌公益广告1.2万幅，实现城区全覆盖。

深入基层组织调研

围绕城乡精神文明建设深入基层调研，撰写一批精品调研报告。先后在《宣传文化系统优秀调研成果选编》（2018年7月出版）刊发调研文章《莱西市加强乡风文明建设的实践与思考》，在《青岛市宣传信息专报》《青岛市精神文明建设简报》《当代青岛》刊发《莱西市创建新时代文明实践中心助推乡村振兴战略》《莱西市以“三进”活动为载体，深化文明礼仪养成教育》等经验信息13篇，完成调研报告2篇。在《精神文明报》刊发《莱西市镇两级三所“新时代文明实践中心”同步启动》，在《青岛日报》一版一条刊发《“家门口说唱”的力量》，在《大众日报》刊发《邻居节精彩活动温暖相邻》《莱西市新建三所新时代文明实践中心》等各类信息200多篇。在中央文明网登载《莱西市组织开展“学国学、诵经典、传美德”竞赛活动》《山东莱西多措并举助推最美“身边人”选树实现新突破》2篇经验信息。

（市委宣传部）

政　治

中国共产党莱西市委员会

·重要会议·

十四届市委第27次常委会议

2018年1月3日召开，庄增大主持，姜水清、张升山、郝曙光、黄迪勇、纪玉水、孙明明、战洪贤、张笑、崔坤山出席会议，赵希胜、邹学新列席会议，曹杰军、丁朝霞、张方宝、江联军、史立伟、姚军、吕英志，各镇（街道、经济开发区）党（工）委书记、市直有关单位主要负责人列席相关议题。会议传达中央农村工作会议和省、青岛市经济工作暨金融工作会议精神；研究讨论《市人大常委会工作报告》《政府工作报告》《市政协常委会工作报告》《市法院工作报告》《市检察院工作报告》；听取市发改局党委关于2017年主要经济指标预计完成情况及2018年主要经济指标安排意见的汇报；听取市政府办公室关于2018年市办实事有关情况的汇报；听取市发改局党委关于2018年拟建重点工程有关情况的汇报；听取市财政局党组关于莱西市2018年财政收支预算（草案）编制情况的汇报。

第28次会议

1月15日召开，庄增大主持，姜水清、张升山、郝曙光、黄迪勇、纪玉水、孙明明、战洪贤、张笑、崔坤山出席会议，赵希胜、邹学新列席会议，曹杰军、丁朝霞、谭建武、史立伟、姚军、吕英志、张杰、王中开，各镇（街道、经济开发区）党（工）委书记、市直有关单位主要负责人列席相关议题。会议传达习近平在新进中央委员会的委员、候补委员和省部级主要领导干部学习贯彻习近平新时代中国特色社会主义思想和党的十九大精神研讨班开班式的重要讲话精神、全省农村工作会议精神；传达青岛市“两会”精神；听取市委办公室关于《市委常委会2018年工作要点》起草情况的汇报；听取市委市政府信访局关于近期信访工作情况的汇报；听取了市委610办公室关于全市防范和处理邪教工作情况的汇报；听取市纪委关于2017年党风廉政建设和反腐败工作情况的汇报；听取市委办公室关于全国、全省、青岛市党内法规工作会议精神及莱西市贯彻落实建议的汇报；听取市纪委关于有关干部违纪问题处理情况的汇报。

第29次会议

1月18日召开，庄增大主持，姜水清、郝曙光、纪玉水、战洪贤、张笑、崔坤山出席会议，赵希胜、王中开，市直有关单位主要负责人列席会议。会议听取市编委办关于市监察委员会组建方案的汇报。

第30次会议

1月31日召开，庄增大主持，张升山、郝曙光、黄迪勇、纪玉水、孙明明、战洪贤、张笑、崔坤山出席会议，赵希胜、邹学新列席会议。会议研究郝曙光等23人作为晋升三级调研员人选考察对象有关事宜。

第31次会议

2月5日召开，庄增大主持，姜水清、张升

山、郝曙光、黄迪勇、纪玉水、孙明明、战洪贤、张笑、崔坤山出席会议，赵希胜、邹学新列席会议，张显杰、丁朝霞、张方宝、姚军、吕英志、张杰、王中开，各镇（街道、经济开发区）党（工）委书记、市直有关单位主要负责人列席了相关议题。会议传达省十三届人大一次会议精神；听取市委办公室关于《中共莱西市委常委会贯彻落实中央八项规定精神实施办法》起草情况的汇报；听取市人大常委会、市政府、市政协、市法院、市检察院党组工作情况汇报；研究审议市委常委班子和市人大常委会、市政府、市政协、市法院、市检察院领导班子2017年度民主生活会对照检查材料；听取市纪委关于中央纪委全会、省纪委全会、青岛市纪委全会精神及召开市纪委十四届三次全会有关情况的汇报；听取市纪委关于有关干部违纪问题处理情况的汇报；研究了有关干部任免事宜。

第32次会议

2月13日召开，庄增大主持，姜水清、张升山、郝曙光、黄迪勇、纪玉水、孙明明、战洪贤、张笑、崔坤山、王清秀出席会议，赵希胜、邹学新、张显杰、曹杰军、丁朝霞、张方宝、江联军、史立伟、姚军、王中开，各镇（街道、经济开发区）党（工）委书记、市直有关单位主要负责人列席会议。会议传达上级有关会议精神，并对当前有关工作进行部署；会议本着“协同作战、有利工作”的原则，对有关市委常委和市政府有关领导班子成员的分工进行明确调整。

第33次会议

2月27日召开，庄增大主持，张升山、郝曙光、黄迪勇、纪玉水、孙明明、战洪贤、崔坤山出席会议，赵希胜、邹学新列席会议，张显杰、曹杰军、丁朝霞、张方宝、江联军、史立伟、姚军、张杰、王中开，各镇（街道、经济开发区）党（工）委书记，市直有关单位主要负责人列席相关议题。会议传达省委书记刘家义在山东省全面展开新旧动能转换重大工程动员大会上的讲话精神和省委常委、青岛市委书记张江汀到莱西市调研活动精神；听取市招商委办和经济开发区党工委、水集街道党工委和姜山镇党委关于亿元以上开工建设项目有关情况和市发改局党委关于2018年青岛市重点项目有关情况的汇报；听取市环保局党组关于中央环保督察反馈意见整改落实情况的汇报，并就做好当前有关工作进行了强调部署；听取市委巡察办关于十四届市委2018年巡察工作计划的汇报；研究有关干部任免事项。

第34次会议

3月1日召开，张升山主持，黄迪勇、纪玉水、孙明明、战洪贤、崔坤山、王清秀出席会议，赵希胜、邹学新、李信斋、王志强、刘莉、张显杰、万国才、曹杰军、丁朝霞、张方宝、江联军、赵彦军、李美玲、王志超、孙焕伟、姚军、吕英志、张杰、王中开，各镇（街道、经济开发区）党（工）委书记、市直有关单位主要负责人列席会议。会议传达学习党的十九届三中全会精神，研究莱西市贯彻落实意见。

第35次会议

3月7日召开，姜水清主持，张升山、郝曙光、黄迪勇、纪玉水、战洪贤、崔坤山、王清秀出席会议，邹学新列席会议。会议传达中共中央有关文件精神；研究郝曙光等4人作为晋升二级调研员人选考察对象有关事宜。

第36次会议

3月10日召开，庄增大主持，姜水清、张升山、郝曙光、黄迪勇、纪玉水、孙明明、战洪贤、崔坤山、王清秀出席会议，赵希胜列席会议，张显杰、曹杰军、姚军，各镇（街道、经济开发区）党（工）委书记、市直有关单位主要负责人列席相关议题。会议听取市委农工委办关于青岛市农村工作会议精神及莱西市农村工作会议筹备方案的汇报；听取市委农工委办关于实施乡村振兴战略的意见起草情况的汇报；听取市扶贫办关于全国、全省扶贫开发工作会议精神及莱西市贯彻落实意见的汇报；听取市委统战部关于青岛市新的社会阶层人士统战工作会议精神及莱西市贯彻落实意见的汇报；听取市委组织部关于成立中共莱西市委离退休干部工作委员会的汇报；听取市委组织部关于全国、全省、青岛市组织部长会议精神及莱西市贯彻落实意见的汇报；听取市委宣传部关于全国、全省、青岛市宣传部长会议精神及莱西市贯彻落实意见的汇报；听取关于全国、全省、青岛市统战部长会议精神及莱西市贯彻落实意见的汇报。

第37次会议

3月12日召开，姜水清主持，张升山、郝曙光、黄迪勇、纪玉水、孙明明、战洪贤、崔坤山、王清秀出席会议，赵希胜、邹学新、李信斋、刘莉、张显杰、万国才、丁朝霞、张方宝、赵彦军、李美玲、王志超、孙焕伟、姚军，市直有关单位分管负责人列席会议。会议传达学习习近平参加十三届全国人大一次会议山东代表团审议时重要讲话精神，研究莱西市贯彻落实意见。

第38次会议

3月24日召开，庄增大主持，姜水清、张升山、郝曙光、纪玉水、孙明明、战洪贤、张笑、崔坤山、王清秀出席会议，邹学新列席会议，张显杰、万国才、曹杰军、丁朝霞、张方宝、姚军、吕英志、刘俊峰、张杰、王中开，各镇（街道、经济开发区）党（工）委书记、市直有关单位主要负责人列席相关议题。会议传达学习全国“两会”精神，研究莱西市贯彻落实意见；听取市委组织部关于省委、青岛市委开展“大学习、大调研、大改进”工作会议精神及莱西市贯彻落实意见的汇报；听取市人武部党委关于“十三五”时期民兵组织调整改革工作情况的汇报；听取市总工会党组关于省、青岛市劳动模范推荐人选的汇报；听取市委办公室关于坚决维护和服从习近平为核心的党中央集中统一领导的意见起草情况的汇报。

第39次会议

3月30日召开，姜水清主持，张升山、黄迪勇、纪玉水、孙明明、战洪贤、张笑、崔坤山出席会议，赵希胜、邹学新列席会议，王志强、刘莉、张显杰、万国才、丁朝霞、张方宝、赵彦军、李美玲、王志超、孙焕伟、姚军、吕英志、王中开，各镇（街道、经济开发区）党（工）委书记、市直有关单位主要负责人列席相关议题。会议传达龚正、张江汀调研指示精神，研究莱西市贯彻落实意见；研究2017年度市委书记履行全面从严治党责任和抓基层党建工作评议结果反馈情况。

第40次会议

4月25日召开，姜水清主持会议，张升山、郝曙光、黄迪勇、纪玉水、孙明明、战洪贤、张笑出席会议，丁朝霞、江联军、姚军、吕英志、张杰、王中开，各镇（街道、经济开发区）党（工）委书记、市直有关单位主要负责人列席相关议题。会议传达学习省有关工作视频会议精神和青岛市重大活动专项保障动员大会精神；听取市安委办关于全市安全生产工作情况的汇报；听取市信访局关于近期信访工作情况的汇报；听取市委组织部关于反馈2017年度党（工）委书记履行全面从严治党责任和抓基层党建工作情况评议结果的汇报；听取市编委办关于设立市党委教育工委有关事宜的汇报；听取市委办公室关于《中共莱西市委常委会议事决策规程》《中共莱西市委常委会及其成员职责清单（试行）》《关于加强市委常委会自身建设的意见》起草情况的汇报；听取市总工会党组关于2015至2017年度莱西市劳动模范推荐人选的汇报；听取市总工会党组关于莱西市“五一”国际劳动节庆祝表彰大会暨文艺汇演方案的汇报。

第41次会议

5月3日召开，庄增大主持，张升山、郝曙光、黄迪勇、纪玉水、孙明明、战洪贤、张笑、崔坤山出席会议，赵希胜、邹学新、张显杰、丁朝霞、江联军、谭建武、姚军、吕英志、张杰、王中开，各镇（街道、经济开发区）党（工）委书记、市直有关单位主要负责人列席会议。会议传达学习习近平关于建设生态宜居美丽乡村重要指示精神；会议传达学习全国网络安全和信息化工作会议精神；听取市发改局党委关于一季度经济运行分析及下步措施的汇报、关于2018年青岛市重点项目进展情况的汇报，市招商委办关于2018年亿元以上开工建设项目进展情况的汇报；听取市安委办关于省安委会巡查莱西市安全生产发现问题整改情况的汇报。

第42次会议

5月19日召开，庄增大主持，张升山、郝曙光、孙明明、战洪贤、张笑、崔坤山出席会议，赵希胜、邹学新列席会议，张显杰、曹杰军、丁朝霞、张方宝、江联军、姚军、吕英志、张杰、王中开，各镇（街道、经济开发区）党（工）委书记、市直有关单位主要负责人列席相关议题。会议传达学习山东海洋强省建设工作会议精神；听取市发改局党委关于《莱西市新旧动能转换重大工程实施规划》起草情况的汇报；听取市公安局党委关于上合组织青岛峰会安保维稳工作有关情况的汇报；听取市委政法委关于中央、省、青岛市扫黑除恶专项斗争工作会议精神及莱西市贯彻落实意见的汇报；听取市委610办公室关于中央、省、青岛市防范和处理邪教工作会议精神及莱西市贯彻落实意见的汇报；听取市委政法委关于2018年全市政法工作暨扫黑除恶专项斗争工作会议筹备方案的汇报；听取市纪委关于建立市直机关、事业单位研究“三重一大”事项向派驻纪检监察组报备制度的汇报；听取市委党校有关工作情况的汇报；研究有关干部任免事宜。

第43次会议

5月21日召开，庄增大主持，姜水清、张升山、郝曙光、黄迪勇、孙明明、战洪贤、张笑、崔坤山、王清秀出席会议，赵希胜、邹学新、李信斋、王志强、刘莉、张显杰、万国才、丁朝霞、张方宝、江联军、谭建武、赵彦军、李美玲、王志超、孙焕伟、姚军、吕英志、张杰、王中开，各镇（街道、经济开发区）党（工）委书记、市直有关单位主要负责人列席会议。会议传达学习习近平在全国生态环境保护大会上的讲话精神，研究莱西市贯彻落实意见；传达省委书记刘家义到莱西市调研指示精神，研究全市贯彻落实意见。

第44次会议

6月13日召开，庄增大主持，姜水清、张升山、郝曙光、黄迪勇、纪玉水、孙明明、张笑、崔坤山出席会议，赵希胜、邹学新列席会议，张显杰、曹杰军、丁朝霞、江联军、史立伟、姚军、吕英志、张杰、王中开、张瑞忠，各镇（街道、经济开发区）党（工）委书记、市直有关单位主要负责人列席相关议题。会议听取市考核办关于2017年考核情况、表彰及问责建议的汇报，关于青岛市2017年考核情况分析、2018年考核指标分解及做好考核工作建议的汇报，关于2018年度镇街和市直单位考核意见起草情况的汇报；听取市委组织部关于青岛市优秀镇街党委书记、优秀镇街党委班子、优秀共产党员、优秀党务工作者、先进基层党组织和优秀村党组织书记推荐情况的汇报。

第45次会议

6月16日召开，庄增大主持，姜水清、张升山、郝曙光、黄迪勇、纪玉水、孙明明、战洪贤、崔坤山、王清秀出席会议，赵希胜、邹学新、王志强、刘莉、张显杰、万国才、曹杰军、丁朝霞、张方宝、江联军、赵彦军、李美玲、王志超、姚军、吕英志、张杰，各镇（街道、经济开发区）党（工）委书记、市直有关单位主要负责人列席会议。会议传达学习习近平在上合组织青岛峰会和视察山东期间重要讲话精神，研究莱西市贯彻落实意见。

第46次会议

6月23日召开，庄增大主持，姜水清、张升山、郝曙光、黄迪勇、纪玉水、孙明明、战洪贤、张笑、崔坤山出席会议，赵希胜列席会议，张显杰、曹杰军、丁朝霞、江联军、姚军、吕英志、张杰、王中开，各镇（街道、经济开发区）党（工）委书记、市直有关单位主要负责人列席相关议题。会议传达学习习近平关于打赢脱贫攻坚战三年行动重要批示精神，研究莱西市贯彻落实意见；听取市委市政府信访局关于今年以来信访情况分析的汇报；听取市水利局党委关于河长制工作有关情况的汇报；听取市委巡察办关于中央、省、青岛市巡视巡察工作规划精神及莱西市贯彻落实意见的汇报；听取市委组织部关于开展“乡村振兴村村行”活动暨选派乡村振兴工作队实施“双百引领”工程的汇报；听取市委组织部关于庆祝中国共产党成立97周年大会筹备工作建议方案和莱西市先进基层党组织、优秀共产党员、优秀党务工作者、优秀村党组织书记评选推荐情况的汇报；听取市纪委关于有关干部严重违纪问题处理情况的汇报。

第47次会议

7月4日召开，庄增大主持，姜水清、张升山、黄迪勇、纪玉水、战洪贤、张笑、崔坤山、王清秀出席会议，赵希胜、邹学新、刘莉、张显杰、万国才、范丽平、李美玲、孙焕伟、姚军、张杰、王中开，各镇（街道、经济开发区）党（工）委书记、市直有关单位主要负责人列席会议。会议传达学习习近平对上合组织青岛峰会成功举办作出的重要指示精神；传达学习习近平在中央外事工作会议上的重要讲话精神；传达学习青岛市委十二届三次全体会议精神。

第48次会议

7月5日召开，姜水清主持，张升山、郝曙光、黄迪勇、纪玉水、战洪贤、张笑、崔坤山、王清秀出席会议，赵希胜、邹学新列席会议。会议研究确定赵秀磊为提拔交流担任青岛市市直机关副处级领导干部推荐人选有关事宜。

第49次会议

7月14日召开，庄增大主持，张升山、郝曙光、黄迪勇、纪玉水、孙明明、张笑、崔坤山、王清秀出席会议，赵希胜、邹学新、曹杰军、丁朝霞、张方宝、江联军、史立伟、范丽平、姚军、吕英志、张杰、王中开，各镇（街道、经济开发区）党政主要负责人、市直有关单位主要负责人列席相关议题。会议传达学习山东省党政代表团赴苏浙粤学习交流会精神和全省招商引资招才引智工作会议精神，研究莱西市贯彻落实意见；传达学习全国退役军人工作经验交流会会议精神，研究莱西市贯彻落实意见；听取市环保局党组关于《莱西市贯彻落实中央环境保护督察组督察反馈意见整改方案》修订情况的汇报；听取市环保局党组关于中央环保督察反馈意见整改的环境问题进展情况及下步工作安排的汇报；听取市委巡察办关于巡察发现镇（街）党（工）委存在共性问题有关情况的汇报。

第50次会议

7月17日召开，庄增大主持，姜水清、张升山、郝曙光、黄迪勇、纪玉水、战洪贤、张笑、崔坤山、王清秀出席会议，邹学新列席会议，张方宝、张杰、王中开，各镇（街道、经济开发区）党（工）委书记、市直有关单位主要负责人列席相关议题。会议听取市委政法委关于省扫黑除恶专项斗争培训会议精神及省公安厅、青岛市督导组督导情况的汇报；研究有关干部任免事项。

第51次会议

7月23日召开，庄增大主持，姜水清、张升山、郝曙光、黄迪勇、纪玉水、孙明明、战洪贤、张笑、崔坤山出席会议，赵希胜、邹学新、张显杰、曹杰军、张方宝、江联军、范丽平、姚军、吕英志、张杰、王中开，各镇（街道、经济开发区）党（工）委书记、市直有关单位主要负责人列席会议。会议传达青岛市委有关文件，研究莱西市贯彻落实意见；传达习近平对推进中央和国家机关党的政治建设作出的重要指示精神、在中央财经委员会第二次会议上的重要讲话精神和在同团中央新一届领导班子集体谈话时的重要讲话精神，研究莱西市贯彻落实意见。

第52次会议

7月25日召开，庄增大主持，姜水清、张升山、郝曙光、黄迪勇、纪玉水、孙明明、战洪贤、张笑、崔坤山、王清秀出席会议，赵希胜、邹学新列席会议，张显杰、万国才、曹杰军、丁朝霞、江联军、史立伟、姚军、吕英志、张杰、王中开，各镇（街道、经济开发区）党（工）委书记、市直有关单位主要负责人列席相关议题。会议传达青岛市委第五巡察组巡察莱西市反馈意见；听取市发改局党委关于新旧动能转换重大工程实施意见编制起草情况的汇报；听取市发改局党委关于上半年全市经济运行情况及下步措施建议的汇报；听取市发改局党委关于2018年青岛市重点项目进展情况的汇报；听取市发改局党委关于2018年基础设施建设重点工程进展情况的汇报；听取市招商委办关于全市亿元以上项目情况的汇报；听取市政府办公室关于2018年政府实事进展情况的汇报；听取市委宣传部关于当前全市意识形态领域情况的汇报；听取市食药监局党组关于2018年上半年食品药品工作情况的汇报；听取市纪委关于贯彻落实上级纪检监察工作座谈会精神及反腐败工作情况的汇报；听取市委办公室关于中共莱西市委十四届五次全体会议暨市政府十八届二次全体会议筹备方案的汇报；听取市委办公室关于《中共莱西市委关于深入学习贯彻习近平视察山东重要讲话精神的意见》《中国共产党莱西市委员会工作规程》起草情况的汇报；听取市委组织部关于建议调整部分党组设置的汇报。

第53次会议

8月6日召开，庄增大主持，姜水清、张升山、郝曙光、黄迪勇、纪玉水、孙明明、战洪贤、张笑、崔坤山出席会议，赵希胜、邹学新列席会议，张显杰、曹杰军、丁朝霞、江联军、史立伟、范丽平、姚军、吕英志、张杰、王中开，各镇（街道、经济开发区）党（工）委书记、市直有关单位主要负责人列席相关议题。会议传达学习习近平在7月31日中共中央政治局会议和中共中央政治局第七次集体学习时的重要讲话精神；会议传达学习张江汀在青岛市重点工作会议上的讲话精神；听取市委办公室关于中央巡视组巡视山东省、巡视青岛市反馈意见整改落实工作方案起草情况的汇报；听取市委办公室关于青岛市委第五巡察组扶贫专项巡察和延伸巡察反馈意见整改落实工作方案起草情况的汇报；听取市委宣传部关于2018年市委理论学习中心组学习计划起草情况的汇报；传达全国、全省、青岛市保密工作会议精神，研究莱西市贯彻落实意见；研究有关干部任免事项。

第54次会议

8月15日召开，庄增大主持，张升山、郝曙光、黄迪勇、纪玉水、孙明明、战洪贤、张笑、崔坤山出席会议，赵希胜、邹学新列席会议。会议听取市编办关于青岛市机构改革座谈会有关情况的汇报。

第55次会议

8月23日召开第55次常委会会议，会议听取市纪委对有关干部违纪问题处理情况的汇报。

第56次会议

8月24日召开，庄增大主持，张升山、郝曙光、黄迪勇、纪玉水、孙明明、战洪贤、张笑、崔坤山出席会议，赵希胜、邹学新列席会议，曹杰军、丁朝霞、张方宝、范丽平、吕英志、张杰、王中开，各镇（街道、经济开发区）党（工）委书记、市直有关单位主要负责人列席相关议题。会议传达全省乡村振兴暨脱贫攻坚现场会议精神，研究贯彻落实意见；听取市环保局党组关于迎接省环保督察工作有关情况的汇报；听取市水利局党委关于全面实行湖长制有关情况的汇报；听取市委政法委关于扫黑除恶专项斗争有关情况的汇报；听取市编办关于“一次办好”改革有关情况的汇报；听取市纪委监委关于中央第七巡视组《关于山东政治生态情况的专题报告》整改落实工作方案起草情况的汇报；听取市委组织部关于《关于做好离任村主职干部生活补贴发放有关工作的实施意见》制定情况的汇报；听取市教体局关于庆祝教师节有关工作的汇报。

第57次会议

9月6日召开，庄增大主持，姜水清、张升山、郝曙光、黄迪勇、战洪贤、张笑、崔坤山出席会议，赵希胜、邹学新列席会议，张显杰、曹杰军、江联军、范丽平、吕英志、张杰、王中开，各镇（街道、经济开发区）党（工）委书记、市直有关单位主要负责人列席相关议题。会议传达学习习近平在全国宣传思想工作会议、中央全面依法治国委员会第一次会议和推进“一带一路”建设工作五周年座谈会上的重要讲话精神，研究莱西市贯彻落实意见；传达张江汀到莱西市调研指示精神，研究莱西市贯彻落实意见；听取市纪委、市委组织部、市法院党组、市检察院党组开展扫黑除恶专项斗争有关情况的汇报；听取市人大常委会党组、市政府党组、市政协党组、市纪委、市法院党组、市检察院党组和市委市直机关工委汇报推动全面从严治党工作情况；听取市委常委汇报履行全面从严治党政治责任、落实“一岗双责”工作情况；听取市纪委关于有关干部违纪问题处理情况的汇报；研究有关干部任免事宜。

第58次会议

9月20日召开，庄增大主持，姜水清、张升山、黄迪勇、战洪贤、张笑、崔坤山、王清秀出席会议，赵希胜、邹学新列席会议，张显杰、万国才、丁朝霞、江联军、张杰、王中开，各镇（街道、经济开发区）党（工）委书记、市直有关单位主要负责人列席相关议题。会议传达学习习近平在全国教育大会上的重要讲话精神，研究莱西市贯彻落实意见；传达学习张江汀在青岛市委理论学习中心组读书班上的讲话精神，研究莱西市贯彻落实意见；听取市委政法委关于中央扫黑除恶督导反馈情况、张江汀讲话精神的汇报，研究莱西市贯彻落实意见；听取市委办公室关于青岛市委巡察组扶贫专项巡察和延伸巡察反馈意见整改报告起草情况的汇报；听取市委巡察办关于《被巡察党组织配合市委巡察工作规范（审议稿）》起草情况的汇报；研究有关干部任免事项。

第59次会议

9月29日召开，庄增大主持，姜水清、张升山、黄迪勇、孙明明、战洪贤、崔坤山出席会议，邹学新列席会议，张显杰、赵彦军，各镇（街道、经济开发区）党（工）委书记、市直有关单位主要负责人列席相关议题。会议传达学习9月21日中共中央政治局会议精神和习近平总在中共中央政治局第八次集体学习时的重要讲话精神，研究莱西市贯彻落实意见；听取市委统战部关于省委、青岛市委部署宗教工作自查督查会议精神及莱西市贯彻落实意见的汇报；听取市委办公室关于开展解放思想大讨论的实施方案起草情况的汇报。

第60次会议

10月25日召开，庄增大主持，姜水清、张升山、郝曙光、黄迪勇、战洪贤、张笑、崔坤山、王清秀出席会议，赵希胜、邹学新列席会议，曹杰军、丁朝霞、张方宝、吕英志、张杰，各镇（街道、经济开发区）党（工）委书记、市直有关单位主要负责人列席相关议题。会议传达学习习近平在中央财经委员会第三次会议、中央军民融合发展委员会第二次会议上的重要讲话精神，对脱贫攻坚工作作出的重要指示精神和全国党委秘书长会议精神，研究莱西市贯彻落实意见；传达学习省委十一届六次全体会议、全省机构改革动员大会精神，研究莱西市贯彻落实意见；传达学习青岛市区市党委书记座谈会精神，研究莱西市贯彻落实意见；听取市发改局党委关于前三季度全市经济运行情况及下步措施建议的汇报；听取市发改局党委关于2018年青岛市重点项目进展情况的汇报；听取市发改局党委关于2018年基础设施建设重点工程进展情况的汇报；听取市招商委办关于全市亿元以上开工建设项目情况的汇报；听取市政府办公室党组关于2018年政府实事进展情况的汇报；听取市信访局关于近期信访工作情况的汇报；听取市委政法委关于传达青岛市扫黑除恶有关会议精神及做好迎接青岛扫黑除恶第二轮专项督导工作情况汇报，研究莱西市贯彻落实意见；听取市国土局党委关于国家自然资源督察济南局2018年例行督察反馈问题整改工作的汇报；研究有关干部任免事宜。

第61次会议

11月12日召开，庄增大主持，姜水清、张升山、郝曙光、黄迪勇、孙明明、战洪贤、张笑、崔坤山出席会议，赵希胜、邹学新列席会议，张显杰、万国才、丁朝霞、张方宝、吕英志、张杰、王中开，各镇（街道、经济开发区）党（工）委书记、市直有关单位主要负责人列席相关议题。会议传达学习习近平在10月31日中共中央政治局会议和中共中央政治局第九次集体学习时的重要讲话、在民营企业座谈会上的重要讲话精神，研究莱西市贯彻落实意见；传达学习习近平对自由贸易试验区建设作出的重要指示、在同中华全国总工会新一届领导班子成员集体谈话和同全国妇联新一届领导班子成员集体谈话时的重要讲话精神；传达学习青岛市委有关文件精神，研究莱西市贯彻落实意见；听取市委统战部关于宗教工作的汇报；听取市环保局关于中央环保督察“回头看”情况的汇报；听取市环保局关于《莱西市加强污染源头防治推进“四减四增”三年行动方案（2018—2020年）》起草情况的汇报；听取市委宣传部关于制发《中共莱西市委关于庆祝改革开放40周年活动的通知》有关情况的汇报。

第62次会议

11月26日召开，庄增大主持，姜水清、张升山、郝曙光、黄迪勇、孙明明、战洪贤、张笑出席会议，赵希胜列席会议，张显杰、万国才、曹杰军、丁朝霞、张方宝、江联军、吕英志、张杰、王中开，各镇（街道、经济开发区）党（工）委书记、市直有关单位主要负责人列席相关议题。会议传达学习习近平参观“伟大的变革——庆祝改革开放40周年大型展览”时的重要讲话、在首届中国国际进口博览会开幕式上的主旨演讲、在会见香港澳门各界庆祝国家改革开放40周年访问团时的重要讲话精神，研究莱西市贯彻落实意见；听取市委统战部关于全省、青岛市民营企业座谈会精神及莱西市贯彻意见的汇报；听取市扶贫办关于打赢脱贫攻坚战三年行动的意见起草情况的汇报；听取市委组织部关于人才支撑新旧动能转换工作实施意见起草情况的汇报；听取市委宣传部关于《贯彻〈中国共产党党委（党组）理论学习中心组学习规则〉实施规范》制定情况的汇报；听取市委组织部关于开展“千人百企大走访”活动的实施意见起草情况的汇报；听取市纪委关于有关干部严重违纪问题处理情况的汇报；听取市委组织部关于建议设立中国共产党莱西市退役军人事务局党组的汇报；听取市编办关于组建市退役军人事务局有关情况的汇报；研究有关干部任免事宜。

第63次会议

12月11日召开，庄增大主持，姜水清、张升山、黄迪勇、纪玉水、孙明明、战洪贤、张笑、崔坤山出席会议，赵希胜、邹学新列席会议，张显杰、曹杰军、丁朝霞、张方宝、范丽平、张杰、王中开，各镇（街道、经济开发区）党（工）委书记、市直有关单位主要负责人列席相关议题。会议传达学习习近平在11月26日中央政治局会议和中央政治局第十次集体学习时的重要讲话、在亚太经合组织工商领导人峰会上的主旨演讲、在第二十六次领导人非正式会议上的重要讲话、在纪念刘少奇诞辰120周年座谈会上的重要讲话、在中央军委政策制度改革工作会议上的重要讲话精神和全国军民融合发展工作座谈会精神，研究莱西市贯彻落实意见；听取市信访局关于信访工作情况的汇报；听取市委政法委关于全国、全省、青岛市扫黑除恶有关会议和政法队伍建设座谈会精神及莱西市贯彻落实意见的汇报；传达学习青岛市党委办公室主任会议暨改革办主任会议精神；听取市委组织部关于青岛市委拨付和莱西市配套清理补缴党费使用管理情况的汇报；研究有关干部任免事宜。

第64次会议

12月21日召开，庄增大主持，姜水清、张升山、黄迪勇、纪玉水、孙明明、战洪贤、崔坤山出席会议，赵希胜、邹学新列席会议，张显杰、万国才、曹杰军、丁朝霞、范丽平、张杰、王中开，各镇（街道、经济开发区）党（工）委书记、市直有关单位主要负责人列席相关议题。会议传达学习习近平在12月13日中共中央政治局会议、中央政治局第十一次集体学习、党外人士座谈会和二十国集团领导人峰会第一阶段会议上的重要讲话精神，研究莱西市贯彻落实意见；听取市委办公室关于《市委常委会工作报告》和《市委常委会2019年工作要点》起草情况的汇报；听取市政府办公室党组关于《政府工作报告》起草情况的汇报；听取市政府办公室党组关于2019年市政府拟办实事有关情况的汇报；听取市发改局党委关于2019年拟建重点工程有关情况的汇报；听取市编办关于莱西市镇（街道）行政管理体制改革方案有关情况的汇报；听取市财政局党组关于2019年财政收支预算（草案）编制情况的汇报；听取市人大常委会办公室关于莱西市第十八届人民代表大会第三次会议有关工作的汇报；听取市人大常委会办公室关于《人大常委会工作报告》起草情况的汇报；听取市政协办公室关于政协第九届莱西市委员会第三次会议有关工作的汇报；听取市政协办公室关于《政协常委会工作报告》起草情况的汇报；听取市法院党组、市检察院党组关于《法院工作报告》《检察院工作报告》起草情况的汇报；听取市委组织部关于补选莱西市十八届人大代表候选人初步建议人选有关情况的汇报；研究有关干部任免事宜。

第65次会议

12月24日召开，庄增大主持，姜水清、张升山、郝曙光、黄迪勇、纪玉水、孙明明、战洪贤、崔坤山出席会议，赵希胜列席会议，张显杰、曹杰军、丁朝霞、江联军、张子栋、吕英志、张杰，各镇（街道、经济开发区）党（工）委书记、市直有关单位主要负责人列席相关议题。会议传达学习中央经济工作会议精神，研究莱西市贯彻落实意见；听取市安委办关于2018年全市安全生产工作情况的汇报；听取市食药监局党组关于2018年食品药品工作情况的汇报；听取市扶贫办关于青岛市审计局扶贫专项审计反馈意见整改落实工作方案有关情况的汇报；听取市委宣传部关于设立莱西市国有文化资产管理委员会有关情况的汇报；听取市监委关于莱西市监察委员会专项工作报告起草情况的汇报；听取市编办有关工作的汇报。

（市委办公室）

·政策研究工作·

2018年，莱西市委政策研究工作坚决贯彻市委决策部署，以服务市委中心开展专题调研，围绕迎接上合组织青岛峰会、中央巡视组视察山东视察青岛、市委全委会等重大活动，起草领导讲话200余篇，起草区（市）委书记座谈会发言材料、农村工作座谈会、精准扶贫工作座谈会等青岛市级会议发言材料10篇，起草对省、青岛市领导汇报材料及市委落实有关工作情况汇报材料20余篇。坚持调查研究服从、服务于市委中心工作，结合开展“大学习、大调研、大改进”和解放思想大讨论工作，围绕市委领导关注重大问题和当前热点问题深入调查研究提高决策参谋水平，2018年共开展综合性调研活动20次，各类专项调研5次，撰写调研文章30篇，其中《以提升群众获得感为目标坚定不移推进全面深化改革》被《山东通讯》刊发。全年共向青岛市级以上机构和刊物投稿100多篇，其中《以习近平新时代中国特色社会主义思想为指导奋力开创莱西绿色发展新局面》等10余篇文章被《人民日报》、人民网、凤凰网等媒体刊发转载，《高标准打造乡村振兴的莱西样板》《打造“乐在莱西”旅游品牌 构建全域旅游新格局》等20余篇文章在《青岛日报》重要版面刊发。

（市委办公室）

·督查工作·

2018年，市委督查室围绕市委中心工作，强化“一分部署，九分落实”工作理念，推动全市重大决策部署落地见效，2018年对15项重点事项开展专题督查，组织各类督查活动213次，起草上报督查报告337篇，办理青岛和莱西两级市委领导批示77件，办理莱西市委书记批示信件23件。办理人民网青岛和莱西市委书记留言板65件，已全部公开回复和办结，办结率达100%。

新理念引领

注重思想解放，实现四个转变，以新理念引领督查工作。树立主动意识，由被动督查向主动督查转变，转变过去根据领导安排开展督查的观念，主动对市委重要会议、文件部署的工作和领导、群众关注的问题立项督查，建立工作台账，明确办结时限，实行销号管理。树立一线意识，由文来文往向现场督办转变，对须达现场的督查事项，改变以往文来文往的督查方式，全部下沉到一线，对重点项目按照“督紧查实”要求和排定进度计划，每月深入项目现场，跟踪项目进展，发现存在问题，进行交办督办、限期落实。树立落实意识，由一次性督查向“回头看”“再督查”转变；对重要会议决定事项、领导批示、信访案件和群众关注热点难点，定期进行回访和再督查，直至群众诉求落到实处。树立服务意识，由照传照转向出主意、当参谋转变，坚持抓督查与提建议同步进行，改变照搬照抄责任单位报告惯性思维，采取“找茬”逆向思维，在查找问题和提建议上下功夫。

构建大督查格局

注重创新方式，统筹推进，构建新形势大督查工作格局。加强计划统筹，制定《全年督查工作计划》，明确督查方式、时间节点和牵头单位等，为抓好全年督查工作打下基础。印发《关于规范市级督促检查活动的通知》，加强统筹协调，健全年度计划，完善工作制度。严格执行督查活动审批备案制度，同时加大内容相近督查活动精简整合力度，对2019年督查检查考核年度计划进行梳理，为减轻基层负担，提高督查活动实效，最终确定计划开展11项，年度督查考核事项精简50%。强化沟通协调，建立定期会商制度，市委督查室、市政府督查室实行联席会议制度，每季度对前一阶段督查活动进行梳理通报，并对下一步市级督查活动进行阶段性安排，做到政策统筹、方案统筹、力量统筹、进度统筹，使市委、市政府重点工作有机衔接。建立“三位一体”督查落实体系，探索实施市委督查室、市政府督查室牵头抓总，市考核办、市纪委等部门参与督查、考核、问责“三位一体”督查落实体系，理清责任链条，形成抓落实的整体合力。

（市委办公室）

·保密工作·

责任意识与宣传教育

2018年，市委保密办先后召开全市保密工作会议2次，部署安排保密工作；7月，同全市各单位签订《保密工作目标管理责任书》，在第53次市委常委会作了保密工作专题汇报；8月印发《中共莱西市委保密委员会2018年保密工作要点》；12月4日，市委理论中心组印发学习《党政领导干部保密工作责任制》，完成上级规定动作，明确保密工作要求。

利用实地检查机会向被检单位分管领导、保密干部讲解保密工作要求、方法、措施等保密知识；采取座谈、讲座、观看保密教育片等多种方式进行保密宣传。开展集中培训。组织全市保密干部、办公室主任集中培训2次，利用保密警示教育轮训、参加保密技术产品博览会机会，提高保密干部保密技术水平。加强重点人员保密知识宣传。给全体市级领导、镇办及保密要害部门负责人订阅保密刊物，提高领导干部保密知识水平。

规范监管与督查

加强考核引导。将密级文件领取、清退列入各单位2018年保密考核内容。落实密级文件责任人制度。全市各单位确定1名保密干部负责密级文件领取、清退管理。规范密级文件登记制度。重新制定《密级文件领取登记表》《密级文件登记簿》《密级文件借阅登记表》，规范全市密级文件管理，减少文件泄密可能。

加强网络信息监控。对监控信息实行“日记录、月汇总”，及时处理可疑信息。加强金宏网保密管理。市委保密办先后组织金宏网数据库检查3次、金宏网账户自查500多个、金宏网计算机终端检查1300多台次。非涉密渠道传递信息保密审查。落实“先审查，后发布”制度，防范网络违规存储、处理、传输、发布涉密信息行为。

开展全市保密自查自评工作。组织全市96家单位开展自查自评工作，实现保密检查全覆盖。开展自查自评专项督查。从密级文件管理等16个方面进行专项督查，在保证重点单位重点督查基础上扩大实地督查范围，对全市68家保密任务较重单位进行实地督查。

（市委保密办）

·组织工作·

政治建设

坚持把政治建设摆在首位，深入学习贯彻习近平新时代中国特色社会主义思想和党的十九大精神，开展“大学习、大调研、大改进”和“解放思想大讨论”，推进“两学一做”学习教育常态化制度化。组织莱西市1.6万名干部进行网络学习考试，688名市管领导干部进行闭卷考试，举办镇（街）班子成员政治理论专题培训，在全市领导班子年度考察中增设政治理论测试，提升领导干部政治素养。围绕提升专业能力、专业精神，举办基层党组织书记培训班、新任职市管干部培训班、青年干部培训班等各类培训18期，培训干部5726人次。开展“灯塔——党建在线”党的十九大精神学习竞赛6期，参与党员14万人次，11个支部入选全省灯塔学习型党支部，党员参与度和平均分连续4期列青岛市第1名，第6期列全省县市区第1名。按照“六有”标准，围绕党性教育、基层党建、乡村振兴三个主题，打造莱西党史馆等15家干部教育培训现场教学基地，推动“不忘初心、牢记使命”入脑入心。贯彻习近平“红色基因就是要传承”的指示精神，推进“一馆六区”红色教育基地提档升级，累计接待市内外党性教育1000余场次、10万余人次，编印《三月桃花开》《光辉历程》等红色书籍7套，使红色资源可观、可读，有内涵、有特色。

队伍建设

坚持党管干部原则，校准政治第一标准，紧扣莱西绿色崛起需要，调整市管干部271人次，树立“尚实干、勇作为、善担当”的选人用人导向。开展公务员职务与职级并行制度试点相关工作，按照“突出实绩、兼顾资历、择优晋升”原则，结合班子考察情况，开展职级晋升工作2次，莱西市共晋升职级217人次，初步形成符合公务员职务与职级并行制度要求的干部队伍梯次结构。加大干部考察力度，开展全市领导班子年度考察2次，全面摸清干部队伍现状，为推进公务员职务与职级并行制度试点、推进机构改革打下坚实基础。发挥考核“指挥棒”作用，持续优化考核指标，加大差异化考核力度，建立“提醒+约谈”长效约束机制，激发党员干部干事创业热情。坚持抓早抓小，开展提醒函询诫勉70人次，双向约谈干部232人次，健全“咬耳扯袖”长效机制。

开展选人用人和干部人事档案专项自查工作，重点围绕2016年中组部选人用人巡视检查“回头看”以来工作开展情况，进行全面自查和梳理，规范干部选拔任用程序，严肃干部工作纪律。严格落实领导干部经济责任审计制度，坚持“离任必审”和镇（街）党政正职“同步审计”，对48名单位“一把手”开具任期和离任经济责任审计函。执行领导干部个人有关事项报告制度，贯彻落实“两项法规”，组织省管干部1名、青岛市管干部42名填写个人有关事项报告表，完成4名领导干部发生变化30日内需报告个人事项的即时报送工作。抓好《组织部门预防和查处诬告陷害信访举报工作办法（试行）》落实。开展干部在企业兼职、领导干部不担当不作为等问题专项整治。

基层党组织建设

树立抓基层、抓党建鲜明导向，开展2017年度党（工）委书记履行全面从严治党责任和抓基层党建工作述职评议，组织12个镇街党（工）委和市直机关工委书记进行述职，34名市直党委书记进行书面述职，推动从严治党纵深开展。围绕述职上级点评、自身查摆问题，组织市镇村三级党组织逐级制定抓基层党建工作问题清单、整改清单、责任清单，梳理年度重点工作任务，逐项明确责任主体、完成时限及目标要求，压实党建工作责任。实施党委书记抓基层党建突破项目，将“创新田园综合体党建新模式助力乡村振兴”作为2018年市委书记抓基层党建突破项目，并在沽河街道、河头店镇等地试点，调整田园综合体党组织设置模式，服务并引领农村经济体制改革，打造农村集体经济增收、提升基层党组织组织力的“莱西模式”。建立健全基层组织建设常规常抓工作机制，组织各党（工）委查摆问题206个，指导整改落实188个。

制定《关于继承和发扬“莱西会议”精神打造组织振兴莱西样板的实施意见》《关于实施“乡村振兴头雁工程”加强村党组织书记规范化管理的意见》，以组织振兴统领乡村全面振兴。开展“乡村振兴村村行”活动，组织3000多名市镇机关干部，进村入户开展工作。实施“双百引领”工程，成立12个乡村振兴工作大队，选派107名干部进驻107个后进村。以党组织评星定级为标准，对全市1740个基层党组织进行量化管理，完成28个软弱涣散村党组织治理转化。强化激励保障，新建、修缮村级党群服务场所408个；制定《关于做好离任村主职干部生活补贴发放有关工作的实施意见》，集中表彰50名担当作为好书记；2名村党组织书记被评为省担当作为好书记，2个村党组织被评为省干事创业好班子，14名优秀村党组织书记被评为青岛市担当作为好书记。抓好“两新”组织党建，健全市委“两新”组织工委运行机制，理顺“两新”组织党建领导体系。

制定《关于在新旧动能转换重大工程中加强“两新”组织党建的实施意见》，提升“两新”组织党建工作质量。开展“千人百企大走访”活动，选派1000余名机关干部联系509家重点企业，承担政策“宣传员”、党建“指导员”等工作职责，建立干部联系企业长效机制。推动3家国有企业将党建工作要求写入公司章程，强化国有企业党的政治引领。青岛市抓党建促乡村振兴工作会议暨基层党建工作重点任务推进会在莱西市召开，莱西市作了《发挥组织功能助推乡村振兴》典型发言。《光明日报》《青岛日报》分别对莱西抓党建促乡村振兴工作进行宣传报道。成立党建研究会，形成党建研究合力。农村基层党建“莱西经验”的实践创新者周明金，被中共中央、国务院授予“改革先锋”称号。

人才体制改革

建立重点人才工作月报制度，组织成员单位按月提报重点人才工作，形成组织部门牵头抓总，成员单位各司其职的人才工作格局。完善人才工作考核指标体系，加大人才工作考核权重，发挥考核导向激励作用。制定《莱西市人才支撑新旧动能转换工作的实施意见》，加大对人才引进培育、创新创业、平台建设、科研院所引进等的扶持力度，提升莱西人才工作竞争力。抓好本土人才培育，开展莱西市乡村之星和“莱西和谐使者”推荐选拔工作。落实人才扶持政策，向2017年度泰山产业领军人才孙立水、赵屹坤分别发放建设资金100万元。加大招才引智力度，引进北航“千人计划”专家，成立青岛宝芝泉精密机械制造研发有限公司。推进加拿大工程院院士陈璞与海氏海诺签约，成立海氏泰邦生物科技有限公司。引进中科院青能所“千人计划”专家1名，成功签约成果转化落地项目3个、产学研合作项目2个。开展青岛市级以上高层次人才信息登记和莱西籍在外人才信息征集工作，建立完善60人的青岛市级以上高层次人才信息库和9大类429人的莱西籍在外人才信息库。制定《关于在广大知识分子中深入开展“弘扬爱国奋斗精神、建功立业新时代”活动的实施方案》，引导广大知识分子把个人理想自觉融入国家发展伟业。

（市委组织部）

·宣传思想工作·

理论教育

开展理论武装和宣讲教育。围绕习近平新时代中国特色社会主义思想、习近平视察山东视察青岛重要讲话重要指示批示精神，研究出台系列学习宣传贯彻文件，开展参与“大学习、大调研、大改进”、解放思想大讨论，抓好“学习强国”学习平台宣传推广使用，举办演讲、宣讲系列比赛活动，在莱西市内主要媒体开辟理论学习模块，推出系列专题专栏10余个，开展各类宣讲2000多场次，受众70余万人次。出台《贯彻〈中国共产党党委（党组）理论学习中心组学习规则〉实施规范》等文件，以习近平新时代中国特色社会主义思想为主线，组织市委理论学习中心组集体学习研讨13次，指导各党委（党组）理论中心组严格按照“四个一”标准抓好学习，市委宣传部获“2017—2018年度全省理论教育工作先进单位”称号。强化意识形态领域斗争意识，建立健全意识形态工作体制机制，出台《莱西市党委（党组）意识形态工作责任制实施细则》等文件，落实“二一二二”工作机制，定期召开意识形态成员单位联席会议，指导全市各党委（党组）成立意识形态工作领导小组，签订《意识形态工作责任书》，配备2至3名意识形态专兼职工作人员。制定巡视巡察问题整改方案，开展2轮实地督察，推动意识形态问题整改落实。8月，在督导省委监督组检查中，对莱西市意识形态工作经验做法给予肯定，省委宣传部、青岛市委宣传部均刊发信息推广学习。

媒体宣传

坚持党管媒体不动摇，坚持政治家办报、办刊、办台、办新闻网站，制定《莱西市新闻宣传重要稿件审核管理办法》等制度，落实新闻宏观管理、倾向性问题谈话、重大选题报批等制度机制，确保正确政治方向。探索具有莱西市特点媒体融合运行机制，研究建设“中央厨房”，建立以“宣传+资讯+政务+服务”产品为核心综合性现代媒体平台，入选中宣部“首批启动的县级融媒体中心”改革试点。以高质量发展、新旧动能转换、“放管服”改革、项目建设、党的建设等为重点，在青岛市级以上主流媒体刊（播）稿件5200余篇，其中，中央级媒体刊（播）稿件106篇。制作《青岛画报——莱西专刊》，开通“魅力莱西”抖音号，发布视频180余个，点击量达400多万次。成立市委网络安全和信息化领导小组，制定《莱西市党委（党组）网络意识形态工作责任制实施规范》，建立部门横向联动、市镇两级纵向贯通网络管理体系，加强舆情监管和引导，共编发《舆情信息》4期、《舆情专报》61期、《舆情处置单》29期，化解网络热点舆情30余起。

公民道德建设

以“扣好人生的第一粒扣子”为主线，构建学校、社会、家庭“三位一体”思想道德教育模式，开展“我们的节日”等系列教育活动。开展“感动莱西”道德模范、“最美莱西人”系列评选表彰活动，推荐评选山东好人年度十大人物、山东好人、青岛市文明市民15人。指导“迎峰会文明乘车”等各类志愿服务活动，打造“蒲公英”“萤火虫”“一块帮”志愿服务品牌，莱西市注册志愿服务队伍100支，注册志愿者12.1万人。

城乡精神文明建设

印发《莱西市新时代文明实践中心建设推进方案》，召开全市动员大会，按照“3+N”目标要求，建立纵向涵盖市镇村三级、横向辐射党政群机关企事业单位，涵盖全市861个村庄的新时代文明实践网络。召开文明委全委会，动员布署新一轮文明城市创建，开展“乡村文明书记谈”访谈活动，实行路长责任制、推行文明城市“啄木鸟”快速调度机制，进行第三方暗访测评，把工作做在日常、做到经常。建立周测评、月通报、季调度工作机制，编发通报22期，召开工作会议4次。出台《莱西市文明单位动态管理办法（2018年修订稿）》，首次开展莱西市文明单位评选，新申报各级文明单位80多个。开展“文明崛起·绿色同行”“文明出行·从我做起”等活动，创编拍摄《中华长歌行——元宵节（莱西篇）》，在中央文明网播发。

文化发展多元化

在全市安装峰会宣传广告3000多处（块），张贴海报1.2万份，LED大屏播出70万条次，组织网评员转发评论2200余条，营造峰会氛围。实施24大项44小项文化体制改革，加快文化领域供给侧结构性改革，出台文化市场审批管理“放管服”改革，促进文化、旅游市场健康有序发展。办好“月湖讲坛”，抓好文化强省建设先进县（市、区）创建。开展优秀传统文化宣传，编排吕剧《初心》演出17场，莱西木偶远赴新西兰交流演出。落实《关于促进非国有博物馆发展的意见》，推进地方特色博物馆扩量提质。开展迎新春新年音乐会、月湖文化艺术节、迎国庆庆祝改革开放40周年全市合唱大赛等20余场，做到月月有活动，季季有演出。

（市委宣传部）

·统战工作·

重要会议

1月25日，莱西市统一战线各界代表人士座谈会在莱西市行政办公中心召开，广泛听取了各领域统战工作开展情况，以及对市委、市政府的意见建议。市委常委、统战部部长孙明明主持，市委书记庄增大出席会议并讲话。

3月28日，莱西市委在市委党校组织召开全市组织宣传统战工作会议，市委常委、统战部部长孙明明出席会议并讲话，会议总结了2017年莱西市统一战线各项工作开展情况，并对2018年统战工作做出了重点部署。市直有关部门分管负责人，各镇（街道、经济开发区）党（工）委统战委员出席会议。

8月14日，莱西市党风廉政建设和反腐败工作情况通报会召开，市委常委、统战部部长孙明明主持，市委常委、纪委书记崔坤山出席会议。会议向各民主党派、工商联、无党派人士、少数民族代表人士和新的社会阶层代表人士通报了2018年上半年全市党风廉政建设和反腐败工作情况及下半年工作安排。

8月31日，九三学社莱西市基层组织成立30周年纪念大会在市文化中心举行。九三学社青岛市委副主委于鹏，青岛市委统战部党派处处长张辉，九三学社青岛书画院院长戴金梁，九三学社莱西市委员会老主委王安邦、王明兴，九三学社莱西市委员会全体社员，各镇（街道、经济开发区）党（工）委统战委员，市直各单位分管统战工作领导以及莱西其他民主党派和无党派人士代表近120人参加庆祝大会。市领导张升山、孙明明、王志强、李美玲、王志超、吕英志出席活动。

统战活动

组织各民主党派召开议政建言专题研讨会。组织和支持各民主党派紧扣十九大确定目标任务，围绕实施“七大战略”、打好“三大攻坚战”、推进供给侧结构性改革、建设新旧动能转换综合试验区等国家和省重大发展战略，抓住莱西市经济社会发展重大问题，结合自身优势，制定重点调研课题，开展调查研究。组织民主党派开展结对共建和服务社会活动，九三学社开展“同心九三科普”行暨莱西市实验小学海洋科普基地授牌仪式，民盟组织三期民盟大讲堂，民建召开参政议政座谈会。

4月26日，市委统战部在水集街道办事处礼堂举办“点石文具”杯全市统一战线学习十九大精神暨纪念中共中央发布“五一口号”70周年知识抢答赛决赛，市委常委、市委统战部部长孙明明出席本次活动，市政协副主席、民建莱西支部委员会主委李美玲，市政协副主席、市工商联主席孙焕伟，市直机关工委书记唐惟庆，市委组织部副部长于伟，市委宣传部副部长马吉鹏受邀出席本次活动并为获奖选手颁奖。

5月24日，市委统战部在市行政办公中心举行纪念中共中央发布“五一口号”70周年征文活动颁奖仪式。市委常委、统战部部长孙明明出席颁奖仪式。征文活动共收到文章38篇，经评审有6篇文章获优秀征文奖，同时根据征文组织情况，授予3个单位优秀组织奖。各民主党派、市直有关单位分管负责人、各镇（街道、经济开发区）统战委员和参赛选手参加颁奖仪式。

7月25日，莱西市委统战部举办全市宗教政策法规大宣讲，邀请青岛市民族宗教局副局长牛旭东宣讲新修订的《宗教事务条例》等法律法规和方针政策。

非公企业服务工作

完善市级领导包联企业制度，全体市级领导帮包服务104家重点企业，并制定企业年度发展目标。开展“构建新型政商关系、优化营商环境、促进民营经济健康发展”专项调研，召开碳材料、食品加工等产业座谈会和商会会员企业、新生代企业家等专项座谈会。与市委组织部联合开展“千人访百企”大走访活动，1000名机关干部包联走访规模以上企业、高新技术企业和成长型小微企业等500家非公有制重点企业。刊发企业服务工作责任分解督查专报9期，工作简报3期。编制《企业需重点关注法律法规汇编》，帮助企业厘清红线。组织碳材料及上下游产业、相关产业部分企业负责人到苏州、无锡进行专题培训。组织新生代企业家到碳材料研究院、中科创新园、温州置信集团进行参观培训。

新的社会阶层人士统战工作

将新的社会阶层人士统战工作纳入市委常委会重要议题内容，市委常委会听取青岛市新的社会阶层人士统战工作会议精神及莱西市贯彻落实意见。完善《莱西市新的社会阶层人士统战工作联席会议制度》，成员单位增加到31家。建立市委常委联系新的社会阶层代表人士制度，11名市委常委每人联系1名新的社会阶层代表人士。健全新的社会阶层人士教育培训制度，定期组织其学习全国、全省、全市新的社会阶层人士统战工作会议精神和习近平系列讲话。将实践创新基地作为新的社会阶层人士区域活动中心和平台，2018年共创建16个“心驿站”（新的社会阶层人士实践创新基地）。指导市行政服务中心管委会将入住服务大厅中介组织联合起来，成立联谊小组——彩虹驿站，首批会员11名。开展新联会与社区“1+1”结对共建活动，与一个城市社区（天津路社区）和一个农村社区（龙泉湖社区）结对帮扶。在天津路社区举办新联会社区宣讲暨“优秀家庭”表彰活动，鼓励更多家庭参与到社区建设和公益项目中来。在河头店镇龙泉湖社区开展主题为《乐在莱西·爱进社区》结对共建精准扶贫活动，开展“送书画下乡”，为龙泉湖社区居民送上字画，丰富社区居民精神文化生活，实现文化脱贫。

台商、台胞及海外统战工作

走访调研莱西市台资企业50多次，帮助台企解决融资、用工、安全生产、合同纠纷等方面困难问题20余个，走访慰问台胞台属150多人次，解决、办理难事、实事10多件，确保莱西市涉台工作对象稳定和谐。其中，重点办好涉台服务4件实事：妥善处理瑞岭村村民与台属刘瑞华梨园纠纷；帮助台胞周森贵找到其在大陆亲戚，寻到其父周志坚在大陆期间《死亡医学证明书》和《火化证明》；协调有关部门解决大萌山樱花生态农业开发公司山火赔偿问题；专人全程陪同《大陆寻奇》摄制组在莱西市采访拍摄活动，保证摄制组采访拍摄活动的效率和质量。

对莱西市归国留学人员进行详细调查摸底，依照社会职务、自身素质、社会影响力等分门别类进行编档，并将其中各层次代表人士向青岛市委统战部推荐上报，进行重点培养。2018年组织归国留学生开展社会考察活动2次。

（市委统战部）

·信访工作·

信访积案攻坚

做好信访案件攻坚化解工作。部署开展信访矛盾化解攻坚全面推进年活动，发挥“关键少数”和“头雁效应”，落实信访“领导包案”“带案下访”“公开接访”制度。加大“三跨三分离”信访案件协调化解力度，落实主办、协办责任，确保实现10年以上信访积案全部化解，5年以上信访积案化解率达60%以上。做好重点人员稳控教育工作。推进“五个一”“十包一”工作措施落地落实，对短期内难以化解重点案件，对组织串联越级、扬言铤而走险重点人员，坚持化解稳控并举，日常时期教育转化，重点时期死看死守，确保稳得住、控得好。同时，推动“智慧信访”建设，研发莱西信访大数据分析研判平台，推动实现信访工作智能化、信息化、自动化，提升信访工作效率和质效水平，打造“智慧信访”“莱西样板”。做好涉访违法行为依法处置工作。保持对涉访违法行为“零容忍”，巩固“刑责治非”高压态势，营造风清气正信访环境。

杜绝源头隐患

做好矛盾隐患源头排查工作。清源头、防患未然，完善常态排查、集中排查、专项排查等多样式相结合排查工作机制，坚持抓早抓小抓苗头，对浮在上面、潜在深处各类矛盾问题进行全面排查调处，逐一明确包案领导、责任人员和化解时限要求，把各类信访矛盾隐患化解在萌芽状态，人员吸附在基层属地。做好涉稳涉访信息研判预警和应急处置工作。调度各级各类信访维稳信息队伍作用，收集、研判提取各类预警性、内幕性、深层次涉稳涉访信息，第一时间把握舆情动态，压缩传播空间疏导公众情绪，做到涉稳涉访活动未动先知、有动必知，提升源头管控效率。做好初信初访“一次办好”工作。压实首访责任制，关口前移、重心下移，第一时间明确责任单位、责任领导。简化程序、减少环节，推动信访案件从“办结”提升到“办好”，让群众“只访一次”，不给信访问题上行机会，不给信访人员反悔、反复机会，控制越级访数量。

（市信访局）

·机构编制工作·

组建监察委员会

根据省、青岛市深化国家监察体制改革试点工作要求，按照《莱西市深化国家监察体制改革试点工作实施方案》，就莱西市监察委员会体制调整、主要职责、机构设置等问题拟定组建方案初稿，经与市纪委、青岛市委编办及周边区市沟通对接完善，最终形成市委常委会议题，经常委会议审议通过后，以市委编委文件印发方案并报青岛市备案。同时做好机构设置、人员编制调整等相关工作。

盐业体制改革

按照省、青岛市关于盐业体制改革工作有关要求及莱西市盐业体制改革实施方案责任分工，到市盐务局进行调研，对盐业体制改革有关机构编制调整事项形成初步意见，并经市委编委2018年第一次编委会研究通过后印发《关于市盐业体制改革有关机构编制调整事项的通知》，明确市科工信局为莱西市政府盐业主管部门，将职责及编制予以划转，同时与青岛市委编办对接，做好机构编制系统的机构、编制调整及人员划转等相关工作。

综合行政执法局“三定”

按照青岛市委编办要求，对市综合行政执法局政工、法规等科室负责人进行“三定”规定制定培训，“三定”初稿拟定之后反复征求市环保局、市城建局、市政府办法制办等相关部门意见建议，汇总各方意见经研究讨论形成定稿，报各编委成员审阅同意后，以市政府办名义印发了“三定”规定。

遴选全额事业编制人员

按照年初市委全面深化改革事项清单，结合莱西市自收自支和部分差额事业编制人员情况及全额事业单位空编情况，统筹研究提出遴选50名全额事业编制人员建议计划，经市委全面深化改革领导小组研究通过后交由市人社局组织考录。

党政机构改革

青岛市机构改革座谈会后，市编办立即会同市委深改办梳理座谈会精神，并向市委、市政府主要领导作专题汇报。结合莱西市实际，拟定全市深化机构改革协调小组及其办公室组成人员和主要职责、工作程序、纪律要求等工作规则。8月20日，经市委常委会研究通过，正式组建莱西市深化机构改革协调小组及其办公室。按照青岛市统一部署抽调市委深改办、组织部、编办等人员组成5支机构改革调研访谈小组。8月24日至8月28日，利用5天时间，分别对市委常委，市人大常委会主任、副主任，市政府党组成员、副市长，市政协主席、副主席，法院院长、检察院检察长等领导和涉改部门主要负责人等60余人进行机构改革调研访谈，听取改革意见建议，并形成机构改革调研访谈纪要，完成改革前调研访谈规定动作。对照上级有关党政机构改革精神，结合莱西市实际，拟定出全市机构改革方案初稿，并先后4次赴青岛编办对接机构改革方案制定工作。12月24日，莱西市市委常委会第65次会议研究通过党政机构改革方案，12月28日，莱西市向青岛市委报送《中共莱西市委关于莱西市机构改革方案的请示》（西委〔2018〕169号）。2019年1月8日，青岛印发《中共青岛市委办公厅、青岛市人民政府办公厅关于印发〈莱西市机构改革方案〉的通知》（青厅字〔2019〕10号）。1月15日，莱西市依次召开市委深化机构改革协调小组第一次会议、市委常委会、市第十四届委员会第六次全体会议、市机构改革动员大会，对《莱西市机构改革的实施意见》进行研究及审议，对改革工作进行部署。1月16日，印发《中共莱西市委、莱西市人民政府关于莱西市机构改革的实施意见》（西发〔2019〕1号），标志着莱西市机构改革进入全面实施阶段。1月17日，参照省、青岛市机构改革有关做法，经市委深化机构改革协调小组、市委常委会研究审议通过，莱西市印发《关于调整市委深化机构改革协调小组组织架构的通知》（西机改协字〔2019〕1号），调整市委深化机构改革协调小组组织架构，设置组织人事组、财务资产组、文书后勤组、舆论宣传组、法律法规组、纪检监察组等6个专项协调组。同时印发《市级部门机构编制职数框架和涉改事业单位调整的主要依据和原则》（西机改协字〔2019〕2号），为研究制定部门机构编制职数框架和涉改事业单位调整提供政策依据。2月1日，莱西市召开第75次市委常委会，研究市级部门机构编制职数框架和涉改事业单位调整有关情况。经市委深化机构改革协调小组、市委常委会研究审议通过后，莱西市印发《关于印发〈市级部门机构编制职数框架〉的通知》（西机改协字〔2019〕3号），作为部门制定“三定”规定基本遵循。2月13日，经市委深化机构改革协调小组、市委常委会研究审议通过，莱西市印发《关于市级部门机构编制和涉改事业单位调整情况的通知》。2月14日，莱西市印发《关于做好“三定”规定工作有关事项的通知》，印发“三定”规定草案模板，要求各部门依据职数框架，细化职责分工，密切对接上级部门，于2月末前形成“三定”规定初稿，3月末前基本完成“三定”规定制定工作。截至2019年3月末，涉改部门的“三定”规定已修订完毕，机构改革主要任务基本完成。

组建行政审批服务局

为贯彻落实省委办公厅、省政府办公厅《关于深化“一次办好”改革深入推进审批服务便民化实施方案》（鲁厅字〔2018〕31号）以及省编办、省政府法制办《关于推进相对集中行政许可权改革组建市县行政审批服务局的意见》（鲁编办〔2018〕164号）精神，结合莱西市实际，拟定莱西市推进相对集中行政许可权组建市行政审批服务局改革方案，组建以市委常委、市政府副市长为组长，市委编办主任、市行政服务中心管委会主任为副组长，市委组织部、市委编办、市财政局、市军转办、市政府办法制办为成员的相对集中行政审批行动工作专班，经市委第59次常委会议研究通过后上报青岛市政府审批。10月12日，工作专班组长郝曙光组织召开相对集中行政审批行动工作专班会议，对推进莱西市行政审批服务局组建等相关工作进行安排部署。组建莱西市行政审批服务局筹备班组。10月26日，郝曙光召集召开行政审批服务局筹备部署会议，对行政审批服务局筹备班组下一步工作进行安排部署。12月11日，青岛市人民政府印发《青岛市人民政府关于莱西市推进相对集中行政许可权组建市行政审批服务局改革方案的批复》（青政字〔2018〕97号）。12月26日，莱西市印发《莱西市人民政府关于印发〈莱西市推进相对集中行政许可权组建市行政审批服务局改革方案〉的通知》（西政字〔2018〕78号）。12月28日，莱西市行政审批服务局正式挂牌运行。

镇（街）行政管理体制改革

参照《中共山东省委办公厅、山东省人民政府办公厅关于推广经济发达镇改革试点经验深入推进镇（街道）行政体制管理体制改革的实施意见》（鲁厅字〔2018〕33号）以及《中共青岛市委办公厅、青岛市人民政府办公厅印发〈关于开展镇（街道）行政管理体制改革的意见〉的通知》（青厅字〔2018〕53号）精神，印发《关于提报镇（街道）行政管理体制改革有关情况的通知》，向各镇（街道）、市直有关单位征求改革意见建议。市编办汇总各方意见建议后，结合莱西市实际，研究制定莱西市镇（街道）行政管理体制改革方案初稿，经征求部分镇（街道）意见并修改完善后报青岛市委编办予以初步审核。12月18日至19日，安排人员到青岛市委编办进行集中对接。按照上级精神将方案修改完善并经青岛市委编办审阅通过后，12月21日，中共莱西市委常委会第64次会议研究通过莱西市镇（街道）行政管理体制改革方案。12月24日，向青岛市委、市政府报送《中共莱西市委、莱西市人民政府关于报送〈莱西市镇（街道）行政管理体制改革方案〉的请示》（西委〔2018〕157号）。12月29日，青岛印发《中共青岛市委、青岛市人民政府关于〈莱西市镇（街道）行政管理体制改革方案〉的批复》（青委〔2018〕283号）。2019年1月18日，莱西市印发《中共莱西市委办公室、莱西市人民政府办公室印发〈关于镇（街道）行政管理体制改革的实施意见〉的通知》（西办字〔2019〕2号），并在市机构改革动员大会上作动员部署，强调镇（街道）行政管理体制改革与市级党政机构改革同步展开。

编委会会议与行政权力事项调整

2018年筹备召开3次编委会，共整理17个议题提交编委会研究，并根据会议决议做好编委文件印发及机构编制系统和电子、纸质台账调整等工作。根据法律法规调整和国务院、山东省、青岛市削减权力事项等情况，先后组织对市级行政权力事项进行3批调整，共取消行政权力事项62项，整合减少行政权力事项3项，调整权力事项名称、依据等39项。

（市委编办）

·机关党建·

责任传导

以学习贯彻习党的十九大精神为重点，提升管党治党政治站位。推动机关党员干部深入学习习近平新时代中国特色社会主义思想，学习新《党章》，把学懂弄通做实作为提高思想政治水平和工作能力根本途径，用党的十九大精神统一思想、指导实践、推动工作。

对照初心和使命来审视工作，增强干事创业思想自觉和行动自觉。对照先进找差距、查不足，保持好、发扬好共产党人革命精神、革命斗志，以高度责任感做好党建工作。保持对人民赤子之心，把人民利益摆在首要位置，带着对人民群众深厚感情做工作，以实际行动践行好以人民为中心的发展思想。

把新时代全面从严治党要求贯穿于机关党建全过程。不忘初心，牢记使命，找准切入点，履行第一责任人职责，制定印发《市直机关党建工作要点》，修订《市直机关党建考评办法》，细化31个工作任务清单，形成“工委抓、支部带、党员干”工作格局，推进机关党建工作质量整体提高。年内研究党建工作48次，解决重点难点问题。组织2次机关党建工作专项督导，对发现问题当场指出，限期整改。

任务落实

提升基层组织科学化水平。以落实《新形势下党内政治生活的若干准则》为契机，严格规范和统一党内政治生活各项制度。调整充实支部班子，配强配齐党务干部，2018年共调整党支部班子38个，调整党支部成员196人次。与55个所属党（总）支部签订目标责任书，明确党建工作责任。完成“灯塔——党建”在线平台转接组织关系819人次，发展党员20名，成立党支部8个，撤销党支部7个，划转党支部2个，收缴党费98万多元。

推进“两学一做”常态化制度化。落实“三会一课”“主题党日”全程纪实、检查考核制度，机关党内政治生活更加规范。利用召开会议、培训会、座谈会等时机，加强对党组织书记“两学一做”知识测试。通过微信群发布党建动态、“两学一做”和党建应知应会知识，推送“微课堂”“精品课堂”、党建理论图解等教材，实现随时学、随地学。组织全体机关干部利用“灯塔——党建”在线平台、微信群、QQ群、网络电视、比赛活动等多种方式进行学习。

强化党员教育，提升党员素质。通过“灯塔——党建在线”平台开展机关党员学习党的十九大精神学习竞赛6期，组织1566名党员参与竞赛答题11.2万次。举办入党积极分子培训班，组织入党积极分子到望城烈士陵园等地参观学习。开展三批党务干部业务培训，党员夏季、冬季集中培训活动，强化对习近平新时代中国特色社会主义思想学习教育，以及机关党建工作业务学习，激发党员新时代新担当新作为。结合主题党日，组织党员干部进行现场观摩学习。4月，到夏格庄镇渭田村史博物馆，7月，到马连庄镇河崖红色教育基地，为落实各项任务要求奠定思想基础。2018年，市直机关工委获机关党建宣传报道工作先进单位称号。

作风建设

“五型”机关建设。印发《2018年“五型”机关建设工作要点》，修订完善《2018年度“五型”机关建设考评办法》，指导莱西市“五型”机关创建工作。《莱西市情》刊发推介20多个单位经验做法，各支部利用学习园地、宣传栏等设置工作理念标语，营造良好氛围。

开展人民群众走进机关开放日活动。分批次组织部分人大代表、政协委员和群众代表，到部分机关参观，让更多群众了解和感受机关建设发展变化。在参观过程中，发放建议表和评议票，接受群众评议和监督。开展市检察院机关“开放日”活动，推动“五型”机关建设，打造作风过硬机关干部队伍。

组织机关文体活动。开展“我读过的一本书”“传递爱心共享书香”捐书、“不忘初心再扬帆”解放思想大讨论演讲比赛等全市性活动8次，参与机关党员4000多人次。通过一系列机关文化活动，锤炼党员党性，提高干部职工觉悟，以良好机关作风带动党风、政风、行风，推动社会风气根本好转。

（市委市直机关工委）

·扶贫工作·

莱西市把2018年作为扶贫开发工作的作风建设年、完善提升年、机制健全年，对重点对象、脱贫质量等焦点采取“一提升、两巩固”攻坚战略，开展“脱贫攻坚整改提升百日攻坚”，实施户、村、镇“三级”精准脱贫战略，在巩固贫困人口、贫（弱）村脱贫成效的基础上，基本完成4个经济薄弱镇摘帽任务，脱贫长效机制初步建立，农村脱贫攻坚任务基本完成。全市产业扶贫、孝老扶贫、扶贫帮扶等经验做法，先后被中央电视台、《人民日报》、《中国扶贫》等媒体刊播，先后获山东省扶贫系统先进集体、山东省城乡妇女岗位建功先进集体等称号，年中全省重点工作专项督查6项指标全部居抽查县域（85个）前列。

完成镇脱贫摘帽任务

培育壮大主导产业。院上镇完成农业全产业链开发创新示范试点规划设计；日庄镇围绕莱西湖实施贫（弱）村美丽乡村达标村建设全覆盖；马连庄镇创新成立国有资产平台公司探索“土地流转”新模式，流转土地140余公顷，带动村集体增收40多万元；河头店镇加快“互联网+农业模式”发展，打造脱贫攻坚新引擎，镇级电商服务中心实现全覆盖。

用好用活对口帮扶。科学规划和使用强区、强企帮扶经济薄弱镇资金，院上镇光伏发电项目已并网发电，日庄镇青年路修建工程已交付使用，马连庄镇智能种植示范区项目、河头店镇扶贫农创园项目已开工建设，融资500多万元成立世园——日庄扶贫基金，助力镇域脱贫攻坚。

完善基础设施建设。利用青岛财政帮扶经济薄弱镇资金等各类资源，实施镇驻地道路修缮、卫生综合服务升级、镇容镇貌改善等11项工程，提升镇级基础服务设施建设水平。

提升村脱贫质效

推动脱贫攻坚与乡村振兴相衔接。在规划、政策、机制等方面推动脱贫攻坚与乡村振兴相衔接，共为73个贫（弱）村实施“美丽乡村”“一事一议”项目，覆盖率达到92.5%。

提升“五通十有”配置水平。将涉农部门、社会等各方资源、资金向贫困村、经济薄弱村倾斜，实现所有贫（弱）村生活用水用电、农业生产电力保障达到100%，实施“五通十有”提升项目96个，提升贫（弱）村脱贫摘帽达标水平。聘请第三方完成所有贫（弱）村脱贫评估，脱贫退出建档率达到100%。

加强村项目资金管护运营。制定项目库建设指导意见、资产收益管理办法、资产资源管理办法等规范政策，指导93个贫（弱）村制定收益金使用方案，每村划拨不低于20%的收益资金建立村级扶贫基金，引导剩余资金重点发展收益高、惠及广的产业、公益项目。开展村级扶贫资金、资产专查，扶贫资金、资产在镇级经管站全部建立“专账”、全部登记“备案”。

巩固户脱贫成效

强化产业扶志促进贫困户增收。实施精神扶贫、道德扶贫，激发贫困群众内生动力，强化技能培训、推进移风易俗，进行实用技能指导、劳动就业培训200多人次。投入200多万元批复实施种植、养殖等产业项目1056个，同比增长220%。

延续政策普惠保障兜起脱贫底线。加大特殊贫困群体精准帮扶，解决特殊贫困群众生活难题，保障特殊贫困人口基本生活。做好低保保障，将符合条件的贫困户纳入低保，农村低保标准每人每年5880元。做好医疗保障，全额补贴建档立卡贫困户居民医疗保险个人缴费，投入34.96万元为2829人进行免费查体，投入8.48万元为5352人次糖尿病、高血压患者免费服药。做好养老保障，实现18—60周岁建档立卡贫困人口养老保险缴纳全覆盖。做好教育保障，落实各学段贫困家庭学生助学金评审救助，为30名建档立卡、孤残儿童免除保教费2.88万元，为101名高中建档立卡、低保、孤残学生免除学杂费8.08万元，为98名中高职在校生进行“雨露计划”救助29.4万元。做好就业保障，整合300多万元开发400多个环卫、护林、环保等公益扶贫岗，实现贫困户家门口就业。做好住房保障，投入25.81万元为14户贫困户改造房屋。

深化金融、商业保险保障化解返贫风险。深化金融扶贫，追加投入100万元加大小额扶贫贷款支持力度，完善小额扶贫信贷贴息和风险补偿操作办法，发放“富民农户贷”“富民生产贷”40多笔200多万元，解决贫困户的资金需求困难。深化商业保险扶贫，投入362.47万元实施扶贫特惠保险，为贫困人口及家庭投医疗补充、意外伤害、家庭财产三类保险，降低返贫风险。截至2018年底，累计理赔730多笔，290多万元。

专项治理

制发《莱西市扶贫领域作风问题专项治理实施方案》，结合青岛市委巡察，结合省、市督查、审计、考核，结合扶贫领域腐败和作风专项治理，深化“问题整改季”推进，实施健全领导、建立专班、建好方案、建立专查“四建”工作推进法，全面整改落实巡察问题28个，各级督查审计反馈问题100多个，建立健全规章制度17项，解决责任落实不到位、工作措施不精准、资金管理不规范等问题，改进扶贫工作作风。

聚焦关键节点

规范完善扶贫资金管理。12处镇街均建立村级扶贫资金“专账”1套和镇、户扶贫资金“专账”1套，同步建立扶贫资金备查账1套，实现扶贫资金“专账”化规范管理。对2016年以来的镇、村、户三类扶贫资金开展“全方位”清查，对结余资金进行科学安排、使用。

规范完善扶贫项目管理。对2016年以来的扶贫项目进行“拉网式”排查，开展历年村扶贫项目整改专项行动，各年度194个村项目全部完工，并规范立档。建立扶贫项目库台账，收录镇级扶贫项目11个，村级扶贫项目187个、“五通十有”项目96个，户产业扶贫项目2835个，对扶贫项目实施宏观专项调度。

规范扶贫干部队伍建设。配齐工作力量。择优调整轮换青年骨干2人，新增补3人，优化市扶贫办人员配置。充实镇级扶贫干部队伍，达到1名扶贫办主任、4名扶贫工作人员“1+4”的工作力量配置。加强培训指导。举办“脱贫攻坚整改提升百日会战”集训、外出观摩培训等活动，培训扶贫骨干2000多人次，向12处镇街选派机关扶贫指导员“一对一”业务指导，提高扶贫干部政策业务水平。

聚焦长效帮扶

根据青岛市与行业部门比对反馈信息，开展信息采集和动态调整，组织镇街逐户核查，评估贫困户的脱贫能力水平，动态调整核定脱贫（享受）政策贫困户2304户、4033人，确保该享受政策的不漏一户一人，摸清贫困底子。

完成市委领导遍访贫困村，镇街党委书记和村党组织书记遍访贫困户工作。制发贫困户结对帮扶管理办法，实施市级领导、机关干部、村党员、人大代表、政协委员等“N+1”结对帮扶，制发贫困户“连心包”4000多套，逐户建立“一本清”脱贫台账。创新逐户增配“扶贫挂历”“扶贫自护包”4000多套，提升帮扶质量。

根据贫困户劳动力差异化的实际情况，制发《莱西市贫困户产业项目实施指导意见》，解决界定贫困人口“劳动能力”过于绝对问题，加大对老弱病残等特殊贫困户群体项目审核力度，实事求是，适当、适度、适量审核批复项目。明确项目实施流程，细化补助标准，完善扶贫惩懒和脱贫奖励激励机制，引导贫困户多干就多补、不干就不补，打消贫困户“等、靠、要”的思想，精准实施贫困户产业项目，激发贫困户自主脱贫内生动力。

突出结果导向

制发《莱西市脱贫攻坚责任制实施细则》，明确市、镇、村三级和行业部门扶贫职责分工，28个行业扶贫部门制定完善本行业脱贫攻坚方案，建立扶贫工作台账，压实脱贫攻坚主体责任。制发统筹整合行业部门资金项目管理办法，整合涉农专项资金4400万元。投入慈善“一日捐”资金380多万元实施大病救助、兜底补贴、镇村提升等帮扶项目，投入3万多元资助“希望工程”建档立卡贫困学生55人，投入9万多元资助建档立卡贫困“春蕾女童”144人，开展“扶贫日”行业扶贫现场会，集中展示部分行业部门先进工作经验成果，规范职能部门脱贫攻坚工作职责。

在报纸、网站、微信等媒体开设“脱贫攻坚在行动”专栏，定期宣传全市特惠保险、养老、医疗等扶贫政策和经验典型。加大外宣力度，规范宣传管理，先后在《中国扶贫》《光明日报》、新华网、中国扶贫网等各级媒体发稿500余篇，打造全市扶贫亮点，树立全市精准扶贫良好社会形象。

（程　强）

·老干部工作·

“三项建设”与“两项建设”

设立中共莱西市委离退休干部工作委员会。开展“离退休干部党组织规范化建设年”活动，指导10余个市直单位成立离退休干部党支部。建立和推进离退休干部到居住地联系报到制度。2018年有2000余名离退休干部到所在社区进行登记报到。出台政策对离退休干部党组织工作经费保障、班子成员工作补贴发放进行规范。

落实政治待遇和生活待遇。召开全市老干部情况通报会，市委书记庄增大主持会议并发表讲话，市级四大班子领导与会。邀请部分离退休干部列席市党代会、人代会、政协会等全市重要会议。为全市离休干部订阅《生命时报》《老干部之家》等刊物。利用重大节点开展走访慰问。春节前，市委、市政府主要领导分组到副市级以上离退休干部家中进行走访慰问；为全市428名离退休干部发放慰问品，对托管南墅石墨矿离休干部进行慰问，看望57名局管离退休干部及遗属。“八一”前看望8名军队离休干部。重阳节前，走访45名九十周岁以上离退干部和8名异地安置离休干部。慰问家庭困难离休干部16名。

亮点活动

搭建平台，发挥老干部独特优势，在党性教育、志愿服务、奉献关爱下一代、稳定维护等方面释放正能量。开展“美丽青岛行动”主题志愿服务活动、“送医下乡”活动，组建20家民营企业与社会公益组织关工委。举办“欢乐童心、畅想六一”演出活动，赠送价值1000余元慰问学习用品。在胶东农村第一个党支部纪念馆举行莱西市“传承红色基因、争做时代新人”主题教育启动仪式，并向学校赠送300本红色教育书籍和2部照相机。开展“关爱贫困学生、助学放飞梦想”活动，向54名贫困学生赠送5000元读书卡和1.08万元的善款。

文化养老

老年大学、老干部活动中心组织开展文艺汇演和文体娱乐活动，多渠道满足老干部精神文化需求，广大老干部成为引领文化养老、繁荣老年文化主力军。老年大学绘画和古筝课程被评为青岛市老年教育精品课程，李权庄老年学校和琴岛路社区老年学校被评为青岛市基层示范老年学校。结合主题活动和“乐在莱西”品牌建设举办老干部够级大赛、舞蹈大赛、书画作品展、门球大赛、钓鱼比赛等活动，近万名老干部参与。

自身建设

组织人员参加青岛市离退休干部党支部书记（骨干）培训班、老干部工作部门调研信息宣传工作会议、离退休干部党工委书记培训班和莱西市相关培训。完成《山东省离休干部名录》（青岛卷莱西单元）数据录入工作。上报工作信息27篇，被青岛市委老干部局工作简报采用11条，省离退休干部党建网刊发22条，发表通讯、报道、文章30多篇，其中《建机制、搭载体、求实效——莱西市关工委开创青少年普法教育工作新局面》《实施精准服务，探索救助机制，莱西市关工委关爱帮扶困境青少年》等3篇文章被《青岛日报》刊发报道。

（市委老干部局）

·党校教育·

培训工作

2018年在完成莱西市主体班次培训任务基础上，市委党校先后承接青岛市粮食局、组织部、宣传部等市外培训班，承接黑龙江省萝北县、甘肃省两当县党政干部培训班。党的理论教育和党性教育两类课在教学安排中达总课时72.3%。市委领导班子成员到党校授课纳入制度性安排。全年市委常委全部进党校讲课，合计18人次，领导干部讲课占主体班次总课时比例达38.9%，全年累计培训学员9700人次。

科研工作

发挥党校理论研究和决策咨询作用，体现党校科研为市委、市政府重大战略部署服务特色。制定实施《中共莱西市委党校科研管理规定》，规定最低科研工作量，围绕市委、市政府中心工作和社会热点难点问题，精选攻关课题，组建课题调研组进行调查研究，参与部级课题1项，撰写调研报告13篇，有7篇获青岛社科联表彰，其中一等奖1篇，二等奖4篇，三等奖2篇；2篇调研文章获市委书记批示，5篇理论文章在有关理论期刊上发表。

办学环境

从软硬两个环境入手，创建美丽校园、文化校园、温馨校园。实施党校综合提升工程，先后投入220多万元，对办学设施进行提升改造。市政府投资450万元进行雨污管道改造、绿化改造和道路沥青罩面。对会议室、卫生间、餐厅、客房制订质量监控评价标准，进行常态化跟踪督查。2018年，除主体班次外，先后承接莱西市“两会”、上合组织青岛峰会安保、省运会武术散打等重大活动后勤服务保障工作30多次。2018年获全省卫生先进单位称号。

内部管理

完善内部工作运作机制，理顺各部门工作职责，重新优化配置人员搭配。通过“废、留、改、立”，修订制定规章制度26项，形成教学管理、科研管理、机关后勤管理和目标绩效考核“3+1”制度体系。成立综合督查工作小组强化跟踪问效，做到工作责任有人担、过程有人问、效果有人评。开展“名师、优课、佳作”评选活动，激发教师内生动力。2018年获青岛市精神文明单位称号。

师资力量

组织教师到上级党校进修20多人次，举办教学与管理专题研讨班并到先进党校和红色教育基地进行专题学习，对每位年轻教师都派一名资深教师进行“一对一”重点培养，在教学、科研和班级管理等各方面进行“帮扶带”。争取组织部门支持，选派3人到市纪委监委、统战部、教体局挂职工作；选派1人到村任“第一书记”；组织6个组、12人参与市委“乡村振兴村村行”活动，联系6个村庄实现“自我成长、组织培养、实践锻炼、社会造就、梯次递进”队伍建设。通过“领导论坛”“专家论坛”及“专题报告会”等形式，聘请青岛市党政领导和省内外专家授课。2018年，聘请校外师资达160多人次，有11名市委领导班子成员走向党校讲台，30多人次市直部门、镇街道领导为学员授课，青岛市委组织部、市委宣传部、市委统战部和青岛市委党校等领导专家到市委党校授课100多人次。

（市委党校）

·党史工作·

党史馆接待

2018年，市党史馆先后接待省委书记刘家义、青岛市委书记张江汀、青岛市政府市长孟凡利调研，接待中组部全国组织干部学院调研组、省委组织部基层党建调研组、青岛市抓党建促乡村振兴工作会议等到馆参观。在党史馆二楼“莱西会议”专题展厅新增周明金被中共中央、国务院授予“改革先锋”称号等内容。2018年累计接待各级各类参观160余场、1.5万余人次，青岛科技大学、青岛职业技术学院等大专院校及甘肃省两当县、黑龙江省萝北县等到此开展党性教育活动。

“六区”红色场馆打造与推介

在“一馆五区”基础上，市委组织部将市烈士陵园纳入规划，形成“一馆六区”红色场馆布局，形成红色教育经典线路。5月29日，青岛市委常委、组织部部长边祥慧在莱西市调研时指出，青岛红色教育“城市看市北，农村看莱西”，并要求将“一馆六区”纳入青岛干部教育培训内容。

6月7日，胶东行署旧址建设工作部署会议在市马连庄镇召开，发动各方力量共同参与打造。6月，胶东农村第一个党支部纪念馆重新布展，原馆水平有明显提升。水集街道整合解文卿纪念馆周边闲置房屋，新建“红色文化大院”和“红色讲堂”。《青岛日报》以《六条红色文旅线路，讲述传承红色故事——“莱西线”》为题，对“一馆六区”中的4个场馆进行集中推介。7月，通过以干代训方式组织“一馆六区”讲解员分两批赴青岛党史纪念馆进行培训。10月，举办莱西市红色教育基地建设专题培训班，组织讲解员和相关镇（街）分管负责人、站所负责人赴临沂培训。

红色教育基地建设与升级

按照青岛市委组织的部署，8月28日，市委党史研究室组织召开莱西市红色教育基地建设工作会议。9月，建立定期报送红色场馆建设进度制度，对相关镇（街）进度进行督促。11月到红色教育基地所在镇（街）进行现场调度，对建设进度缓慢镇办进行督促指导。截至2018年末，在青岛重点打造的三处场馆中，胶东农村第一个党支部旧址和解文卿烈士纪念馆提档升级工作基本完成，胶东行署旧址已开始规划建设。其他场馆中，经济开发区小院村“南京路上好八连”组建地展馆已建成开馆，院上镇花园头抗日阻击战纪念馆、夏格庄镇双山村乡贤文化陈列馆等已开始建设。

党史研究与推进成果转化

2018年2月，市委党史研究室编印完成“莱西会议”专题展图文版——《核心的力量》，全书共2万余字，插图230余幅。6月，《中共莱西历史大事记》（2001—2011）出版发行，共收录大事1500余条，约35万字。对《三月桃花开》有关内容进行修改并重新印制。6月，编印完成《传承红色基因——20位莱西党史著名人物的红色故事》，全书约11万字，收录照片60余幅。10月，《不能忘却的记忆——莱西市建国前入党老党员口述故事》编撰完成，全书共收录新中国成立前入党老党员口述故事50个、约10万字。编写完成《改革开放以来中共莱西市（县）历次代表大会报告汇编》，共收录1978—2017年间历次党代会、人代会报告约35万字。

党史资政与资料征集

2018年市委党史研究室按照省委书记刘家义在参观“莱西会议”专题展时的指示，对“莱西会议”有关资料、“莱西会议”以来莱西市农村基层组织建设有关资料进行搜集整理，编印成书。编印《“莱西会议”有关材料汇编》，搜集整理有关资料94篇，约70万字。编印《“莱西会议”以来莱西市农村基层组织建设的实践与探索》，共分“讲话篇”“文件篇”“经验篇”和“新闻篇”四部分，搜集整理有关资料82篇，约35万余字。

完成2002至2012年莱西市、镇、村三级组织史资料征编。5月发出征编通知，组织指导各单位做好资料编写提报工作，至12月末，132个单位组织史资料征编任务全部完成。为纪念改革开放40周年，与市政协文史委、市新闻中心合作，面向全市征集“改革开放亲历记”，并在《莱西市情》刊发，截至2018年末已登载稿件6篇。征集各单位2017年度大事记20余万字。

（市委党史研究中心）

莱西市人民代表大会

·重要会议·

莱西市第十八届人民代表大会第二次会议

2018年1月19日至21日举行，会期2天半，1月18日下午举行预备会议。市第十八届人民代表大会实有代表261人，6名代表因病因事缺席，出席会议代表255人。会议听取并审议市长姜水清作的《政府工作报告》、市人大常委会主任赵希胜作的《莱西市人民代表大会常务委员会工作报告》、市法院院长张杰作的《莱西市人民法院工作报告》、市检察院检察长王中开作的《莱西市人民检察院工作报告》，审查莱西市2017年国民经济和社会发展计划执行情况与2018年计划草案报告及计划草案，莱西市2017年预算执行情况和2018年预算草案的报告及预算草案。同意市人大财政经济委员会对国民经济和社会发展计划及预算工作的审查报告，批准市人大常委会、市人民政府、市人民法院、市人民检察院等6个工作报告，并作出相应的决议。选举崔坤山为莱西市监察委员会主任，补选高瑞波为莱西市人大常委会委员。根据议案审查委员会审查报告，经表决，主席团通过关于实施南京路提升工程大会议案。会议期间，收到代表针对各方面工作提出建议、批评和意见143件。不是市十八届人大代表的原市人大常委会主任，市政府副市长，市政协副主席，享受县级待遇人员，青岛市以上驻莱西单位主要负责人，市委、市政府所属部门、直属事业单位及双管单位主要负责人，市纪委副书记，市法院副院长，市检察院副检察长，镇（街道、经济开发区）党（工）委书记、人大主席列席市十八届人大二次会议第一次、第二次全体会议。出席市政协九届二次会议委员应邀列席市十八届人大二次会议第一次全体会议和第二次全体会议部分会议。

人大常委会会议

2018年，市人大常委会召开9次会议，听取和审议专项工作报告14项，依法任免国家机关工作人员61人次，接受辞职3人次，审议决定了一些重大事项。

市十八届人大常委会第八次会议　1月5日举行。会议通过无记名投票方式，表决通过莱西市人大常委会关于接受朱培吉辞去青岛市第十六届人民代表大会代表职务请求的决议，决定接受朱培吉辞去青岛市第十六届人民代表大会代表职务的请求。

第九次会议　1月21日举行。会议任命封芝宝、史世东为莱西市监察委员会副主任，姜民、倪芳贵、吕世宝、刘京成为莱西市监察委员会委员。决定免去王洪亮莱西市人大农业与农村委员会副主任委员职务；任命王洪亮为莱西市人大教育科学文化卫生委员会副主任委员，高瑞波为莱西市人大农业与农村委员会副主任委员，宋延边为莱西市人大财政经济委员会委员，张为志为莱西市人大教育科学文化卫生委员会委员。免去部分审判人员和检察人员职务。市监察委员会主任崔坤山，市监察委员会副主任、委员，市人大有关专门委员会组成人员等向宪法宣誓。

第十次会议　3月8日举行。会议免去姜淑英莱西市人大内务司法（法制）委员会副主任委员、莱西市人大常委会内务司法与法制工作委员会主任职务，胡豪杰莱西市人大常委会人事代表工作委员会主任职务，崔海杰莱西市人大农业与农村委员会副主任委员、莱西市人大常委会农业与农村工作委员会主任职务，刘世伦莱西市人大城乡建设环境与资源保护委员会副主任委员、莱西市人大常委会城建环资工作委员会主任职务，孙学广莱西市人大教育科学文化卫生委员会副主任委员、莱西市人大常委会教科文卫工作委员会主任职务，孙秀凤莱西市人大常委会人事代表工作委员会副主任职务，张永俭莱西市人大常委会财政经济工作委员会副主任职务，左敬涛莱西市人大常委会信访办公室主任职务，张春霞沽河街道人大工作委员会主任职务；任命姜淑英为莱西市人大常委会人事代表工作委员会主任，胡豪杰为莱西市人大内务司法（法制）委员会副主任委员、莱西市人大常委会内务司法与法制工作委员会主任，崔海杰为莱西市人大城乡建设环境与资源保护委员会副主任委员、莱西市人大常委会城建环资工作委员会主任，刘世伦为莱西市人大农业与农村委员会副主任委员、莱西市人大常委会农业与农村工作委员会主任，李民为莱西市人大常委会财政经济工作委员会副主任，李文起为莱西市人大常委会信访办公室主任，左明玺为沽河街道人大工作委员会主任。免去王崇斌莱西市发展和改革局局长职务，刘东莱西市科技和工业信息化局局长职务，刘术林莱西市卫生和计划生育局局长职务，何贤德莱西市市场监督管理局局长职务；任命吴法先为莱西市发展和改革局局长，张绍东为莱西市科技和工作信息化局局长，何贤德为莱西市卫生和计划生育局局长，刘东为莱西市市场监督管理局局长。免去李涛莱西市人民法院副院长、审判委员会委员职务，周礼建莱西市人民法院南墅法庭副庭长职务，姚增军莱西市人民法院执行局执行二庭副庭长职务。免去宋卫东、冯德庆、刘建民莱西市人民检察院副检察长、检察委员会委员职务；任命刘旭光、周建春为莱西市人民检察院副检察长。通过市人大常委会关于调整部分市十八届人大常委会代表资格审查委员会副主任委员、委员的决定。接受孙学广因工作变动辞去莱西市第十八届人大常委会委员职务的请求，并报莱西市第十八届人民代表大会第三次会议备案。通过任命人员向宪法宣誓。

第十一次会议　4月3日举行。会议听取市人民政府关于市人大常委会对市十八届人大一次会议以来代表建议、批评和意见办理情况和市人大常委会执法检查组关于检查《青岛市养老服务促进条例》贯彻执行情况的审议意见贯彻落实情况的报告。听取并审议市人民政府关于全市电子商务发展情况的报告，表决通过这三个报告。会议传达学习习近平重要讲话，全国、省、青岛市人代会精神和宪法修正案。

第十二次会议　5月24日举行。会议听取并审议市人民法院、市人民检察院关于深化司法体制改革工作情况的报告，市人大常委会执法检查组关于检查《青岛市城乡规划条例》贯彻执行情况的报告，表决通过市人民法院和市人民检察院的工作报告。听取市人民政府关于市人大常委会对2017年环境状况和环境保护目标完成情况、市人大常委会执法检查组关于检查《中华人民共和国税收征收管理法》贯彻执行情况审议意见贯彻落实情况的报告，表决通过这两个报告。决定任命范丽平挂职担任莱西市人民政府副市长（时间一年），报莱西市第十八届人民代表大会第三次会议备案；决定免去史先桥莱西经济开发区人大工作委员会主任职务。任免部分审判人员和检察人员职务。范丽平向宪法宣誓。

第十三次会议　7月30日举行。会议传达学习习近平在上合组织青岛峰会期间和峰会结束后视察山东的重要讲话、山东省委十一届五次全体会议、赴粤浙苏学习交流会和“双招双引”

工作会议、山东省人大工作座谈会暨市县人大常委会主任学习班、青岛市委十二届三次全体会议和重点工作会议及莱西市委十四届五次全体会议精神，就做好下半年的人大工作进行部署。听取并审议市人民政府关于2018年上半年国民经济和社会发展计划执行情况的报告、关于2017年市级财政决算（草案）和2018年上半年财政预算执行情况的报告、关于2017年市本级预算执行和其他财政收支的审计工作报告。表决通过市人大常委会关于批准莱西市2017市级财政决算的决议，决定批准市人民政府提出的莱西市2017级财政决算。表决通过市人民政府的三个报告。听取市人民政府关于市人大常委会对社会保险工作情况审议意见贯彻落实情况的报告，表决通过这个报告。

第十四次会议　9月28日举行。会议听取并审议市人民政府关于市十八届人大二次会议以来代表议案和建议、批评、意见办理情况的报告，表决通过这个报告。听取并审议市人大常委会执法检查组关于检查《中华人民共和国禁毒法》贯彻执行情况的报告。听取市人民政府关于市人大常委会对全市电子商务发展情况、市人民法院和市人民检察院关于市人大常委会对深化司法体制改革工作情况审议意见贯彻落实情况的报告，表决通过这三个报告。决定免去李春雷莱西市综合行政执法局局长职务。听取部分驻莱西的青岛市第十六届人大代表的述职报告，并对述职报告进行了投票评议。决定接受王明兴、王春辞去莱西市第十八届人大代表职务的请求。

第十五次会议　11月23日举行。会议听取并审议市人民政府关于现代旅游业发展情况、《中华人民共和国农村土地承包法》贯彻执行情况的报告，审议并表决通过市人民政府关于2018年环境状况和环境保护目标完成情况、依法行政工作情况的报告。听取并表决通过市人民政府关于市人大常委会对市人大常委会执法检查组关于检查《青岛市城乡规划条例》贯彻执行情况审议意见贯彻落实情况的报告；表决通过市人民政府关于市人大常委会对2018年上半年国民经济和社会发展计划执行情况、2017年市级财政决算（草案）和2018年上半年财政预算执行情况审议意见贯彻落实情况的报告、关于2017年市本级预算执行和其他财政收支的审计查出问题整改情况的报告。决定接受田会康、史先桥、张春霞（女）、姜浩亮因工作变动辞去莱西市第十八届人民代表大会代表职务的请求。表决通过市人大常委会关于补选部分莱西市第十八届人民代表大会代表的决定，决定在有代表出缺的选区补选部分莱西市第十八届人民代表大会代表。以无记名投票的方式，对市人大常委会集中走访联系代表期间代表提出的建议、批评和意见办理落实情况进行了满意度测评。接受谭建武、史立伟辞去莱西市人民政府副市长职务的请求，并报莱西市第十八届人民代表大会第三次会议备案。任命张子栋挂职担任莱西市人民政府副市长（时间一年），报莱西市第十八届人民代表大会第三次会议备案。张子栋向宪法宣誓。

第十六次会议　12月19日举行。会议听取并审议市人民政府关于2018年市级财政预算调整方案（草案）的报告，表决通过市人大常委会关于批准2018年市级财政预算调整方案的决议（草案）。接受杨成美辞去莱西市第十八届人民代表大会代表职务的请求。任命王仁江为莱西市退役军人事务局局长。根据《山东省全面推开司法责任制改革实施意见》的要求，市人民法院、市人民检察院将开展法官、检察官入额工作有关情况报市人大常委会备案。

·主要工作·

2018年，市人大常委会围绕莱西市经济社会发展重大事项、法律法规的贯彻实施情况、人民群众关心的热点难点问题，开展执法检查、视察、代表建议重点督办等活动。

1月11日，市人大常委会组织市直二组人大代表集中调研莱西市监管和禁毒工作。听取市政府工作汇报，实地察看有关现场，进行座谈讨论。

2月，市人大常委会党组书记、主任赵希胜，副主任李信斋、王志强、刘莉、张显杰、万国才在市人大常委会有关工作部门负责人陪同下，分别走访慰问老干部、劳模、老党员、低保户、残疾人等。

3月2日，市人大常委会召开机关全体人员会议，落实莱西市领导干部会议精神，深化作风建设。市人大常委会党组书记、主任赵希胜作动员讲话，党组副书记、副主任李信斋主持会议，副主任王志强、刘莉参加会议。

3月8日，市人大常委会在市委党校举办第十期专题讲座。市人大常委会党组书记、主任赵希胜，副主任王志强、刘莉、万国才及市人大常委会委员，各镇（街）人大负责人，市人大常委会机关工作人员集体学习十九大之后中国经济新时代、新趋势、新机遇和贯彻新发展理念、建设现代化经济体系研究有关专题知识。专题讲座由市人大常委会副主任万国才主持。青岛市委党校经济学教研部主任、教授程国有授课。

3月9日，市人大常委会副主任刘莉带领市人大常委会有关人员到市法院召开座谈会，听取市法院、水集街道和日庄镇关于涉法涉诉信访案件处理情况报告，并围绕解决司法不公、化解执行难、加强对法院工作监督进行座谈交流。

3月27日，市人大常委会召开主任会议。听取市政府关于村（居）委会换届选举工作情况报告。市人大常委会主任赵希胜主持会议并讲话。市人大常委会副主任王志强、刘莉、万国才出席会议。市人大常委会有关工作部门、市人大各专门委员会副主任委员和市政府办公室负责人列席会议。

4月8日至14日，市人大常委会组织部分常委会组成人员、部分市人大代表、部分镇街人大负责人赴全国人大会议中心小汤山山庄参加2018年地方人大代表和干部培训班。全国人大财政经济委员会副主任委员尹中卿、中国人大制度理论研究会李伯钧、中央党校政法教研部教授刘启云、北京市人大常委会预算工委主任陈京朴、全国人大培训中心主任李维国、清华大学特聘教授田中云等6位专家授课。市人大常委会党组书记、主任赵希胜，副主任王志强、刘莉参加学习。

4月17日，市人大常委会党组书记、主任赵希胜，副主任王志强、刘莉到日庄镇开展“大学习、大调研、大改进”活动调研。听取镇村关于乡村振兴工作情况汇报，实地察看有关现场。市人大常委会有关工作部门负责人陪同调研。

4月19日，市人大常委会副主任刘莉带领部分人大代表到市法院旁听庭审。代表们现场旁听青岛某投资有限公司诉张某商品房预售合同纠纷一案和周某诉臧某民间借贷纠纷一案，并对案件审理进行评议。

4月至5月，市人大常委会对莱西市贯彻执行《青岛市城乡规划条例》情况进行检查。执法检查之后，形成执法检查报告。

5月8日，市人大常委会组织部分市人大常委会组成人员和部分市级人大代表对全市企业科研成果转化工作进行视察。听取市政府工作汇报，实地察看有关现场，进行座谈讨论，提出要制定和完善相关政策措施、吸引高科技人才回乡创业、提升工业园区功能区建设、推进“放管服”改革等4条意见和建议。

5月15日，市人大常委会在市委党校会议中心举办全市人大代表培训班。市人大常委会党组书记、主任赵希胜主持并讲话。青岛市委党校法学教研部主任教授柴方胜和青岛市人大代表、上海锦天城（青岛）律师事务所高级合伙人杨冰分别就宪法和监察法、代表建议提出和办理等方面进行授课。市人大常委会副主任李信斋、王志强、刘莉、万国才出席培训班。市第十八届人大代表及人大系统工作人员参加培训。

5月21日，市人大常委会召开主任会议。听取市政府关于莱西市金融服务业发展情况报告。市人大常委会主任赵希胜主持会议并讲话，市人大常委会副主任李信斋、王志强、刘莉、万国才出席会议。市人大常委会有关工作部门、市人大各专门委员会副主任委员和市政府办公室负责人列席会议。

5月24日，市人大常委会举办第十一期专题讲座。市人大常委会党组书记、主任赵希胜，副主任王志强、刘莉、万国才及市人大常委会委员、各镇（街）人大负责人、市人大财政经济委员会委员、市人大常委会机关工作人员集体学习了青岛市经济形势与发展战略解析等知识。专题讲座由市人大常委会副主任王志强主持。青岛市委党校经济学教研部主任、教授程国有授课。

6月4日，市人大常委会召开主任会议。听取市政府关于全市学前教育工作情况报告。市人大常委会主任赵希胜主持会议，市人大常委会副主任李信斋、王志强、刘莉、万国才出席会议。市人大常委会有关工作部门、市人大各专门委员会副主任委员和市政府办公室负责人列席会议。

6月15日，市人大常委会召开主任会议。听取市政府关于全市综合行政执法和创建全国主要农作物生产全程机械化示范市工作情况报告。市人大常委会主任赵希胜主持会议并讲话，市人大常委会副主任李信斋、王志强、刘莉、万国才出席会议。市人大常委会有关工作部门、市人大各专门委员会副主任委员和市政府办公室负责人列席会议。

6月，市人大常委会在人大代表中开展“代表联系选民月”活动。

7月5日，市人大常委会组织部分市人大常委会组成人员和市人大农业与农村委员会部分委员视察莱西市美丽乡村建设情况。听取市政府工作汇报，实地察看有关现场，进行座谈讨论，提出要突破制约因素、注重统筹推进、强化产业支撑、突出治理有效等4条意见和建议。

7月10日至25日，市人大常委会党组书记、主任赵希胜，副主任李信斋、王志强、刘莉、张显杰、万国才及市人大常委会委员，分为5个组，分别走访联系市级及市级以上人大代表。常委会组成人员听取代表走访联系选民，提建议、批评和意见及上半年参与社会公益活动、救助弱势群体等情况；征求代表对2018年以来市人大常委会和“一府一委两院”工作意见和建议；询问代表对“乡村振兴、精准扶贫”“惠民生、解民忧”“保稳定、促和谐”等工作意见和建议；了解代表对市十八届人大二次会议以来代表建议、批评和意见办理落实情况意见和建议。走访结束后，市人大常委会对走访期间代表们提出的意见、建议进行归纳整理。对代表提出涉及到共性问题、面上问题或需市政府协调解决的9个方面意见和建议转交市政府办理，对代表提出涉及到具体单位、具体事的16个方面意见和建议转交有关部门和单位处理。

7月12日，市人大常委会组织市直二组人大代表视察莱西市公交事业发展情况。听取市政府工作汇报，实地察看有关现场，进行座谈讨论。市人大常委会副主任李信斋参加视察。

8月15日至26日，市人大常委会组织部分常委会组成人员分成4个组，对关于加大安商、稳商力度等5件代表建议进行重点督办。

8月16日，市人大常委会组织驻莱西青岛市人大代表一组，视察绿色建筑产业发展情况。听取市政府工作汇报，实地察看有关现场，进行座谈讨论。市人大常委会副主任李信斋陪同视察。

8月17日，市人大常委会在市行政办公中心召开“一府一委两院”上半年工作情况报告会。市人大常委会副主任李信斋主持会议。市委常委、副市长郝曙光通报2018年上半年经济社会发展及政府重点实事进展情况和下半年工作措施。市法院院长张杰、市检察院检察长王中开分别通报市法院、市检察院2018年上半年工作情况和下半年工作措施。市人大常委会有关工作部门负责人，部分驻莱西青岛市人大代表和莱西市人大代表共100余人参加会议。

8月29日，市人大常委会组织机关党员干部到中共青岛党史纪念馆参观“光辉历程——中国共产党发展历程图片展”。

8月31日，市人大常委会在市委党校会议中心举办市第十八届人大代表第四期培训班。市人大常委会党组书记、主任赵希胜主持会议并讲话。青岛市委党校经济学教研部副主任、副教授于慎澄授课。市人大常委会副主任李信斋、王志强、万国才参加。市第十八届人大代表及人大系统工作人员参加培训。

8月至9月，市人大常委会对莱西市贯彻执行《中华人民共和国禁毒法》情况进行检查。执法检查之后，形成执法检查报告。

9月21日，市人大常委会组织部分市人大常委会组成人员和部分市级人大代表对莱西市城乡环卫一体化工作情况进行视察。听取市政府工作汇报，实地察看有关现场，进行座谈讨论，提出要全面提升干部群众环卫意识、加大经费保障力度、持续改善农村环境面貌、巩固城乡环卫一体化成果等4条意见和建议。

10月17日，市人大常委会在市委党校举行党组理论学习中心组报告会暨第十三期专题讲座。市人大常委会副主任刘莉主持会议。市人大常委会委员、各镇（街）人大负责人、部分人大代表和市人大常委会机关工作人员集体学习加快新旧动能转换等方面知识。青岛市委党校经济学教研部副教授、博士倪庆东授课。

10月19日，市人大常委会组织机关党员干部到青岛市反腐倡廉教育基地参观。

10月，市人大常委会被山东省人大常委会办公厅授予2018年度《山东人大工作》《人民权利报》宣传工作先进单位。

11月9日，市人大常委会党组书记、主任赵希胜，副主任王志强到对口帮扶村庄水集街道北七格庄村、店埠镇西庄头村走访调研村庄发展情况。听取镇村帮扶情况汇报，实地观摩有关项目，与部分群众代表座谈交流。

11月19日，市人大常委会召开主任会议。听取市政府关于“健康莱西”行动医疗卫生方面工作情况报告。市人大常委会主任赵希胜主持会议并讲话。市人大常委会副主任李信斋、王志强、刘莉、万国才出席会议。市人大常委会有关工作部门、市人大各专门委员会副主任委员和市政府办公室负责人列席会议。

11月21日，人大常委会组织部分市人大常委会组成人员视察莱西市新旧动能转换和重点项目推进工作情况。听取市政府工作汇报，实地察看有关现场，进行座谈讨论，提出要突出创新驱动、突出招大引强、突出项目建设、突出人才支撑等4条意见和建议。

12月3日，市人大常委会报送的《市和区（市）行使重大事项决定权过程中存在的问题研究》，获得青岛市人大常委会办公厅2018年度人大工作理论研究课题二等奖。

12月3日，市人大常委会召开主任会议。听取市政府、市法院、市检察院关于本市扫黑除恶专项斗争进展情况汇报。市人大常委会主任赵希胜，副主任王志强、刘莉、万国才参加。市法院、市检察院、市人大常委会有关工作部门、市委政法委、市公安局负责人列席会议。

12月19日，市人大常委会组织部分市人大常委会组成人员视察市政府2018年实事和重点工程完成情况。听取市政府工作汇报，实地察看有关现场，座谈讨论，提出要加强组织协调、加强施工推进、加强规划论证等3条意见和建议。

·重要活动·

1月9日至13日，市人大常委会组织驻莱西52名青岛市人大代表，出席青岛市第十六届人民代表大会第二次会议。审议有关报告，参加大会表决和选举等事项，提出27件建议、批评和意见。

1月12日，青岛市委副书记、市长孟凡利参加青岛市人民代表大会第二次会议莱西代表团联组审议并讲话。青岛市委常委、青岛市总工会主席、青岛市教育局局长邓云锋，青岛市人大常委会副主任刘圣珍，青岛市人民检察院检察长李建新参加审议。

3月1日，青岛市人大常委会副主任张锡君到莱西市调研维稳工作。市人大常委会主任赵希胜，市委副书记张升山，市人大常委会副主任刘莉，市人大常委会副主任、姜山镇党委书记张显杰陪同调研。

3月16日，青岛市人大常委会副主任张锡君到莱西市视察全面提升城市环境品质建设美丽青岛3年行动实施情况，并督导莱西市信访维稳工作。市委副书记、市政府市长姜水清，市人大常委会主任赵希胜陪同视察。市委副书记张升山，市委常委、市政府副市长郝曙光，市人大常委会副主任王志强、刘莉分别参加活动。

3月28日，青岛市人大常委会副主任邹川宁带领调研组到莱西市调研姜山湿地保护情况。听取工作情况汇报，实地察看有关现场，座谈讨论。市人大常委会主任赵希胜、副主任刘莉，市政府副市长曹杰军陪同调研。

4月17日，青岛市人大财政经济委员会副主任委员、青岛市人大常委会预算工作室主任周钧带领调研组，到莱西市就2017年末政府债务情况及财政转移支付、大沽河治理管护和乡村振兴相关专项资金的2017年预算执行及2018年预算安排情况进行调研。市人大常委会主任赵希胜会见调研组。市人大常委会副主任万国才陪同调研。

4月19日，青岛市人大常委会检查组到莱西市检查《青岛市突发事件应对条例》贯彻落实情况。听取工作情况汇报，实地察看现场，座谈讨论。市人大常委会副主任刘莉，市政府副市长张方宝陪同检查。

6月29日，青岛市人大内务司法委员会到莱西市就《青岛市残疾人保障条例》贯彻实施情况开展执法检查。市人大常委会副主任刘莉陪同检查。

7月19日，青岛市人大常委会检查组到莱西市检查《青岛市城乡规划条例》贯彻落实情况。听取工作情况汇报，实地察看现场，座谈讨论。市委常委、市政府副市长郝曙光，市人大常委会党组副书记、副主任李信斋，市政协副主席、市文广新局局长吕英志陪同检查。

7月19日，青岛市人大常委会研究室到莱西市开展主题党日活动，并对部分企业发展和人大工作情况进行调研。市人大常委会副主任万国才陪同调研。

8月14日，山东省人大常委会委员、省总工会党组书记、常务副主席刘贵堂到莱西市看望省人大代表，征求人大代表意见和建议。市委副书记张升山，市人大常委会副主任、姜山镇党委书记张显杰参加活动。

8月30日至9月3日，黑龙江省鹤岗市萝北县人大常委会主任周洪斌到莱西市考察。市委书记庄增大，市人大常委会主任赵希胜，市委副书记张升山，市人大常委会副主任万国才，市政府副市长曹杰军，市政协副主席赵彦军分别陪同考察。

9月11日至13日，湖北省襄阳市南漳县人大常委会主任张功玉带队到莱西市考察人大依法履职助推乡村振兴战略实施情况。听取工作情况介绍，实地察看有关现场。市人大常委会副主任王志强陪同考察。

9月20日，青岛市人大常委会副秘书长宋春康带领调研组到莱西市调研促进农业绿色发展工作情况。听取工作情况介绍，实地察看有关现场，座谈讨论。市人大常委会副主任王志强陪同调研。

10月12日，青岛市人大内务司法委员会到莱西市调研深化司法体制改革工作情况，听取工作情况汇报，座谈讨论。市人大常委会副主任刘莉陪同调研。

12月7日，市人大常委会组织驻莱西青岛市人大代表开展青岛市十六届人大三次会议会前视察暨青岛市中院走访联系驻莱西青岛市人大代表活动。实地察看现场，进行座谈讨论。青岛市中级人民法院党组成员、执行局局长陈显江参加活动。青岛市人大代表、市人大常委会主任赵希胜参加视察并讲话。市人大常委会副主任刘莉陪同视察。

12月10日，市委书记庄增大到市人大常委会调研。听取工作情况汇报，座谈讨论。市人大常委会主任赵希胜，副主任李信斋、王志强、刘莉、张显杰、万国才参加座谈。市委常委、副市长郝曙光，市委常委、市委办公室主任战洪贤陪同调研。

12月20日，青岛市人民检察院党组成员、副检察长杨光到莱西市走访驻莱西青岛市人大代表，并举行座谈会。市人大常委会党组书记、主任赵希胜等19名驻莱西青岛市人大代表参加座谈。市人大常委会党组副书记、副主任李信斋，副主任刘莉参加座谈。

（市人大办公室）

莱西市人民政府

·政务会议·

莱西市十八届人民政府第18次常务会议

1月16日召开，市长姜水清主持。出席会议的有副市长郝曙光、曹杰军、张方宝、江联军、史立伟，市政府党组成员张瑞忠、徐兆华。会议听取市监察局关于鞠丕良严重违纪问题处理情况汇报。

第19次会议

2月12日召开，市长姜水清主持。出席会议的有副市长郝曙光、曹杰军、丁朝霞、张方宝、江联军、史立伟，市政府党组成员张瑞忠、徐兆华。市直有关部门及各镇（街）政府负责人列席会议。会议听取市农业局关于推进农村集体产权制度改革意见起草情况汇报，市电子政务管理和大数据发展促进中心关于莱西市政务信息系统整合共享实施方案起草情况汇报，市政府办公室关于2017年度法治政府建设情况报告起草情况汇报，市民政局关于调整完善部分退役士兵相关待遇情况汇报，市国土局关于规范耕地开垦费收取有关情况汇报，市电子政务管理和大数据发展促进中心关于建设莱西市智慧城市服务平台有关情况汇报，市林业局关于莱西市国有林场改革有关情况汇报，市城投办关于出资收购镇级投资平台公司部分股权有关情况汇报，市国土局关于全市“问题产权”小区不动产权登记情况汇报，市教体局关于山东文化产业职业学院项目建设框架协议有关情况汇报，姜山镇政府关于莱西市姜山基金小镇管委会组织架构及职责有关情况汇报，姜山镇政府关于NECED电极片项目投资协议书及补充协议书汇报，姜山镇政府关于AESC动力电池项目投资协议书及补充协议书汇报，姜山镇政府关于移动能源产业园项目合作协议及补充协议汇报，店埠镇政府关于科诺雄鹰（青岛）通航文旅小镇战略合作框架协议汇报，沽河街道办事处关于市政府与深圳清友能源技术有限公司战略合作框架协议汇报，市招商局关于市政府与富力（北京）地产开发有限公司战略合作框架协议汇报，市公安局关于加强刑事技术装备建设有关情况汇报。

第20次会议

3月8日召开，市长姜水清主持召开。出席会议的有副市长郝曙光、曹杰军、丁朝霞、张方宝、史立伟，市政府党组成员张瑞忠、徐兆华。市直有关部门及各镇（街）政府负责人列席会议。会议听取市委农工委办关于青岛市农村工作会议精神及莱西市农村工作会议筹备方案汇报，市委农工委办关于实施乡村振兴战略的意见起草情况汇报，市扶贫办关于全国、全省扶贫开发工作会议精神及莱西市贯彻落实意见汇报，市环保局关于莱西市土壤污染防治工作方案起草有关情况汇报，市城建局关于琴畅集团职工住房手续办理有关情况汇报，市城建局关于市人防基本指挥所工程有关情况汇报，夏格庄镇政府关于北京鼎红世纪氢能源项目战略合作框架协议汇报，市水利局关于高格庄水库饮用水水源地安全保障项目有关情况汇报。

第21次会议

3月22日召开，市长姜水清主持。出席会议的有副市长郝曙光、曹杰军、丁朝霞、江联军、谭建武、史立伟，市政府党组成员张瑞忠、徐兆华。市直有关部门及各镇（街）负责人列席会议。省政府安委会第四巡查组第一小组组长孙延瑞、成员张媛媛及青岛市安监局副局长崔建军列席第1和第2议题。会议听取市安监局关于全国、全省安全生产电视会议精神及莱西市贯彻落实意见汇报，市安监局关于莱西市安全生产有奖举报管理办法起草情况汇报，市发改局关于莱西市1至2月份主要经济指标完成情况及下步措施建议汇报，市林业局关于“绿满莱西”国土绿化行动实施意见起草情况汇报，市林业局关于大沽河林场人员编制有关情况汇报，姜山镇政府关于莱西同捷新能源汽车项目投资协议汇报，市公安局关于上合组织峰会安保活动目前所需费用情况汇报。

第22次会议

4月13日召开，市长姜水清主持。出席会议的有副市长郝曙光、曹杰军、张方宝、史立伟，市政府党组成员徐兆华。市直有关部门及各镇（街）负责人列席会议。会议传达学习青岛市重大活动专项保障工作动员大会会议精神，研究莱西市贯彻落实意见。会议传达学习青岛市一季度重点项目招商建设工作调度会会议精神，研究莱西市贯彻落实意见；传达学习青岛市总河长、总湾长会议精神，研究莱西市贯彻落实意见；会议听取市房管局关于修改《关于贯彻实施〈青岛市国有土地上房屋征收与补偿条例〉有关问题的通知》有关情况汇报，市交通局关于潍莱高铁征迁补偿有关情况汇报，市行政服务中心管委会关于进一步加强政府投资建设项目招投标监管、规范建筑市场行为实施方案起草情况汇报，市城建局关于采购高密度聚乙烯覆盖膜有关情况汇报，市城建局关于市政府与中国环境保护集团有限公司战略合作框架协议有关情况汇报，店埠镇关于市政府与青岛泛美投资有限公司投资协议有关情况汇报，市人社局关于机关事业单位工作人员年终考核表彰奖励及奖金发放有关情况汇报，市发改局关于莱西市居民用管道天然气价格改革情况汇报。

第23次会议

4月28日召开，市长姜水清主持。出席会议的有副市长郝曙光、丁朝霞、张方宝、江联军、史立伟，市政府党组成员徐兆华。市委常委、统战部部长孙明明应邀参加有关议题。市直有关部门及各镇（街）负责人列席会议。会议听取市财政局关于2018年一季度财政收入完成情况汇报，市发改局关于莱西市一季度经济运行情况汇报，市发改局关于2018年青岛市重点项目进展情况汇报，市发改局关于2018年基础设施建设重点工程进展情况汇报，市政府办公室关于2018年政府实事进展情况汇报，市商务局关于莱西市招商引资和项目建设情况汇报，市科工信局关于莱西市专业产业园区认定管理办法起草情况汇报，市财政局关于莱西市新旧动能转换基金（母基金）设立方案起草情况汇报，市人社局关于申请2017年度居民医保缺口资金有关情况汇报，市金融办关于市政府与青岛证监局签署合作备忘录有关情况汇报。

第24次会议

5月14日召开，市长姜水清主持。出席会议的有副市长郝曙光、曹杰军、丁朝霞、江联军、谭建武、史立伟。市委常委、统战部部长孙明明，市委常委、人武部部长王清秀应邀列席会议，市政府党组成员张瑞忠、徐兆华，市直有关部门及各镇（街）负责人列席会议。会议听取市发改局关于《莱西市新旧动能转换重大工程实施规划》起草情况汇报，市行政服务中心管委会关于《莱西市“一窗式”政务服务改革实施方案（汇报稿）》起草情况汇报，市农业局关于农村集体产权制度改革暨农村集体资产清产核资工作有关情况汇报，市发改局等12个部门关于青岛市考核未达标指标情况汇报，市国土局关于4宗经营性用地出让和解决青岛汇润南华置业有限公司土地闲置问题情况汇报，夏格庄镇政府关于市政府与广州雅丰新型建材有限公司投资合作协议有关情况汇报，马连庄镇政府关于市政府与深圳晓兰联泰氢能源高科技有限公司战略合作框架协议有关情况汇报，市城建局关于城区夜景亮化提升建设有关情况汇报，市城建局关于购置环卫作业车辆等情况汇报，市产芝水库管理局关于改造产芝水库管理局办公区污水支管道有关情况汇报。

第25次会议

5月29日召开，市长姜水清主持。出席会议的有副市长郝曙光、曹杰军、丁朝霞、江联军、谭建武、史立伟。市政府党组成员张瑞忠、徐兆华，市直有关部门及各镇（街）负责人列席会议。会议听取市水利局关于2018年防汛工作有关情况汇报，市水利局关于河（湖）长制工作有关情况汇报，市国土局关于国家土地督察济南局2018年例行督察反馈问题整改工作汇报，市民政局关于莱西和谐使者选拔管理办法起草情况汇报，市民政局关于落实《青岛市政府进一步完善惠民殡葬政策的实施意见》情况汇报，市政府办公室关于市政府规范性文件清理情况汇报，市城建局关于将莱西市飞灰填埋场工程追加列入2018年重点工程有关情况汇报，市城建局关于实施市域农村冬季清洁取暖专项规划编制有关情况汇报，经济开发区管委会关于市政府与青岛碧桂园博林置业有限公司战略合作框架协议有关情况汇报。

第26次会议

6月14日召开，市长姜水清主持。出席会议的有副市长郝曙光、曹杰军、丁朝霞、张方宝、江联军。市委常委、统战部部长孙明明应邀列席会议，市政府党组成员张瑞忠、徐兆华，市直有关部门及各镇（街）负责人列席会议。会议听取市人社局关于助推新旧动能转换进一步做好就业创业工作实施意见起草情况汇报，市编委办关于《莱西市一流营商环境提升年实施意见》起草情况汇报，市国土局关于水马路东梁氏果蔬南等4宗土地出让有关情况汇报，市城建局关于莱西市全面推进海绵城市建设实施方案有关情况汇报，市城建局关于城区老企业搬迁改造有关问题通知起草情况汇报，市财政局关于规范土地收回补偿和经营性用地出让净收益分配通知起草情况汇报，市国土局关于闲置土地清理处置工作实施意见起草情况汇报，市环保局关于第二次全国污染源普查工作开展情况汇报，市农业局关于建立粮食生产功能区实施意见起草情况汇报，市林业局关于做好“绿满莱西”国土绿化行动2018年度专项资金补助有关情况汇报，市科工信局关于莱西市盐业体制改革实施方案起草情况汇报，市公安局关于深化户籍制度改革有关情况汇报，姜山镇政府关于建议给予北京新能源汽车股份有限公司青岛分公司产业发展扶持资金汇报。

第27次会议

6月27日召开，市长姜水清主持。出席会议的有副市长郝曙光、曹杰军、张方宝、江联军。市政府党组成员张瑞忠、徐兆华，市直有关部门及各镇（街）负责人列席会议。会议听取市发改局关于1至5月份莱西市经济运行情况及下步措施汇报，市商务局关于全市新开工项目及外经贸工作情况汇报，市民政局关于加强困境未成年人关爱保护救助工作实施意见起草情况汇报，市民政局关于拟对部分镇（街）新增道路命名情况汇报，市交通运输局关于农村公路“三年集中攻坚”工程建设有关情况汇报，市国土局关于钢构路南常州北路西梅山东路北等5宗土地出让有关情况汇报，经济开发区管委会关于市政府和恒大地产集团济南置业有限公司、绿天使创业孵化器有限公司高新技术产业园项目战略合作框架协议有关情况汇报。

第28次会议

7月23日召开，市长姜水清主持。出席会议的有副市长郝曙光、曹杰军、张方宝、江联军、范丽平。市委常委、宣传部部长纪玉水，市委常委、统战部部长孙明明应邀列席会议，市政府党组成员张瑞忠、徐兆华，市直有关部门及各镇（街）负责人列席会议。会议听取市商务局关于全市亿元以上项目情况汇报，各专业招商小组牵头领导、各镇（街）主要负责人关于莱西市项目引进和建设情况汇报，市发改局关于上半年莱西市经济运行情况及下步措施建议汇报，市发改局关于2018年青岛市级重点项目上半年进展情况汇报，市发改局关于莱西市新旧动能转换重大工程实施意见编制起草情况汇报，市发改局关于2018年基础设施建设重点工程上半年进展情况汇报，市政府办公室关于2018年政府实事进展情况汇报，市食药监局关于2018年上半年食品药品工作情况汇报，市农业局关于发展壮大村级集体经济实施意见起草情况的汇报，市农业局关于扶持培育新型农业经营主体发展壮大实施意见起草情况的汇报，市统计局关于第四次经济普查工作组织筹备情况的汇报，市水利局关于申请拨付大沽河上游段（307省道桥——096县道桥）河库连通工程清障及土地征收补偿等资金的汇报，市城建局关于调整城市基础设施配套费征收标准和配套范围实施方案起草情况的汇报，沽河街道办事处关于市政府与中建西部建设新疆有限公司绿色新材料产业园项目战略合作框架协议有关情况的汇报。

第29次会议

8月2日召开，市长姜水清主持。出席会议的有副市长郝曙光、曹杰军、丁朝霞、史立伟。市委常委、宣传部部长纪玉水，市委常委、统战部部长孙明明应邀列席会议，市政府党组成员张瑞忠，市直有关部门及各镇（街）负责人列席会议。会议听取市政府办公室关于做好迎接2018年国务院大督查有关情况的汇报，市农业局关于莱西市创建国家农产品质量安全市工作情况的汇报，市水利局关于莱西市河库（湖）及水利工程划界确权工作有关情况的汇报，市广电台关于县级台标准化建设迎检工作情况的汇报，市体育中心关于莱西市人民政府与人民体育（北京）有限公司战略合作框架协议有关情况的汇报。

第30次会议

8月23日召开，市长姜水清主持。出席会议的有副市长郝曙光、曹杰军、张方宝、史立伟、范丽平。市委常委、宣传部部长纪玉水应邀列席会议，市政府党组成员张瑞忠、徐兆华，市直有关部门及各镇（街）负责人列席会议。会议传达学习7月31日中共中央政治局会议精神，山东省党政代表团赴苏浙粤学习交流会精神和全省招商引资招才引智工作会议精神及全省推进“一次办好”改革优化营商环境会议精神，青岛市重点工作会议精神。会议听取市公安局关于扫黑除恶专项斗争开展情况的汇报，市水利局关于莱西市全面实行湖长制有关情况的汇报，市编办关于“一次办好”改革有关情况的汇报，市发改局关于《莱西市新旧动能转换重点功能区布局规划》编制情况的汇报，市文广新局关于促进非国有博物馆发展的意见起草情况的汇报，市城建局关于市政府与青岛特利尔环保股份有限公司战略合作框架协议有关情况的汇报，南墅镇政府关于莱西市人民政府与五矿勘查开发有限公司战略合作有关情况的汇报，经济开发区管委会关于市政府与吉林成城集团股份有限公司及赛伯乐绿科云城科技发展有限公司战略合作框架协议有关情况的汇报，经济开发区管委会关于市政府与凯盛科技集团有限公司及青岛浩丰食品有限公司战略合作框架协议有关情况的汇报，市人社局关于调整机关事业单位退休人员基本养老金有关情况的汇报。

第31次会议

9月12日召开，市长姜水清主持。出席会议的有副市长曹杰军、丁朝霞、张方宝、江联军。市政府党组成员张瑞忠、徐兆华，市直有关部门及各镇（街）负责人列席会议。会议听取市人社局关于退役士兵工资待遇调整增加财政支出测算情况的汇报，市交通运输局关于莱西市综合交通工程集体土地上房屋搬迁安置补偿方案起草情况的汇报，市交通运输局关于青荣城际铁路DK91+000、DK97+504公路桥设计变更出资有关情况的汇报，姜山镇政府关于莱西市新能源汽车基地二期项目三方补充协议有关情况的汇报，市国土局关于青岛路西济南西路北等3宗土地出让有关情况的汇报，市教体局关于教育改革发展有关问题的汇报，市教体局关于市政府与青岛大学战略合作框架协议有关情况的汇报，市卫计局关于基层医疗卫生机构标准化建设工程设备配置方面有关情况的汇报，市城建局关于开展建设领域扫黑除恶专项斗争工作情况的汇报，市国土局关于开展国土资源领域扫黑除恶专项斗争工作情况的汇报。

第32次会议

10月8日召开，市长姜水清主持。出席会议的有副市长郝曙光、曹杰军、丁朝霞、江联军。市委常委、统战部部长孙明明应邀列席会议，市政府党组成员张瑞忠、徐兆华，市直有关部门及各镇（街）负责人列席会议。会议听取市交通运输局关于开展交通运输领域扫黑除恶专项斗争工作情况的汇报，市水利局关于开展水利领域扫黑除恶专项斗争工作情况的汇报，市城建局关于2018年莱西市生活垃圾分类试点工作实施方案起草情况的汇报，市教体局关于《莱西市学前教育行动计划（2018—2020年）》起草情况的汇报，市教体局关于城区部分中小学管理体制改革工作方案起草情况的汇报，市交通运输局关于拟调整2018年市政府交通重点工程部分项目建设计划有关情况的汇报，市交通运输局关于拟调整农村公路“三年集中攻坚”工程建设有关情况的汇报，经济开发区管委会关于市政府与凯盛科技集团有限公司现代智慧农业项目合作协议有关情况的汇报，经济开发区管委会关于市政府和康和德一（北京）科技有限责任公司战略合作框架协议有关情况的汇报，市旅游局关于市政府与青岛公交集团有限责任公司战略合作框架协议有关情况的汇报。

第33次会议

10月24日召开，市长姜水清主持。出席会议的有副市长郝曙光、曹杰军、丁朝霞、张方宝、江联军。市委常委、统战部部长孙明明应邀列席会议，市政府党组成员张瑞忠、徐兆华，市直有关部门及各镇（街）负责人列席会议。会议听取姜山镇政府关于市政府与南通三建控股有限公司青岛南开学校投资建设战略合作框架协议有关情况的汇报，姜山镇政府关于北汽新能源青岛基地申请扶持政策有关情况的汇报，姜山镇政府关于市政府与青岛（莱西）城乡社区建设投资有限公司、青岛金昱华教育科技有限公司职业学校项目战略合作框架协议有关情况的汇报，河头店镇政府关于市政府与新希望六和食品控股有限公司战略合作框架协议有关情况的汇报，水集街道办事处关于青岛金林四冶城市综合体项目有关情况的汇报，市国土局关于北京路北苏州路西等4宗经营性用地拟出让情况的汇报，市国土局关于国家自然资源督察济南局2018年例行督察反馈问题整改工作的汇报，市台办关于市政府与青岛众鑫汇品牌管理有限公司建设运营莱西市名优特产展销中心战略合作框架协议有关情况的汇报，市环保局关于中央环保督察反馈问题及交办件办理情况的汇报，市政府办公室关于2018年政府实事进展情况的汇报，市发改局关于2018年基础设施建设重点工程进展情况的汇报，市发改局关于前三季度全市经济运行情况及下步措施建议的汇报，市发改局关于2018年青岛市级重点项目进展情况的汇报，市商务局关于全市亿元以上开工建设项目情况的汇报。

第34次会议

11月3日召开，市长姜水清主持。出席会议的有副市长曹杰军、丁朝霞、张方宝、江联军。市政府党组成员张瑞忠、徐兆华，市直有关部门及各镇（街）负责人列席会议。会议听取市国土局关于莱西市第三次全国国土调查工作的汇报，市城建局关于将阳青路大修工程追加列入海绵城市建设项目有关情况的汇报，市城建局关于实施莱西市第二中学迁建工程市政配套工程及二次深化精装修项目有关情况的汇报，市科工信局关于山东百年电力股权转让等有关情况的汇报。

第35次会议

11月20日召开，市长姜水清主持。出席会议的有副市长郝曙光、丁朝霞、张方宝、江联军。市政府党组成员张瑞忠、徐兆华，市直有关部门及各镇（街）负责人列席会议。会议听取市扶贫办关于打赢脱贫攻坚战三年行动意见起草情况的汇报，市畜牧兽医局关于莱西市畜牧养殖污染治理情况的汇报，市农业局关于开展农业领域扫黑除恶专项斗争工作情况的汇报，市农业局关于农业面源污染防治工作开展情况的汇报，市体育中心关于市体育中心体育场改造等项目有关情况的汇报，青岛（莱西）2019世界休闲体育大会组委会关于青岛（莱西）2019世界休闲体育大会有关情况的汇报。

第36次会议

11月27日召开，市长姜水清主持。出席会议的有副市长郝曙光、曹杰军、丁朝霞、张方宝、江联军。市政府党组成员张瑞忠、徐兆华，市直有关部门及各镇（街）负责人列席会议。会议听取市城建局关于开展废旧液化石油气钢瓶回收置换报废处理工作实施方案起草情况的汇报，市房管局关于山东文化产业职业学院项目涉及国有土地上房屋征收情况的汇报，经济开发区管委会关于市政府与青岛和远产业基金中鑫东泰（莱阳）纳米基因生物技术有限公司战略合作框架协议的汇报，市公安局关于青岛顺平驾驶员培训有限公司脱钩移交有关情况的汇报，市公安局关于加强特勤队伍建设有关情况的汇报，市民政局关于市殡仪馆部分基础设备更新改造有关情况的汇报。

第37次会议

2月12日召开，市长姜水清主持。出席会议的有副市长郝曙光、曹杰军、丁朝霞、张方宝、范丽平、张子栋。市委常委、宣传部部长纪玉水应邀列席会议，市政府党组成员张瑞忠、徐兆华，市直有关部门及各镇（街）负责人列席会议。会议听取市政府办公室关于《政府工作报告（汇报稿）》起草情况的汇报，市食药监局关于2018年食品药品工作情况的汇报，市安监局关于2018年莱西市安全生产工作情况的汇报，市政府办公室关于2019年市政府拟办实事有关情况的汇报，市发改局关于2019年拟建重点工程有关情况的汇报，市房管局关于莱西市房地产市场分析情况的汇报，市国土局关于姜山镇龙江路南杭州路西等2宗经营性用地出让情况的汇报，市环保局关于原青岛新天地静脉产业园治理修复项目有关情况的汇报，姜山镇政府关于北汽新能源汽车股份有限公司资金支持协议的汇报，市财政局关于莱西市2019年财政收支预算（草案）编制情况的汇报。

第38次会议

12月26日召开，市长姜水清主持。出席会议的有副市长郝曙光、曹杰军、丁朝霞、张方宝、江联军。市政府党组成员张瑞忠、徐兆华，市直有关部门及各镇（街）负责人列席会议。会议听取市水利局关于莱西市供水规划编制有关情况的汇报，市城建局关于进一步加强城市基础设施配套费征收使用管理的通知起草情况的汇报，市财政局关于划转大沽河水利设施用地到青岛（莱西）城乡社区建设投资有限公司有关情况的汇报，市金融办关于加快莱西市现代保险服务业创新意见起草情况的汇报，市人社局关于调整机关事业单位工作人员基本工资和增加离休人员离休费有关情况的汇报。

市十八届人民政府党组2018年第1次（扩大）会议

3月4日召开，市委副书记、市政府党组书记、市长姜水清主持。出席会议的有市委常委、市政府党组副书记、副市长郝曙光，市政府党组成员、副市长曹杰军、张方宝、江联军，市政府党组成员张瑞忠，市政府党组成员、市政府办公室主任徐兆华。市政府副市长丁朝霞应邀参加会议。会议听取市政府办公室关于莱西市政府系统意识形态领域情况的汇报。

市十八届人民政府党组2018年第2次（扩大）会议

4月13日召开，市委副书记、市政府党组书记、市长姜水清主持。出席会议的有市委常委、市政府党组副书记、副市长郝曙光，市政府党组成员、副市长曹杰军、张方宝、史立伟，市政府党组成员、办公室主任徐兆华。市政府工作部门及有关市直单位主要负责人列席会议。会议听取市政府办公室关于《中共莱西市人民政府党组2018年工作要点（汇报稿）》起草情况的汇报，市政府办公室关于开展“大学习、大调研、大改进”工作情况的汇报，龚正、张江汀到莱西市调研指示精神，全省经济持续健康发展专题会议精神，《中华人民共和国宪法修正案》，张江汀在青岛市委党校春季开学典礼和青岛市区市党委书记座谈会上的讲话精神，《对标先进城市增强招商引资的忧患意识和危机感》。

市十八届人民政府党组2018年第3次（扩大）会议

6月27日召开，市委副书记、市政府党组书记、市长姜水清主持。出席会议的有市委常委、市政府党组副书记、副市长郝曙光，市政府党组成员、副市长曹杰军、张方宝、江联军，市政府党组成员张瑞忠，市政府党组成员、办公室主任徐兆华。市政府工作部门及有关市直单位主要负责列席会议。会议传达学习习近平在上合组织青岛峰会和视察山东期间重要讲话精神，习近平关于打赢脱贫攻坚战三年行动重要批示精神。

市十八届人民政府党组2018年第4次会议

9月7日召开，市委副书记、市政府党组书记、市长姜水清主持。出席会议的有市委常委、市政府党组副书记、副市长郝曙光，市政府党组成员、副市长曹杰军、张方宝、江联军，市政府党组成员、办公室主任徐兆华。市政府副市长丁朝霞应邀参加会议。会议传达学习张江汀有关批示精神及《中共莱西市委关于彻底清除孙政才令计划恶劣影响的决定》，市政府办公室关于莱西市政府系统意识形态领域情况的汇报。

市十八届人民政府党组2018年第5次（扩大）会议

10月8日召开，市委副书记、市政府党组书记、市长姜水清主持。出席会议的有市委常委、市政府党组副书记、副市长郝曙光，市政府党组成员、副市长曹杰军、江联军，市政府党组成员张瑞忠，市政府党组成员、办公室主任徐兆华。市政府副市长丁朝霞应邀参加会议。市政府工作部门及有关市直单位主要负责人列席会议。传达学习市委理论学习中心组读书班和庄增大讲话精神，研究部署市政府党组开展解放思想大讨论有关工作。

市十八届人民政府党组2018年第6次会议

10月24日召开，市委副书记、市政府党组书记、市长姜水清主持。出席会议的有市政府党组成员、副市长曹杰军、张方宝、江联军，市政府党组成员张瑞忠，市政府党组成员、办公室主任徐兆华。市政府副市长丁朝霞应邀参加会议。研究《莱西市人民政府党组开展解放思想大讨论的实施方案》。

（市政府办公室）

·政务调研·

2018年，市政府办公室以文字调研为关键，引导全体干部在学习中提升文字水平，在调研中发挥参谋助手作用，提升文字服务水平。全年共形成调研成果90余篇，编印领导参阅102期，市委、市政府领导先后批示40余次，批示率达45%。

组织机制

办公室主任亲自主抓文字材料，安排两位副科级干部分管文字工作，在组织架构上完善“1+1+1+1”模块作战机制，将市政府领导分管工作细化分类，为每位市政府领导配套副科级综合协调员、工作联络员、工作督查员各1名，在此基础上涉及到市政府具体分管领导的工作，由联络员负责牵头起草、配套的副科级干部把关文字材料，实现分管领导材料分工负责制，责任到人、无缝衔接。

考核机制

市政府办公室把文字调研作为最重要的基本功来提升和考核，在办公室全年工作的考核中，进一步提高文字材料的占比，100分中占据50分，在35分基本任务上，另外加15分奖励，鼓励全体人员多出优秀文字材料成果。同时，加强考核结果运用，把考核作为选人用人重要依据，凡是在办公室成长的干部，必须到文字科室锤炼水平，去年提拔干部均有文字科室的工作经历。

调研机制

全年先后开展“文字水平提升月”“文字水平规范月”“文字水平外宣月”等专题月活动，围绕领导关注难点，全员参与调查研究，定期梳理市委市政府领导关注重点、热点问题，每季度确定20个重点调研课题，由副科级领导干部牵头认领，分头调研，调研成果汇编共3期，每期成册印刷。不少调研成果快速进入决策层面，为市委、市政府工作当好决策参谋。调研报告《关于莱西市土地出让净收益分析及经营性用地出让净收益分配情况的意见建议》，同时被市委、市政府主要领导及市政府分管领导批示，并进入领导决策，市政府据此研究出台《莱西市人民政府关于规范土地收回补偿和经营性用地出让净收益分配的通知》等3个政策文件，协助市委、市政府解决工作中存在的堵点难点问题。

学习培训机制

以党建引领抓学习，提高政治站位，完善

全员学习机制，建立学习调讲制度，将每周六上午作为集体学习日，学习总书记系列重要讲话和上级材料，通过办公室全体人员搜集各级各类公文，汇集编制《全市政府系统工作范文汇编》，囊括8个大类公文类型，共收录公文范例70余篇，成为公文写作即时即用“活字典”。2018年，办公室的“大学习、大调研、大改进”经验做法获省电视台《新闻联播》专题报道。同时，发挥办公室牵头作用，依托“以干代训”，与其他单位建立沟通机制，各部门及镇（街）来办公室挂职锻炼、“以干代训”的人次达10多人次，提升各部门文字水平。

材料会商

形成“1+X”结对提升机制，开展“学带训比”，建立临时“师徒”关系，办公室内部由文字水平高的同志带着年轻同志，采用“1+1”等方式，定期盘点，由办公室领导根据每位同志成长进步逐一点评。同时，建立材料访谈会商机制，在起草政府工作报告过程中，办公室安排专人与部门进行点对点访谈，通过访谈积累大量第一手素材和资料，共计走访全体部门单位共计60余个，形成访谈材料80余份，有效避免“在材料中写材料”的问题。

（市政府办公室）

·政务信息·

信息调研工作

依托办公室“文字水平提升月”“文字水平规范月”“文字水平外宣月”等专题活动，坚持服务要准，完善信息调研机制。其中，《莱西市全力打造乡村振兴“样板工程”》专报信息呈阅青岛市委书记张江汀阅示，并获省改革办政务情况交流52期刊发。结合乡村振兴和莱西经验，深入挖掘莱西市土地流转试点经验。《莱西市马连庄镇创新土地流转新机制》专报信息呈阅青岛市市长孟凡利。《莱西市积极打造土地流转新模式》呈阅青岛市副市长朱培吉，并获副秘书长韩守信批示。《莱西市关于农村土地流转面临突出困难的调查》单篇通过上报系统报送省办、国办。同时，在青岛市级以上采用信息140余篇，2018年政务信息排名实现触底反弹，位列10区市第8位，与去年成绩持平。

外宣和信息编发工作

结合“文字外宣月”活动，开展全员撰写外宣材料的热潮，加强对外宣传。先后在《大众日报》《青岛日报》《办公室研究》等省和市级宣传刊物刊物、报纸发表文章51篇，较上年提高5.6倍，宣传全市的亮点工作和典型经验。编发内部信息，刊发部门镇街亮点，提高信息服务工作。共编发《政务动态》49期、《领导参阅》101期，市委市政府领导批示40余篇次，批示数是2017年的1.5倍，多次获市委市政府主要领导批示。

信息上报

围绕上级要求，积极报送问题建议类信息，研究吃透国家部委和省政府出台的政策文件精神，深入基层调研，掌握第一手资料和真实情况，报送有情况、有分析、有对策，措施具体管用的信息，为领导决策提供参考。11月19日，办公室接到上级关于推进跨境电商综合试验区建设面临的突出困难和问题的约稿，调研室立即邀请商务局电商科进行一对一访谈。11月20日成稿上报，其中关于提高消费限额建议被山东省办公厅和国务院办公厅快速采用。11月21日，国务院常务会决定将年度交易限值由目前的每人每年2万元提高至2.6万元，今后随居民收入提高相机调增。

一线调查研究

政务信息报送目的是向上级反映政策、文件、要求、部署的落实落地情况，去年上级机关高度重视外贸和企业就业情况，为提报更多带有基层一线调研的高质量信息和报送苗头性、倾向性问题并提供准确真实的参考信息，调研室会同有关部门接到任务后立接立行、实干担当、保证质量、不打折扣，带着题目和问题下去，带着观点和建议回来，紧扣领导关注点、社会矛盾突出点、群众意见集中点，挖掘特色亮点、分析问题症结、提出对策建议，及时把真实情况摸清楚，按规定时间给报送，为上级机关提供第一手资料。开展每月经济运行分析，为领导决策提供一手数据。建立经济运行数据平台，每月组织财政、统计、商务等10个部门和单位，汇总分析上月主要经济指标完成情况、规模以上九大行业市场情况、纳税50强企业情况等经济运行情况，并针对变化幅度较大数据进行原因分析，每月形成报告呈送领导参阅。

（市政府办公室）

·政务督查·

大事、要事、难事督查

围绕全局性工作做好大事、要事、难事政务督查工作。围绕政府工作报告、莱西实事、基础设施重点工程、青岛市政府实事莱西部分、全市主要经济指标完成情况，新开工、竣工亿元以上项目建设进展情况、两级政府重点项目建设情况等重点工作，建立台帐，分解任务，定期通过电话督查、现场督查等形式，及时了解情况，掌握进度，并提出意见建议，帮助协调解决相关问题，做到“件件有着落、事事有回音”。围绕年度重点工作共形成政务督查通知50余期，政务督查专报126期。

专项督查

针对特定阶段领导交办的临时性重点工作和市民关心关注的热点问题，开展专项督查。围绕市政府主要领导调研镇街确定事项、南京路道路提升工程、沙旺庄工程改造、小沽河治理、新天地处置、莱西二中迁建、城乡污水管网建设、畜禽养殖废弃物处理设施配建、土地使用税清欠等阶段性重点工作，督查室及时与责任单位联系，确保第一时间启动办理程序。根据办理期限、工作内容的不同，分别采取调研梳理、定期督查等措施，全程跟踪推进，帮助解决基础设施完善等发展难题20多个。全年共开展阶段性专项督查60余次（其中，市级领导在《政务督查专报》批示10多期），均按期完成工作任务，推动政府工作落实。

民生事项督查

做好保障和改善民生事项督查工作。推进重点工程和民生实事办理。采取挂牌督办、定期督查等措施，先后开展督查活动10多次，刊发《政务督查专报》20余期，推进11大类重点工程和10件民生实事落实。完善政府系统建议提案办理工作。印发做好建议政协提案办理工作的通知，指导承办单位完善答复意见书20件次。编发《建议提案办理工作简报》5期，涉及交通拥堵、水利工程、乡村旅游发展等28件建议提案。开展集中宣传活动，报道工作30余次。完善公开制度，在莱西政务网开设建议提案专题栏目，增强市民知情权。采取领导包案、二次办理、三方面复、合办联办等方式方法，推动342件建议提案按时办结。其中，“乐在莱西”休闲乡村旅游发展、进一步加强环保工作等列入政府决策，道路工程等一批民生建议得到有效落实。

（市政府办公室）

·为民服务热线·

概况

市为民服务热线管理办公室围绕“倾听民声、排解民忧、体察民情、汇聚民智”核心理念，按照“一口受理、分类办理”工作要求，处理市民反映各类问题。2018年共受理市民来电来信近5万件，其中青岛12345政务热线转办3.1万件，同比增长37%；莱西市88412345为民服务热线受理转办1.8万件，同比增长40%；政民互动受理近3000件，同比增长44%；人民网地方领导留言板、网络舆情受理15件，同比减少31%。同时，接听咨询类电话2.1万件，回访电话2.8万件，对省及青岛政务热线转办件实行100%回访。

信息报送

建立专报制度，对于群众关注涉及切身利益的问题，编写《为民服务热线专报》16期，第一时间报市政府分管领导进行批示办理；建立周报制度，每周梳理群众反映比较集中问题，编写《为民服务热线周报》51期，报送市级领导批示，力促热线问题第一时间解决；建立通报制度，每月对热线办理情况集中整理编发《为民服务热线通报》12期，将办理质量、办理效率等情况通报给各承办单位。

严格办理程序

明确程序，印发《关于进一步规范全市为民服务热线办理工作的通知》《关于做好政务服务热线“一把手”通报工作的通知》等5个文件，从重视办理工作、规范办理程序、明确办理要求等方面加以规范。规范服务，要求各承办单位热线工作人员要态度端正，规范答复，在答复当事人时必须注重文明用语，不能简单生硬，对于因政策原因无法彻底解决或一时无法解决的问题，要做好解释说明，创造条件妥善处理。

督办落实

针对省政务服务热线工作将满意率纳入综合考核情况，制订印发《关于切实做好省政务热线转办件办理工作的通知》，对为民服务热线受理热点难点问题、久拖未决问题等省政务热线转办件明确专人办理，逐一回访，提高办理质量，确保办理满意率。加大考核，重新修改《莱西市为民服务热线考核细则》，简化考核内容和分值分布，对转办事项超期回复或超期未回复的，谎报落实情况和办理结果的，对本应解决的问题拖延不办或办理不力的，严格按考核规定扣分。抓好回复，按照“谁受理、谁督办、谁回访”工作要求，对青岛政务热线12345电话诉求事项建立回访制度，实现100%回访。针对有的承办单位回复不够及时、回复处理意见无实质性解决措施情况，加大督查力度，实行严格审查退办，对每一个已办结转办事项，尤其是对省政务热线转办件实现100%回访督查，杜绝服务态度不端正和庸懒散慢拖瞒现象。

（市政务热线办）

·电子政务建设·

信息资源整合

2018年，市大数据中心组织人员专题研究部署，制定并印发《莱西市政务信息系统整合共享实施方案》，明确工作时间表和路线图，成立莱西市电子政务发展专项小组。安排专人负责推进落实，采取实地调研、业务培训、集中办公、重点督促等方式，完成全市70个部门资源目录梳理，共举办11批次政务信息资源目录梳理及信息资源交换共享培训，召开5次信息资源共享工作专题会议。发布政务信息资源目录1779条，归集民政、市场监管、发改等58个部门业务数据1239条，组织各单位向上级业务部门提交共享数据申请16条。在青岛市历次工作通报中，莱西市部门授权个数、目录编制数量及编制进度均排在青岛各区市前列。

服务事项网上办理

按照“一次办好”工作要求，组织多次“一次办好”公共服务事项网办推进会，300余人次集中办公、集体攻关。梳理发布“一次办好”依申请类公共服务事项285项，网办率达100%，零跑腿事项226项，占比73.1%，在10月末青岛市通报中位列各区市第二位。

智慧城市建设

2018年2月，与星空物联公司签订《智慧城市建设深化合作协议》，印发《莱西市2018年智慧城市建设工作要点》，实行周汇报月调度，推进各个应用项目落地。寄递物流、重点人员管控、安全生产、智慧城管等系统已经完成部署投入应用。10月，莱西市在青岛市组织的2018年智慧城市优秀解决方案评审中，获“十佳组织奖”，“智慧环保监控系统”“寄递物流管理系统”“人工智能城市大脑”和“基层党员互联网教育系统”被评为青岛市智慧城市优秀解决方案。12月7日，在山东省总工会、中共山东省委网络安全和信息化领导小组办公室、山东省人力资源和社会保障厅等部门联合举办的山东省智慧城市大数据创新应用技能大赛中，莱西市“人工智能城市大脑”和“智慧环保监控系统”荣获大赛二等奖。

电子政务

更换机房和楼层间光纤链路及交换设备，改善政务网络安全运行环境，完成重大活动期间莱西市政务网络安全运行保障工作。根据青岛政务信息系统整合共享要求，结合莱西市实际，梳理完成全市信息系统迁移上云数量及资源需求，制定工作实施方案，主动与青岛市对接，3月完成莱西政务网站迁移上云，9月完成全市金宏办公系统迁移上云工作。根据上级要求，莱西市召开政务网络整合工作部署会议，对全市各部门网络设施情况进行全面摸底，制定政务外网优化提升方案。截至2018年末，12处镇（街）、市直各部门已完成链路改造，4大运营商主光缆已全部接入中心机房，在青岛各区市中率先完成工作任务，实现莱西市政务外网跨层级、跨地域、跨部门、跨业务支撑服务能力。

（市电子政务和大数据服务中心）

·机关事务管理·

机关事务工作

巩固改革成果，构建新型公务用车管理制度。9月，《山东省党政机关公务用车管理办法》的出台为公车管理工作提供最新指导依据。机构改革涉改公车调配、公务用车管理平台建设、事业单位公务用车改革等各项工作进入新的阶段，公车管理平台建设如期完成。

突出集中统一，加强党政机关办公用房规范管理。2018年，解决办公用房清理整改不彻底、办公用房出租混乱、办公用房管理处置不规范、办公用房资源配置错位等一系列问题，履行好管理职责。机构改革以来，中心上下全程参与，落实一线工作法，班子成员及科室负责人分头包联单位，主动开展调研，严防分配旱涝不均，推进机构改革办公用房调整工作。

厉行节能环保，发挥公共机构表率示范效应。为加快推进全市新旧动能转换重大工程，推进全市公共机构节能改革工作开展，在全社会形成示范引领作用，市机关事务服务中心开展节水型单位创建工作，指导市体育中心等四家单位顺利通过青岛审核，获青岛市节水型单位称号。

服务保障工作

服务质量提高　会务服务工作流程和服务标准逐步健全规范，全年完成各类会议服务和接待1万余次、20万余人，其中省部级30余次、青岛市级400余次，服务各项重大会议和活动顺利举办。职工餐厅已成为市机关事务服务中心展示服务水平和形象的窗口，餐饮服务确保“餐餐都有新花样”，得到干部职工的好评。2018年，大灶服务干部职工就餐18.68万人次，日均760人次。小灶服务接待宴会538桌次，日均2.2桌次。老干部服务方面，完成市老年体协、老年活动中心维修维护，老政府家属区大院地面硬化等工程，日常居民服务、物业收费、卫生清理、治安和消防安全等工作得到老干部的肯定。

保障能力加强　2018年全国两会、上合组织青岛峰会等重大活动期间，全体干部职工坚守工作岗位，完成会务保障、设施设备保障、餐饮保障、安全保卫等各项保障工作。安保保障能力增强，建立起巡逻、检查记录，严格人员、车辆、物品登记联系管理，做好来访人员和车辆的安全管理工作，接待外来办事人员共1.1万余人，登记外来车辆600余辆；安全生产能力增强，树立安全生产底线思维，通过修订完善触电应急处置预案，健全维保档案，定期开展安全巡检等系列措施，查找问题、修补漏洞，确保消防、空调、电梯等设施设备安全运行，为各类会议提供视音频设备保障560余次；应对突发事件能力增强，11月14日，组织驻行政办公中心各单位干部职工开展应急疏散演练，增强干部职工的应急疏散、自救互助能力。在文化中心开展消防疏散演练，提高驻文化中心单位的应急疏散能力。

办公环境优化　利用市行政办公中心大院内路灯杆，设计安装宣传刊板，加强文化大院建设，营造文化氛围，发挥文化建设的辐射功能和教育功能，学习宣传党的十九大和习近平系列重要讲话精神。通过安装车牌识别道闸系统，严格车辆准入审核登记，启用文化中心地下停车场，加强对大院乱停乱放、车辆长期过夜等不规范停车问题治理，多措并举，行政办公中心交通秩序不断优化。

规范化建设日益完善　2018年，市机关事务服务中心党组加强规范化制度化建设，修订完善《讨论决定干部任免议事规则》《进一步严肃会议（学习培训）纪律的规定》等一系列制度规范，确保各项工作有规可依、有章可循。为提高党员领导干部政治理论素质和决策水平，适应机关事务管理事业发展新形势新任务的需要，制定《2018年党委中心组理论学习方案》，采用集体学习+班子研讨相结合的学习形式，确保理论学习有计划、有步骤、有落实；为提高采购效能和质量，确保采购工作依法依规开展，制定印发《关于成立采购工作领导小组的通知》，完成餐厅原材料、清洁用品、五金管件等项目的供应商准入资格招标。

（马文伟）

·无线电管理·

2018年，根据《莱西市2018年法治宣传工作要点》，结合世界无线电日通过报纸、新媒体等载体普及无线电知识；在“5.12”防灾减灾日期间组织业余无线电爱好者开展无线电应急救援演练并上街发放无线电法律法规宣传册、明白纸等普法宣传活动。完成重大活动期间各级领导布置的保障任务，确保活动期间莱西市无线电信号“干净”“安静”。作为相关成员单位，完成青岛市法治宣传工作督导检查、全省教育考试安全工作专项检查迎检工作。配合教育、人社等部门在高考、中考及事业单位招聘笔试、面试等6次重要考试期间，全程提供无线电监测、监听等保障服务。依法依规制定详细无线电征缴计划，在征缴单位数量日渐减少、缴费大环境困难情况下，按时完成年度收缴计划。先期对莱西市业余无线电爱好者群体调查摸底，研究各种制约因素和可行性分析，与上级无委办对接，并协调市民政局，指导成立莱西市业余无线电协会，填补莱西市无线电工作空白。

（市无委办）

·法制工作·

重大行政决策

落实《青岛市重大行政决策程序规定（试行）》和《莱西市重大行政决策合法性审查程序规定》等制度，以合法性审查为抓手，推进公众参与、专家论证、风险评估、集体讨论决定重大行政决策法定程序全面履行。实施乡村振兴战略、河库（湖）及水利工程管理范围和保护范围划定、城市基础设施配套费征收管理、城区农贸市场规划建设等9件重大行政决策严格履行五大法定程序；制定年度重大行政决策目录，建立健全重大行政决策听证程序规定、专家咨询论证办法、风险评估办法、合法性审查规定等配套制度，明确各程序责任主体、承办机构、内容、期限等，确保决策程序正当、过程公开、责任明确。

政府合同签订

制定出台《关于进一步明确政府合同签订有关事宜的通知》，明确政府合同签订范围，严格规范政府合同签订程序，规范市政府框架性合同和各镇（街）、部门具体合同的签订，对1800余条合同条款提出修改意见，防范政府签约履约法律风险。市政府对外订立合同草案80余件及各行政事业单位对外订立合同草案130余件均依法签订。

行政规范性文件

建立健全规范性文件备案登记、公布、情况通报和监督检查制度，将制定机关统一登记、统一编制登记号、统一公布“三统一”制度落实落地。14件市政府规范性文件按规定报市人大常委会和青岛市政府审查备案。备案审查部门规范性文件5件。现行有效市政府与部门规范性文件均已编入政府信息公开目录，并通过莱西政务网、政府法制网、山东省规章规范性文件电子监督平台等途径向社会公开发布，接受人民监督。开展对涉及放管服、生态文明建设和环境保护、产权保护等方面不利于民营企业发展的政策文件进行专项清理，并组织对2018年以前以市政府和市政府办公室名义出台的现行规范性文件进行清理，清理结果经市政府常务会议审议通过后予以公布。共确认现行有效规范性文件38件，其中2012年以来按照规范性文件“三统一”制度编号登记28件，2012年以前发布经确认并纳入“三统一”管理规范性文件10件，废止5件规范性文件，宣布失效7件规范性文件。

证明事项清理

根据国务院、省、青岛市六个“一律取消”要求，先后印发《关于做好证明事项清理工作的通知》《关于规范公布证明事项保留清单的意见》等6个文件，组织全市部门和单位对行政许可类和公共服务类证明事项持续开展清理工作，共梳理汇总莱西市本级证明事项190项，证明事项清理工作取得实质性成果，全面清除“奇葩”证明、重复证明、循环证明、无谓证明，优化营商环境。

行政执法监督

联合相关部门、法律专家对莱西市行政处罚、许可、强制案卷进行集中评查，共评查行政处罚案卷850余卷，行政许可案卷600余卷，提出整改意见2700余条，2个案卷被评为青岛市十佳优秀行政执法案卷。开展行政处罚、强制网上执法监督工作，共审查执法部门重大行政处罚决定679件，1000余件行政处罚、强制案件全部实现网上公开透明规范运行。对青岛市法制办、青岛市政务网、莱西市政务网以及为民服务热线转办执法投诉举报案件在第一时间开展现场核查、召开有关部门专题会议研究处理，当事人对金某投诉莱西二中建设影响安全案、刘某投诉综合执法局强拆案等8件投诉举报案件办理结果均表示满意。

执法队伍建设

举办全市313名新增行政执法人员培训班，邀请青岛市委党校和青岛市法制办教授围绕如何规范行政执法行为，提高执法水平等内容进行为期两天培训，增强执法人员依法行政能力和水平。落实行政执法人员持证上岗和资格管理制度，开展行政执法证件4年年审工作，共248名执法人员参加网上公共法律知识在线考试，其中79名未参加考试或考试不合格执法人员的执法证件被依法注销。对莱西市因离职、退休、调离执法岗位、年审考试不合格或者其他原因不再从事行政执法工作人员进行集中清理，共依法注销231人行政执法资格，全市所有行政执法证件信息全部实现动态管理和网上公开查询。

行政复议应诉

建立复议听证审理、集体研究和案审会决定制度。运用复议听证审理程序，听取双方陈述辩论意见，召开案审会听取法律顾问和专家对案件发表的审理意见，依法作出复议决定，使所有案件均置于阳光下公开审理，提高案件审理质量。共办理行政复议案件149件，已依法审结138件，其中驳回行政复议申请8件，维持行政机关行政行为94件，因申请人撤回复议申请而终止审理21件，撤销、确认违法和责令行政机关履行法定职责15件。落实行政机关负责人行政诉讼出庭应诉制度，依法提供证据、依据，自觉履行法院和复议机关做出判决、裁定和决定、意见。共发生市政府作为被告的一、二审行政应诉案件162件，市政府作为被申请人行政复议案件5件。共举办3期行政复议应诉专题培训班和1期政府信息公开工作培训班，对300余人进行业务培训。

（市司法局）

·人民防空·

指挥通信体系建设

按照统一整组、归口建设、归口管理、归口使用原则，调整和补充专业队伍按照《人民防空训练规定》《人民防空训练与考核大纲》要求，开展业务知识培训和专业技能训练，对莱西市26家防空警报器设点单位管理员进行专业培训。11月14日，在全市范围内组织防空警报试鸣演习活动，警报鸣响率达100%。

群众防空组织建设

整组抢险抢修、医疗救护、消防、治安、防化防疫、通信、运输7种常备专业队，修订档案，按计划完成年度训练任务。健全社区人防志愿者队伍，城镇社区均建立人防志愿者队伍，并定期组织人防技能培训。完成莱西市本级疏散安置方案。

工程审批与管理

2018年3月，市人防办由政府办划归市城乡建设局，为副科级公益一类事业单位。人防行政审批事项纳入城建局窗口统一管理，深化“一次办好”改革，按照“细无可细、分无可分”原则，梳理“一次办好”事项清单及办事指南。12月，行政审批事项全部划转至行政审批服务局，在改革过渡期间，做好审批服务工作，确保审批事项划转后正常运行。人防质量监督工作移交市建筑工程质量监督处统一管理，人防基本指挥所主体完工。

宣传教育

2018年建立4所人防示范化学校。开展已建示范社区工作情况检查。开展“国际民防日”宣传活动。在月湖广场、人民广场、大型住宅小区等人流量大、人员密集场所巡回摆放人防知识刊板，设立咨询台，发放民防知识书籍，宣传国家、省、青岛市及莱西市人民防空建设有关情况。宣传教育进社区全覆盖，在市区内各社区居委会开展人防知识宣传、疏散逃生演练、消防知识讲座等多种形式宣教活动。组织开展“5.12”防灾宣传教育周活动。联合减灾委成员单位在月湖广场举行集中宣传，组织开展地震应急避险逃生演练。各镇政府、街道办事处、社区居委会以及各中小学校都开展防灾知识宣传活动。组织开展“11.14”防空警报试鸣演习活动，联合机关事务管理局、青岛市人防办、青岛海丽雅集团等开展市级机关防空防灾疏散演练。1万平方米防空地下室悬挂人防知识宣传标语及挂图，并在全市人防宣传栏张贴大幅人防宣传贴图。

（市人防服务中心）

·应急管理·

2018年，莱西市应急管理工作以贯彻落实

《青岛市突发事件应对条例》为主线，提高基层应急处置能力。截至2018年末，处置突发事件76起，未发生较大及以上级别突发事件。特别是上合组织青岛峰会期间，经过莱西市政府应急办和各有关部门共同努力未发生较大及以上级别突发事件和群体性集访事件。

值守应急和宣传

召开莱西市应急委会议、莱西市应急管理工作会议，学习传达青岛市应急委会议精神，听取全市应急管理工作情况等工作汇报，部署2018年应急管理工作，重点做好上合组织青岛峰会值守应急工作。“两会”和峰会期间，制发加强特殊时期值守应急工作通知10余份。10月18日，召开莱西市应急管理工作培训会议，会议邀请青岛市政府应急办专家对莱西市应急联动部门、各镇（街）分管负责人和应急班主任进行值守应急方面培训，汇总编印《莱西市政府系统值守应急资料汇编》，对莱西市各部门、各镇（街）值守应急工作进行再规范、再强调。

制发《关于学习宣传和贯彻落实〈青岛市突发事件应对条例〉的通知》，对《条例》意义和特点做了说明，对于贯彻落实提出明确要求。印制《条例》6000本，发放至各部门、各单位学习。在莱西市情刊发《条例》全文进行宣传。在各单位、各镇驻地、各村庄、社区和学校显眼位置张贴《条例》宣传单页5000份。在重要会议前开展“三看三提示”活动。4月19日，青岛市人大监督检查组到莱西市监督检查《条例》贯彻落实工作，对莱西市工作给予肯定。

风险评估和预警预测

聘请第三方专业公司，对莱西市区域安全和道路交通安全危险源进行风险评估，根据专家意见进一步修改各项数据，12月中旬完成《莱西市区域安全风险评估报告》。开展年度突发事件预测分析，利用气象、水利、安监等部门预警短信平台和公安情报信息、宣传部舆情信息等发布各类预警预测信息750多条。建立健全舆情事件监测、研判、处置机制，搜集上报各类舆情50余起，其中完成青岛市网上舆情关注处置20起，回复上报14起。

综合应急体验中心建设

依托市体育中心，规划建设总投资360万元的市综合应急体验中心，其中投资160万元可容纳6万余人的全省县级市第一座国标I类地震应急避难场所，已于2018年上半年通过省专家组验收。投资100万元地震科普体验馆和投资100万元室外体验基地已经建成投入并使用，截至2018年末已接待体验学生、群众5000余人次。综合应急体验中心建成后成为集宣传、教育、体验、培训于一体的综合性防灾减灾、应急避险知识与技能互动式科普教育基地。

应急文化建设

“5·12”防灾减灾日和“11·1”突发事件应对法颁布实施11周年集中宣传活动中，共发放宣传材料2.6万余份，现场讲解咨询2000余人次，悬挂宣传标语280余条。参加青岛市第四届应急安全文化节，围绕“小习惯 大安全”主题，组织应急安全精品课40余场次，3500余名师生受益。开展“第一响应人”应急救护能力培训，已举办培训班16期，发放“第一响应人”救护员证804个。开展“一三一四”工程示范点建设，经过实地检查和专家评估，莱西市有7家基层单被评选为青岛市级“一三一四”工程基层应急能力建设示范点。11月27日，全国首部儿童应急安全剧《奇妙梦旅行》走进莱西，共有1500多名学生现场观看演出。

（市应急局）

·行政审批·

“一窗式”政务服务与“一次办好”改革

2018年，市行政服务中心围绕“放管服”改革主线，创新服务机制，提升审批服务效能，推进“一窗式”政务服务改革，促进政务服务工作提速增效。5月19日，以政府办名义印发《关于印发莱西市“一窗式”政务服务改革实施方案的通知》（西政办发〔2018〕26号），建立实施“收办分离—统进统出—全程控制—高效服务”工作模式，构建统分结合、上下联动、便捷高效的政务服务工作体系。

8月29日，市委书记庄增大到市行政服务中心调研“一次办好”改革、企业开办、建设项目审批、“互联网+政务服务”等工作落实情况，强调要结合政务服务“一窗式”改革，推动审批流程再造，最大限度压缩审批事项、优化审批流程、缩短审批时限，打造便捷高效的服务体系。加快数据整合步伐，打通行业部门网络壁垒，推动信息和数据在部门间共享和流动，让数据多跑路，推进审批事项网上办理，持续提升政务服务水平，不断推动审批服务便民化，全面优化全市营商环境。8月31日，以政府办名义印发《关于深化“一次办好”改革全面推行政务服务帮办代办的实施意见》（西政办发〔2018〕53号），依托市行政服务中心大厅、部门专业分大厅和基层为民服务中心，结合“一窗式”政务服务改革，建立无偿政务服务帮办代办服务制度，为企业和群众提供保姆式“一对一”贴心帮办代办服务，变“企业群众办”为“政府办”，最大限度减少企业和群众跑政府的次数，不断优化政务服务和营商环境，为全市经济发展提供强有力的政务服务保障。

市行政审批局整合线上、线下服务资源，统筹推进。设立不动产登记大厅，整合不动产、税务等窗口，实现不动产登记、纳税等业务“一窗受理”，不动产登记业务压缩到3个工作日。对二楼综合服务大厅进行升级改造，将受理窗口由原来80个压缩至35个，分设社会事务类、项目建设类、市场准入类等综合收件窗口，设置综合咨询服务区、综合收件区、审批后台、制证发证区、自助服务区等功能区，解决窗口忙闲不均、时段性办事拥挤等问题。

审批提速改革

采取“预审制”“代办制”和“清单制”，以“提前介入、容缺受理、预先审查”方式，对建设项目进行联合预先审查，压减部分前置要件，建设项目从土地签约到施工许可办结压缩到14个工作日。设立项目审批代办窗口，建立“镇级代办、中心领办、部门专办”一体化服务网络。按照“系统设计、集成审批、个性定制”原则为每个项目设计一个流程图、一份倒排工期表、一套材料清单。流程优化后，土地权籍调查节约时间约5个工作日，在行政服务大厅专门设立核税窗口，契税核定办理时限由10个工作日压缩到2个工作日。

招投标管理改革

建立标后联合监督检查机制，加大围标串标、工程转包、违法分包等违法行为打击力度，规范建筑市场秩序。部署公共资源交易一体化平台，实现政府采购类公开招标全程电子化，以交易信息网上流转取代人工跑腿，减轻交易主体交易成本，提高资源配置效率，实现“最多跑一次”。改革小额工程招标办法，压缩招标时限。2018年，组织公共资源交易项目共计375个，中标金额23.80亿元，节约财政资金0.97亿元。

机构改革

9月底，市委常委会研究听取《关于莱西市推进相对集中行政许可权组建市行政审批服务局改革方案有关情况的汇报》，确定9月底前将改革方案以市政府名义报青岛市政府审核，确定行政审批服务局筹备班组。12月26日，市政府印发《关于印发〈莱西市推进相对集中行政许可权组建市行政审批服务局改革方案〉的通知》（西政字〔2018〕78号），推进相对集中行政许可权改革，组建行政审批服务局。12月28日，市委常委、市政府副市长郝曙光为莱西市行政审批服务局揭牌，莱西市行政审批服务局正式挂牌运行。

（王志强）

·政府采购·

2018年，莱西市组织政府采购项目249个，采购金额3.29亿元，节约资金3350万元。

采购预算和计划管理

印发《关于编报2018年政府采购预算及计划的通知》，结合青岛市政府采购一体化交易管理平台实施，自2018年起，预算单位凡是使用财政性资金及与之配套资金，采购集中采购目录以内或者分散采购限额标准以上（含特殊项目）货物、服务和工程，包括适用《招标投标法》及其实施条例的工程建设项目，均应编报政府采购预算和计划，经财政部门批复和备案后执行。

采购管理和流程规范

印发《关于加强政府采购管理规范政府采购流程的通知》，树立程序与结果并重的政府采购管理理念，明确政府采购相关单位职责分工，落实采购主体责任，提高政府采购绩效，加强政府采购监督管理，规范政府采购流程，构建放管结合政府采购监管模式。

青岛市集中采购目录及限额标准

转发《青岛市2019年政府集中采购目录及限额标准》，落实“放管服”改革要求，扩大预算单位采购自主权。货物类、服务类及工程类政府采购限额标准均为20万元。货物类和服务类公开招标数额标准由160万元提高到200万元，工程类公开招标数额标准由200万元提高到400万元，其中工程勘察、工程设计、工程监理由30万元提高到100万元。

代理机构监督检查

根据青岛市财政局《关于2018年开展政府采购代理机构监督检查工作的通知》要求，制定代理机构检查工作方案，落实“双随机一公开”要求，按照“分级联动、统一标准、分级检查、依法处理”原则，组成专项检查工作组开展对政府采购代理机构2017年执业情况监督检查。共抽取3家代理机构，每家代理机构抽取5个项目，共计15个项目，检查涵盖政府采购活动全过程，主要包括委托代理、文件编制、进口核准、方式变更、信息公告、评审过程、中标成交、保证金、合同管理、质疑答复等10个环节。

（崔凯丽）

·外事侨务·

外事工作

2018年，青岛市人民政府外事办公室共批复莱西市青岛市管干部出访计划14批次14人次，实际成行5批次6人次；全市因公出国共成行12批次30人次，其中自行组团8批次26人次，随青岛团4批次4人次。

处理涉及青岛凯志拉链有限公司、大韩印染公司等涉外突发事件。

2018年，共接待来自日本、联合国、美国等地外宾5批次40人次。11月，推荐青岛旺诚宫食品有限公司、青岛双丰热交换器有限公司和青岛聚银服饰有限公司参加位于青岛市举办第十八届“山东省——山口县经贸洽谈会”。

侨务工作

2018年同美国休斯敦山东同乡会、美南山东商会、美东山东总商会、中法同乡会、荷中友好协会（鹿特丹）等均保持着交流与沟通，获得部分招商信息。

按照规定落实困难归侨补助金发放，共给符合条件6位困难归侨发放补贴2.16万元。发放2人次共计6000元特殊困难归侨侨眷医疗救助款。办理华侨子女到莱西市就读、“三侨考生”中高考加分身份确认、归侨侨眷身份证1人次。

5月，印发《莱西市侨情普查工作实施方案》，实施侨情普查工作。在月湖广场和行政办公中心开展为期一个月主题为“领保伴你行·

侨法暖人心”宣传活动，在线上将相关领保和侨法法律条文刊登在《莱西市情》、莱西新闻网、大众网等新闻媒体。

招商引资

通过对接，获得有价值招商信息17条。先后三次随青岛市侨办赴广州、深圳、苏州招商。联系世界500强企业新加坡丰益国际公司为投资建设食品研究院和粮油加工项目先后7次到莱西考察。联系澳大利亚等国外8批次客户到莱西实地考察项目。引进的科瑞集团9月7日与夏格庄镇签署了占地10.67公顷、总投资4亿元的冷链物流产业园建设合作协议。占地3.33公顷的允天保温科技项目拟投资1.5亿元，已经签约。引进投资1.2亿元的青岛聚乐园养老项目，已进入项目建设审批阶段。青岛镭射激光产业园项目正在对接，准备签约。

（市外侨办）

中国人民政治协商会议莱西市委员会

·重要会议·

市政协九届五次常委（扩大）会议

2018年1月5日，在市行政办公中心召开。会议审议通过关于召开莱西市政协九届二次会议的决定（草案）；审议通过政协第九届莱西市委员会增补委员名单（草案）；审议通过政协第九届莱西市委员会常务委员会工作报告（讨论稿）和提案工作报告（讨论稿），并推举常委会工作报告和提案工作报告报告人；审议通过莱西市政协九届二次会议议程（草案）、日程（草案）；审议通过莱西市政协九届二次会议常务主席名单（草案），执行主席名单（草案），秘书长、副秘书长名单（草案），各组召集人名单（草案）。市政协主席邹学新，副主席赵彦军、李美玲、孙焕伟、姚军、吕英志参加会议。

政协第九届莱西市委员会第二次会议

1月18日至1月20日，在市委党校会议中心召开。会议听取和审议政协第九届莱西市委员会常务委员会工作报告、提案工作报告；列席市十八届人大二次会议，听取并讨论政府工作报告和其他报告；会议选举王平令等8人为常务委员会委员。

市政协九届六次常委（扩大）会议

1月18日，在市行政办公中心召开。市政协主席邹学新，副主席赵彦军、李美玲、王志超、孙焕伟、姚军、吕英志出席会议。市委领导作增选常务委员候选人建议名单的说明；讨论通过九届二次会议选举办法（草案）；讨论通过增选常务委员候选人名单（草案）；讨论通过九届二次会议总监票人、监票人名单（草案）。

市政协九届七次常委（扩大）会议

1月19日，在市行政办公中心召开。市政协主席邹学新，市政协副主席赵彦军、李美玲、王志超、孙焕伟、姚军、吕英志出席会议。会议汇集讨论情况；讨论通过莱西市政协九届二次会议政治决议（草案）；部署莱西市政协九届二次会议选举工作。

市政协九届八次常委（扩大）会议

1月20日，在市委党校会议中心召开。市政协主席邹学新，副主席赵彦军、李美玲、王志超、孙焕伟、姚军、吕英志出席会议。市政协常委会组成人员，各专委会办主任，各政协工作组、委员联络组组长参加会议。会议审议通过《政协莱西市委员会2018年工作要点》。

市政协九届九次常委（扩大）会议

3月28日，在市行政办公中心召开。会议传达习近平参加十三届全国人大一次会议山东代表团和看望参加全国政协会议的民盟、致公党、无党派人士、侨联界委员时的重要讲话精神，全国、省、青岛市三级政协全会和青岛市政协十三届七次常委会精神，审议通过有关人事任免事项。市政协主席邹学新，副主席赵彦军、李美玲、王志超、孙焕伟、姚军、吕英志参加会议。

市政协九届十次常委（扩大）会议

8月1日，在市行政办公中心召开。听取市政府关于2018年上半年全市经济社会发展情况的通报和市政府办公室关于2018年以来政协提案办理情况的通报。市领导邹学新、郝曙光、赵彦军、李美玲、王志超、孙焕伟、吕英志参加会议。

全市政协委员座谈会

10月20日至31日，市政协领导班子成员带队分组召开。市政协主席邹学新，副主席赵彦军、李美玲、王志超、孙焕伟、吕英志分别参加相关组别座谈。各组交流九届二次会议以来组织委员开展政协工作、履行政协职能的情况；各位委员汇报交流在本职岗位上发挥作用、履行委员职责以及参与经济建设、社会公益事业，维护社会和谐稳定等工作情况。会议还对反映社情民意，对九届二次会议以来政协工作、提案办理落实情况及2019年政协工作征求意见、建议。

市政协九届十一次常委（扩大）会议

12月25日，在市行政办公中心召开。市政协主席邹学新，市政协副主席赵彦军、李美玲、王志超、孙焕伟、姚军、吕英志参加会议。各专委会办公室主任、副主任，各政协工作组、委员联络组组长列席会议。会议审议并通过关于召开莱西市政协九届三次会议的决定（草案）、莱西市政协九届三次会议议程（草案）和日程（草案）、莱西市政协九届三次会议常务主席名单（草案）、执行主席名单（草案）、秘书长、副秘书长名单（草案）、各组召集人名单（草案）。审议并通过政协第九届莱西市委员会关于同意王军华等人辞去委员的决定（草案）。

·重要活动·

7月2日，青岛市政协党组成员、副主席刘赞松，就九三学社青岛市委在青岛市政协十三届二次会议期间提出的《关于发挥铁路资源优势加速青荣融合发展》的提案到莱西市开展协商督办。市领导姜水清、邹学新、曹杰军参加。

7月12日，青岛市政协考察组到莱西市视察基层医疗卫生工作，实地察看沽河中心卫生院，向沽河街道前孟格庄村捐助公益金5000元。在座谈会上，考察组对莱西市基层医疗卫生工作取得的成绩给予肯定，并就如何做好乡村卫生健康工作以及加强基层医疗卫生体系建设，提出意见建议。

7月23日，由市政协主办的“乡村振兴·书画助力”活动走进青岛合赢农业服务有限公司。市政协副主席赵彦军参加活动。

9月28日，市政协对全市物业管理工作情况进行视察。市政协主席邹学新，副主席赵彦军、李美玲、王志超、孙焕伟、吕英志，党组成员李波、刘术林及各专委会办主任和部分政协委员，在市政府副市长丁朝霞及市房产局主要负责人陪同下，先后视察书香门第、岭南峻景、紫悦府等3处住宅小区物业管理工作情况，听取市房产局主要负责人有关工作情况汇报并座谈。

10月11日，青岛市政协副主席刘光烨带领青岛市政协调研组，围绕“利用名城名镇名村历史文化资源建设美丽青岛”到莱西市调研。市政协主席邹学新，副主席赵彦军参加。

12月18日，青岛市政协副主席刘赞松带领青岛市政协调研组到沽河街道前孟格庄村实地调研国家电网帮扶农田灌溉和电力配套工程，并座谈。市政协主席邹学新、副主席李美玲参加。

·主要工作·

4月27日，市政协视察莱西市社会治安管理与公安队伍建设工作情况。市政协主席邹学新，副主席赵彦军、李美玲、王志超、孙焕伟、姚军、吕英志，党组成员李波、刘术林及各专委办主任和部分政协委员，在市政府副市长张方宝及市公安局相关负责人陪同下，先后视察交警南京路中队、滨河路派出所、治安大队工作情况，观看“两小机制建设”“智慧寄递物流”等专题片，听取市公安局政委王建志关于全市社会治安管理与公安队伍建设工作情况汇报并座谈。

8月29日，市政协视察全市特色小镇和美丽乡村工作情况。市政协主席邹学新，副主席赵彦军、李美玲、王志超、孙焕伟、姚军，党组成员李波、刘术林、王崇斌及各专委办主任和部分政协委员，在市委常委、市政府副市长郝曙光和市政府党组成员张瑞忠及市城建局、市委农工委办主要负责人陪同下，先后实地察看望城街道刘家庄村、姜山镇前保驾山一村、姜山镇新能源汽车小镇和店埠镇航空文化小镇，听取市城建局、市委农工委办主要负责人有关工作情况介绍，并座谈。

10月18日，市政协视察全市新旧动能转换工作情况，市政协主席邹学新，副主席赵彦军、李美玲、王志超、吕英志，党组成员李波、刘术林及各专委办主任和部分政协委员，在市委常委、市政府副市长郝曙光及市发展和改革局主要负责人陪同下，先后实地察看经济开发区中科创新园、望城街道东方雨虹防水材料和夏格庄镇天一新能绿色建筑等3个项目现场，听取市发展和改革局主要负责人有关工作情况介绍，并座谈。

（市政协办公室）

中国共产党莱西市纪律检查委员会、莱西市监察委员会

·反腐倡廉·

从严治党

2018年，中共莱西市纪委履行党章和宪法赋予的新职责，协助市委修订完善《2018年党委落实党风廉政建设主体责任及党风廉政建设和反腐败工作考核细则》，压实各级党组织和“关键少数”政治责任。把严明政治纪律和政治规矩放在首位，查处弄虚造假、对抗组织审查调查问题3起3人，全部通报曝光。加强党内政治生活监督检查，从严抓好各级党组织民主生活会和组织生活会，对3名镇（街）党（工）委班子成员照抄照搬往年材料、网络抄袭等问题全市通报批评。深化述责述廉制度，扩大监督范围，组织11名镇（街）纪（工）委书记，10名市直单位、国有企业党组织主要负责人向市纪委全会述责述廉，实现三级述责述廉“全覆盖”，现场“不打招呼”质询询问问题50个。规范廉政谈话制度，统一编印《廉政谈话记录簿》，组织协调市党政主要负责人同班子成员，市级领导与包联镇（街）党（工）委、分管市直部门党组织主要负责人开展廉政谈话3500余人次。

监督执纪

深化运用监督执纪“四种形态”，共处理733人次，同比增长19.4%。充分运用第一种形态，约谈函询、批评教育310人次，运用第二种形态，给予轻处分、组织调整307人次，运用第三种形态，给予重处分、重大职务调整71人次，运用第四种形态，依规依纪依法处理严重违纪违法涉嫌犯罪党员干部45人次，占比6.1%。组建廉政教育宣讲队深入党校、镇（街）、社区开展巡回宣讲30场次，受教育党员干部达万余人158名；先后组织全市青岛市管干部、科级及以下人员2134名参加省、市党纪法规和德廉知识学习测试，提高广大党员干部纪律意识。联合市妇女联合会开展“树清廉家风、建廉洁家庭”主题活动，向113个部门和单位发放《家庭助廉倡议书》2万余份。

巡察震慑

坚持把发现问题、形成震慑作为衡量巡察工作重要标准，健全巡前“备足课”、巡中“转场”和巡后“补课”制度，对25个部门和单位开展常规巡察，发现问题677个，完成问题整改653个，移送问题线索54个。健全巡察与纪检监察监督执纪问责贯通工作规范，创新建立信息情况通报、优秀纪检监察干部参加巡察、疑难问题共商、问题线索移办、纪检监察室列席巡察反馈会议、巡察整改工作问责等制度。做好巡察“后半篇文章”，推行巡察机构现场督导改、职能部门牵头集中整治改、纪检监察室落实监督责任跟踪问责改和市级领导包联督促改工作机制，形成“四管齐下”整改合力，促使被巡察党组织压实主体责任，推动整改落地见效。对巡察发现普遍性、倾向性问题，印发《巡察建议书》11期，建议有关职能部门牵头开展专项整治、集中督导整改；汇总梳理第一轮巡察7个镇（街）党（工）委存在共性问题，向市委常委会进行专题汇报，并向12处镇（街）党政正职通报，在全市开展自查自纠、立行立改、见到成效。

作风转变

2018年，莱西市共查处违反中央八项规定精神问题27起，党纪政务处分25人、组织处理8人，通报曝光10起19人。盯紧元旦、春节、五一、端午、国庆、中秋等重要节点，运用大数据分析、天网工程，开展明查暗访26次、交叉暗访6次，调取900余辆公车运行轨迹，查实违规收受礼品问题1起2人。组建党风政风察访队，主动察访、跟踪了解、精准研判，查处形式主义、官僚主义问题44起51人，83名干部被问责，通报曝光15起23人，围绕违规使用公务车辆加油卡为私人车辆加油问题，及时向全市发出廉政风险提示。

遏制不正之风

开展扶贫领域腐败和作风问题专项治理，聚焦政策宣传不到位、项目监管有漏洞、扶贫措施不精准、组织领导不给力等突出问题，开展实地监督检查，坚持不到现场不止步、不完全看完不收兵、不查清问题不放过，实现对29个扶贫工作部门、12个镇（街道、经济开发区）、35个省定贫困村、58个青岛市定经济薄弱村督查“全覆盖”，对9个镇级、99个村级实施项目现场督查“全覆盖”，发现问题178个，立案查处问题线索74起，给予党纪政务处分47人、组织处理49人。开展“扫黑除恶”专项斗争，瞄准非法采矿采砂、阻工闹事、强揽工程等黑恶势力易发多发行业和领域，共立案查处涉黑涉恶问题12起，给予党纪政务处分28人。严肃查办省扫黑办“挂牌”督办的望城街道田格庄村原党支部书记、村委会原主任李晓庆涉黑涉恶案件，对充当“保护伞”13名公职人员给予党纪政务处分；就非法采砂采矿多发问题印发廉政风险提示，推动“扫黑除恶”专项斗争不断推进。

反腐败斗争

坚持无禁区、全覆盖、零容忍，保持惩治腐败高压态势，2018年共立查各类违纪案件430起，审结411起，处分424人，同比分别增长34%、21.6%、30%，其中给予开除党籍处分70人，留党察看处分30人，撤销党内职务11人。制定《莱西市机关事业单位工作人员因病休假管理办法（试行）》，治理小病大养、装病不上班等“吃空饷”问题；建立市直机关、事业单位研究“三重一大”事项向市纪委派驻纪检监察组、纪检监察室报备制度，全面规范制约权力运行，全年监督审核报备事项262条；以市委办名义印发《落实〈青岛市村（社区）党员干部廉洁履行职责若干规定（试行）〉的意见》，村“两委”干部违纪案件占比较上年降低1.4个百分点。全年通报曝光典型案例14期，结合执纪审查调查、日常监督和巡视巡察发现苗头性、倾向性问题，印发纪律检查建议书和监察建议书95份。

（市纪委监委）

·监察工作·

体制改革

2018年1月23日，莱西市监察委员会正式组建挂牌，与市纪委合署办公，配备班子成员8名（1名纪委专职常委、1名监委专职委员、6名交叉兼职），设置内设机构14个，监督执纪和审查调查部门占机构总数85.71%，人员编制占行政编制总数77.1%。12月28日，11处派出镇（街道）和经济开发区监察室挂牌成立，授权使用4项调查措施，配备专职纪检监察干部64人。

纪法贯通

将省监委印发的“1+10”监察业务工作制度转化为实践成果，结合内设机构职能职责，绘制信访处置、问题线索处置等工作流程图6个，印制监委常用文书31种，严格审批12项调查措施权限和手段，确保制度执行有力、工作运转流畅。发挥监察体制改革领导小组和反腐败协调小组作用，畅通职务违法犯罪案件“双移送”“双反馈”机制，受理移交问题线索216个，移送公安机关线索17个、检察机关线索2个。规范职务违法犯罪案件调查处置工作流程，查找线索移交、提前介入、移送起诉、退查补证等工作薄弱环节，强化各环节有效衔接，推动公安机关配合监察委员会调查、检察院起诉、法院审判高效反腐败工作机制形成。

调查处置

运用12种调查措施，使用询问335次、讯问307次、查询838次、调取336次、扣押38次、鉴定12次、勘验检查2次、搜查22次、查封6次、冻结6次、留置6人，采用技术手段9次，协助青岛市纪委查办青岛市城市管理局原党委书记、局长兼城管执法支队支队长郭继山等影响较大的违纪违法案件。开展“拉网式”检查4次，排除安全隐患23处，守好安全底线。

干部队伍

班子成员先后开展家访35次，谈心谈话105次，把准思想脉搏，实现同频共振。坚持政治理论学习与专业本领“两手抓”，围绕习近平新时代中国特色社会主义思想和党章党规、法律法规等重点内容集中充电，先后组织理论中心组（扩大）集中学习研讨12次、举办“新征程·新能力”纪检监察干部大讲堂7期、旁听农村干部挪用公款类案件庭审1次，培训干部900余人次。聚焦“六个对照”，结合青岛市纪委理论学习中心组读书班要求，查找思想不解放、政治站位低等7个方面32项具体问题，制定整改措施53个，开展专题研究4个，形成转化成果3个。强化内部监督制约，对失职失责纪检监察干部，纪律处分1人、谈话提醒2人、诫勉谈话1人、通报批评2人，责令作出书面检查1人。

（市纪委监委）

莱西市人民武装部

2018年，市人武部组织拍摄的《沽河抗战》纪录片获国防动员部二等奖，共计在中央人民广播电台、《中国国防报》《山东国防报》和半岛都市报等报刊上稿8篇。

战备训练

规范战备值班秩序，修订完善作战、非战争行动两类计划方案，落实各项战备值班制度和作战值班重要情况分类限时报告制度，各类值班人员均能保持在职在位，结合编组任务和单位实际，优化组织结构，狠抓工作落实，完成上级赋予莱西市的基干民兵编组任务。按照上级要求完善作战值班系统硬件和民兵应急连物资器材；深化“和平积弊大起底大扫除”活动成果，激发大抓军事训练事业心责任感。3月，利用民兵调整改革时机，对全市13个基层武装部民兵应急分队进行点验；4月，组织莱西市专武干部、民兵干部、民兵教练员集训；6月底组织民兵教练员、专武干部及现役干部、文职人员岗位练兵活动。

基础建设

市国防动员委员会综合办公室及时向市国动委领导报告，并印发做好动员潜力调查通知。5月，采取以工带训、以老带新、集中培训等形式，有计划有步骤地对专武干部、民兵干部进行培训，在警备区组织专武干部资格认证考核中，所有专武干部总评均为合格。针对民兵教练员队伍年龄知识结构老化问题，发挥基干民兵中退役军人优势，规范教案内容，组织备课试讲，提高教练员水平。4月，在警备区民兵调整改革集训基础上，分别在市民兵训练基地、马连庄镇武装部、夏格庄镇武装部对基层武装部“部室家”建设进行现场观摩。

保障工作

健全财务管理制度新常态。按照财经纪律新形势、新要求，科学编制年度预决算。规范公务接待、办公会议、业务培训、车辆使用等经费开支计划，确保预算合理、开支合规。基地和仓库按照年度工作安排，采取提前筹划、充分准备，完成民兵应急分队训练场地保障，完成各类训练和征兵工作保障任务。

（市人武部）

民主党派

莱西市现有3个民主党派，九三学社莱西市基层委员会、民盟莱西支部和民建莱西支部，九三学社莱西市基层委员会成立于1988年1月16日，有社员65人。民盟莱西支部成立于2016年7月1日，现有社员29人。民建莱西支部成立于2017年11月29日，现有社员18人。

2018年，九三学社莱西市委员会、民盟莱西支部和民建莱西支部按照各民主党派青岛市委确定的工作任务和总体要求，围绕莱西市委、市政府中心工作，先后开展“不忘合作初心，继续携手前进”主题教育活动，召开学习十九大精神座谈会4期，宣讲活动3场。开展纪念中共中央发布纪念“五一口号”70周年系列活动，组织开展纪念中共中央发布“五一口号”70周年征文活动，征集征文38篇。组织统一战线纪念改革开放40周年系列活动，各民主党派先后举办送医下乡、科普知识讲座、诵读会、座谈会、宣讲，并对12名社员进行表彰。2018年，莱西市各民主党派基层组织参加全市各界代表人士座谈会，九三学社对市委市政府提出盘活闲置土地和厂房资源的建议，民盟提出教育扶贫、融资租赁和打造教育名城的建议，民建提出加强新生代企业家培训的建议。2018年通过各种渠道提交建言献策信息30篇，市委、市政府主要领导批示6篇。

（市委统战部）

群众团体

·莱西市总工会·

主责主业

2018年，市总工会开展“贴近职工·问效基层”调研督导和走访调研新旧动能转换重点企业等活动，摸清基层工会所需所求，共走访调研镇街总工会12处、重点企业56家，发放调查问卷1万余份，解决热点难点问题20多项。开展“大学习、大调研、大改进”活动，为莱西市12个镇（街）、开发区总工会各配备1名专职律师，每周到乡镇工作1天开展法律服务工作。

2018年，市总工会共救助各类困难职工、困难劳模1000余名，发放救助金120余万元，为32个单位送去价值25万余元防暑降温物品，参加职工互助保障计划单位99个3.2万人次。

2018年是省、青岛、莱西市三级劳动模范评选年，通过先期摸底，明确评选条件和要求，全市完成三级劳模人选排查、审核、汇报研究和确认，共评选出三级劳动模范112名，并在各级各类新闻媒体广泛宣传各级劳模先进事迹，弘扬劳动精神、工匠精神，激发全市干部群众劳动热情和奋斗激情。5月4日，市委主要领导在市行政办公中心召开新评选各级劳动模范代表座谈会。

根据2018年初确定的基层工会工作重点，6月中下旬对莱西市12处镇（街）总工会工作开展情况进行拉网式督查，结合督查情况组织开展镇（街）总工会主席半年工作学习参观和总结交流会议，对存在问题逐项列出时间推进表。

分层次组织基层工会干部100多人外出培训。对12处镇（街）总工会社会化工作者工会业务知识进行考试。组织心理老师深入企业举办EAP心理讲座和培训10期，培训职工2000余人，组织外出培训学习3期100余人参加。

“三建”“五送”工作

推进“建会、建制、建家”三位一体职工之家规范化建设活动。2018年新建工会46个，规范化建设单位28个，发展会员5300余人，指导基层工会换届30个，建立行业性工会3个。2018年在加强镇（街）总工会自身规范化、企业工会规范化及机关事业单位工会规范化建设工作方面累计投入200余万元。

开展以“送节目、送图书、送字画、送培训、送法律”为主要内容的进基层活动。先后举办莱西市职工大合唱、庆“五一”全市职工文艺汇演及人民广场专场演出20余场。采取购买服务方式组织开展送节目进基层演出10场，创建青岛市级职工书屋6个，工会普法大讲堂送法进企业8次，发放普法书籍、宣传册3000余份。

“第一主席”与订制式培训

精选部分机关干部到17家重点企业挂职工会“第一主席”，每周到企业工作1天，深入车间、班组开展调查研究，加强工作指导与联系，每人建立专门联系手册，并定期督查列入工作考核。围绕新旧动能转换、提升管理能力和软实力等内容开展16期私人订制式精准培训班，培训企业负责人和职工5000余人。5月，联合市委统战部举办2018年莱西市新旧动能转换培训班，邀请上海四恩教育培训团队，对78个市级领导包联重点企业主要负责人和11名新生代企业家、各镇（街）分管企业服务工作班子成员及工会主席进行培训。

法律服务与心理咨询

为各镇（街）、开发区总工会配备专职律师12名，律师每周到所在乡镇开展法律服务。与市信访局建立信访信息互通机制，全程参与企业职工到信访局上访，做到小事不出厂、大事不出镇。通过发放调查问卷、召开座谈会等形式深入耐克森轮胎、吉明美、泰光6家企业进行调研，根据企业职工需求量身打造培训内容提供心理咨询服务。截至2018年末，共为重点企业举办EAP心理培训10期，培训职工2000余人，组织外出培训学习3期100余人参加。

劳模风采展示与品牌宣传

投资20余万元在市民活动密集的月湖广场建设劳动广场，设立高标准LED显示屏7个。在莱西电视台、《莱西市情》开辟劳模专栏，展示莱西市劳模、工匠及优秀工会工作者、劳动者风采。为全市200多名各级劳动模范免费查体。组织部分劳模参与帮困救助以及向全市劳模发放倡议书引导劳模参与全市招商引资工作。为推动品牌创建工作，自编自导自演以“真情协商”为主题的情景剧，并在11月末召开的青岛市总工会“真情协商·和谐共赢”现场会上演出。2018年，在《工人日报》《山东工人报》《半岛都市报》等报刊宣传莱西工会创新性工作10余次，其中《工人日报》4篇，《山东工人报》头版头条2篇、二版头条1篇。在10余家重点企业中建立职工志愿者队伍近万人。

（市总工会）

·共青团莱西市委员会·

理论武装与改革攻坚

加强思想道德建设　开展“传承红色基因，

培育时代新人”“对标学先进，青年在行动”等主题团日活动8次；在七夕、中秋等传统节日开展传统文化展示诵读活动，引导青少年传承传统文化。开展新时代文明实践活动，联合文明办制定《新时代文明实践志愿者在行动实施方案》，引导青少年践行社会主义核心价值观。

优化宣传平台　升级“青春莱西”公众号，累计发布信息323条。在新华网、《农村大众》、《山东青年报》、山东共青团、《人民日报》、人民数字网等省级以上媒体发表信息22篇，在青岛市各级媒体发表信息38篇。

创新基层组织设置模式　在莱西市级层面探索成立农业团工委，统筹全市农业服务资源，为农村青年提供服务。在镇（街）层面结合青年分布不集中的乡镇建立管区青年工作共建委员会，盘活各领域资源，提高基层组织活力和凝聚力。在村级层面开展“村村都有好青年”选培计划，联合市委组织部全面摸排农村常驻青年情况，建立“莱西市农村青年数据库”，实行动态积分管理，在此基础上开展“双培”工作，形成“横向到边、纵向到底”基层团建格局，打造农村团组织振兴莱西模式。

推进学校团队改革　成立莱西市中学共青团和学生会组织改革推进工作领导小组，组建莱西市教育团工委，统筹学校共青团工作，加强团教协作。在《关于加强全市中小学校党的建设工作的实施意见》中将共青团工作纳入学校党建工作计划和考核，将少先队活动课纳入优质课评选范围，将优秀学校团委书记和辅导员纳入教育系统青年岗位能手评选。

提升青少年维权水平　建立“团干部+社工+志愿者”维权工作队伍，制定《莱西市志愿者管理办法》，对志愿者实行星级评定。牵头制定《关于进一步深化预防青少年违法犯罪工作的实施意见》，在市委第10次深改组会议通过并印发。

服务社会与整合资源

服务乡村振兴战略　开展“莱西市十佳青年创新创业明星”评选“青年智库·我为新旧动能转换建言献策”等活动5次，营造“乡村振兴，青年先行”良好氛围。成立农村青年创业者协会，打造莱西市首家青创农场——“莱西市山后人家青年创业农场”，为创业青年提供场地、技术、设施、金融等方面支持，引导扶持农村青年回乡就业创业。

推进青春扶贫　制定《团市委脱贫攻坚实施方案》，成立脱贫攻坚领导小组、8支扶贫志愿服务队，开展青春扶贫活动。针对贫困青年，开展电商培训2次，200余人受益。针对建档立卡贫困创业青年，联合农商银行发放贷款60余万元；针对贫困儿童，开展“希望工程”和“牵手关爱”救助行动，帮扶资金20余万元，帮扶贫困儿童438人，其中建档立卡贫困户100余人。落实上级资金85万元，援建希望小学2所。联合莱西市志愿者公益联盟，举办“蒲公英夏令营”“小雨滴课堂”等活动10余场次，帮扶贫困儿童100余人次，其中建档立卡贫困儿童30人次。

开展青年人才工作　开展“牵手关爱优秀志愿者”“向上向善好青年”等选树典型活动10余次，为广大青年树立学习榜样。高海清被评为“全国向上向善好青年”，青联委员马超被选为青岛市人大代表，褚铭静等3人被评为“青岛好少年”。引导莱西市青年企业家协会顺利换届，优化青年企业家交流平台，举办青年企业家高峰论坛，不断引导青年企业家树立良好形象，建功莱西市经济社会发展。

开展绿色行动　组织全市团员青年和少先队员开展“绿满城乡、美丽莱西”植绿增绿活动，累计植树5000余棵；开展“小手拉大手·共筑碧水蓝天”等系列环保活动20余次，引导青少年争做新时代生态文明的实践者。

培育优质项目　成立“莱西市青年志愿者公益联盟”，有成员单位8个，精英骨干80余名，志愿者3000余人。“寻找温馨宝宝”“益路童行”关爱困境儿童和“爱心帮”互联网+公益3个项目被评为青岛市优秀青年志愿服务项目。引导小雨滴“牵手关爱 幸福同行”项目入驻青岛市彩虹青年社会组织发展中心。举办以“乐在莱西·青春益起莱”为主题的第二届青年志愿服务节，累计开展活动20余次，服务群众3000多人。开展“星星知我心，有爱不孤独”“向抗战老兵致敬”“服务暑运·保障上合”等志愿活动200余次。

部门联动维权　组建莱西市青少年维权服务团，与公检法司部门密切协作，将青少年法律和心理服务纳入案件办理流程。累计印发《莱西市青少年维权手册》1000份，服务个案12起，开展“法治大讲堂”“青少年自护教育”等活动30余次，教育引导青少年1000多人。健全人大代表、政协委员与青少年代表“面对面”沟通协商机制，形成《关于加强青少年心理健康教育的建议》《关于加强青少年爱国主义教育基地建设的提案》等10余个建议和提案，通过案件督办形成全社会共同关心关爱青少年成长浓厚氛围。

从严治团

开展非公经济组织和社会组织团建工作，引导青岛北方航空职业学校、国轩电池和智慧云谷等高科技企业建立团组织，引导7个青年社会组织建立团组织，扩大新兴领域青年覆盖面。水集三村团支部被评为全国五四红旗团支部，实验学校团委被评为山东省五四红旗团委。召开共青团莱西市二十二届二次全委（扩大）会议，完成共青团莱西市二十二届委员会委员、候补委员卸免、递补、增补工作。规范团员发展和团员管理，保持合适的团青比例。结合“五四”“六一”“七一”“十一三”等重要节点，开展入团、入队、成人礼、传承红色基因等活动20余次，增强青少年仪式教育。

（团市委）

·莱西市妇女联合会·

动员妇女投身乡村振兴战略

举办“巧手母亲”花样面食创意大赛、莱西市十佳巾帼创业明星评选活动，召开“巾帼助力新旧动能转换座谈会”“巾帼助力乡村振兴行动”女带头人双推介现场会，选树妇女创新创业人才典型，激发妇女创业热情、创新精神和创造活力，为女企业家、乡村振兴行动女带头人提供学习交流、展示自我的平台，引导创业女性在巾帼助力乡村振兴道路上闯出更广阔天地，带领乡村姐妹共同脱贫致富。

开展“乡村振兴巾帼创新业”系列培训——家政服务员、育婴师、农业实用科技、卫生保健等公益培训6期，培训妇女600余人次，激发妇女在服务乡村振兴中的活力和能力。举办2018年“春风送岗”妇女就业招聘会，以女性就业需求为关注点，增强岗位征集针对性和实效性，1700余名女性求职者参会洽谈，520余人达成初步意向，促进城乡妇女富余劳动力尤其是建档立卡低收入妇女劳动力转移就业。

引领妇女共育文明新风尚

推进“巾帼心向党·建功新时代”宣讲行动，发挥妇联执委、“三八”红旗手、最美家庭等先进典型人物作用，成立“巾帼宣讲团”“家和万事兴”巡讲团，深入社区、农村、妇女之家，用明白纸、广场舞、快板等形式宣讲党的最新理论和主张。开展优秀女性典型选树宣传活动，全年评选表彰“三八”红旗手89名，“三八”红旗集体50个；开展“新时代·新气象·新女性”优秀女性典型事迹展播，挑选10名各行各业拼搏进取、奋发有为女性代表，线上线下同步联动宣传；“三八”节期间在《莱西市情》刊登“铿锵玫瑰·美丽绽放”“三八”节专版，通过11个版面全方位宣传展示近年来莱西市妇女事业发展成就和亮点工作，营造关心支持妇女儿童事业发展社会氛围。

连续6年层层开展寻找“最美家庭”活动，在做实规定动作同时，创新活动载体。开展“最美家庭·最美家风”巡讲、“书香家庭、绿色家庭、好媳妇好婆婆好妯娌、教子有方父母”优秀家庭（角色）评选和“树清廉家风、建廉洁家庭”系列活动，带动更多家庭见贤思齐、向善向美，以好家风支撑起好的社会风气。2018年，各类家庭文明建设活动总参与人数达7000余人次，共选树最美家庭29户、最美母亲25人、教子有方父母亲30人、好军嫂·兵妈妈10人，征集好家风故事102个。

推进青岛市办实事“家庭教育普及工程”，提升家庭文明建设和科学教子水平。2018年，共创建青岛市级父母学堂13个，举办市级家庭教育公益讲座11场，“智慧父母话家教”主题沙龙5场、亲子阅读沙龙4场、“乐在莱西”亲子趣味运动会1场、网上“父母学堂”1场、家庭教育讲座网络直播2场，邀请国内外家庭教育专家授课，5000余名家庭教育工作者和家长参与。

建设平安莱西巾帼力量

开展法律宣传进社区、进农村、进家庭活动，开设“女性普法流动大讲堂”，开展“关爱婚姻家庭·维护妇女权益”主题巡讲活动10场次，发放宣传资料3000余份。与市法院联合举办“守护婚姻·护佑未来”网络直播访谈节目，直播当晚网络点击量达12万多人次。畅通妇女维权热线和信访渠道，保持12338“莲姐热线”全天候畅通，依托市、镇、村三级矛盾纠纷调解机制，通过“莲姐热线”、来信、来访等渠道接访112人次。

关注妇女儿童在生存、生活、发展方面特殊需求和困难短板，动员社会力量共同做好留守流动妇女儿童、贫困母亲等特殊群体关爱服务工作。发挥“春蕾计划”公益慈善平台作用，创新募资渠道和方式，200名春蕾女童全部得到资助。“六一”节期间，开展市级领导走访慰问“春蕾女童”活动、“童鞋奔跑”爱心捐赠活动，为困境儿童带去节日礼品和2.92万元助学金；落实“两癌”筛查专项资金，使城镇户籍无业女性、女职工（35至64岁）也能享受到“两癌”免费筛查，真正做到“两癌”免费筛查全覆盖。

基层妇联组织改革

巩固村和社区妇代会改建妇联、乡镇妇联组织区域化建设改革成果，推进在新领域新业态新阶层新群体中灵活多样建立妇联组织，在青岛市爱心大姐莱西分社等妇女组织建立妇代会，实现哪里有妇女群众、哪里就有妇联组织。在12个镇（街）打造12处示范妇女儿童家园，为妇女儿童提供学习交流、维权服务、休闲娱乐阵地。实施内容精准化、方式多样化和手段现代化妇联干部素质提升工程，组织开展莱西市基层妇女干部培训班2期，培训基层妇联主席、副主席和执委骨干240余人。

发挥“莱西女性”和莱西妇联官方微博等网络宣传作用，实现线上线下两条战线共同开展宣传引导、联系妇女群众工作。将工作重心下移，把“下基层、访妇情、办实事”活动与乡村振兴巾帼行动、“大学习、大调研、大改进”活动结合，建立常态化妇女需求调研机制，组织妇联干部走出机关、深入基层、深入群众，与普通妇女交朋友、与困难妇女结对子。

（市妇联）

·莱西市工商业联合会·

2018年，市工商联提升服务会员企业能力，增强工商联的吸引力、凝聚力、执行力，开创工商联工作新局面，获山东省五好县级工商联称号。

非公有制经济人士引导和教育

强化思想引领　组织工商联执委、会员开展31次集中学习教育，把学习党的十九大精神与学习中央25号文件、习近平在民营企业座谈会上的讲话、全国工商联十二届执委会议及省、青岛市工商联有关会议精神相结合，提升工商联会员的整体素质。

加强教育培训　通过执委小组活动以及外出，分批分期培训执常委，共培训176人次；组织4名青岛市工商联执委参加贵州安顺对口扶贫活动；莱西市委市政府7月中旬在江苏省常州市、苏州市举办中科院——莱西市企业家素质能力提升班，组织莱西市碳材料商会15家会员企业参加。

注重正面宣传　宣传各类非公企业和非公经济人士先进典型，发挥示范作用。2018年，在《中华工商时报》《人民日报》《山东工人报》等宣传工商联工作和会员企业6次，在青岛市工商联微信公众号、信息平台以及莱西电视台、《莱西市情》等媒体宣传工商联工作、商会工作和会员企业40多次，扩大工商联、商会和会员企业的影响力。承接青岛市工商联半年工作总结现场会议，提振工商联工作的激情和信心。

服务非公企业

搭建诉求平台　发挥会员中的人大代表、政协委员作用，密切与相关机构联系，多渠道反映会员企业的意见建议。“两会”期间向人大和政协会议提出意见、建议和提案15个；配合青岛市工商联完成3项专题问卷调查；围绕“四好商会”建设进行专题调研，提升商会服务会员水平和能力。2018年，参加各界人士座谈会2次、组织基层商会、行业商会、执委小组等座谈会12次，同时将征求到的意见建议上报市委统战部，由市委统战部非公经济服务中心以10期督查专报的形式印发给政府相关单位，协调解决问题。

搭建交流平台　加强与国（境）内外工商联、商会、社团组织以及有关部门的联系合作，组织会员企业赴国内外各地学习考察，为会员企业参加各类经贸交流活动搭建平台。2个工商联副主席单位、1个常委单位在柬埔寨投资设立公司。与台儿庄区、博山区、龙口市工商联签订友好工商联协议，与崂山区、胶州市工商联相互交流“四好”商会建设做法和经验。发动会员企业积极参与招商引资工作，7家会员企业直接或间接参与引进资金10.6亿元。安排1名党组成员担任青岛市服务企业工作队联络员，印发工作简报9期，为服务对象提供点对点优质服务。

搭建法律服务平台　参与“三方四家”（代表政府的人力资源和社会保障局、代表职工利益的工会、代表用人单位的企业代表组织企业家协会和工商联）工作协商，努力构建和谐劳动关系。吸纳山东恒日、山东洪强2个律师事务所为工商联执委单位。

搭建人才服务平台　鼓励和支持企业用足用好人才政策，多家会员企业建立国家级研发中心，吸引10多名研究生入住，企业参与制定国家标准、行业标准。碳材料商会邀请国际知名的碳材料专家萧小月作为顾问，道一科技创客中心引进中科院院士刘为民进驻，归国硕士赵屹坤获山东省泰山产业领军人才奖励投资100万元。发挥常委单位——青岛丛林鹿人力资源有限公司作用，培训企业员工200多人次，引进各类技术人员350多人。

搭建融资服务平台　吸纳10多家银行、保险机构负责人为个人会员，为会员企业在资金信贷、经营保险等方面提供便捷服务。邮政储蓄、齐鲁、农商、建设等多家银行为会员企业提供资金5亿多元。中国财险、英大财险、平安保险等多家保险公司为会员提供优质服务。发挥融资服务商会作用，为会员企业融投资8000多万元。

引导会员企业参与光彩事业　开展精准扶贫。到包联的河头店镇小李庄村和南墅镇河里吴家村等访贫问苦，救助贫困户和贫困学生44人次、5.5万余元物品，青岛永敬金属材料有限公司为河头店镇小里庄村村委捐赠3匹立式空调

2台。

引导民营企业参与光彩事业活动　青岛点石文具有限公司赞助3.2万元举办全市“点石文具杯”中小学生暑期征文比赛，青岛众信电脑有限公司牵头成立莱西市萤火虫义工大队，青岛新浩邦绿化工程有限公司牵头成立莱西市爱心港公益服务中心，参与社会慈善事业，奉献爱心；汽车流通、农资、会展、夏格庄等商会经常组织会员捐款捐物，救助农村贫困家庭；青岛乐好服饰股份有限公司、青岛奥特房地产开发有限公司等多家工商联副主席单位被市慈善总会评为慈善工作先进单位，15家会员企业共捐助慈善善款149.8万元。青岛奥特房地产开发有限公司、青岛望城三宝建设有限公司、青岛鸿鲁实业开发有限公司与两当县开展结对帮扶，企业以购代捐5万元带动贫困户脱贫。

工商联和基层商会班子建设

领导班子建设　对八届执委进行十九大精神和上级工商联会议精神集中学习教育培训。八届二次执委会新增选常委8个、执委22个，3名执委因为工作变动等原因退出执委序列，执委班子年龄结构、知识结构优化，执委参与工商联和商会工作的积极性提高。

会员队伍建设　2018年新发展会员108个，其中40岁以下28个，占四分之一以上。

商会组织建设　以“四好”为目标，开展商会建设活动。水集街道商会和融资服务商会分别获山东省和青岛市“四好”商会称号。对33个基层商会和镇街商会逐一进行梳理，吸纳新会员，建设新商会。组建成立碳材料商会，是全市第一个实行法人治理结构的商会。针对食品企业销售难的问题，发动会员企业牵头建立名特优产品展销中心，加大电商销售力度。组织基层商会会长学习先进经验，通过现场会、外出参观学习等措施，明确商会建设目标。

（市工商业联合会）

·莱西市红十字会·

“第一响应人”工作

实施进企业、进社区、进学校、进机关、进农村等措施。做好青岛市政府市办实事“第一响应人”救护培训工作。2018年，莱西市已举办培训16期，考核合格804人，完成青岛市政府考核任务；普及应急知识20期，覆盖1.1万人。以精细化标准配备教学设施、配置师资，在学时、实操和理论等方面严格考核，课堂效果和救护员培训质量位列全青岛市前列。

红十字“三捐献”

清明节期间在莱西市志愿捐献遗体者纪念林开展“向遗体捐献志愿者致敬”活动。开展临终关怀工作，投资2万元，新建“红十字生命奉献展厅”。2018年全市已完成遗体捐献登记235例，其中遗体捐献登记18例、成功捐献6例，用于医学研究，年度捐献数位列全省县级市第一名。推动无偿献血事业和造血干细胞血样入库工作，2018年组织7200余人次参加义务献血活动，无偿献血量240余万毫升，完成造血干细胞采样入中华骨髓库2200余人次，成功捐献造血干细胞10例（全青岛市共73例），位列青岛十区市第二名。

红十字救助

抓好“博爱助学”活动　2018年募集助学金9.5万元，资助莱西市贫困学生100余名。

开展寿光灾区救灾活动　第一时间启动《自然灾害突发事件应急预案》，在新闻媒体发布《支援寿光灾区募捐倡议》，共发放倡议书2000余份，募集救灾善款5000余元，全部拨付寿光灾区。

争取各类基金救助　争取“微尘”基金、“玫瑰”基金、“小天使”基金等各类基金支持，开展“阳光少年”“微尘班”“博爱小学”“关爱女性生命和健康”等项目，共争取项目救助款

110余万元，救助各类贫困人员1000余名。

实施助困项目　开展“红十字博爱送万家”活动，慰问贫困职工、红十字奉献者共50人，救助金19.5万元。发放慰问品慰问贫困群众80户，价值1.5万元。

实施助医项目　在武备社区和沽河甲瑞社区组织中韩义诊团义诊活动，免费发放药品7万余元，受益群众800余人。

红十字公信力提升

在“学雷锋纪念日”、中国青年志愿者服务日、5月8日“世界红十字日”期间，分别组织开展“学雷锋纪念日暨莱西市第二届志愿服务节”和“发扬人道精神，支持无偿献血事业”为主题大型宣传活动，发放“红十字知识”宣传页2000余册，应急救护模拟演练4次，招募志愿者200余名。通过各级媒体播发亮点工作。2018年全年各级新闻媒体刊播莱西市红十字会工作经验24篇。对红十字事业做出突出贡献的3个志愿服务队、5名优秀志愿者分别授予青岛市红十字特别奉献奖、星级红十字志愿者称号。

（市红十字会）

法　治

综　述

概况

2018年，莱西市政法机关实现刑事破案率、审结案件总量、矛盾纠纷调处成功率、社会救助总金额、信访积案化解量“五个上升”和刑事发案总量、群众集体上访、越级上访、进京非访“四个下降”，首次实现社会治安满意度、群众安全感和扫黑除恶群众知晓度、满意度四项指标均列青岛第1名优异成绩。在2018年度青岛市“平安青岛”建设绩效考核中，莱西市位列10市区第1名。

维护稳定

2018年，市委政法委牵头健全完善重大活动组织领导、信息报送、督导检查、应急处突等工作体系，对各类涉稳问题进行全面梳理和分析研判，建立动态管理台账，先后牵头处置重点群体人员聚众串联、越级上访等案事件10余次，完成全国“两会”、党的十九届三中全会、上合组织青岛峰会等重大活动安保维稳任务。组织2952名基层调解员开展四类风险隐患排查整改，调处化解矛盾纠纷1450起，整改暴力恐怖事件隐患101处、调处群体性事件隐患23起、个人极端事件隐患323人、整改安全事故隐患2596个。在上合组织青岛峰会安保工作中，市委防范邪教办实现邪教人员“零失控”、社会面“零滋扰”，市公安局反恐维稳工作经验被公安部推广，在两次全国性会议上进行经验交流。

平安建设

为莱西市12处镇（街）、114个社区综治中心、网格化服务管理中心统一标识标牌并实现一体化运行。推进“雪亮”工程建设，投入资金3600多万元，新增“天网”二期监控点位400个、治安卡口56套，投资20万元打造镇街综治中心治安防控工作室，实现镇街综治中心与同级公安机关“天网”视频监控互联互通，编织城乡内、中、外三层视频监控网。自“天网”工程启用以来，通过系统直接破获刑事案件1070余起，直接发现和抓获现行人员90余名，破获逃逸事故180余起。开展“强基层基础、护安全稳定”“百千万”行动，组建起2万余人群防群治力量，参与居民小区、集贸市场等红袖标治安巡逻巡防活动。全市社会治安满意度达95.3%，位列八项民生指标首位。

扫黑除恶

2018年，市委、市政府主要领导先后10多次听取扫黑除恶工作情况汇报并到基层单位进行专题调研指导。市扫黑除恶专项斗争领导小组及其办公室协调推动莱西市各相关单位开展工作，坚持“一案三查”，同步“拍蝇打伞”。全年打掉涉黑涉恶团伙10个，抓获黑恶组织成员73人，其中成功打掉省扫黑办挂牌督办的李晓庆黑社会性质组织，查处保护伞2起，给予党纪政纪处分14人，先后2次在青岛扫黑除恶工作会议上进行典型经验交流发言。市检察院办理的李晓庆黑社会性质组织犯罪案件入选全国、全省检察机关扫黑除恶典型案例。

法治氛围营造

围绕打造“法治莱西”目标要求，市委政法委开展“我执法·我普法”集中宣传活动，举办法治讲座、提供法律咨询和法律服务等活动185场次，发放宣传材料20余万份，解答群众法律咨询2800多人次，打造扫黑除恶宣传一条街2条，主题宣传广场1个。完善12处镇街和900余处村（社区）“一墙一窗”固定警示教育阵地，先后在莱西新闻网“防邪拒邪”栏目和微信公众号“微风浅韵”等网络阵地发布宣传文章100余篇，开展反邪教宣传“进机关”“进课堂”“进企业”“进社区”“进家庭”“进宗教场所”宣传活动30余场次。联合团市委在青岛市率先建立未成年人观护帮教基地，赴中小学校开展法治教育19场次。

营商环境净化

围绕净化营商环境，政法机关强化严打整治行动，先后破获各类涉企案件16起，挽回经济损失5000余万元。围绕提高服务效率质量，政法各部门开通服务项目和企业“绿色通道”，针对涉及企业各类纠纷，特别是对涉诉重点项目、重点企业案件做到快捷办理、特事特办，最大限度缩短办案周期，加快办案进度，先后为企业上门服务200余次，登记、变更流动人口信息3200余条，审核应聘人员2800余人次。

品牌创建

打造“最安全城市”“做平民法官”“智慧检察”“和谐警营”“法助农兴”等服务品牌。2018年，全市政法机关先后有40余个基层单位，120多名干警受到表彰奖励，30多项经验做法被转发推广。市综治办和公安局推行“全市联动警情研判”分析应用作为平安建设合力平台经验做法被新华社《山东高管》刊发。市法院被最高人民法院评为全国司法新闻宣传工作中做出突出成绩的人民法院，并被山东省高院记集体二等功。

（市委政法委）

公安工作

概况

2018年，莱西市公安局践行“四句话、十六字”总要求，以峰会安保为核心任务开展“强基础、保安全、争前列”活动，保持全市社会治安大局持续稳定。年内故意杀人案零发案，比上年下降28.1%；抢劫、抢夺警情零发案，无枪爆类案件发生；重伤以上道路交通逃逸事故案件连续三年全部破获，交通事故死亡人数为26年来最低；信访投诉案件同比下降22.8%，在青岛市开展的电话问卷调查中，莱西市公众安全感、治安满意度名列青岛各区市第1名。

安保维稳

2018年，市公安局积极参与上合组织青岛峰会安保工作并完成焰火燃放安保任务。与烟台、德州外援警力配合，完成莱西市治安卡堵控任务151处。全体民警、援警、辅警和武警消防官兵放弃节假日，累计加班加点50余万小时，实现“六个不发生、三个确保”工作目标，共有82名民警被青岛市局记功嘉奖，23名民警被通报表扬。

打击破案

深化扫黑除恶专项斗争，打掉省公安厅督办李晓庆等黑社会性质组织案1起，抓获团伙成员29人；打掉涉恶团伙9个，抓获团伙成员73人。创新视频侦查应用，“小案”破案同比增长32.6%；树立破案必追赃“完美办案”理念，为群众追回赃款、赃物折合达1000余万元。持续开展打击食药环境领域犯罪行动，市公安局被评为全省环境执法联勤联动先进单位，禁毒破案总量居青岛市前列，南墅社区被评为山东省社区戒毒社区康复示范点。

治安防控

持续开展“夜间清查”“大巡控”整治行动，最大限度提高见警率、管事率；组建150人特勤队伍，强化PTU武装巡逻，对全市重点要害部位和人员密集场所全天候武装巡逻、值守。2018年，全市刑事警情下降28.1%，社会治安秩序创近20年来最好水平。

安全生产管理

创新推行道路交通管理"路长制"，遏制道路交通事故特别是较大以上事故发生。2018年道路交通亡人事故82起死亡83人，下降幅度为青岛最大，年内未发生较大以上交通事故。在人、车大量增加情况下，万车死亡率由最高1993年660起降为2018年6起，交通管理工作经验被《公安内参》《半月谈》等刊物刊发，道路交通事故处理经验在全省推广，8月22日，在全省道路交通事故处理重点工作推进会上作典型发言。开展消防安全综合治理，督促整改火灾隐患1.2万处，建设重点单位、社区微型消防站250余个，完成南墅消防站建设并投入使用，全市没有发生重大火灾事故。开展"缉枪治爆"、打击非法制售烟花爆竹等专项行动，加强易制爆危化品专项整治，实现危爆物品安全事故"零发生"。

改革创新服务

深化公安"放管服"改革，推行出入境网上预约办理机制，出入境大厅增设自助签注机、自助照相机，开通"便捷通道"。将11个交通肇事处理组全部下沉到中队，在全市7个交警中队设立交通违法处理窗口，在6个中队设立车驾管业务厅，方便办事群众。改革消防审批管理，对符合条件的免于办理消防安全检查手续。在北京新能源汽车莱西基地成立综合警务室，对北京新能源汽车、青岛国轩电池等重点企业实行"保姆式"服务，确保企业从开工建设到投产，未发生一起扰乱企业生产秩序、寻衅滋事和打架斗殴案件。

基层基础建设

争取莱西市委、市政府投资2800余万元建设"天网"二期项目，建设视频监控点位400个、治安卡口56套。刑事科学技术室、食品药品快检室、毒品快检室已建设完成。加强社区警务，在辖区861个行政村、26个城区居委会设置警务助理887名，实现警务助理全覆盖；完善"1+2+N"社区警务模式，配备社区民警26人，社区辅警200人，网格员500人。治安基础要素实现有效管控，完成18个技防示范村建设任务。推进派出所综合建设，完成梅花山派出所新建搬迁工作。创新寄递物流业治安管控信息系统建设。社区戒毒康复办公室实现在全市各街道、乡镇全覆盖，登记在册吸毒人员纳入重点人管控率达100%，违法犯罪嫌疑人吸毒检测率达100%。

队伍管理

开展以"接处好每一次警情、办理好每一起案件、服务好每一名群众、完成好每一项任务"，争创"无信访、无违纪、无投诉"单位为主要内容的"四好三无"创建活动，全局16个警种、单位实现"三无"目标。深化"抓小事，促养成"和"纠小错、常问责"长效工作机制，信访投诉案件同比下降22.8%。2018年，市公安局共有46个集体、429名个人被表彰。

（市公安局）

检察工作

2018年，莱西市检察院先后6次被市委和上级检察机关主要领导批示，扫黑除恶工作在青岛市检察机关优秀工作亮点评选中获一等奖，被评为全省检察机关“无违法违纪、无责任事故”先进单位和2018年度青岛市检察机关先进基层检察院，并被《法制日报》、《检察日报》、山东电视台、《青岛日报》等多家媒体予以刊发报道。

服务保障中心工作

2018年，市检察院紧跟上级重大决策和市委要求，制定打好“三大攻坚战”、乡村振兴战略实施、民营企业发展、新旧动能转换等实施意见3个，落实具体服务举措20余项。惩治危害食品药品安全、破坏生态环保等领域犯罪26人，其中对青岛新天地环境集团有限公司等18名被告人（单位）以污染环境罪提起公诉，依法追诉被告单位5个，被告人2人，犯罪事实1起，罪名1个，全部被法院认定。开展“保障人民群众舌尖上的安全”等专项监督，联合市卫计局、市食药监局分别在全市开展打击非法行医专项行动和对“小饭桌”集中清查整治行动，依法取缔“黑诊所”15家，70多家不合格小饭桌退出市场。结合“乡村振兴村村行”“千人百企大走访”活动，下基层走访186人次，调处矛盾53件，市检察院下基层工作组被市委表彰为先进，并得到青岛市市委常委、政法委书记宋永祥肯定。

维稳工作

推进扫黑除恶专项斗争，依法批准逮捕黑恶势力犯罪嫌疑人21人，提起公诉24人。办理的李晓庆等人黑社会性质组织犯罪案件入选全国、全省检察机关扫黑除恶典型案例，市检察院在青岛市检察长研讨班会议上作典型发言。推进“平安莱西”“法治莱西”建设，依法批准逮捕280人，提起公诉650人，在莱西市委政法委支持下，对生活困难的7名涉案当事人发放司法救助金26万元，减少社会对抗。依法办理李沧区原政协主席车仁慧受贿案、青岛市城市管理局原局长郭继山等人受贿、行贿、滥用职权案等一批重大职务犯罪案件5件8人。探索建立律师参与化解和代理涉法、涉诉信访工作机制，上合组织青岛峰会期间，成功化解3起重大信访案件。

法律监督

开展刑事检察监督，依法对177人作出不批捕决定，对16人作出存疑不起诉决定，监督立案4件，撤案5件，纠正诉讼活动违法35件，追捕追诉漏犯47人，提起刑事抗诉3件17人，2起案件被评为全省优秀监督案件。办理公益诉讼诉前程序案件18件，提起公益诉讼2件，在青岛市率先实现公益诉讼“全覆盖”。办理羁押必要性审查案件22件，督促相关部门抓获并收监执行罪犯1人，案件被评为全国检察机关刑罚执行监督精品案件，派驻北墅监狱检察室被评为全国“二级规范化检察室”。完善未成年人检察工作社会支持体系建设。联合团市委在青岛市率先建立未成年人观护帮教基地，9名院领导被聘任为法治副校长，全年赴中小学校开展法治教育19场次。

改革创新

支持配合国家监察体制改革，21名人员转隶到市监察委员会工作。人员分类管理、司法责任制、职业保障等改革已落实，共遴选员额检察官34人，择优选升四级高级检察官1名。推进认罪认罚从宽制度试点，认罪认罚适用率为80.5%，相关做法被最高检转发。在市政府支持下升级改造12309检察服务中心，打造“一站式”检察服务平台和打造智能化和互动体验式青少年法治教育新阵地。

5月4日，市检察院与市司法局联合召开“保障律师执业权利、促进司法规范化”座谈会。双方交流了近年来检察机关在保障律师执业权利方面的做法，讨论联合制定的《保障律师执业权利促进司法规范化实施意见（征求意见稿）》，听取了参会律师对文件的意见和建议以及检察机关在司法规范化方面存在的问题。加强了检察机关与律师的联系，增强了信任，提高了案件处理的质量与效率，提升了司法规范化水平。

队伍建设

开展“素质能力提升年”活动和“传承红色基因，争做时代先锋”等形式多样的主题党日活动，市检察院党总支被莱西市委评为先进基层党组织。沽河检察室被表彰为2018年度莱西市“为民服务示范岗”，李健被表彰为“职业道德标兵”。在全院开展向身边典型人物李健学习活动和“给同事点赞，为工作加油”活动。制定争先创优目标和拔尖人才培养计划，建立优秀人才储备库，搭建年轻干警参与案例研讨、参与重大案件办理等历练平台，提拔调整中层干部19名，28个先进集体和个人受到莱西市级以上表彰奖励，2名干警分别在全国、全省业务竞赛中获奖，2名干警被表彰为青岛市和莱西市劳动模范。

（市检察院）

法院工作

刑事犯罪审结

审结各类刑事案件570件。审结故意伤害、寻衅滋事、盗窃等案件141件163人。推进认罪认罚从宽制度试点工作，审结认罪认罚案件319件，提出法律修订建议，为《刑事诉讼法》修改完善贡献莱西力量。对3起以上访为名严重扰乱社会秩序刑事案件，分别以敲诈勒索罪、寻衅滋事罪追究5名被告人刑事责任。以“共铸明天，为莱西守望”少年审判工作品牌为引领，重点打击诱拐、欺凌、性侵等严重侵害青少年健康成长违法犯罪行为，审结相关案件13件。惩治职务犯罪，审结贪污、贿赂、渎职等案件5件12人。对青岛市李沧区原政协主席车仁慧以受贿罪一审判处有期徒刑三年六个月，并处罚金。严惩污染环境犯罪，保障“美丽莱西”建设，审结案件6件。以污染环境罪判处新天地环境集团有限公司等5个被告单位罚金共计4060万元，对赵婉茹等13名被告人分别判处四年六个月至一年五个月不等有期徒刑，并处罚金。

民商事审判

审结各类民事案件3940件，调解撤诉率47.5%。探索家事纠纷专业化、社会化和人性化解决方式，把家事审判重点放在亲情关系修复上，审结离婚、赡养、继承、抚养权变更等案件1675件。编发“3·15”消费者权益保护手册，指导消费者保护自身合法权益。推进机动车交通事故责任纠纷案件专业化审理，建立协调联动机制，统一调解、鉴定、证据、理赔等标准，实现要素式审理，全年共审结案件1073件，平均审理周期缩短14天。加大产权司法保护力度，坚持各类市场主体诉讼地位平等、法律适用平等，审结各类商事案件3741件，依法平等保护民营企业合法权益，推动营造稳定、公平、透明、可预期营商环境。

化解行政争议

审结行政诉讼案件154件，审查行政非诉案件227件。对环境保护、工商登记、城市建设等重点行政执法领域注重行政争议实质性化解，建立“诉外沟通、庭前对话、庭中协调”行政和解新模式，共和解撤诉、调解案件53件，起到保障当事人合法权益、规范行政行为的效果。落实执法联席会议、行政执法培训等制度，举办预防和化解行政争议专题讲座8次，提出司法建议10余条，强化司法与行政良性互动，监督行政机关依法行政。

攻坚“基本解决执行难”

执结各类案件4112件，执行到位金额3.72亿元。引入保险担保机制案件保全率达44%以上；规范执行案款管理，实现一案一账户，法定期限内案款过付率达100%。强化执行信息化指挥中心，依托司法网络查控平台查找财产效能；发起网络司法拍卖150次，成交39件，成交额约1.2亿元。建立“小额速执、大案精执”模式，开展“蓝色风暴”等系列执行行动13次，出动警力500余人次、拘传400余人、拘留63人。发布失信被执行人名单12期850余人，以拒不履行判决、裁定罪移送公安机关9案9人。在官方微信开设《决胜执行难》专栏，发布执行宣传信息55期，在《法制日报》《山东法制报》《青岛日报》等媒体宣传执行工作169次；在庆祝改革开放40周年之际，挖掘早在1981年判决的全国首例打击拒执犯罪案1起。

扫黑除恶

将扫黑除恶专项斗争列为一号工程，建立院班子成员、审判委员会委员轮流承办涉黑恶案件制度。将山东省扫黑办挂牌督办的李晓庆等24人黑社会性质组织犯罪案列为“一号案”，成立由1名党组成员、5名员额法官等10人组成的专案组，集中办公办案。经依法公开开庭审理，对被告人李晓庆以组织、领导黑社会性质组织等罪判处有期徒刑二十年，剥夺政治权利三年，并处没收个人全部财产；对被告人王翠莲以组织、领导黑社会性质组织等罪判处有期徒刑十六年，剥夺政治权利二年，并处没收个人全部财产；对案件其余22名被告人分别判处十五年至十个月不等有期徒刑，并处罚金。审结陶艳艳黑社会性质组织犯罪案，对被告人陶艳艳以参加黑社会性质组织等罪判处有期徒刑十七年，并处罚金260万元。

服务质量发展

出台《服务保障新旧动能转换重大工程实施方案》，开展“千人百企大走访”活动，调研走访企业30余家，重点了解经营发展存在的问题困难以及司法需求。关注企业股权质押、互联互保等法律问题，立足司法职能解决融资难融资贵问题，审结金融借款、民间借贷等案件1369件。建立基金小镇防控金融风险联动机制，畅通金融信息共享渠道，通过司法大数据前置查询程序，对256家拟入驻基金小镇企业、692名投资人（投资单位）进行前置查询，排除1家风险企业和1名失信投资人，防控金融风险。推进执行程序转破产程序机制衔接，处置“僵尸企业”，对淘汰落后产能、推动新旧动能转换进行尝试，共梳理符合“执转破”条件企业8家，1家被执行企业导入破产程序。

司法能力建设

全年共举办大培训活动11期，培训500余人次。完善人员分类管理，建立从员额法官到聘任制人员全覆盖业绩档案，用数据和业绩体现工作，每月一通报，发挥绩效考核评价、激励、引导、规范作用。建立以“一份优秀裁判文书、一个法律适用问题、一件效果好案件、一条工作建议、一本好书、一个好做法”为内容的员额法官述职制度，举办“青年法官沙龙”“法官日”系列活动，培育专业素养干警理想信念、责任担当和司法能力提升。2名员额法官入选青岛法院审判业务人才库，13名干警撰写调研文章被青岛市级以上刊物采用。3月23日，市法院被山东省高级人民法院授予基层法院集体二等功。8月20日，市法院被青岛市关心下一代工作委员会评为青岛市青少年法制教育先进基地。

打造“法助农兴”工作品牌

把握新时代乡村振兴司法需求，出台《为实施乡村振兴战略提供司法服务和保障的意见》，加大涉农案件审理力度，审结案件3265件。主动为“三农”量身订制司法服务，依托便民诉讼联系点，审判案件11件，接受法律咨询200余人次。传承新时代“莱西会议”精神，开展“做‘知青法官’、助乡村振兴”专题调研活动，深入46个村居，走访镇街干部21人、村两委成员26人、老党员老干部99人、综治协管员16人，构建自治、德治、法治相结合的乡村治理体系。成立“法助农兴”课题组，编发《乡村振兴普法手册》。“法助农兴”工作做法被山东省高级人民法院、青岛市中级人民法院简报予以推广，《人民日报》以“为乡村振兴战略提供司法服务和保障”为题进行报道。

司法责任制改革

理顺审判团队职责权限，建立以员额法官为核心管理机制，明晰员额法官、法官助理、书记员职责定位及工作分工，员额法官人均结案246件。理顺审判组织职责权限，完善专业法官会议制度，统一裁判尺度，全程留痕管理并附卷存档；完善审判委员会制度，集中研究重大疑难复杂、群体性纠纷等案件，发挥决策把关作用。落实院庭长办案制度，由院庭长带头办理发回重审、再审和疑难复杂案件，全年院庭长办结案件4816件，占结案总数38.5%；院庭长人均结案185件，同比增长6.9%，完善员额动态调控机制，通过考核、考试、面试等程序，新遴选5名员额法官。

推进“分调裁”改革

实行案件繁简分流，坚持简案快审，将民商事审判中类型化简易案件，由青年法官团队办理，共审结案件2880件，平均用时57.3天。推进多元化纠纷解决机制改革，建立家事纠纷、医疗纠纷、劳动争议等诉调对接解决机制。依托派出法庭，与镇街党委政府、派出所、司法所建立基层联动调解网络，实现信息共享，统筹运用法律、经济、行政等手段，化解青岛某婴童用品有限公司69名职工追索劳动报酬等10余起群体性矛盾纠纷，涉及当事人950余人。

（市法院）

司法行政

2018年以来，莱西市司法局以“聚焦提效”为工作主题，把推动司法行政工作科学发展作为贯彻落实十九大精神的关键举措。

安置帮教和社区矫正

2018年，市司法局共开展社区矫正适用前社会调查评估173例，接收社区服刑人员310人，办理解除矫正手续471人。对61名重点社区服刑人员实行“手机+腕带”双定位，重点时期每天四次排查手机、腕带定位情况，实现重点人员全天24小时实时监控。上合峰会期间，组织各司法所对全市两类人员进行全面排查，对排查出的12名涉黑罪名安置帮教对象逐人建档走访并全部通报公安机关；在12个镇街设立集中教育点，对445名社区服刑人员累计授课96课时，实现社区服刑人员“零脱管、零漏管、零重犯”工作目标。

普法宣传工作

落实“谁执法谁普法”责任制，组织开展宪法、扫黑除恶等各类宣传活动452场次。落实扫黑除恶专项斗争责任分工，打造扫黑除恶宣传街2条，主题宣传广场1个，悬挂条幅110条，印发宣传页6万多份。在人民广场、利客来大型电子显示屏上每天滚动播放宪法等法律知识50次，在电视台《与法同行》栏目中增设《律师、公证员说法》栏目，利用莱西在线、掌上莱西等新媒体推送法律法规。中国普法网、山东法治网先后转发推广莱西市法德共进、法治助力乡村振兴等26项工作经验。9月，通过青岛市“七五”普法中期检查验收并获全国“七五”普法中期先进集体称号。

基层法律服务

开展新修订两个部令后的首次基层法律服务年度考核。6月至8月底，对基层法律服务所统一更换执业机构和执业人员的执业证书。莱西市10家法律服务所共64人通过考核。

开展公共法律服务站（司法所）规范化建设“三落实”活动，打造“青岛市公共法律服务示范站”6处，“青岛市规范化社区司法行政工作室”20处。先后投资21万元制作安装并发放“一村（社区）一法律顾问”户外公示牌、律师进村工作职责宣传图、便民服务卡，使群众知晓率、普及率达到全覆盖。开展“一村（社区）一法律顾问”活动，优选136名法律服务工作者下沉到社区，向群众提供法律服务160余次，参与疑难复杂纠纷调解70次。建立社区“1+1+N”矛盾纠纷排查调处机制，2018年全市各级调解组织排查调处各类矛盾纠纷1877余件，有效调处率达100%。

中共莱西市律师行业委员会成立

3月，中共莱西市律师行业委员会成立，由莱西市委两新组织工委直接管理。司法局党组成员、副局长董绍杰任党委书记。截至12月底，全市共有律师党支部2家，其中山东瀚生律师事务所党支部为独立党支部，党员律师3人，青岛昌阳律师事务所党支部为联合党支部，党员律师6人。

推进律师参与化解案件速裁程序

加大与政法有关部门的沟通协调，加强对值班律师的服务管理和监督，发挥律师在化解和代理涉法涉诉信访案件中的职能作用。2018年共计办理律师见证认罪认罚案件441件，安排律师参与涉法涉诉信访在公安、检察院、法院、公共法律服务中心共计值班354天，接待当事人395人次，当场化解答复诉求200余起。

刑事案件律师辩护全覆盖试点工作

5月3日，刑事案件律师辩护全覆盖试点工作在青岛市全面铺开。市法律援助中心积极开展工作，选择执业三年以上、未受过司法行政机关行政处罚或律师协会行业处罚、具有办理刑事案件办案经验的优秀律师建立律师库，莱西市涉及10家律师事务所共25名律师。年内办理刑事案件律师辩护全覆盖案件51件。

拓展行业专业调解组织覆盖面

6月，对已完成基础建设的旅游、保险、安全生产行业调解组织规范调委会名称、制度内容、调委会成员名单、矛盾纠纷排查台账登记本等。7月，成立市殡葬领域纠纷调委会、自来水公司企业调委会。10月，制定印发《关于加强行业性专业性人民调解组织建设的意见》，协调市政法委、信访局、法院等部门成立市人民调解工作领导小组，为推动莱西市行业调委会建设，化解特定行业、领域的矛盾纠纷起到积极作用。年内各行业调委会共调解案件160余起。

法律援助

以律师行业党委成立为新起点，重大活动期间，每天安排1至3名律师参与涉法涉诉信访值班，安排2人参与全市安保督查活动。2018年，莱西市13家律师事务所共75名律师通过年检。全年共计办理法律援助案件750件。与市总工会联合建立市职工法律服务中心，创新实施“互联网+律师+工会法律援助平台”职工维权模式，为职工追讨工资、补偿金等共500余万元。

组织25名优秀律师参与化解和代理涉法涉诉信访案件260起，出具法律意见61条。全年共办理各类公证事项6011件，参与全市重大项目工程建设招标、投标公证，涉及标的额26亿元。12月，莱西市委全面深化改革领导小组第十二次会议通过了市司法局起草的《关于进一步加强法律援助工作的意见》。

（市司法局）

工 业

综 述

2018年，莱西市坚持以推进新型工业化为核心，以调结构稳增长为主线，以科技创新为动力，加快工业转型升级步伐，在宏观经济下行压力增大、市场低迷、融资困难的不利形势下，加强运行监测，突出科技创新，强化项目支撑，全市工业经济保持平稳增长。

调结构稳增长

按照全市“调、稳、抓”活动部署，实施“月分析、季调度”制度，跟踪监测50户骨干企业和50户成长型中小企业，协调解决经济运行中出现的新问题，全市工业经济运行呈现良好发展态势。规模以上工业企业341家，全年完成总产值584.4亿元，同比增长10%；食品加工、纺织服装、橡胶化工、机械制造等四大主导产业完成产值415亿元，同比增长8.8%。其中橡胶化工、机械制造产业占比有较大提升，分别达到10.2%和5.8%。新能源、新材料、智能制造、生物医药、信息技术等新兴产业培育力度加大，七大新兴产业占全市工业比重21%，完成产值120亿元，同比增长35%，高于规模以上工业24个百分点。

提升企业发展质量

全年实施完成工业企业技术改造投资500万元以上技改项目82个，计划投资74亿元。新增省市级企业技术中心1家（长寿食品），新认定“专精特新”企业27家，国家高新技术企业45家，“隐形冠军”企业2家。

培育新兴产业

坚持引进与培育并举，实行“一业一策”，把培育扶持碳材料和新能源汽车等新兴产业作为解放思想、推进新旧动能转换的一项重点工作来抓，实行专班服务，促进新动能加快成长。碳材料服务专班重点抓好“五个一”，即出台一个碳材料产业发展意见、打造一个“碳谷”产业示范基地、建设好一个碳材料研究院、搭建一个碳材料产业专门班子、成立一个碳材料商会。新能源汽车服务专班重点抓好北汽新能源汽车产业链配套工作。优化本地17家汽车配件生产企业配套措施，通过技术改造或新上设备，本地配套率提高至43.9%；抓好与北汽新能源汽车青岛基地2018年供应链伙伴大会确定的15家青岛市属企业和20家汽车供应链企业合作协议落实，推动莱西市新能源汽车产业链聚合、延伸、膨胀、壮大，打造千亿级新能源汽车产业链。

实施科技、人才双驱动战略

结合莱西市实际，指导道一科技、东方嘉禾、中科云智、东鲁实业等众创空间和孵化器，创出“孵化器+创业联盟+创新服务平台”三位一体孵化新模式。全年各创业空间和孵化器共举办各种活动12场，集聚服务创客900余人次，实现创新创业资源优化整合。安德烈、萧小月、李玉良院士等4个人才团队已签约入驻研究院，国家千人计划薛家渔、王宪宏博士、程继红博士在研究院设立研究工作室。组织“中科院青岛蓝洽会莱西专场对接活动”，组织10家研发机构28名专家与近300家企业对接，现场签约9个，达成意向近100个。

优化企业服务机制

2018年，已为企业争取各种资金近4000万元，其中为新能源汽车产业集聚区争创“青岛市双集聚双示范”先进制造业集聚区配套补助资金2500万元；为橡六胶管、凤凰印染等5家企业争取青岛市技改补贴资金840万元。组织150多位教授、高工等专家成立中小企业技术志愿者服务团队，帮助中小企业解决缺技术、少人才、产学研对接不畅的“转型之困”问题，全年组织活动5场，服务企业35家次。与建设银行、邮储银行联合开展“助保贷”业务；组织企业开展培训活动，共培训人员50余人次。

化工企业转型

2018年，按照省、青岛市统一部署，推进化工产业转型升级工作，根据莱西市化工产业转型升级总体工作方案，主导、参与化工生产企业“四评级一评价”工作，对全市69家化工生产企业开展节能降耗评级和转型升级评价工作。根据莱西市化工生产企业“四评级一评价”结果，结合化工产业发展定位、布局规划，参考企业销售收入、实缴税收、注册资本、企业用工、产品发展前景等因素，确定发展壮大、改造提升、关闭淘汰“三个一批”名单，全市化工产业绿色、高端发展步伐加快。

（市工业和信息化局）

主 要 行 业

概况

2018年，莱西市食品加工、纺织服装、橡胶化工、机械制造四大传统主导产业完成产值392亿元，同比增长10%，占全市规模以上工业67%；新能源、新材料、生物医药、节能环保、新一代信息技术、新能源汽车、高端装备制造七大战略性新兴产业完成产值119.4亿元，同比增长16.3%，占全市规模以上工业20.4%。

机械制造

2018年，规模机械制造业完成产值24.4亿元，同比增长8%。主要生产企业有青岛吉明美机械制造有限公司、青岛奥司登精密铸造有限公司、青岛海松机械有限公司、青岛和信机床等。产品包括汽车专用轴承、油封、仪表、起重机械齿轮箱、数控机床等机械零部件和设备。青岛吉明美机械制造有限公司主要生产链杆、汽车专用轴承、油封等各种机械零部件，90%以上产品是为世界著名轿车生产厂家配套。

食品加工

食品加工业完成产值244.3亿，同比增长6.6%，占全市规模以上工业41.8%。主要企业有青岛九联集团股份有限公司、青岛万福集团股份有限公司、青岛雀巢有限公司、青岛东生集团股份有限公司、青岛佳德食品股份有限公司、青岛宝泉花生制品有限公司、青岛海生果业有限公司、青岛锐宗食品有限公司、青岛洛山果仁有限公司、青岛五谷康食品有限公司、青岛谷香源食品有限公司、青岛六合万福有限公司、青岛希杰食品有限公司、青岛五洲食品有限公司、青岛金海源食品有限公司等，形成出口鸡（鸭）、猪肉、牛羊肉制品、花生制品、蔬菜加工、果汁、奶制品等主导产业。鸡（鸭）、生猪、猪肉肉制品等加工产业实现原料基地工厂化、生产加工标准化、经营管理现代化。莱西市是山东省最大奶牛生产基地、全国最大花生集散地，东生、长寿、佳德、洛山果仁、谷香源、中粮信远、宝泉等花生加工企业年出口花生名列全国前列。

橡胶化工

全年橡胶化工业完成产值60.4亿元，同比增长19%。主要企业有青岛耐克森轮胎有限公司、青岛耐克森橡胶有限公司、青岛伊科思新材料有限公司、青岛第派新材料有限公司、青岛金浪化工股份有限公司、青岛瀚生生物科技股份有限公司、青岛凯源祥化工有限公司、青岛金正农药有限公司、青岛永昌因特皮革有限公司、青岛橡六胶管有限公司等。产品有合成橡胶、尿素、碳酸氢铵、各种复合肥、专用肥、农药、橡胶制品、皮革制品、胶管制品等。青岛耐克森轮胎有限公司由耐克森香港控股有限公司投资成立，主要从事半钢子午轮胎生产，日产轮胎3万条，产品70%外销。耐克森橡胶有限公司主要生产加工机动车内胎、实心轮胎、高尔夫球及其他橡胶制品。年产实心轮胎20万条、高尔夫球240万个，产品100%外销。

纺织服装

全年纺织服装业完成产值63亿元，同比增长16.6%。主要企业有青岛乐好服饰有限公司、青岛泰光制鞋有限公司、青岛信元服装有限公司、青岛凤凰东翔印染有限公司、青岛高登路鞋业有限公司、青岛即发针织有限公司、青岛好事中制衣有限公司、青岛二和纤维有限公司、青岛喜盈门染织有限公司、青岛绵花纤维有限公司等一批股份制企业、民营企业和外资企业。产品主要集中在西装、麻制品、针织品、布匹印染、各种男女皮鞋、化纤布等领域。青岛凤凰东翔印染有限公司主要生产经营蜡染布产品、服装及进出口业务，是国内首家生产真蜡产品企业，印染设备、工艺技术、产品质量均居同行业前列，成为中国印染行业协会中国蜡染布生产基地，主导产品真蜡防印花布畅销非洲。

新能源汽车

莱西市共有新能源汽车产业有关企业36家，全年完成产值74.1亿元，占规模以上工业总产值15.4%，同比增长8.9%。龙头企业有北汽新能源、国轩电池等。以北汽新能源为龙头，重点建立产品营销和售后服务保障体系，形成整车销售、配件供应、维修保养、在用车检测、信息反馈等完善的一体化服务链条。以国轩电池、恒大电池、电机电控为引领，加强重点关键材料研发，扩大“三电”产业规模。2018年共签约项目31个，开工9个，北汽新能源二期、国轩电池二期竣工投产，AESC动力电池、中铁中基物流等重点配套企业相继开工，恒大动力电池、蓝谷动力等优质大项目即将落地。

新材料

全市共有新材料企业160家，全年完成产值23.2亿元，占规模以上工业总产值4.8%，同比增长24.8%。主要企业有青北碳素、德通纳米、远辉、广星电子材料等。重点发展石墨新材料、石墨深加工、石墨烯、3D打印材料、新兴功能材料等前沿新材料。

石墨产业

全年石墨产业实现产值17.3亿元，同比增长11.2%。莱西市石墨产业主要涉及石墨制品、碳素制品及石墨烯材料等，共有石墨生产企业128家，是全国最大的石墨材料加工基地、石墨材料交易集散地、石墨模具生产加工基地。主要以青北碳素、德通纳米、天和达石墨、广星电子、泰兴科技、华腾石墨等企业为代表。美籍华裔科学家萧小月创办的青岛德通纳米技术有限公司是莱西市石墨烯生产龙头企业，拥有5000吨石墨烯浆料生产线，系长江以北地区规模最大的石墨烯生产线，奠定青岛市石墨烯产业发展基础。

为加快石墨新材料产业发展，5月，莱西市碳材料商会成立。10月，中国青岛碳材料研究中心成立，致力引进碳材料产业关键核心技术和碳材料领域高端人才，孵化碳材料高新技术企业，转化碳材料科研成果，建设石墨新材料产业集群。截至2018年末已入驻专业团队5个和入孵企业5个。

生物医药

全市共有生物医药企业30家，2018年完成产值14.9亿元，占规模以上工业总产值3.1%，同比增长16.5%。主要企业有海氏海诺、金峰制药、万图明、信诺邦生物等，重点引进高端技术、人才、产品，提高研发能力。

信息技术

莱西市共有新一代信息技术企业30家，2018年完成产值3亿元，占规模以上工业总产值0.6%，同比增长553.5%。主要企业有中科钢研、麦格耐特、裕洋电子等。重点发展ICC类项目，成立莱西市集成电路产业促进中心，在上海、南京等地设立办事处加快项目引进和产业集聚。

节能环保

全市共有节能环保企业10家，全年完成产值1.56亿元，同比下降14.5%。主要企业有国林环保、崇杰环保、隆德水务等。重点推动“互联网+”和“PPP”等模式在节能环保领域应用，提高装备档次和技术水平，促进节能环保产业高端化、智能化、市场化发展。

新能源情况

全市共有新能源产业企业15家，2018年完成产值3亿元，同比增长97.8%。主要企业有琦泉生物质、沃尔风力等，从事阳能、风能、氢能开发利用，推进了新能源产业快速发展。

高端装备制造

全市共有高端装备制造企业10家，2018年完成产值0.6亿元，同比增长6.7%。主要企业有海力商用电器、运兴机械、泰新机械等。重点引进芜湖中科飞机制造有限公司、山河飞机制造有限公司等项目，突破莱西市高端制造的短板。

（市工业和信息化局）

工业企业选介

青岛万福集团股份有限公司

成立于1997年7月，由原莱西县冷藏厂改制而成，投资1万多元，有员工5600余名，占地66公顷多，是一个以农副产品加工出口为主的国家大型企业集团。主要从事蔬菜制品、肉制品、调理食品、优质饲料等系列300多个品种的生产和优良品种猪繁育、饲养、宰杀及畜禽产品深加工。产品畅销国内几十个大中城市和日本、韩国、中东、东欧等国家和地区。

公司拥有总资产15.9亿元，下设分公司（厂）30个，职工6000多人，拥有5万吨大型低温冷藏库、万吨恒温保鲜库及先进生产加工流水线，建有万亩蔬菜种植基地，年宰杀生猪100万头，年加工各类农产品20余万吨，年出口各种农产品5万多吨。带动3万多农户从事蔬菜种植、生猪养殖，每年为农民增加收入4亿多元。公司拥有发明专利和实用新型专利14项，取得ISO9001质量管理体系认证、ISO14001环境管理体系认证、ISO22000食品安全管理体系认证、日本农林水产省加热食品出口注册，生猪养殖技术、生猪屠宰技术在山东省内处于领先地位，是山东省生猪产销协会副会长单位。2018年万福肉联厂投资3000万元，新建生猪屠宰线一条。全年公司完成产值42亿元，增长15%。实现销售收入36.6亿元，增长6%，缴纳税金6850万元。

青岛雀巢有限公司

成立于1996年，是瑞士雀巢集团在中国第一大全资子公司，注册资本9.3亿元，有乳制品和咖啡两个工厂，占地面积33.6公顷，建筑面积约6万平方米，员工总数近600人。

青岛雀巢乳制品厂是山东省乳品行业龙头企业，占地10公顷，建筑面积3.4万平方米，于1993年开工建设，1996年投产。主要产品有鹰唛炼乳、超高温灭菌奶、淡奶（雀巢三花牌）和淡奶油，新产品有浓缩果汁和植物奶油。带动莱西市奶牛养殖业由建厂之初的20多户奶户、日产奶0.5吨，发展到270多户奶户、日产奶570吨，存栏奶牛5万头。

青岛雀巢咖啡厂是雀巢大中华区唯一一家咖啡工厂，2011年6月开工建设，2013年正式投产，总投资8.8亿元人民币，占地22.6公顷，建筑面积2.9万平方米。主要产品为纯咖啡，用于东莞雀巢咖啡有限公司和上海雀巢有限公司生产和加工咖啡混合饮品。咖啡产量持续快速增长，2016年咖啡厂的咖啡产量为0.5万吨，2017年咖啡产量达到0.7万吨。2018年咖啡产量达到1万吨，完成产值37.48亿元，增长1.3%，销售收入32.2亿元，增长8.2%；纳税3.64亿元，同比增长29.79%。

青岛雀巢有限公司采用绿色、节能、环保技术，配有世界一流的废水处理设施，带动形成一个集食品加工、包装、储存、运输为一体的完整产业链，对加快高端食品产业集聚区建设，促进全市经济发展具有深远意义。

青岛耐克森轮胎有限公司

位于莱西市姜山镇工业园泰光路北侧，青岛耐克森橡胶有限公司以西，由韩国耐克森轮胎（株）投资设立，是韩国耐克森系列企业在莱西市设立的第4家外资企业。于2005年12月成立，投资总额5.35亿美元，主要生产加工半钢子午轮胎及其他橡胶制品，产品70%外销。占地52.6公顷，投资完成后年产轮胎2100万条。2018年完成产值20.8亿元，增长2.11%；销售收入20.68亿元，增长1.6%；纳税1.4亿元，增长19.03%。

公司设立上海耐克森轮胎销售有限公司，并在广州、成都、北京、沈阳等地设立营业支店，产品销往欧美、中东、亚太、非洲等120多个国家。先后获山东省先进外贸企业、山东省双爱双评先进单位、青岛市劳资关系和谐企业、莱西市环境保护工作先进单位等称号。

青岛南墅泰星科技有限公司

位于莱西市梅花山工业园，成立于2005年，主要生产经营石墨制品、石墨烯制备、电热膜及健康用品，是国家科技部认定的国家级高新技术企业。公司重视科技研发，拥有专利成果15项，超薄石墨散热膜、石墨烯电热膜生产技术位居行业前列。拥有超薄石墨散热膜生产线两条，年生产能力达150万平方米；拥有电热膜模切自动化生产线2条，石墨烯PTC自限温电热膜自动化生产线1条。通过ISO9001质量管理体系认证、ISO14001环境管理体系认证，通过安全环保双体系验收。参与制定并实施超薄石墨散热膜行业最高产品标准［TS001—2018］。公司拥有“南墅”“南墅泰星”两个商标，产品主要有石墨烯远红外健康产品、石墨烯PTC自限温地暖膜、红外辐射取暖器、发热墙板等及系列采暖产品。

青岛德通纳米技术有限公司

2015年3月成立，位于莱西市南墅镇石墨新材料产业集聚区，投资金额5000万元，是一家从事石墨烯新材料研发与生产的科技公司。公司由石墨烯发现者、诺贝尔奖获得者安德烈海姆和国际知名石墨烯专家萧小月领衔组成技术与管理团队，已形成具有国际竞争力的产学研运行机制。公司拥有年产5000吨高品质石墨烯导电导热剂生产线，是江北最大石墨烯浆料生产基地，产品在国际国内处于领先水平，主要应用于高品质电池电极导电剂、高导热石墨烯复合材料、海洋工程防腐涂料和电磁屏蔽涂料。

（市工业和信息化局）

民营经济

概况

截至12月31日，莱西市市场主体总量达7.86万户，其中个体工商户达5.76万户，私营企业1.64万家，内资企业735户，外资企业430家，农民专业合作社3370户。

2018年，全市新增民营市场主体1.4万户，民营市场主体总量突破7.8万户。其中，新增民营企业4058家，民营企业总量达1.65万家。全市民营企业新吸纳就业人数1.59万人，政策性扶持创业877人。莱西市上市挂牌企业99家，其中新三板2家，四板97家。新增省市级企业技术中心1家，新认定“专精特新”企业27家，国家高新技术企业45家，“隐形冠军”企业2家。

主要工作

举办青岛民营经济发展论坛暨莱西市千人百企大走访活动专题讲座，为莱西市600多个民营企业家进行经济形势与政策解读，召开全市民营企业座谈会，与来自不同行业民营企业面对面交流，听取意见建议，帮助民营企业融入招商引资大局。先后为凤凰置业、鲁民投基金、东莱投资、格林堡建设、山东青原、山东允天保温等20余家企业申请核准省级及免冠行政区划国字号名称。开通“重大项目服务直通车”，为凯盛现代智慧农业、中德氢动力、北汽新能源、金沙江动力等20余家投资过亿企业核发营业执照。加快“互联网+政务”推行进度，全面推行企业登记全程电子化，实现企业登记“无纸化、零见面”。全年指导企业办理全程电子化登记1472户，个体微信办照220户。

创新招商方式，强化合作交流。分别赴长三角、珠三角及山东省济南、青岛、潍坊、烟台等地开展精准招商活动，接待项目考察组团90余次，举办专题招商推介会6次，已促成富力（北京）地产开发项目、北京OE鸥瑞智诺能源科技、中国冷链物流、北京迪信通智能终端家居产业园、山东胜宁高速电动汽车配套件、北京鑫和宇泰汽车部件有限公司投资的汽车零部件（冲压件）项目等10个投资亿元以上重要项目签约落地（投资总额211.5亿元），拟签约投资亿元以上项目10个（投资总额74.1亿元），意向在谈项目31个。

打造山东省首个基金小镇——青岛（姜山）基金小镇。2018年，通过举办闭门推介会、基金小镇论坛峰会等活动，提高基金小镇行业知名度，扩大小镇影响力，自启动以来累计注册基金类企业433家，认缴出资额305.1亿元，实缴出资额36.75亿元，拟募集基金规模805.62亿元；其中基金管理企业323家，认缴出资额139.75亿元；正在办理中的基金类企业47家，资金规模18.76亿元；正在对接洽谈项目83个，资金规模298亿元。打造北方石墨产业聚集区，组建成立碳材料商会，是莱西市第一个实行法人治理结构商会，吸引部分高新技术企业入会。研究起草《关于加快物流业发展的意见》（征求意见稿）和《莱西市物流业发展实施方案（2018—2020）》，争取设立物流发展专项资金，通过贴息、补助、奖励等形式支持物流园区、物流大项目集聚发展，支持物流标准化建设和A级物流企业申报。

（市工业和信息化局）

民营企业选介

青岛智慧云谷智能科技有限公司

成立于2014年6月26日，注册资金500万元，是一个既拥有一大批全球领先并有自主知识产权的物联网、云计算、大数据平台、人工智能等核心技术，又能同时实现技术应用和产品转化并独立形成物联网产业链的高科技公司。产品及平台可广泛应用于涉及国计民生特别是智慧城市、智慧家居、安全生产、能源管控、生产自动化、环保等领域。

公司获专利、著作权、商标等知识产权500余项，陆续通过ISO9001、ISO14001、CE、FCC等国家及国际认证。2016年，被国家科技部、住建部指定为智慧城市（智慧社区）试点示范单位。同时，被确定为山东省软件工程技术中心、山东省工业设计中心、山东省企业技术中心。公司CEO、CTO胡克会也因贡献突出，获2016年度山东省泰山领军人物称号。

青岛永敬丰润钢结构工程有限公司

成立于2006年，是集钢构设计、制作、施工三位一体钢结构工程承包企业，是山东省建筑工程管理局核准的钢构工程专业承包贰级资质企业。公司拥有一批专门从事钢结构、网架结构设计的中、高级工程技术人员，拥有先进的钢结构及网架计算机辅助设计系统，采用国内先进纵剪矫平机、激光切割等钢结构生产加工设备及超声波焊缝探伤检测设备。公司承建青岛了京华彩纺织生产车间、九联集团饲料厂、北汽新能源生产车间等数百个大、中型工程，在钢结构工程方面可承建大跨度、高难度各类型钢结构工程。

青岛宝泉花生制品有限公司

成立于2000年，位于莱西市水集街道办事处水马路12号，占地面积2.1公顷，生产厂房建筑面积1万余平方米，注册资金1000万元，有员工160余人，主要产品包括裹衣、油炸、烤红衣、烤果、花生碎、半粒等七大系列30多个品种。

宝泉花生从建立初期的年产3000吨花生粗加工，逐步发展到年产1万余吨花生制品精深加工企业，产品80%外销。公司拥有新产品研发技术中心，被青岛农业大学确定为教学科研基地。拥有发明专利10项。在当地同行业中率先通过ISO9001质量体系认证、HACCP认证和QS食品安全认证。2012年获山东省级农业产业化龙头企业称号。公司先后获山东省专利项目三等奖，青岛市科技发明三等奖，其中裹衣花生、咖啡花生等产品多次在中国绿色食品博览会上获“畅销产品奖”和“金奖”；“宝泉”牌花生制品先后被评为青岛市和山东省“著名商标”“名牌产品”。截至2018年末，共确立并实施研发项目30多个，12项被列入青岛市级重点技术创新项目计划。20余项新技术、新产品通过青岛市科技局、青岛市经信委成果鉴定，2018年被评为山东省知名农产品品牌。

青岛新诺科铸造材料科技有限公司

位于青岛莱西市经济开发区梅山路南国道204线西，占地面积6.6公顷，注册资金1000万元，一期总投资8000万元，是集精密铸造材料科研、生产、销售于一体高科技企业，也是中国首家航空航天精密铸造蜡生产商。主要产品有航空航天专用蜡、雕塑、艺术铸造蜡、机械手专用蜡及快干硅溶胶粘合剂，可根据不同产品定制不同型号中温精铸蜡、锆砂锆粉、帮助企业旧蜡净化处理循环利用等。公司拥有先进自动化生产设备，年生产精铸蜡规模达4000吨。拥有按照国际标准设立一的流检测中心，可检测精铸材料各项重要指标。已拥有实用新型专利8项、发明专利4项，通过ISO9001质量保障体系认证和ISO14000环境保障体系认证，是中国铸造协会会员单位。2016年公司被认定为青岛市级企业技术中心；2018年被认定为青岛市隐形冠军企业。公司展品“精密铸造模型蜡”在2018年第十六届中国国际铸造博览会上获全国铸造材料金鼎奖。10月，公司获中央军委装备发展部颁发的《装备承制单位资格证书》。

公司采用并制定精铸蜡行业国家标准，于2018年12月28日由国家市场监管总局和中国国际标准化管理委员会联合批准。

（市工业和信息化局）

农　业

综　述

2018年，莱西市被农业农村部评为一县一业典型示范县、全国主要农作物全程机械化示范市，被省农业农村厅评为山东省农产品加工示范县，并获山东省农村土地承包经营权确权登记颁证先进集体称号。

农业生产

围绕粮食生产功能区建设，依托粮油绿色高产高效创建，完成小麦、花生绿色高产高效创建示范面积1.33万公顷，示范小麦品种14个、花生品种16个，推动全市小麦再增产，其中单产410.3千克以上，总产26.18万吨。全市蔬菜播种面积3.55万公顷，总产量约216万吨，总产值达30余亿元。引进蔬菜新品种55个，食用菌新品种4个，推广应用新技术5项。新培育“设施嫁接茄子超高产高效”生产基地1处。加快全市果园更新换代步伐，以北部山丘为重点，打造6660余公顷优质果品生产功能区，全市果园面积1.35万公顷，果品总产26.2万吨。

农业产业化

全市共有国家级农业产业化龙头企业5家、省级9家、青岛市级42家。拉动全市牛奶、肉鸡、猪肉、蔬菜、果品和花生等六大农产品加工产业链条加粗加长，全市80%以上的农户纳入农业产业化经营体系。出台《关于扶持培育新型经营主体发展壮大的实施意见》，引进培育包括金丰公社、丽斌合作社、丰诺植保在内的500余家优秀的新型农业经营主体。示范农民专业合作社达到234家，示范家庭农场达到213家。全市规划建设现代农业示范园区87个，打造省级农业旅游示范点31处、精品采摘园24处、“休闲田园游”示范点40处，培育省级农业标准化生产基地2个。2018年全市“三品一标”农产品总数达210个，其中无公害农产品170个、绿色农产品5个、有机农产品25个、地理标志农产品10个。全市共争创青岛区域公用品牌4个、知名产品品牌10个、山东省首批知名企业产品品牌1个，获全国名特优新农产品2个。九联集团获农业部中国十大农产品出口品牌称号。

农村创业创新

莱西市被农业农村部评为全国100个“农村创业创新典型县”范例之一，山后韭菜生态休闲农业园和双龙泉现代农业示范园被评为全国农业创业创新园区，6家园区获青岛市级农村创业创新园。全市累计投入财政支农资金6.5亿元，撬动社会资金29.8亿元。设立“创客空间”76个，建设科技孵化基地12个，培育各类经济实体660余家，创办规模农业创业创新园区75个，带动3.2万人就业，年营业收入超过4亿元，农村双创对乡村发展的综合贡献率超过45%。8月22日，由农业农村部主办的第二届全国农产品流通大数据与乡村振兴高峰论坛暨莱西市农业大数据平台启动仪式在莱西市举办。

美丽乡村

2018年，莱西市美丽乡村标准化建设共投资1.73亿元，打造15个示范村、230个达标村。示范村已进入绿化和文化提升扫尾阶段；达标村在完成青岛市下达150个指标任务基础上，超额完成80个村庄建设任务。按照“村点出彩、沿线秀丽、产业兴旺、全面整洁”标准，实施美丽乡村标准化建设专项规划和村庄规划编制工作，打造“一带一湖四线”（大沽河、莱西湖、省道209线、国道204线、小莱路、南城路）美丽乡村风情带。因地制宜确立主导产业，找准致富增收的切入点和落脚点，实现“村村有产业、户户有收入”。规划建设的前保驾山一村有机蔬菜产业园，年可为村集体增收50余万元，带动群众增收200余万元。把美丽乡村与“乐在莱西”旅游品牌创建有机结合，立足生态资源优势，展现“绿城水乡”的生态特色，打造以产芝村为代表的生态环境优美、设施服务完善、文化传承深厚的休闲旅游型美丽乡村。坚持“一村一品、一村一韵”，依托村庄自然禀赋和历史传承编制村庄规划，打造红色记忆型前保驾山一村、产业发展型茂芝场村、酒文化传承型姜家许村、文旅融合型挙止头村、乡风文明型刘家庄村等各具特色的美丽乡村。

（市农业农村局）

种　植　业

粮油生产

粮油连年增产。2018年全市小麦单产410.3千克以上，总产26.18万吨，比上年增加7.26万吨，增加38.37%。花生收获面积1.57万公顷，单产310千克，比去年同期增加20%；玉米收获面积4.24万公顷，单产557.15千克，比去年同期增加12.6%，完成小麦播种面积4.17万公顷。

蔬菜生产

蔬菜效益稳步提高。全市蔬菜播种面积3.55万公顷，比去年同期增加133.33公顷。新增设施面积133.33公顷，总面积达1.45万公顷。蔬菜总产量约216万吨，总产值达30亿余元。开展新品种、新技术试验示范，引进蔬菜新品种55个，食用菌新品种4个，推广应用新技术5项。新培育“设施嫁接茄子超高产高效”生产基地1处，面积达9.33公顷，平均亩产3至4万千克，亩纯收入10余万元，具有辐射带动效果。

智慧农业建设

农业大数据平台建设　与北京布瑞克农信集团合作开发农业大数据平台于8月23日正式启动运行，莱西市农业大数据平台获2018年度全国县域数字农业农村发展水平评价创新奖，为农户提供农业生产指导技术、实现大数据综合管理、数据共享与查询、农产品价格监测预警、可视化分析等服务，提升全市农业信息化、智能化水平。

智慧农业小镇建设　签订农业大脑项目框架协议，发挥中国建材和浩丰食品的产业资源，计划在开发区投资70亿，规划建设集千亩荷兰智慧温室、蔬菜深加工基地、5.0新型绿色建筑于一体的智慧农业小镇。

大数据指导农产品销售　新培育物联网示范基地2处、电商示范小镇2处、益农信息社12家。引进培育海淘大宗等三家电商企业，用数据分析指导农产品销路，拓宽农产品销售通路。

农村改革

产权制度、确权登记颁证和清产核资改革　出台《关于规范农村土地承包经营权有序流转的实施意见》（西发〔2018〕8号）《关于扎实推进农村集体产权制度改革的意见》（西发〔2018〕7号）《莱西市农村集体资产清产核资实施方案》（西农字〔2018〕26号），推动全市农村综合改革。2018年，全市861个村庄改制工作全部结束，在青岛地区率先调整建制，完成农村产权制度改革工作。全市861个村，应确权村庄846个，788个村庄已完成确权登记颁证，占全市应确权村庄数的93.14%。全市清产核资工作已全部完成。

发展集体经济 出台《关于发展壮大全市村级集体经济的实施意见》（西发〔2018〕35号），鼓励村庄转变村级集体经济经营方式，多渠道增加村级集体经营收入，壮大集体经济实力。《青岛日报》于4月8日刊登题为《莱西：做“活”农地兴业富民》——“积极探索农村土地流转经营新路径、推动乡村产业振兴”的文章，宣传建设镇村农业发展公司连片运作，创建农民、镇村和用地三方受益的马连庄模式，成立土地股份合作社，构建个体农户和村集体双增收的东石格庄模式和以土地股份合作为平台，让农民搭上高效农业快车，享受土地制度改革成果的“前我乐村模式”。青岛市政府办公厅内部专报印发《莱西市积极打造土地流转新模式》一文，对莱西市土地流转取得的成绩进行介绍，为壮大村级集体经济提供样板。

一二三产融合发展

农业产业链创新 推进农村产业兴村强县示范行动项目，以产业融合发展为路径，以乡土经济、乡村产业为核心，以农业产业强镇示范建设为载体，推进农业产业发展，带动农村全面进步、农业全面发展。已完成项目前期招标、项目总体规划等工作。围绕打造葡萄全产业链，会同院上等相关镇街抓好推进工作。2018年底，产业规划已经形成，规划核心区面积1.11万公顷，并示范带动2万公顷的辐射带动区。

休闲农业与乡村旅游 围绕打造“乐在莱西”旅游品牌，参与国家级、省级、市级休闲农业与乡村旅游示范单位创建工作，已建成国家休闲农庄4处、现代农业园区87个，打造农业休闲节庆活动14个，省级精品采摘园27处、“休闲田园游”示范点40处，水集街道产芝村入选“山东美丽休闲乡村”。

农业托管服务

全程托管 秉承“为农民服务，让世界种田”的理念，依托金丰公社为农户提供从种到管、代收代售、从技术服务到物资供应的全程托管服务。截至2018年底，已吸纳社员2800余户，招募各类农机手200余名，无人机操作人员（飞防人员）50名，开展农业生产的耕种管收托管服务，完成胡萝卜托管服务600多公顷、土豆260多公顷，完成小麦托管机收3466.67公顷，完成花生托管服务400余公顷，其中全程托管服务高油酸花生133.33公顷。完成玉米托管1000公顷，并参与莱西农业生产功能区建设项目工作，完成花生统防统治社会化服务面积3333.33公顷，完成玉米机收733.33公顷，小麦机播1333.33公顷。

合作托管 秉承“让农业更简单”的理念，依托丽斌合作社将合作社资源集聚起来，采用“合作社+合作社”的模式，为农民提供服务，推动农业机械化、产业化发展。

专业托管 秉承“风险共担、利益共享”的理念，依托丰诺植保等公司，探索以植保服务带动，采取“市场+基地+会员”发展模式，为会员提供技术指导、农资供应、托管服务、资金统筹、产品销售等服务，带动上万农民致富。

农业创新科技引领

新品种引进推广 共引进推广小麦、花生、苹果、甜瓜、胡萝卜、芹菜等6个品类共计155个农作物品种，其中高油酸花生栽培达到466.67公顷，新模式苹果栽培面积达到666.67公顷。制定《莱西市现代种业发展规划》，引进培育具有竞争力的现代种业企业，扶持本地种业企业做特做优，通过产业聚集、人才引进、技术集成、资本注入、成果转化、产品推介和服务配套等措施，推进全市现代种业的健康发展。

农业创业创新 出台《莱西市乡村之星选拔管理办法》，每年投资18万元，选拔10名莱西市第一届乡村之星。完成新型职业农民培训2990人，占全年任务的103%。新建农民田间学校27处。以“创新主体+带动创业”方式发展农村创业创新，青岛沁楠香农业生态观光园等6家园区获青岛市级农村创业创新园。

农业生态绿色发展

加快农业品牌建设　引导各类经营主体创建农产品商标，加快“三品一标”认证步伐。全市新申报认证“三品一标”农产品31个，总数达到129个。以马连庄甜瓜、店埠胡萝卜等区域特色农业品牌为重点，打造具有知名度和影响力的农业区域公用品牌，全市有全国名特优新农产品2个、山东省知名农产品企业产品品牌5个、青岛市区域公用品牌3个、青岛市知名产品品牌9个。开展第二届老百姓最喜爱的农产品系列评选活动，举办莱西市第二届农展会，开展莱西市首届中国农民丰收节系列庆祝活动。

发展生态循环农业　以推广测土配方施肥、水肥一体化为手段，开展农业面源污染治理工作，降低化肥、农药对生态环境的面源污染，全市新增水肥一体化面积3193.33公顷，新建液体加肥站4处。回收处置农药废弃包装物123万个。加强农药监管，开展农药经营许可工作，受理农药经营许可申请656家，已核发经营许可证576个，颁发青岛市首张农药经营许可证，清理整顿农药经营市场。实施双低农药补贴与小麦“一喷三防”项目，补贴金额300万元，补贴面积4.19万公顷，平均挽回小麦产量损失7%以上。实施低毒低残留及生物农药补贴项目，补贴面积1.1万公顷，金额600万元，推广双低农药，减少高毒农药使用。7月16日，由青岛市农机局组织的全市10万亩花生统防统治无人机飞防开机活动在莱西市沽河街道召开。

（市农业农村局）

畜牧养殖业

概况

制定印发《莱西市现代畜牧业“十三五”发展规划》，全市省级以上示范场达到 20处，“退户进区”养殖小区达到 54 处，现代畜牧业示范园区达到 12 处。开展畜牧业绿色发展示范创建活动，莱西市获得第一批国家“畜牧业绿色发展示范县”称号。全市有10 处镇街、80 家养殖场通过青岛市级畜牧业绿色发展示范镇（场）验收。推进禁养、区内规模养殖场、专业户关闭搬迁工作，禁养区内162 处规模养殖场、专业户全部关停。以生态环保为重心，推广农牧结合、生态循环养殖模式，建立起大、中、小循环相结合的畜禽养殖废弃物循环处理体系。年末，全市存栏奶牛6.69万头，出栏生猪66.9万头、肉食鸡6410.64万只，畜牧养殖业在农村经济发展和农民增收中的地位和作用增强。

畜产品供应保障　2018 年，全市肉蛋奶总产量达到38.66万吨，主要畜产品自给有余，继续保持全国畜牧养殖业大县地位。

标准化、规模化养殖场建设　2018 年，莱西市加快推进标准化养殖场（区）和畜禽“退户进区”工程建设，按照“六化”标准，全市新建、改扩建养殖场(小区)5 处，创建青岛市级以上示范场 12 处。

畜牧养殖业绿色发展　11月5日，青岛（莱西）畜禽粪污资源化利用综合项目开工奠基，标志莱西市在实现绿色崛起的道路上迈出关键的一步。项目建成后将解决畜禽粪污等有机废弃物污染问题，还可以为城乡居民提供清洁能源和有机肥料，提高农民收入，实现主营业务与当地种养业良性循环，实现乡村绿色生态发展，助力乡村振兴。

重大动物疫病防控　2018 年，莱西市严格

执行组织动员到位、技术培训到位、责任落实到位、督促检查到位、物资储备到位的“五到位”要求，开展春秋两季重大动物疫病集中防控行动，累计免疫生猪口蹄36.2万头、牛羊口蹄疫22.56万头只、家禽高致病性禽流感446.6万只。12月25日，由青岛市防控重大动物疫病指挥部组织的2018 年突发重大动物疫情应急处置演练活动在莱西市举办。

重点工作及活动

废弃物处理设施配建 5月底，莱西市率先全部完成规模养殖场废弃物处理设施配建任务。全市445处规模养殖场，除14处关停外，其他431处已配建完成废弃物处理设施，实现两年任务一年完成的目标。6月29日，青岛市“走进市办实事、见证民生项目”现场会在莱西召开，现场观摩莱西市畜禽粪污处理设施配建现场，并代表青岛市接受群众评议，赢得代表群众好评。

非洲猪瘟防控 8月，自全国第一例非洲猪瘟疫情出现之后，莱西市以疫情“外堵、内控”为核心的防控策略，制定以落实责任、应急管理、联防联控、宣传引导为主体的措施体系，落实防控工作日报告制度和以生猪调运监管、疫情排查、应急管理、宣传引导为主体的措施体系。市镇村三级上下联动、全面动员，各部门相互配合、实现非洲猪瘟防控区域全覆盖、措施全落地。截止到12月底，全市先后发放张贴非洲猪瘟防控明白纸、防控知识手册、宣传挂图、《致广大生猪养殖经营者的一封信》《生猪收购贩运经纪人告知书》等宣传材料3万余份；先后多次组织开展非洲猪瘟防控培训班，累计培训2800余人次。成立包保责任组，累计排查生猪养殖场户、生猪屠宰加工企业、病死畜禽无害化处理厂2.62万个次，生猪261.62万头次。严格调运监管，落实暂时关闭生猪交易市场（场所）制度。规范生猪养殖行为，落实清洁消毒、封闭饲养、自繁自养、全进全出、严禁泔水喂猪等制度。强化应急储备，加强应急值守，健全应急队伍，落实应急物资储备。

畜产品质量安全 2018年，莱西市印发《关于印发莱西市畜产品质量安全整治“百日会战”行动实施方案的通知》，开展畜产品质量安全系列专项整治行动，累计检查管理对象794个，出动监管执法人员1669人次，立案查处违法行为55起，罚款金额12.72万元。4月至6月，组织抽调15名业务骨干对5处重大活动畜产品供应保障基地进行24小时驻点监管，完成青岛上合峰会畜产品供应保障任务。7月，通过欧盟对莱西市出口动物源性食品残留监控工作考察。8月至11月，组织人员参与莱西市国家农产品质量安全市创建工作。完成畜牧业投入品、畜产品质量抽检，抽检兽药产品109批次、饲料产品47批次、畜产品2040批次，“瘦肉精”快速检测5.2万批次。完成奶牛、羊人畜共患病检测工作，启动牛羊布病净化示范场创建工作。

污染源清查工作 为做好莱西市污染源普查——畜禽规模化养殖场污染源清查工作，市畜牧兽医主管部门选聘9名普查指导员和36名基层普查员，累计印发1400余份《第二次全国污染源普查——规模化畜禽养殖场清查表》，全面开展清查工作。截止到2018年末，累计清查国家、山东省印发的清查名录库中1056个养殖场，清查辖区内新增养殖场152处。通过清查汇总，莱西市纳入普查的443处畜禽养殖场现已全部录入国家清查名录库。

（市农业农村局）

果　业

概况

2018年，莱西市在指导农民做好疏花疏果、果品套袋、病虫害防治等田间管理措施落实的基础上，推广苹果自根砧矮化密植栽培模式，加快全市果园更新换代步伐。全市果园总面积稳定在1.38万公顷左右，年产量达到30万吨，果园的良种覆盖率达到100%。全市新建园面积总量达466.67公顷。全市按五化标准验收通过6个青岛市绿色果园，为苹果更新换代和可持续发展提供可靠的技术支撑。

莱西果业生产特点突出，在新品种、新技术的引进、试验研究与开发以及栽培面积等方面，位居青岛市各市区的前列，尤其苹果和梨矮砧化集约栽培技术、葡萄和油桃设施栽培技术、极晚熟桃大面积高产栽培技术、无核葡萄优质栽培技术、日韩梨网架栽培技术等，居于全国领先水平。以果业为载体的现代农业园区及旅游观光农业蓬勃发展，产业化水平不断提高。

苹果矮砧集约化栽培面积达到733.33公顷以上。通过国家水果产业体系、青岛农业大学及其他科研单位，相继引进了国内外部分苹果矮化砧木，有M9T337、JM7、B9、M系、G系、俄罗斯抗寒系、青砧系等进行试验、示范、扩繁，同时又相继引进国内外20多个不同类型的苹果新品种，为国内不同气候条件的苹果栽培区域提供相应砧穗组合的矮化苗木，供各地进行试验示范，以此带动现代新模式苹果的推广。马连庄镇苹果主题公园、河头店镇东大寨苹果小镇、沽河街道张格庄万亩苹果观光采摘园等发展势头良好。

梨矮砧集约化栽培面积达到533.33公顷以上。自2013年开始，与国家梨产业体系和青岛农业大学园艺学院联合开展梨矮砧化集约栽培技术研究与示范推广，已经在莱西市良种繁育场建立梨矮化砧木圃、梨品种采穗圃、梨矮化苗木繁育圃，在全市已推广梨矮砧化示范园53多公顷，带动梨树栽培制度的变革。

设施果树发展规模、效益双增，到2018年底，全市共发展设施油桃大棚1690个，面积160公顷；设施葡萄大棚1.16万个，面积1159.2公顷；设施草莓大棚2177个，面积217.67公顷。

极晚熟桃子发展迅速，效益高。莱西市是极晚熟桃子优势栽培区域，栽培面积2200多公顷，主要分布在南墅镇、院上镇、马连庄镇。南墅镇袁家村发展面积170多公顷、院上镇吴格庄村发展面积达到150多公顷，已经成为村里的主营产业。

果树品种及其分布

随着农业结构的调整优化，树种和品种布局正在向区域化、规模化发展。苹果主要分布在马连庄、河头店、南墅等镇的低山丘陵区及沽河、院上、望城等镇街的大小沽河沿岸，主栽品种为晚熟红富士，辅以嘎拉、乔纳金、新红星等中早熟品种。梨主要分布在日庄、院上、河头店、马连庄等镇河滩地及缓坡丘陵区，主栽品种为日韩系的新高、黄金梨、园黄和丰水等。桃主要分布在水集、院上、南墅等镇街，主栽品种有晚红脆、中华寿桃、映霜红、金秋红蜜、早熟油桃等。

果品生产

果品更新换代步伐加快。引进新技术、新

品种，全市新栽植苹果、梨、晚熟桃等达到2333.33公顷，新增保护地葡萄、草莓、油桃的设施面积200公顷，引进苹果新品种3个、无病毒品种5个。召开第三届全国葡萄苗木繁育与砧木创新学术研讨会，良种繁育场荣获“青岛市科技进步一等奖”。与中国农科院果树研究所、山东青大种苗有限公司合作，打造建成国家落叶果树脱毒中心青岛无病毒葡萄苗木栽培实验基地，引进葡萄脱毒原种定植和葡萄苗木组培扩繁，建成无病毒葡萄种苗种植示范大棚、无病毒种苗保存圃及脱毒组培种苗生产线，给莱西葡萄产业注入新的活力。

新品种、新技术推广

推广富士苹果矮化自根砧优质富士新品种666.67公顷。推广果实全园套袋技术，全市推广应用果实套袋17亿多个，其中优质纸袋达70%以上。

果园铺设反光膜8000公顷。全市实行壁蜂授粉推广6660余公顷，提高了果品质量。推广园地土壤免耕技术。推行生草果园4000公顷，覆草覆膜果园1460余公顷，6660余公顷果园推行节水灌溉。

测土配方施肥技术。取土样800个代表果园3330余公顷。在增施有机肥的基础上，全市有1.3万余公顷果园推广应用测土配方施肥技术，提高了肥料利用率和园地土壤肥力。

设施栽培技术。全市拥有果树设施栽培面积1530余公顷，形成马连庄和河头店等镇的大棚草莓、葡萄、沽河街道和院上镇的大棚葡萄、院上镇大棚油桃规模化的种植区。

基地与科研

2018年5月20日，由中国农科院组织的国家落叶果树脱毒中心青岛无病毒葡萄苗木栽培实验基地落成揭牌暨山东青大种苗有限公司与中国农科院合作协议签字仪式在莱西市召开。5月26日，由中国园艺学会果树专业委员会组织的，以葡萄苗木繁育与砧木创新为主题的第三届全国葡萄苗木繁育与砧木创新学术研讨会在莱西市召开。

（市农业农村局）

水　利

2018年，莱西市水利工作践行“节水优先、空间均衡、系统治理、两手发力”的治水方针，遵循“尊重自然、顺应自然、保护自然”的生态治水理念，民生水利、生态水利、平安水利建设、水利工程维修管护、水行政许可审批等各项工作取得一定成效。

重点水利工程

2018年，围绕水系联通、农田水利建设、水源保护，共落实上级资金约1.1亿元，实施6项重点工程：投资4095.66万元，实施大沽河上游水系联通项目；投资3000万元，实施农田水利项目县项目；投资262万元，实施中央补助资金农业水价综合改革项目；投资624.55万元，实施农业水价综合改革市级资金项目；投资1994.37万元，实施农村饮水安全巩固提升工程；投资587.04万元，实施高格庄水库饮用水水源地安全保障项目。6项工程均已完工。

市水利局承担市政府重点工程1项（展格庄水厂深度处理工程，投资6300万元）、市政府实事工程2项（城区老旧供水管网改造工程概算投资3950万元、城区老旧小区一户一表改造工程概算投资790万元），均为跨年度工程，由自来水公司负责实施，年底三项工程均可提前完工。

防汛工作

4月以来，国家、省、青岛市相继召开专题会议对2018年防汛工作进行安排部署，提出明确要求。莱西市召开防汛工作会议，市防指组织对全市大中型水利工程、各镇街防汛工作开展情况进行全面检查，针对防汛隐患建立台账，明确要求及时限，于汛前全部整改结束。开展防汛演练，制定防汛预案，应对数次台风及强降雨，全市防汛工作做到有备无患、有条不紊。重点推进小型水库安全度汛工作，对全市52座小型水库防汛存在的问题进行全面排查，共排查问题120个，已全部整改到位，在水利部和省水利厅三次暗访督查考核中均取得青岛市最好成绩。组织赴寿光灾区进行抢险救灾并完成任务。

水行政执法

出台《莱西市采砂管理办法》及《莱西市河道管理办法》，建立河道采砂管理责任制，明确责任分工，建立水行政联合执法、协调联动机制，对国土、水利、公安、交通、公路、供电公司及各镇街责任进行分解细化，形成齐抓共管局面。加大巡查督查力度，对重点区域及水事多发河段开展执法巡查，定期开展河湖采砂专项整治行动，全年完成执法巡查300余次，开展联合执法22次，查处违法采砂案件8起，涉嫌构成犯罪移交公安部门1起，罚款4万元，非法采砂行为得到有效遏制，境内河务秩序稳定。开展世界水日、中国水周宣传，提高公众水忧患意识。

河湖长制工作

2018年以来，莱西市把实行河长制作为一项政治任务来抓，以保护水资源、防治水污染、改善水环境、修复水生态为主要任务，坚持生产生活生态统筹、水域水量水质并重、预防保护治理齐抓，河长制实现从“有名”到“有实”转变。

开展“清河行动月”活动。共出动人员1.02万人次，机械2009台次，打捞漂浮物、河道垃圾2.6万立方米，河（库）湖环境面貌得到改善。

开展河长巡河活动。编印河长手册，河长巡河做到巡查有方案、有记录、有问题清单、有宣传报道、有整改反馈。全年各级河长共开展巡河4816次。

推进“清河行动回头看”及清四乱活动。对20条市级以上河道存在的问题进行拉网式排查，共排查问题537处，全部进行清理，净化河道环境。

抓好湖长制工作。以市委、市政府名义印发《莱西市全面实行湖长制实施方案》，设市级湖长3名、镇级湖长46名、村级湖长94名，市镇两级制定并印发河湖长制相关工作制度及考核办法，初步建立起市、镇、村三级湖长体系。湖长公示牌设置62块，全部安装到位。

开展河（库）湖划界工作。重点对流域面积在50平方千米以上的河道和常年水面面积在1平方千米以上的湖泊进行管理范围和保护范围划定。年底划界年度工作任务完成，为下步河湖长制工作开展奠定基础。

高格庄水库移民搬迁

高格庄村纳入避险解困的共481户共1292人，整体搬迁到新建的龙泉湖社区，建成15栋楼、510套安置房用于安置。拆旧房、抓阄、选房、公示、搬迁安置等工作已全部完成，省、青岛市移民局，两级对莱西市经验进行总结推广，龙泉湖社区被省住建厅评为“人居环境范例项目”。

（市水利局）

水　文

水文监测情况

雨情　2018年，监测全市年平均降水量691.0毫米，较去年偏少3.6毫米，各监测断面年内无有效径流。

墒情　全市共有墒情监测站3处，6月中旬，莱西市北部、南部出现轻度干旱，下旬北部、中部、南部均出现轻度干旱，其他时间土壤相对湿度适宜。

产芝水库库容　截止到12月31日，产芝水库库容为6000万立方米。

全年降水特征　全市降水量在时程和地区分布上不均匀，南部降水量较大，中东部降水量较小。降水量主要集中在6至9月，其中6月全市降雨量为473.2毫米，约占全年降水量的68%以上。

防汛抗旱工作

按要求成立防汛抗旱工作领导小组。制订产芝水库汛期防洪预案、汛期应急值班制度。组织产芝水库，大沽河、洙河和城区积水监测四个应急小分队，开展5次应急演练。立足防大汛、抗大洪的责任意识，健全各项汛期工作制度，签订防汛责任书和安全责任状，完成测报任务。

加大资金投入，保障防汛抗旱监测。完善城市积水监测设施，加强城区七处易积水路段降雨量的实时显示。在高格庄水库、洙河莱西水文站、大沽河张家院水文站、沙湾庄水文站。安装雷达水位计等自动监测仪器，对全市境内大沽河、洙河水位变化情况进行实时监控。对各水位站视频监控用电进行改造，接上动力电，配备太阳能供电和动力供电两套系统，确保汛期设备正常运转；在产芝水库投资新建自动遥测雨雪量计，确保冬季降雪监测；加强信息中心建设，开发莱西市水文综合服务平台等，为做好预报预警提供保障。完成大沽河沙湾庄监测断面流量自动遥测系统建设任务，为大沽河防洪减灾，提供精准、实时的技术支撑。完成全年水功能区的监测资料分析、统计工作，做好用水总量调查和水质监测，安装三处用水总量调查在线监测设施。

应急处置。8月28日，受副热带高压边缘暖湿气流与弱冷空气影响，莱西市出现间歇性降雨天气，降雨分布不均。28日8时至29日8时，全市平均降雨量45.9毫米，最大降雨量出现在李权庄，降雨量达127.5毫米。降雨发生后，市水利局迅速启动防汛预案组织测报工作，定时定点对实时雨量、水位、库容进行监测。28日晚18时，大沽河张家院水文站水位开始上涨，工作人员克服作业环境狭窄、测流条件较差等因素，按照规范对洪水过程进行准确监测；晚21时30时，洪水开始回落，过程中每小时向市政府通报降水强度、降水范围，为市政府防汛工作提供决策服务。

全省第一个农业水文站

在店埠镇国家农业万亩示范园内建设山东省第一个农业水文站，可进行气温、气压、风向、风力、湿度、降水、蒸发、降雪、地下水等十项要素的气象水文监测。3月完成建设；4月进行设备调试、人员培训，制定服务方案；5月试运行。水文站的建成提高水文站网覆盖率，截至2018年底该站运行正常，每天为当地政府和农民提供实时的水文精准服务。

城市水文监测与服务

制定城区道路积水监测预报预警规范，在做好主要道路积水监测的基础上，完善城区降雨量监测功能，使7处积水监测点可同时进行降雨监测和信息传输，填补了城区降雨监测的空白，提高了城区预报预警能力。

雨水情信息发布

利用金宏网、简讯、短信、微信、室外LED显示屏等形式及时发布雨水情信息，同时运用新的媒体开发微信服务平台，丰富水文信息发布渠道，提升水文服务质量和效益。2018年共发布雨水情简讯在40期，墒情简报10期，短信3000余条。

（市水文局）

水 产

2018年，莱西市发展现代渔业，推动渔业产业结构调整。全市养殖面积970公顷，水产品总产量2187吨，水产品总产值3608万元。

渔业扶贫项目

获渔业行业扶贫资金40万元的水产良种繁育项目于9月14日结束苗种投放，并通过专家验收结题。根据2017年水产良种繁育项目摸底上报数据，印发摸底通知，确定省定贫困村和市定经济薄弱村水产养殖面积，为8个镇街，46个省定贫困村和市定经济薄弱村，124.6公顷池塘，投放青、鲂、鲤、鲢等优质水产苗种86.8万尾。

休闲渔业

围绕莱西市“乐在莱西”品牌打造、2019年世界休闲体育大会等，以青岛文祥福园、东鲁生态农业有限公司、祥和农庄、鲜多多农场、润耕百川等休闲渔业基地为依托，提档升级集垂钓、采摘、观光、餐饮、休闲于一体的休闲渔业园区。

增殖放流

9月29日，渔业增殖放流完成，在莱西湖等大中型水库及自然流域投放优质花白鲢346万尾，通过增殖放流工作体现生态修复作用。

渔业技术培训

5月31日，邀请青岛农业大学、黄海水产研究所等单位的3名专家教授，在豪邦度假村开展水产养殖技术及水产品质量安全知识等内容的授课，重点培训对象为贫困村、经济薄弱村养殖户及全市重点水产养殖企业，共计89人参加培训。专家们就《淡水鱼健康养殖技术》《水产品质量安全相关法律知识》《南美白对虾全生态养殖技术及大水面网箱养虾新模式》进行授课。

渔业安全生产

落实上级有关渔业安全管理工作要求，不断加强渔业安全生产法律、法规及技能的宣传，提高渔民安全生产意识。落实安全生产目标责任制，严格船舶管理、严格应急管理、严格开展渔业安全隐患排查治理。开展安全生产月行动，渔政站对全市三大水库及重点养殖企业、全市66艘捕捞渔船进行集中检查十余次，保障了全市渔业安全生产。

水产品质量安全

加强全市水产品质量安全监管的检查力度，制定莱西市水产品质量安全“百日会战”专项检查方案，印发检查通知，着重对办理养殖证及水产苗种生产许可证的企业进行监管，对规模以上养殖企业进行检查20余次，检查单位20余家。在全市范围内共抽检鱼样50批次，水样100批次，合格率100%。6月8日，组织养殖企业向上合青岛峰会提供优质鳙鱼、草鱼100余尾，受到青岛市海洋与渔业局、上合青岛峰会食品安全组的肯定。6家单位被确定为上合青岛峰会草、鳙鱼专供基地和上合青岛峰会食材供应商。

（市农业农村局）

农业机械

综述

2018年，全市主要农作物耕种收综合机械化水平达到93.1%，比上年提高4个百分点，农业机械化水平从中级阶段步入高级阶段，实现历史性跨越。小麦、玉米、花生三大主要农作物耕种收机械化水平分别达到99.5%、94.2%、86%，基本实现全程机械化。秸秆处理机械化水平达到87%，高效植保机械化达到50%，谷物产地烘干机械实现“破题”；马铃薯、胡萝卜生产关键环节的机械化技术试验示范实现突破，推广应用速度加快；特色经济作物、畜牧业、渔业、林果业、农产品加工机械化增速明显。

农机装备结构

2018年，全市争取农机购置补贴资金3500万元，补贴机械1288台（套），受益农户达到835户，使用资金3499.86万元，资金使用率高达99.99%。在购机补贴政策的推动下，全市农机装备总量持续增长，特别是大中型、高性能、田间植保（无人机）机械发展较快，装备结构逐步改善。截至2018年底，全市农机总动力达到131.9万千瓦，比去年同期增长9.6%，大中型拖拉机达到8385台，联合收割机1728台，高效植保机械368台，无人机152台，分别比去年同期增长8.2%、6.8%、39%、46%。全市农机固定资产总值达到13.9亿元，比去年同期增加1.2亿元，增长9.4%。

“智慧农机”

莱西市自2016年开始探索建立智慧农机信息服务管理系统。截至2018年底，已为382台大型拖拉机和联合收获机安装卫星定位监测终端设备，并建立起监测精准、功能完备的信息系统平台。2018年，全市1.67万公顷深松整地作业任务全部实现智能化监测验收，人工验收方式彻底退出历史舞台。开通农机购置补贴“手机APP”，农户可以随时随地通过手机申报补贴。“互联网+农机”模式拉近了生产与市场的距离，提高效率，降低成本，拓展农业机械化的发展空间，智慧农机的实施应用也开启莱西市农机信息化、智能化发展的新时代。

农机项目建设

莱西市以创建全国主要农作物全程机械化示范市为契机，争取绿色高产高效全程机械化示范区项目资金250万元，建设小麦玉米连作示范区2个，胡萝卜全程机械化种收示范区1个，马铃薯收获、杀秧、植保示范区1个，花生收获、植保示范区2个。通过对重要生产环节进行全程机械化作业示范，突破经济作物机械化作业瓶颈。争取深松整地项目资金620万元，补贴面积1.33万公顷；争取保护性耕作项目90万元，实施面积1333.33公顷，辐射带动1.33万公顷，实施保护性耕作地块小麦产量逐年上升。3月，全省农机维修工作会议在莱西召开；6月初，青岛农业大学的专家在项目区实地测产小麦亩产684.4千克，较传统耕种模式每亩增产49千克，平均每亩节本增效110元左右；9月，联合国可持续农业机械化中心中国秸秆综合利用项目启动会在莱西市召开。

（市农业农村局）

林　业

扩绿增量

2018年以来，莱西市坚持以生态振兴、产业富民为核心，以北部绿色生态屏障建设为重点，全年共完成新造林3980公顷，建设农田林网1533.33公顷，育苗120公顷，改造提升青龙高速生态廊道26.8千米，完成森林抚育333.33公顷，绿化美丽乡村等重点村庄23个，建设省级森林村居4个。在南墅大青山、山里吴家、萌山等区域开展植树造林和疏林地补植，种植金叶榆、黑松、大樱桃等树种200余公顷；在大沽河上游、小沽河、姜山湿地等重要水源地周围实施沿河造林200公顷；对镇街以上主干公路两侧林带进行疏林补植110千米。

森林经济

探索土地流转新模式，在马连庄镇完成青龙高速连接线通道林建设工程，绿化面积33.33公顷，栽植毛白杨、楸树、桃树等苗木5.1万株。在南墅镇山后、石庙、袁家等村，通过政府主导和造林大户进行土地流转，栽植金秋红密等经济林153.33公顷。全市利用各种模式共流转土地2000余公顷，林业发展途径拓宽，推动了北部生态屏障绿化进程。

乡村振兴战略

结合“绿满莱西”国土绿化行动，对姜山镇前保驾山村、望城街道刘家庄村、水集街道中庄扶村、日庄镇院里村等23个村开展村庄绿化，绿化道路92条，栽植各类苗木12万株。在姜山、夏格庄实施农田林网建设1530多公顷，绿化道路总长4.84万米，栽植乔灌木3.3万株，提升村庄周边、主干道两侧绿化水平。

林业特色产业

在夏格庄镇、店埠镇发展优质桃园133.33公顷；在日庄镇、河头店镇等地发展万亩优质梨园；在望城草花山、水集街道仙足山周边，发展桃树、桑葚、板栗等经济林133.33公顷。全市逐步形成集康养、休闲、采摘、文化于一体的“森林+”产业集群。

（市自然资源局）

桑蚕业

2018年，全市共放养蚕种805.5张，比上年减少162张，减幅为17%。蚕茧产量3.1万千克，蚕农茧款收入152万元，同比分别增加4.3%和12.5%，平均张产茧38.5千克，同比增加25%。

2018年，有效应对“飞防”美国白蛾，没有发生大的蚕中毒事件，将“飞防”致蚕中毒损失降到最低。蚕茧价格持续上涨，达到48.38元，比上年增长7%。全市蚕桑生产仍呈现下滑趋势，主要原因是连续多年“飞防”美国白蛾，养蚕数量由“飞防”前的每年养四季蚕，变成“飞防”后的每年只养春、秋两季蚕，个别户只养春蚕一季，造成蚕农收入大幅减少，毁桑改种时有发生，巩固发展桑园难度加大。

（市丝绸公司）

国内贸易

消费品市场情况

2018年，莱西市深入开展商贸流通体制改革推进工作，采取多种措施全面促进消费增长，确保商务领域安全生产形势稳定。莱西市全年实现社会消费品零售额342.9亿元，同比增长9.23%，增速列青岛10区市第7位。

（市商务局）

放心工程

根据青岛市商务局工作部署，市服务业发展局组织涉农企业开展菜篮子工程车申报工作，同时根据菜篮子工程配送车的最新政策，对以往办理菜篮子工程车的企业进行摸底，组织企业申报更换菜篮子配送车标识。2018年度共为2家企业申报5辆车，其中2辆车已通过审核。

“阳光食品工程”公共服务平台，是为“菜篮子”商品供应单位和集团餐饮消费单位打造的产销对接平台，坚持采供双方自愿参与、政府引导与市场主导相结合和质量优先与价格优先相结合的原则，按照“流程公开、过程公开、结果公开、全程透明”的方式，为采供双方在信息交流和产销对接等方面提供无偿服务。2018年，莱西市共有浩丰、万福、九联等7家企业成为平台的供应单位，共向青岛市商务局推荐青岛市长寿食品有限公司、青岛莱西长友农作物种植专业合作社、青岛广茂泰农副产品有限公司等3家涉农企业，其中青岛莱西长友农作物种植专业合作社、青岛广茂泰农副产品有限公司通过审核。

（市商务局）

餐饮与服务业

概况

2018年全市餐饮业实现消费额49亿元，同比增长6.5%。全市餐饮服务业坚持规模化、特色化、大众化经营方向，优化经营结构，新型餐饮企业不断涌现。2018年，莱西市有四星级酒店1家（悦海喜来大酒店），三星级酒店1家（豪邦度假村）。

营销策略

在尊重市场规律和企业主体地位的基础上，莱西市引导中高档餐饮企业主动转型升级，转变营销目标市场。一方面，将更多的精力、资源放在商务和家庭市场的开发，着重吸引商务宴请、会议服务、节庆、婚宴等高附加值领域，巩固原有的市场地位和品牌形象；另一方面，推出休闲餐饮、自助餐饮、特色套餐、家庭套餐等物美价廉的经营品种，吸引大众化消费群体，拓展新的利润增长点。

转变经营方式

继续推进“早餐示范工程”，鼓励引导大型餐饮企业建设主食加工配送中心和早餐网点，引进知名的早餐供应企业，满足广大市民早餐服务需求。鼓励连锁餐饮、特色餐饮发展，推行连锁经营、特色快餐，改变传统的经营方式，推动行业的品牌化和规范化，满足市民的新需求。发展农家乐等旅游餐饮。结合莱西市“休闲田园游”示范点建设，利用农业资源优势，建设有特色的“农家乐”休闲餐饮园区，以适应假日经济和旅游业发展的需要。

提升品质

莱西市观光购物餐饮场所品质提升工作领导小组对全市观光购物餐饮场所开展品质提升工作，依据确保重点、全面提升的原则，明确32家重点观光购物餐饮场所，围绕“质量、价格、安全、服务、环境”等方面，在全市商务、市场监管、价格、安全、城建等领域开展整治提升工作，对商品品质安全监管、价格行为、智能服务、消费环境所涉及到的问题进行检查、督导。各主要成员单位通过走访开展督导检查，共出动执法人员1500余人次，检查经营单位300个。

莱西名菜

序号	菜品名称	所属企业	经营地址	菜品简介
1	浓汤鸡煲翅	青岛悦海喜来酒店	石岛中路5号	汤底熬制时间长，充分结合鱼翅的鲜味。成菜鲜香不腻，营养价值高。
2	至尊佛跳墙	青岛良友金阁食府	上海路37号	原料：鱼翅、鲍鱼、肉粒、鸡块、元贝肉、羊肚菌、松茸菌加高汤炖5个小时，最后放海参1条。口味：咸鲜、肉味香浓。
3	香葱焗鱼嘴	青岛豪邦度假村	文化东路13号	选莱西湖野生大鲢鱼鱼头，用沙锅将各种香料垫底烹制而成。成菜色泽金黄，口味醇香，食而不腻。
4	珍珠鱼脑	莱西宾馆	黄海路	原料：花鲢、高汤、葱、姜、香菜等。制作方法：1.将花鲢宰杀，头剔骨出肉。2.鱼身成茸、制丸子。成品：色泽洁白，弹性十足，口感滑嫩、营养丰富。
5	砂锅鱼头滋补汤	莱西市东山鱼馆	原韶存庄镇驻地	用莱西湖花鲢头炖制而成。特点：汤色奶白，汤汁润滋，口感鲜美。
6	家常鲤鱼	莱西市湖滨生态园宾馆	莱西湖公园	采用莱西湖6斤以上野生金鲤加工而成。菜口色泽金黄，鳞脆肉香。
7	香煎银雪鱼	莱西源盛福酒楼	南京路51号	用上好的龙雪鱼经淹制后煎制而成。成品肉白滑嫩，味道独特。
8	程鹏海鲜	程鹏海鲜楼	南京北路160号	海鲜种类全、新鲜、味美，营养丰富。
9	金汤鲈鱼狮子头	叁陆玖大酒店	烟台路63号	主料选用渤海湾野生鲈鱼，配以嫩五花肉、蟹黄等，金汤即胡萝卜汤。特点：汤色金黄，口感滑嫩。
10	诸葛烤鲤鱼	青岛渔旺生态园	莱西湖	野生鲤鱼川味改进做法。特点：微麻中带辣，色泽红润。

莱西名吃

序号	菜品名称	所属企业	经营地址	菜品简介
1	村外村日庄火烧	莱西市村外村火烧坊	日庄镇五子埠后村	采用老式发酵，手工造型，土炉烤制。成品风味独特，天然清香。2005年获莱西名吃称号。
	于氏割瓣火烧	于氏割瓣火烧坊	日庄镇五子埠后村	选用优质面粉、鲜鸡蛋、植物油、精制白糖等为主料。用传统式艺纯手工烤制而成，风味独特、百吃不厌。
	家合兴日庄火烧	日庄五子埠后家合兴火烧坊	日庄镇五子埠后村	始于清朝光绪年间，已传十七代。其加工方法独特：一是压面时用杠子压制，非手工所能为，因而成品亦称“杠子头火烧”；二是烘烤时烤炉建于室内，无烟囱，便于炭火均匀燃烧；三是割瓣，火烧烤至半熟时，用小刀沿边割成五瓣，便于火烧内的水份蒸发及吸收炭火香味。特点：割瓣火烧香硬耐嚼，脆而不糊，若烩食，外软内硬，其味更佳。1999年获莱西民俗特色小吃称号。
2	院上正宗烤鸡	莱西市院上仁来正宗烤鸡店	院上镇驻地	选用纯种本地公鸡，采用祖传秘方，由二十八味中草药及香料泡制，经全果木挂炉烤制而成。烤鸡肉鲜味美，骨香肉嫩，香而不腻。1999年获莱西民俗特色小吃，2005年获莱西名吃称号。
3	黄帝膳用鸡	青岛通脉食品有限公司	经济开发区中沙格庄村	黄帝膳鸡又名贺寿鸡，配方源于我国古代食典贵族膳，经现代工艺改进加工而成。系根据中医原理，选用散养童子鸡，采用岭南名山中的20余种名贵佐料，经过12道工艺，历时24小时泡制方成。成品色泽微黄，皮爽骨香，食而不腻，具有活血化气、固神益智、养颜强体之功效。
4	迎宾水煎包	迎宾阁大酒店	威海中路	采用专用小麦粉发酵做皮，用放心鲜肉及蔬菜调馅，传统铁锅煎制，成品形似菊花，上口呈白色，蓬松柔软，底部呈麦黄色，焦脆醇香，含汤馅味道浓厚、悠然绵长。
5	沽河烤鸭	莱西市沽河烤鸭店	沽河街道323号	采用微山湖无污染水域散养鸭，融合数十种天然中药材秘制配料腌制，纯果木炭烘烤而成。成品色泽金黄油亮，外酥肉嫩，入口奇香。
6	旭东猪头肉	莱西市旭东饭店	团岛路3号	始创于1978年。该产品采用传统式艺及二十多味天然香料精制而成。色泽红润，肉香浓郁，肥而不腻，百吃不厌。
7	广胜水饺	广胜大酒店	南京北路	系引进济南名吃陶然饺子的基础上，按照本地口味改进而来，现点现包，种类多，馅大味鲜。
8	马连庄黄瓜皮	义德饭店	马连庄镇驻地	经多年潜心研制而成，已有30年历史。成品既有“红、黄、绿”的色彩，又有“酸、辣、甜”的口味，色、香、味俱佳。
9	泰竹大包	青岛新中艺金店有限公司	威海中路8号	制作加工精细，选料讲究，配方科学，营养搭配合理，价格适中，深受市民欢迎。
10	大青山野菜	大青山美食苑	南京北路	选大青山时令野菜，吸收传统农家风味，无污染，营养丰富。

莱西特色小吃

序号	菜品名称	所属企业	经营地址	菜品简介
1	福慧居馅饼	莱西市福慧居馅饼粥店	长岛路	馅饼选料考究、皮薄馅多、色泽金黄、口感鲜香。
2	院上利章烤鸡	莱西市院上利章烤鸡店	院上镇驻地	选用当地公鸡,用二十余味中药煨制,果木烧炉,以炉温烤制而成。味香爽口,营养丰富。
3	客乐跑山鸡	客乐酒家	长岛路3号	选江西四季自然山区散养的以野草、蚂蚱、小虫为食的绿色鸡为原料加工而成。成品肉质独特,营养丰富。
4	董山后棒骨	董山后棒骨海鲜店	银泰小区	有20余年历史。棒骨取至农村自养无激素饲料喂养的生猪,用精心调制老汤煮制而成。骨香肉鲜、汤浓爽口。
5	小林麻辣烫	小林麻辣烫	望建装饰城	吸收著名川味小吃麻辣烫精华,以口感极佳的烫面为主料,选用多种名贵中草药,配以富含维生素的当地新鲜蔬菜为辅料,其味麻、辣、鲜、香,既可做主食,又是一道风味独特的佐菜。
6	泽口烧鹅	莱西市姜山泽口鹅鸭店	姜山吕家泽口村	选用本地散养鹅烧制而成。其特点:色泽红亮、口味纯正、肉质鲜嫩、香而不腻,具有强身健体之功效。
7	院上驴肉	莱西市大方圆酒楼	院上镇驻地	采用23种珍贵香辛料,精选优质驴肉,用秘方煮制而成。成品富含胶原蛋白,脂肪低,色鲜味美,久吃不厌。
8	城西鸭子	青岛莱西城西酒店	石岛路	采用本地散养鸭,低盐、低温淹制后加工,自然风干而成.菜品具有补中益气、强盘壮骨、熄风定惊之功效。
9	辛庄三鲜水饺	莱西市又一餐饭店	望城街道辛庄村	选用万福精肉、高筋面粉、渤海特产海米,加当地绿色紫根韭菜,用传统手艺加工而成。馅鲜味美。
10	剁椒鱼头	莱西市宝霞生态园	日庄镇大埠阴村	选取莱西湖优质花鲢鱼头盐制后,配上湖北阿瓦山寨剁椒蒸熟即可。此菜香辣可口,味道鲜美。

(市商务局)

物 流 业

物流业是21世纪的“朝阳产业”，是经济社会发展的强有力支撑。莱西市委、市政府提出“1+5+4”发展战略，打造半岛交通物流中心是“5”大具体目标之一。近年来，莱西市将物流业发展放在全市经济社会发展的首要位置，创优环境、压实责任、狠抓落实，掀起物流业招商引资的热潮，为全市经济高质量发展提供强大动力和坚实基础。

总体规模

2018年，全市物流业运行趋稳提质，物流相关产业保持较快增长。全市注册物流企业达到418家，包括物流企业144家、仓储企业26家、运输企业56家、电商企业138家、邮政和快递企业54家，其中注册资本超过1000万元的企业30家、国家3A级以上物流企业2家。全市实现物流业增加值31.05亿元。规模以上交通运输、仓储和邮政企业达到15家，完成公路货运周转量34.01亿吨千米，完成公路客运周转量4.09亿人千米。莱西市被《物流时代周刊》杂志社、中国物流业大奖组委会评为2019年度物流业营商环境杰出城市。

行业管理

成立物流业发展中心 市交通运输局以打造“半岛物流集散中心”为目标，集聚发展现代物流产业，设立物流业发展中心，统筹协调物流业招商引资工作，为全市物流业更好发展提供组织保障。

成立物流业发展协会 为整合全市物流资源，加快发展现代物流业，打造半岛交通物流中心，2016年5月，莱西市成立物流协会，40余家企业加入协会；11月，与市总工会联合成立莱西市物流行业工会联合会。协会的成立能够加强行业自律，规范行业管理，为全市物流业发展提供新的机遇。

物流发展论坛

举办物流发展论坛，营造了浓厚的发展氛围。2016年8月，举办“2016中国·胶东首届乡村物流发展论坛”，发布《中国·胶东乡村物流行动龙泉湖宣言》，“乡村物流”的概念在莱西市首次提出。2017年11月，举办首届中国“一带一路”县域经济发展论坛暨电商物流协同峰会，共议新时代“一带一路”倡议下县域经济发展机遇和电商物流产业新业态。

物流园区建设

物流园区建设为物流业发展提供坚强的基础设施保障。新起点仓储、普华物流、天天购、荣浩翔物流、康太源物流、万汇通达物流、中通快递半岛分拨中心、快捷快运青岛分拨中心等物流优质载体投入运营；中铁中基物流产业园一期基本完工，二期6月启动建设；中国供销社莱西农产品物流园办公楼三层在建；京东物流天地园云仓已开工；望城物流产业园规划占地186.67公顷，规划已基本完成，正在修改完善；胶东智慧物流产业园规划占地46.67公顷，一期胶东乡村物流示范基地已入驻中通、一路上等物流企业，二期正在由法布劳格物流咨询有限公司进行规划设计。

政策支持

出台扶持政策。制定出台《莱西市关于加快推进电子商务发展实施意见》《关于加快现代服务业发展的意见》《莱西市小微商贸流通企业创业创新工作推进方案（2016—2018）》和《莱西市2016年小微企业“双创”专项资金（商贸流通类）申报指南》，重点促进物流服务功能提升，推动物流经营模式和管理模式创新。

争取上级扶持。为加快推进莱西市物流业发展，市委市政府及相关部门加大与上级部门的联系对接，及时汇报工作开展情况，争取上级部门的理解和支持，争取更多政策资金扶持，累计争取财政专项资金项目7个和专项建设基金项目1个，累计争取物流扶持资金1016.5万元，专项建设基金1亿元。组织企业申请青岛市商务领域供应链体系建设专项资金和小微“双创”专项资金。

完善产业布局。编制《莱西市服务业发展规划（2017—2025）》《莱西市重点功能区产业发展规划》《胶东智慧物流产业园规划》和《莱西市铁路物流园规划》，对未来莱西市物流发展进行科学定位和合理布局，集聚服务业资源要素，推动产业集聚发展。

（市交通运输局）

粮 油 流 通

粮油储备

2018年，地方储备粮（小麦）3.65万吨，食用植物油储备500吨，成品粮储备（小麦粉）1100吨。承储和代储企业尽职尽责，储粮油数量真实，质量良好，符合国家质量标准。

按照地方储备粮油轮换有关规定，全市2018年计划轮换1.2万吨地方储备小麦和500吨地方储备花生油，先后于7月底和10月底前保质保量轮换到位；成品粮（小麦粉）储备1100吨，按规定由代储企业每月轮换一次。承储单位推行科学保粮技术，所承担的储备粮油储存安全。

粮油购销

粮食购销是做好粮食工作的基础，同时也是保证供应、维护农民利益，稳定市场粮价的关键。为保护农民的利益，在要求国有粮食企业带头敞开收购农民余粮的同时，还鼓励非国有粮食企业参与收购。按照购得进、销得出、不亏损的原则，多方筹措资金，应收尽收。2018年全年累计收购粮食12万吨，销售粮食11万吨。收购价格均高于国家最低保护价每斤1.15元。

优质粮食工程建设

为提高全市粮油质量检测能力，确保粮油质量卫生安全，2月注册成立国有独资企业青岛莱西市五谷丰粮油质量检测站。办公地点位于原粮食局办公楼四楼，隶属于莱西市粮食办公室，与青岛莱西市军粮供应站合署办公。主要职能提供粮油质量安全调查、品质测报和检测，开展相关的检验检测服务，承担下乡、进企业扦样和原始样品转送、开展第三方检验等。

2018年争取到上级“优质粮食工程”补助资金600万元。其中，300万元用于粮食质量检测站建设项目，购买大型粮油检测仪器30多台、购买采样车1部，装修建设各类实验室，解决粮食质量安全预警监测与检验把关不足，基层粮食质检机构严重缺失的问题，提升粮食质量安全检测和监管水平。

为加快粮食流通现代化建设，提高专业化服务水平，根据上级业务部门的要求，将300万元上级补助资金用于莱西市粮食储运站、青岛莱西市金谷粮油公司、青岛鲁杰制粉有限公司、青岛百佳瑞面粉有限公司、青岛世强食品有限公司等5家粮食企业建设粮食产后服务中心5个，提升全市粮食产业化水平和为农服务水平，提高企业的社会效益和经济效益。

2018年，莱西市争取省粮食局科学储粮小粮仓500个，免费发放到日庄镇和河头店镇500

户种粮贫困户手中，为他们解决粮食储存困难。

新库建设

经市第十七届人民政府第38次常务会议批准，位于姜山镇绕岭村原绕岭粮所的莱西市城区粮库1.05万吨仓库建设项目于2017年8月开工，2018年10月竣工并通过青岛市粮食局专家组验收。

粮食流通监督检查

加强粮食执法队伍建设。针对粮食执法面广量大、现有执法队伍人员少的实际，对行政执法人员进行调整和补充。采取集中培训、模拟执法等多种形式，提升执法人员的综合素质、执法能力和水平。继续强化粮食市场日常监管。全年共开展执法检查300余人次，检查各类经营主体60多个，查处无证收购业户8家，处理举报10起，维护粮食流通秩序。开展社会粮油供需平衡调查，为上级部门提供真实可靠的统计资料和数据。完成全省粮食库存检查。严格按照国家有关规定审核粮食收购资格，落实收购市场准入制度。为3户符合条件的粮食企业办理收购许可证，为4户许可证到期的企业办理延续和注销手续。依法对辖区内18户粮食经营企业进行粮食收购资格核查工作。对24家涉粮企业开展粮食流通统计专项检查。加强辖区内粮食质量监管，防止不符合粮食质量标准的粮食流入口粮市场。全年共采集送检小麦样品60批次、玉米30批次、大米6批次、花生油6批次、面粉3批次。

粮食应急体系建设

根据《青岛市粮食应急体系建设工作方案》的要求，完善全市粮食应急体系。在市城区粮库（原绕岭粮所）新建应急配送中心1处。在全市组织落实粮食应急供应网点30个，放心粮油示范店16家，应急供应和放心粮油供应网络覆盖全市11个镇街和经济开发区。

安全生产

根据青岛市粮食局和莱西市安委会的要求和本部门工作计划，加强粮食行业安全生产工作，每季度对粮食企业进行一次安全生产和安全储粮监督检查。做好检查记录，发现问题及时督促整改。特别注重对熏蒸作业以及储粮化学药剂管理、经常性的组织安全生产知识培训。与各企业签订安全生产责任制，确保安全生产形势持续稳定，全年未发生安全事故。

（市发展改革局）

供销合作商业

概况

莱西市供销合作社联合社是莱西市下设的全额拨款事业单位，主要职能为三农服务，承担市政府低效农药供应、农民土地测土配方、农民培训等为农服务项目，并指导下属企业做好经营及为农服务工作。

2018年，莱西市供销系统完成商品销售总额17.01亿元，其中农资销售7.09亿元，农产品销售5.2亿元，日用品销售1.59亿元，实现利税193万元。

重大举措

围绕“三农”需求，开展社会化服务，推广“保姆式”全托管、“菜单式”半托管为主要形式的托管服务，累计完成土地托管面积1.48万公顷；以农化服务中心和为农服务中心庄稼医院为依托，开展免费测土和智能配肥服务，全系统免费测土面积1000公顷；实施新型农民素质提升工程，开展农业标准化生产、涉农“互联网+”、农村电子商务等新技术新应用培训，举办“农民大讲堂”12期，培训农民1000

多人次。

开放办社、社村共建，壮大供销社整体实力。深入探索合作经济的多种实现形式，先后与莱西金丰有机农业服务有限公司、青岛丽斌玉米专业合作社和青岛杰丰有机农业发展有限公司等3家涉农企业签订《开放办社合作框架协议》。丰富社村共建服务内容，投资140万元为70个共建村建立起庄稼医院和电商服务中心，配备土壤化验设备、电子商务办公设备等。

拓宽销售渠道，推进一二三产业融合发展。青岛广大果蔬专业合作社探索创新经营业态，农产品营业额突破3.2亿元大关，成为全国供销社系统成功实施“农超对接”运营模式的示范模板，被省农业厅授予“农民合作社省级示范社”称号，促进莱西市农产品面向山东乃至全国销售。

搭建公益性服务网站，依托青岛供销鑫网电子商务有限公司，搭建起公益性、普惠性农产品“农品榜”网上推介展示服务平台，免费对外推介展示莱西当地名优农产品和涉农服务项目。

清产核资、拓宽融资渠道，先后对六处基层供销社社有资产进行经济审计和清产核资，为保障社有资产安全和盘活利用奠定基础。与中国邮政储蓄银行青岛莱西市支行签订《“助力乡村振兴，提升金融服务”合作框架协议》，旨在通过银社联手，提高供销社系统企业的快速发展能力和水平。

精准扶贫，成立扶贫工作领导小组，制定《莱西市联社脱贫攻坚职责》，把扶贫工作纳入年度企业工作目标绩效考核体系；组织引领下属企业，通过“公司+合作社+农户”方式，为当地贫困户提供就业岗位，带领贫困户脱贫增收。

重要成果

被山东省深化供销合作社综合改革工作领导小组评为全省供销合作社综合改革试点工作先进单位，在全省实施改革试点的18个县市中列第二名；先后被省供销社、青岛市供销社授予安全生产先进单位、综合业绩考核一等奖和先进集体。在开展为农服务、推进一二三产业融合发展等方面的创新性经验、做法，多次被山东电视台、青岛电视台、大众网等新闻媒体宣传报道。

（市供销合作社联合社）

石油经销

2018年，莱西市共有成品油经营企业86家，其中中石油加油站12家、中石化加油站23家、中海油加油站1家、其他社会加油站40家，加油点10家。

2018年，青岛市成品油企业年检网上申报在莱西进行试点。通过召开年检工作会，对网上申报试点工作进行统一部署。针对网上申报存在的问题进行指导。开展现场核查，对年检资料进行严格的检查、审阅。全市86家企业参加年检，一次性通过80家，完成网上年检试点工作。

根据省、市成品油专项整治行动方案要求，制定行动实施方案，组织安监、市场监管等部门开展整治行动，及时上报青岛全市成品油专项整治工作情况。专项活动期间会同各相关部门检查加油站70余家次，对17个加油站（点）40批次油品进行抽检，检测出1个批次的车用汽油不合格，市场监管部门对其依法进行处罚。

青岛上合峰会期间共集中检查加油站60余家次，确保供油协议、进销货台账符合要求。

为满足市场供应，组织全市20家经营企业申领28个危化品车辆通行证，确保重大活动期间全市成品油市场油源充足。在全市成品油市场集中排查整治活动中，根据职责分工，开展加油站（点）集中执法检查活动，一周内检查加油站（点）50余家次，对存在进销货台账不完善或油品标识不规范的4家加油站责令限期整改。对车用汽柴油国五升级国六工作进行部署，要求加油站（点）提前进行油品置换、更改油品标识。从检查情况看，全市提前半个月完成油品升级任务。

（市商务局）

烟草经营

卷烟销售

2018年，莱西市烟草专卖局（营销部）累计销售卷烟2.39万箱（五万支箱），同比下降1.2%；累计实现销售收入5.87亿元，同比提升2.2%；单箱值为2.46万元，同比提升3.4%；实现利税超过1.43亿元。

终端共建共赢工程　优化终端经营环境，提升零售客户经营能力和盈利水平，采取“驻店营销”式培训、重点帮扶、合理化建议等形式，开展“典型示范”活动，组织客户对建设完成的现代终端进行实地参观，激发客户参与建设的积极性，实现共建共赢，使零售客户真正“学有依据、看有样式、建有标准”；同时对零售户进行现代终端培训，从整体店面形象、卷烟出样陈列、终端信息化建设等方面给予指导，提升终端消费导向功能和品牌培育效果，推动智能POS机的推广使用，打通零售户与消费者互动、互通的线上渠道，提升现代营销网络中末端的互联网水平，促零售客户盈利水平和卷烟消费结构“双提升”。

零售户盈利提升工程　结合零售户自律小组建设经验，进行工作流程梳理，引导开展线上、线下自律管理活动，以自律小组为单位，以组长为引领，围绕经营交流、价格自律、违规督导、转发推文等内容开展沟通交流活动，营造全体小组成员“抱团盈利”的合作意识，提升辖区自律互助小组运行质量。同时发挥自律小组“发动机”作用，提升客户盈利水平。

文明吸烟环境建设工程　寻求政府有关部门及企事业单位的支持与配合，完成建设目标，强化外部协调与内部协同，探索共建、共管的工作模式，通过提升用户体验，为广大卷烟消费者提供更为便利、舒适的吸烟环境，提升文明吸烟环境建设水平。

品牌培育　按照“突破一类、提升二类、控制三类、压缩低价位”的思路，做好品类的阶梯化引导工作，结合引导消费、替代品牌宣传、多品牌销售等方式进行综合营销宣传，打牢品牌持续成长的环境基础、维护基础、保障基础、发展基础和检验基础；以消费者真实需求为导向，优化品牌培育方式，细分市场，精准定位，做好鲁产卷烟、细支卷烟、中支卷烟、新品卷烟的上柜宣传、经营指导和资源跟踪，通过品牌培育水平的提升优化品类布局，依托新商盟、微信公众号等现代化营销平台，开展直面消费者的品牌宣传和品牌营销，聚焦品牌培育拉动结构提升。

专卖管理

2018年共查获案件320起，其中运输环节48起，零售环节272起，查获各类违法卷烟116.71万支，其中假冒卷烟66.18万支，真品卷烟46.11万支，走私卷烟4.13万支，合计案值81.92万元。累计新办证253个。率先实现以涉嫌“非法利用网络信息罪”立案的突破。在此基础上，创立符合“莱西特色”的办案模式——“GUSD工作法”。破获的“2·2”案件，刑拘7人，逮捕6人，判刑2人，已认定为国标网络案件。

破解卷烟非法流通难题 对内，加强内管责任追究，并加大考核力度；对外，对周边的重点区域和重点户加强重点监管，抓好违规违法卖烟大户专项治理工作，严格监管大户经营行为，掌握卷烟经营异常情况及销售流向，严防卷烟外流、二次批发等违法违规行为，并对打击的违规卖烟大户全部作出暂停供货处理。

联合办案管理 争取当地政府支持，协调公检法等职能部门，定期召开卷烟打假破网联席会议，总结成功经验，扩大协作范围，深化与多警种的联动机制，推动打假破网工作向纵深发展。在物流寄递站点张贴山东省烟草专卖局与公安、交通、邮管四部门联合印发的《关于严厉打击物流寄递环节涉烟违法犯罪行为的通告》，宣传相关政策。

日常市场监管 做好精零售市场监管，开展“两清一整治”专项工作，提升专卖市场净化水平，抓好无证户监管、许可证后续监管等工作，开展错时检查，端掉早夜市非法经营窝点，清理无证户，清理长期不订货、不经营的“僵尸户”。

互联网及物流货运领域监管 梳理互联网、物流货运站领域查获的案件信息，由大案中队协同网警加强互联网信息平台监管，找准监管打击重点，争取邮管局协调当地物流货运站配合烟草专卖执法检查，建立货运站车辆及业务区域信息相关档案。建立货运站、违法户、边界市场等相关档案，通过数据分析及案件研判，查获关联案件。

（市烟草专卖局）

盐 业 经 营

概况

2018年度是盐行业改革之年。莱西盐业在推进盐业体制改革的同时，加强盐业市场管理和食盐专营，研究解决盐业改革中出现的新情况、新问题，确保改革期间盐业市场的平稳有序和盐业职工队伍的内部稳定，完成盐业改革各项任务。

盐业体制改革

为完善食盐监管体制，促进莱西盐业持续健康发展，根据省、青岛市和莱西市《盐业体制改革实施方案》精神，莱西盐业进行一系列改革。

取消垂直管理 自2018年1月1日起，取消县级盐业管理部门的青岛市级垂直管理，市盐务局整体划归莱西市政府负责管理。2018年7月31日，正式撤销莱西市盐务局。明确莱西市科工信局为市政府盐业主管部门。将市盐务局承担的盐业行业管理和食盐专营管理职责交由市科工信局承担，将食盐质量安全监管职责交由市食药监局承担。

理顺相关管理体制 根据体制调整和职责划转情况，按照精简、统一、效能原则，在市科工信局、市食药监局分别设置监管机构。按照“人员编制随职能走”原则，将市盐务局机构编制干部职工、离退休人员等相应划转至市科工信局、市食药监局。由市国资办对盐业专营处进行清产核资，建立企业台账，由市政府委托市科工信局对原市盐务局所属的盐业专营处履行出资人职责。

安置执法人员 参照省、青岛市有关安置政策，由市人力资源社会保障局牵头研究盐业专营处从事盐政执法人员安置工作方案，会同

有关部门组织实施。盐业专营处从事盐政执法人员，可自愿选择留在盐业专营处工作或继续从事盐政执法相关工作。选择留在盐业专营处工作的，由盐业专营处妥善安排工作岗位，人员管理、工资福利、社会保险等按企业有关规定执行。选择继续从事盐政执法相关工作的人员，按有关政策和规定采取考核考试等方式进入事业单位，人员管理、工资福利、社会保险等按事业单位有关规定执行，人员实行"扎口管理"，只出不进。为"扎口管理"人员的事业单位核定相应的事业人员控制数，专项使用，并随相关人员调离、退休等减员逐步核销，对未通过考核考试人员由盐业专营处妥善安置。

食盐专营

为应对改革给盐业市场带来的冲击，市盐业专营处积极采取措施。加强宣传，利用"3·15"消费者权益保护日和"5·15"防治碘缺乏病宣传日开展宣传活动，通过宣传版、分发宣传资料、现场指导等形式，开展碘缺乏危害知识和食用碘盐、科学补碘知识的咨询活动，引导市民自觉到大超市或持有食品经营许可证的商店购买合格食盐，增强公民的安全知识和自我防范意识。在转变作风、加强服务的同时，加强营销网络建设，建立完善客户信息，配齐配强销售队伍，实行直达终端配送模式。推行客户经理制，将服务民生业绩与薪酬挂钩，提升专营企业服务民生能力和经营水平，落实食盐储备政策和食盐突发事件应急演练。全年共销售各类盐产品8303吨，其中小包装食盐796吨、销售大包装食盐3923吨、销售小工业盐3585吨，履行对民食工需各类盐产品的供应保障工作。

市场监管

由于受盐产品价格放开和区域放开政策影响，莱西辖区内食盐市场存在两方面问题：市场仍存在售卖假冒伪劣食盐行为；受盐业体制改革的影响，在莱西行政区域内开展跨区经营的相关企业陆续进入市场，相关食盐产品的质量和供应监管任务很重。针对上述情况，莱西盐业加大市场监管力度，转变工作作风，变执法为服务。建立健全用盐企业的用盐台账，先后对17家用盐企业所用盐产品的品种、数量、进货渠道一一登记在册，严格管控，严禁小工业用盐和大包食盐流入食用盐市场，坚决杜绝食盐中毒事件的发生。根据季节用盐特点，强化对食盐零售终端、餐饮单位的拉网式清查整顿，共出动盐政执法人员560余人次，检查食盐零售单位530余个、餐饮单位620余个，保证了盐业改革期间盐业市场的平稳过渡。

（市工业和信息化局）

集市贸易

概况

全市现有各类集贸市场140余处，其中含各镇政府、街道办事处、开发区管委会及已撤销乡镇驻地的集贸市场22处，是广大农村地区重要的物资交流平台，更是广大人民群众购物消费的主要场所。截至2018年底，年交易额超过千万元的集贸市场3处，达到百万元以上的集贸市场30余处。

农产品专业市场

稳定的集市贸易带动农产品专业市场的发展，形成一批知名度较高的本地优质农业品牌。如东庄头蔬菜批发市场、马连庄甜瓜批发市场、董家山后韭菜批发市场等。

集贸市场监管

树立发展市场、促进流通、造福群众的服务民生理念，把群众满意作为衡量市场秩序监管工作成效的唯一标准，提升精细管理水平和群众获得感。维护良好经营秩序，针对镇（村）90余处集贸市场摊位摆放不规范、市场旺季乱摆乱占等问题，重新调整市口，科学布局，划行归市，划线定位。保障和发展民生，对进入集贸市场经营的革命伤残军人、农村低保户等社会特殊群体优先安排经营摊位，义务提供市场供销信息，实行减免费用措施。打通服务最后一公里，加强与市场所在地党委政府及村委联系，接受集贸市场管理方面的指导意见。同时，畅通交流渠道，通过召开座谈会、发放调查问卷等形式，广泛征求群众对市场长远发展方面的好建议，促进集贸市场繁荣稳定发展。

集贸市场设施建设

市场发展部门因地制宜，投入大量资金提档改造集贸市场软硬件设施，先后对夏格庄、店埠、河里吴家等10多个集贸市场进行交易环境改造，共计硬化交易场地总面积6100多平方米，场地清淤后重新铺垫砂石2000多立方米。同时，按照卫生城市标准，全面加强环境卫生管理，做到市场内的经营垃圾随产随清，给广大人民群众提供整洁优美的优质购物环境。

（市市场发展中心）

主要餐饮企业选介

莱西华玺大酒店

由利群集团投资，于2014年7月30日建成开业。酒店位于商业核心地段，毗邻大型购物广场、月湖公园等设施。该酒店按照五星级标准建设的一家综合性涉外酒店，也是利群集团酒店连锁中的又一颗新星。

酒店楼高22层，有各类客房233间，包含可容纳1200人的大型宴会厅、可容纳800人的多功能厅，同时配备国宴厅、国宾厅、德泰厅、贵宾厅、董事厅等九个中小型会议室。酒店特设无烟楼层、无障碍房、女士特色房、喜庆婚房、行政房等。房间装修豪华、设施完备。百兆网络、卫星电视、全天24小时中央空调和热水、静音冰箱、保险柜、全天24小时管家服务和立体安全保卫等一应俱全。酒店设有汇聚东方佳肴、西式餐点、日韩料理等为一体的美食餐厅，还设瑞尚阁咖啡厅、海琴大堂吧、利群轩宴会包房等多个风格各异的主题餐厅，能够满足不同商旅游人的用餐需求。

青岛豪邦度假村

地处青岛莱西市区南部，南临蜿蜒清澈的洙河，北倚风景秀丽的月湖公园，交通便利，环境优雅，是集餐饮、住宿、娱乐、休闲度假为一体的三星级旅游饭店。占地4.67公顷，建筑面积近3.3万平方米，有高档别墅楼群和各类豪华客房，客房备有中央空调、卫星电视。营业面积3000平方米，有宴会大厅2个、VIP包间31间。酒楼以现代豪华瑰丽配以中国传统特色为主要装饰特点，格调高雅华贵。酒店娱乐设施有现代豪华装饰KTV包间30多间及大型演艺舞台，配套设施有桑拿浴、乒乓球室、健身房、大中型会议室、超市和精品店等。

青岛悦海喜来酒店有限公司

地处莱西市烟台路与石岛路交汇处，位于市中心，总投资9000万元，是集餐饮、客房、娱乐休闲于一体的现代化综合型建筑，占地0.89公顷，建筑面积1.57万平方米，主楼高6层，裙楼高4层，于2007年6月建成开业。

酒店设有莱西莱馆、燕喜堂、盛世堂、大渔料理、多功能厅和30间宴会包房，可同时容纳1500人就餐。拥有各类套房、标准间共84间，均配备卫星电视系统、高速因特网接口、客房小酒吧及电子保险箱。酒店拥有近4000平方米的满庭芳水会及阳光四季游泳健身中心，配有鹅颈浴、热漩涡池、多功能按摩水床，有各式按摩休闲包房27间及近400平方米的休息大厅及小型网吧。

青岛良友源杰大酒店

位于莱西市上海路37号，营业面积1.2万平方米，是集客房、餐饮、游泳、健身、会议于一体的挂牌国际四星级酒店，是莱西最高星级酒店之一。酒店拥有豪华宴会包房34间，中餐厅、多功能厅一处，能同时容纳800人就餐。客房拥有客房91间，其中豪华套房8套、豪华单人间40间、豪华标准间35间、商务单人间8间。拥有高端会议室2处。酒店包房风格迥异、装修豪华，是高档宴请、休闲住宿、商务会议的理想选择。酒店餐饮经营定位以精品海鲜、地方特色菜为主，其中农家四大碗、碳烤乳鸽等为畅销菜品。

老天宝生态庄园

始建于2009年初，位于莱西市北京路东端南行约200米，烟青一级路111千米处西，占地面积约3.6公顷。庄园启用现代与古典相结合的设计理念，共分六个功能区，生态园种植区、养殖区、绿化区、特色区、餐饮区和员工生活区。以诚信为本，顾客至上为经营宗旨，致力为消费者提供一流的优质服务和特色美食，打造出特色餐饮星级生态园。

白鹭湖温泉度假区

位于大沽河畔，占地面积80公顷，由宏景地产斥资打造，2013年4月开业。一期投资1.5亿，占地13.33公顷。有温泉泡池47个，是集温泉养生、餐饮客房、商务会议、健身娱乐于一体的国际性主题温泉旅游度假区。一期温泉度假区建筑面积达3.5万平方米，是省内特色的淡水温泉度假酒店，有客房131间。度假区淡水温泉来自地下1500米，无污染且富含钠、钾、镁、氡、氟等矿物质，分室内温泉和露天温泉。室内温泉有中药六合汤、木桶浴、沐足阁等，露天温泉拥有SPA馆、五玉池、特色鱼疗池、游泳池、儿童戏水区，可满足不同人群的泡浴养生需求。餐饮区有可容纳300人就餐的零点大厅和餐饮包间13间，集全国各地美食和本地特色美味于一体。有商务会议厅6个，总面积超过600平方米。休闲娱乐有台球区、壁球馆、棋牌室、健身房、KTV包房以及按摩美容美体等。

（市商务局）

主要商场、专业市场选介

·主要商场·

利客来莱西购物中心

2002年开业，经营面积2万余平方米，是青岛利客来集团在莱西开设的的大型购物商场。十多年来，莱西利客来坚持“做大做强，区域领先”的发展战略，走城乡发展的思路，开设了李权庄商场、江山商场、东庄头商场、南墅商场、冯格庄商场、南京路超市、龙口路超市，形成“一个城区中心总店、七家乡镇社区直营店”的连锁经营发展格局，门店总经营面积超过5万平方米，成为全市发展城乡一体化连锁经营的典范。

李权庄商场　位于原李权庄镇驻地，经营面积4500多平方米，总投资2000万元，处于商业繁华地段。主要经营烟酒、食品、家电、服装、日用百货等。

江山商场　位于姜山镇驻地，经营面积5500平方米，附近有大型外资、独资、合资及国营企业，外来人口丰富。商场经营品种达2万余种，满足了社区居民高中低档商品的需求。

东庄头商场 位于莱西市蔬菜批发中心，北临大沽河，建筑面积2.3万余平方米，总投资6000万元，是集餐饮、娱乐、住宿、零售为一体的大型购物商场，是全省范围内村级单店营业面积最大的购物商场。

龙口路超市 位于市区龙口路与泰山路交汇处，经营面积2000余平方米，地处人口密集区域，停车场等配套设施齐全，是莱西利客来第一家社区直营店。

南京路超市 位于市区威海东路与南京路交汇处，经营面积3500余平方米，一楼超市主营生鲜果蔬、烟酒糖茶、日用百货、糕点面食，二楼主营餐饮娱乐，是莱西利客来在城区开设的第二家社区直营店。

南墅商场 总面积12.8万平方米，包括1.2万平方米的购物商场、网点房、门面房以及24栋豪华商品住宅楼，是集商业零售、餐饮、休闲、娱乐、酒店、宾馆于一体的大型商业综合体，属于政府统一规划的小城镇建设重点单位。

莱西利群购物广场

是利群集团的第22座万平方米商厦，营业面积达1.6万多平方米，是集休闲、购物、娱乐为一体的综合性商厦。商场一层主要经营化妆珠宝、钟表眼镜、皮具、运动休闲服装、男装、女装、针织、羊绒羊毛、床上用品等；二层为综合性超市，主要经营各种食品、烟酒糖茶、蔬菜水果、生鲜加工、日用百货等。家电区域的高中档电器品种齐全、可以满足用户的诸多需求。

青岛良茂凯悦百货有限公司

成立于1993年，1998年实行股份制，有员工1000余名，位于烟台路52号，共计17层，其中购物中心五层，商务写字楼、酒店、健身中心共12层，主要经营超市、百货、家电、餐饮、影院等。拥有南京路、庄头、南墅、日庄、马连庄、重庆路、院上、河头店等八个面积在3000平方米左右的直营店及经营面积1.5万平方米的李权庄购物广场，并配有专业的物流中心，总经营面积超10万平方米。公司在经营过程中，开发多种经营，以名、优、新商品为龙头，大众化商品为主体，实施“品牌低价位战略”，满足不同层次消费者的需求。曾获莱西市优秀服务品牌称号。

莱西利群商厦

2013年12月7日开业，建筑面积约4万平方米，是由利群集团投资近5亿元建设的综合性商场，先后获莱西市消费者满意单位、诚信企业、先进单位等称号。商厦位于莱西商圈核心位置，是莱西功能全、服务人群广、为百姓提供一站式消费体验的综合性商场。商厦分地下2层，地上4层。地上1至4层为百货商场，囊括化妆珠宝、名品服饰、家电百货等众多品类的商品，共引入知名品牌近400个。地下一层设有大型生活超市，提供全品类的生活用品，品种达2万个。生鲜、食品、百货类商品由集团统一配送，保证商品品质。设有众多现场加工美食，包括华玺酒店小厨房等。地下一、二层设有大型停车场，停车位220个，方便顾客便捷购物。

·专业市场·

莱西市三木家具建材装饰材料市场

成立于1998年7月，位于莱西市区南部，由青岛莱西市三木实业有限公司主办，占地4公顷多，营业面积5.5万平方米，各类业户300余家，从业人员1200余人，年成交额4.2亿元。涵盖家居、建材、装饰装修、超市、等4大项20余种小项的经营种类，是胶东地区具有影响力的综合性装饰材料专业市场。先后获山东省文明诚信市场、青岛市创业孵化基地、青岛市基层先进党组织、莱西市先进市场等称号。

东庄头蔬菜批发市场

位于莱西市店埠镇东庄头村，占地面积32

公顷，建有钢架结构批发大棚10个，各类蔬菜日均交易量约3000吨，年交易总额超过14亿元，现已成为全国最大的村级产地蔬菜批发市场，辐射带动周围5县市蔬菜种植面积4万公顷，对全市农业经济尤其蔬菜产业的发展起到龙头作用。

马连庄甜瓜批发市场

位于马连庄镇岚桑村东、鲁格庄村南，占地面积18公顷，建有钢架结构批发大棚3个，日均交易量3000吨，成交总额约10亿元，甜瓜远销北京、上海、广州、哈尔滨等30多个大中城市，已经发展成为全国知名果品品牌。

董家山后韭菜批发市场

位于沽河街道董家山后村，占地面积1公顷，日均交易量约100吨，年交易总额1.1亿元。培育发展的“山后”品牌韭菜，畅销省内外近百个大中型超市，带动周边上千农户种植无公害韭菜18公顷多，有机绿色蔬菜种植基地初步形成规模。

马连庄果蔬批发市场

始建于2007年，位于马连庄镇鲁格庄村东，由马连庄政府出资兴建。项目面积达20公顷，建筑面积1.92万平方米，有钢架交易大棚1.8万平方米，市场商贸楼120栋、办公面积1600平方米。产权归水集二村村委。设有高标准温室，优质品种展室、引进新品种示范室和新技术育苗室。购置并安装信息系统设备及软件136台（套），购置无公害检测设备54台（套），增购电子磅4台。市场每日上市车辆4000至5000辆，上市人数达3.8万人，日交易量达2000余吨、多时可达2500余吨，年交易量达19万吨，年交易额达16亿元。市场的辐射范围由原来的马连庄镇，扩大到河头店、南墅、日庄等镇和平度、莱阳、招远等市。产品远销北京、上海、天津、南京、杭州等十几个城市。截至2018年底，市场共带动周边发展瓜田面积7400公顷，发挥了市场对当地经济和农民致富的辐射带动作用。

莱西市农副产品交易市场

始建于2000年8月，位于莱西市城区西北部，黄海西路和广州路交叉路口西北端，东邻温州商贸城，西接汽车配件城。占地面积13.23公顷，设计经营面积10万余平方米，总摊位5000余个。建有高标准门店房5.7万平方米，钢架大棚1万平方米，水果冷藏库2878平方米，大型现代化低温库8000 平方米。经过多年培育，市场持续发展，已成为全市规模最大的水果专业批发市场，日均成交量约10吨，年交易总额过亿元。

（市商务局、市场监管局、市场发展中心）

外经外贸·经济合作

外 经 外 贸

·概　况·

2018年，面对严峻的国际形势，全市实现外贸进出口额217.2亿元人民币，同比增长18.8%，占全年工作目标的109.7%。服务贸易进出口额2.3亿美元，占全年目标的104.5%。完成离岸服务外包执行额2.02亿美元，同比增长17.4%，占全年目标的100.9%。

外资情况

全年实际到账外资2.64亿美元，同比增长0.64%。新增境外投资中方协议额1.26亿美元，同比增长7%。通过营造营商环境、做好外资企业服务，促进外资企业增资扩建。希杰（青岛）食品有限公司2018年增资3000万美元、青岛永昌因特皮革有限公司增资1000万美元，引进世界500强企业青岛华通石川岛停车装备有限公司，注册当年实现到账500万美元。带领民营企业“走出去”，参加经贸交流，开拓国际市场，重点向“一带一路”国家的投资，提升产品档次，企业利润率不断增加。全年组织62家企业参加境内外展会，帮助25家企业完成境外投资项目，投资额1.26亿美元。

境外展览

组织有关企业参加在美国纽约贾维茨展览中心举办的2018美国纽约国际食品和饮料展和2018第十六届中国纺织品服装贸易展览会、俄罗斯国际食品展、日本东京国际食品博览会、印度国际橡胶及轮胎展和泰国国际橡胶技术及轮胎展等展会。参展面积同期增长6%，参展企业利用参展机会，主动与各国家参展商洽谈，累计拿到订单1000余万美元。

出证认证

2018年新增商品原产地注册企业23家，共签发电子原产地证书2886份，其中一般原产地证书823份、优惠证书2063份。出口产品涉及东南亚、欧盟、印度、日本、新西兰、俄罗斯、韩国和美国等44个国家和地区，签证金额达1.15亿美元。

（市商务局、市贸促会）

·重大招商活动·

为加强招商引资工作，提高现代产业精准招商实效，莱西市对招商小组分工进行重新调整，确定新能源汽车产业、新材料产业、高端装备和智能制造产业、新一代信息技术产业、生物医药产业、现代物流产业、文创旅游产业、现代金融服务产业、现代农业产业9个定向招商专业小组。各定向招商小组突出产业重点，瞄准行业龙头、产业高端、企业总部，加大外出招商频次，主动出击，加快实现全市重点产业集聚化。

2018年，共组织赴日本、韩国、美国、德国、荷兰、阿根廷、中国香港及国内地市开展招商活动632次，对接项目872个。举办并参与了2018中日韩国际车联网研讨会、首届山东儒商大会、首届全国工商联主席高端峰会、青岛市国际投资促进咨询顾问机构北京年会暨现代产业招商政策推介项目对接会、青岛市民营经济招商政策说明及项目对接会（上海、深圳、杭州）、香港山东周等多场大型招商推介会议活动，对外展示推介良好形象，项目引进成效明显。

3月9日，莱西市接待希杰集团中国总部首席运营官金樟勋一行。经考察洽谈，下半年希杰集团为青岛希杰食品有限公司项目增资3000万美元，新增冷冻食品生产线已全部竣工，为年度莱西市最大外资项目。

4月8日至15日，副市长江联军带队赴日本、韩国开展项目洽谈活动。

4月20日，“越洋桥梁”服务企业走进莱西座谈会在莱西行政办公中心举办，青岛九联集团、青岛万福集团等30余家青岛国际商会副会长单位参加活动。青岛贸促会介绍贸促会的各项业务，并与莱西企业就参加境外展会、开拓国外市场、产地证、中韩自由贸易区业务等方面问题进行沟通和交流。

6月21日至22日，由国家工业和信息化部主办、中国电子信息产业发展研究院协办、青岛市经信委和莱西市政府等单位承办的“2018中日韩国际车联网研讨会”在青岛举行，莱西市推介了新能源汽车产业。

8月27日至9月3日，市长姜水清带队前往韩国、美国开展招商活动。

9月29日至30日，首届山东儒商大会在济南举行。会上，由中国建材集团投资的青岛智慧农业田园综合体项目签约落户莱西。

10月18日，青岛市政府在北京举办“青岛市国际投资促进咨询顾问机构北京年会暨现代产业招商政策推介项目对接会”。由国铁建信（北京）资产管理有限公司投资的股权投资基金合作项目、九坤投资（北京）有限公司投资的量化对冲基金合作项目在会上与青岛姜山基金小镇管理有限公司实现签约。

10月29日至11月7日，市委书记庄增大带队赴德国、荷兰、阿根廷开展项目洽谈推介活动。

11月8日，由全国工商联与山东省人民政府共同主办的首届全国工商联主席高端峰会在济南举行，莱西市与京东集团就京东莱西商事创新合作项目进行签约。

11月15日，青岛市政府在上海举办山东省青岛市民营经济招商政策说明及项目对接会，莱西市政府和正科（上海）微电子有限公司就青岛领芯物联生态小镇项目进行签约。

11月30日，青岛市政府在杭州举办青岛市民营经济招商政策说明及项目对接会，由阿里云计算有限公司投资的农业大数据、智慧农业合作项目，由青岛海氏海诺集团、青岛莱河大自然农场有限公司、上海合作组织实业家委员会、震德（杭州）商务咨询有限公司合作投资的中亚汗血宝马训育产业发展基地项目在会上签约。

12月3日至7日，市长姜水清带队赴中国香港参加“青岛国际投资促进咨询顾问机构香港年会暨现代产业招商政策项目推介会”活动。

12月7日，青岛市政府在深圳举办青岛市投资政策说明及项目对接会，莱西市政府和广州富力地产股份有限公司青岛分公司就富力绿天使高新技术产业园项目进行签约。

12月10日，中泰铭多（大连）环保科技有限公司总经理朱朝民一行到市贸促会洽谈合作事项，并签订合作协议，会长李旭光、副会长曲方利参加签字仪式。

（市商务局、市贸促会）

·外经贸企业简介·

青岛九联集团股份有限公司

位于莱西市区西，是一个集种禽繁育、肉鸡生猪养殖、屠宰加工、饲料生产、屠宰冷藏、熟食制品加工、印刷包装、科研开发、技术服务、出口贸易于一体的国家大型肉食鸡专业一条龙生产企业，为国家级农业产业化重点龙头企业。

成立于1998年，其前身是创办于1988年的后庄扶村办蛋鸡养殖场，1998年组建成集团公司。现有员工1.2万余名，取得ISO9001、ISO14001、HACCP、BRC等认证。公司获饲料输送链转角装置、电麻机等专利技术多项，是中国肉类协会理事单位、山东省畜牧协会副会长单位、山东省肉类协会常务理事单位。先后获国家级守合同重信用企业、中国商业信用AAA级企业、中国白羽肉鸡20强、中国轻工业百强企业、全国食品行业肉制品十强企业、国际农产品（鸡肉）产业化创新示范基地、中国肉类食品强势企业、中国畜牧业先进企业、中国民营500强、中国民营制造业500强企业、山东省质量诚信企业、山东省畜牧业发展最具影响力企业等称号。九联牌鸡肉分割和调理食品被评为中国名牌农产品、中国名牌、山东清真食品行业十大品牌。九联商标被评为中国驰名商标。

公司有父母代种鸡场20座，存栏肉种鸡158万套；孵化场1座，年孵化能力1.6亿只；饲料加工厂4座，年饲料加工能力75万吨。规模化、标准化、自养自宰生产模式被青岛市政府命名为“九联模式”，并在全国进行推广，推动中国肉鸡业快速发展。建有规模化、标准化、现代化肉鸡养殖场76座，鸡舍1000余栋，年出栏商品肉鸡1.5亿只，是中国最大现代化肉鸡养殖基地、出口备案基地和优质鸡肉原料供应基地。拥有肉鸡屠宰加工厂3座，年屠宰1.5亿只，生产鸡肉产品30万吨；鸡肉熟食制品加工厂5座，年加工熟食制品10万吨。投资10亿元，引进国际先进肉鸡屠宰加工流水线和熟食加工流水线，是全球鸡肉加工设备最先进、国内鸡肉熟食制品加工能力最强、国内获得出口资格认证最多企业。2018年完成产值82.58亿元，增长3.1%；销售收入82.51亿元，增长6.17%；纳税5462万元，增长-7.03%。

九联集团产品符合中华人民共和国国家标准GB2707—2016《食品安全国家标准鲜（冻）畜、禽产品》，在感官要求及理化指标方面均达标准要求。2018年九联集团实现外贸进出口额1.6亿美元，同比增长11.6%；约占全国禽类产品出口总额的四分之一以上，冷冻鸡肉产品在日本、欧盟、美国、智利、东南亚等十几个国家和地区深受青睐。在巩固扩大肉鸡产品出口市场的同时，九联加大国内市场开拓力，在国内执行是国际标准，销售网络延伸至国内170多个大中城市。

青岛耐克森橡胶有限公司

位于莱西市姜山镇青岛（韩国）釜山工业园，由韩国耐克森（株）投资成立，项目总投资4226.14万美元，于2003年11月开工，2004年4月竣工投产。注册资本1468.3万美元，占地面积6公顷，建筑面积4.6万平方米，主要从事机动车内胎、实心轮胎、高尔夫球及橡胶制品生产。

青岛凤凰东翔印染有限公司

位于莱西市水集工业园，占地面积22公顷，有员工1200余人，2003年由青岛凤凰印染有限公司与香港穗发控股有限公司合资组建，总投资1250万美元。2005年投入试生产，2007年收购燕莎纺织印染有限公司，扩大产能规模，形成东、西两厂区的格局。2009年新增1.5亿元生产线两条，实现产能和产品结构的调整。主要生产经营蜡染布产品、服装及进出口业务，是国内首家生产真蜡产品的企业，印染设备、工艺技术、产品质量均居同行业前列。凤凰品牌被评为山东省著名商标，公司被评为青岛市环境友好单位、中国蜡染布生产基地，主导产品真蜡防印花布畅销非洲。

青岛华通石川岛停车装备有限责任公司

由青岛华通能源投资有限责任公司、青岛华通科工投资有限责任公司及日方IHI运搬机械株式会社于2018年7月12日共同投资设立的中外合资企业。位于姜山镇华通装备产业园内，项目总投资1268万美元，注册资本1000万美元。主要生产高端智能停车机器人、塔式停车装备和平面移动停车装备，是集研发、设计、生产、销售、安装、维护等为一体的智能停车装备制造企业。项目已开工建设，占地5.6公顷，建筑面积3.31万平方米，6月投产。

希杰（青岛）食品有限公司

由希杰第一制糖出资设立的外商独资企业，注册资本7145万美元，于1994年12月开工建设，1995年8月投产。占地面积3.9公顷，建筑面积2.9万平方米。主要经营调味料。2017年增资1874万美元，2018年增资3000万美元，新上冷冻蔬菜车间和SD（牛骨汤、牛肉汤干燥项目）生产车间，生产线整套设备全部从国外引进，全程智能化，整个生产过程运用大数据技术，搭建集成智能物联、设计、制造、销售、仓储、物流、管理为一体的整套工业生态体系。其中，干燥车间已投产，冷冻车间也进入试运营阶段。

（市商务局）

莱西经济开发区

·经济和社会发展·

莱西经济开发区行政区域面积63.88平方千米，辖40个村庄、5个城市居委会，总人口6.3万。国道204线、省道213线、龙青高速、济烟铁路、青荣城际铁路纵贯南北，潍莱高速、国道309线横穿东西，区内设有2处高速公路出口和1处城际铁路车站。2018年，经济开发区按照“打造环境优美、产业聚集、经济繁荣、绿色和谐的国家级开发区”的目标定位，按照“贴城发展、轴带展开、全域辐射、功能融合”的总体思路，推进各项目标任务的落实，力促传统企业提档升级。

招商引资

通过多年的招商引资，开发区在招商方式上另辟思路，寻求突破。坚持“走出去”与“请进来”相结合，开发区探索以商招商、基金招商、平台招商等招商方式，1月至10月外出招商70余次，签定过亿项目26个，其中10亿元以上项目10个。

营商环境

基础设施建设日渐完善。投资6000余万元改造园区基础设施，提升园区承载力。对济南东路、温州路、金山路、梅山路、庐山路、黄河路、长江路等道路实施路面罩面沥青；国道204线边沟清淤；置信智造谷产业园、青岛景华彩纺织自来水管道铺装；庐山路、温州路雨污管道铺设；园区沿路绿化、亮化等。

推行“保姆式”服务，做企业的贴心人。按照“小政府、零距离、大服务”的理念，通过“一事一议”“一企一策”等方式，完善包联企业跟踪服务制度，开展“送政策、送服务、送专家”活动，建立微信公众号，发布政策信息，畅通信息交流渠道，为企业提供个性化服务。优化审批流程，提高行政效能，加大对企业政策扶持力度，营造“亲商、重商、护商、扶商”的良好氛围。2018年以来，走访企业260余家，收回调查问卷500余份，收集企业反映问题242条。

项目建设

2018年新增开工项目15个，其中新开工项目8个，分别为中科钢研集成电路产业园、中科院物联智能产业园、置信青岛智造谷、青岛海建船舶重工、西部控股数据小镇、桃源东方健康颐养小镇、中国供销·青岛（莱西）国际农产品智慧物流园。续建、扩建项目13个，分别为希杰（青岛）食品有限公司项目二期、青岛常春汽车线束有限公司项目二期、青岛联益汽车零部件有限公司项目二期、青岛龙初渔具有限公司项目二期、青岛佳利佳新材料科技有限公司项目、青岛祥泰碳素有限公司项目、青岛皇冠五金有限公司项目二期、青岛吉安工程有限公司项目二期、天天购全媒体产业中心项目等。

产学研基地创办

创办产学研基地为开发区承担青岛考核指标项目。近年来，开发区引导企业与高校和科研院所共建研发平台，通过共建研发机构，使双方在项目研发、推广等方面形成资源共享，增强企业科技成果转化和产业化开发能力。

8月，青岛万图明生物制品有限公司与清华大学签订技术服务合同；9月，与中科院过程工程研究所共建联合实验室，并研发非变性胶原蛋白肽。9月28日，青岛万图明生物制品有限公司的“胶原蛋白低聚肽制备技术”科技成果评价获最高评级，在国际领先。北航莱航能源与动力技术开发实验室已建成，由北京航空航天大学、中科院和企业人员联合创办，主要从事涡轮发动机研发、实验和制造，拥有技术人员10名，全部拥有博士学位。航天材料及工艺研究所项目正与中国航天科技集团703所对接中，项目主要研制和生产大推力氢氧发动机推力室电铸产品，建成后将使运载器低成本的优势能够进一步体现，满足未来大规模航天开发活动的需求。中科（莱西）创新园依托中国科学院在技术、人才、设备方面的科研优势，利用莱西市区域优势、产业基础和创新创业资源，打造科技条件共享、国家技术转移、重大项目转移转化、高新技术企业孵化、企业创新能力培训等服务平台，促进莱西产业结构升级。2018年，中科（莱西）创新园走访莱西企业超过300家，科技型企业搜集企业需求25项，涉及政府扶持企业政策申报、院士工作站建设、联合研发中心建设、高端人才团队引进。其中已落地院士工作站两处，分别为李玉良院士工作站（南墅镇）和刘文清院士工作站。

社会稳定

安全生产　高标准做好双重体系建设工作，已有130多家企业实行安全生产网格化管理，培育希杰食品、希杰饲料、万图明生物等标杆示范企业16家，规模以上企业27家。开展风险管控、隐患治理、执法检查等工作及专项行动，共排查整改安全事故隐患80起，整改率100%。出动排查人员320人次，检查各类生产经营单位260家次，出具现场检查记录320份，发现各类隐患600条，完成隐患整改500多起。

食品药品监管　注重食品安全宣传，在40个村庄建立科普宣传站、食药品宣传专栏，在各村显要位置宣写食品安全永久性标语，发放食药品宣传资料、宣传画3000余份。加大监管力度，以小作坊、小餐饮、流动食品摊点和农贸市场为重点，新录入350余食药品业户，已有1800余户食药品经营业户进入开发区智能监管系统。查处不符合食品安全标准的食品生产和经营，已经办结案件16个，罚没款入库15.6万元。保障中高考及省运会等重大活动7次，未发生任何食品安全事件。

信访工作　创建综治中心、网格化管理中心和矛盾纠纷多元化解中心集中办公、一体化运行的工作机制，联勤联动多个工作室，实现心理危机联解、矛盾纠纷联解、社会治安联防、突出问题联治、重点人员联管部门协作联勤、基层平安联创。创新方式，实行网格化管理，将全区划分为45个网格，及时进行网格内人员信息收集，了解人员情况。4月26日，省信访局副局长王贵军带队到开发区督导信访工作并视察矛盾纠纷多元化解中心建设情况，对领导公开接访及中心建设工作情况给予肯定。

扫黑除恶　利用多种形式，营造浓厚扫黑

除恶工作氛围。在区、村庄、街道两侧制作固定标语150幅，条幅300幅，印制扫黑除恶宣传材料6万余份，逐村逐户发放。8月30日，青岛政法委书记宋永祥到经济开发区综治中心和滨河路派出所调研，对派出所加强技防建设，打造“六张网”，提升群众安全感、获得感，实现辖区“发案少、秩序好、社会稳定、群众满意”的做法表示赞许。

精准扶贫

完成青岛市委、莱西市委巡察整改工作，退回违规资金8.35万元，批评教育7人。新开发公益岗位7个，新确立扶持贫困户传统产业项目20个。8月至9月，党工委书记遍访辖区内贫困户47户，解决走访中发现的贫困户仍然存在的困难。开展区级结对帮扶责任人进村入户走访和动态调整信息采集工作。开展东西协作扶贫，开发区对口帮扶甘肃省两当县西秀区蔡官镇10万元，南龙湾庄村、古城庄村分别援助蔡官镇鼠场村、宁古镇军堡村以购代捐5万元，青岛常春汽车线束有限公司向对口贫困镇提供首批100个就业岗位。

乡村振兴

以“质量行动”推动农业发展。坚持科教兴农战略，把科技创新作为第一动力，增加农业科技投入，构建新型农业科技创新体系，利用辖区内龙头企业发展高效生态现代农业，培育现代农业经济，推动农业科技跨越发展。延伸农产品销售网络，扩大农产品对外覆盖面积依托农村淘宝和天天购电子商务公司打造的“半岛农哥”品牌，培育农村电商生态，完善电商基础设施，开展广泛合作，实现“网货下乡”和“农产品进城”的双向流通。

以文化挖掘助推旅游业发展。挖掘“古城里”“知北游”和“南京路上好八连”等文化内涵，推动红色文化旅游发展。以龙湾庄一村、龙湾庄二村、龙湾庄三村美丽乡村建设为契机，依托特有的古建筑集群资源，抱团打造东龙湾庄民宿文化景观带，把旅游作为建设新农村、促进农民增收的切入点。

民生事业

农村财务管理日渐规范。重新招聘村会计并邀请市经管站业务人员进行财务管理培训，完成农村集体经济组织产权改革和农村集体资产清产核资工作。环境改善日渐好转，做好中央环及各级环保督查检查发现问题整改工作，清查取缔39家小散乱污企业，辖区内未发生一起秸秆禁烧事件。开展全国第二次污染源普查工作，完成对981家企业进行拉网式排查。完成6251座改厕任务。落实河长制，各级河长巡河500余次，妥善处理200余项发现问题，河道生态环境得到有效改善。对主要平塘、沟、井安装安全警示标志，安全度过汛期。

开展拆迁控违工作。累计出动机械1670台次，清理三大堆1836个，清运垃圾6.4万吨，综合考评稳定在全市前三名。拆除违章建筑53处，全市电话民意调查位列全市第2；棚户区改造加快步伐。已评估616户，拆除80户，到年底评估户将达到645户，拆除489户。经市城建局鉴定，8户农村危房改造任务已完成。

计划生育工作，免费孕情优生健康检查覆盖率为107.5%，募集五万元人口关爱基金，奖扶政策落实及时率达99.59%，开展“十佳幸福家庭”评选活动。电商销售，建成商务公共服务中心展厅，双11电商购物节，辖区内企业线上销售额达8亿元。

教育事业。在各级比赛中频频获奖，龙水小学被评为山东省卫生先进单位，滨河小学被评为莱西市首批青岛市新农村优质学校。

精神文明及宣传工作。在全市庆祝改革开放四十周年合唱比赛中获银奖。双龙泉现代农业示范园列入青岛市乡村旅游扶持项目并通过验收。在市级以上媒体刊播经验推广稿件220余篇。

·特色村庄选介·

小院村

位于市政府东北侧，国道309线北，潍莱高速南，东临洙河，西靠南京路，交通便利。全村有338户，1078人，耕地120公顷。

小院村西高东低，耕地既有岭地又有洼地，适合发展特色农业。通过多年的水利建设，60%以上耕地有了灌溉条件，生产环境得到改变。近几年通过招商引资和土地流转，俊堂大梨专业合作社在村东建起一片占地10公顷的无公害梨园，成功举办多届梨园节，每年接待游客五千多人。青岛双龙泉家庭农场在村西投资1500万元，打造占地33.33公顷的现代农业示范园区，建有采摘大棚9个、足球训练场1处、垂钓平塘1个。园区被评为全国农村创业创新园区、山东省现代生态循环农业示范园区、省级农业旅游示范点、省级精品采摘园。

近年来，村容村貌发生巨大变化，通村路和村内街道全部硬化，安装路灯60多盏，浆砌水沟3000多米，建成面积2000平方米的文化广场1个，卫生室配套齐全，并在主要道口安装监控，村民有了安全舒心的生活环境。图书室、党员活动室和文化广场的设立，丰富了人们的文化生活。村两委将挖掘“南京路上好八连”的创建地和1938年“莱阳县第一次党代会”会址的红色历史和相关史实，把小院村打造成为红色旅游示范村庄。

中沙格庄村

位于莱西经济开发区东南，有居民373户，1153人，耕地57.07公顷。办公地址位于九江社区党群服务中心。村民主要从事养殖业、屠宰业和商业，人均纯收入1.95万元，村集体收入达30万元。村庄先后获山东省生态文明村庄、青岛市文明单位标兵、青岛市红旗党支部、青岛市卫生村庄、青岛市绿化先进单位、青岛市民主示范村、青岛市远程教育规范化站点等称号。

近年来，中沙格庄村通过招商引资，引进青岛通脉食品有限公司、青林制帽有限公司等多家企业，通过出让土地壮大村集体收入，拉动农民就业，村庄面貌也发生巨大变化。实施道路硬化，村庄亮化、绿化、净化、美化，建立“五化”长效管理机制。安装饮用水净化设备一套，保证村民饮水安全；进行村庄绿化，种植樱花、月季、草坪等，并在道路两旁安装栅栏；升级改造村南湾，低压管路通到地头，方便农业生产。拆除村内乱搭乱建203平方米，村庄面貌焕然一新。

胡家疃村

位于国道204线以东，北京路北，距离市区约10千米。全村共236户，866人，村内党员23名。村庄占地面积46.67公顷，耕地113.33公顷，人均耕地面积0.1公顷。村庄为平原地形，特色产业为大棚种植，有30多户，面积3公顷多。响应国家乡村振兴号召，在开发区管委会的帮助下引进中建材·凯盛浩丰智慧农业项目，搭建“党建+田园综合体+农户”的村企联合共建平台，项目总投资20亿元，占地133.33公顷，该项目建设了全国最大的高端农业种植谷，打造了66.67公顷荷兰式国际前沿的高透无影玻璃温室项目和66.67公顷装配式建筑项目。

（莱西经济开发区）

国内合作与交流

·内资引进·

2018年，项目签约、开工“双过百”目标任务超额完成，新签约亿元以上项目190个，总投资1451.42亿元，其中签约正式合同项目171个，总投资960.72亿元；新开工亿元以上项目110个，总投资517.85亿元。另外，购买租赁、二期扩建类亿元以上开工项目44个，总投资63.35亿元，项目签约、开工数量和质量较去年大幅提升。全年利用内资完成193亿元，较去年增加27亿元，增长16%。

·电子商务·

近年来，莱西市把电子商务作为经济提升发展，产业转型升级、新旧动能转换的重要工作来抓，优规划、强培育、重集聚、提服务，电商发展不断加快。2018年，全市电子商务交易额达140亿元，同比增长62%。

公共服务体系和园区建设

市、镇、村三级电子商务公共服务体系日臻完善。2018年，对市级电子商务公共服务中心进行升级，完善电子商务公共服务职能，扩大服务范围，吸引20余家优质电子商务企业及服务机构向莱西市集聚。镇级电子商务服务功能初显成效，至2018年底全市共有9处镇街获青岛市农村电子商务示范镇称号。通过示范镇创建，整合了产品、销售、物流、仓储、人才等各类资源，推动了“互联网+农业”发展，解决农产品上行电商物流“最后一千米”问题。整合市联社、农业局“益农信息社”、邮政便民服务站、阿里巴巴农村淘宝、京东服务站等资源，建设村级电商服务站300余处，通过提供网上代购、快递收发、网上缴费、农产品代销等多项便民服务，为农民网络销售农产品、购买农资提供技术指导和运营服务，实现工业品下乡和农产品进城双向发展。

完善电商协会服务职能，引导协会发挥在电商产业招商、服务提升、人才引进、资源整合等方面的促进作用，增强全市电商发展活力。通过定期召开交流会、论坛沙龙等活动，交流发展经验，带动行业整体发展。

推进电商园区建设，加快电商企业集聚发展。以孵化带动小微电商企业发展为目的，周边配套餐饮、培训、住宿、网络等服务，打造运营5处电子商务产业园，运营面积10余公顷。物流仓储服务方面，以河头店乡村物流、邮政集团物流、普天物流为基础，建成河头店电子商务物流产业园、青岛洪创信息产业园、青岛布鸽智慧物流园区；跨境电商园区方面，引进省跨境电商综合服务平台企业，建设博望达跨境电子商务产业园。外引内联，加快电子商务招商引资。

电商品牌培育

坚持“政府引导、企业主体、市场化运作”发展思路，探索“电商+品牌+旅游”发展模式，积极整合全市区域资源，推进名优特产展销中心建设，打造覆盖全区域、全品类、全产业链的工农业产品区域公用品牌——“乐在莱西”。“乐在莱西”公共品牌集合了莱西辖区内工业、农业、文化旅游业等知名企业100余家，致力建成旅游购物中心、小微企业双创示范企业、电商示范企业、各级龙头企业产品和品牌农产品展示销售中心，加大对莱西文化、特产的推广力度，扩大莱西地标性优质产品的影响力，成为对外宣传推介的名片。引导企业加强与第三方平台对接合作，拓展销售渠道。引导名优特产展销中心与天猫、京东等国内知名电商平台合作，设立京东乐在莱西旗舰店，推动名优产品线上销售。通过引进专业化电商运营团队，结合互联网技术，运用视频直播、自媒体等新渠道、新模式，通过线上推广+线下展示，集中宣传推介销售莱西域内的各类特色产品，提升产品区域公用品牌知名度和影响力。

农产品电商发展迅猛，引导企业发展区域农产品品牌，推进农业产业规模化、标准化、组织化、市场化、品牌化发展。至2018年底，共打造水润果乡、秋月梨、桃皇后等农产品电商品牌49个，农产品电商销售额突破7300万元。

电商人才队伍培育

整合培训资源，发挥市电子商务公共服务中心作用，整合电子商务行业协会、社会培训机构、落户莱西的知名电商企业培训团队及高等院校等各类社会资源，开展就业创业培训、定向培训等各类培训项目，满足多层次电商创业人群需求，实现市、镇、村三级电商知识普及全覆盖。培训形式多元化，根据不同层次电商特点和需求，在培训过程中不拘泥于固定形式，采取沙龙、游学、合作社交流、实操等多种喜闻乐见的形式进行培训，同时利用声光电演示等高科技手段，对年轻人形成吸引力。加大高端人才引进力度，通过政策扶持，鼓励企业加大大数据、产品策划、运营等领域高端人才的引进力度。近几年，各电商龙头企业先后引进高端人才40余人，较好解决电商人才匮乏和运营能力不足问题，提升全市电商发展质量和水平。

（市商务局）

·对口支援扶贫协作·

2018年，市发改局响应国家对口帮扶战略，推进对口甘肃省两当县、贵州省安顺市西秀区、山东省菏泽市东明县对口支援和扶贫协作。全年组织7次党政代表团互访，畅通渠道，加强联系。选派2名干部赴两当县和西秀区挂职，组织26名医生、教师及农业、畜牧、水产等专业人员赴三地开展人才支援，开办专业人才技术培训5期、致富带头人培训6期、电商培训6期，为受援地培训人才达400余人。引导12个乡镇、14个村庄、21家企业分别与三地贫困镇、村结对帮扶，开展万企帮万村、携手奔小康活动。

资金援助

在青岛统提市财政1631万元的基础上，协调统筹外援助财政资金120万元重点向受援地基础设施、社会民生、产业帮扶等项目上倾斜，支援三地脱贫攻坚工作。引导社会力量帮扶甘肃两当县捐款捐物共计6824万元、贵州安顺市西秀区121万元、菏泽东明县132万元。特别是帮助两当县引进北京健和基金会6672万元的医疗设备，成为甘肃省最大的社会力量帮扶项目，填补两当县多项医疗空白。

拓宽协作领域

为两当县引进企业2家、西秀区3家、东明县1家，年度完成投资1.04亿元，帮助解决89名贫困人口就业。争取青岛市扶贫办专项资金80万元，对口帮扶东明县建设6.67公顷现代果树示范园。

创新协作机制

协调6个部门、10所学校、3家医院与三地对口部门和单位结成帮扶对子，并开展实质性帮扶工作。与两当县开展残疾人就业扶贫车间及两地残联开展的轮椅捐赠活动，帮扶40名贫困残疾人就业，解决50名残疾人实际生活困难，在青岛市首创残疾人精准扶贫工作，得到多方肯定。

在莱西市的协作支援下，2018年甘肃省两当县和贵州省安顺市西秀区正式脱贫退出。莱西市被甘肃省政府授予东西部扶贫协作先进单位，是山东省唯一获此荣誉的县级市。“榕昕模式”扶贫典型经验入选国务院扶贫办全国东西部扶贫协作推进会典型案例在全国范围内推广。

（市发展改革局）

经济事务管理

国民经济和社会发展计划执行情况

2018年，全市坚持稳中求进工作总基调，供给侧结构性改革深入推进，三大攻坚战初战告捷，对外开放力度持续加大，新旧动能转换起势，产业结构优化升级，民生福祉改善，推动经济发展质量变革、效率变革、动力变革，较好地完成市十八届人大二次会议确定的目标任务。全市生产总值增长7.2%，规模以上工业增加值增长8.5%，固定资产投资增长3%，社会消费品零售总额增长9.2%，全体居民人均可支配收入增长8.7%。

综合实力持续增强

莱西市在2018中国县域经济百强县名单中再进一个位次，列第35位，成功入选全省新旧动能转换县域经济转型升级示范园区。

新旧动能转换　改造提升传统产业，通过购买租赁等形式盘活“僵尸企业”资产12.6亿元。新兴产业产值增长16.3%。北汽二期正式投产，总产能达到35万辆，新能源汽车产业产值突破100亿元，零部件本地配套率达到43.96%，成为全国最大的纯电动汽车生产基地。“绿色碳谷”小镇建设加快推进，总投资10亿元的洛唯纯化石墨生产项目正式签约。莱西市成功申办2019青岛（莱西）世界休闲体育大会。新增规模以上服务业企业14家、限额以上贸易业企业24家、大个体户63家。新增7个青岛市服务业重点项目，康太源物流、中铁中基、中国供销社莱西农产品物流园等重点物流项目积极推进。举办莱西市首届中国农民丰收节、2018青岛·莱西第二届大沽河国际休闲节等节庆活动60多场（次），被评为2018年度中国十大旅游示范县市。姜山基金小镇入驻各类基金企业438家，认缴资金规模306.8亿元，实缴资金规模36.8亿元。一般公共预算收入累计完成49.38亿元，税收占比达到50.2%。市粮食储运站获省级守合同重信用企业、市价格认定中心获全国先进价格认定机构称号。“双百千”工程扎实推进，荣华建设集团成为全市首家产值过百亿元企业。

乡村振兴　在青岛市乡村振兴规划中，57处体现莱西元素，64个项目列入乡村振兴项目库。获批青岛市联镇包村扶持资金700万元、省“价格治霾”临时电价补贴391万元。2个镇9个村入选省乡村振兴“十百千”工程示范创建名单。全市小麦总产26.1万吨，玉米总产35.43万吨，花生总产7.3万吨，蔬菜总产219.5万吨，果品总产30.4万吨。鼓励村庄转变村级集体经济经营方式，创建“马连庄模式”“东石格庄模式”和“前我乐村模式”等土地流转经营新路径。改扩建农村公路120千米。累计完成农村无害化厕所改造14万座，普及率达到95%以上。建成启用全省首个农业大数据平台，土地流转规模达到3.35万公顷。新申报认证“三品一标”农产品51个。成功创建全国主要农作物全程机械化示范市，被农业部评为全国100个“农村创业创新典型县”之一。

产业层级不断提升

转型升级加快　全年新增省级企业技术中心1家、青岛市级工程研究中心3家；新认定“专精特新”企业27家、国家高新技术企业45家、“隐形冠军”企业2家。成功引进中科创新园，碳材料研究中心启动运行。新增发明专利授权48件、新增知识产权贯标企业14家。

发展后劲增强 2018年莱西市32个项目被列为青岛市级重点项目，14项市政府重点工程开工建设。5个海洋产业项目列入青岛市海洋名城建设重大项目库，8个项目列入青岛市军民融合重点储备项目。全市共有71个项目进入青岛市2018年新旧动能转换储备库，其中3个项目列入山东省新旧动能转换重大项目库第一批优选项目。京东莱西商事创新合作项目参加首届全国工商联主席高端峰会新旧动能转换项目现场签约仪式。莱西A1级通用机场成功列入《山东省民用机场布局规划》，并被确定为近期重点建设任务。

“三大攻坚战”效果明显

金融风险防控 发挥应急周转资金作用，降低企业融资成本，全年完成过桥95笔，累计周转金额20.9亿元。建立防范打击双重机制，坚决处置非法集资，全年未发生原发性非法集资案件和系统性金融风险。2018年末全市金融机构各项存款余额408.6亿元，各项贷款余额369.6亿元。

扶贫行动 改造农村危房180户，为3307人缴纳养老保险费、6975人缴纳医疗保险费。组织4600名贫困人口进行免费查体，高血压免费治疗4071人次，糖尿病免费治疗2693人次。东西扶贫成效显著，在莱西市积极协作支援下，2018年甘肃省两当县和贵州省安顺市西秀区正式退出贫困县序列，成功脱贫；莱西市被甘肃省政府授予东西部扶贫协作先进单位，是山东省唯一获此殊荣的县级市。“榕昕模式”扶贫典型经验入选国务院扶贫办全国东西部扶贫协作推进会典型案例，在全国范围推广。

污染防治 整治取缔“散乱污”企业215家，淘汰10蒸吨以下锅炉19台。新增有机废气治理设施18台（套），改造超低排放燃煤锅炉205个吨位。小沽河清淤、南墅镇全面截污工程顺利实施，南墅——日庄——水集区域间污水管网全面贯通。累计外运处置危险废物2.79万吨，处理渗滤液2.22万吨。PM2.5、PM10平均浓度分别改善8.9%、8.8%，空气质量优良天数达到282天，优良率提高4.1个百分点。

改革开放不断深化

全年实现到账外资2.6亿美元，增长2.6%；外贸进出口总额217.2亿元，增长18.8%；一般贸易出口比重提高到64%，完成离岸服务外包执行额2.1亿美元；全年电子商务交易额突破140亿元，增长61.85%，全市电商从业人员规模达到4万人。

营商环境改善 制定《莱西市深化“一次办好”改革深入推进审批服务便民化实施方案》，全面梳理“一次办好”事项1145项，公共服务事项100%实现网上办理。制定《莱西市一流营商环境提升年实施方案》，公布审批服务“就近办”事项目录，实现不动产登记、纳税等业务“一窗受理”，综合服务大厅窗口由80个压缩至35个。全面推行“53证合一”，新培育市场主体1.39万家。

信用体系建设 制定《莱西市2018年—2019年信用体系建设工作要点》《莱西市加强政务诚信建设实施方案》，开展失信政府机构专项治理行动，在青岛市率先完成整治任务。

招才引智 全年引进博士、正高职称人才23人，硕士、副高职称和高技能人才180人，本专科学历及其他专技人才3288人，累计引进“千人计划”“泰山学者”等省级及以上高层次人才51人。

民生福祉明显改善

公共财政民生投入57.53亿元，占支出的75%，10件市政府实事全部完成。新增海绵城市建成面积2.08平方千米，城区道路雨污分流实现全覆盖。新增城镇就业2.1万人。企业退休人员养老金标准每月人均增加123元。城乡居民养老保险月基础养老金标准由150元提高到168元。居民医疗保险筹资标准成年居民一档由930

元提高到1080元；成年居民二档及少年儿童由655元提高到870元。完成沙岭河公园北段绿化工程。龙青高速龙口至莱西段顺利开通。潍莱高铁顺利推进。高考一本达线1253人，达线率53.4%，连续四年排名青岛市第一。青岛国开二中取得正式办学资格，青岛北方航空职业学校正式招生，山东文化产业职业学院、青岛莱西南开学校开工建设。国药三级医院积极推进，北大新世纪言鼎（青岛）医疗产业园完成规划审批，医共体建设扎实推进，分级诊疗体系逐步完善。全市刑事警情下降28.1%，抢夺、抢劫警情零发案，社会治安好转，创近20年来最好水平。新建笼式健身广场10处，村级健身路径工程覆盖率达到98.5%。重要旅游景区（点）新（改）建旅游厕所18处。计生、档案、老龄、妇女、儿童、残疾人、消防等社会事业全面推进。

2018年，全市国民经济和社会事业总体上保持稳定健康发展，但发展不平衡、不充分的问题依然存在。工业生产中仍然存在传统产业增速不快、新兴产业占比较小、新增产能拉动力不强、工业投资增长乏力等问题。城乡基础设施建设、重点工程推进任务依然艰巨，公共服务水平有待提高。“放管服”等重点领域改革急需加强，营商环境有待优化。民营经济、教育医疗、脱贫攻坚、生态环境、食品安全等领域依然存在短板，需引起重视并在下步工作中应对解决。

（市发展改革局）

经济体制改革

2018年以来，经济体制改革专项小组根据市委改革工作要点和重点改革事项，推进经济领域80项改革任务、10项改革试点。

供给侧结构性改革

强化顶层设计　出台并印发《关于深入推进供给侧结构性改革的意见》，明确工作重点和部门职责。

化工企业处置　确定全市化工生产企业“三个一批”名单。对全市化工企业分类处置，其中20家企业列入关闭淘汰一批。

降低实体经济成本　起草《关于支持企业降低成本、培育规模企业的意见》，已征求各单位意见，拟于近期正式印发。开展涉企保证金清理规范工作，收取合法涉企保证金共计1162万元。

发展新兴产业　确定全市40家重点“四新企业”名单，力争新能源汽车、信息技术、生物医药、节能环保、新材料和新能源产业产值全年增长30%以上。

产权保护　制定并印发《关于进一步完善产权保护制度依法保护产权的实施意见》，建立工作联席会议制度，调度推进重点工作。

现代物流发展　2018年前三季度，全市交通运输、仓储和邮政业增加值完成22.89亿元，占服务业增加值的比重为11.94%；全市新增营运货车320辆，同比增长6.46%，共有4913辆；货运总周转量26.84万吨千米，同比增长8.9%；新增物流市场主体46家，总数达到455家。研究制定《关于加快物流发展的意见》，重点支持物流园区、物流大项目建设，鼓励企业创新发展，加大物流发展政策扶持。已征求市政府分管领导、相关部门和各镇街意见，并呈送市政府主要领导审阅。

完善住房制度　构建多主体供给、多渠道保障、租购并举的住房制度。印发《关于加快培育和发展住房租赁市场的实施意见》（西政办发〔2018〕83号）。加大配租对象选定公共租赁住房，2018年共完成配租102户，面积约5200

平方米。

建立健全新旧动能转换体制机制

强化顶层框架设计　编制完成《新旧动能转换重大工程实施规划》和《莱西市关于推进新旧动能转换重大工程的实施意见》，莱西市被列为全省新旧动能转换县域经济转型升级示范园区。

项目申报　组织开展青岛市新旧动能转换储备库项目申报和推进调度工作。71个项目列入青岛市2018年新旧动能转换储备库，其中8个项目列入青岛市融资推介项目，6个项目列入省新旧动能转换储备库项目，3个项目（中科钢研碳化硅项目、深圳贝特瑞电池负极材料项目、青岛国轩高比能动力锂电池产业化项目）列入山东省新旧动能转换重大项目库第一批优选项目。

科技创新　莱西市3家企业工程研究中心被认定为青岛市级工程研究中心（青岛市新能源汽车工程研究中心、青岛市冷饮冷食商用售卖设备工程研究中心、青岛市化肥增值工程研究中心）。认定数量取得历史性突破。新增省级企业技术中心1家，新认定"专精特新"企业27家，国家高新技术企业45家，"隐形冠军"企业2家。荣华建设集团成为全市首家产值过百亿企业，粮食储运站被山东省工商行政管理局授予省级"守合同重信用"企业，是全省唯一一家获此殊荣的县市级粮食储备库，价格认定中心获全国先进价格认定机构称号。莱西通用机场列入《山东省民用机场布局规划》，并被确定为近期重点建设任务，并列入2018至2022年青岛通用机场布局规划。京东莱西商事创新合作项目作为青岛代表，参加了11月8日首届全国工商联主席高端峰会新旧动能转换项目现场签约仪式。北汽二期正式投产，总产能达到35万辆，年产值可达70亿元；新能源汽车产业产值突破100亿元，成为全国最大的纯电动汽车生产基地。

招商督办　分别赴长三角、珠三角及山东省济南、青岛、潍坊、烟台等地开展精准招商活动，接待项目考察组团90余次，举办专题招商推介会6次，已签约投资亿元以上项目10个（投资总额167亿元），拟签约投资亿元以上项目12个（投资总额150亿元）。会同工信部赛迪顾问有限公司筹办中日韩车联网研讨会暨中国智能网联汽车G20峰会、筹办北汽新能源配件商峰会，扩大产业招商规模。围绕新能源汽车全产业链，扩大产业集群，达成初步合作意向项目20余个。"创新项目落地'红黄蓝牌'督办机制"和"探索实施重大项目部分费用免缴"改革事项，出台工作制度，完善招商引资政策、工作流程，优化招商引资方式、方法。

科技体制改革

印发《莱西市促进科技成果转移转化工作实施方案专利奖励办法》（西政办发〔2018〕85号）。草拟《莱西市专利奖励办法》，已完成部门会签，下一步拟提交上会审议。由中科创业园科技发展有限公司正式倡议并建立全市创新联盟，并发布联盟章程。

放管服改革

服务改革　加快推进"一次办好"政务服务改革工作。制定印发《莱西市"一窗式"政务服务改革实施方案》，整合线上、线下服务资源，推进"一窗式"政务服务改革工作。整合不动产、税务等窗口，实现不动产登记、纳税等业务"一窗受理"，解决以往群众办理不动产登记在各个窗口之间"多头跑、重复跑"的问题，不动产登记业务压缩到3个工作日。引入双向快递服务，根据需要推行免费送证业务，办事群众办理的证照可以通过快递送达，不用再来回奔波。工商登记实时全环节、全类型"全程电子化"，让创业者足不出户就可拿到营业执照，已指导企业办理全程电子化登记1481户。

项目审批　深化招商引资重点项目行政审批提速改革工作。2018年，先后两次压缩优化审批环节，土地权籍调查节约时间约5个工作日，在行政服务大厅专门设立核税窗口，契税核定办理时限由10个工作日压缩到2个工作日。采取“提前介入、容缺受理、预先审查”的方式，深化项目建设“预审制”服务全市重点项目。印发《莱西市关于进一步优化审批服务流程推动招商引资项目快审批快落地快开工的工作方案》，完善容缺预审查机制，对部分前置要件进行压减，明确新征地招商引资项目从土地签约到施工许可办结压缩到最快14个工作日。

深化“代办制”和“清单制” 设立项目审批代办窗口，建立健全“镇级代办、中心领办、部门专办”的立体化服务网络。按照“系统设计、集成审批、个性定制”的原则为每个项目设计一个流程图、一份倒排工期表、一套材料清单。对全市过亿元项目建立台账，主动对接，及时跟进，全程配合，实现项目手续办理“全程化、专业化、管家式”服务，提升企业和群众的获得感和满意度。针对审批窗口、代办窗口、镇办之间材料传递有时仍需现场递交，造成人力、时间的浪费问题，将V3系统延伸到镇办，实现审批窗口、代办窗口、镇办之间互联互通，畅通三者之间要件报送、信息反馈渠道，实现网上办件和零跑腿，使审批工作更加便捷、高效。2018年以来，已为姜山基金小镇423家企业代办注册登记、公章刻制、银行开户、税务代扣协议等手续；为英良集团青岛（莱西）石文化产业园、山东文化产业职业学院迁建项目、北大新世纪言鼎（青岛）医疗产业园项目、贝特瑞新能源等14个过亿元项目实施全程代办服务。

企业信用监管 探索实行包容审慎监管，实现“双随机一公开”监管全覆盖。2018年，发起“双随机”抽查任务4个批次，随机抽取2685户市场主体，抽查结果已通过“国家企业信用信息公示系统”向社会公示，对抽查中发现的131户违法失信的市场主体实施信用约束。

“互联网+政务服务”改革 对入驻审批事项实施标准化管理，建立审批服务事项标准化清单，严格规范自由裁量权，对审批服务事项、审批要件、办理程序、审批时限等要素进行全面细化，建立标准化审批服务体系和示范文本。依托青岛市网上审批系统，推进入驻行政服务中心大厅所有审批事项网上办理，提高网办深度。开通微信预约叫号，办事群众根据自己时间安排，预约特定时间段办事，减少等待时间。

招投标管理创新改革 建立标后联合监督检查机制组，制定印发《关于进一步加强政府投资建设项目招投标监管规范建筑市场行为的实施方案》，加大对政府投资建设项目标后联合监督检查力度，严厉打击围标串标、工程转包和违法分包等行为，已组织联合督查15次，共检查项目26个，对围标串标、挂靠施工等行为起到了震慑作用。

压缩小额工程招标时限 对未达到政府采购限额的，建立全市小额工程施工企业库，20万元至400万元的项目采用竞争性磋商方式组织，压缩招标时限，由原来的20天压缩到10天，提高招标工作效率，加快项目进度；400万元以上项目实行公开招标。

机构和行政体制改革

推进党政机构改革。组建全市深化机构改革协调小组及其办公室。组织机构改革调研，对60余个涉改部门主要负责人进行机构改革调研访谈，听取改革意见建议。拟定全市机构改革方案初稿，将按照上级部署的时间节点研究并上报，待上级批复后立即组织实施。

行政审批服务局正式挂牌。拟定全市推进相对集中行政许可权组建市行政审批服务局改革方案，组建相对集中行政审批行动工作专班。12月28日，莱西市行政审批局正式挂牌，莱西市机构改革方案已上报。

推进镇街行政管理体制改革。研究制定全市镇（街道）行政管理体制改革方案初稿，报青岛市编办初步审核批复后组织实施。

推进经济开发区改革创新。制定《关于加快推进经济开发区改革创新提升发展水平的实施意见（讨论稿）》，待与市领导、商务局对接后进一步落实实施意见。

推进经济开发区发展。制定《关于加快推进经济开发区改革创新进一步提升发展水平的实施意见（讨论稿）》，待研究通过后组织实施。

推进企事业单位公车改革。印发《莱西市事业单位公务用车制度改革实施意见》和《莱西市市属企业公务用车制度改革实施意见》，全面推开全市公车改革相关工作。

国资国企改革

推进东方化工的混合所有制改革的任务，企业尚余5公顷多土地和1万平方米办公楼厂房，尚有部分银行及原经营债务纠纷。公司停产解决职工问题后，致力将所剩土地厂房处置用于回购股份。

完善民营经济发展体制机制

扩大“多证合一”范围，加快实施“证照分离”。实施“53证合一”，最大限度降低市场准入门槛。11月10日起，在全市范围内对国务院公布的第一批106项涉企行政审批事项分别按照直接取消审批、审批改为备案、实行告知承诺、优化准入服务等4种方式实施“证照分离”改革，重点破解“办照容易、办证难”“准入、不准营”等突出问题，加快营造稳定、公平、透明、可预期的营商环境。

金融体制改革

举办第十二届中国投资年会——青岛（姜山）基金小镇巅峰对话会、2018第二届中国基金小镇高峰论坛。姜山基金小镇已注册基金企业430家，认缴资金规模306.75亿元，实缴资金规模36.78亿元。全年全市新建商品房销售面积可达131.50万平方米，同比增长14.99%。

风险防控　加强防控，筑牢金融安全防线。建立事前风险预防、事中风险控制、事后规范处置的全方位金融风险防控联动机制。开发建设基金小镇运营管理服务平台，综合运用大数据、云计算、移动互联、人工智能等技术手段，引入工商、基金协会、外部评级以及天眼查等信息平台风控数据，从入驻管理、资质审核、风险预警、数据分析等多维度打造一套综合服务体系，筑起金融安全的“防火墙”。强化联动处置，建立基金小镇金融风险防控联动小组，搭建信息沟通和共享平台。依托中国基金小镇联盟，搭建联盟数据共享平台，实现跨地区风险信息互通，增强入驻筛查的准确度。

基金招商　发挥基金公司的资金、产业、信息、人才等优势，创新性率先提出“若通过基金导入的项目在当地固定资产实际投资达到政府引导基金出资额的两倍也视同返投当地”的规定，开创了基金招商的新模式。通过青岛赛源股权投资基金引荐，山东尚核电力科技有限公司、青岛艾格晶生物技术有限公司即将落户莱西，其中青岛艾格晶生物技术有限公司计划于2020年完成澳洲主板上市。

平台搭建　搭建平台实现基金和实体经济融合。筛选一批域内优质项目，邀请基金小镇内的知名投资机构，举办莱西市金企对接项目路演活动；通过搭建基金与当地企业沟通平台，实现有融资需求的企业及项目与基金精准对接，助推企业转型升级。由政府出资设立的青岛和远产业基金已完成首笔对辖区内企业（青岛锦绣前程节能玻璃有限公司）投资，投资额9000余万元，解决企业发展的资金难题。

实施“保险+期货+银行”模式　3月，全国首单政策性苹果“保险+期货+银行”项目落户莱西，并举办苹果“保险+期货+银行”业务启动会。对河头店、马连庄镇等20余苹果种植大户进行业务辅导，让更多农户了解操作流程及意义。

建立“僵尸企业”有序退出机制　成立

"执转破"合议庭，加强对破产法律法规的培训学习，定期召开"执、转、破"专业法官会议，以点带面，扎实推进破产审判机构专业化建设。加强内部配合协作，明确"执、转、破"案件联络员，细化"执、转、破"案件移送审查的具体操作规程确保"执、转、破"案件审判有序开展、衔接顺畅。发挥绩效考核工作的导向、评价和激励作用，探索"执转破"案件简化审，梳理符合"执、转、破"条件企业8家，成立"执、转、破"案件合议庭，1家被执行企业已导入破产程序。

深化农业农村改革

实施乡村振兴　出台莱西市《关于实施乡村振兴战略的意见》。探讨与国家开发银行合作的乡村振兴模式。推进山东省乡村振兴"十百千"示范创建工程，沽河街道、店埠镇被列为"十百千"工程示范乡，店埠镇宋村、中荣湾庄村，沽河街道后庄扶村、牛溪埠村，河头店镇高格庄村，南墅镇东石格庄村，水集街道水集二村，望城街道辇止头二村，夏格庄镇夏格庄三村被列为"十百千"工程示范村。拟定《莱西市农经综合管理信息平台项目建设实施方案》，待市政府常务会研究通过后印发实施。

推进农村集体产权制度改革　制定并印发《关于扎实推进农村集体产权制度改革的意见》（西发〔2018〕7号）。开展城中村改制试点。采取先试点后面上铺开的工作模式，在水集二村创出经验。全市178个村庄均召开村民会议通过改制决议，制定改制方案，并完成清产核资；713个村庄完成成员资格界定，界定集体经济组织成员62.34万人，173个村庄完成股权量化。全市共有831个村庄完成改制工作，占全市总村庄数的96.51%。

农村土地承包经营权确权登记颁证　印发《关于进一步做好农村承包地确权登记颁证后续有关工作的通知》，利用6个月时间，集中统一更正各镇街农户承包地确权错误信息。全市已有592个村庄完成土地确权电子档案整理工作；6处镇的21个村庄完成土地调查摸底并入户签字。

推进农村土地三权分置改革　印发实施《关于规范农村土地承包经营权有序流转的实施意见》，创新农村担保融资新模式，推进农村土地经营权抵押融资，为13家新型农业经营主体办理农村土地经营权证，以经营权抵押贷款累计达3000万元。4月8日，《青岛日报》刊登题为《莱西：做"活"农地兴业富民——"积极探索农村土地流转经营新路径、推动乡村产业振兴"》的文章，宣传莱西市"马连庄模式""东石格庄模式""前我乐村模式"等典型做法。

培育新型农业经营主体　印发实施《关于扶持培育新型农业经营主体发展壮大的实施意见》（西发〔2018〕36号），引进培育包括金丰公社、丽斌合作社、丰诺植保在内的500家优秀新型农业经营主体。全市有农业产业化龙头企业56家，其中国家级4家、省级7家、青岛市级45家，国家级农业产业化龙头企业数量居全省第一。全市示范农民专业合作社227家，其中国家级6家、省级30家、青岛市级110家；示范家庭农场达到213家，其中省级12家、青岛市级90家。新申报省级示范农民专业合作社7家，青岛市级合作社33家，家庭农场33家。

壮大农村集体经济　印发实施《关于发展壮大全市村级集体经济的实施意见》（西发〔2018〕35号），鼓励村庄转变村级集体经济经营方式，多渠道增加村级集体经营收入，壮大集体经济实力。

特色农业提质增效行动　完成小麦绿色高产高效创建，示范面积合计6660余公顷。落实花生绿色高产创建面积6660余公顷。完成辐射区6660余公顷建设推广工作。遴选落实10个果菜绿色示范基地，涵盖葡萄、苹果、梨、桃子、胡萝卜、甜瓜等优势产业，示范总面积193.07公顷。

美丽乡村建设试点　水集街道产芝村入选第一批56个美丽村居建设村庄省级试点村庄。

落实产芝村美丽村居深化细化试点方案，抓好村庄设计，已委托烟台大学建筑学院和烟台市规划设计研究院有限公司对产芝村进行村庄设计，并于12月底将试点工作方案和村庄设计方案报省美丽村居建设工作专项组推进办公室。

全国不动产权籍调查试点 在夏格庄镇开展“房地一体”试点工作，共对54村1.3万余户进行外业调查及内业材料整理工作。

智慧城市建设

数据资源共享 探索数字经济创新驱动模式，推动数据资源开放共享。2018年以来，出台印发《关于印发莱西市政务信息系统整合共享实施方案的通知》《关于成立优化营商环境推进信息共享行动专项小组的通知》和《莱西市优化营商环境推进信息共享专项行动方案》等文件，整改发布1778条政务信息资源目录，归集民政、市场监管、发改等58个部门数据集1292个，物化已挂接数据集787个，申请上级行政许可、行政处罚、工商登记、企业注册、民政社团等数据478万余条，上传共享数据集982个。初步建成全市统一的人口、法人、社会信用等基础数据库，推动人社、民政等部门之间共享数据7120条，向社会发布开放数据集170个，包含个体工商户登记、农村低保发放、行政权力清单、公司登记、农民专业合作社登记等开放数据61万余条，并在“青岛公共数据开放网”提供查询服务。

平台部署应用 完成智慧城市平台部署，抓好系统应用落地。与星空物联公司签订《智慧城市建设深化合作协议》，编制印发《莱西市2018年智慧城市建设工作要点》，明确工作任务、责任单位和完成时限。智慧城市“五大平台”已部署完成，正根据应用需求进行优化完善；寄递物流、重点人员管控、安全生产、智慧城管等系统已完成部署，提高城市智慧化水平。2018年10月，莱西市被评为青岛市2018年智慧城市优秀解决方案评选十佳组织奖，莱西市智慧环保监控系统、寄递物流管理系统、人工智能城市大脑和基层党员互联网教育系统被评为青岛市智慧城市优秀解决方案。12月7日，在山东省智慧城市大数据创新应用技能大赛中，莱西市人工智能城市大脑和智慧环保监控系统获大赛二等奖。

（市发展改革局）

财　政

概况

2018年，莱西市地方财政收入完成52.30亿元，加上上级税收返还、转移支付、新增一般债券等转移性收入，扣除上解等转移性支出，可用资金79.99亿元，财政支出完成79.99亿元，收支平衡。

企业税收

2018年，全市50强企业实现地方税收11.71亿元，增长16.9%，骨干企业税收贡献度不断提高。

通过市场化运作方式，政府主导的青岛和远产业基金完成首笔投资——向全国玻璃深加工30强的青岛锦绣前程玻璃有限公司投资9334万元，帮助企业完成技改升级扩大产能，促进企业发展壮大。

财税、国土及各镇（街）协作配合，对全市欠缴土地使用税企业进行梳理、统计，采取“一企一策”方式，各镇（街）累计清欠土地使用税4410万元。

财政监管

启用政府支出经济分类改革系统，提高预算透明度；制定《莱西市财政资金拨付工作流程》《关于进一步规范财政资金缴拨业务相关事项的通知》，规范财政资金管理和全市各金融机构财政资金存缴拨工作秩序。

开展严肃财经纪律制度执行和会计监督常规检查，对镇级财政财务管理、扶贫资金、生态补偿资金、社会团体使用财政资金、非税收入收缴和财政票据使用情况等进行专项检查，跟踪督促整改问题44项，确保财政资金运行规范高效安全。

做好预算资金“加减法”“三公经费”比上年下降10.2%；共完成2018年农村公路大中修工程、农村公路网化连通工程等42个预算评审、评价项目，累计审减项目预算资金6233万元，为项目预算资金安排提供重要依据；民生领域支出57.53亿元，占财政支出比例达到75%，比上年提高3个百分点。

建立全市所有行政事业单位及融资平台公司隐性债务数据库，并纳入财政部统一建立的政府隐性债务监测平台；针对现存政府隐性债务制定为期10年的偿还化解方案，确保按时完成全市隐性债务化解任务。

深化改革

研究制定关于改革非正常经营国有企业监管体制的方案，就建立政府向人大常委会报告国有资产管理情况制度进行调研考察，为盘活企业资产、增加国有资产管理公开透明度、提升国有资产管理公信力奠定基础；推进国有投资公司市场化转型，聘请职业经理人，建立专业化运营队伍，公司法人治理结构进一步完善。

严格落实PPP项目“规范管理、防范风险、示范引领、健康发展”要求，垃圾综合处理、海绵城市、美丽乡村等5个新项目获得财政部PPP管理平台的审查论证许可，顺利进入国家PPP项目管理库，可撬动社会资本63.58亿元。

适应政府采购政策新变化，制定《关于加强政府采购管理规范政府采购流程的通知》《莱西市市级政府采购预算管理办法》，规范各方面管理环节；正式运行青岛市政府采购一体化交易管理平台，对纳入政府采购预算和计划的项目，实现由纸质化审核向电子化审核的转变；全年组织政府采购项目249个，采购金额3.29亿元，节约资金3350万元。

按照“一次办好”改革理念，对财政事项进行系统梳理，优化会计代理记账机构审批、财政票据发放等权力事项和公共服务事项工作流程，通过精简申请材料、缩短办理时限等具体措施，推进审批服务便民化。

制定《关于进一步调整完善市镇财政管理体制的通知》《关于进一步规范镇街财政所财务管理工作的通知》，并汇编印发财政所常用制度，提升基层财政的保障能力和财务管理水平；将镇（街）财政所国库集中支付流程由原来“镇财市管”执行的市级审核权限调整为财政所自行审核，优化工作流程。

激发企业活力

制定总规模30亿元的新旧动能转换基金设立方案，采取引导基金、母基金、子基金三级架构，发挥财政资金“四两拨千斤”的作用，撬动社会资本形成100亿元基金规模，重点扶持全市优势特色产业、新兴未来产业和传统支柱产业发展，助力全市新旧动能转换重大工程。

做好“放管服”各项改革工作，完善涉企收费目录清单“一张网”管理；选择5家有代表性的企业设立涉企收费监测点，聘请人大代表、政协委员作为涉企收费社会监督员，对减税降费政策执行情况进行监督；累计为国轩电池、东方雨虹等11家企业退还2017年末留抵增值税1.5亿元；近三年共取消、调整行政事业性收费和政府性基金涉企收费项目21项，年减少涉企收费6000余万元。

投入资金218万元支持3家科技型中小企业创新升级；拨付141万元推动外贸转动能稳增长，扶持33家外贸企业开拓国际市场、建设跨境电商、加强品牌建设；拨付资金560万元，支持35家企业在“四板”市场挂牌，2家规模以上企业完成股份制改造；拨付资金905万元，推进小微企业创业创新基地城市示范工作，重点扶持企业50家；发挥“助保贷”财政资金引导作用，帮助10家企业获得贷款3820万元，扩大了企业发展空间。

助力乡村振兴

整合资金120万元，用于全市苹果“银行+保险+期货”、农业大数据平台建设等农业项目支出；整合扶贫资金4400万元，支持经济薄弱镇基础设施建设；整合水利、财政等项目资金2300万元，综合推进农业农村基础设施建设。

安排资金1619万元，保证全市乡村振兴“双百引领”工作队和“村村行”工作组开展工作，实现组织振兴引领乡村振兴；分别为全市861个行政村、145个社区拨付村级组织运转经费5408万元、社区运转经费2800万元，基层组织建设得到保障。

投资2.18亿元的9666.67公顷高标准农田建设工程全部完工，推进农业生产基础设施建设；将新型农业经营主体培育与农业综合开发政策有机结合，争取中央及青岛财政资金1380万元，完成产业化发展财政补助项目21个；争取中央及青岛财政贴息资金1206万元，支持34个新型农业经营主体发展。为30家涉农企业提供担保金额1.35亿元；安排资金1200万元，促进农村一二三产业融合发展。

投入资金1126万元，用于农业水价综合改革，完善田间农业计量设施，提高用水、节水效率。落实上级一事一议财政奖补资金5094万元，安排一事一议项目244个；落实上级宜居宜业示范村奖补资金1000万元、扶持村集体经济发展试点奖补资金750万元，批复建设宜居宜业示范村庄5个、扶持村级集体经济发展试点项目15个；落实上级美丽乡村标准化建设奖补资金4800万元，建设美丽乡村标准化建设示范村15个，农村居住环境得到改善。

发展改善民生

完善城乡义务教育经费保障机制，对全市学生规模不足300人的学校，按300人核定公用经费；教育精准扶贫实现由学前教育到高等教育全覆盖，免除建档立卡残疾学生244人次学费及保教费21.42万元；发放各类助学金855.8万元；安排1164万元改造4处经济薄弱镇农村义务教育薄弱学校及幼儿园办学条件；投入资金5403.3万元，完成城关中学、城关小学、城东小学、洙河小学四处学校改扩建工程。

安排促进就业补贴资金630.7万元，扶持镇级创业孵化基地2处，为712人发放一次性创业补贴资金347.91万元，政策性扶持创业887人。社会保障资金补助支出6.20亿元，居民基本养老保险基础养老金标准每人每月提高18元，分别为在保城乡低保对象8396人、城乡特困供养人员889人，发放低保金4403.3万元、救助特困供养金1325万元；对212名家庭困难军队退役人员实施临时救助，投入资金106.3万元，保障退役士兵待遇；投入资金1091.58万元，保障了困难重度精神残疾人生活。

拨付公立医院改革补助资金6614万元、实行基本药物零差价补助资金8277.7万元；居民医疗保险筹资标准中的成年居民一档由930元提高到1080元，成年居民二档及少年儿童由655元提高到870元；投入基本公共卫生项目资金4279.52万元，为63.3万名居民进行健康查体，并建立电子健康档案；为2400余名老年乡医发放生活补助1096万元。

投入资金130万元，重点支持文化馆、图书馆等公共文化设施免费开放；投入资金331万元，在全市开展农村公益电影放映和“一村一场戏”活动；拨付370万元对“乐在莱西”品牌进行推介；投入资金200万元，保障开展“环山东半岛”自行车挑战赛、乒超联赛、国际马拉松等一系列体育赛事。

（朱新利）

税　务

概况

2018年，市税务局共组织各项收入41.4亿元，同比增长17.1%，区县级税收完成24.8亿元，同比增长17%，为莱西市经济社会发展提供坚强的财力支撑。落实出口退税政策，全年共办理出口退（免）税13.3亿元，同比增长14.2%，促进莱西结构转型升级和外向型经济的发展。市税务局保持省级文明单位称号，被评为全国税务系统税收科研调研基地，局党委被评为莱西市先进基层党组织，相关单位被授予青岛市先进基层党组织、莱西市干部教育培训现场教学基地、青岛市工人先锋号等称号，绩效考评成绩位居青岛税务系统前列，在青岛市税务局聘请第三方开展的纳税服务满意度调查中，莱西市税务局再次获系统综合排名第一名。《中国税务报》《中国经济时报》《山东工人报》等媒体先后多次对莱西税务工作宣传报道。

机构改革

组建机构改革工作小组及办公室，发挥党委政治核心作用，全力推进，保证改革任务落实到位。依靠市委市政府，成立改革专项组，多次召开协调会议，部署推进改革任务。严格按照青岛市税务局制定的工作台帐，细化分解任务，对表作战，到点验收，确保上下步调一致；把稳把牢关键节点，完成新机构挂牌、机构“三定”任务。

7月5日，国家税务总局莱西市税务局正式挂牌。市委副书记、市长姜水清，国家税务总局青岛市税务局党委委员、副局长任希巍出席挂牌仪式。7月6日，莱西市国税地税征管体制改革座谈会召开。传达全国、青岛市国税地税征管体制改革座谈会精神，对全市国税地税征管体制改革进行动员部署。10月11日，市委书记庄增大，青岛市税务局党委委员、总经济师任洪礼一行到莱西市税务局调研指导工作。对莱西税务局改革动作从严从速、改革步伐稳健有序表示充分肯定，尤其对莱西局在服务和扶持新业态企业发展、创新征缴模式上做出的突出贡献、表现的担当尽责给予高度评价，要求在全市各部门推广学习莱西市税务局抓工作有付出、有担当、有创新、有成绩的优秀做法。

税收征管

全面推开行政执法公示、执法全过程记录和重大执法决定法制审核“三项制度”，推进诚信推定理念落实，抓好“内控+党建”大内控建设，优化税收法治环境。因地制宜统一税收征管方式，推进金三系统并库，将复杂改革事项分解落实，做到对表对标，科学筹划，将原国税地税征管差异影响降至最小，为高质量开展征管工作打下坚实基础；强化对特殊经济业态的分析监控，消除执法风险，解决企业发展瓶颈问题，逐步实现税收管理事前放得开、事中管得住、事后查得了。2018年，此项工作共增加税收收入1亿多元。

纳税服务

落实“放管服”改革要求，抓好“最多跑一次”“一窗受理”“一厅通办”等改革措施的落实，实现清单内事项“一次办好”、二手房交易“一窗受理”、纳税人办税时间大大缩短。抓好增值税改革和国务院7项减税等税收优惠政策的落实，办理留抵税额退税1.48亿元，全年落实减税4.5亿元。抓好个税改革“铺天盖地”式宣传和辅导，个税六项专项附加扣除等政策落实实现全覆盖，社会群众的获得感和幸福感增强。莱西市税务局推进“放管服”的相关做法，多次被《中国税务报》《青岛日报》《半岛都市报》等媒体报道，国家税务总局督查组给予肯定。

队伍建设

坚持以严管善待为保障，保持执纪监督“高压状态”，利用“廉政文化展室”的阵地作用，不间断开展廉政警示教育，全程做好声像原始记录，把廉政教育引向深入。邀请青岛市税务局纪检组长对班子成员进行集体廉政谈话，开展全员“一对一”“多对一”廉政谈话提醒，增强干部廉洁自律意识。加大思想政治工作和典型引领力度，在实现谈心谈话全覆盖基础上，发挥8名改革先进人物的榜样带动作用，推进“事合、人合、心合、力合”，实现队伍稳、人心稳。引导团员青年成为干事创业生力军，团委先后组织开展各类特色活动36次，展现税务青春力量。2018年，市税务局有11名干部被分别授予青岛市劳动模范、青岛市见义勇为模范、青岛市“三八”红旗手、青岛市年度优质服务标兵、青岛税务系统十佳最美税务人等称号，1名干部被青岛市税务局向国家税务总局推荐为“中国好税官”候选人。

2018年莱西市纳税大户一览表（50家）

序号	纳税人名称	序号	纳税人名称
1	青岛雀巢有限公司	26	青岛农村商业银行股份有限公司莱西支行
2	青岛泰光制鞋有限公司	27	青岛福韶置业有限公司
3	青岛耐克森轮胎有限公司	28	青岛中凯房地产开发有限公司
4	荣华建设集团有限公司	29	青岛银泰房地产开发有限公司
5	青岛九联集团股份有限公司	30	青岛达圣房地产开发有限公司
6	北京新能源汽车股份有限公司青岛分公司	31	青岛华商工程有限公司
7	青岛吉明美机械制造有限公司	32	青岛万福宏远置业有限公司
8	青岛青北碳素制品有限公司	33	希杰(青岛)食品有限公司
9	青岛宏远置业集团有限公司	34	青岛望城三宝建设有限公司
10	国网山东省电力公司莱西市供电公司	35	青岛莱西元泰村镇银行股份有限公司
11	青岛六和万福食品有限公司	36	中国农业发展银行莱西市支行
12	青岛耐克森橡胶有限公司	37	青岛奥迪斯生物科技有限公司
13	青岛莱西市电力房地产开发有限公司	38	青岛海诺生物工程有限公司
14	青岛卫蓝之旅新能源汽车销售有限公司	39	青岛海升果业有限责任公司
15	青岛日之容塑料制品有限公司	40	青岛瑞晟置业有限公司
16	青岛豪都置业有限公司	41	青岛吉尔利塑织有限公司
17	第一名称:山东省北墅生建石墨矿 第二名称:山东省北墅生建钢管厂	42	青岛永昌因特皮革有限公司
18	博锐克制动系统(青岛)有限公司	43	青岛明和橡胶有限公司
19	青岛高登路鞋业有限公司	44	青岛华商银泰置业有限公司
20	青岛艺海源工艺品有限公司	45	青岛海川劳务有限公司
21	青岛凤凰东翔印染有限公司	46	青岛奥司登精密铸造有限公司
22	青岛润达鞋业有限公司	47	中国建设银行股份有限公司莱西支行
23	中国农业银行股份有限公司莱西市支行	48	青岛泰华鞋业有限公司
24	青岛赛威鞋业有限公司	49	中国银行股份有限公司莱西支行
25	青岛有你珂部件有限公司	50	青岛埃维燃气有限公司

（市税务局）

农村经济管理

农民负担监督管理

开展涉农收费专项治理。成立农民负担专项检查工作组，对全市涉农有关部门进行定期的专项审计。检查内容主要包括环境卫生、用水、义务教育、监管制度落实、其他政策落实等涉农收费情况，村组织及农民专业合作社的收费情况，各项惠农政策的落实，《莱西市农村集体资金资产资源管理办法》落实情况。通过检查、督促、纠正和完善等手段，促进各项减轻农民负担政策的落实，为防止农民负担反弹、维护农民合法权益起到积极作用。

农村集体“三资”管理

完善平台建设、强化业务培训、加强清产核资，夯实全市农村集体“三资”管理工作基础。

建设市农经综合管理信息平台　建设涵盖农村“三资”监管网络平台、农村产权交易平台、农村集体产权制度改革管理平台、村土地确权管理平台的农经综合管理信息平台。

“三资”管理政策业务培训　在市委党校举办全市农经人员培训班，累计培训经管工作人员1000余人次；开展农村财务管理和农村集体产权制度改革培训，累计培训村党支部书记和基层干部1700人次。

清产核资工作　从2月开始，截至10月全市已完成清产核资工作，861个村均已完成资产清查和数据录入，全面掌握村集体所有“三资”的现状，摸清集体家底，健全管理制度，建立台账，防止资产流失。

农村土地流转

按照“要引导，更要指导；要规划，更要规范；要保护，更要保障；要稳定，更要稳妥”的原则，推进农村土地流转、适度规模经营。3月，市委市政府印发《关于规范农村土地承包经营权有序流转的实施意见》（西发〔2018〕8号）文件，为加强全市土地流转工作提供政策保障。全市土地流面积达3.35万公顷，其中转包面积2.3万公顷、出租面积6466.67公顷、转让面积266.67公顷、互换面积2866.67公顷、其他流转面积866.67公顷。

农民专业合作社建设

按照“有序、有度、有效”的原则，通过宣传引导、典型带动、培训提高等办法和手段，引导专业合作社向“用地集约化、模式农场化、生产规模化、运作市场化”方向发展。坚持“引导与指导、规划与规范、稳定与稳妥、保证与保障”八要素，深化农民专业合作社的有序发展和规范管理，全市农民专业合作社数量和质量得到突破和提升。2018年全市新增注册农民专业合作社448家，达到3378家。引导农民专业合作社开展创先争优活动，创建国家级示范合作社5个，省级示范合作社7个，青岛市级示范合作社40个。

家庭农场建设

为促进家庭农场这一农业新型经营主体快速健康发展，提升农业生产的专业化、集约化、标准化、商品化水平，促进农村发展、农业增效、农民增收。全市通过宣传引导、典型带动、培训提高等办法和手段，发展家庭农场。2018年，工商注册家庭农场达到2108个。同时引导家庭农场开展创先争优活动，创建青岛市级示范家庭农场29个，青岛市级家庭农场累计达到115家，省级家庭农场累计达到12家。

（市农业农村局）

国有资产管理

职能剥离

根据国务院国有资产管理监督管理委员会办公厅《关于做好2018年剥离国有企业办社会职能和解决历史遗留问题有关工作的通知》（国资厅发改革〔2018〕11号）文件精神和省《国企十条》所提要求，对全市涉及的邮政公司、铁路局进行调研，对邮政公司涉及的143户、铁路涉及的99户住户，按照“先移交后改造”的原则分别签署移交分离协议，确保群众供水、供电、供暖、物业管理等服务不受影响，推进全市剥离国有企业办社会职能和解决历史遗留问题政策的落实。

预算管理

2018年，国有资本经营预算收益968万元，已全部收缴入库，对促进全市预算管理工作更加完善、规范起到积极作用。

制定方案

2018年，研究制定《关于改革非正常经营企业监管体制方案》，经市委深化改革小组第六次会议研究通过。计划建立非正常经营企业统一管理模式，由以前的多头管理变为一头管理，通过转换体制，盘活资产，使企业甩去包袱，轻装上阵，寻找发展空间。

资产年报

根据财政部及青岛市财政局部署，完成2017年度全市行政事业单位资产年报编报工作，摸清全市各级行政事业单位占有、使用资产状况。截至2017年末，全市行政事业单位资产总额为65.14亿元，负债32.27亿元，净资产32.87亿元。

（徐　杰）

国土资源管理

耕地保护

坚持对永久基本农田实行特殊保护，确保全市耕地总量不减少、质量不下降、用途不改变。将青岛市下达的耕地保有量和永久基本农田保护面积指标，压实责任，层层分解，市政府与各镇、街道签订耕地保护责任书，各镇、街道同时将耕地保护责任落实到村，强化和明确乡镇耕地保护责任，完成耕地保有量8.74万公顷、永久基本农田保护面积7.8万公顷；2018年共立项实施土地开发复垦项目391.07公顷，已通过验收，全市耕地占补平衡有余；为消除安全隐患，改善生态环境，全市2018年开展工矿废弃地复垦工作，共立项12个，通过市局验收项目12个，增加耕地141公顷，实现经济效益、生态效益、社会效益有机结合，均衡发展。

不动产登记

2018年11月，“2017年莱西市农村不动产权籍调查示范点项目”在北京通过中国土地勘测规划院组成专家组最终验收。项目完成青岛莱西市夏格庄镇房地一体的宅基地、集体建设用地及其地上房屋的权籍调查工作；完成不动产权籍调查数据库建设；探索了青岛市本级海域使用权的权籍调查工作模式、形成了专题报告。7月，莱西市23个“问题产权”小区已全部可办理不动产权相关登记。为规范不动产登记，进行数据整合，共迁移数据2.94万条，涉及宗地490宗，涉及楼座1010幢。实现“一窗受理”，实行不动产交易、登记与税务窗口人员合并办公、并行办理的模式。对存量房交易与抵押登记合并、新建商品房办证与预抵押换正式抵押合并登记进行精简，清理个人材料2件，清理企业材料6件；制定莱西市不动产登记中心《关于开展帮办、代办、登门办服务工作的通知》，对老弱病残等特需群体，提供全程“一对一”个性化服务；实行EMS邮寄，完成不动产登记权证邮件送达，做到“一次办好”。实行网上预约，网上预约办理不动产登记，并开通短信服务。不动产登记工作有序进行，全年共办理不动产登记3.14万件，其中产权登记7979件、抵押登记9730件、合并登记8582件、注销登记5054件。

建设用地管理

把用地作为报项目促发展的基础性、先行性要素资源，确保重点项目用地应保尽保。2018年，青岛市下达给莱西市青岛市重点项目用地计划59.13公顷，切块下达计划44.73公顷，合计103.87公顷。全年共办理农转用（征地）项目68个，涉及村庄75个，涉及土地面积369.73公顷，全年共发布土地征收预公告600多份。突出抓好青岛市重点项目报批工作，及时上报龙青高速（莱西北段）、北大言鼎医疗产业园、山东文化职业学院、英良石材、德邦科技、华睿宏利等一批投资规模大、带动能力强、产业关联度高的青岛市、莱西市重点项目，保证全市项目顺利落地。

土地储备

超额完成2018年度青岛市局下达给莱西的供地任务。全年共储备土地96宗370.2公顷，其中工业用地76宗304.2公顷，经营性用地20宗6.6公顷。通过拍卖方式共出让土地79宗，出让面积297公顷，其中出让工业用地242.55公顷，经营性用地54.28公顷。土地出让收入17.04亿元。2018年，青岛市下达给莱西市的住宅用地指标为36.27公顷，已完成39.27公顷，完成计划的108%。

土地利用管理

全年供应划拨土地17宗、65.13公顷，协议出让44宗、35.87公顷，办理集体使用手续10宗、73.66公顷，共计71宗、174.62公顷。划拨收入3860.19万元，出让总额收入1.15亿元。推进闲置土地处置工作，印发《莱西市人民政府办公室关于闲置土地清理处置的实施意见》，在全市开展闲置土地清理处置工作，对15宗、73.44公顷闲置土地收回后重新盘活利用。

矿产资源

截至2018年底，莱西市境内共发现各类矿产43种（含亚矿种），其中探明储量的有19种，以非金属矿为主。金属矿产有铁、钛、金3种，稀土矿产1种，以及伴生铌、伴生钽2种矿产；非金属矿产有重晶石、钾长石、石墨、大理石、沸石、珍珠岩、膨润土、透辉岩、安山岩、砖瓦用粘土、伴生硫铁矿11种；水气矿产有矿泉水和地下水2种。优势矿种为石墨、沸石、透辉岩、金。已发现各类矿产地107处，其中大型矿床4处、中型矿床4处、小型矿床20处、矿点和矿化点79处。

矿产开发管理

实施《莱西市矿产资源总体规划》（2016—2020年），严格矿产资源规划管控，执行《青岛市政府关于加快非煤矿山转型升级的实施意见》和《山东省人民政府办公厅关于进一步加强山石资源开发管理的意见》，严格采矿权准入，对4家露天开采矿山予以关停，年内持证矿山企业减少为12个。对办理矿山证照延续的企业，聘请社会第三方审核其安全生产基本条件和生产能力、储量条件，全部达标后方可延续；加强矿山监管，及时发现安全生产隐患，督促矿山企业履行安全生产责任，按照年度矿产督察计划，对全市12个持证矿山履行法定义务情况进行重点督察。

地质环境保护

编制实施《莱西市矿山地质环境恢复与治理规划》（2018—2025年）和《莱西市矿山地质环境重点治理工程治理方案》，对全市10处2013年以来关停的露天开采矿山和17处位于“三区两线”（重要自然保护区、景观区、居民集中生活区的周边和重要交通干线、河流湖泊沿线）直观可视范围内废弃矿山进行治理，2020年底前完成治理任务。

市政府投资244万元，对莱西市非煤废弃矿井、矿坑地质环境进行治理，对103座竖井采用预制钢筋混凝土梁、矿井井口治理封堵、水泥抹平加固，对60座竖井采用充填法治理，15处废弃平硐采用石块混凝土挡墙封堵，11处废弃采矿采用设置围栏、警示牌等应急措施。工程项目于3月开工，截至11月工程验收结束。

根据《莱西市历史形成责任灭失非煤矿山采空区调查报告》成果，对12处历史遗留非煤矿山采空区进行监测，定期监测采空区地表变形特征，掌握采空区地表变形规律和发展趋势，通过对监测成果的分析，为地质灾害预警和防治工程决策提供资料依据。

地质灾害防治

编制实施《莱西市地质灾害防治规划》（2018—2025年），加强地质灾害防治，以最大限度减少地质灾害造成的人员伤亡和财产损失为目标，坚持以人为本，健全地质灾害防治管理体系，加大地质灾害工程治理力度，为实现人与自然和谐相处提供保障。制定印发《莱西市2018年度地质灾害防治方案》（西政办发〔2018〕42号），对全市的地质灾害应急防治工作进行的安排部署，定期开展地质灾害防治应急演练，构建群防群测地质灾害防治网络，投入资金200多万元对全市地下采空区、废弃矿井等进行治理，组织相关单位进行汛前隐患点排查，全年汛期共发预警信息8次，做好应急物流储备工作，协调南墅镇政府对南墅镇山里吴家依山建筑隐患点进行整治，基本消除崩塌隐患。2018年，莱西市被国土资源部授予地质灾害防治高标准十有县称号。

测绘管理

组织管理县级基础测绘，承担测绘资质、资格管理的事中事后监管工作。截至2018年底，莱西市共有测绘资质单位5家，其中丙级1家、丁级4家，测绘资质单位从业人员43人。通过对5家测绘单位进行抽查，检查测绘项目15个，合格率100%。建立测绘地理信息成果利用共享机制，负责全市测绘地理信息成果汇交和测绘项目登记工作，国家秘密基础测绘成果使用审批，开展国家版图意识宣传教育，监管全市测量标志点，与各所制订管护合同，建立巡查台账，对省管点进行动态监管。

执法监察

根据省委省政府的统一要求，将基本农田的保护，矿产资源方面的动态巡查、2018年国家土地督察济南局反馈问题整改、“大棚房”清理整治确定为工作重点。本着“预防为主、全程监督”的原则，在全市范围内进行拉网式巡查。严格制定国土资源动态巡查制度，建立巡查台账，做好巡查记录，利用好执法记录仪，依法履职到位，从快有效地制止和清理国土资源违法行为。2017年11月16日，配合公安机关查处望城街道田格庄村李晓庆涉嫌非法采矿和破坏耕地等犯罪行为，打击了黑恶势力，在社会上形成有力震慑。按照国家自然资源督察济南局提出的问题，对照涉及莱西市相关问题图斑进行梳理，基本完成整改工作。完成卫片执法工作任务，对涉及莱西市的777个图斑逐宗进行实地调查核实，依法对72宗违法用地行为进行严肃查处。严厉打击设施农用地违法违规建设行为，遏制“大棚房”问题的发生和发展。其中通过对姜山六村“大棚房”问题和沽河街道山后韭菜“大棚房”问题的立案查处，打击土地违法行为，规范全市土地管理秩序。

宣传教育

利用“3·19”矿法颁布日、“4·22”世界地球日、“6·25”全国土地日、“8·29”测绘法宣传日、“12·4”宪法日等节日进行法律法规宣传，制定宣传方案，利用悬挂横幅、发放宣传材料、书法比赛等方式宣传国土资源法律法规。与媒体单位联系沟通，利用电视、报刊、网络和微信等方式进行全方位的宣传，扩大普法宣传面。开展抓基层强基础深入推进法治国土建设工作，建立完善国土资源咨询员制度。50%以上的行政村设立一名国土资源咨询员，具体负责国土资源房管法治宣传、政策咨询、意见建议受理以及调解国土资源纠纷等。做好法制宣传教育进校园工作。各国土所在本辖区内选择2处条件较好的中学、小学开设国土资源法制课堂，定期讲授国土资源保护、利用的法律知识，培养中小学生形成热爱和保护国土资源的意识。

依法行政

注重依法进行行政体制建设，制定2018年推进依法行政工作要点，成立以局长为组长的依法行政领导小组，建立依法行政考核制度。制定《重大事项集体决策制度和工作程序》《重大事项专家论证制度》，编制和修改规划草案、拟定土地利用年度计划，制定基准地价和协议出让最低价、确定土地使用权和矿权出让底价、拍卖起叫价和挂牌起始价、重大处罚事项等纳入集体决策范围。将市政府批准的三定方案和权利清单在政务网公示，在政务网公示行政审批和服务事项办理指南和办事程序，办理结果在政务网进行公示。制定《国土资源执法监察动态巡查及违法案件查处办法》《行政执法全过程记录实施办法》《行政执法公示制度》，实行动态巡查制度，执法监察大队和各所实行联动机制，及时发现、制止和查处国土资源违法行为。重视行政复议案件的办理工作，制定《行政复议和行政诉讼案件办理工作制度的通知》，配备专业的行政复议应诉人员，行政复议应诉工作按照法定程序进行，未出现程序违法的现象。

（市自然资源局）

安全生产监督管理

2018年，市安监局强化隐患排查治理，推进安全生产综合整治行动，安全生产形势总体稳定。

工作部署与落实

重新调整安全生产委员会单位，与各成员单位签订《安全生产目标责任书》，明确各单位工作目标，强化担当意识，压实责任，确保各项政策措施抓细抓实。全年先后召开安委会会议4次，安全生产专题会议20余次，研究部署安全生产重点工作，解决安全生产重大问题。3月，省政府安委会巡查组对全市安全生产工作进行巡查，发现问题177项。问题反馈后，市安监局积极调度相关部门完成整改任务。为巩固和扩大省政府安委会巡查成果，5月，市安委会参照省政府安委会巡查模式，采取听汇报、查资料、随机抽查现场和座谈交流等方式，重点督查10处镇街和9家重点企业的安全生产工作情况，发现的79项问题采取“台账式管理”，对问题整改情况进行每日调度、每周通报，督促镇街政府和企业完成整改任务。

双重预防体系建设

将双重预防体系建设作为贯穿安全生产工作的主线任务，成立双重预防体系推进办公室（简称“双推办”），对全市双重预防体系建设工作进行统一部署、统一调度、统一考核。在双推办的指导下，完成对全市规模以上企业、高危行业企业和小微企业的摸底，做到了底数清、台账明，确保双重预防体系建设工作有的放矢。通过召开现场会、组织培训会等学习活动为监管部门和企业进行“充电”，提高监管部门的工作能力及企业双重预防体系建设水平。利用49家标杆企业的先进建设经验，发挥示范引领作用，由双推办通过组织现场观摩、上门帮扶、技术支持等形式，将标杆企业的先进经验传授给行业领域内的企业。职业卫生方面，309家职业危害申报备案系统中的企业已全部完成职业卫生双重预防体系建设。1月17日至19日，全省制鞋行业双重预防体系建设现场会在莱西市召开，有关经验和做法得到省安监局的肯定。

治理隐患排查

按照“全覆盖、零容忍、严执法、重实效”的要求开展执法检查，提升执法效果。租用12辆北汽新能源汽车派发至各镇街，提高了安全监管工作效率。采取明查暗访、突击检查、随机抽查等方式，深入基层一线和企业现场从严从实开展监管执法，依法严厉打击各类违法违规生产经营活动。2018年以来，组织各行业主管单位共督促整改安全生产隐患1.6万处，罚款318.4万元。认真办理为民服务热线举报案件，共查处各类安全生产举报86件，办结86件，办结率100%。

重点部位整治

危化品领域 组织执法人员和安全专家成立检查组，对全市危化品行业企业进行安全检查，共出动执法人员1451人次，检查企业729家次，发现并整改隐患821处。

涉氨制冷领域 督促涉氨制冷企业安装PLC安全自控系统，聘请青岛液氨专家现场指导，2018年，全市53家涉氨制冷企业，已全部安装PLC安全自控装置。

烟花爆竹领域 规范烟花爆竹行业许可工作，严把市场准入关口，严格控制不具备安全条件的经营单位进入市场。2018年全市烟花爆竹经营单位共计90家，比2017年减少10%。

非煤矿山领域 2018年以来，共派出执法人员135人次，检查企业24家次，发现并整改隐患98处。《中国应急管理报》和《山东省安全生产简报》分别刊发市应急局安全生产工作经验做法。

教育培训与宣传

围绕职业卫生、危化品等领域组织开展培训考试，累计组织特种作业考试600人次，高危行业安全员考试180人次。利用《问安莱西》《莱西市情》等平台，宣传安全生产经验做法及居民日常安全常识。累计制作电视宣传栏目8期，提高群众的安全意识及能力。组织重点行业企业负责人集中培训，累计组织危化品、非煤矿山、涉氨制冷等重点行业领域企业培训活动9次，培训企业负责人和安全管理员超过2000人次。启用“莱西安监”微信公众平台，提供在线答疑、第三方服务机构查询和“随手拍”有奖举报服务，并向市民群众宣传安监工作动态和日常安全常识。微信公众号累计发表文章11篇，向市民提供各类服务144次，架起了一条联系市民群众的新纽带。

应急管理

开展安全生产应急管理专项整治行动，组织各有关单位深入企业、深入一线，指导企业开展应急演练，督促企业进行应急管理培训。开展全市层面危险化学品生产安全事故应急演练、人员密集型企业生产安全应急演练和烟花爆竹储存经营安全事故演练。通过演练，健全政企联合响应和部门应急联动机制，达到演练预期效果。加强应急值守工作。组织有关单位坚守工作岗位，排查治理各类隐患，管控重点行业企业及关键部位风险点；同时，调度全市应急救援力量坚守应急一线，全天24小时值班在岗，确保安全生产突发事件第一时间响应、第一时间处置。2月，莱西市成功处置一起CNG天然气运输车侧翻事故。10月21日，成功处置一起LNG天然气运输车追尾造成泄漏事故。12月1日至2日凌晨，与应急办、公安局、环保局、消防大队及沽河街道办事处成功处置一起高速公路上汽油罐车侧翻泄漏事故，防止一起重大事故的发生。

提高安全监管效率

市应急局为执法队伍装配智慧安监通PDA执法系统，完全开发完成后可实现执法人员现场查询法律法规、下达执法文书、现场调查取证、查封扣押、录制口供、立案办案等效能。通过在企业的生产车间、危化品仓库等危险场所架设监控系统和传感系统，对危险源、风险点进行实时监测。智慧安监系统运行过程中，共检测到企业出现粉尘及有害气体超标25次，突发情况均在30分钟内处理完毕，减少事故发生，促进全市安全生产形势稳定。

（市应急局）

物 价 管 理

价格改革

开展天然气价格改革工作。建立全市居民用管道天然气阶梯价格制度，自2018年5月1日起执行。根据《山东省定价目录》，对莱西市公共租赁住房租金标准进行核定。减轻电力用户电费负担，价格科于8月22日会同市供电公司组织转供电单位共50余家召开价格政策提醒会，宣传解读电价政策，告诫转供电单位规范电费收取方式，并邀请新闻媒体做现场报道，确保降价成果真正惠及终端用户，及时贯彻落实省简化用电分类、降低一般工商业及农业生产用电价格等政策措施，每年为全市工商业用户节省电费700余万元，为全市农业用户节省电费约250余万元。根据非居民用气上下游价格联动机制，下调全市非居民用气价格（3.636—3.257），为工商业用户减少支出约2200余万元。实施公平竞争审查制度，印发《关于清理现行排除限制竞争政策措施的工作方案》，推进莱西市公平竞争审查工作的开展，营造良好的投资氛围。配合青岛物价局对青岛琦泉生物质发电有限公司“价格治霾”精准补贴进行审核，帮助企业争取补贴300余万元。实施社会救助和保障标准与物价上涨挂钩联动机制，搞好部门协同，配合民政局、财政局及时发放价格临时补贴。

行政事业性收费清理

逐一编制并及时通过政府网站向社会公布全市涉企收费目录清单，并根据上级部门的政策调整对目录清单实行动态管理，做到“涉企收费进清单，清单之外不收费”。

成本监审

对全市4家居民供热企业的2017年5月至2018年4月居民供热季成本实施监审，为市政府对供热补助奖励资金的分配提供可靠的决策依据。同时，对金莱热电、金涌热电2家企业非采暖供热成本和12家国办幼儿园收费成本进行监审。在监审过程中，严格、公正、合法监审，最终做出成本监审报告。

12月27日，国家发改委印发《关于表彰2017—2018年度全国价格认定先进机构和优秀个人的通报》，市发改局价格认证中心获全国先进价格认定机构称号。

（市发展改革局）

市场监督管理

2018年，市市场监管局围绕市委市政府“1+5+4”目标体系，融入大局，完成各项目标任务。“高速审批”“助企融资”等一系列经验做法在《青岛日报》头版、“中央电视二台”等主流媒体刊播，并获先进基层党组织等称号。

优化营商环境

行政审批 推进“一次办好”，创造行政审批“高速度”。牵头推进优化企业开办行动，实行“一网联办、一窗通办”，将企业登记等五个环节时间压缩到3个工作日以内。结合落实“一次办好”改革，推行注册登记“独任审核制”，申请材料齐全实现“当场受理、当日办结”。先后为中德氢动力等10余家投资过亿企业当场核发营业执照。在山东省首届儒商大会上，中国建设集团投资的凯盛现代智慧农业实现上午签约、下午领取营业执照，创造登记时限最短的“莱西速度”。“高速度审批”做法受到市委书记专门批示表扬。

项目服务 创新项目服务举措，增强企业群众“满意度。融入招商引资大局，对南开教育等重点项目开启“服务直通车”，对姜山基金小镇项目开辟“绿色通道”，实行专人负责、保姆式服务，促进项目快速落地。基金小镇已登记进驻企业330家。高效服务赢得企业群众好评，先后收到嘉林牧业等企业表扬信5封、锦旗4面。

项目办理 推进“简政放权”，提高注册登记“便捷度”。推进“全程电子化”登记，指导企业办理全程电子化登记755户，个体微信办照82户。实施“银政合作”登记模式，将银行网点拓宽为企业登记的“新窗口”，形成“一个注册大厅”加“13个市场监管所”加“N个银行网点”的“1+13+N”服务模式，打通营商环境建设的“最后一公里”。推进“多证合一”改革，在“3证、5证、20证、42证合一”的基础上，实现“53证合一”，最大限度降低市场准入门槛，提高注册登记便利化程度。

新旧动能转换

做优品牌经济 实施“品牌兴市、质量兴企”战略。指导乐好服饰等企业申报山东名牌10件，新增质量管理体系认证证书141个。引导申报马德里国际商标52件，助推品牌经济规模化发展。

做好标准化提升 推进“标准化+”战略，落实东方雨虹等11家企业参与AAA级标准化良好行为创建，推进北汽新能源等3个省级标准化试点示范项目的验收工作，企业标准化总体水平不断提升。发挥动产抵押、股权质押职能，帮扶60家企业融资3.04亿元。

整规市场秩序

推进扫黑除恶专项斗争 将扫黑除恶作为一项政治任务，成立专项领导小组，制定行动方案，与市场主办单位签订责任书110份。以查处欺行霸市、强买强卖等为重点，对全市110处集贸市场、专业市场进行全覆盖调查，将1家涉黑企业、1家涉嫌非法集资企业、2家恶意投标企业列入经营异常目录。

推进事中事后监管 组织“双随机”抽查市场主体2356户，对未按时年报的1700户市场主体列入经营异常名录，对连续列异满三年未申请移出异常名录的784家企业列入严重违法企业名单，信用监管机制和管理体系逐步完善。严格落实“双告知”机制，向各审批部门推送注册登记信息3.4万余条，认领率居青岛市首位。

推进市场秩序整治　为营造规范有序的市场环境，开展打击非法传销、红盾护农、“大快严”等集中整治行动，组织抽检成品油、农资等商品635批次，监测广播、电视广告15.52万条次。检定校准衡器器具、计量器具1.13万余台（件）。检查特种设备使用单位336家次，检验特种设备4000余台套。围绕“品质消费·美好生活”年主题，开展“3·15”大型宣传咨询活动，约谈房地产等企业60余家，开展“吃住行游娱购”六大领域消费市场整治，依法查处各类违法案件131起，受理消费者投诉举报2833件，为消费者挽回经济损失120余万元，维护了消费安全、生产安全、社会安全。

市场监管活动

春训活动　2月，开展年度集中春训活动。通过集中学习培训活动，转变市场监管理念，提升监管能力和水平，深化商事制度改革、完善事中事后监管机制、加大市场监管执法力度、强化消费维权，努力建设一支政治坚定、业务精通、作风过硬、纪律严明的高素质干部队伍，为推动市场监管事业改革创新、跨越发展提供强有力的智力支持和人才保障。

“3·15”国际消费者权益日纪念活动　3月15日，莱西市消保委以月湖广场为主会场，组织市场监管局、食药局、城建局、卫计局等10家职能部门和16家名优企业开展“品质消费·美好生活”“3·15”国际消费者权益日纪念活动，现场设立消费咨询投诉台、真假商品展示台、特种设备咨询台和消费维权宣传台，镇、街同步设13个分会场，共发放《消费者权益保护法》《三包规定》《反不正当竞争法》等宣传材料5000余份，解答消费者咨询160余人次，现场受理消费投诉7起。

打假保春耕“红盾护农”专项整治行动　为助力实施乡村振兴战略，服务“三农”发展，强化农资市场监管。市市场监督管理局从3月12日至4月12日，在全市范围内组织开展“红盾护农”打假保春耕行动，严厉打击假劣农资坑农、害农不法行为，维护广大农民群众的合法权益，让广大农民群众用上放心、合格的农资商品，保障农业生产顺利进行。

成品油管理　1月26日，市场监督管理局在机关大会议室召开全市加油站点约谈会，各市场监管所所长和全市80余家加油站点负责人参加。会议通报了近期加油站点检查情况，传达学习市市场监督管理局《关于在全市开展成品油市场专项整治行动的通知》、中央第三环境保护督察组反馈问题，部署督查整改措施。各基层所与辖区加油站100%签订《成品油质量诚信经营承诺书》，加强宣传力度，督促行业自律经营，加大对成品油经营企业守法经营的约束力。为加强成品油市场监管工作，维护市场经营秩序，确保成品油市场有序、稳定发展。4月19日，市场监督管理局在机关大会议室召开全市成品油市场监管工作会议，各市场监管所负责人和全市80余家加油站点负责人参加了会议。为加强成品油质量监管，维护消费者合法权益，促进空气质量显著提升，推荐大气污染防治，市场监管局于4月24日对全市证照齐全的87家加油站和经营各种柴油100%全覆盖抽检，共抽检400多个批次。

“三大一严”会议　4月25日，为确保重大活动期间莱西市市消费市场秩序公平有序、和谐稳定，市消费市场秩序专项整治指挥部办公室组织开展全市消费市场隐患大排查、大整治、大督查、严打击（简称“三大一严”）专项行动部署会议。

“政银合作”　8月1日，“政银合作”全程电子化登记一期培训班召开，共计6家银行59名工作人员参加。市市场监督管理局与6家商业银行签订战略合作协议，为企业开业登记提供“一站式”免费代办服务，开启“政银合作”新模式。

通信企业约谈　8月24日，市市场监管局主持召开规范通信企业经营行为行政约谈会，共约谈14家通讯器材经营企业，就目前通信器材经营企业在消费维权方面存在的11种不良行为进行通报。

食药监管理

2018年3月，山东省食安委正式命名莱西市为省级食品安全市，省级食品安全城市创建工作结束。4月，围绕上合组织青岛峰会保障开展或参与系列活动。组织“双月大会战”行动，高标准做好峰会期间食品安全；派员全程驻点监控，完成全批次抽检和随车押运，确保莱西市企业直供峰会食品绝对安全。8月，处置因蓬莱万福生猪肉猪链球菌导致的舆情事件，指导企业妥善应对，避免危机。9月，按照《莱西市盐业体制改革实施方案》，食盐质量安全监管职责及8名盐业执法人员划转至原市食药监局。10月，处置青岛海升果业公司“落地果”舆情事件，依法将案件线索函告青岛大港海关。11月，启动为期3个月的食品生产经营单位集中整治行动。

（市市场监管局）

质量技术监督管理

实施“三大战略”

贯彻质量强市战略　加大质量发展激励扶持力度，累计为16家企业争取各级资金奖励110余万元。发挥质量工作领导小组办公室作用，邀请小组成员单位以及乐好服饰等重点骨干企业召开质量与品牌创建工作联席会，交流质量提升工作经验，提高企业核心竞争力。多渠道宣传贯彻《质量发展纲要》，通过开展“质量月”“质量宣传日”等活动，向市民广泛普及质量知识。2018年，举办质量宣传活动3次、质量工作座谈会1次、发放宣传资料2000余份，营造人人关心质量、人人重视质量的良好氛围。

实施名牌战略　加强宣传引导，针对部分企业品牌意识薄弱的现状，利用报刊、微信等媒体多方式开展品牌价值宣传，增强企业质量意识和品牌意识，引导企业走品牌强企之路；构建争创梯队，在全市范围开展调查摸排，深入企业了解生产规模、产品质量等具体情况，列出培育名单，逐步建立紧密衔接、结构合理的品牌发展良性梯队；强化定向培育，针对龙头企业和重点企业实际需求，上门为企业提供创建指导、疑难解答、实际操作等方面的“一条龙”服务，及时帮助企业解决存在的问题和困难，为企业争创山东名牌创造良好条件。2018年，组织召开36家企业代表参加的品牌创建工作座谈会2次，受理、解答企业咨询150人次，指导乐好服饰等企业申报山东名牌10件。

实施标准化战略　推进已立项标准化项目的跟踪培育，对2017年纳入“山东标准”的3个项目做到一月一调度，已验收省级标准化试点2个。加强AAA级标准化良好行为创建，指导东方雨虹、奥迪斯生物等10家企业进行标准化良好行为企业AAA体系建设，已验收3家。组织辖区内企业开展产品标准自我声明工作，印发《关于做好标准化实施情况调查摸底工作的通知》。全年有26家企业上报2421项标准，涵盖3254种产品，其中国家标准上报184项占比7.0%，行业标准上报112项，占比4.6%，企业标准上报2125项，占比87.8%。

加强质量管理

规范市场环境　加大认证机构监管力度，组织辖区内的6家符合条件的资质认定机构参加省局组织的2018年度的实验能力验证工作；根据青岛市局工作部署，按计划完成对11家检测机构的监督检查，对检查中发现的问题逐一下达责令改正通知书，责令企业整改，规范检测。配合省局完成对3家实验室的开展的飞行检查，2家已完成整改。

完善计量管理　立足民生实际，针对群众反映的热点问题以及交通服务领域、餐饮服务领域、购物消费领域存在的难点问题，开展集贸市场、商超超市、出租车计价器、安全防护计量器具、配装眼镜、能源计量等专项检查行动8个，共检查企业40家，检查各类计量器具232台件，发现的问题全部整改落实到位。做好强检计量器具备案工作，及时将企业报送的要求备案的计量器具审批到技术机构，保证全市量值传递的及时准确。2018年，共建档企业208家，强检计量器具备案3222台件。

提升检测能力　狠抓实验室建设，从人员、资金、业务多方面支持技术机构发展，结合省、市局对社会公用计量标准建设情况的监督检查，对15项社会公用计量标准的建设和运行质量进行自查，重新制定衡器强制检定流程，重力式衡器检定装置等标准器现场考核工作一次顺利通过。2018年，共检定各类衡器5100台件，各类计量器具1.23万台件，完成定量包装监督检查138批次，检验各类特种设备5287台次，其中校验安全阀1809个，电梯1237台。

提高服务效能　严格执行许可收费规定，涉及行政许可事项均为群众免费办理。按照程序做好文书归档、存档，在显要位置张贴办事明白纸，全部事项均一次性告知，简化服务程序、提高服务效率。2018年，共受理特种设备安装开工告知244家，新办理使用登记各类特种设备1460台（条）。监督莱西市通联特种设备作业人员考核中心组织的特种设备安全管理人员、作业人员考试12次，抽查理论和实作考试人员200余名，参与特种设备生产单位、液化气站评审8次。

质量安全监管

严格市场监管　按照强化事中事后监管的要求，将辖区内工业产品获证企业、食品相关产品生产企业、3C认证企业纳入2018年度重点监管对象，建立完善质量监督日常监管机制，将抽查结果、巡查结果和回访记录记入企业监管档案，实现对获证企业的动态监管。组织水泥、车用尿素、危化品及包装物和机动车产品等专项监督检查5次。督促企业落实质量安全主体责任，组织获证企业认真开展年度自查，签订《企业产品质量主体责任承诺书》62份，责令限期整改存在问题，保证产品质量安全。

保障特种设备安全　开展隐患排查，先后开展特种设备隐患大排查快整治严执法集中行动、危险化学品特种设备安全检查、电梯安全攻坚战等专项检查活动13个，排查安全生产隐患；开展特种设备专题培训，加强各基层所特种设备业务培训力度，组织23名干部职工到南京工业大学参与特种设备安全监察培训；加强应急管理，联合电梯维保单位在岭南峻景等小区开展电梯应急演练3次，提高应急救援预案的可行性和有效性，提高应急处置能力；开展特种设备安全知识宣传，结合“3·15”消费者权益保护日、安全生产月等开展特种设备安全宣传活动6次，累计发放特种设备安全宣传资料1000余份。2018年，共检查特种设备使用单位334家次，发现特种设备安全问题72处，已完成整改68处，处理特种设备投诉举报23起。

市场秩序维护　开展产品质量专项整治。围绕双打、质检利剑行动两条主线，开展农资、日用消费品、汽车配件、汽柴油、建材、强制性认证产品、儿童玩具、食品相关产品等专项整治20余次，检查生产企业302家，抽检样品40余批次，办理市局监法处转办产品质量不合格后处理8起。全年立案查处质量违法案件6起，罚没款6.44万元。严查特种设备违法行为。特种设备安全监管是重点工作之一，为做好该项工作，建立科、所、队、技术机构联动机制，对特种设备使用单位加强安全隐患排查，源头上杜绝特种设备安全事故的发生。全年立案查处特种设备违法案件7起，包括使用未经登记和未经检验特种设备，未制定特种设备应急预案、作业人员无相应资格、安全附件未校验等多种违法行为，罚没款45万元。

（市市场监管局）

统 计 管 理

发挥参谋作用

服务社会发展　与发改等部门对接，提供统计数据和分析材料，先后参与完成莱西市新旧动能转换实施方案和一业一策方案等；按时召开指标分析会议、GDP工作会议，加强报表审核，确保统计数据质量。印发《莱西市2017年国民经济和社会发展统计公报》和《莱西市2018年统计年鉴》；全年共撰写各类信息120余篇，其中分析材料60余篇、青岛统计发表1篇、领导参阅3篇、主要领导批示2篇。

服务政府科学决策　面对经济结构调整、转型升级"爬坡过坎"的大环境，主动作为，强化对全市经济运行的监测预警和分析。按月、季开展经济走势预判和形势分析，有针对性提出建议。一年来，在多次召开的市委常委会和市政府常务会上分析通报全市经济运行情况，一些建议意见被领导所认同，确保各项监测指标结果符合经济发展实际。

统计改革

贯彻执行各级《关于深化统计改革确保数据真实性意见的通知》，制定和完善数据质量审核、专家咨询委员会、干部违规干预数据等制度。继续深化工业、投资、经贸三大领域改革，数据质量明显提高。贯彻执行各级《关于实施GDP统一核算改革的方案》，探索新经济增加值核算办法，完善派生性产业增加值测算方法，与青岛市局核算工作无缝衔接。

数据平台建设

做好"企业一套表"联网直报工作。恪守联网直报"四条红线"，做好工业、贸易、服务业等常规统计专业2017年报以及2018年定报工作，按时向国家报送月报、季报和年报等原始数据。完成国家统计工作量调查和省统计机构现状调查，撰写全市统计工作量调查分析。利用年报会、上门指导、"授课"和"以会代训"等形式，培训企业、部门和镇（街道）统计人员1000余人次，提升业务能力。组织统计人员参加国家统计局举办的培训2次。

统计保障

基层统计工作　12个镇街均设有独立的统计站，其中姜山和开发区达到示范统计站标准，其他均为标准统计站。根据"双随机、一公开"监督检查工作平台要求，从检查对象名录库随机抽取企业21家，从统计执法人员名录库随机抽取执法人员组成检查组，完成对企业的统计执法检查。贯彻中央、省市委主要领导对抓实统计数据的批示精神，核查数据质量方面存在的深层次问题并采取措施加以整改。

法制建设　始终把《统计法》宣传学习贯穿于统计工作和统计执法检查全过程，开展统计法制宣传教育，提高全社会统计法律意识，先后开展"9·20统计开放日""12·4国家宪法日""12·8统计法颁布纪念日"等活动，营造学法、懂法、尊法、守法的良好氛围；完善各项执法检查制度，制定行政执法公示制度、执法过程全纪录制度等，确保在统计执法过程中能够公正公开。

第四次经济普查

落实普查经费、人员、办公场所，成立普查工作领导小组，对全市基层普查员和普查指导员2200多人开展普查业务培训和PAD培训，完成“地毯式”单位清查和个体工商业户的清查登记。单位清查及个体户清查工作已进入最后的改错赋码工作。

市统计局围绕市委、市政府中心工作，开展招商引资和营商环境调查。已有3个项目开工建设，协调康和德一科技公司与市政府签订合作框架协议，首批两个项目近期签约。

（市统计局）

审 计 监 督

2018年，市审计局依法履行审计监督职责，全年共完成各类审计项目51个，查出违纪违规和管理不规范金额16.45亿元，促进增收节支2.38亿元，向有关部门移送处理事项13件。

市本级财政预算执行情况审计

重点审计市财政局具体组织的2017年度本级预算执行和其他财政收支情况，延伸审计市教体局、市城建局、市民政局等6个一级预算部门及所属15个二、三级单位，审计预算内资金总额40.28亿元，揭露和反映预算管理和财政改革进程中的突出问题，从宏观上提出对策和建议，促进优化支出结构，规范预算管理，节约财政支出，提高财政资金使用效益。市审计局按时向市政府和市人大常委会提交了审计结果报告、审计工作报告和审计整改情况报告。

政府性投资项目审计

以促进优化投资结构、提升投资管理水平和资金使用效益为目标，加大对基础设施建设、民生工程、生态环境建设等重点项目的审计力度。完成省道南水路南延路基工程、深圳路道路翻修工程等政府性投资审计项目12个，审减工程造价1.2亿元。通过审计，发现和揭露工程结算中存在的高估冒算及工程建设中的违纪违规问题，促进规范建设市场秩序，提升投资项目管理水平，提高政府建设资金使用效益。对12个村庄、总投资1.2亿元的美丽乡村示范村建设进行审计。

领导干部任期经济责任审计

根据市委组织部的委托，完成市交通局、人社局、环保局等39个单位领导干部离任经济责任审计和财政局、教体局等5个单位的主要领导干部任中经济责任审计，查出违纪违规及管理不规范金额9.54亿元，按时向市委、市政府提交审计结果报告。审计过程中，重点关注中央八项规定精神贯彻落实、“三公”经费、会议费管理使用情况，并在审计结果报告中单独反映；为全面推进生态文明建设，促进领导干部切实履行自然资源资产管理和生态环境保护责任，开展日庄、院上2处镇原主要领导自然资源资产离任审计。

国家重大政策措施落实情况跟踪审计

根据《国务院办公厅关于印发稳增长促改革调结构惠民生政策措施落实情况跟踪审计工作方案的通知》《审计署关于印发进一步加大审计力度促进稳增长等政策措施落实意见的通知》以及青岛市审计局相关要求，对2018年国家重大政策措施落实情况进行跟踪审计。审计中重点关注上级专款拨付使用情况和重大项目建设推进情况，共审计部门单位6个，涉及上级产业化发展项目专项资金等12项共0.21亿元，抽查重点项目8个、投资总额92.05亿元，查出项目应开工未开工和财政专项资金未拨付使用等问题；重点对保障性安居工程、精准扶贫项目开展审计，揭示安居工程目标任务未完成、扶贫政策落实不到位、项目资金管理使用不规范等问题。派员22人次参加审计署、省厅、青岛市审计局及市委市政府安排的其他审计项目。

审计信息宣传

2018年以来，市审计局确立信息宣传工作为扩大审计成果服务、为促进经济社会发展服务、为弘扬审计事业服务的“三服务”指导思想，将审计信息宣传作为开发审计成果，扩大审计影响的重要工作来抓，建立科研信息计划管理制度和定期通报制度，将任务分解落实到领导班子、科室和审计人员， 信息宣传工作成效明显。全年编发上报审计信息和各类宣传稿件 66 篇，被各级审计刊物、网站采用33 篇(次)，采用率达50%。注重挖掘内部审计成果，撰写的市教体局开展内部审计取得的成果类文章分别在《中国审计》《中国审计报》《山东内部审计》《青岛审计》和《莱西市情》逐级登载；对莱西乡镇审计的发展进行深入总结、分析，撰写的《健全机制 稳步发展—莱西市发展乡镇审计纪实》分别在《中国审计报》《山东审计》和山东省审计厅网站做了大篇幅登载。在2018年4月举办的全省审计宣传工作培训班上，审计局作为县级审计机关代表作典型发言，并于10月再次被山东省内部审计师协会评为全省内部审计信息宣传工作先进单位。

（市审计局）

城市建设与管理

城市基础设施建设

·概　况·

2018年，市市政管理处根据市政府部署，组织实施6项市政基础设施建设重点工程，包括南京路道路提升工程、党校室外道路配套工程、尚家庄垃圾临时填埋场排水管道工程、城区污染点源整治工程、北京路（广州路至苏州路）电力和通信线廊工程、生活垃圾中转站工程。

针对市政基础设施建设管理工作点多、面广、线长的特点，在工程规划建设中，市政管理处对所有市政建设工程，坚持规划设计后方可施工建设，既保证城市建设有序实施，也为工程施工建设提供精确的基础材料。

工程计划提报

为准确及时提报各项工程计划，要求设计人员在现场测量、论证，对施工图设计、预算编制力求数据精确，切实可行，并与施工队对接，做好放线定位、图纸会审、施工工方案审查等工作，严格控制工程投资，确保不突破工程预算。

地下地上同步整治

新建、改建、扩建道路建设中，坚持“先地下，后地上”的原则，首先对各类地下管线进行理顺，特别是对供热、供气、电力等各类管线埋设距离不符合规范的同步进行整治，确保地下管线配套建设一步到位，避免重复建设。

雨污分流

在雨污分流整治工程开工前，采取电视台、莱西市情等媒体发布通告，给周边市民发放“明白纸”，会同管线单位、施工单位现场查实等措施，查清地下管线、污水源等，确保雨污分流及配套建设一步到位。

标准化施工

在所有市政工程施工现场设置监督警示牌，将工程施工单位、建设单位、项目负责人和工程管理人员名单及监督举报电话公示于众，自觉接受群众监督。占、掘路审批由行政审批中心统一办理审批手续，采用“一站式服务”方便群众办事，接受社会监督。

·城市基础建设重点项目选介·

南京路道路提升工程

随着城市发展，车流量不断加大。为缓解交通压力、提升城市形象，市政府将南京路道路提升工程列为2018年度基础设施建设重点工程。工程国道309线至国道204线段，道路长7150米，道路翻修1.54万平方米，铺设雨水管道7200米、污水管道2700米，绿化隔离带5.25万平方米，非机动车道4.39万平方米，人行道3.21万平方米，网点房门前罩面6.16万平方米，改造路灯320基，绿化移植8.36万平方米，电缆套管下地7750米，通信线缆下地3500米。工程首次采取PPP模式建设，吸引社会资金合作，概算投资1.5亿元。工程于9月10日开工。年内，完成绿化移植、绿化隔离带整形，电缆套管下地4000米、通信线缆下地1800米，铺设雨水管道4300米、污水管道1700米，非机动车道路基填筑3.2万平方米，人行道基础铺设完成。

计划于2019年8月底竣工。

本次南京路改造提升突出以下特点，拓宽道路，解决交通拥堵。增设非机动车道，机动车道与非机动车道之间通过绿化带隔离，对门面房前人行道进行统一铺装，确保快慢相间，行人、行车畅通安全。国道309线至国道204线段全长7150米，在现有道路两侧（基本上在原有绿化带位置）拓宽8.5米，设置3.5米宽非机动车道、3米宽人行道、并通过2米宽绿化带隔离，保证行人行车安全。实现绿化提升。将两侧绿化带重新改造，绿化移植8.36万平方米，达到绿化景观色彩靓丽、错落有致、可观可赏。完善设施配套。将道路上的交通指示牌、信号灯、安全视频等“多杆合一”进行整合，将路灯杆改为两灯头，一灯照车行道一灯照人行道，计划改造路灯320基，既为城市道路节省空间又能确保美观；将电力、通讯等线缆套管下地，并为将来各通信线路增容预留足够空间，计划电力线缆套管下地7750米，通信线缆下地3500米；将原有排水系统整改完善，对雨污管道进行配套改造，计划铺设雨水管道7200米、污水管道2700米，整砌路边水沟4800米。工程建成后，南京路将成为进出城区南北交通主干道，改善道路行人环境，提高行车速度，缓解市内交通压力。

党校室外道路配套工程

工程铺设雨水管道514米、安装路缘石1096米，拉管铺设污水管道100米，沥青罩面1.23万平方米，翻修透水型人行道面积286平方米，顺接沥青路面面积140平方米。概算投资471万元。工程于10月17日开工，11月26日竣工。

琴岛西路（青岛路至岚上村）道路翻修工程

工程道路长124米，宽7米，翻修路面868平方米，铺设污水管道162米，两侧铺装1.5米宽人行道372平方米，砌筑雨水沟248米。概算投资110万元。工程于12月3日开工，12月底竣工。

平安巷（威海路以北）道路翻修工程

工程道路长145米，宽4米，翻修路面580平方米，铺设污水管道189米，铺设雨水管道145米。概算投资70万元。工程于12月3日开工，12月底竣工。

望建装饰城南街（长岛路以东）道路翻修工程

工程道路长136米，宽7米，翻修路面952平方米，铺设污水管道177米，重新砌筑雨水沟136米。概算投资90万元。工程于12月3日开工，12月底竣工。

华安街北段（实验小学西）道路翻修工程

工程道路长105米，宽5米，翻修路面525平方米，两侧铺装1.2米宽人行道252平方米。铺设污水管道137米，重新砌筑雨水沟105米。概算投资70万元。工程于12月3日开工，12月底竣工。

福顺园东街（蓬莱路以南）道路翻修工程

工程道路长128米，其中12米宽道路55米、4.5米宽道路18米、6.5米宽道路55米，翻修混凝土路面1064平方米，铺设φ300污水管道180米。概算投资50万元。工程于9月23日开工，10月17日竣工。

昌隆市场北街（烟台路以西）道路翻修工程

工程道路长150米，宽7米，翻修路面1050平方米，铺设雨水管道210米，铺设污水管道210米。概算投资80万元。工程于9月23日开工，10月17日竣工。

莱西四中北门（石岛路到黄岛路）道路翻修工程

工程道路长260米，宽5米，翻修路面1300平方米，铺设污水管道300米，砌筑雨水沟300米。概算投资160万元。工程于11月10日开工，12月20日竣工。

（市市政管理处）

城 市 公 交

2015年1月20日，莱西城乡公交一体化正式运营，基本形成以城区为中心镇（街道）为依托、城区公交与城乡公交相互衔接、所有村庄全覆盖的莱西城乡公交一体化运营新模式。交运莱西温馨巴士公司有职工524人，其中驾驶员369人。共分巴士办公室、巴士安全科、巴士调度中心、巴士城乡车队、巴士城区车队、巴士换乘站、巴士客服和公交处8个部门。

截至2018年底，交运莱西温馨巴士公司拥有城市公交177部（其中新能源车辆167部），线路58条，运营绿色车辆比例达到94.3%；日发车次500左右，日发送旅客能力达到5万人次。有城区公交112部，线路21条，绿色车辆比例达到100%，核定载客人数约7634人，日发班次700个左右，日发送旅客能力达到4.2万人次，覆盖主城区及镇（街道）的117个村庄，有着较强的运输能力。在城乡公交线路中共设置22个换乘站，配备补票员110名。

（青岛交运集团莱西温馨巴士有限公司）

城 市 管 理

·城市规划·

概况

2018年积极推进各项规划编制工作。在城市总体规划方面：2月，完成城市发展战略研究项目的招标工作。8月11日，城市发展战略研究及城市总体规划纲要成果通过省住建厅审查，根据审查意见及时对规划进行修改完善，完成城市总体规划成果。10月13日，城市总体规划成果通过省住建厅审查。随着城市总体规划编制工作的推进，同步推进控制性详细规划编制，按照总规方案对原控规初步成果进行优化调整，对控规地块进行重新梳理，规划成果于5月15日通过专家评审。推进“多规合一”规划工作。完成设计单位招标，协调设计院进行“多规合一”规划编制及信息平台建设工作，截至2018年底规划编制完成初步成果，建立规划成果数据库，纳入信息平台中。推进专项规划编制工作，根据总规方案，对各专项规划成果进行调整修改，城镇体系规划、新型城镇化规划于11月3日通过专家评审；海绵城市专项规划于11月23日至12月22日公示完毕，申请市政府批复。

城市发展战略

规划将莱西城市性质确定为“青岛市次中心城市、先进制造业基地、休闲旅游城市”，提出以建设“青岛北部绿色崛起的典范之城”作为城市发展目标，以“绿城水乡、休闲之都”的形象定位，将莱西市打造成为国际休闲旅游目的地、国家现代农业示范区、山东省先进制造业基地、胶东半岛交通物流中心、青岛市北部的绿色屏风。规划预测至2035年，市域人口100万人，城镇化率75%，中心城区人口49.8万人，中心城区建设用地规模控制在57.2平方千米以内。

市域城镇空间布局

规划形成“一主、一副、两轴、七点”的结构。“一主”指中心城区；“一副”指南部副中心姜山镇；“两轴”包括：“姜山——中心城区——日庄——南墅”发展轴，主要以先进制造业为基础，承接青岛市功能外溢，增强产业间协作，促进城镇职能轴带联络和协作性；店埠——夏格庄——院上——中心城区——河头店——马连庄”发展轴，主要以现代农业、特色农业为基础，融入青岛都市圈，增强城镇间公共服务设施共享，促进城镇协作发展；“七点”指七个乡镇。

城镇规模等级结构

进行梯度培育，形成“主中心、副中心、重点镇、一般镇”四级结构，其中主中心为中心城区，人口规模不大于50万人；副中心为姜山镇，人口规模15至20万人；重点镇为南墅镇和店埠镇，人口规模每镇2至5万人；一般镇包括日庄镇、院上镇、马连庄镇、河头店镇、夏格庄镇，人口规模为每镇1至2万人。

城镇职能结构

规划确定莱西市城镇分为综合型、工贸型和农贸型三种类型。其中综合型城镇包括中心城区、姜山镇，工贸型城镇包括南墅镇、日庄镇、院上镇，农贸型城镇包括店埠镇、马连庄镇、河头店镇、夏格庄镇。

市域产业布局

规划形成“两核驱动、两带展开、三片协同、八区支撑”的整体空间结构。“两核”，指中心城区发展核心和姜山新城发展核心；“两带”，指沿国道204线、龙青高速等交通要道形成的市域先进制造业聚集发展带，沿大沽河及支流建设生态农业发展带；“三片”，指北部生态林果发展片区、西部现代农业发展片区和东南综合产业发展片区；“八区”，指重点建设的8大功能区，分别为中心城区现代服务业功能区、中心城区外围高端制造业功能区、姜山先进制造业及文旅服务业功能区、沽河高端食品产业功能区、南墅石墨新材料产业功能区、店埠通用航空产业功能区、夏格庄绿色建筑产业功能区及河头店智慧物流产业功能区。

市域生态安全格局

构建“一环一片、三廊三带”的生态安全格局。“一环”为环城田园郊野绿廊，由环城郊野公园、绿化林带、部分水体以及滨水空间等组成，规划划定生态保护红线，防止中心城区建设用地无序扩张，并作为中心城区居民休闲郊游的功能片区；“一片”为北部低山生态保育片，由市域北部的大青山等低山组成，生态环境较为敏感，建议加强管控，封山育林，并对受损山体进行修复；“三廊”为大沽河——洙河生态水系走廊、小沽河生态水系走廊、五沽河生态水系走廊，承担着区域生态系统的支撑作用，主要起涵养水源、保持水土的作用；“三带”为沿国道309线绿化带、沿小莱线绿化带、沿店埠——夏格庄——姜山北线绿化带，主要作用是保障区域内部生态系统的联系性。

中心城区空间布局

规划确定中心城区发展方向重点向东、向西发展，适度向南拓展，北部逐步完善，严格限制国道309线以北发展规模。规划中心城区远期形成“一个中心、两条轴线、四个片区、绿带楔入、组团布局”的整体规划结构。“一个中心”指月湖公园周边以综合服务为主的城市中心区；“两条轴线”指沿烟台路形成的南北向综合发展轴和沿威海路——黄岛路形成的东西向综合发展轴；“四个片区”指在城市中心区四周形成城北新区、城东片区、城南片区、城西片区四个各具特色的功能片区；“绿带楔入”指沿河流水系楔形导入中心城区的生态绿廊，与城市用地相互穿插渗透，形成城绿交织的生态网络；“组团布局”指由生态绿廊进行分隔，体现产城融合的理念，形成五个相对独立、功能复合、配套完善的城市组团。大沽河以西区域作为城市发展的战略拓展区予以储备，远景规划以“青岛的后花园、莱西的生态城”为功能导向，依托大沽河水岸、河滩湿地景观、温泉等资源优势，将大沽河以西区域建设成为集观光、康体、休闲、度假、商务为一体，胶东半岛及至国内有一定知名度和影响力的文化休闲新城、旅游创意新城、生态宜居新城。

社会监督

加强规划管理，拓宽社会监督渠道，增加公众参与方式。通过政府网站、项目现场和规划展览馆等场所，将影响相邻居住环境或与较大范围公众利益密切相关的建设项目等向社会公示，完成规划公示26次。完善群众来信、来电、来访案件受理制度，畅通投诉举报渠道，公开省派驻莱西规划督察员联系方式，并结合群众路线设意见箱、电子邮箱，细化办理人民群众来信工作规范，完成330件为民服务热线、政府信箱信访案件办理工作。为了让民众更直观地了解莱西市的城乡规划情况，做好规划展览馆讲解接待。完成市政府及其他部门接待48次，共接待参观1万余人次。

规划督察

以城乡规划督察为指导，严格规划管理，依法实施规划。配合省派规划督察员开展工作，完成城乡规划督察“回头看”工作，梳理上报上一年城乡规划督察工作中发现的相关问题；按照要求现场查看城市建设情况，配合督察莱西湖、梅花山公园、大沽河等生态敏感地区现状。认真处理疑似违法图斑及违章建筑认定工作，对省住建厅2018年度印发的疑似违法图斑进行核查，形成上报材料；协助莱西市综合行政执法局完成全市71个违章建筑的规划认定工作。开展中央环保督查及违章建筑认定工作，按照省建设厅、青岛市规划局及市化转办统一要求，继续对市化工企业规划手续进行排查梳理，及时完成档案资料报送及规划排查工作，对符合补办条件的化工企业完成手续补办工作。

推进放管服改革

按照上级有关法律法规、政策文件规定，将乡村建设规划许可证的核发以委托的方式下放至各镇（街）。制定《莱西市规划管理局关于试行建设工程规划指标申报抽查制度》，实施规划指标告知承诺制，依据建设单位和设计单位提报的指标申报表核发建设工程规划许可证，只对申报的内容按照不低于30%的比例进行抽查，截至2018年底，已分4次对33个项目进行抽查。抓好城规委会各项工作，从议题初审提报、会前筹备、会议组织、会后落实等各个环节都周密安排，确保会议质量和效果；全年共组织召开8次城规委会，对26个议题进行审议，促进城市规划决策的民主性、科学性。

规划技术服务

做好规划服务指导工作，积极、主动与建设单位对接，对每个规划项目都进行实地踏勘，反复论证，为项目建设提供技术咨询。推进基础测绘工作，完成建筑物放线、建设项目地形图测量、工程竣工图测量等相关任务。

（市自然资源局）

·市政管理·

莱西市市政管理处成立于1991年3月，为隶属于莱西市城乡建设局的股级事业单位。

重点工程建设

2018年是莱西市海绵城市建设的开局之年，所有市政基础设施重点工程均列入海绵城市建设项目，采用PPP融资模式，创新重点工程建设管理工作思路。市政处承担海绵城市建设重点工程6项，包括南京路道路提升工程（国道309线至国道204线段）、党校室外道路配套工程、尚家庄垃圾临时填埋场排水管道工程、城区污染点源整治工程、生活垃圾中转站工程、北京路（广州路至苏州路）电力和通信线廊工程。

为保证重点工程顺利实施，市政管理处提前调查地下、地上管线，为管线下地改造提供详细可靠的依据；协调各管线单位配合施工单位做好管线迁移改造，减少既有管线对施工造成的影响。在雨污管道铺设的同时，对既有管线改造同步铺设管位，避免重复作业，保证工序衔接连贯。工程管理人员落实一线工作法靠在工地，遇到问题及时处理、及时协调。对杆件箱亭等占路设施登记造册，明确产权单位，道路改造时同步整合。加强沟通，协调清障，会同镇、街根据工程建设情况对清障内容准确定位，确保清障内容不遗漏，推进清障进展。

市政设施养护管理

2018年，市市政管理处加大道路巡查力度，强化市政设施养护管理，及时处理市民投诉，做到道路平整、设施完善、交通顺畅有序、环境优美舒适。全年共维修路面4000多平方米、人行道板3800平方米；更换维修沟盖板800块；维修路沿石、界石、拐角石等220块；维修雨箅子、古力380余套。

落实网格化管理，消除事故隐患。对市政设施进行全日巡查，掌握每条道路的设施情况及动态变化，并记入巡查台帐备查，减少市政设施被盗、被损现象。为避免因井盖丢失造成坠井事故，对汛期易积水路段及安全事故易发路段进行登记备案，根据实际情况，对香港路、长岛路等积水路段的安装复式防坠落检查井45套、防坠网297套，确保行人行车安全。

落实养护维修，保证设施完好。为保证道路完好，对城区道路进行全面检测，经过技术状况评价，制定下一步养护维修对策。日常工作中，为确保市政设施维修的及时性，对发现的沟盖板、雨箅子、古力盖缺损等安全隐患，在留下影像资料的同时，及时进行维修、更换；对路面破损、水沟塌陷等需要维修的，由工程技术人员现场监管，提高养护维修质量标准，为市民创造平安、畅通的行人行车环境。

注重安全巡视，抓好桥梁养护管理。为保证城市桥梁安全运行，聘请有专业资质的检测单位对辖区内市政桥梁进行定期检测，加强桥梁安全巡视和养护管理工作，建立健全“一桥一档”，制订桥梁维修加固计划，按照《城市桥梁养护技术规范》有关要求，定期对辖区内市政桥梁伸缩缝进行养护维修，清除伸缩缝内堵塞物，出现渗漏、变形、开裂、行车有异常响声、跳车时及时维修，确保桥梁伸缩装置平整、直顺、伸缩自如，处于良好的工作状态。

落实热线办理，积极与市民沟通。采取专人负责、全面调度的方法，保证热线事件办理时限，提高办事效率和市民满意度。2018年南京路道路工程施工影响商户经营，造成热线案件增多现象，为此，市市政管理处主动与市民沟通，会同施工单位上门解释、协调，赢得市民的理解、信任和支持。全年共收到关于市政管理热线案件200余件，处结率和满意率均达到100%。

（市市政管理处）

·环境卫生管理·

2018年，市环境卫生管理处以环境综合整治为突破口，强化环境卫生管理，环卫精细化管理、城乡环卫一体化、农村垃圾分类等方面取得重点突破，全市环境卫生管理水平再上新台阶。

道路保洁

结合美丽青岛三年行动、青岛上合峰会等活动要求，围绕服务民生强化城市卫生管理。强化人机结合管理，保洁工实行“动态化捡拾”和“垃圾落地限时制”，提高道路保洁标准，保持道路时时清洁。城区生活垃圾全部实行“桶车对接”直运，逐步实行垃圾桶退路，加大数字化监管和专人巡查力度，实现日产日清，杜绝垃圾冒溢。加强车站、农贸市场等重点场所的卫生管理，实行“动态化捡拾”和“垃圾落地限时制”，提高道路保洁标准，保持道路时时清洁。定期排查清理城中村城乡结合部等卫生死角，提升城市整体形象。

将青岛市关于城市精细化管理工作和“深度保洁示范路”创建活动相结合，制定每月精细化管理达标计划，以烟台北路、北京路、黄海路3条主干道为示范路，成立清洗大队，专门负责示范路、精细化达标路等主次干道的清洗工作，推行“日常八小时+午间两小时+夜间四小时”的作业模式，人行道实行人工排扫精细化作业，全面减少路面积尘，3条示范路执行“以克论净”的考核标准，实现“六净一洁一见本色”。2018年，新增申报上海路、青岛路、天津路等4条路为“山东省深度保洁示范路”，北京路（青岛路至烟台路）、烟台路（上海路至北京路）、上海路（深圳路至海口路）等8条路段为“青岛市精细化管理道路”。

垃圾分类试点

按照青岛市关于农村生活垃圾分类工作的有关要求，莱西市制定《2018年莱西市生活垃圾分类试点工作实施方案》，选择经济条件较好、村民卫生意识较高的水集街道、望城街道和经济开发区近70个村庄作为试点，农村生活垃圾主要以果蔬农作废弃物、剩菜剩饭及其他垃圾居多，可回收物绝大部分都由农户自行变卖的特点，按有害垃圾、易腐烂垃圾、不易腐烂垃圾进行分类，确保生活垃圾分类工作在实际运行中具有针对性和可操作性。

各试点镇村的生活垃圾分类工作全面展开，莱西市级成立生活垃圾分类工作领导小组，并下设办公室统筹全市垃圾分类工作，各试点镇街成立垃圾分类工作办公室，确保任务逐级分解、责任层层落实。制定《莱西市农村生活垃圾分类试点工作考核办法》，建立起“市级月考核、镇级周检查、村级日巡查”的三级监督考核机制。制定《莱西市生活垃圾分类试点工作宣传培训方案》，按照每个村庄不少于3至4处的标准配备宣传栏，编制印发5万份倡议书、宣传画等宣传用品并发放到户，通过集中培训、现场演示、入户讲解等方式开展形式多样的宣传教育活动，联合市广播电视台充分利用广播电视等媒体进行宣传，根据农村特点制作宣传音频，通过村内大喇叭定时巡回播放，使分类工作深入民心，确保农户知晓率达100%。

按标准配备垃圾箱、运输车等设施设备，按照每15户配置1个240升垃圾桶的标准，分别配备标识清晰的红、绿、蓝三色垃圾桶，并在每户门前配置1组小型生活垃圾分类桶，由村民在家中先期分类后投放至门口易腐烂和不易腐烂垃圾桶内，收集人员统一收集到分类大桶内，再由分类运输车进行分类收集运输，收集人员对分类不清、不准的进行重新分类，并督导农户正确分类。全年有42个村庄设施配置到位，配套完成1.54万个小型分类桶、1095个大分类桶、154个宣传栏的配套与安装。

公厕建设管理

公厕虽小但事关民生。近年来，市环卫处以规划为龙头做好公厕的选址、布局等各项工作。年内投资200万继续新建公厕4座，同时以市民需求为导向，以“人情味、芳香味、文化味”为重点打造“如厕如家”公厕品牌，改建、打造“三味公厕”10座，使全市公厕总量达59座，覆盖率位居青岛市第一名，以美观大方、别具一格为特点的“一厕一景”已经成为现代化城市的特色风景线。

为解决固定公厕选址难的问题，通过反复实地查看、测量，征求群众意见，入户沟通交流，做工作、争取支持，采用与社区合作的方式，由社区提供土地，政府出资建设，既帮助社区解决群众外出如厕难的问题，又简化新征土地建公厕的流程，另外较多地采用一些占地较小、选址灵活的移动公厕，以解决老城区难插建的问题。在提升公厕硬件设施建设的同时，提高软件服务水平，在公厕内部的布置上按照“温馨如家”的原则，张贴温馨提示、文明标语，将夜市、广场等人流量较多、需求较大区域的公厕延长开放时间、增加夜间开放；每座公厕均设专门保洁员，制定发放公厕保洁小手册，加强保洁人员的职业道德教育，落实“一客一保”制度，注重培养公厕保洁员在服务态度方面的热心、细心、耐心，做到搀一把、问一声等。建立日常检查和维修记录，将水龙头、延时阀、门栓等更换为更加方便耐用的样式，制定设施维修时限，小零件当日维修，大部件1至2日维修，做到时时用、时时新。

精细化管理

根据青岛市关于城市精细化管理工作相关要求，将环卫精细化管理落小、落细、落实、落地。安排专人对全城垃圾死角进行拉网排查，发现死角立即拍照留存并建立台账，对管辖区域内的立即安排责任队室限时清除，管辖区域外的登记在册上报上级部门进行协调解决，对粮建小区、城西小学前、南京北路等110余处三不管区域的生活垃圾和建筑垃圾死角组织车辆和人员义务清理，根据实际情况延伸管理范围，将部分“三不管”区域纳入统一保洁，确保垃圾死角不反弹，安排保洁工进行日常保洁，逐步实现城区环卫管理全覆盖、无缝隙。根据青岛市暗访考核中发现的问题，强化道路保洁、垃圾清运、公厕保洁等日常管理，突出抓好保洁工按时上岗、动态保洁、垃圾落地限时、建筑垃圾巡回清运、车容车貌管理，将机械化清扫车辆与路线进行合理整合，延长机扫时间，并轮值待命随时清污，着眼机扫细节，要求“落地、到边、带水、慢速”作业，提效增质效果显著，优化垃圾清运路线，将主次干道、重点区域调整至上午结束，建立实时反馈制度，实现“检不检查一个样、上班下班一个样”，促进道路洁净度提升，垃圾收运效率不断提高，冒溢现象基本杜绝。

城乡环卫一体化

2018年，以推动全市城乡环卫一体化工作再上新台阶为目标，总结工作运行经验，强化补充设施、提高标准、长效考核等，推进环卫基础设施建设。2018年，各镇街提高镇村环卫管理标准，强化村庄卫生保洁作业，将空白地、菜园、绿地、沟渠、房前屋后纳入管理范围，及时清理杂草和漂浮物。把通村路、县乡公路两侧、两镇结合部、村庄外围、河塘沟渠等作为管理重点，严查卫生死角和积存垃圾。严格控制“三大堆”进村。同时提高垃圾清运效率，根据不同村庄垃圾产量确定清运频次，确保及时清运不积压，全市城乡生活垃圾实现日产日清，巩固“户集——镇运——市处理”的规范化管理体系。

为培养村民良好的卫生习惯，打造干净整洁的农村环境，组织全市村庄重新验收，掀起农村环境整治新高潮。6月，开展全市村庄重新验收工作，对全市12处镇街861个村庄逐个进行现场验收。市农村环境监督考核办公室制定重新验收方案和验收标准，以实现主要道路和房前屋后整齐洁净，无杂草、无“三大堆”，垃圾箱（桶）清洁无冒溢、清运及时，河塘沟渠、村庄外围无积存垃圾，保洁工按时按标准作业等为目标，验收采取边整治、边验收的方式。10月，各镇街集中整治自查达标后上报，市考核办进行现场验收并打分，90分以上为合格，截至12月中旬全部整治达标。市镇两级分别组织召开动员大会，对城乡环卫一体化工作进行再动员、再部署，将验收与城乡环卫一体化奖补资金挂钩，验收不合格村庄不予奖补，促进全市农村环境卫生质量再提升。

（市环境卫生管理处）

·城市绿化·

2018年，市园林管理处开展全市重点园林绿化工程建设，提高绿地精细化管理水平，推进园林绿化建设，提升城市园林绿量和品位。截至2018年底，城区绿化覆盖面积达到1791公顷，建成区绿化覆盖率达到44.54%，绿地率39.11%，人均公共绿地14.45平方米。年内，洙河公园被山东省城市建设管理协会评为省精细养护示范绿地，苏州花园小区、蔚蓝水岸小区被评为省级园林式居住小区。

海绵城市建设

按照海绵城市建设的要求，推进全市海绵城市建设。实施沙岭河公园和洙河城区段（上海路至南京路）整治工程。其中洙河城区段（上海路至南京路）整治工程，全长4000米，绿化面积54.25公顷，整治内容包括清淤疏浚（洙河河道及月湖）、截污分流、河岸绿化、市政道路和景观亮化等，概算投资2.93亿元。工程前期手续已全部办理结束，施工区域清障工作已基本完成。设计方案遵循海绵城市建设生态优先的原则，将自然途径与人工措施相结合，打造“雨水花园”，控制雨水径流，在确保公园排水防涝安全的前提下，最大限度地实现雨水在公园区域的自然积存、自然渗透和自然净化，确保雨水资源的高效利用、涵养水资源，增强防涝能力，营造水清岸绿的水系环境，建设生态宜居的城市空间，促进人与自然和谐发展。按照青岛市裸露土地绿化整治行动要求，对城区的裸露土地进行调查摸底，结合实际制定年度建设计划，实施城区裸露土地绿化整治行动，对公共绿地中的裸露地、背街小巷边角裸露地、行道树及缺株断档处进行全面式绿化补植，做到纵到底、横到边，无缝隙对接，彻底消除城区绿化死角，实现城区绿地植被全覆盖，提高城市绿化水平。2018年，完成裸露土地补植面积4公顷。

绿地养护精细化

对照青岛市城市管理精细化考核要求，突出绿地网格化管理，明确管护责任，辖区绿地由7个绿化队划片管护，细分86处网格，对每个网格明确养护负责人、养管员，年初对行道树、绿地面积、乔灌木数量、水面、小品、喷灌设施等绿地内容重新普查建档，明确管理内容，使人员配备、工作量分配有据可依，做到定人、定岗、定责。细化养护标准，按照《莱西市园林绿化养护标准及考核细则》，细化各项管护标准，狠抓日常绿化养护工作，如修剪、除草、浇水、施肥、病虫害防治、卫生保洁等，规范化和标准化地进行绿化维护。强化队伍建设，为提高城市园林绿化管理水平，加强园林绿化干部职工培训工作，聘请专家对园林绿化工作人员定期培训，使绿化养护管理人员的业务素质和技术水平得到提高。严格督查考核，安排专人对管护队工作情况进行定期检查，坚持每月一次绿化管护通报制度，把绿化管理与年度目标管理挂钩，严格考核标准、严格兑现奖惩、严格责任落实，构建责任和监督“横到边、纵到底、全覆盖、无缝隙”的管理格局。完善管护台账，要求各绿化管理队按照分管工作做好一线施工日志，记录每日天气变化、工作情况、突发事件等。绿化科集中整理、归档，并将资料实行电子录入保存，由专人负责绿化管护技术档案，绿化养护资料记录详细，分类清楚，为后续管理提供依据，提高城区绿地养护管理水平。

园林绿化执法

依据《青岛市绿化条例》《青岛市绿化补偿费征收管理办法》等法律法规，园林处执法队依法处置占地种粮、私开路口、放牧牛羊、设广告牌、缠缚钉拴树木、焚烧垃圾、盗取苗木等违法行为。与公安110实施联动，利用城区重点区域绿地、公园安装的监控探头辅助执法，查处各种损绿、毁绿案件，对绿化违法行为做到发现及时、出警迅速、处置有力，遏制侵占公共绿地、损绿毁绿和破坏公共设施等不法行为的发生。加大宣传教育力度，在公园绿地增设标志牌、宣传栏，提高市民的爱绿护绿意识。全年共依法办理行政审批事项20件，查处制止损绿毁绿案件20起，清理标语横幅46条，清理广告牌7块，拆除乱挂乱晒物120处，制止采摘槐花、芙蓉花、紫叶李等行为60余人次，维护全市绿化成果。

沙岭河公园（北京路——济南路）续建绿化工程

于2017年7月开工建设，总投资770万元，全长450米，南起北京路，北至济南路，绿化带宽50米，绿化面积2.25公顷。埋设给排水管道2000米，园桥、景观10处，园路广场3000平方米，安装路灯36盏及音响监控设施，于2018年11月底竣工。

公园设计延续沙岭河公园北京路以南段的设计风格，打造一处集景观绿化、休闲娱乐、运动健身等功能于一身的城市公园绿地。以“绿城水乡、活力沙岭河”为主题，形成“一脉、两带、十点”的景观布局。“一脉”为贯穿全园的水系；“两带”为水系两侧的景观绿化带；“十点”为镶嵌在公园内的十个景观节点，从北往南依次为韵动广场、清泉石涧、碧韵流芳、琼蕊沁芳、童趣园、绿深荷静、浓荫匝地、运动天地、挹芳知春、活力广场。

公园建设遵循海绵城市的建设理念，利用绿地、透水性铺装及景观处理进行雨水的自然净化和再利用，坚持可持续性发展的理念，建立生态的绿地系统，营造三季有花、四季常绿的植物景观。园内设置篮球场、足球场和多个运动健身场地，为周边居民提供了一处集晨练、运动、休憩、观赏于一体的人性化空间。

（市园林管理处）

·城市亮化·

2018年，市路灯管理处以路灯工程为重点，加强路灯维修，强化广告管理，增收节支，抓好内部管理，高标准高质量地完成各项工作任务，连续多年被省行业协会评为先进单位，并多次在省路灯专业会议上做经验交流。

亮化工程建设

在路灯工程规划中坚持高档次规划，突出市民关心的热点，搞好背街小巷路灯安装工程，体现以人为本的思想。突出路灯工程的亮点，打造精品工程，体现路灯白天看景，晚上看灯的设计理念。施工中严把三关，材料关，所有路灯材料实行公开招标，增加工程的透明度，降低工程成本；工程质量关，所有工程都由路灯管理处自行安装，保障工程质量；施工关，实行一线工作法，问题在一线发现、在一线解决，打造一支苦干加巧干的施工队伍，提高施工机械化水平。2018年，实施莱西市城区夜景亮化提升建设工程（一期）相关工作。

城市路灯管理

制定《路灯设备运行细则》和《社会服务承诺制度》，明确市民报修电话24小时内作出具体回复等规定，实行系统监控和车辆巡查双值班制度，保证路灯巡查维修工作经常化、制度化。利用夜间进行维修，亮灯率始终保持在98%以上。合理调整路灯启闭时间，节约电能，安排专人对路灯设施进行养护维修。抓好路灯设施安全，加强夜间值班巡查和监控系统值班，预防路灯电缆被盗。对城区路灯维护实行全天候分片管理，对夜间路灯等照明灯具不间断巡查，发现问题及时修复，每次维修路灯情况记录在案。全年共组织维修路灯577盏，处理电缆故障190余起、控制故障700余起，保证设施完好率在95%以上、亮灯率在98%以上。

提高路灯管理的科技含量，近几年先后投资200多万元建设路灯监控中心，在全省县级市中率先安装GSM路灯监控系统和网络视频监控系统，对主次干道路灯进行远程控制，提高路灯故障查处的反应速度。为使新系统达到“遥控、遥测、遥信、节能和电缆防盗”的功能，对原有路灯监控系统进行补充和改造，安装无线电监控系统、电缆防盗系统和路灯节能系统，所有路灯运行情况都由监控中心统一监控，实现路灯远程控制程序化和电缆防盗报警自动化。电缆防盗系统的使用，遏制了电缆被盗，减少经济损失。远程控制能力和管理水平在全省名列前茅。

户外灯饰管理

市路灯管理处在广告管理上严格执法，及时清除违法小广告，整治城市牛皮癣，同时热情服务，开拓广告市场，提高广告档次，美化城区环境，创造良好的社会效益。加大户外广告执法力度和巡查力度，对出现破损的户外广告及时督促其产权单位修复，美化城市环境，提升城市品位。落实网格化管理，实行日巡查制度，查处非法小广告，参加环境卫生整治活动。共清理违法设置的广告牌100多个、整理歪斜破损广告牌800多个、清除非法小广告约5万张，保证灯箱完好率95%以上。

（市路灯管理处）

·城市排污·

城镇污水处理

市城市污水处理厂位于城区西南部，主要处理市区、经济开发区、望城街道、沽河街道、院上镇以及规划建设中的莱西北部乡镇生活污水和工业废水。总处理规模10万吨/日，实际日均处理污水8.9万吨左右。2018年，市污水处理管理处克服进水浓度、水量波动大等困难，以自动化监控和化验监测为依据，加强岗位巡视力度和工艺调度频次，对生产过程实施全过程控制。全年共累计处理污水3200多万吨，日平均处理污水8.9万吨，出水达标率在99%以上，城区污水集中处理率达99%以上，城区污水集中处理率列青岛十区市第一名，全年共削减COD排放量1万多吨，削减氨氮排放量1000多吨。污水处理厂水质提升使省控嵯阳河断面南岩水库入口水质由五类水改善为四类水，创造了巨大的环境效益，为持续改善城区水环境、嵯阳河流域稳定达标作出贡献。

排污管网建设

城区雨污混流及城镇污水乱排放问题一直是城市发展中的“老大难”问题。近年来，莱西市高度重视地下管网建设，结合海绵城市和地下管廊规划，在对超期服役道路进行翻修改造的同时，逐步实施道路雨污管网改造，城镇污水主管网铺设工程全面开展，全市形成较为完善的地下雨污管网综合体系。2006年莱西市城建部门编制《莱西市城市排水（雨水、污水）专业规划》，规划区域包含莱西市城区、经济开发区、姜山镇、沽河工业园、望城工业园，规划期限至2020年。城区主次干道上已经形成完整的雨污管网系统，污水主管道也已敷设到经济开发区、望城街道、水集街道及其工业园区。截至2018年12月，城区污水管网建设总长度达168千米。为保护城乡水环境，解决镇驻地污水排放问题，2014年起，根据《莱西市大沽河流域（镇街）污水管网专项规划》，市城建局组织实施店埠——夏格庄——姜山污水主管道、夏格庄镇污水主管道、院上镇污水主管道、南墅——日庄污水主管道的建设，涉及姜山、夏格庄、店埠、院上、日庄、南墅6个镇，已铺设排污管网64千米，建设泵站8座；2017年继续推进城镇污水主管网建设工程，涉及经济开发区、水集街道、沽河街道、望城街道、河头店镇、马连庄镇、院上镇等7处镇（街），铺设排污管网64千米，建设泵站9座；2018年组织主管网施工，全线已基本完成，已铺设污水管道12千米，到2020年，各镇（街）将完全实现“污水零排放”的目标。

（市住房城乡建设局）

·城市供热、供气·

城市燃气

全市共有燃气经营企业34家。其中液化气站33家（分布在各镇、街道办事处），管道燃气（天然气）企业1家——青岛埃维燃气有限公司。截至2018年底，全市城市天然气总户数达到7.36万户，用气总量达到9986.52万立方米；液化气总用户数达到17万余户，用气总量达到1.6万吨。

2018年，投资400万元在莱西市北京路东侧建设日供7.2万立方米的应急气源储备站；投资3000余万元在姜山工业园建设日供36万方的应急气源储备站，保障莱西辖区内企业及居民的生产、生活用气，还为即墨、城阳每天最多调气20万立方米，为烟威地区每天最多调气80万立方米，是拥有中石油、中海油、中石化三气源的燃气公司。

2018年，市燃气管理处召开全市燃气行业工作会议，全面布置燃气行业安全生产和隐患整改工作，与33家液化气站经营企业签订《莱西市液化气站安全生产经营管理责任书》，1家管道燃气企业签订《莱西市燃气企业安全生产责任书》。落实燃气企业安全生产主体责任，督促企业建立和落实安全生产责任制，依法设置安全生产管理机构或配备安全生产管理人员和保障安全投入，实施安全生产管理、现场充装制度化、标准化、规范化。运用安全生产风险分级管控和隐患排查治理双重预防体系进行管理，配备专职安全管理人员，建立健全安全管理组织体系，明确企业部门、人员在安全管理工作中所承担的职责和权限。年内，根据上级要求，开展全市燃气安全大检查大整治，对34家燃气企业进行安全检查，共发现安全隐患278项，现场完成整改103项，其余均下达安全隐患限期整改通知书，并限期整改。定期开展应急抢险演练，6月组织青岛埃维燃气有限公司开展天然气中压管线泄漏非常规应急抢险演练，通过应急抢险演练活动，使全体员工掌握应急抢险的正确方法，熟悉应急抢险情况的程序，确保应急抢险工作能快速、高效、有序地进行。同时制作燃气安全宣传展板，对天然气使用常识、应急救援、事故案例通过进小区入广场进行宣传活动，让广大用户充分了解燃气安全知识。

城市供热

2018年，莱西市城区共有4家集中供热企业（青岛金莱热电有限公司、青岛蓝宝石酒业股份有限公司、青岛华地热力有限公司、青岛风和日丽热力有限公司）为城区居民实施集中供热，另有4家分布在乡镇供热企业（青岛金涌热电有限公司、青岛洪润林业生物质能源有限公司、青岛万福鑫昊投资有限公司、青岛九联集团能源有限公司）主要为周边企业和居民供热。截至2018年底，全市供热总面积达到628.6万平方米，住户供热总面积达到578.5万平方米，城区四家供热企业拥有各式供热锅炉19台，供热能力达到843T/小时，换热站120座，供热能力能够满足居民供热需求。

为督促各供热企业提高供热服务质量，城建局成立供热领导小组，以《莱西市供热行业综合评估考核标准》为标准，从工程建设、供热服务、应急准备、投诉处理等方面，狠抓供热工作考核，提高居民供热质量，确保供热效果居民满意率提升。各供热公司煤炭储备已经到位；开通供热服务热线14条，做到全天24小时有人值守，及时解决居民供执问题诉求；制定低温天气和事故状态下的应急处置工作预案，成立抢险抢修队伍，各项应急物资准备充足。全市2018供热季各项供热准备工作，于10月底全部结束，11月16日准时供热。

加快推进实施清洁供热工作，根据省、市有关文件要求，莱西市已编制完成《莱西市清洁能源供热专项规划》和《莱西市市域农村清洁取暖专项规划》，并通过专家评审，综合利用多种清洁能源供热技术构建以清洁供热为主的供热体系，实现城市供热向精细化、智能化、低碳化转型发展。挖掘现状热源供热能力，鼓励推进余热利用项目、天然气分布式能源项目和污水源、土壤源等可再生能源供热方式。推进以热电厂循环水改造、工业生产余热为主的低温余热利用项目。2018年，增加清洁能源供热能力103.5万平方米，其中莱西市已完成日新·香港公馆、滨泰·星河明珠、梦想望城等小区19.8万平方米的清洁能源供热配套建设工作，具备供热条件，其他清洁能源供热项目已于10月底之前全部完工。莱西市全部农村幼儿园、中小学、养老院等公共场所已基本实现清洁取暖。2018年，完成农村地区清洁取暖户数1.32万户的清洁取暖任务，其中集中供热户数1750户，主要供热方式为空气热源泵、天然气锅炉、生物质锅炉；分散清洁取暖1.16万户，主要为洁净煤7000余户，户用空调等电器取暖4000余户。

青岛埃维燃气有限公司

2006年4月28日由烟台埃维集团投资创建，为市政府批准的天然气特许经营企业，拥有莱西市辖区管道天然气及汽车加气项目独家特许经营权。青岛埃维燃气有限公司依法经营、积极纳税。截至2018年底，已累计投资7.5亿元用于莱西市管道燃气建设和运营，日供气量达30万立方米，成立管输公司，并将跨境至烟威地区和即墨、城阳、莱阳等地。在莱西累计铺设高压、次高压、中压、低压管线1000余千米。建成门站8个，LNG、CNG加气站各一个，开发工商户200余户，安装民用户10万余户。2018年，青岛埃维燃气有限公司陆续将管网铺设到所有乡镇，是山东省第一个将管道天然气引入每个乡镇的天然气企业。公司主干线管网遍布莱西12处镇（街），实现天然气“镇镇通”，为莱西的民生和经济发展做出贡献。

（市燃气管理处）

·城乡供水·

2018年，莱西市城区供水量2110万立方米，日均供水7.7万立方米，同比上涨25%，城市供水水质符合国家《生活饮用水水质标准》（GB5749—2006）要求，能够保证用户饮用安全。城市供水管网压力合格率大于98%，符合国家标准。

供水工程

为提高水厂生产的自动化水平，全面提升自来水水质，解决多年来困扰全市的供水漏失率高、影响用户水压水质等问题，开工建设被列入市政府2018年度重点工程的莱西水厂深度处理及提升改造工程、2018年度实事工程的城区老旧管网改造工程和一户一表改造工程。水深度处理及提升改造工程完成臭氧接触池和中间提升泵房的土方回填，完成冲洗泵房主体工程的45%、新建厂区围墙的90%、排泥池基槽土方的85%，完成对泵房部分电气自动化设备的提升改造。实施城区老旧管网改造工程，开工建设深圳路DN400、广州路DN800、重庆路DN800及DN1000、南京路等供水管道3200余米。加快推进一户一表改造步伐，组织完成百盛花园、颐和花苑、市北小区、邮政小区等居民区一户一表改造2155户。

运行管理

围绕供水安全生产，推行安全生产网格化责任制，将目标责任分解落实，确保责任到人。完善公司、厂站、班组三级安全管理体系，落实安全生产规章制度和操作规程，强化对供水生产重点部位、重点岗位、重要设备设施的安全管理。把安全生产大检查专项行动和开展群众性隐患排查治理集中行动结合起来，消除安全生产死角和隐患。修订和完善城市公共供水突发事件应急预案、防汛应急预案、抗旱应急预案和应急操作手册，明确事故应急处置程序。充实应急抢险队伍，备足抢险抢修设备和物资。组织供水突发事件应急演练，提高应急处置水平和协调能力。

为保证供水水质，严格按照国家行业规定完成对原水、出厂水、管网水、管网末梢水的检测分析，适时调整絮凝剂、消毒剂等药剂的投加。在水质出现异常时，及时研究制定合理的生产方案，确保出厂水水质达标。

供水服务

为提升供水“窗口”服务水平，修订《供水营业服务规范》，对服务礼仪、业务办理、上门服务、查表收费、用户投诉等作出明确规定，并要求服务人员在工作中严格落实。

严格落实水表管理制度，有计划地对在线运行水表进行校验，全年更换陈旧、故障水表456余只；认真查抄水表，对所有在线运行水表按区域分片，责任到人，做到不漏查、不错查，保证计量准确无误。探索智慧水务建设，根据智慧水务发展需要，组织人员外出学习相关技术及管理经验，并在供水生产运行中加以应用。在姜山片区采用国内先进的DMA分区计量办法，安装电磁水表及电磁流量计，实现对管网供水压力及流量的实时检测。

供水服务人员心系用户，积极为用户排忧解难，解决用户用水过程中出现的各种问题，全年共为用户维修更换阀门190余个，维修漏水管道阀门80余次，保障用户正常用水。入冬前，对部分用户易受冻的水表井进行保温处理，共投放玉米皮3500余袋、珍珠岩100余袋，确保用户水表、水管安全过冬。

（张　凯）

·城市供电·

2018年，国网山东省电力公司莱西市供电公司完成固定资产投资1.73亿元，其中电网大中型基建投资完成1800万元、中低压项目投资完成1.54亿元、电网零星投资完成56万元。

电网基建项目

大中型基建项目　共投入建设资金1800万元，包括35千伏工程项目3个。其中，朴木35千伏变电站主变增容工程投入资金300万元，增容4万千伏安，改造线路0.3公里；双桥绕岭35千伏线路工程投入资金800万元，新建线路35千伏线路11.7公里；双桥昌阳（北汽）35千伏线路工程投入资金700万元，新建35千伏线路19.4公里。

中低压项目　共投入资金1.54亿元，项目包共计45个。其中，中低压线路新建工程投入资金1.19亿元，包括110千伏水集站10千伏城西线与10千伏水集1#线联络等线路联络工程2项、项目27个；台区新建工程投入资金2220万元，包括南墅镇10千伏孙家台区等台区新建工程17个、项目13个；台区改造工程投入资金999万元，包括沽河街道办事处10千伏凤凰屯村台区等台区改造工程4个、项目4个；市供电公司2018年业扩配套电网基建项目包投入资金300万元，包括莱西经济开发区10千伏东沙台区等台区改造工程28个。

零星购置项目　投入资金56万元。其中，市供电公司购置3吨电动叉车1辆投入资金12万元；配网红外热成像仪购置1台资金8万元；购置高空脱困救助装置1套投入资金4.5万元；购置动力送风呼吸器2台资金1.5万元；购置电缆故障探测仪1台资金30万元。

运维检修项目

2018年生产性技改项目6个，批复资金758万，生产性大修项目35个，批复资金4124.82万元。截止到12月底，工程项目完成率100%。全年常规配农网项目共批复资金1.51亿元，项目包共44个、单体工程284个，截至12月底工程项目完成率100%。

全面推进世界一流城市配电网建设，按期“零事故”完成各项建设任务。全市共新增轮换配变331台，建设改造中低压线路672千米，装改智能终端284套，治理低压台区531个。完成水集、姜山、沽河等5个示范区（含供电网格13个）的一流配电网建设，莱西辖区10千伏线路联络率达100%，N—1通过率达70%，配电自动化覆盖率达100%，户均容量提升至2.04千伏安，全面消除重过载配电线路和配电台区，保障了莱西辖区内供电可靠性和供电质量合格率。

2018年世界一流城市配电网工程严格工程设备、材料质量验收，工程实施中严格按照国家电网公司典型设计和山东省电力公司中低压配电网工程工艺标准要求，建设质量合格率100%。工程完工投运后，改善了莱西辖区内配电设施、设备健康状况，提升了供电能力，满足了当地经济发展和人民生活水平日益提高对电能的需求。其中，莱西市水集街道潘格庄西台区新建工程获国网山东省供电公司“农网百佳”工程。

营销及其他专项项目

2018年，市供电公司共计立项营销项目26个、批复资金1849.06万元，其中资本性项目2个、资金70.5万元，成本性项目24个、资金1778.56万元。截止到2018年底，营销项目全部完成，其中资本性项目2个、资金69.81万元，成本性项目24个、资金1565.81万元、结余212.75万元。

（张仁强）

房地产管理与开发

·房产管理·

概况

2018年，全市完成房地产投资49.35亿元，同比增长49.57%。全市新建商品房销售1.2万套，同比增长10.75%；销售面积128.95万平方米，同比增长12.76%，为全市房地产业有史以来的数据最高值。截至2018年底，全市房地产企业共有60家，其中一级资质2家、二级资质3家、三级资质6家。

业务工作

优化服务软环境　预售许可、开发经营权证等业务在符合条件的前提下，均力争1个工作日办结，比承诺时限减少2个工作日；对诚信度较高的企业，预售资金拨付节点由约定的每月一次缩短为每周一次，缓解企业资金压力。

搭建项目购销平台　组织房地产企业在即墨、城阳、黑龙江省牡丹江市、烟台等地举办"青岛莱西精品楼盘推介会"，取得丰硕成果。2018年，外地人购房3796套，占购房总套数的33.40%，同比增长9.47个百分点。

开展市场检查　联合发改部门组织拉网式检查，共检查房地产企业34家，行政处罚2家、责令整改8家，起到震慑作用。

出台考评办法　2018年3月起实施《莱西市房地产企业信用评价暂行办法》，每月对房地产企业开发经营情况进行考评，考评结果直接与企业的业务办理挂钩。

房地产企业名单

序号	公司名称	序号	公司名称
1	青岛仁和房地产开发有限公司	31	青岛耐克森房地产开发有限公司
2	青岛宏远置业集团有限公司	32	青岛缤纷五洲商城开发有限公司
3	青岛盛泰置业有限公司	33	青岛豪丰置业有限公司
4	青岛三美立房地产开发有限公司	34	青岛天美置业有限公司
5	青岛银泰房地产开发有限公司	35	青岛莱西市品烁置业有限公司
6	青岛滨泰置业有限公司	36	青岛豪都置业有限公司
7	青岛莱西市金鼎房地产开发有限公司	37	青岛中凯盛置业有限公司
8	青岛华商置业有限公司	38	青岛欢乐谷工贸发展有限公司
9	青岛奥特房地产开发有限公司	39	青岛望城集团有限公司
10	青岛宏东建设工程有限公司	40	青岛怡兴嘉园房地产开发有限公司
11	青岛万福房地产开发有限公司	41	青岛中豪置业有限公司
12	青岛东龙房地产开发有限公司	42	青岛鼎城房地产开发有限公司
13	青岛华商银泰置业有限公司	43	青岛国开教育科技有限公司
14	青岛华昱达置业有限公司	44	青岛润馨置业有限公司
15	青岛利客来易和投资有限公司	45	青岛居房源置业有限公司

续表

序号	公司名称	序号	公司名称
16	青岛日新置业有限公司	46	青岛泰邦房地产开发有限公司
17	青岛鸿鲁实业投资有限公司	47	青岛永正房地产开发有限公司
18	青岛百乐富隆置业有限公司	48	青岛涌泰置业有限公司
19	青岛乐好盛隆置业有限公司	49	中合新农超市场管理有限公司
20	青岛新地瑞璟房地产开发有限公司	50	青岛姜山产城置业投资有限公司
21	青岛东庄头国际农产品交易市场有限公司	51	青岛莱西城乡社区建设投资有限公司
22	莱西市电力房地产开发有限公司	52	青岛东泰裕祥置业有限公司
23	青岛联富投资有限公司	53	青岛泰富置业有限公司
24	青岛方福宏远置业有限公司	54	青岛金居房地产开发有限公司
25	青岛福韶置业有限公司	55	青岛华炫置业有限公司
26	青岛恒通置业有限公司	56	青岛泰北工贸有限公司
27	青岛瑞晟置业有限公司	57	青岛利客来易和投资有限公司
28	青岛宏景房地产开发有限公司	58	青岛欧美房地产开发有限公司
29	青岛中凯房地产开发有限公司	59	青岛德源泰置业有限公司
30	青岛吉奥房地产开发有限公司	60	青岛吉通工程有限公司

（市房产服务中心）

·重点房地产开发企业简介·

青岛宏远置业集团有限公司

成立于1998年9月，为民营股份制企业（房地产开发二级资质），集团公司下属青岛宏远建筑工程有限公司（建筑施工二级资质）、青岛市宏远物业管理有限公司（物业管理三级资质）。企业注册资金1.06亿元，拥有房地产经营管理人员、工程施工及管理人员160余人，企业年开发、施工面积20余万平方米，年完成产值近5亿元。

十几年来，公司坚持“以服务创品牌，以品牌占市场”的开发经营理念，高起点、严要求，先后开发建设了宏远花园、龙翔一苑、龙翔二苑、金田花园、滨河新村、水岸花园、长安人家、长安都会、长安世家、书香门第、长安奥园等十余个高品质住宅社区。2000年通过ISO9000认证，先后被评为青岛市先进私营企业、青岛市百强私营企业、青岛市诚信私营企业、青岛市销售放心房先进单位、青岛市消费者满意单位、青岛市新锐房地产企业，连续五年被莱西市政府授予私营企业纳税第一名称号。

青岛鸿鲁实业发展有限公司

成立于2013年9月，由上海鸿旅集团在莱西投资注册成立，注册资本2亿元，在职员工50余人，是一家从事房地产开发及销售、旅游景区及配套设施开发与经营、酒店及度假村管理的开发企业。投资建设的梦想望城项目位于莱西市望城街道，占地286.67公顷，规划面积400公顷，总投资额超过100亿元人民币，与即将建成的城市轻轨站融为一体，成为莱西的南大门。梦想望城产城一体综合开发暨旧村改造项目，规划有居住片区、核心商业配套区、文体休闲区、创意园区、中央公园、医疗配套、教育配套等，将建成一座现代化公园式园区。梦想一号及晨园一期已交付完毕；晨园二期及安置区一期正在交付；玺园项目已开工。

青岛豪都置业有限公司

成立于2011年9月，由青岛地都集团有限公司出资成立，从事房地产开发经营，企业员工120名。2015年6月，投资建设位于北京西路的紫悦府项目，占地约20公顷，总建筑面积约46万平方米，共分五期建设。项目一期建筑面积10万平方米，已于2016年11月竣工并验收交付；二、三期开工建筑面积约17万平方米，已分别于2017年12月和2018年12月竣工并交付；四期建筑面积约11万平方米，计划于2019年6月竣工交付；五期已主体封顶，计划于2020年8月竣工验收。

青岛日新置业有限公司

成立于2007年11月，注册资金1000万元。可经营范围包括房地产开发及营销、建筑工程安装施工及维修、园林工程设计及施工、苗木种植及销售、物业管理服务、建筑及建筑安装材料销售等。公司下设“四部一室”，工程开发部、物业管理部、营销策划部、资金财务部和办公室，有职工19人，其中中高级职称或本科以上学历人员占总人数的90%以上。公司以莱西市日新·香港公馆居住小区为示范项目，倡导降耗减排，推动建筑节能，引领和示范青岛莱西市低碳型房产，项目规划和报批得到地方节能办、住房和城乡建设局领导和专家的认可。

青岛华商置业有限公司

青岛华商集团成立于2010年，位于重庆中路21号，下设青岛华商置业有限公司、青岛华商工程有限公司、青岛华商物业发展有限公司等十余个公司。华商集团已发展成包括房地产开发与投资、建筑工程施工、园艺景观绿化、装饰装潢、物业管理等业务的集团化公司。先后开发华商长安都会、华商福地、华商金地、华商金岸、华商金谷等精品小区。公司在自身发展的同时，承担企业公民责任，支持慈善公益事业，截至2018年底，先后为民生、教育、体育、文化等社会慈善公益事业捐款20余次超300万元。

（市住房城乡建设局）

·物业管理·

2018年，全市物业管理工作从完善制度建设、落实监管措施、创新工作方法等方面着手，推动物业管理工作不断改善，物业服务能力和服务品质有较大提高，城市管理水平得到提升。

完善物业管理体制机制

2018年，全市城区共有各类居民小区294个，其中由取得物业管理资质物业企业提供服务的居民小区共计159个，占总数的54.1%，管理面积约570万平方米，占总数的74.7%；未实施物业管理的小区均由原建设单位自行管理或委托他人进行管理。市房产管理局坚持“服务民生、问题导向、注重实效”的原则，完善物业管理工作体制，加强物业管理基层工作力量。加强对新形势下物业管理问题的研究，从严把准入关、物业企业诚信体系建设、行业监管等方面加强制度建设。研究对物业企业及街道物业管理工作的考核标准，加大对街道物业管理工作的监督指导力度。水集街道、望城街道、经济开发区管委会成立物业管理基层组织，配备专人负责本区域内的物业管理工作。对日常管理过程中遇到涉及多个职能部门的，街道办事处及时召集物业管理联席会议，研究解决办法，解决物业管理过程中热点难点问题。街道办事处每月对物业企业进行一次综合考核，考核结果与物业企业评先选优、招投标挂钩。

“物业行业标准建设年”活动

开展“全市物业行业服务标准建设年”活动，制定《物业服务考核细则》等各项服务标准，落实“美丽青岛行动”各项工作部署，围绕服务提升、公开公示、督导考核等方面，建立完善相应工作标准制度。与业主开展形式多样内容丰富的沟通和交流，赢得广大业主对物业管理工作的理解和支持。36家物业企业组织开展业主恳谈会、18家物业企业开展经理接待日活动，增进业主之间、业主与物业企业、业主与社区之间的感情。物业管理法律法规知识宣传活动力度不断加大，建立微信群，沟通渠道更加畅通。通过微信群及时掌握业主关心的热点问题，解答业主提出的问题，将业主上访投诉等不安定因素消除在萌芽状态。在小区宣传栏张贴《山东省物业服务收费管理办法》《省公安厅关于电动车消防安全五条禁令》等有关法规。

提升服务能力和水平

始终把住宅小区消防、防汛等安全工作作为重中之重来抓，各物业企业均制定消防、防汛安全应急预案，成立防汛抢险队和治安巡逻队，统一佩戴红袖标进行巡逻，建立安全生产专项档案，各社区居委会均与所辖小区物业服务企业签订消防安全责任状，16家物业企业组织业主开展消防灭火和逃生演练。水集、开发区物业办邀请市消防大队的专家进行消防知识培训，共580多人参加演练，滨泰物业组织电梯困人解救演练。7月4日，组织全市物业企业去即墨参加住宅小区消防安全培训班。宏远物业成立全市第一家物业应急救援组织。

严把市场准入关，规范物业服务行为。印发《关于开展物业管理招投标工作的通知》，要求新建项目必须通过公开招标的方式选聘前期物业服务企业，实现物业服务企业优胜劣汰，进一步规范物业服务行为，提高物业服务质量。

配合相关职能部门做好物业管理区域内相关事项的管理工作。对小区内违章搭建、破坏绿地、侵占消防通道等现象，物业公司发现后立即进行劝阻、制止，在劝阻、制止无效的情况下，及时书面向综合执法、公安消防等部门报告，配合综合执法局对小区内违章搭建进行拆除。在做好物业服务合同约定服务事项的基础上，做好扫黑除恶、文明城市创建、灭鼠灭蚊等病媒消杀、外来流动人口普查、电动车生产经营维修综合治理等活动。

（市住房城乡建设局）

·重点物业企业简介·

青岛豪邦物业管理有限公司

成立于2008年11月，是从事物业管理服务的专业公司。公司秉承“团结开拓，求实创新”的企业精神，高标准、严要求，实施品牌战略。已形成规范、专业、细致、高效的品牌风格，创立了具有人性化、亲情化特色的管理和服务模式。公司曾获青岛市优秀物业管理企业和青岛市优秀小区称号。

青岛滨泰物业管理有限公司

创建于2005年8月，位于莱西市滨河路18号，是一家专门从事物业服务及相关业务的专业化服务企业，国家三级资质。注册资本金50万元，有职工120人，拥有专职管理和技术人员21人，其中中级职称以上人员11人，管理人员均持证上岗。曾获青岛市优秀物业服务企业、莱西市优秀物业管理企业称号。

公司对滨河二苑、南苑峻景、院西家园、滨泰花园、华西花园、刘家院西公寓、汇景园、洙河花园、岭南峻景、祥和园、刘家院西别墅区、刘家院西村委办公楼、晨艺幼儿园、万家居养老中心、滨泰工业区、莱西市车管所等实施有效的物业管理，管理总面积约120万平方米。公司通过12年的专业化、一体化、社会化的物业服务，为业主和客户营造一个安全、文明、舒适的居家及工作环境。

青岛宏远物业管理有限公司

成立于2000年，注册资金1119万元，为莱西市最早参与小区物业管理行业的公司之一，主营物业管理和绿化工程。管理服务滨河新村、书香门第、长安世家、水岸花园等小区，管理服务面积逾100万平方米，服务业主近一万户，员工256人。服务过的小区龙翔苑、龙翔二苑、宏远花苑获青岛市优秀物业管理小区称号，滨河新村和长安世家被评为山东省物业管理优秀住宅小区。公司曾多次获青岛市优秀物业服务企业称号，并创建“舒心家园”企业品牌。

青岛华商物业发展有限公司

2012年3月成立，注册资金500万元。有员工108人，其中中级以上职称4人（物业管理师1名），管理人员13人，全部持证上岗。管理长安都会、华商福地、华商金地、华商金岸四个小区，总建筑面积42.54万平方米，总户数3518户。

2013年，华商物业成立“安康会”，将所有业主吸收为会员，为会员提供超值服务。建立微信平台，业主全部加入“安康会微信好友”，通过微信发布信息、通知，投诉、回访，建立与业主沟通的新渠道，拉近了物业与业主的距离，在每年一次的全体业主入户调查问卷中，服务满意率达99%。2018年，华商物业启用明源云社区系统，方便用户随时缴纳物业费，随时报修房屋出现的问题，做到缴费、报修、投诉一键搞定。华商物业是莱西市唯一具有五星级物业管理服务标准的、具有三级物业管理资质的物业公司。曾获青岛市十佳物业服务企业称号，管理的小区中华商·福地、华商·长安都会被评为青岛市优秀物业管理小区。

青岛卓和物业管理有限公司

公司下辖香港卓和物业顾问咨询有限公司、上海卓和物业管理有限公司、济宁卓和物业服务有限公司，主要经营范围为物业管理服务、物业管理咨询服务、环境管理服务与餐饮服务等，业务辐射莱西、胶南、青岛开发区、城阳、邹城、安徽池州等地。公司致力于提升管理水平，取得ISO9001国家质量体系认证。公司具有完善的组织架构和先进的管理水平，物业人员管理层100%持证上岗。公司秉承“追求卓越服务，打造和谐家园”的企业宗旨，运用高科技网络管理和优质服务给业主创造一个温馨、舒适、安全的工作生活环境。

（市住房城乡建设局）

·住房公积金管理·

缴存和提取使用情况

莱西市住房公积金缴存范围为国家机关、国有企业、城镇集体企业、外商投资企业、城镇私营企业及其他城镇企业、事业单位、民办非企业单位、社会团体及其在职职工，2018年度住房公积金缴存基数下限按照上一年度月平均最低工资标准确定为1602.5元。单位和职工住房公积金月缴存额上限各不超过2506元，月缴存额下限为80元。

2018年，全市共有1537个单位、5.39万名职工缴存住房公积金7.02亿元，住房公积金累计缴存额44.37亿元。全年共提取住房公积金6.12亿元，其中购房提取2.16亿元，还贷提取2.94亿元，离退休提取8602万元，其他提取1631万元。住房公积金累计提取额29.19亿元。

贷款情况

2018年，莱西管理处共与24户房地产开发企业、26个开发项目签订贷款合作协议，发放住房公积金贷款1972户，贷款额6.28亿元。累计发放贷款1.64万户、贷款额34.02亿元，累计贷款余额21.51亿元。

收益情况

单位为职工缴存的住房公积金和职工个人缴存的住房公积金计入职工个人住房公积金账户，属于职工个人所有，并按照国家规定利率为职工计息。职工住房公积金账户存款利率按一年期存款基准利率执行。全年共为职工个人结付利息2454万元。

2018年，莱西管理处实现业务入6326万元，其中，贷款利息收入6319万元，存款利息收入7万元；实现业务支出2624万元，其中，利息支出2603万元，其他支出21万元；实现收益3702

万元。

（青岛市住房公积金管理中心莱西管理处）

·住房资金管理·

升级《房屋专项维修资金管理系统》，提高窗口人员的工作效率。截至2018年底，交存业主1.5万户、征收维修资金1.46亿元，共完成提取43万元、167户，未发生违规提取问题，资金安全使用率达到100%，促推了单位业务“零差错”目标的实现。

调整办事窗口，增加工作人员。服务中心办理窗口由原来4个窗口增加到6个窗口，增加两名业务人员，其中4个窗口迁至服务大厅一楼西部，在等候区新购买安置了6个排椅，能安排二十四人同时就坐等候。

配置引导员1名，负责引导业主抽取顺序号，解答业主提出的问题。新购自动叫号机1台，8月15日正式启用自动抽号系统，业主抽号后按照屏幕显示和语音提示到指定的窗口办理业务，解决业主排长队的问题，提高工作效率。

（市住房城乡建设局）

建筑安装

·概　况·

2018年度，莱西市有总承包企业32家，其中特级企业1家（荣华建设集团有限公司）；一级企业1家（青岛望城三宝建设有限公司）、二级企业14家（青岛万福建筑工程有限公司、青岛水集建筑有限公司、莱西市三美立建筑工程有限公司、青岛宏远建筑工程有限公司、青岛庆顺建设工程有限公司、青岛滨泰建筑工程有限公司、青岛恒岳建筑工程有限公司、青岛华商工程有限公司、青岛金东建筑安装有限公司、青岛宏东建设工程有限公司、青岛昊双建设工程有限公司、青岛莱西市锦冠建筑安装工程有限公司、青岛莱西九联建筑工程有限公司、山东统建建设有限公司；三级企业16家（青岛坤易达建筑工程有限公司、青岛安坤建筑工程有限公司、青岛昊海建筑工程有限公司、青岛新洪润建筑工程有限公司、莱西市海星建设有限公司、青岛新明建筑工程有限公司、青岛南龙建筑有限公司、青岛莱西市义兴建筑工程有限公司、青岛红埠建筑工程有限公司、青岛奥润建设工程有限责任公司、青岛莱西市住宅建筑安装公司、青岛吉安工程有限公司、青岛莱达市政建设工程有限公司、山东中晨飞翔路桥建筑有限公司、青岛泰林涌集团有限公司、中海远大建设工程有限公司）。

2018年全市资质以上建筑业企业完成总产值117.58亿元，同比增长17.11%；资质以上建筑业企业增加值52.4亿元，同比增长21.8%。山东省住房和城乡建设厅公布2018年度山东省建筑业10强县和30强企业排名，莱西市获十强县市称号，荣华建设集团被评为全省建筑企业综合实力30强。

·重点建筑企业选介·

荣华建设集团有限公司

前身系莱西市建筑总公司，成立于1952年8月，是房屋建筑工程施工总承包特级企业，拥有各类专业技术人才2200人，年施工能力2000余万平方米，主营建筑、安装、装饰、钢结构、市政、道路桥梁、消防、智能化等工程施工及新兴建材、房地产开发等业务。集团公司下设中德联合被动房科技有限公司、荣华（青岛）建设科技有限公司、荣华（青岛）投资建设有限公司、青岛凯智威置业有限公司、青岛鲁迪尔新型建材科技有限公司、青岛万顺城市建设有限公司、青岛莱西建总建设有限公司、山东战马影视传媒有限公司、青岛海川劳务有限公司、定兴县丰源村镇银行、莱西建总职业培训学校共11个子公司、10个建筑分公司、7个区域公司。

公司通过ISO9001质量管理体系、ISO14001环境管理体系、GB/T28001职业健康安全管理体系认证，获2014年度青岛市市长质量奖。主编国内第一部关于基坑监测技术方面的国家标准《建筑基坑工程监测技术规范》，获国家级工法8项、省级工法98项、国家专利22项。10次获中国建设工程最高奖——“鲁班奖”；2次获“国家优质工程奖”；2次获“中国土木工程詹天佑奖”；8次获“中国建筑工程装饰奖”；获“中国市政工程金杯奖”；创出“泰山杯”“青岛杯”等省、市级质量奖200余项。

近年来，集团公司先后多次被授予全国优秀施工企业、全国用户满意施工企业、全国工程建设质量管理优秀企业、全国建筑业诚信企业、全国建筑业先进企业、全国守合同重信用企业、全国建筑业AAA级信用企业、全国住宅装饰装修行业百强企业、全国建筑业科技进步与技术创新先进企业、创鲁班奖工程特别荣誉企业、创鲁班奖工程突出贡献奖等称号。

青岛望城三宝建设有限公司

是集建筑施工、房地产开发、室内外装修装潢、机械化施工、金属门窗和玻璃幕墙、设备租赁于一体的集团化企业，拥有资产8000多万元，职工1000多人，进口和国产先进机械总功率达1万千瓦，2010年通过ISO9001：2008质量管理体系、ISO14001：2004环境管理体系、GB/T28001—2001职业健康安全管理体系认证。近几年共创省优、市优工程百余项，多次被评为山东建设系统优秀企业、质量安全管理先进单位、省级守合同重信用企业、AAA级资信企业、消费者满意单位。

公司技术力量雄厚，有各类专业技术人员300名，其中高中级职称占40%、职工持证上岗率为100%、特种作业人员持证上岗率100%。施工队伍技术过硬，机动灵活，2018年完成生产值3.5亿元，年施工面积30多万平米，施工工程质量一次验收合格率达到100%，优良品率80%以上，在青岛地区享有良好声誉。

青岛万福建筑工程有限公司

公司（原青岛润杰建筑有限公司）始建于1971年5月，经过近50多年的发展，已成为集土建安装、装饰装潢、建材经营等为一体的二级资质建筑施工企业，注册资本2058万元，拥有固定资产2200余万元。公司采用多项资本联合运营模式，下设铝合金门窗厂、钢构企业。拥有各类职称工程技术管理人员150多人，其中高中级职称人员超过50%、管理从业人员350多人。施工经验丰富，机械设备、工种配套齐全，年解决就业岗位2万人次以上，年上缴国库利税1000多万元。

公司平均年施工产值2.5亿元，施工面积超过20万平方米，竣工面积达18万平方米。近年来承建筑物有万福馨苑一至四期住宅小区，青岛万福集团大型办公楼，青岛源杰大酒店一期酒店及二期贵宾楼，平安人家一、二期小区工程，昱景园住宅小区一、二、三期工程，嘉禾园住宅小区，翠景园小区，熙湖华府小区，香格丽苑小区一、二、三、五期，香格丽都小区，明星国际花园一、二、三期小区工程，泰邦佳苑小区工程，国家电网水集110KV输变电土建工程，青岛三乐粮油储备有限公司，青岛东正海洋食品公司大跨度厂房、办公工程，万福肉类食品大型办公楼厂房工程，六和万福大型食品办公楼加工厂房工程，青岛东正海洋生物科技有限公司大型厂房工程，青岛市新新体育用品有限公司办公楼厂房工程，青岛海瑞普电力科技有限公司大型办公楼厂房工程，海利华印铁制罐一二期大型办公楼厂房工程等一大批受到用户好评的工程。万福馨苑小区地下车库是莱西最大地下车库及住宅小区，昱景园小区二期工程获2016年度山东省建筑施工安全文明标准化优良工地称号，青岛源杰大酒店贵宾楼工程获青岛市建设工程质量最高奖“青岛杯”，嘉禾苑三期高层工程、青岛万福集团办公楼工程分别获青岛市优质结构工程奖。

公司多次获青岛市落实安全生产责任制信用考评A级企业，青岛市工程质量管理先进单位、建筑安全文明施工先进单位、建设领域解决农民工工资先进单位、建筑业岗位培训先进单位、工程造价工作先进单位，青岛市建筑业岗位培训及建筑职业技能开发先进单位称号。

青岛宏远建筑工程有限公司

始创于1993年，是一家集房地产开发、建筑安装、装饰装潢等于一体的综合性民营企业。拥有建筑资产2.01亿元，职工1000余人。公司拥有工程技术和经济管理人员150多人，其中高级职称人员10人、中级职称36人、注册建造师26人。2001年通过ISO9001国际质量管理体系，2001年11月通过北京“八一”质量管理体系认证中心认证审核。

为确保工程质量，公司领导靠在施工一线，发现问题立刻解决，严格施工要求，承建的雷登花苑2号楼、月湖小区18号楼等工程被评为优良工程。建设宏远龙翔一苑、龙翔二苑小区、月湖广场、宏远长安人家、宏远金田花苑、莱西一中北校、宏远长安都会、莱西市为民服务中心、宏远长安世家、宏远水岸花园、宏远滨河新村、宏远书香门第、宏远长安奥园、龙泉湖社区、龙水社区、昱景园及教师家园等多个大中型工程。2012年施工的宏远水岸花园工程、2015年施工的宏远长安奥园小区工程被评为莱西市优良工程。2015年竣工的世界休闲体育运动村（宏远长安奥园小区）工程，被评为市优良工程。近几年，公司工程一次交验合格率始终保持在100%，施工现场安全生产、文明施工优良率在上级部门检查中均达到90%以上。先后创出省优工程2个、省级安全文明工地3个、“青岛杯”优良工程4个。

青岛滨泰建筑工程有限公司

创建于2007年5月，下设机械公司、设备租赁公司、铝塑门窗加工厂。注册资金2060万元，年产值近2亿元。现有职工168人，其中中级职称30人、高级职称2人；一级建造师15人、二级建造师36人。各工种作业人员持证上岗率达100%。拥有建筑工程施工总承包二级资质，建筑工程防水防腐保温专业承包二级资质，市政公用工程施工总承包三级资质。

公司承建的工程有青岛云胜保鲜食品有限公司生产车间工程、青岛滨泰银海船舶配件有限公司厂房及办公楼工程、西部控股·数据小镇厂房及办公楼工程、青岛市辽宁路电力线路改造工程、第二届世界休体大会自行车赛道工程、莱西市村村通工程、莱西市姜山镇农田建设工程、莱西市沽河水利工程、莱西湖护坡修复工程、莱西市职专综合楼工程（被评为青岛市标准化示范工地）、莱西经济开发区中心中学塑胶操场工程等。承建的住宅小区主要有滨泰·岭南峻景、滨泰·星河明珠、滨泰·汇景园、滨泰·祥和园、滨泰·洙河花园、滨河嘉园、滨泰花园、姜山威斯美别墅群、北庄村村改住宅1至5号楼（1号楼工程被青岛市评为“优质结构奖”）工程等。工程交验一次合格率达100%。

公司先后获青岛市守合同重信用企业、青岛市建筑业先进单位、青岛市建筑施工安全生产先进单位、青岛市优质结构奖、青岛市标准化示范工地等称号。

青岛华商工程有限公司

成立于2011年3月（源自青岛宏远建筑工

程有限公司），企业注册资金2011万元，拥有员工680余人，其中高级职称5人、中级职称10人、助理工程师及技术员142人，国家认定的二级项目经理13人。2017年，独立完成华商金地住宅小区一期和华商金岸A地块住宅小区一期等工程，年产值2.3亿元，施工面积20多万平方米。2018年完成华商金谷住宅小区、华商金岸A地块二期和华商金地住宅小区二期等工程，年产值1.9亿元，合计施工面积17万平方米。以上工程质量均一次验收，合格率达100%。

（市建筑企业管理处）

镇村建设

莱西市总面积1568平方千米，城市规划区面积539平方千米，主城区建成区面积36.09平方千米。2018年，莱西市城建部门围绕全市经济中心工作，以棚户区改造、特色镇建设、美丽乡村建设为目标，突出以人为本、关注民生和城乡统筹，优先解决事关人民群众切身利益的实际问题，小城镇建设工作取得明显成效。2018年，莱西市常住人口城镇化率达到51.97%。

棚户区改造

棚户区改造工作作为改造城镇危旧住房、改善困难家庭住房条件的一项民心工程，已列入市委、市政府年内重要议事日程。2014年以来，莱西市按照“政府主导、市场运作，科学规划、分级负责，依法征收、安置先行，配套建设、整片推进”的原则，逐步推进棚户区改造工作。截至2018年，莱西市列入全省、青岛市棚改项目20个（其中2014年4个项目、809户；2015年6个项目1329户；2016年6个项目、1369户；2017年4个项目、653户），涉及房屋征收4160户。

城建部门落实全国棚户区改造工作电视电话会议精神及省、青岛市棚改工作要求，履行工作职能，协调督促相关镇街加快棚户区改造进度，做到棚改工作早安排、早开工、早见效。2018年，以沙旺庄村改造为突破口，全市掀起拆迁回迁新高潮，沙旺庄村改造项目、星河庄村一期改造项目、龙泉湖改造项目、前后塔埠头拆迁改造项目等棚改项目有序推进，安置补偿协议签订，“四证”手续齐全，各棚改项目达到国家规定的开工标准。

莱西市级层面由棚户区改造工作领导小组联审办牵头，成立了由城建、国土、财政、房管、规划、法制办、公安、法院、司法和城管执法局等部门组成的棚改工作指导小组，负责统筹指导、协调解决棚改拆迁工作。各镇街、经济开发区成立由主要负责人任组长的镇级棚改工作领导小组，抽调精干力量，抓好推进工作。

旧城改造指挥部联审办发挥把关指导作用。每半月进行分析通报，每月召开专题会议，形成月份督查报告，每季度组织一次现场观摩，对各单位工作进展情况进行调度督促。对棚改项目实行倒排工期制度，明确分管人员、分管科室、责任人员和每项工作完成时限，做到责任清晰，完成时间节点明确。

市城建局召开棚改工作人员培训会议，将棚户区改造的有关政策和调查登记内容、程序和调查表格的填写方法等做了全面培训，促使登记工作稳步开展。坚持按照棚户区改造项目调查登记有关规定，依照程序、内容和方法步骤扎实对各棚户区占地面积、机关单位数量、居民住户数量类型和基础设施、公共服务设施以及居民家庭状况、经济条件、收入来源、住房户型、住房面积、建筑结构、房屋质量、安置意愿、土地及房屋附属设施等情况，进行详细的调查摸底，掌握第一手资料，做到“情况清、数字准、底子明”，为推进工作开展奠定基础。

特色镇创建

2018年，莱西市城建部门按照市委、市政府的部署，牵头成立相关组织机构，全面启动特色小镇创建工作。

规划引领 发掘各镇的自然风貌、历史文脉和产业优势，合理布局不同功能的特色镇，实行优势互补、相互牵引，把特色镇串成旅游链，筑牢特色镇产业支撑。全市已初步形成两条主发展轴“姜山——中心城区——日庄——南墅”发展轴以先进制造业为基础，承接青岛市功能外溢，增强产业间协作；“店埠——夏格庄——院上——中心城区——河头店——马连庄”发展轴，以现代农业、特色农业为基础，融入青岛都市圈，增强城镇间公共服务设施共享。

发展定位 市城建局把培育特色小镇作为加快全市新旧动能转换的重要举措，在全市规划11个生态特色小镇，其中姜山镇定位为新能源汽车小镇、南墅镇定位为绿色碳谷小镇、店埠镇定位为航空文化小镇、沽河街道定位为休闲小镇、经济开发区定位为钻石小镇、院上镇定位为葡萄小镇、河头店镇定位为物流文化小镇、望城街道定位为公铁物流小镇、夏格庄镇定位为绿色建筑小镇、马连庄镇定位为红色小镇、日庄镇定位为颐养小镇。全市已成功申报省级特色小镇1个（店埠航空文化小镇）、青岛市级特色小镇2个（姜山新能源汽车小镇、沽河休闲小镇）。南墅绿色碳谷小镇、夏格庄绿色建筑小镇、院上葡萄小镇等3个镇已具备创建条件。

特色镇建设 姜山镇立足产业优势，推进品牌化发展，打造“汽车小镇”，规划建设中的新能源汽车产业功能区园区基础设施及生活配套完善，达到九通一平标准，北汽新能源汽车及国轩电池项目已经落户。南墅镇立足资源优势，打造“生态型工贸小镇”，规划石墨新材料创业中心，主要从事石墨产业孵化基地建设，石墨新材料研发、成果展示、石墨烯及锂电池负极材料生产销售，已经成为青岛市级产业集聚区。沽河街道以生态农业为基础，打造田园小镇，创新培育“半岛水乡·多彩沽河”镇域品牌，做好大沽河滨水休闲带和省道209线美丽乡村旅游路规划建设，形成休闲农业、乡村旅游、产业融合、联动发展“四位一体”的休闲农业与乡村旅游发展模式。

农村危房改造

2018年，市城建部门根据青岛市统一部署，组织实施全市农村五保户、低保户、优抚对象、建档立卡贫困户等180户困难群体危房改造。截至10月15日，12处镇街已全部完成改造任务。

危房改造工作 2018年，根据中央、省、青岛市对危房改造的要求，农村危房改造工作重点关注和优先支持全市农村五保户、低保户、优抚对象、建档立卡贫困户等困难群体，计划实施农村危房改造180户，涉及12个镇街。市政府高度重视，将农村危房改造列入市政府2018年度要办的重点实事之一。召开全市农村危房改造专题会议，将危房改造任务分解到各镇（街）。各镇（街）深入组织，层层发动，严格按照《莱西市2018年农村危房改造实施方案》要求，推进农村危房改造工作，改善农村困难群众的生活条件。

选定改造对象 危改工程涉及千家万户，事关农民群众切身利益，稍有不公，就会引发不稳定因素。工作中坚持做到政策公开、对象公开、程序公开。在确定改造对象过程中，各镇街组织人员深入镇村，对农村分散供养五保户、低保户、贫困残疾人和其他困难群体住房情况进行调查摸底，并登记造册。符合农村危房改造条件的家庭，由户主自愿向所在村委会

提出书面申请，经村民会议进行民主评议、公示，再报镇政府予以公示，最后经城建局审核后，上报青岛市农房建设领导小组。

抓好工程质量　一方面严格执行国家建设标准。农村危房改造不低于国家规定的建设标准，改造后住房建筑面积适当、主要部件合格、房屋结构安全、基本功能齐全。原则上改造后住房建筑面积人均不低于15平方米；户均建筑面积控制在30平方米以上60平方米以内。另一方面严格落实青岛市“五个统一”标准，为此，市城建局制定《莱西市危房改造标准要求》。

资金规范使用　按照青岛市资金管理办法要求，加强农村危房改造补助资金的使用管理。补助资金实行专项管理、专账核算、专款专用，并按有关资金管理制度的规定严格使用，执行规定标准，直接将资金实行“一卡通”补助到危房改造户，严禁截留、挤占、挪用或变相使用。组织城建、财政、审计部门对补助资金的管理使用定期进行监督检查，确保专款专用、万无一失。

（市城市化办公室）

生态建设

城市概况

综述

近年来，莱西市重视并推进新型城镇化，以优化空间布局、推进生态建设、提升城市品位为目标，全域规划、统筹城乡、梯次推进，构建布局合理、协调发展的城乡格局，加快宜居幸福新莱西的建设步伐，率先实现在青岛北部的绿色崛起。截至2018年底，城市规划区面积539平方千米，主城区建成区面积36.09平方千米，建成区人口32万余人，常住人口城镇化水平达到51.97%，绿化覆盖率达到44.54%，城市燃气普及率达到100%，城市污水集中处理率达到99%以上，城市垃圾无害化处理率达到100%，农村垃圾集中收集无害化处理村庄覆盖率达到100%。

城乡发展格局编制规划

在城镇建设过程中，坚持以科学规划、特色规划为先导，秉呈“优化人居环境，完善服务功能，推动产业发展，体现人文精神”的理念，优化城市布局，为打造宜居幸福的现代化城市夯实基础。2018年，完善城乡规划体系，推进城市总体规划编制工作。总规纲要成果已于8月11日通过省住建厅组织的专家审查，并按照审查意见完成总规成果，于9月10日与青岛市规划局进行了对接，9月14日将总规成果上报省住建厅，10月12日莱西市城市总体规划（2018—2035年）成果通过省住建厅组织的专家审查，面向社会公示。编制主城区40平方千米控制性详细规划，确定“北扩南调、西进东拓、提升中部、协调发展”的空间发展战略和“一带一轴四片”的城市空间结构，中心城区控制性详细规划于2018年5月15日通过专家评审，根据专家意见对规划方案进行完善。在各专项规划编制方面，海绵城市专项规划已经市城规委研究同意，城市综合交通规划已通过专家评审，城市风貌保护规划、城镇体系规划、新型城镇化规划已完成初步成果，根据总规方案对各专项规划成果做进一步调整。完成青岛市小城市培育试点镇姜山新城80平方千米总体规划调整，社区、产业、公共服务设施布局进一步优化。

“多规合一”工作有序开展，已完成初步成果，收集整理涉及发改、规划、国土、环保、林业、水利、交通、市政等11个部门规划成果48项，梳理落实各类重点项目；开展资源环境承载力和国土开发适宜性双评价。初步划定城镇、农业、生态空间以及生态保护红线、永久基本农田、城镇开发边界（“三区三线”）。完成土地利用规划与城乡规划差异图斑比对、建档工作，并提出了差异图斑消除建议。建设信息平台和规划数据库，纳入到信息平台中。全市形成以主城区为中心、以姜山新城为次中心，以小城镇为区域中心，梯次发展的城镇发展体系。

城市基础设施配套建设

莱西市抓住承办世界休闲体育大会的机遇，进一步完善城市基础设施功能，实施海绵城市项目，城市发展提速升级，生态宜居幸福城市渐成规模。投资1.5亿元，组织实施南京路道路提升工程（国道309线至国道204线），全长7150米，计划铺设雨水管道7200米、污水管道

2700米，整砌路边水沟4800米，翻修道路1.54万平方米，网点房门前罩面6.16万平方米，铺设人行道3.24万平方米，改造路灯320基，绿化移植8.36万平方米，电力缆线套管下地7750米，通信线缆下地3500米。投资近2亿元实施农村污水主管网配套工程，涉及全市12个镇街，铺设污水主管网120余千米，逐步实现城镇污水主管网全覆盖；投资4.59亿元组织实施生活垃圾综合处理园区建设项目，采用焚烧发电技术实现生活垃圾资源化处理，包括设计日处理规模为900吨/日的生活垃圾焚烧发电项目，以及日处理规模为30吨/日的餐厨垃圾处理工程及配套设施等，项目采取BOT模式运营，2018年5月开工建设，2019年建成投入试运行。市文化中心、休闲体育公园、规划展览馆等一批标志性建筑正式投入使用。城市道路品质和通行能力增强，城市功能和环境质量进一步提升。

美丽莱西行动

2018年，莱西市把市容环境整治作为重要内容来抓，开展“美丽青岛三年行动”，提升城市环境品质，对老旧居民楼院、背街小巷、市政道路及附属设施、环境卫生、广告牌匾、违法建设治理等14大领域存在的突出问题进行集中整治，打造“美丽青岛后花园”。

通过实施绿化提升改造、植树增绿、生态林建设等20余项工程，在威海东路、济南东西路、广州北路、上海中西路、苏州路等主次道路栽植小叶女贞、造型黑松、造型蜀桧等景观树及楸树、国槐等大树，逐步实现城区绿地覆盖化、园林精品化、植树增绿规模化、过城河道整治特色化。

推进城乡环卫一体市场化改革。环卫部门把城乡环卫一体化作为一项重要的民生工程，统一思想、强化措施，通过新思路、新举措，全市农村环境发生根本变化。全市12处镇街建成生活垃圾中转站13处，配备压缩式垃圾清运车70余辆、密闭式垃圾桶1.8万余个，村庄保洁员3500余人，实现城乡环卫一体化全覆盖，卫生保洁常态化，生活垃圾达到日产日清，并全部运送至生活垃圾填埋场进行处理，无害化处理率达到100%，实现“村集——镇运——市处理”的规范化管理模式，改变了农村环境卫生无序管理、标准不一等状况。

农村无害化厕所改造达到全覆盖。自2016年莱西市正式启动农村无害化卫生厕所改造项目以来，两年内全市已累计完成农村无害化厕所改造14万余座，全部通过青岛市相关部门组织的第三方验收，达到省农村无害化厕所普及率全覆盖的目标。改造后的卫生厕所使用便利，从根本上改变农村旱厕臭气熏天、蚊蝇成群、无从落脚的现象。根据青岛市卫生防疫部门对全市实地检测和调查，改造后的厕所臭气浓度减少80%，苍蝇密度降低96%，粪便中的细菌、病毒、寄生虫卵杀灭率达93.8%，并且明显减少对地下水的污染，得到群众的认可。

（市住房城乡建设局）

环 境 保 护

环境质量

2018年，莱西市城区环境空气质量状况较好，主要空气污染物二氧化硫和二氧化氮的年均浓度低于环境空气质量二级浓度限值，可吸入颗粒物和细颗粒物年均浓度超出环境空气质量二级浓度限值；空气质量优良率为77.3%。降水全年未监测到酸雨。集中式饮用水源地产芝水库年均值达标。城区声环境质量达标，城区区域声环境质量达标，区域环境噪声昼间平均等效声级为50.5dB（A）、夜间平均等效声级为47.4dB（A）。

环境空气质量　2018年城区主要空气污染物可吸入颗粒物、细颗粒物、二氧化硫、二氧化氮的年均浓度分别是0.074毫克/立方米、0.041毫克/立方米、0.014毫克/立方米、0.027毫克/立方米，二氧化硫和二氧化氮的年均浓度低于环境空气质量二级浓度限值，可吸入颗粒物和细颗粒物年均浓度超出环境空气质量二级浓度限值。2018年城区空气质量指数为Ⅰ级的天数是73天，占全年的20.2%；Ⅱ级的天数是206天，占全年的57.1%；Ⅲ级的天数是69天，占全年的19.1%；Ⅳ级的天数是10天，占全年的2.8%；Ⅴ级的天数是3天，占全年的0.8%；全年未出现Ⅴ级以上天气。全年优良天数为279天，空气质量优良率为77.3%。全年首要污染物为臭氧、细颗粒物、可吸入颗粒物的天数分别是148天、80天、57天，占总监测天数的比例分别是41.0%、22.2%、15.8%。降水质量。2018年莱西市年降水量为613.7毫米，全年降水的pH值在5.64~7.80之间，年均值为6.81，全年未监测到酸雨。

地表水环境质量　集中式饮用水源地产芝水库出口2018年均值达到所在功能区要求的Ⅲ类水质标准，参与评价的监测项目共28项，其中年均值达到地表水Ⅱ类水质标准的25项，占89.3%，化学需氧量、高锰酸盐指数和总磷3项达到地表水Ⅲ类水质标准。大沽河上游来水水质仍然较好，上游西巨家、马连庄断面各监测项目的年均值全部达到地表水Ⅱ类水质标准；大沽河下游早朝、江家庄断面年均值达到地表水Ⅳ类水质标准（超出所在功能区要求的地表水Ⅲ类水质标准），主要超标项目为化学需氧量、高锰酸盐指数；大沽河出境断面后沙湾庄断面年均值达到地表水Ⅲ类水质标准。小沽河教书庄、敬庄公路桥断面氟化物年均值超出地表水Ⅴ类水质标准（超出所在功能区要求的地表水Ⅲ类水质标准），其余项目年均值符合地表水Ⅲ类水质标准。芝河刘家都断面氟化物年均值超出地表水Ⅴ类水质标准（超出所在功能区要求的地表水Ⅲ类水质标准），其余项目年均值符合地表水Ⅲ类水质标准。洙河北京路桥断面各监测项目年均值符合所在功能区要求的地表水Ⅲ类水质标准，辇止头断面化学需氧量年均值达到地表水Ⅴ类水质标准（超出所在功能区要求的地表水Ⅳ类水质标准），五日生化需氧量、高锰酸盐指数、总磷年均值达到地表水Ⅳ类水质标准（超出所在功能区要求的地表水Ⅲ类水质标准），其余项目年均值符合地表水Ⅲ类水质标准。嵯阳河南岩水库入口断面各监测项目的年均值全部达到所在功能区要求的地表水Ⅴ类水质标准。2018年对全市5条河流11个断面的监测结果表明，年均值达到地表水Ⅱ类水质标准的断面2个，占总数的18.2%；年均值达到地表水Ⅲ类水质标准的断面为2个，占总数的

18.2%；年均值达到地表水Ⅳ类水质标准的断面3个，占总数的27.3%；年均值达到地表水Ⅴ类及劣Ⅴ类（超出Ⅴ类）水质标准的断面4个，占总数的36.3%；共6个河流断面未达到所在水质功能区的要求。

非饮用水源水库水质　高格庄水库水质达标，监测项目年均值符合地表水Ⅲ类水质标准。北墅水库水质未达标，监测项目中锰的年均值超出所在功能区要求的地表水Ⅲ类水质标准，其余项目年均值符合地表水Ⅲ类水质标准。

地下水环境质量　贫困村饮用水源地下水例行监测设3眼水井，其中桑岚村水源地水井达到地下水Ⅲ类水质标准，南埠后村水源地、南山口村水源地水井超出地下水Ⅲ类水质标准的项目主要为硝酸盐氮，超标原因可能是水井位于农田中，农田施肥导致硝酸盐氮超标。

声环境质量　城区道路交通噪声与区域环境噪声有所降低。2018年度城区区域环境噪声昼间平均等效声级为50.5dB（A），夜间平均等效声级为47.4dB（A），昼间平均等效声级比去年降低0.2dB（A），夜间、昼间均符合2类声环境功能区标准。2018年度，莱西市城区道路交通噪声昼间平均等效声级为63.7dB（A），夜间平均等效声级为58.1dB（A），昼间比去年降低0.9dB（A），昼间符合4a类声环境功能区标准，夜间不符合4a类声环境功能区标准；声环境质量总体保持较好状态。

环境管理

推进放管服改革　完成网上各类备案项目1500多起。对重大项目落实备案制度，标准化厂房建设项目环评办理时间缩短30个以上工作日。133个建设项目完成自主验收、网上公示，并向环保局备案。2018年审批建设项目环评文件239个。

推行排污许可证管理制度　为电力、皮革、印染、农药、陶瓷、肉制品、水处理等行业发放排污许可证13个。开展企业环保信誉评价，对环境违法等信誉不佳企业实行多部门联合惩戒。

环保督察

中央环保督察反馈意见整改　涉及个性问题1个，共性问题17个。其中，个性问题为新天地问题，已全部完成，进入日常维护阶段；17个共性问题中，10个问题已经解决，2个问题需要长期坚持；5个问题按时序要求推进，主要是化工企业转型升级、饮用水源地整治、大气污染防治、矿山治理和垃圾焚烧场建设。

省环保督察反馈意见整改　涉及个性问题2个，共性问题21个，均在时限内推进。其中个性问题分别是南墅污水处理厂未建成和南墅岳石矿坑水质超标问题。

中央环保督察“回头看”反馈意见整改　涉及个性问题2个，共性问题6个，均在期限内推进。其中个性问题为矿山整治和渗滤液安全处置问题。

各级交办件办理及整改　全市共有各级信访交办件160件，其中已办结142件，12件在期间内办理，3起超期未完成，分别是南墅镇污水处理厂建设（中央环保督察件2件）、南墅镇银都透辉岩、明祥石料治理（省督察2件）、经济开发区电镀企业整改问题（省督察2件）。2018年8月20日至9月9日，省环境保护督察组第三组转办莱西市信访件18批，68件，涉及环境问题101个。其中，大气污染问题38个，水环境污染问题25个，噪声污染问题12个，其他污染问题12个，固废污染问题4个，生态破坏问题3个，土壤污染、垃圾污染、扬尘污染问题各2个，油烟污染问题1个。11月1日至12月1日，中央第三生态环境保护督察组累计转办莱西市信访件22批，32件，涉及环境问题51个。其中水污染问题20个，大气污染问题17个，土壤污染问题6个，生态破坏问题4个，噪声污染5个、其他问题4个。立案1起，罚款3万元。

水污染治理

工业用水污染防治　推进十大重点行业企

业清洁化改造，多次举办企业清洁生产宣讲活动，聘请青岛理工新环境技术开发有限公司和青岛智高德有限公司对莱西市企业进行清洁生产培训，增强企业资源节约意识。严格落实排水许可制度，对接入市政管网的排水企业排水量、水质情况逐一登记、建立台帐，对符合条件的9家企业发放排水许可证。开展“散乱污”涉水企业排查整治，全市215家“散乱污”整改取缔工作完成。开展废弃矿坑整治，与中国五矿公司签订合作协议，投资约8500万元开展岳石矿坑废水整治工作。严格实行企业排污许可制度，累计完成30家排污企业排污许可证发放工作。开展企业污水处理设施升级改造及在线监控工程，完成青岛凤凰东翔印染有限公司、青岛永昌因特皮革有限公司等10余个企业污水处理设施自动监控建设工程。

城镇生活用水污染防治　推进城镇污水管网配套工程建设，构建镇街管网互联互通格局，完成姜山、夏格庄、店埠、院上、日庄、南墅镇约64千米污水管网建设并投入使用，完成北墅监狱至南墅镇驻地段管网工程建设，解决北墅监狱污水无排放去向问题。强化污泥安全处置，累计处理2.85万吨，同步实行驻厂督查，加强监管，保证污泥处置能力和效果。加强排水设施建设及运行监管，保障排水设施正常运行，及时处置管网破损、冒溢等情况，严查违法破坏及不正常运行排水设施行为。对错接乱排的雨污排水口进行改造，完成昌隆市场北街和福顺园东街点源污染整治。

农村生产生活用水污染防治　开展畜禽养殖整治，完成全市431处规模养殖场配套设施建设工作，完成嵯阳河流域50家畜禽养殖污染防治工作。开展农业面源污染整治，编制实施《2018年农业面源污染工作实施方案》，推广水肥一体化技术2766.67公顷，加强农药市场监管，核发农药经营许可447个，组织实施小麦一喷三防专业化防治13.8万公顷，开展双低农药专项配送，推广低毒、低残留农药，化肥使用量、农药使用强度分别控制在250千克/公顷、2.3千克/公顷以内。开展农村生活污水整治，完成下马、沟东、鱼池等10余个村庄生活污水集中收集处理工作。

水生态修复工作　开展饮用水水源地综合整治，细化水源地保护区范围，完成保护区矢量坐标校准，完成地级水源地问题排查整改工作，协调山东高速、青岛市交通委提前完成大沽河7条交通道路穿越问题整改工作，推进水源地规范化建设，共计新增界标50余块，警示牌、宣传牌40余块，投资80余万元，完成北墅水库、高格庄水库饮用水源地重要交通道路事故导流槽和应急池建设。开展贫困村饮用水水源地保护区划工作，按照技术规范指南，完成莱西市贫困村水源地区划工作并经市政府印发实施，按照规范要求，完善防护措施。开展加油站地下油罐更新改造工作，完成全市75家加油站地下油罐双层罐改造工作。完成嵯阳河湿地工程建设并投入运行，巩固省控断面水质持续稳定达标。开展小沽河重污染河段清淤整治工作，清淤底泥沙土4万余立方米，先后实施3次生态补水，累计补水300余万立方米，超标浓度降至历史最低值。

信息公开　加强水污染防治工作宣传工作，依托政务网、微博、微信等方式开展水污染防治有关文件、法律法规宣传10余次，每季度向社会公开饮用水水源地水质情况。督促指导28家重点排污单位企业信息公开，完善社会监督体系。强化应急管理及日常监督管理，2018年度未发生环境突发事件。

大气污染治理

2018年，煤炭压减2.11万吨，超额完成1000吨煤炭压减任务。推广清洁煤炭2300余吨，环保炉具2800余台。推广清洁能源取暖，龙泉湖社区360户居民实施电采暖。淘汰燃煤小锅炉16台，完成6台35蒸吨燃煤锅炉超低排放改造任务。完成城区日新·香港公馆、滨泰·星河明珠、梦想望城等小区20万平方米的清洁能源供热配套建设工作。全市农村幼儿园、中小学、养老院等公共场所已基本实现清洁取暖。

投资400万元在北京路东侧建设日供7.2万立方的应急气源储备站；投资3000余万元在姜山工业园建设日供54万立方米的应急气源储备站，可满足莱西辖区内企业及居民的生产、生活用气。

推广新能源、天然气（CNG/LNG）等节能环保运输工具。公交车新能源或清洁能源车辆比例达到96.2%，市区公交车已全部更换为新能源车。出租车已全部改为油气双燃料车。

实施城区裸露土地绿化1项，投资130万元；洙河公园续建工程，投资400万元；沙岭河公园（北京路——济南路）绿化工程，投资770万元；新增绿化面积4500平方米，完成投资190万元；绿化道路8条，投资1680万元；对苏州花园等10处小区进行绿化，完成投资2626万元；完成五处口袋公园绿化工程，投资204万元。

完成6台10蒸吨/小时以上燃煤锅炉超低排放改造。集中开展VOC企业专项执法检查活动和秋冬季大气污染防治专项执法检查。印发《莱西市工业窑炉整治工作方案》，开展工业炉窑整治专项执法检查。

对全市152处砂石等矿山资源进行专项执法检查。对未落实覆盖措施的企业，下达责令（限期）改正通知书，共下达25份，立案2起。

2018年抽测重型柴油车1158辆，检测率达到95%。共组织联合路查84次，查处车辆1871辆。

对全市在建房屋建筑工程在日常监督检查的基础上，开展三次建筑施工安全生产、文明施工和扬尘防治拉网大检查，共检查在建建筑工程项目230个（次），排查各类扬尘污染问题180余条，对施工现场扬尘防治措施落实不到位、整改不彻底的工程下达隐患整改通知书，责令限期整改并依法处罚。

推进道路清扫保洁机械化作业，开展环境卫生专项集中整治行动，加强道路精细化管理。每天对城区近30条主次干道出动19辆清扫车、9辆洒水车、3台洗扫车，实施一冲二刷三洗四扫“深度保洁”，同时对深度保洁示范路人行道实施深度冲洗。

做好秸秆禁烧和综合利用工作，2018年综合利用秸秆65万余吨，综合利用率91.55%，其中青贮饲料15万吨。

发展生物质发电技术。通过琦泉生物质发电项目，以本地农作物秸秆和林业废弃物为燃料进行发电、供热，年燃用秸秆34万余吨。

修订完善《莱西市重污染天气应急预案》，按照青岛市的通知要求同步启动重污染天气应急响应，加强与气象部门的会商研判，督促工业企业、建筑工地等严格落实应急减排措施，应对重污染天气过程。

环境监管执法

健全环保联动执法机制，发挥行政部门环保职能作用，联合惩治环境违法行为，发挥镇（街）在环境问题发现以及前端处置机制，保障区域环境安全。2018年立案183起，立案罚款2428.64万元，移送公安5起，其中行政移送3起，刑事移送2起。

建立环保网格化监管体系，加强重点企业、重点行业、重点区域环境保护监管，先后组织环保执法行动17项，集中排查整治危险废物、畜禽养殖、辐射、石墨加工、电镀、农药制药等污染源及水源地环境安全隐患，开展跨区域联合执法行动，解决跨区域突出环境问题。193家清理取缔类企业按照“两断三清”的标准全部取缔到位；22家企业整改提升类完成整改。

按照“全覆盖、零容忍、严执法、重实效”的总体要求，运用配套办法赋予的新手段，环境执法工作取得新的突破。2018年度共作出行政处罚决定168起，涉及处罚金额2205.72万元，单个案件的处罚金额最高达到639万余元，创出历史新高。发挥四个配套办法的作用，实施按日计罚1件，处罚金额280万元；涉嫌污染犯罪移送公安机关4件。青岛市环境监察支队莱西大队获生态环境部2018年环境执法大练兵表现突出集体称号，市环保局连续三年获山东省环保公安联勤联动执法先进集体称号。

环境绿色创建

水集街道办事处北京路社区、重庆路社区获得青岛市级绿色社区命名，青岛崇杰环保有限公司莱西污水处理厂获青岛市环境教育基地命名。

环境信访案件处理

2018年共受理3250件，分别比2016年、2017年增长0.7%、66.6%。大气污染类1590件，占总量48.9%；养殖行业550件，约占总量的16.9%。

（青岛市生态环境局莱西分局）

林 政 发 展

森林资源保护宣传

利用电视、广播、刷宣传标语、印发宣传资料、会议等多种形式，宣传《森林法》《森林法实施条例》《莱西市林地保护利用规划（2010—2020年）》等有关保护森林资源的法律法规和政策，组织宣传车到各乡镇村进行宣传，利用节假日和乡镇集市开展宣传和咨询活动。通过开展宣传活动，提高广大干部群众对森林资源保护管理的法律意识和法制观念，增强同各种违法乱占滥用林地和破坏林地行为作斗争的自觉性。

林木采伐管理

林木采伐限额管理是加强森林资源保护和管理的一项重要制度，是巩固绿色莱西建设成果的重要举措。2018年，莱西市林木采伐严格控制在采伐限额范围内，有效控制了森林资源消耗，提高了森林资源利用效益。核对林木采伐申请等材料，所有审批做到材料齐全完整，手续规范有序。林木采伐许可证核发全部实行网上公开，确保公开、公平、公正，针对采伐迹地，确保更新到位。

林地审核审批

林地是森林资源的重要组成部分，是森林赖以生存和林业发展的基础，因此林地保护和利用工作尤为重要。莱西市把林地保护管理工作作为林业工作的重点，采取有力措施予以保护，杜绝乱征滥用林地行为。特别是对征用占用林地，需严格按照程序申报各项材料，认真落实行政许可制度，并做好植被恢复工作，确保森林面积不减少。

加强监管执法

坚持做到“快侦、快查、快破、快结”的“四快”原则，严厉打击、震慑各类破坏森林资源的违法犯罪行为，保护全市森林资源安全。在案件办理过程中，坚持依法行政、依法办案，采取案件分工包案责任制，定期进行案例分析，总结办案经验，提高民警的执法能力和素养，牢固树立全体人员的“法治思维”。截至2018年底，共查处办理滥伐盗伐林木行政案件17起。

预测预报及植物检疫

利用1个国家级测报点，2个省直控点，17个市级测报点重点，对美国白蛾、杨树食叶害虫、悬铃木方翅网蝽等监测对象的发生情况和发生范围进行预测预报，编写虫情简报8期，编发防治通知2次，召开市级美国白蛾专题防治会议1次，及时指导全市林业有害生物防治工作，全市监测覆盖率达到100%以上，测报准确率达到98.8%。检疫苗圃27个，检疫调运苗木39万株，发放产地检疫要求书7份。

有害生物防控

6月16日至20日，对全市14条国道、省道两侧1千米范围内的所有林木（林带、片林、林网和村庄四旁树），包括沈海、潍莱、龙青高速路和国道204线、国道309线及省道393线、小莱路、南城路、龙水路、黄水路、蓬水路、躬崔路、大古路等，主城区及各镇政府、街道办事处，经济开发区管委会驻地林木，3条河流（大沽河、小沽河、洙河）两岸部分村庄树木和片林，实施飞机防治作业，历时5天，飞防面积2.67万公顷。

湿地保护工作

将全市73个斑块管护责任划分到15个镇街、部门、单位，做好湿地保护工作。已组织相关单位自查1次，对查出的问题要求限期整改。

森林保护

压实防火责任 根据各防火责任镇街提报的森林防火网格化责任表格，落实网格化管理。将森林防火责任落实到人头、山头、地块。

加强火源管控 严控火源、火种进山入林，在进山口、检查站卡口设立火源、火种检查站。开展“严厉打击野外违法用火行为”专项行动。实行护林巡逻制度，对进山人员严格检查，收缴火种，严防带火上山，同时严厉打击烧荒、烧地堰行为，加大处罚力度。

增强防火意识 森林防火期为每年11月1日至次年5月31日，其中2月1日至5月10日为森林防火戒严期，利用广播、电视、报纸、网络等媒体对森林防火进行广泛宣传，使全社会关注森林防火、参与森林防火的氛围浓厚。

强化督查检查 加强对大青山、宫山、大架山、萝卜山、草花山等森林防火重点区域进行防火督查，对重点部位责任落实、火源管控、值班备勤、物资装备等情况认真排查，确保各项措施落到实处。

做好扑救准备 严格落实防火期内领导带班制度，保证全天24小时值班，要求所有专业森林防火队员和管护队员进入临战状态，做好扑火机具和物资、设备的检修和补充，一旦发生火情，确保做到快速出击，集中优势兵力，速战速决，做到“打早、打小、打了”。通过坚持“预防为主，积极消灭”的方针，强化措施，严密防范，全年未发生森林火灾。先后投资300万元建设森林防火通道，投资120万元建设水灭火项目，提升了全市森林防火能力。

（市自然资源局）

大沽河综合管理

2012年，青岛作为全国水利现代化试点城市，启动了大沽河综合治理项目。在2012至2014年三年间，大沽河治理先后实施了防洪、水源开发、道路交通、生态建设、环境保护、现代农业产业化基地、小城镇与新农村示范建设等七大工程，形成“库堤结合、蓄泄结合、科学调度、安全高效”的综合防洪体系，防洪标准由20年一遇提高至50年一遇，除涝标准为5年一遇。

机构设置

2015年，莱西市成立大沽河管理工作领导小组，明确小组成员职责。领导小组先后制定实施《莱西市大沽河管理办法》《莱西市大沽河维修养护工作考核办法》，同时将大沽河维修养护工作列入市政府对相关部门、镇（街）科学发展观综合考核，制定《莱西市大沽河维修养护工作考核细则》，形成“专业养护公司为主，相关部门共同参与”的维修养护格局。

实现管养分离

2016年12月，正式开始由专业养护公司对大沽河综合治理工程实施维修养护。2017年12月28日，2018至2020年度莱西市大沽河维修养护项目实行公开招投标，青岛吉安工程有限公司等6家公司中标，为期三年，养护期限自2018年1月8日至2020年1月7日。对养护工作进行全方位的软硬件升级，投资100余万元，统一采购47台保洁三轮车、6台道路清扫车、12台背负式风力灭火器、6台带增压设备的水罐车以及修剪工具若干，提高大沽河维修养护的硬件水平。对养护公司的管理也逐步形成一套成熟的管理模式，采取“周例会、月点评、季考核”的模式，加强日常监管。对项目经理和技术负责人实行刷脸考勤，要求每月出勤天数不少于20天，确保管理人员到岗到位，及时处置突发事件。配备6台巡更机，在全线垃圾倾倒点、违章建筑点、违法采砂点等重点位置布点50个，确保巡查人员巡查到位。坚持“每天巡查，周五例会，月末现场会”制度，购置笔记本电脑和投影仪，周五例会现场播放本周工作影像，让每个标段的工作变得更加直观。编印《莱西市大沽河管理工作动态》，对上月养护工作进行总结，对下一阶段养护工作提出要求。同时通报各标段养护存在问题及扣分情况，提高各标段争先创优意识。养护资金按照季度考核结果拨付，邀请财政、交通、林业、水利等部门共同参与，严格打分，共同监管维修养护效果。从城建、林业聘请园林、林业、环卫等方面的专家对养护公司进行集中培训，提高专业养护水平。

2017至2018年，实施大沽河维修工程一、二期，行道树补植工程，分别对综合治理完工以后，水利、交通、林业等方面在验收后至实施专业养护之间产生的缺陷进行统一维修，补植行道树、新增横向排水沟、路口移植、修复冲毁护岸等分项工程的实施，为提高大沽河管护水平打下基础。

河务秩序维护

加强与城建、公安、行政执法等部门联动，加大对卫生、河道纵火、捕鱼等行为的查处力度。同时，加强沙土及水资源的监管，严防河道内违法采砂、偷取水违法行为的发生。严格跨河项目审查审批，加强日常巡查监管。通过上述措施，维护良好河务秩序，打造规范、无违、生态的河道环境。

经过两年多的专业养护，巩固大沽河治理成果，改善沿河环境，大沽河面貌焕然一新，在青岛市组织的各区市大沽河管护综合考评中，多次名列前茅，达到综合治理“洪畅、堤固、水清、岸绿、景美、人和”的目标。

（市水利局）

大青山综合开发

南墅镇大青山省级森林公园位于莱西市南墅镇西北6千米处，占地面积1133.33公顷，森林覆盖率95%以上，是青岛地区最大的刺槐林基地，是改善空气质量、优化生态环境的“天然氧吧”和“自然绿肺”。主峰大青山，位于园区中部。大青山四季分明，空气湿润，气候温和，雨量充沛，为各种植被提供良好的生存条件。“五月槐花一片雪，八月黄花遍地香”，是大青山风光的真实写照。

自然景观

山峰　大青山风景区由主峰大青山（海拔280米）、东北峰围子山（海拔273.6米）及大庙山、小青山、汉青岭等6座主要山峰及12座小山头组成。

峡谷　大青山风景区有主要山谷5条，其中榛子沟、磨台沟、花夼沟、秦沟等沟谷曲折幽长，沟内溪水常年不涸。

泉源　大青山风景区共有山泉5处，常年喷涌。小莱公路以南的一处经地质部门化验，为优质矿泉水。

青山湖　位于小沽河上游，原名北墅水库，流域面积301平方千米，流域形状呈扇形，总储水量为3990万立方米。湖内渔业发达，养鱼面积144公顷。大青山内还有小型塘坝15处，集灌溉、防洪、休闲垂钓于一体。

动植物资源　大青山风景区空气湿润，气候温和，地形较为复杂，适宜多种野生动物栖息繁衍。据调查统计，有鸟类12目、25科、50种，兽类15种。主要鸟类有苍鹰、雀鹰、石鸡、鹌鹑、环颈雉、岩鸽、山斑鸠、杜鹃、啄木鸟、喜鹊、灰喜鹊、大山雀、麻雀等。主要兽类有狐狸、獾、野兔等。

大青山风景区制定林木培育规划，长年封山育林使现在林木资源非常丰富。现有乔灌木树种43科，127种，其中乔木82种，灌木45种，主要有刺槐、黑松、火炬松、毛白杨等。约有草本植物48科，339种，主要有凌子草、狗尾草、棘藜、山草、山胡椒等；山中野菜众多，春有山荠菜，夏有黄花菜，秋有野蘑菇等。刺槐是大青山的基调树种，总面积328公顷；每年春夏之交，槐花盛开，形成“十里大青山、万亩槐花香”的独特景观，吸引众多游客前来观赏。

人文资源

紫霞阁　2004年修建，是大青山的制高点，相对高差150米；登临高处，整个南墅镇尽收眼底。

狐仙洞　花夼沟有狐仙洞，相传有狐仙在此居住，洞口现已淤积，但岩石形状奇特，独成景观。

古迹遗址　大庙山曾有始祖庙，祭祀传说中的祖公、祖母，曾经香火旺盛。庙毁于1968年，遗址尚在。

萌山区殉国烈士纪念塔　矗立在青山湖畔望儿埠，是市级重点保护文物。塔高13.4米，共分五层，呈六角形，为纪念抗日战争中殉国的61名英烈而建。

石洞　在北泊村西，洞口高约2米，宽约2米，深不见底，为防止意外发生，洞内立有石板隔住进路。

战场遗址　位于距大青山主峰800米的围子山上，因抗日战争时建有军事工事围子墙而得名。墙壁现已倒塌，但遗址尚存。

综合开发

大青山森林公园植被覆盖率达95%以上，林木树种主要有刺槐、桃树、酸枣、荆条、板栗、苹果等。野草生长茂密，深可及膝，野兔、狐狸、獾及10余种鸟类等野生动物出没其间。2000年10月1日对外开放以来，成为莱西市“三点一线”（月湖公园、莱西湖、大青山）重点景区之一，是青岛市又一处新的生态旅游区。大青山森林公园是在保护、培育和利用大青山森林景观资源的基础上，挖掘山水等其他自然景观资源，合理利用乡村民俗、革命传统等人文景观资源，建设适宜森林环境的景点及游憩娱乐项目，建成以游览观光为主，集休憩娱乐、民俗及森林度假、青少年素质教育、传统教育于一体的综合性森林公园。

近年来，南墅镇为融入青岛市大旅游网络，加快发展乡村旅游业，建设特色旅游名镇，立足资源优势，以莱西市的“五湖联动”开发为契机，发展农家休闲娱乐和乡村旅游经济。聘请专家对大青山森林公园开发作出总体规划，采取政府投入和招商引资相结合的形式，加大基础设施建设和景区景点建设。先后投入资金5000多万元，修筑、硬化环山路40千米、架设输电线路5千米、建设小型水库2座，在风景区修建停车场2600平方米，建成观景塔、竹林等景点，方便了群众出行。

乡村旅游景点打造

青岛东鲁生态农业公园　位于南墅镇北墅村东，占地80余公顷，西依青山湖，北靠大青山森林公园，自然环境优美，水资源丰富优质无污染，高达5米的墙体隔离带使园区成为一个独立、和谐、优美的生态圈。为配合乡村振兴战略的实施，公司流转村民闲置土地90余公顷，种植有机苹果树40公顷、有机葡萄0.67公顷、有机桃树4公顷、石榴树6.67公顷、核桃树42公顷。2018年可产优质红富士苹果6000吨、有机葡萄15吨，其他水果50吨，经济收益可达100余万元。东鲁农业与袁家村合作，在袁家冬桃的种植核心区与种植户采取“技术+市场”的合作模式，采取绿色种植规范提高冬桃的品质，将“袁家冬桃”这一品牌打造成胶东第一水果品牌。

青岛丰泰林家庭农场　成立于2015年8月，属于个人独资农业企业。农场位于青岛南墅镇山后村，是集种植农业、休闲农业、生态农业于一体的现代化农业园区。农场通过土地流转黑虎山周边四荒土地82公顷，种植桃树5.5万株、黑松3万株，将荒山打造成优质水果生产基地。农场以优质水果种植采摘的休闲农业旅游为特色，打造独具特色的庄园化现代化农场。到2019年底，年可产商品桃1000吨，经济收益180万元。农场将按照生产标准化、产品品牌化、经营规模化、管理规范化的要求，坚持技术服务、农资供应、品牌、包装、销售的五统一标准，形成集果品冷藏、技术服务、包装销售、果品种植、设施栽培、新品种推广为一体的产业链，带动周边村民进行规模化种植，为村民增收致富创出一条新路子。

（南墅镇政府）

月 湖 公 园

位于莱西市城区，为综合性开放公园。总面积46.67公顷，其中水面20公顷，陆地26.67公顷，是一处水色柔美的湖泊型公园。公园始建于1984年，在原洙河截弯取直后于旧河道清淤砌岸而成，因湖面形似月牙儿命名为“月湖公园”。

公园以中国传统神话故事——“嫦娥奔月”为主题，按传说中的月宫意境规划建设。从南门进入，一幅巨大的彩釉壁画《嫦娥奔月》映入眼帘；西门对面一座汉白玉嫦娥雕塑临湖而立，展示公园永恒的主题。公园按北方古典园林规划，共分水上活动区、植物游览区、儿童游乐区、动物观赏区四大景观区。水上活动区是公园主要景区，三座小岛隔水而立，分别名为“蟾宫”“玉兔”“涌翠”，其中蟾宫岛为公园中心。玉虹桥把陆地与蟾宫岛相连，岛上松柏长青，树影婆娑。三层八角的揽月楼坐落在岛的峰巅，飞檐翼角，雕梁画栋，是月湖公园的标志性建筑。揽月楼高29.95米，是公园制高点，登高远眺，湖光园色尽收眼底。

植物游览区是公园重要景区，园内各类植物达100多种。儿童游乐区位于公园西部，园内配有旋转木马、碰碰车、卡丁车、海盗船等多种娱乐项目，能够满足广大儿童的多种喜好。动物观赏区位于公园东南角，建有猴馆、鹿苑、鸟禽馆。有国家一级保护动物梅花鹿、绿孔雀，国家二级保护动物猕猴及火鸡、珍珠鸡等10余种观赏动物。其中露天猴池是猴馆的中心，池内造太湖石“花果山”1座，群猴嬉戏，情趣盎然。

月湖公园集娱乐、休闲、观赏和教育等功能为一体，是一座综合性公园，成为青岛市郊不可多得的游览胜地，也是莱西市民茶余饭后的主要休闲场所。2000年，月湖公园被评为“青岛市十佳景点”之一；2007年，月湖公园被评为国家AAA级旅游景区。当代著名诗人、原文化部代部长贺敬之在游览月湖公园后提笔赋诗“嫦娥奔月有无悔，见此月湖笑展眉。忽惊身在人间景，移家莱西喜永归。”

（市住房城乡建设局）

产芝水库

位于莱西市区西北10千米，系国家大Ⅱ型水库。始建于1958年11月，建成于1959年9月，流域面积879平方千米。最大水面面积56平方千米，总库容4.02亿立方米，兴利库容2.15亿立方米，是胶东半岛最大的内陆湖泊，现蓄水量5800万立方米。近年来，产芝水库管理所坚持突出“生态优先”发展战略，推进生态文明建设，加快构建生态安全屏障，确保水库区域山青水秀、景色优美。

水库管理

成立生态环境保护工作领导小组，建立层层落实的领导体系和责任体系，形成健全的管理网格。

明确职责。根据环保工作要求和生态环境建设工作任务，制定《产芝水库水污染防治工作实施方案》《产芝水库湖长制管理工作方案》，签订《生态环境监管工作责任书》，确保生态环境保护工作职责分工明确，责任落实到位。

严格考核。建立完善的网格化工作制度，实行目标管理，使各项工作真正落到实处。

生态环境保护宣传

推进《中华人民共和国环境保护法》《中华人民共和国水污染防治法》等相关法律法规学习，增强全体职工贯彻执行环保法规的意识。开展生态环境保护宣传工作，采取走张贴标语口号、设立宣传栏、悬挂横幅等形式，借助“世界水日”“中国水周”“水土保持法宣传日”和“世界环境日”等时机，宣传《中华人民共和国水污染防治法》《水法》《水土保持法》等水源地保护宣传资料及其相关法律法规，以库区周边村镇为宣传重点，开展送法下乡活动。出动宣传车10多次，印发资料3000多份，张贴标语20余条，挂横幅10余幅，利用电子显示屏播放节水口号10余条，设立固定宣传牌（碑）40块。通过形式多样宣传活动，提高群众自觉保护饮用水源的意识和遵守水法规意识。

水库环境保护

物资资金投入　加强物资资金投入，夯实保护工作基础。投资3亿多元，修建全长40千米的环湖路，在路外侧建设排污管道，阻断周边污水进入水库。栽植乔灌木等绿化苗木共40多万株，有效涵养水源。完成产芝水库隔离围栏保护工程，设置隔离围网30千米；修建水源地应急设施1处，设置一级、二级保护区界标30处；在水库周边共设置水源地保护固定标志牌86块、安全警示牌119块、宣传栏9处。加强产芝水库区域环境保护工作的硬件设施建设，提升了产芝水库区域的环境保护工作水平和管理水平。

技术设备投入　加强技术设备投入，提升保护工作科学化水平。投资500多万元，购进安装两套处于国内领先水平的全自动水质监测系统，更新换代原有的两套雷达监测系统；争取青岛市政府投资430万元，在产芝水库周边新安装视频监控设施，实现全天候、全方位不间断监测、监控整个水库，确保供水工作安全运行。

人力资源投入 加强人力资源投入，实现保护工作全覆盖。组建32人的水面管理队伍，监控管理数十平方千米的水面安全。组建50人的周边区域管理队伍，不间断进行巡逻管理。组建12人的警区管理队伍，在环湖路四个重要入口建立值班室，依托限高栏杆等设施，禁止运输化学危险品和危险废物的车辆在水源地周边通行，保证了水库周边陆域环境安全。组建水污染防治应急队伍，多次组织水污染防治应急演练，提高队伍应对各种突发险情的快速应变和突击抢险能力。

重点部位绿化美化和保护 完成产芝水库护坡工程，完成水库岁修工程和水毁工程，对水库大坝、溢洪闸、环湖路及两侧绿化带、公园、广场等重点部位和区域进行翻修、维修和管护，安全隐患得到及时消除。坚持每周对溢洪道上、下游，大坝迎水坡，背水坡，坝脚及环湖路等重点部位的巡视检查工作，确保溢洪闸、大坝等枢纽工程的安全运行。加强大坝护坡绿化草皮、坝下所有大片树木和环湖路周边绿化带等区域管理工作，保证水库区域生态环境整体风景风貌的美观。加大日常管护工作力度，禁止擅自开垦、填埋湿地，禁止建设与水利工程和环保无关的建设物、构筑物及影响水系安全、破坏景观的爆破、采石、取土等行为，禁止破坏水库周边地形、地貌和景观，保持好水库周边视域和天际轮廓线。

饮用水源地保护专项整治

在产芝水库区域内开展饮用水源地保护专项排查整治行动。对一、二级保护区内违法违规项目再排查梳理，抓好违规建设项目清理整治工作。配合水利部门超前完成清理列入省级督办的河流整治项目2处。与环保、水利及镇、街道等相关部门加强沟通配合，抓好违规建设项目清理整治工作，拆除环湖东路水库围网内3处违章建筑。

推进库区非法农业种植行为清理整治工作。加大环湖路巡护工作力度，实施昼夜24小时不间断看护，劝阻所有非水库管理人员进入水库库区进行非法种植、捕鱼等侵害水体的行为，有效遏制环湖路以内农业种植行为。

环境整治和生态建设

围绕“一泓碧水，一片绿色，一路洁净”的目标，加强莱西湖区域的管护、建设力度，加强环湖路路面及两侧绿化带的卫生管理。结合水库工作实际，组建专门的工作队伍，全面加强环境整治工作，对主要路段实行全天清理，无接缝维护，达到路面清洁无杂物、绿化带齐整无杂草、水面洁净无漂浮物、视野范围内无白色垃圾标准，确保总长42千米的环湖路干净整洁。

加强生态建设，开展植树造林，加大植绿护绿力度。整理改造湖滨广场、湖滨公园、环湖路内侧绿化带等工程，在库区栽植各类苗木1万余棵。近年来，在湖滨广场、湖滨公园、环湖路内外侧绿化带共栽植陆生植物、乔灌木等共40余万株，绿化面积240公顷，提高绿化率，改善地表径流，美化湖滨环境，使产芝水库56平方千米的区域实现三季有花、四季常绿。

（市产芝水库管理所）

涌泰生态园

涌泰生态园位于莱西市姜山镇，园区总面积约920公顷，水域面积约330公顷，园区内住宿区面积5.9万平方米，餐饮区面积680平方米，综合服务区面积2万平方米，综合游乐区面积1500平方米。园区内自然资源保护完好，植被繁茂，已发现并确定的植物282种、动物447种，其中国家级保护动物白鹭、灰鹤、白天鹅等20余种。

涌泰生态园由南通三建旗下青岛涌泰集团投资，青岛涌泰运营管理有限公司负责运营，致力打造无院墙景观式研学、旅游、教育、培训、校外综合实践基地，以运动休闲为主题，打造具有独特体育文化内涵、良好体育产业基础、运动休闲、文化、健康、旅游、养老、教育培训等多种功能于一体的空间区域。

自开放以来，园区游客接待人数不断增加，2018年，完成6月大型时光音乐节的活动接待，仅三天游客接待量达3万人次；10月，完成马拉松活动的接待，日接待量达5000人次；另外“五一”和“十一”黄金周期间，散客日接待量已达2000人次；接待莱西市多所小学的研学活动，单次学生接待人数达500余人。

依托姜山湿地，南通三建控股集团正在打造姜山文旅小镇，项目主要分为两部分。第一部分是主题小镇，包括五星级海洋主题酒店、梦幻马戏团、火山秀场、动物主题商业街、生命探索馆等；第二部分是野生动物王国，计划引入大熊猫、白鲸、北极熊等动物，以大规模野生动物种群放养和自驾车观赏为特色，建设集野生动物交互体验、野奢度假、国际会议、动物保护与繁育、研学旅行等于一体的大型文旅体验目的地。项目计划于2019年10月底全面开工建设，2020年6月一期开园，2022年6月全部建成。目前，文旅小镇规划设计已经完成，配套市政道路、动物检疫园等已开工建设。基金小镇的物理空间也建在湿地周边，以中国传统建筑，局部二层的四合院为主。项目占地30公顷，是由南通三建地产秉持“创造美好生活”的开发理念，斥资40亿元打造的中国最具特色的东方围湖院落。项目由蓝城规划设计院设计，在绿城小镇项目的基础上打造更为人性化居住与自然生活体验相结合的全新升级版。84平方米至177平方米滨湖院落与湿地云水呼应，带给客户“十里云水胜江南”的居住体验。

（姜山镇政府）

交通·邮政·信息

交　　通

·交通运输与管理·

2018年，市交通运输局完善城乡路网体系建设，优化道路运输市场环境，发展绿色公共交通。全年共取消行政审批各类证件和证明手续12项，群众办理业务更加方便快捷，提升群众的满意度。

完善综合交通运输路网

“四好农村路”建设　坚持以农村公路“三年集中攻坚”行动和推进乡村振兴战略实施为中心，高标准谋划全市路网规划，严把工程质量关，快速高质量完成全年各项工程建设任务。2018年，共新（改）建农村公路36.3千米，危桥改造1座长（111延米），完成总投资1.3亿元，超额完成省厅建设任务。召开全市“四好农村路”推进会，制定《莱西市“四好农村路”暨“三年集中攻坚”专项行动实施意见》，确定融资方式，加快推进全市路网互联互通。

龙青高速（龙口至莱西段）开通　在项目建设过程中，莱西市在沿线率先开辟施工工作面，第一个完成试验段铺筑，及时跟进解决征迁和施工期间各类群众诉求，为施工创造良好的环境，确保工程建设顺利推进。2018年9月30日，历经两年多的施工建设，龙青高速公路龙口至莱西段顺利开通，比计划开通时间提前3个月，青岛到烟台的时间由原来的3.5小时缩短为2小时。

潍莱高铁征迁工作　潍莱高铁于2018年1月征迁启动，仅用一个月时间完成对全市沿线32千米的清点核量任务，为清障和工程建设赢得宝贵时间。2月6日，在望城街道张家庄村打下全线第一根桩，标志着潍莱高铁全线开工建设。2018年底，全市征迁工作已基本完成，工程建设进度居全线前列。

公共交通服务能力提升

公交服务更加便民。多次深入工业园区、大型企业、旅游景点和部分镇街开展实地调研，合理优化增设公交站点16个、延长莱西北站公交车运营时间，更好地满足群众便捷出行需求。推行“交运行”掌上客户端，实现公交智能出行。落实残疾人乘坐公交优惠政策，实现残疾人免费乘坐公交车城乡全覆盖。

建章立制、加强监管，提升出租行业服务形象。通过建立座谈机制、暗访机制和考评机制，加强对出租车经营行为的监督管理。评选60辆出租“标兵车”，更换标兵车专用LED车顶灯，通过模范引领在出租车行业内传递正能量。连续坚持十余年组织高考志愿服务出租车队免费为高考学生和家长“送考”，受到社会各界好评。

平安交通建设

全市交通运输安全生产形势保持稳定。通过购买第三方安全技术服务对全市交通运输小微企业和全市122家重点交通运输企业进行安全隐患排查治理。全年共派出安全专家328人次，检查发现、整改各类安全隐患和问题186项。增加乡镇交管所安全生产源头监管职能，加大对辖区运输企业的源头管控力度，确保行业安全生产监管全覆盖无漏洞。开展安全生产“大快严”“百日攻坚”“平安行你我他”等专项行动，督促客货运企业推进安全生产标准化建设，“两客一危”企业推进风险分级管控和隐患排查治理“双体系”建设。全年安全生产形势保持稳定，在省安委会驻地巡查时得到巡查组的肯定。

加大道路运输市场执法检查力度。开展全市客运秩序集中整治活动，与公安交警开展联合执法7次，严厉查处客运行业非法营运行为。加强应急值守，在汽车站、莱西北站每日执勤检查，严查非法网约车、“黑出租”等非法营运行为。以政府治超为主导，联合公安部门，在主要路段设点检查，严查超载超限车辆。2018年，共查处非法网约车144辆，查处超限车辆672辆，卸货1.7万余吨。经集中整治，非法营运及“双超”车辆明显减少，公共交通服务更加规范，道路运输市场秩序持续向好。

助力贫困村庄脱贫

为贫困村、经济薄弱村大中修道路9.7千米，打通对外联系通道。为包联村庄安装路灯6盏，为村民出行提供便利。将包联经济薄弱村通村路列入2019年度大修计划，改善群众出行条件，助推贫困村庄精准脱贫。

做好贫困村通公交车工作。抽调多名工作人员，深入35个贫困村、58个经济薄弱村开展摸底排查，合理规划、延伸公交线路，方便群众乘车。针对部分贫困村及经济薄弱村路况较窄的现状，投入6部微型城乡公交车，延伸入村，解决村庄出行难问题。

（市交通运输局）

·公路建设·

概况

莱西市公路事业发展中心是主管莱西市国省干线公路基建项目监管、公路养护、路政管理的职能部门，2017年12月27日，由青岛市下放到莱西市，实行所在属地管理，2018年9月19日完成人员、资产等事项交接。管养国省干线公路9条，总里程312.8千米。204国道、308国道是莱西市境内重要交通运输动脉，2018年平均日交通量分别为2.29万辆和1.71万辆。

基建项目

公路事业发展中心落实基建项目属地管理要求，推进工程建设。委托审计机构完成省道502线大沽河桥维修加固工程的控制价审核；委托代理机构进行公开招标，确定中标单位，完成预算执行任务，并做好合同签订、质量安全监督申请提报工作；同时督查施工单位在来年开工前完成梁板制作工作。

与青岛市财政局对接，对2017年度危桥项目完成计量款支付，完成军武河桥、蓬水路项目资金支付提报及交通委审核工作。按照青岛市公路局要求，整理交通部投资的五沽河桥改造项目档案资料，做好国务院督查组督查备检工作。配合青岛市交通委审计处工作，对军武河桥、五沽河桥危桥改造项目进行结算审计工作。完成蓬水路国道309线以南段竣工财务决算审计工作。按照上级部门要求做好2019年度工程项目预算及今后3年的支出规划。

公路养护

日常公路保畅 加强路养联合巡查力度，增加巡查频率，细化保洁及扬尘控制具体措施，落实好日常保养季度检查及节假日桥梁安全检查。清理多起占路打场晒粮和路面大面积撒漏，做到随时发现影响路容路貌及危及行车安全的情况随时处置。加强绿化管理，及时修剪遮挡标志行道树，并进行病虫害防治。加大路域环境整治，做好重大活动期间公路保畅工作，完善《普通国省干线公路环保行动实施方案》《桥梁巡查方案》。加强路域环境保护工作，全面加强国道204线、国道308线城区段洒水保洁工作，开展严禁焚烧路边垃圾污染大气活动。推进跨大沽河流域饮用水水源地三座桥梁环保设施提升项目实施。

路面修补和维护工程 全年路面修补约4.6万平方米、密封带贴缝约11万延米；完成标线施划约3.1万平方米；维修更换波形护栏板约400延米、路口示警柱等设施约4300余根（块），路况质量提升。

国道204线小型桥梁李家疃桥维修加固工程 养护部门多次牵头组织相关业务监管人员对桥梁维修加固工程的施工质量、进度、安全防护工作进行检查督导，确保该工程优质高效完成。

应急体系建设 开展应急物资及机械检查工作，完善雨季防汛及冬季除雪防滑《应急预案》，开展安全应急演练，5月开展防汛应急演练及战备钢桥架设保养演练，11月开展除雪防滑演练。有效应对6月28日极端强雷暴大风天气对公路行车安全影响，清理路面倒树260余棵，扶正加固省道213线30千米倒伏行道树。冬季每次下雪后都及时组织人员机械撒融雪剂、防滑沙、消除路面积雪，较好地保障公路安全畅通。

国省道安全隐患和涉速标志排查 完成交通部国道308线、国道204线路网技术监测工作。

路政管理

2018年，路政部门突出规范化执法，确保路域治理高效。对涉路工程许可申请事项严格按照《山东省公路路政许可实施办法》中的相关规定，做好前期审查报审工作，许可证下达后严格按照批复的设计、施工及交通组织方案对许可事项实施过程依法进行监督，全年共办理路政许可8件。

采取多项举措开展以“爱护公路，服务出行”为主题的宣传活动，路政人员在月湖广场、309国道卸货场、集市贸易等人口密集的地方，向过往车辆行人发放路政宣传材料1.7万余份，悬挂标语条幅80条，同时出动巡查车4辆、宣传车2辆组成的车队在市中心路段、国省道沿线及厂矿企业利用宣传车车载喇叭进行反复广播宣传。

落实路政巡查制度，共投入执法人员1424人次，检查车辆2290辆，查处633辆，卸载货物1.76万吨。发生事案27起，查处27起，结案27起，清理违法非公路标志284块，清理经营摊点226处，清理堆积物118处，路政巡查22.57万余千米，遏制超限超载现象，净化公路路域环境。

严格执法程序、自由裁量标准、处罚网上透明运行，严格执法人员考核评议，辖区内无公路三乱现象和行政败诉案件现象的发生。

安全生产

召开安委会会议14次，学习全国全省全市安全生产工作会议精神，研究安全生产形势，部署安全生产重点工作，落实安全生产责任。开展安全生产大检查，共组织安全检查13次、桥梁专项检查3次、消防专项检查2次，发现隐患12处，整改12处，整改率100%。加强应急体系建设，落实防汛、消防、除雪防滑等应急处置预案，充实应急队伍，配足备齐各类应急装备和应急物资，确保人员、物资、责任三落实，全年共组织各类应急预案演练3次。落实汛期领导在岗带班和全天24小时值班制度，发生险情立即报告，全力组织抢救，最大限度避免和减少事故损失和影响。加强宣传，共悬挂宣传横幅200余条，张贴宣传画260余张，印发宣传材料3000份，提高群众安全意识。

其他工作

机械设备管理 通过青岛市局机械设备大检查，完成机构下放机械设备清查和待报废设备资产评估和财务审计，做好中标单位机械设备监管。

路网中心建设和监测 加强雨雪恶劣天气弯道、陡坡和打场晒粮重点路段监控，每月开展外场设备巡查，发现问题立即上报处置。全年共处理故障186次（处）、异常事件71起。

（市公路事业发展中心）

·铁路交通运输·

中国铁路济南局集团有限公司烟台车务段莱西站

2018年，在车务段党委、车务段的领导下，全站干部职工聚焦“交通强国、铁路先行”，加强安全保障体系和队伍素质建设。

安全生产 2018年，全站干部职工牢记安全使命，强化全员安全警示教育，消除“两违”问题145个。通过加大现场检查监控力度，强化非正常情况下的应急处置，安全生产过程得到有效控制，截至3月20日实现安全生产4218天。

旅客运输增运增收 车站完善客运作业标准、流程，完善“三个出行”常态化措施，优化客运组织，改进服务手段，提升服务质量。全年完成旅客发送13.15万人，实现客收1211.9万元。客运干部职工照顾重点旅客35人次，为旅客寻找失物40余件，受到12306表扬5次，树立良好的社会形象。

中国铁路济南局集团有限公司烟台车务段莱西北站

莱西北站是青荣城际铁路上的铁路客运车站。于2010年3月18日开工建站，车站为2台4线线侧下式站房，站房综合楼建筑面积2982平方米。车站位于莱西市武汉路与国道204线交界处，所在线路与蓝烟线平行，相距约50米，距莱西站约2千米。2014年12月28日通车，上行方向与夏格庄站相邻，下行方向与莱阳站相邻。

2016年11月16日，青荣城际铁路青岛方向开通。青荣城际铁路全线贯通后，莱西北站以便捷城际列车优势吸引大量客流。2018年，莱西北站日均发送旅客3000人，同比提升110%，其中93%为管内客流，同比提升127%，直通客流也保持较好增长。

莱西北站共停靠列车50列，上行车24列，下行车26列。运行列车中，“C”字头列车16列，“D”字头列车14列，“G”字头列车20列。上行列车以青岛、济南、北京方向为主。其中，莱西北站到青岛方向列车9列、到济南方向15列、到北京南站2列、到石家庄3列，到上海虹桥站1列，到曲阜东站1列。下行列车以烟台、威海、荣成方向为主。其中，到烟台方向8列（1列终到龙口市）、荣成方向9列。莱西市地理位置独特，从短途客流来看，莱西北上行列车到青岛方向的客流一直稳步增长，下行列车到烟台、威海的客流较多。从长途客流看，莱西北上行列车到济南、北京方向的客流较多。

依托莱西北站日益合理、科学的运行和规划方案，作为青岛和烟威地区枢纽的莱西北站，在带动三市经济、文化发展上将发挥更大的作用，也将成为青岛北部门户的交通核心。

（莱西火车站）

邮　　政

2018年，莱西市邮政公司落实省市公司的决策部署，实施“一体两翼”经营发展战略，实现持续发展。报刊发行、包裹快递、函件和保险收入进度位列全市前三位。企业管理取得新成绩，财务管理工作经验在全省推广，在服务质量上连续两年被省邮政公司授予十佳县局称号，被青岛市邮政公司授予2018年度综合治理先进单位称号，李权庄支局和投递局被青岛市公司授予先进集体称号。

经营工作

通过组织好2017年四季度三大营销战役和2018年一季度福至新春综合营销两个重要活动，超额完成报刊集中收入、贺卡送福三大战役中营销活动收入目标。通过组织好“元旦保险抢售”活动，奠定保险收入进度位列前3位的基础。

财务管理

创新财务管理方法，财务管理工作全省先进。连续几年来，市邮政公司非常重视目标利润、企业成本管理工作，通过强化成本管控，严格执行“成本费用审批管理办法”和“财务报账流程”。6月，通过开展“去库存、降成本、增效益”活动，有效管控成本，在10月全省经营分析会上，省公司在财务方面介绍莱西邮政分公司财务工作经验。

双基管理

强化双基管理，注重服务提升。首先通过明确细化两岗履职人员及其职责，采取“日常检查、随机检查、重点检查、季度评审”相结合的方式，形成上级对下级监控、下级对上级负责，上下联动环环相扣的质量管控体系，采取“所有岗位普遍检查、关键岗位重点检查”，两岗履职率达到100%；其次，坚持“日常检查抓履职、专项检查抓深度、突击检查抓典型、综合检查抓效果”，发挥管理岗对监控岗、监控岗对生产岗的逐级监控作用，促使网运生产各项指标均达到要求，11185、95580投诉及11183工单判责比例得到有效遏制，社会满意度居全区前列。在“两会”和“上合峰会”期间，通过多次召开“安全专题会议”，组织人员不定时抽查行政夜间值班、窗口邮件验视制度执行等情况，确保安全生产万无一失。2018年服务质量获全省十佳县局称号，梁伟获2018全省服务质量管理先进个人称号。

莱西市邮政公司坚持“人民邮政为人民”的服务宗旨，切实提升邮政服务质量。牢记“传邮万里，国脉所系”的重托，履行央企的政治责任、社会责任和经济责任，不断提升邮政普遍服务和特殊服务的能力和水平。

（市邮政公司）

信　　息

·电信综述·

2018年，莱西电信行业加快布局5G网络，加快实施“互联网+”行动计划、大数据战略，推动互联网和农业、工业等深度融合发展。结合青岛市提出“突破平度莱西的发展”的要求，电信企业抓住发展机遇，利用好各项投资，为莱西经济发展突破做好支撑。

业务增长

莱西电信公司在2018年主要围绕市区人口密集区域进行4G网络深层覆盖，市区新增4G基站60余处，已基本实施电信4G网络在莱西市区的全方位深度覆盖。固网方面，加快市区的光缆管道建设，通过新增管道以及共享其他管道等多种方式，已实现小区全覆盖、市区全覆盖的目标。利用好国家提速降费的以及携号转网政策，稳定老用户的数量为更多用户更大市场做好准备工作，用户不断的增长促进电信利润持续增长。

截至2018年底，莱西移动公司已完成宽带光纤网络全覆盖，家庭宽带已达到10万余户，家庭宽带份额已达到50%以上，开通4G基站900余处，移动4G用户已达到32万户。累计为政府和企业提供专线服务数量达3000余条，包含天网、教育网、卫生网、交警监控等大型政府项目。为政企单位提供优质的信息化服务。

莱西联通公司全年累计完成主营收入1.36亿元。移动网收入完成8227万元；固网收入5254万元，运维专业综合指标连续排名全市第1名。2018年1月至10月的越级投诉率在市公司保持前3名。利用蓝海行动、蝶变活动、金九银十等实体渠道阶段性活动奖励政策，提高业务发展能力。5月，莱西分公司参加蓝海行动的12家代理商全部完成目标；十一黄金周7天，实体渠道整体发力，发展量全市排名第一。发展卖场业务，与主要卖场继续保持良好合作。营业厅参加“蝶变30天”活动，宣传、培训、营销100%执行标准化动作不走样，不限量套餐、宽带业务发展环比提升37%。

莱西广电积极应对市场竞争和企业管理面对的困境，打好数字电视“用户保卫战”、宽带“用户争夺战”。开展用户大走访和路演活动，春节大拜访期间共拜访用户1.5万余户；活动期间，新增数字电视7000余户，宽带净增近千户。5月开始用户保卫战，组织路演199场，走访用户近1.7万余户。截止到2018年底，莱西数字电视基础用户10万余户，保用户成绩显著；集客业务实现较大突破，业务种类更加丰富，实现收入1400余万元。广电开展二级光分网改造工作，确保网络改造的进度和质量。2018年，莱西广电规划设计并完成27个小区的配套工程合同签订，将覆盖用户9000余户，完成全年工作任务，并开通了滨泰·华盛苑等18个小区的有线电视光纤信号，实现光纤到楼到单元，直接覆盖用户6000余户，为有线电视的增值业务发展打下基础。配合青岛市公司，完成SDH专网和数据专网的架设和维护工作。完成农业银行等13处数据专网的安装、迁移规划设计施工工作。

4G建设

加快实现全市4G网络的全面深度覆盖，2018年三家运营商近650个建设需求，新增4G基站58处，累计投资3500余万元。加大农村信息化水平，完成电信普遍服务扶贫项目，累计完成农村4G站点40余处。截至2018年底，莱西通信基站已达1000余处，新建基站共享率达到80%，节约土地近1.33公顷。全市4G网络的覆盖水平和覆盖深度显著提升，基本上实现4G信号的全覆盖。

网络规划

为更好地进行网络统筹规划，合理利用资源，莱西市成立以工信局为牵头，铁塔公司统筹通信基站需求的通信发展联系会议制度，联合铁塔、电信、移动、联通、广电电信企业、各镇（街）和市政府主要主管部门。为更快更好地实现共建共享，提高线杆共享率，为“社会塔”变“通信塔”提供政策保障。由于5G的网络技术特点，只有基站密度更大，才能保证覆盖效果，特别是市区将需要大量通信基站进行网络覆盖、合理统筹、共建共享，提高社会杆利用率，将大大节约土地资源，电信企业重复投资也将大大减少，将为电信企业节约建设成本60%。

（市工业和信息化局）

·莱西联通公司·

莱西联通作为全市信息化建设的主力军，下辖10个营服中心、23个营业厅，网络容量、资产规模、用户数量等方面实力雄厚，能够为用户提供高效、优质、内容丰富的信息通信服务。2018年以来，莱西联通经营业绩总体趋势保持稳定，线下触点、线上营销订单量持续攀升，中台能力不断完善，创新业务动能显著提升。通过持续推进用工优化、实施运维线划小改革、全方位优化激励机制等措施，基层活力逐步释放，效能得到提升。

2018年，莱西联通不断加强网络健壮性，强化运维支撑，提升用户感知。持续进行数据网络调整，提升OLT物理双上联率，由初始的76%提升至91.3%。持续进行传输网络优化，提升IPRAN成环率，物理成环率由初始的77%提升至92.47%。做好线路看护和清查工作，保障通信质量和线路安全；完成市区30余个光交核查整改工作，清查光缆1518杆千米、3.04万棵杆；线路抢修852次，完成5个批次106个线路预检预修项目。完成各项重大活动的网络重保工作，全年共出动360余人次，完成上合峰会、莱西时光音乐节、青岛中学生运动会等活动的重保工作，5G试点工作也逐步实现新突破。

（莱西联通公司）

·中国移动通信集团山东有限公司莱西分公司·

成立于1999年7月9日，隶属于中国移动通信集团公司。公司成立20年来，提高网络覆盖、布局服务网点、提升业务服务质量，致力于成为一流的通信运营商。网络覆盖率达到100%，自办营业厅遍布全市，代理商1000余家，用户数超56万。先后获省四星营业厅、省级青年文明号、青岛市十佳服务窗口、青岛市消费者信得过单位等称号，2018年末成功由青岛市文明单位标兵升级成为山东省级文明单位。

业务发展

主要从事移动语音、数据、多媒体及互联网接入、集团信息化业务等。2018年以来，加快宽带和手机上网提速降费，初步实现宽带免费用、流量不限量的套餐资费调整，更好地满足用户日益增长的上网需求。有线宽带也从单纯的解决用户上网需求向更快网速、更高质量发展，并一跃成为宽带用户规模最大的运营商。

集团业务

为企事业单位提供一对一的专职客户经理服务，截至2018年底，共服务全市近万家政企单位和中小微企业，并围绕莱西市政府提出的“智慧莱西”发展战略，为全市政企客户提供信息化解决方案和应用。2018年与莱西市公安局合作，为人脸识别项目提供全方位支撑，系统运行良好；为各乡镇政府、食品药品监督管理局等单位提供工作终端并开发移动端办公软件，推进政府各大局移动办公。

全市教育城域网、卫生城域网、天网一、二期、铁路沿线监控项目、无线WiFi项目、150余处路口红绿灯监控项目、政府互联网出口项目等均使用移动公司线路，连续多年为客户提供高速、稳定、安全的网络保障。除此以外，还向部分大型企业提供包括互联网专线、跨省专线、IMS固定电话等业务在内的信息化产品。近年来，在中国移动大连接战略的指引下，莱西移动准确把握趋势，坚持创新驱动，聚焦客户满意工程，已建成全球领先的4G精品网络、NB网络，全力助推莱西企事业单位信息化高速发展。

网络建设

持续提升网络覆盖水平和宽带网络质量，为企业客户、家庭客户、个人客户提供高质量的网络服务，让客户真正体验到高质量、低资费的优质宽带服务。为给企事业单位提供最优专线服务，公司加大IDC机房等基础设施的资金投入，优化网络资源，给所有企业单位在信息化的需求上量身定制，提供全方面的优质服务。多年以来，公司网络质量保持业内领先优势，同时密切关注用户使用感知，通过“10086热线”“400宽带热线”等对外联系方式，收集和解决用户在通讯、网络、家庭业务方面的问题和需求，并快速解决。

（中国移动莱西分公司）

·山东广电网络有限公司莱西分公司·

2018年，落实省公司“改革创新深化年”部署及要求，抓管理规范、网络改造、产品优化、服务升级，完成数字电视户户通扶贫任务，适应互联网发展新常态，探索多元化发展的道路，形成以高清数字电视、宽带为主线，集团客户业务等增值业务多措并举的经营模式，迈入专业的综合化信息服务提供商行列。

有线电视

从2016年开始，莱西有线全面展开双向网改造，截至2018年底，总计投入资金7500余万元，架设主干网总长超过1500千米，覆盖莱西90%以上的地区，为有线电视实现多功能、智能化提供网络支撑，全市有线用户达到10万户，实现收入5000多万元。为满足不同观众的收视要求，2017年莱西有线对数字电视机顶盒菜单界面进行更新升级，升级后的有线数字电视，功能强大，能够让广大观众更方便地看电视、点电视、用电视、玩电视。

广电网络

2018年，按照市委市政府部署，莱西有线承担起全市电视户户通扶贫工程的任务，仅1个月时间就为全市3000多户建档立卡的贫困户免费安装数字电视。全省网络布设升级完成之后，莱西有线建立起全业务服务团队、本地化人员配备以及完善的客服系统，把发展集团客户业务作为重要的战略方向之一，加强对于综合化信息服务的建设和投入，参与智慧城市的建设，探索多元发展，迈入专业的综合化信息服务提供商行列。莱西有线已为全市1万多家庭用户和100多家企事业单位提供高速稳定的互联网接入、视频会议、安防监控、应急指挥、WIFI建设等应用信息服务。2018年，莱西有线规划设计并完成林语家园七期、福瀛苑等27个小区的配套工程合同签订，覆盖用户可达9000余户。开通滨泰·华盛苑、赛达嘉园等18个小区的有线电视光纤信号，实现光纤到楼到单元，直接覆盖用户6000余户。

（山东广电网络有限公司莱西分公司）

金融·保险

银行业

·综　述·

经济金融概况

2018年，莱西市金融机构结合区域实际，落实稳健货币政策，优化信贷结构，创新金融产品，在乡村振兴、新旧动能转换、民生项目建设等方面发挥重要支持作用，推动辖区经济稳健发展。年末，全市各项存款余额408.56亿元，同比增长0.13%，贷款余额369.62亿元，同比增长5.12%。

金融发展与改革

全市金融机构创新金融产品，按照优化结构原则，为辖区乡村振兴、新旧动能转换提供有力的信贷支持。金融精准扶贫贷款、民营小微企业贷款取得新突破，金融支持新型农业经营主体"主办行"制度得以完善，新型农业经营主体的信贷支持力度加大。年末，辖区商业性银行机构达19家，金融机构网点113个，从业人员1511人。

金融服务与监管

人民银行莱西市支行发挥"窗口指导"作用，履行基层央行职责，合理引导金融机构信贷资金投向，促进县域经济与金融平稳健康发展。

面向"三农"及小微企业金融服务水平提升。深化银企线上融资对接服务。2018年，支行将184家企业的融资需求录入网络平台，辖内银行机构通过网络平台成功对接49家2.13亿元，逐步实现银企线上线下融资无缝对接。引导金融机构调整优化信贷投放结构。引导辖内银行机构加大对乡村振兴、高新技术产业等新动能产业的培育，推动传统产能转型升级。全市涉农贷款余额256.87亿元，比年初增长0.3%。鼓励银行机构做好信贷产品创新。探索服务乡村振兴战略新模式，结合莱西市果品产业状况，莱西农商银行推出全国首单政策性苹果"保险+期货+银行"项目，将苹果的"期货价格保险"与种植户存货价格下跌风险对冲，增加农户的贷款增信，缓解中小农户的融资难题，开创服务"三农"新模式。助力小微企业破解融资难题。辖内3家银行机构针对小微企业推出"无还本续贷"业务，惠及5家企业续贷金额1640万元；莱西元泰村镇银行的小型企业贷款利率比年初下降0.3098个百分点；"政银保"业务正式落地，全年共发放"政银保"贷款2笔400万元，缓解小微企业贷款担保难问题。

金融精准扶贫。1月，与扶贫办、元泰村镇银行沟通对接，建立起由37家农业生产经营主体组成的"央行产业资金扶贫贷项目储备库"。3月，会同市扶贫办、四家承贷银行对全市小额扶贫信贷工作的开展情况进行探讨。2018年，银行机构共发放"富民生产贷"2笔100万元，"富民农户贷"12笔60万元，帮扶贫困户10户、贫困人口30人。5月末召开全市金融机构扶贫工作督导会议。6月20日至21日，支行接受济南分行东营中支金融精准扶贫督查组的现场督查，评价良好。

推进"放管服"改革，营造优质营商环境。8月末，支行作为莱西市便捷获得信贷专项行动牵头部门，会同市银监办、金融办组织全市19家银行行长和相关业务部门负责人联合召开莱西市便捷获得信贷专项行动推进会，制定印发莱西市便捷获得信贷专项行动工作方案。要求各银行机构提高政治站位，优化金融服务手段，改善服务态度，提高服务效率，快速补齐企业获得信贷指标短板，推进辖区实体经济特别是小微企业便捷、高效融资。全市银行机构贷款办结时长、跑腿次数、提交材料等各项指标明显改善，企业满意度达98.9%，提升0.1个百分点。

发挥人民银行经理国库职能。全力防范国库资金风险，严把预算资金的收入关、支拨关和退库关，为地方政府提供高效服务，做到财、税、库之间信息共享。加强与地方财政、税务、水利部门沟通，确保库区移民资金及时拨付到位。2018年为莱西库区移民拨付资金14万笔，金额2166万元。

开展金融消费者权益活动。金融知识宣传教育特色化与常态化。“3·15”期间，组织开展以增强非法金融广告识别能力和风险意识及宣传如何保障金融消费者的八项权利为主要内容的“金融消费者权益日”宣传活动。5月，组织辖内银行业金融机构开展2018年“普及金融知识，守住‘钱袋子’”宣传活动。9月，组织辖内19家银行业金融机构开展“金融知识普及月及金融知识进万家”暨“提升金融素养·争做金融好网民活动”活动。推动消费维权联络点建设。选取符合农村金融消费维权联络点建设条件的11个金融助农服务点按照开展硬件建设、人员培训和授牌。全市联络点数量达到128个。

提高征信查询服务效率。在莱西华夏银行增设征信自助机一台，方便广大市民征信查询。全年查询企业和个人信用报告4.04万份，查询数量比去年同期增长31.1%。其中，个人查询3.97万份，查询数量比去年同期增长31.1%。

巩固农村支付服务环境建设成果。推进农村金融普惠进程，围绕“十九大乡村振兴战略”，探索“助农取款点+”模式，提高助农取款服务点使用效率，协调助农取款服务点多元化建设，拓展服务点服务范围。实施移动支付便民示范工程，集中优势资源推动符合银行卡行业联网通用标准移动支付在便民领域广泛应用。莱西125辆公交车、21条莱西城乡线路已装载移动支付设备、开通公交金融支付功能，累计受惠人群已达6.7万人次，累计为当地百姓公交出行贴补费用13.3万余元。

加强“两综合、两管理”。加强金融风险监测和管理。组织19家银行业金融机构开展金融领域矛盾纠纷和事故隐患排查活动，加大金融机构重大事项报告的规范力度，共收到重大事项报告352份。加强对法人金融机构的监管。将对地方法人金融机构——青岛莱西元泰村镇银行的监管作为维护辖内金融稳定的重中之重。1月至2月，开展对元泰村镇银行2017年度央行对金融机构评级工作。1月中旬，对元泰村镇银行2017年下半年费率核定相关信息进行核实，并形成报告提交行长办公会讨论通过。12月上旬，对元泰村镇银行的2018年度央行评级。

2018年莱西市主要金融指标表

地区	指标(亿元)	银行类							
		本外币存款余额	住户存款	非金融企业存款	本外币贷款余额	第一产业贷款	第二产业贷款	第三产业贷款	个人贷款及透支
莱西市	2018年	408.56	285.21	67.90	369.62	4.73	85.51	149.12	129.31
	同比(%)	0.13	5.40	2.04	5.12	–26.44	1.33	–2.13	20.42

（中国人民银行莱西支行）

·银行选介·

中国工商银行莱西支行

成立于1984年1月，属大型国有控股股份制商业银行的分支机构，主要经营人民币及外币存款、贷款、结算等业务。截至2018年末，全部在岗人员100人。设有支行营业部、上海路支行、文化东路支行和威海东路支行四个营业网点。

经营效益情况　2018年，支行经营效益持续向好，实现拨备前利润同比增长42.63%；实现中间业务收入同比增长21.08%。

资产业务　支行资产业务保持较大幅度的增长，普惠金融取得有效突破，为效益增长提供较好支撑。2018年末，各项贷款余额28.81亿元，较年初增加2.59亿元。其中个人贷款业务表现亮眼，余额14.21亿元，余额四行占比19.73%，较年初增加3.67亿元，增量四行占比31.88%，个贷业务把握住市场机遇，实现业务跨越式发展。

不良资产防控　2018年末，支行各项贷款不良率仅0.03%，总体资产质量较好。其中公司贷款不良率为零，个贷不良率仅为0.06%。新发放贷款质量优良，支行资产质量处于系统内和莱西同业间较高水平。

个人金融业务　个人金融业务资产调整步伐加快，网络金融取得良好发展，通过场景搭建批量获客效果初见成效，依托大数据搭建客户维护新模式，个金业务产品推进速度加快，信用卡业务保持快速发展。

绩效考核　完善考核评价和绩效分配机制，兼顾考核公平性和激励性，抓好战略传导“最后一千米”落地，优化费用资源配置结构，调整绩效考评体系，注重以价值创造为核心，促进各项经营指标综合平衡协调发展。支行领导参与到考核机制的运转全过程，发现问题在实践中不断完善考核激励办法，促进支行业务发展。

（中国工商银行莱西支行）

中国银行股份有限公司莱西支行

成立于1989年7月，是中国银行股份有限公司青岛市分行辖属支行，共有在职职工128人。先后获青岛市分行开门红优胜单位、贵金属销售先进集体、基金销售最佳组织奖多项称号，公司金融部获青岛市分行公司金融业务开门红优胜单位一等奖。

业务情况　截至2018年12月底，全行实现营业净收入1.5亿元，同比增长1872万元；税后利润5114万元。人民币时点余额46.93亿元，较年初新增2.46亿元。人民币日均存款余额44.99亿元，较年初新增5.4亿元；人民币贷款余额34.33亿元，较年初新增2.54亿元。

社会责任　在国家扶贫日，组织全行员工通过“公益中行”平台，对陕西北四县困难群众进行帮扶，共帮扶资金6000余元。开展慈善“一日捐”和义务献血活动，共捐善款1.55万元，献血6800毫升。参与青岛市文明办、莱西市文明办开展的文明单位参与乡村振兴帮扶共建活动，与店埠镇中由格庄村结成扶贫帮扶对子，进行金融支持，春节前夕走访慰问村里的困难群众和老党员。

（中国银行股份有限公司莱西支行）

中国农业银行莱西市支行

成立于1980年，是中国农业银行股份有限公司青岛市分行辖属支行，内设6个专业部室，下辖15个营业网点，有员工238人。先后获农总行县域青年英才金融服务“三农”突击队、农总行纪检监察条线先进集体、农总行三农业务先进集体、青岛市分行“春天行动”综合营销示范支行等称号。7月，获2017年度科学发展综合考核先进单位称号。11月，莱西农行总行迁至烟台路136号。

业务情况 截至2018年末，各项存款余额96.72亿元，各项贷款余额为60.53亿元，实现中间业务收入4259万元，实现拨备前利润1.95亿元，在莱西当地全年纳税总额1530万元，不良贷款占比为0.16%，资产质量保持优良。

产业支持 调整贷款投放结构，强化对区域各类重点产业的信贷支持。累计为九联、万福等农业产业化龙头企业投放贷款8.54亿元，支持科技类企业3家，提供信贷资金1.41亿元，累计为新能源等新兴产业提供信贷支持2亿元，为民生事业提供信贷支持4.6亿元。为姜山基金小镇、店埠航空小镇、南墅石墨烯小镇量身制定配套金融服务方案，助力莱西特色小镇崛起。在支持小微企业方面，进行产品创新，先后推出税银通、微捷贷等线上和线下产品，多层次满足小微企业融资需求，累计发放小微企业贷款1.22亿元，支持小微企业53家。

农业支持 在专注“三农”方面，发展惠农e贷，推广特色产业模式花生贷和农资贷，拓宽融资渠道，破解农民贷款抵押难题，累计发放惠农e贷1.01亿元，支持农户462户，累计投放农户类贷款3.23亿元。在助力精准扶贫方面，针对建档立卡贫困农户，开展查缺补漏、问计问需行动，全年共发放富民农户贷和生产贷16笔，金额298万元。

惠农活动 创新扶贫和支农助农模式，在店埠镇双河村开展“联村支农”主题党日活动，在惠农贷款、资金结算和村民就业创业方面提供帮助。为院上镇吴格庄村捐赠电脑等支农物资，设立惠农e通服务点，办理农银e管家业务，为村民网上销售水果蔬菜提供便捷支持。在日庄镇徐旺庄村持续开展走访慰问贫困户、金融知识下乡宣讲、与村民联合上党课、捐赠党建活动物资等活动，巩固共建成果。

（中国农业银行莱西市支行）

中国建设银行股份有限公司莱西支行

成立于1976年，经过42年的发展，建设银行莱西支行加快经营转型步伐，各项业务快速发展，综合实力和核心竞争力显著提升，资产负债规模、经营效益创历时新高，获得地方政府、市场和客户的认可和赞同。下辖1个营业部、3个网点（烟台路支行、滨河路支行、姜山支行）。

截止到2018年末，支行本外币一般性存款时点余额15.7亿元，其中企业存款余额7.9亿元、储蓄存款余额7.8亿元；本外币贷款余额35.5亿元，其中企业贷款17.8亿元、个人类贷款17.7亿元；实现净利润4，475万元。

（中国建设银行股份有限公莱司西支行）

交通银行股份有限公司青岛莱西支行

成立于2011年12月30日，共有员工18人，先后获莱西市银行业金融机构综合评级A级行、交通银行服务零投诉突出贡献奖、青年文明号、科学发展综合考核先进单位、“迎休体展风采促服务”窗口行业服务礼仪技能竞赛二等奖、优质服务先进集体、交通银行总行级“先进职工小家”、青岛市精神文明标兵单位等称号。2018年，交行揽储各项存款共计5.29亿元，较年初增加2242万元。其中对公存款2.14亿元，较年初减少4348万元；储蓄存款3.14亿元，较年初增加1789万元。各项贷款余额4.22亿元，较年初减少2.15亿元。

（交通银行股份有限公司青岛莱西支行）

中国邮政储蓄银行青岛莱西市支行

成立于2008年5月28日，网络覆盖城区及全部镇街驻地。

业务情况　2018年，活期存款占比为45.97%，年活比增长1.25%。信用卡年累计发卡5334张，完成全年计划的113.73%。年新增激活3527张，新增激活率66.12%。手机银行激活数年累计新增4451户，完成全年计划的123.6%，分行排名第6位；微信银行年累计新增2793户，完成年计划的186.2%。住房贷款全年计划净增4500万元，放款318笔，金额8611万元，净增6917万元，完成全年计划的154%。个人商务贷款业务实现贷款结余净增3213万元，比上年增长773%。2018年，莱西支行开展“大走访、大营销”活动。小额贷款共计走访965户，实现新增客户361户，业务净增844万元；个商贷款共计走访318户，实现新增客户42户，业务净增3212万元；小企业客户共计走访160户，实现新增客户13家，业务净增5730万元；完成平台走访10个。莱西支行3个二级支行完成个人商务贷款放款5户，1个支行实现营销小企业贷款2家，金额600万元。

业务合作　加强与行政事业单位的平台合作。11月，支行领导走访莱西市马连庄镇政府，以“助力红色马连、服务乡村振兴”为切入点，与镇政府人大主席及相关人员探讨业务发展和精准扶贫项目。12月，支行与莱西市供销社工会共同组织企业座谈会，并签署战略合作框架协议，在贷款业务、个人金融、公司结算等方面开展合作，将对会员单位进行逐一走访落实。走访市妇联，交流宣传信贷产品，支持妇女创业的态度。与农业局对接，获得国家级、省级、市级合作社（家庭农场）名单，为三农业务储备客户资源。与市人社局多次开展对接走访，承接人社局再就业担保贷款业务。加大对市财政局、人社局等老客户公司存款的维护力度。通过梳理现有老客户，挖掘业务潜力，寻求新的增长点。结合“大走访大营销”活动，寻找发掘新客户群体，确保支行公司客户向多样化、多层次化方向发展。重点抓住小企业贷款客户的资金回笼这条主线，通过与企业的沟通交流，采取银企互惠共赢的政策理念，小企业客户资金归行率较上年提升6个百分点。

（中国邮政储蓄银行青岛莱西市支行）

青岛农商银行莱西支行

于2012年6月28日改制成立，前身为莱西市农村信用合作联社，截至2018年底，莱西支行有营业网点38家，从业人员528人。2018年，实现各项存款98.81亿元，较年初增加1.42亿元；各项贷款余额63.4亿元，较年初增长4.1亿元。

支农产品日益丰富　2018年，莱西支行多次对接市镇村三级政府组织，最终与市政府签订服务“乡村振兴”战略全面合作框架协议，与河头店镇政府联合召开金融助推乡村振兴启动大会。创新推出“信e贷”和“农担贷”等涉农金融产品，其中针对小额农户、个体工商户资金需求10万元以下的客户主要推广无抵押，免担保、纯信用的“信e贷”；针对需求较大的家庭农场、种养大户、小微企业主资金需求在10至300万元的客户主要推广由青岛市农业融资担保有限责任公司提供保证担保、无需提供反担保措施的“农担贷”，解决了农村地区客户“找担保难”问题。截至2018年底，莱西支行累计发放各项贷款38亿元，其中累计发放“信e贷”885笔，金融3510万元，累计发放“农担贷”37笔，金融1120万元。

便民服务　2018年，青岛农商银行莱西支行作为莱西市辖内营业网点最多、服务人员最多、业务量最大的金融机构，发挥服务县域经济金融主力军的作用，推进智慧厅堂建设和智慧金融建设。在全市安装互联网小微云支付终端295台，ATM62台，结合全市38个营业网点，打造覆盖莱西800多个村庄、服务76万余人的“1.5千米金融服务圈”，实现“网点到乡镇、自助机具到村庄、基础服务到农户”的全方位服务体系，打通农村金融服务的“最后一公里”，为全市百姓提供便利和舒心体验。

（青岛农商银行莱西支行）

青岛莱西元泰村镇银行股份有限公司

成立于2010年7月13日，是由中国银监会批准成立的地方法人机构，由石嘴山银行发起成立，是莱西市唯一一家独立法人金融机构。发起行石嘴山银行成立于1987年，主要股东有国家能源集团、杭州银行和石嘴山市财政局等。截至2018年12月末，银行资产总额11.83亿元，各项存款余额8.98亿元，各项贷款余额9.78亿元。在莱西市区、姜山镇、南墅镇、店埠镇设立五家分支机构，业务范围覆盖莱西全境。

实现零收费政策，让利莱西居民，截至12月末，累计减免开卡费、转账费、短信通知费、跨行取款费等各类费用达50万元。全力支持莱西“小微企业”发展和“三农”建设，累计为全市7000余户“小微企业”及“三农”客户发放贷款近70亿元，涉农贷款占比始终保持在80%以上，累计上缴各项税金6967万元。先后被授予全国百强村镇银行、全国服务三农与小微企业优秀单位、青岛市金融创新工作先进单位、青岛市文明单位等30多项称号。

元泰银行坚持参与扶贫助学、恤病助残、捐款捐物、福利慈善等公益活动，全年各项慈善活动累计支出总金额达200万元。每年对望城街道、院上镇20名成绩优秀的特困学生进行资助，直至高中毕业；多次对水集街道、南墅镇等贫困家庭和贫困学生进行捐助；母亲节慰问贫困母亲；定期组织员工进行志愿服务；与莱西当地各慈善机构合作参加各类慈善活动；参与慈善义卖；为环卫工人捐助价值30多万元的环卫车、服装等各类物品，各营业网点设立环卫工休息点等等。

（青岛莱西元泰村镇银行）

齐鲁银行青岛莱西支行

成立于2013年12月，上级部门是齐鲁银行青岛分行。截至2018年末，实现一般性存款余额3.64亿元，市场占有率0.89%，其中个人存款1.52亿元，市场占有率0.53%，市场占有率名列城商行第一名，个人存款和金融资产规模位居分行辖内各机构第一。

投入7000万元参与和远产业基金，为青岛锦绣前程节能玻璃有限公司注入资金支持，为新旧动能转换提供资金动力。配合莱西市建设青岛（姜山）基金小镇工作，打造金融资本聚集的“蓄水池”和“动力核”，提供优质的银行金融服务，累计为20多家基金公司提供银行结算支付服务，促进全市基金产业快速发展。发挥供应链金融作用，为莱西龙头企业荣华建设集团授信6000万元供应链产品，支持企业做大做强。

组建专职财富顾问团队，加强业务学习培训和考试力度，提高财富顾问业务素质。通过组织采风摄影、医疗健康讲座和红酒品鉴会，扩展与交运、饿了么、瑞兴物业等公司的合作形式，推出“资产配置特训营”等活动，为广大居民客户提供高质量的金融服务，个人业务发展增速名列10家股份制及城商行第二名，树立齐鲁银行服务品牌。

支农服务 落实中央关于加强和改善农村金融服务的部署，提升农村支付服务水平。利用董家山后村、岘沽村助农服务点，方便百姓灵活存取，盘活当地葡萄种植户资金流动，通过开展支付结算服务、安全支付、支付产品和服务宣传等形式，践行乡村振兴战略。

风险防控 更新、改造安保设备，开展员

工异常行为排查，梳理流程和环节，全面提升案防、安保管理水平。加强风险预警，主动退出潜在风险客户5户、授信额度1.2亿元，全年无不良资产，贷款回收完成数额和比例在分行均名列前茅。实施运营精细化管理，提高服务水平。

社会责任　走进中小学、企事业单位、农村等场所开展消费者权益保护宣讲100多人次，受益群众达1000余人。支行消保专员获青岛银保监局“消保工作个人先进”奖。

（齐鲁银行青岛莱西支行）

恒丰银行青岛莱西支行

恒丰银行是唯一一家总部位于山东的全国性股份制银行，国有控股，全国分支机构300余家。恒丰银行青岛莱西支行成立于2016年9月9日，共有干部、职工12人，能够办理各类业务，经营资质齐全。入驻以来，支行支持当地企业发展，为莱西市发展增加助力，参与捐助贫困村和希望小学用水设备、捐助实验中学贫困生、慈善一日捐、参加社区服务等爱心活动，支行先后获莱西市慈善捐助工作先进单位、青岛市精神文明单位标兵等称号。2018年，支行存款及理财余额约7亿元人民币，累计发放贷款1亿元左右，客户质量和规模都出现较快增长。

（恒丰银行青岛莱西支行）

证券典当

2018年末，莱西市证券营业部共计三家，分别是中信证券（山东）有限责任公司、申万宏源证券有限公司、招商证券股份有限公司。全年证券交易额保持稳步增长，交易总额为281.24亿元，营业收入总计1128.96万元；典当公司共计一家，为青岛德弘典当有限公司，全年典当余额为72.66万元，营业收入总计1.21万元。

申万宏源证券有限公司莱西营业部

成立于2001年3月26日，前身为青岛太平路证券营业部莱西服务部，后经中国证监会青岛证监局核准，规范为莱西烟台路证券营业部。2015年1月16日由申银万国证券股份有限公司与宏源证券股份有限公司合并组建而成，是莱西地区规模最大、历史最久、业务最全的证券、期货经营机构。业务领域涵盖提供A股、B股、投资基金、权证、代办股份转让、开放式基金、债券、商品期货、股指期货、约定购回、融资融券、股权质押等各类金融服务。

中信证券（山东）有限责任公司莱西上海路证券营业部

成立于2012年7月6日，位于莱西市上海路23号，营业部内部面积750余平方米，有员工22人。中信证券坚持以客户为中心，以市场为导向，为广大投资者提供全方位、高价值、专业化的服务。公司代理从A股、B股、基金、国债、企业债，到权证、三板股份等全部交易品种的买卖，以及多种理财产品，提供电话、网上、手机等多种委托方式，组建专业精干的理财师队伍，成功实践证券公司营销道路的多元化模式。还可根据客户需求量身制定一对一投资理财规划，成为莱西市广大投资者可资信赖的理财团队之一。

招商证券莱西营业部

是继引进申万宏源证券、中信证券之后第三家招商引进的证券金融机构，成立于2016年12月28日。公司贯彻招商证券的服务理念及行为准则，以客户为中心，根据客户需求提供合适的理财配置方案渠道，具有稳定持续的盈利能力、科学合理的风险管理架构、全面专业的服务能力、多层次客户服务。莱西营业部定期举行投资者座谈交流会，向广大的投资者宣传正确的投资理念，远离非法融资，抵制高息诱惑，树立正确的投资理财观念，保障自己财产安全，已成为拥有证券市场业务全牌照的一流券商。

青岛德弘典当有限公司

成立于2007年8月3日，位于烟台路98号，是莱西市目前唯一一家典当金融机构，是经商务部批准，由青岛统帅集团有限公司、青岛统帅房地产有限公司、王婷婷共同组建的有限责任公司。业务领域包括动产质押典当业务；财产权利质押典当业务；房地产（外省、自治区、直辖市的房地产或者未取得商品房预收许可证的在建工程除外）抵押典当业务；限额内绝当物品的变卖；鉴定评估及咨询服务等多种典当服务。至2018年，已形成一套完善的管理机制和内部监控体系，对公司的风险管控措施及时到位，并始终坚持依法经营。

（市地方金融监管局）

保 险 业

中国人民财产保险股份有限公司莱西支公司

中国人民财产保险股份有限公司的前身是1949年10月20日成立的中国人民保险公司。中国人民财产保险股份有限公司莱西支公司隶属于中国人民财产保险股份有限公司青岛市分公司，1984年恢复业务经营，是一家综合性财产保险公司。

近年来，中国人保财险莱西支公司响应市政府扶持“三农”项目，发挥保险支农、惠农、强农、富农的主渠道作用。开办小麦、玉米、花生、蔬菜大棚、土豆、育肥猪、能繁母猪、奶牛、森林火灾等农业保险，为新型农村经营主体、小微企业和农户提供支农融资等综合金融服务，每年处理农险各类案件5000余件。2018年3月，全国首单苹果“保险+期货+银行”项目落地莱西。结合莱西市果品产业状况，人保财险莱西支公司按照市政府《关于开展苹果“保险+期货+银行”业务试点》的政策指引，主动作为、创新农业保险，联合银河期货、青岛农商行莱西支行，以金融组合拳支持农业发展，创新服务“三农”发展模式。同月，人保财险莱西支公司开出第一笔“支农支小融资还款保证保险”业务，为莱西某食品龙头企业发放融资款项500余万元，提供担保双料保险。4月，公司与莱西两家中小企业签订“政银保”业务第一单，在贷款保证保险与借款人意外险两方面累计提供风险保障400万元，为企业生产提供支持。5月，公司中标莱西市2018年度扶贫特惠保险项目，开展解决扶贫过程中因灾致贫、因病致贫、因意外事故致贫等低收入农户精准扶持行动。已通过扶贫特惠保险受益农户达1200余人，赔款额达320余万元。6月28日，莱西城镇地区遭受特大暴风，受灾乡镇10余个，受损企业20余家。莱西支公司秉承“大灾面前勇于担当”的信念，迅速成立救灾小组，第一时间赶赴现场，并为灾情开通绿色通道，以最快速度完成赔付，为人民生活财产安全提供保障。9月1日起，根据总分公司与交管部门建立的战略合作机制，为给广大车主办理交通管理业务提供便利，人保财险莱西支公司与市交警大队建立战略合作，整合警保资源，推进人员、平台和信息的对接，即“警保联动”，为有车一族办理6年免检车辆合格标志发放业务，实现群众就近办、多点办、一次办。10月，公司再次中标莱西市居民家庭民生综合保险项目，项目惠及74万莱西市民和2万余外来人员。2017至2018年，公司处理民生综合保险项目案件400余件，支付赔款350余万元。

中国人保财险致力于“打造保险业第一服务品牌”。多年来，中国人保财险莱西支公司不断升级改造城区网点和农村网点建设，提升对客户需求的把握能力和服务能力。为提升客户服务品质，人保财险青岛地区推出“直升机免费救援”增值服务。客户购买人保车险即可获赠直升机免费救援服务卡。12月，莱西支公司与市人民法院签订全面战略合作协议，双方将全力推动诉讼财产保全责任保险、执行悬赏保险、执行救助保险等法律类保险产品和服务，引入保险机制，开辟出解决“执行难”的新渠道。

（中国人民财产保险股份有限公司莱西支公司）

中国平安财产保险股份有限公司莱西支公司

成立于2003年7月。自成立16年来，业务发展突飞猛进，经营管理水平稳步提升，大项目承保能力持续加强。2018年度平安产险莱西支公司保费规模7530万元，其中车险业务7169万元，车险市场份额第一；个人业务6744万元，团体业务786万元。2013年至今，均为莱西市机关公务用车保险业务中标单位。公司为汽车流通商会、物流协会理事单位，积极参与旅游协会绿色旅游事业发展，为各行各业保驾护航。

截至目前，平安产险开发、经营的主险已超过1000种，经营业务范围涵盖车险、企财险、工程险、责任险、货运险、农业保险、短期健康险与意外险等一切法定产险业务及国际再保险业务。为个人、家庭、企业提供全方位的保险保障服务，在建设社会风险管理和保障体系，推动实体经济发展，完善新技术、支持实体经济创新战略方面切实发挥“保险姓保”的职能。

（中国平安财产保险股份有限公司莱西支公司）

中国太平洋财产保险股份有限公司莱西支公司

成立于1994年5月，是莱西市第一家股份制商业保险公司。多年来，公司落实保监局的各种政策法规，以市场为导向，以客户为基础，不断推进改革创新，加强品牌建设。2018年12月，莱西支公司总经理左晓艳被聘为“莱西市工商联青年企业家商会”顾问。

为提升服务质量，公司把工作重点放在理赔上，在“方便”和“快捷”上下功夫。2018年1月19日，莱西支公司中标莱西市机关公务用车2018至2019车险。5月24日，公司参与莱西市统一战线纪念“五一口号”暨“太平洋保险”杯70周年征文比赛发布活动。6月9日莱西支公司参与上合峰会期间莱西市区的义务巡逻治安维护行动。12月18日，莱西支公司与莱西市中医医院签署住院直赔合作协议。12月28日，莱西支公司参加店埠镇双河村（贫困村）振兴党员活动坐谈会，并进行捐赠活动。

开展打击非法集资资宣传，杜绝洗钱、诈骗等恶性风气。利用节假日车流量高峰期，在多个高速路口及加油站、停车场，宣传驾车相关安全知识及保险知识，并提供免费送油、送水及咨询服务，为行业树立较好的社会形象。

（中国太平洋财产保险股份有限公司莱西支公司）

中国人寿保险股份有限公司莱西市支公司

2018年，实现规模总保费2.04亿元，标准保费完成2072万元，首年期交保费完成4015万元，十年期及以上保障型业务完成1888万元，短期险保费完成1197万元、同比增长43.73%。截至年底，有员工及营销服务人员共计1100人。2018年先后获总公司先进集体、青岛市分公司年度经营指标绩效考核A级单位、年度经营发展优胜单位、“双文明”建功立业劳动竞赛优胜单位、莱西市文明单位称号。

以客户为中心，以科技为先导，开展客户分级管理体系建设，打造青岛特色VIP客户服务体系，加快“科技国寿”建设步伐，推广“新一代”建设成果，助力公司销售、服务、运营转型，利用e店、e宝平台社交化销售；加快e职场、易学堂、大健康等一批e化工具的推广应用。科技成果的运用，提升了客户服务效率和客户满意度。

参与社会民生保障项目，承保莱西市居民的大病医疗保险、莱西市民生综合保险、莱西市扶贫特惠保险、莱西市残疾人意外伤害保险等多种民生保险，借助政府支持推进政保业务普惠于民。投身公益，2018年8月24日，举办“爱与责任”爱心公益献血活动。

（郭 宏）

阳光财产保险股份有限公司莱西支公司

成立于2006年，位于莱西市重庆东路。莱西支公司依托总公司优质计算机网络和软件资源，严格遵守国家法律法规及中国保监会各项规定开展财产保险业务。

阳光保险是全国唯一一家推出“闪赔”服务的保险公司，为车险理赔树立新的标杆。并与中国消费者协会发起“阳光闪赔车险服务保证金”，让消费者权益最大化。

2018年，公司实现保费收入1.09亿元，上交各种税费1092万，承保各学校学平险保费247万元，给每位学生提供风险保障50至65万元。公司在稳定自身续保业务的同时，开拓车商渠道、银保渠道、综合开拓渠道和电销渠道等众多销售渠道业务，利用稳定的费用政策和良好的车辆维修服务体系，促进业务发展。完善理赔管理模式，以服务客户和社会、服务基层一线为出发点和落脚点，实现理赔服务形象的标准的统一，快速实现服务质量行业领先地位。

（阳光财产保险股份有限公司莱西支公司）

科技·文化

科 技 事 业

概况

2018年，全市科技工作实施创新驱动发展战略，提升科技创新能力，以打造孵化载体为目标，推进众创空间、孵化器、共建研究院等重点工程，构建区域创新体系，强化项目支撑，做好服务，营造创新创业氛围，为适应经济发展新常态和支撑经济平稳发展提供有力支撑。与高校合作共建研究院2个，建成国家级创新孵化基地赛迪加速器，引进中科育成莱西产业基地，中科院博士后工作站在莱西市揭牌成立。新认定国家高新技术企业41家，高新技术企业总量达到87家。

农业科技

2018年，莱西市加速农业科技创新步伐，推动科技成果快速转化和产业化进程，满足新阶段农业及农村经济发展对科技的需求。

科技专项申报　莱西市青岛益久康野芙蓉生物科技有限公司、青岛永乐农业发展有限公司、青岛恩宝生物科技有限公司申报立项中央引导地方科技专项，扶持资金90万元。

科技活动　科技活动周根据不同群体不同需求的实际情况，围绕科技创新、强国富民主题，通过科技政策宣讲活动、科技支撑美好生活体验活动、送科技下乡进村活动、科普宣传活动等形式多样的群众性科技活动，结合莱西实际、行业优势和区域特色，突出科技创新支撑强国富民这条主线，展示科技创新重大成就，展示科技成果转化催生的新产品和新产业。

科技特派员申报　共组织受理26人，经青岛专家评审有25人被评为农业科技特派员，1人评为金融特派员。

工业科技和高新技术

完善孵化体系　结合莱西实际，组织指导道一科技、东方嘉禾、中科云智、东鲁农业等众创空间和孵化器因地制宜，创新开展工作，2018年，全市各创业空间和孵化器共举办各种活动12场，集聚服务创客900余人次，实现创新创业资源的优化整合。

打造科技创新平台　与河北工业大学联合规划建设集碳材料专业技术公共服务平台和孵化器于一体的冀工碳材料产业技术研究院，研究院分别梳理全国有关石墨新材料、石墨烯、碳纤维、碳纳米管的重点企业、重点研究机构名单，确定莱西市2019年招商重点目标和走访重点，制定具体招商方案。研究院与中国非金属矿业协会初步达成意向，将合作举办第一期全国碳材料加工技术培训班。与中国科学院青岛生物能源与过程研究所城镇化发展研究中心合作共建莱西市产业技术研究院，研究院对接中科院具备转化条件的成熟项目入驻孵化器、产业园，共计对接考察项目20余个，在前期充分考察论证的基础上，引进项目6个，引进“千人计划”专家2人，引进“泰山学者”1人；引进研究员、副研究员若干。2018年研究院开展多项产学研对接活动，签约中科院青岛生物能源与过程研究所3个成果转化落地项目、两个产学研合作项目，青岛中科汇金投资管理有限公司与3个成果转化项目投资协议以及莱西市产业技术研究院研发团队引进项目共9个项目。

培育高新技术企业　与青岛市科技局、青

岛市高企管理办公室和莱西市税务局合作举办高企认定培训班2期，对高企认定条件、程序以及优惠政策等内容进行培训，提高企业申报积极性和认定成功率。先后组织3家企业参加北京科博会，1家企业参加重庆军博会，组织碳材料行业优秀企业家赴常州、苏州企业家培训班。2018年度全市48家企业申报高新技术企业，申报数量达到历史新高，其中41家企业最终通过，申报成功率达85.4%。实施青岛市科技型企业培育“百千万”工程，宣传和推广科技型中小企业，通过培训班提高全市企业对科技型中小企业政策的认知率，组织莱西市符合条件企业参与科技型中小企业认定评价，全市41家企业通过评价，获得科技型中小企业编号。组织企业参加第七届中国创新创业大赛（青岛赛区）暨“千帆汇”第五届青岛市创新创业大赛，莱西市中宝塑业有限公司获新材料+生物医药行业（成长企业组）三等奖。

招才引智　开展科技部创新人才推进计划——科技创新创业人才申报、泰山产业领军人才工程、高层次人才团队项目等多项高端人才项目。青岛金妈妈有限公司的周玉忠入选国家“万人计划”。周玉忠等3个青岛创新创业领军人才项目通过中期检查，各拨付50万元项目尾款。

（市工业和信息化局）

科普活动

2018年以来，莱西市科协落实全国“科技三会”精神，履行“四服务一加强”工作职能，围绕实施《全民科学素质行动计划纲要》开展各项科普活动。

重点人群科学素质行动

青少年科技教育　聘请相关专家对中小学生和科技辅导员进行微电影和科技创新大赛培训，激发创新创造能力。全市各中小学学生参与各种青少年科技活动的比例达40%以上，有十余项作品获奖。在店埠镇中心小学、武备中心中学等举办流动科技馆展览活动，通过声、光、电仪器现场演示互动，增强科普知识的兴趣性和直观性。

精准扶贫系列培训　在2018年的“科技之春”宣传月期间，科协联合扶贫办、农业推广站在全市部分贫困乡镇开展“科技助力精准扶贫系列培训”活动，组织20余名科技专家深入农村助力精准扶贫，围绕贫困乡镇特色产业发展和增产增收实际需求，组织推广先进实用的种植、养殖、特色加工等增收致富新技术、新品种，为农民提供精准科技推广和科普服务，科技培训常态化。2018年4月，市科协邀请农业专家服务团成员根据贫困乡镇科技需求，发挥科技力量，围绕精准扶贫，在马连庄镇道子泊村、南墅镇河里吴家村为当地的种植户开展春季葡萄管理课。

城镇劳动者科学素质行动　与市人社局等单位配合，搭建城乡劳动者培训平台，对在职职工、失业人员和新型农民工开展各种类型职业技能培训，提高劳动者就业能力和职业技能。2018年共开展城镇劳动人口科学素质培训10余期次，培训人员1300余人次。

社区科普活动　与水集、望城、经济开发区等社区办紧密联系，在全市各居委会常年开展社区居民科普讲座，社区科普工作实现全覆盖。讲座以倡导科学文明健康的生活方式为主线，以低碳生活、保健养生、食品卫生、交通安全、优生优育、防灾减灾、家庭教育等科普知识为主要内容，共举办社区科普讲座80多期，9000余人次参加活动。

科普宣传

科技活动周 2018年5月19日，莱西市科技活动周在月湖广场启动。莱西市科协联合莱西市科技和工业信息化局、卫计局等十多家单位参加集中宣传，围绕“引领时代，智慧点亮生活”主题，根据工作实际和群众需求，就相关科普知识进行讲解。此外，莱西市开展部分高新技术企业、科普示范基地科技创新成果展示。据初步统计，集中宣传期间，各单位发放宣传资料1万余份，解答群众咨询1000多次，推动了莱西市全民科学素质的提升。

科普日活动 在9月16日全国科普日活动期间，市科协围绕“引领时代，智慧点亮生活”的主题，利用科普长廊、科普宣传栏、利客来和人民广场的LED屏幕等现代科技手段，宣传科学知识，并在月湖广场设宣传横幅6条；通过摆设刊板、发放科普资料、解答群众咨询等形式，宣传群众最关心的雾霾、环境污染、食品安全、生态环保、应急避险、低碳节能、健康生活等与生活密切相关的热点问题，发放各种明白纸、宣传资料4000余份。开展健康知识进社区活动，邀请4名医学专家进社区为群众普及保健知识，受到社区居民的好评。

科普日期间，市科协组织浩丰源农产品协会及富景盘菜种植协会到青岛汇泉广场参加青岛市统一活动，浩丰源农业协会获2018年青岛市全国科普日优秀特色活动单位称号，并获山东省2018年全国科普日高效农业科技成果优秀活动奖。

科普日活动中，莱西市北汽新能源汽车产业基地安排部分留守儿童参观新能源汽车制造流程并配专人讲解。

媒体传播

开办媒体科普栏目 2018年，围绕打造“科普大讲堂”科普工作品牌，继续在市电视台、电台开播《科普园地》栏目和《科普之声》节目，做到天天有科普电视栏目播出和电台科普节目广播。共制作播出《科普园地》栏目45期，《科普之声》节目200余个。在《莱西市情》专栏，宣传普及科学知识，提升全民素质。2018年1月，在莱西电视台黄金时段开通“科普莱西”专栏，提高公民科学素质，增强公民运用科技知识的能力、实现经济社会全面可持续发展。

科普阵地建设 在市地震监测站和部分镇街等10余个地点，制作安装科普宣传栏16个，达到莱西市区域全覆盖，并定期更换宣传内容，保证科普内容常换常新。

科普进万家活动 2018年，莱西科协紧跟青岛市步伐，推尽科普进万家活动宣传，与山东广电网络莱西分公司签订合作协议，共同推动科普文化在莱西落地。已发展双向科普青岛用户3万多户，另有8万用户将陆续完成升级改造。短视频播放、循环点播等形式贴近群众喜好，做好宣传，激发市民关注科学、学习科普的兴趣。

（市科协）

气 象 工 作

气候概况

2018年度全市的气候特点是气温较常年偏高，日照偏少，降水偏少，对各种农作物生长较为不利。年内出现强对流等天气气候事件，气候年景属一般年份。

2018年，平均气温12.5℃，较常年12.2℃偏高0.3℃；年极端最高气温36.8℃，出现在8月2日，较常年偏低3.0℃；年极端最低气温-14.6℃，出现在1月26日，较常年偏高6.5℃；年日照总时数2512.2小时，较常年2519.4小时偏少7.2小时；年总降水量613.7毫米，较常年644.9毫米偏少31.2毫米；日最大降水量59.3毫米，出现在8月20日；最长连续降水日数8天，出现在8月13日至8月20日，降水量109.3毫米。雨日89天，雪日24天，雾日41天，雾凇1天。终霜日为4月2日，初霜日为10月25日，无霜期184天。年最大冻土深度34厘米。

2018年6月28日03时至05时，受强对流影响全市出现雷雨大风天气，极大风速为29.2米每秒，出现在气象局本站。据民政部门统计，此次大风天气造成受灾人口7661人，直接经济损失1209.97万元，其中农业损失929.60万元。

气象服务

2018年，市气象局密切监视天气变化，及时发布各类气象预报和预警信息、提出防御措施。通过“掌上莱西”、短信、金宏网、莱西政务网等渠道向社会发布各种气象信息。与市水利局和市水文局联合发布降水情况通报，方便群众了解天气情况和气象信息。2018年初更新手机短信用户群，开展针对性气象服务工作，细化气象服务群体。开展森林火险等级预报服务，完成“乐在莱西——2018时光音乐节”气象保障服务和省运会在莱西组织的射箭、武术等比赛项目的气象保障服务等。开展飞机防治美国白蛾气象保障服务，每天2次通过短信和邮件向飞防指挥部发送气象信息，与市交警大队联合开展灾害性天气道路气象服务工作，完成麦收、春播、秋种等气象服务工作。

2018年，市气象局向政府有关部门及社会发布《气象信息》24期，预警信号147次，《雨水情》信息46期，设施农业气象专报19期，《墒情监测信息》36期，《农业气象灾害预警》11期，农用天气预报8期，月、季气候趋势预测15期。全年共发布手机短信120余万条，“莱西天气”微信公众号的关注人数突破3000人。

气象人才培养

2018年，市气象局将气象人才培养作为年度工作重点。加强日常的学习培训，提升工作人员的业务能力和水平。开展县级综合业务竞赛培训，在青岛市县级综合气象业务竞赛中，市气象局获团体第一，个人全能第一、第二、第六名的成绩。派出骨干力量参加省气象局、中国气象局组织的行业竞赛。9月，在第七届全省气象行业职业技能竞赛中，市气象局职工邓运超代表青岛市参加比赛，取得团体第一、个人全能第三名的成绩；12月，在第十三届全国气象行业职业技能竞赛中，市气象局职工邓运超获得个人全能第七名，被中国气象局授予全国气象行业技术能手称号。

人工影响天气工作

召开全市人工影响天气工作会议，对全市高炮操作手和火箭操作手进行一次全面的培训。在加强作业点的管理上，对2018年新更换的炮手建立资格档案，并在公安部门进行备案。开展人工增雨作业，抓住每一次有利天气过程，及时组织进行人工增雨作业。全年共开展火箭作业2次，地面烟条播撒作业3次，完成2018年增雨防雹作业任务，全市无明显旱灾、雹灾发生。

气象科普

开展气象科普活动。在“3·23”世界气象日、“5·12”防灾减灾日、科技周等活动中，市气象局组织开展气象科普活动。2018年的“3·23”世界气象纪念日活动由市科学技术协会、市气象局共同举办，活动吸引了众多市民前来参观，通过广泛宣传、周密安排和精心讲解，为公众普及气象知识，提升了公众气象灾害防御能力。

防雷安全监管

根据青岛市气象局、莱西市安全生产委员会、莱西市安全监督管理局等要求，在2018上半年开展安全工作的全面检查和整治工作，共检查重点监管单位157个，发现各类雷电安全隐患285个，经过督查落实，已全部完成整改。

（市气象局）

防震减灾

概况

截至2018年末，全市已建立运行地震前兆监测台1个、强震动台1个、地震宏观观测点19个，地震前兆测项2个、实时测震速报系统1个、地震应急指挥系统1个，在建国家地震烈度速报与预警站点14个。地震应急救援体系基本完备，建设一处地震应急装备储备库，配备一批专业化救援装备，组建地震灾害紧急救援队伍和地震应急救援志愿者队伍，建成山东省县级市首家室内外一体化的国标I类地震应急避难场所，2月通过省专家组验收。建设集地震感受及互动体验于一体的地震科普体验馆，4月正式向社会公众开放。

地震监测预报

树立“震情第一”的观念，制定《莱西市2018年度震情跟踪工作方案》，依托前兆测项和实时测震系统进行震情监视跟踪，落实周会商、月会商、年度会商制度，做好全国“两会”和青岛上合峰会期间地震安全服务保障工作，执行领导在岗带班和全天24小时值班制度。实行地震宏观观测点动态管理，重新核实观测点各项数据，加强宏观观测员业务培训。定期巡查胡家疃地震前兆观测台站和省局强震台观测系统运行状况，确保设备正常运行，数据处理报送及时。配合国家、省和青岛市地震局做好国家地震预警工程台站建设任务，已完成选址、用地、租地环节。

地震宣传教育

利用“绿色崛起·文明同行”防震减灾主题宣传服务活动，“国家防灾减灾日”“科技活动周”“安全宣传咨询日”“突发事件应对法宣传活动”“国家宪法日”等重要节点，开展防震减灾宣传活动，通过拉设宣传横幅、发放宣传资料以及现场解答咨询等形式，向来往市民宣传防震减灾知识，提高防震减灾意识和突发事件应对能力。

地震灾害防御

深化“一次办好”改革，发布建设工程项目抗震设防要求公告、缩减审批材料，方便办事企业。贯彻落实《山东省建设工程抗震设防条例》，结合建设工程类型、场地类别和其他因素，对于全市新建、扩建、改建建设工程按照不低于地震动峰值加速度分区值0.10g确定抗震设防要求，建筑工程抗震设防能力得到有效提升。

参加上级部门组织的“学习防震减灾知识，提高避险自救能力”为主题的小学生防震减灾科普知识手抄报大赛，全市参赛选手获山东省二等奖2人，获青岛市奖项11人；开展地震科普示范学校建设，实验中学、实验小学、香港路小学等7家中小学校申报成为2018年度青岛市地震科普示范学校。

地震应急演练

5月11日，莱西市地震灾害紧急救援队一行13人全程参与2018年青岛市地震应急救援综合演练，现场展示部分地震应急救援装备。5月24日，市地震局与市教体局联合在莱西三中举行防震应急疏散演练现场会。11月14日，联合机关事务局、人防办、消防大队、安监局等单位组织开展政府大楼的应急疏散演练，以提高市行政办公中心各单位干部应急避险、紧急疏散、自救互救能力，普及防灾减灾知识。

地震科普体验馆

4月29日，市地震科普体验馆建成并正式对社会公众开放，是集宣传、教育、体验、培训于一体的综合性防震减灾、应急避险知识与技能的互动式科普教育基地。地震科普体验馆中内设地球结构模型、地震基本原理、地震带分布、地震防护常识、地震体验平台、医疗救助培训、抗震建筑结构与原理、烟雾逃生走廊等九大区域、七项互动点，既让市民在亲身体验中提升防震减灾意识，学习防灾应急知识，也对应急志愿者和安全员等进行安全知识和救援技能培训。开馆后，市地震局利用节假日和“5·12”国家防灾减灾日、唐山地震纪念日和国家宪法日等重点时段，多次联合莱西市社工和志愿者联合会组织蒲公英、萤火虫、阳光公益、一块帮、小雨滴、温馨家园、青报红领巾小记者团队、与您同行志愿者团队、梦帆语文课堂、名爵艺术学校等公益团队开展“关爱留守儿童”公益行等活动，多次组织留守儿童、贫困学生、小记者等近千人次前来参观体验。

（市应急局）

文化工作

文化活动

开展免费开放服务。结合群众文化生活需求，市文化馆按照免费开放的标准要求，创新服务内容，免费开放20多个厅室，常年活动队伍30多支，共1000余人。定期组织业务干部利用新馆设施设备对市民进行免费辅导和培训，推出系列免费公益培训活动，内容涵盖书法、美术、舞蹈、声乐、器乐、主持、摄影等，使文化馆真正成为全市群众文化活动的重要阵地。推广培训两支原创“百姓健康舞”，邀请青岛文化馆专业老师，对各镇办广场舞骨干和全市广场舞爱好者集中培训，争取在2019年世界休闲体育大会期间进行大规模全市展演。

创新少年儿童培训模式。2018年暑假期间，开展“快乐假期跟我学”公益系列培训活动。组织开设舞蹈班、书法班、国画班、街舞班、武术班五个班次的系统授课，每班10节课、20课时，共招收学员130余人，丰富少儿假期生活，推动学生素质教育。

开展“深入生活、扎根人民”主题文艺创作。市文化艺术研究院发挥平台作用，围绕“青岛元素、时代精神”以及弘扬中华优秀传统文化主题开展精品文艺创作，组织专业骨干下乡深入基层对重点镇办单位骨干人员进行现场辅导，开展文艺创作服务。完成一系列作品的创作，其中“中国梦”主题创作有故事《老街》、散文《借问酒家何处有》；社会主义核心价值观主题创作有散文《给时间以生命》《建设者说》；中华优秀传统文化主题创作有散文《你就是神》；青岛元素、讴歌时代精神的文艺创作有散文《门前》《青岛海洋文化探究》。9月，在《民间文学》刊出《求你求求我》。先后完成《我们的节日——元宵节》解说文稿，道德模范颁奖晚会主持词、解说词、颁奖词，整理莱西民俗计10万字。

开展全民阅读活动。2018年，莱西市图书馆累计接待读者26.8万人次，书刊文献流通38.36万册次，13.09万人次；新增持证读者4006人；完成新书采购编录7.05万册。围绕点燃阅读激情，共筑书香莱西的主题，市图书馆共举办网络书香过大年春节系列活动、莱西市第三十八届元宵节灯谜会、“书香莱西”全民读书节系列活动，“月湖讲坛”系列传统文化讲座、尼山书院茶艺公开课、社科知识大讲堂公益讲座、摄影公益大讲堂和“母亲的力量·阅读点亮青岛——领读者全城阅读接力”亲子阅读故事会各类活动53次，参与人数3.5万余人次。打造“小书童”读书联盟少儿阅读活动品牌，开展适合少儿成长发展的阅读推广活动，促进全民阅读事业健康发展。

公共文化服务体系

加强文化志愿者队伍建设。莱西市文化馆面向社会招募优秀文化志愿者40人，文化志愿者积极参与举办的文化活动、培训辅导等20余场次，参与人数116人次，充分发挥社会力量在文化建设中的作用，培育热心公益的社会风气，弘扬奉献精神。

公共服务设施建设成效显著。2018年5月，在第六次全国县级以上公共图书馆评估定级中，莱西市图书馆获国家一级图书馆称号，实施总分馆建设。建成并启用行政办公中心图书室、北墅监狱武警中队、九联幼儿园流通服务点。开展农家书屋管理员培训，多次组织工作人员下乡辅导，加强农家书屋管理。

非物质文化遗产

实现省级非遗传承人零突破。全市省级非遗保护项目莱西秧歌传承人孙会明入选山东省第五批省级非物质文化遗产代表性项目传承人，填补莱西市省级非遗传承人的空白。

莱西木偶戏走向国际舞台。2018年，莱西木偶戏代表山东省文化厅参加国家文化和旅游部一年一度全球联动推出的“中国文化周”系列活动，在新西兰惠灵顿国家图书馆演出《大梦敦煌》，随后在纽兰兹中学等地进行多场演出。在上海合作组织青岛峰会期间，莱西木偶艺术及相关文创产品也得以展示。《莱西木偶》短视频获“相约上合·遇见青岛”短视频大赛“最具传播力奖”。

第六批市级非物质文化遗产代表性项目名录完成。2018年，完成年度非遗普查、申报、评选立项工作，确定8个第六批市级非物质文化遗产保护项目，分别为莱西马氏巧饼制作技艺、莱夷古乐、莱西李氏根雕技艺、莱西于氏胸痹秘方、刘氏老南墅干干肉制作技艺、石河徐氏古法酿酒技艺、旭东猪头肉制作技艺、莱西打锡技艺。

非物质文化遗产项目传承人。第三批市级非物质文化遗产项目代表性传承人共计9人，分别为耿胜尊（莱西耿氏沽河白酒酿造技艺）、陈国平（莱西陈氏古家具修复技艺）、封伟伟（莱西封氏玉雕技艺）、吕秀芹（莱西姜和堂蜜姜制作技艺）、刘福春（莱西刘氏蒸骨疗毒秘方）、张卫柱（莱西张氏蟾公酒酿造技艺）、王秀平（莱西王氏锣鼓表演技艺）、王振刚（吕剧）、李锴（糍模人泥塑）。

文化市场监管

落实“放管服”改革政策。清理审批服务事项办理过程中的繁杂证明、奇葩证明和需要多次重复提交的其他材料。推行审批事项网上办理、一窗办理、联合办理、一次办好，优化办事流程，精简申请材料，缩短办理期限。优化营商环境、激发市场活力，将11个许可事项、10个其他权力事项细分为81个最小办事单元，全部达到三级以上网办标准，并通过山东政务服务网统一对社会公布。2018年底，按照省政府关于相对集中行政许可改革的要求，将法定的11个行政许可事项及与之相关的部分政务服务事项共计44个子项划转到行政审批服务局集中办理。

履行监管职责。按照“谁审批，谁负责”和“管行业必须管安全、管业务必须管安全”的要求创新管理方式，加强事中、事后监管。开展经营许可证年检、定期检查活动，加强对公众聚焦场所、印刷企业、出版物发行单位、艺术品经营单位“全覆盖、无死角”的监管，同时将年审结果上报青岛市局相关处室备案，函告公安、工商、文化执法等相关部门联合惩处。推行双随机抽查，定期对取得经营许可证的经营单位进行安全生产和审批条件检查。2018年，共发起双随机任务6次，抽查网吧、娱乐、演出、电影放映、印刷企业、发行单位46家次。

组织法规宣传，结合国家宪法日、知识产权日、艺术品宣传周等重要节日，开展各种宣传活动。全年组织广场集市法规宣传活动5次，接待市民法规咨询400余人次，发放宣传单页近1000份。组织经营单位法人、经营负责人开展法规培训，全年组织印刷、娱乐、网吧、出版发行单位法人、经营负责人法规培训班1班次，消防应急演练现场观摩会2次，对公众聚集场所和安全生产重点企业120多个单位的主要负责人进行全面培训。加强部门联动联合执法，在重大活动、重要节日期间，开展专项整治活动、安全生产监督检查，确保文化市场安全持续稳定。

（市文化和旅游局）

广播电视

县级台标准化建设

根据《莱西市2018年全面深化改革考核工作实施方案》，市广播电视台承担县级广播电视台标准化建设的改革任务。按照省及青岛市有关要求，2018年，市广播电视台对照考核指标认真自查，协调完善软硬件配备，11月经省标准化建设工作领导小组现场考核，标准化建设通过验收，完成青岛市2018年重点领域改革创新工作任务。

新闻宣传

创新新闻宣传报道机制，建立新闻宣传采编例会制度，打通电视台新闻部、节目中心和电台之间的采编通道，建立起选题报题、稿件点评和三级节目审查制度，提高宣传水平和宣传效率，形成新闻宣传集束效应。围绕全市中心工作和阶段性工作部署，加大对内、对外宣传力度，深入一线挖掘鲜活题材，播发重点稿件360多篇；完成重大会议、重点活动的集中报道，突出乡村振兴、招商引资、项目建设、新旧动能转换、环保治理、现代农业、休闲旅游、党的建设、改善民生等重点工作，开辟“乡村振兴”“项目建设”“休闲旅游在莱西”“党委书记抓党建”等专栏，推出一批系列报道、连续报道，挖掘一批先进典型，发挥主阵地舆论引领作用。新闻的信息量实现有效增长。从8月开始，电视新闻的播出时间由10分钟增加到15分钟，新闻播出条数由每天4至6条增加到7至10条。

2018年，全年在青岛以上电台、电视台发稿700多篇，特别是中央级媒体发稿40多篇，较去年翻一番，省台发稿50多篇，获山东广播电视台广播宣传先进集体一等奖和电视宣传先进集体称号。《收货季看市场》《山东青岛：甜瓜采收进入高产期，汁多脆甜受欢迎》《山东莱西店埠胡萝卜进入丰收季》等在央视第一时间播出，《莱西：千树万树梨花开·游客赏花踏青》在新华社、央视第一时间、央视移动网播出。12月17日在中央电视台《焦点访谈》庆祝改革开放40周年专题播出莱西市广播电视台采制内容，实现历史性突破。

专题栏目

电视台《美丽村镇》栏目深入11个镇街和莱西经济开发区，推出环境卫生整治、党的建设、乡村特色产业、乡村特色游等多个专题进行全方位宣传报道。《今日莱西》栏目对全市新能源、新材料、生物医药、节能环保和信息技术五大新兴产业进行重点宣传报道。《城市观察》栏目新开《重点工程建设剪影》《百姓眼中的莱西》等板块，采访各层面市民，让普通百姓进影屏、吐心声、说现状、谈看法、提建议，营造出人人关心、支持、参与城市建设的良好氛围。《与法同行》栏目全面报道莱西市推进依法治市、加快建设法治政府、推动社会治理模式转变，提高和谐社会建设水平方面的工作，以及市公安、法院依法从严治警，维护社会稳定的成功经验。

硬件升级换代

市委市政府投资200多万元，对播出设备进行数字化升级改造，最终实现摄录编播全系统数字化。新演播厅正式启用，落实安全播出规章制度和应急预案，预防插播、截播等责任事故的发生，实现广播电视节目安全播出零事故，确保青岛上合峰会、元旦、春节、“十一”及各级两会期间新闻播出的政治安全。

新媒体经营

持续经营运行“智慧莱西”“视听莱西”“莱西之声”微信公众号，“握得莱西”手机台和公众号正式上线运营，重要新闻的播发基本实现先网后台，新媒体与传统媒体在资源、人力、平台等方面初步实现融合。

（市广播电视台）

新　闻

概况

2018年，莱西市新闻中心出版发行《莱西市情》207期，版面1656个。每期发行量达2万份，实现全市各级机关、企事业单位、镇村、学校及城区主要公共场所的全覆盖，被授予青岛市文明单位标兵和山东省优秀县市报称号。

提升报纸质量

科学设置栏目　落实中央、省委、青岛市委等工作部署，围绕市委、市政府“1+5+4”目标体系和“两核、两轴、多组团”布局，以“绿色崛起”和“典范之城”两大主题为总的办报指导思想，策划“新旧动能转换·绿色崛起”之农业新气象、企业转型升级、保驾护航、招商变革等系列化报道，先后开办“认真贯彻落实习近平重要讲话重要指示精神·抢抓峰会机遇、提升发展水平、率先走在前列”“深化拓展‘莱西会议’精神、抓党建促乡村振兴”“倡树新风·真诚服务”“红色莱西、文明莱西、平安莱西、乐在莱西”“双拥共建”“国防教育”等30余个栏目，宣传报道市委、市政府的方针、政策，全市各部门的工作经验和动态，挖掘全市党史、文史资料等历史文化资源。开展中小学生暑期征文、民生工作好新闻竞赛等活动，提高开门办报参与度。累计刊发新闻报道1800

余篇，其中新开设系列报道《绿色崛起之农业新气象》系列、《绿色崛起之企业转型升级》系列、继承发扬“莱西会议”精神大力推动乡村组织振兴系列头条稿件160余篇，配合全市各项重点工作的开展。

加强宣传策划　每周五下午召集采编人员召开编务例会，中心主要领导和分管领导亲自参与新闻报道策划，确保新闻报道准确、及时、新颖、可读性强。全年围绕市委、市政府中心工作，策划和完成180余次会议和活动的宣传报道，其中比较重大的会议和活动有全市领导干部会议、“两会”、全市经济工作会议、全市农村工作会议、全市考核工作会议、青岛市抓党建促乡村振兴等重要会议和活动的宣传报道，为莱西市经济社会各项事业的快速发展营造良好的舆论氛围。通过以上举措，采编质量有了明显提升，《莱西市情》工作得到市委书记庄增大的肯定。2018年，编辑部共自主采写一、二版头条稿件200余篇，一、二版头条稿件基本实现记者自主采写。

新媒体平台

创新栏头设置，对莱西新闻网和电子报、手机报、微信平台栏头进行重新设计，使栏头变得美观大方、新颖活泼，增强读者的阅读欲。增加微信内容。《莱西市情》服务号、《莱西新闻》订阅号微信，涉猎包括经济政治、文化娱乐、社会新闻等各方面的内容，满足不同读者的阅读需求。推广微信号，为使微信推广范围更加广泛，借助市委宣传部推广“莱西发布”“莱西大众网”“视听莱西”“聆听莱西”等微信公众号，实行资源共享。同时，采取在中心内部全员发动和借助社会力量的方式，扩大微信范围和知名度。

《莱西市情》《莱西新闻》微信先后策划开设宣传栏目30余个，已发展“粉丝”8万个，实现新闻宣传的权威性、立体化、全覆盖。

对外宣传

在搞好内宣的同时，扩大对外宣传渠道，加强外宣传工作力度。畅通宣传渠道，在与《青岛日报》《农村大众》等媒体联系的同时，将300余家地市级以上新闻媒体的公共信箱统一放在一个文件夹共享。记者采写的稿件在《莱西市情》刊发的同时，向这些媒体投稿，扩大对外宣传渠道。深入基层抓新闻，坚持和完善“采编轮换”“一专多能”的学习练兵制度，要求采编人员在编好稿件的同时，每周深入基层、深入企业、深入农村，采写与群众、与企业息息相关的稿件，反映群众与企业的呼声与需求。稿件在市情“报网信”发表的同时，力争在青岛市级以上媒体发表。2018年度新闻中心在青岛市级以上媒体共刊发稿500余篇，媒体数500余个。其中，编辑部共自主采写一二版头条稿件200余篇，一二版头条稿件基本实现记者自主采写。

（市新闻中心）

档案工作

国家数字档案馆创建准备工作

市档案馆对照国家档案局《数字档案馆测评办法》，开展数字档案馆系统测试准备工作。根据标准进行初步测试，对照《测评办法》三级指标逐项自评打分，查找问题和不足，列出问题清单。完善硬件设施设备，配备服务器、交换机、磁带库等硬件设施，馆藏档案数据实现在线、近线、离线备份。购置防火墙和计算机，建立涵盖馆藏所有数字档案的资源总库，实现档案备份数据长期、安全保存。准备印证材料，每一个三级指标建立独立的纸质印证材料，形成印证材料体系，包括文字情况说明及各类文件、工程方案、验收材料、工作记录、统计表格、人员证书、管理制度等。在电脑上呈现的金宏电子系统等界面采用截屏方式打印，现场查看的机房环境、电路、数字化设备等项目，拍摄成照片打印，印证材料体系完整，内容齐全。

档案资源建设

加强档案工作规范化监督指导。采取主动参与、现场指导、整改到位等工作方式，加强对市委办公室、市纪委、市委组织部等重要部门档案工作的现场指导，帮助市委办公室完成2017年度文件材料的整理、归档工作，共形成归档文件732件。对2002至2010年进馆文书档案进行重新梳理，按照进馆规范要求，坚持逐件检查，对不符合归档要求的文件进行补充、整改，对红头文件扫描单及无电子档案的归档文件进行扫描。对归档范围进行细化，对应归未归的文件进行梳理，按照保管期限进行整理、编号、编目等。根据山东省档案局《关于印发实施〈山东档案工作科学化管理规范〉测评办法的通知》要求，指导国家统计局莱西调查队以93分成绩通过山东档案工作科学化管理测评验收。

加大对2002至2010年进馆文书档案的检查力度，对30个单位进馆档案实体进行检查，对于归档文件目录及电子文件进行网上检查，对不符合要求的归档文件及时提出整改意见，限期整改。开展馆藏文书档案目录质量核查工作，完成馆藏77个全宗1.56万卷文书档案20万条文件级目录的档号、题名、责任者、文件字号、成文时间等内容的质量核查。加强档案保护，开展革命历史档案复制工作，完成中共莱西南县委、莱西南县政府全宗25卷、3100页档案的彩色复印。

档案查阅利用

采取现场查阅、来电查询、网上查阅等多种方式，为老百姓提供档案查阅利用服务。提供政府公开信息查阅服务。按照《中华人民共和国政府信息公开条例》的规定，在文档服务中心配备能够接入互联网的计算机，为社会提供政府公开信息查阅服务。加强馆室联动，推行“1+N”查档模式。利用者要查阅未进馆的文书档案或非进馆的专业档案时，帮助其联系相关单位前往查阅。针对职工档案、大中专毕业生档案、婚姻档案等利用率比较高的非进馆或未进馆档案查阅问题，及时与市人力资源和社会保障局、市教育体育局、市民政局等单位联系，开通查档热线，建立档案利用指南和便民服务卡。

2018年，共提供查阅各类档案、资料2086人次，2550卷（件）册，其中为工作查考、经济建设、工龄待遇等查阅文件材料602卷（件），为房屋买卖、户口迁移、出国出境、司法取证等出具婚姻状况证明1889件，为莱西城乡经济建设、民生发展发挥积极的作用。

档案文化价值挖掘

地方专题档案创建 主要有莱西革命历史档案、村级组织建设档案。其中莱西革命历史档案包括莱西人民抗日反投降档案、党的基层组织建设档案63卷，是青岛市现存的唯一一宗革命历史档案。村级组织建设档案主要以1990年在莱西召开的全国村级组织建设工作研讨会为起点，挖掘1990至2001年莱西市在村级组织建设及村民自治等工作方面的亮点、创新点，形成系统、完整的专题资料，其中文书档案176件、照片档案152张、视频15件。

助力红色基地建设 利用馆藏革命历史档案、《莱阳县志》、《莱西县志》等档案和史志资源，挖掘档案文化价值，为红色革命基地建设提供丰富、翔实的档案史料。其中为莱西党史馆、马连庄镇河崖村胶东行署旧址建设等提供革命历史档案52件，照片38张，为改革开放四十周年宣传报道及农村改革四十周年成就展等提供图片113张。

档案编研 梳理、查阅馆藏档案，对涉及

离退休干部基本信息的《离休干部护理费呈报表》和《离休干部提为司局或处级待遇审批表》等文件材料进行整合，建立离退休老干部人名库，为全市18个单位提供258名离休干部的基本信息，为《莱西市离休干部名录》编纂工作提供真实、完善的基础材料。

城市记忆工程

2018年对准备扩建的莱西北站周边区域和建设潍莱高铁需拆迁的城区村庄进行无人机航拍，每一条目航拍视频30分钟、航拍图片50张，留下珍贵的历史图片、视频资料。

展厅建设

2017年10月以来，莱西历史文化展厅、特藏室相继开展施工布展，截至2018年底，特藏室已完成基础施工，"筑梦莱西"展厅已基本建设完成。展厅位于市档案馆三楼，建筑面积近700平方米。展厅由纵横莱西、人文莱西、风云莱西、建业莱西、活力莱西、筑梦莱西六大篇章组成，是一座展示莱西历史变迁、人文发展、建设成就的现代化文化历史展馆。展厅运用现代化科技手段，以丰富的档案、文史资料为依托，追寻莱西历史脉络，彰显人文经典，弘扬革命传统，展示发展成果，是集史料、科普、教育、观瞻为一体，具有较高文化艺术品位的现代化陈列展馆，既是莱西对外宣传交流的展示平台，也是爱国主义与革命传统教育的精神殿堂。

（市档案馆）

地方史志与年鉴

《莱西年鉴（2018）》编纂

3月15日，市委办、市政府办印发《关于编辑出版2018年版〈莱西年鉴〉的通知》，全面启动年鉴编纂工作。市史志办公室统筹推进资料搜集、整理、修改和图片采集等各个环节。坚持任务分块负责制，将年鉴编写任务细化，每块均安排专人对接，从材料的收集、编写到定稿，均由专业人员编辑完成。加强与各撰稿单位的沟通联系，了解工作进展，及时解决编写过程中存在的困难和问题。12月，《莱西年鉴（2018）》由中州古籍出版社出版，全书共计66万字。

方志馆建设

为规范方志馆建设与管理，按照省、青岛市史志办要求，莱西市史志办公室根据方志馆管理办法要求在馆舍面积、藏志书登记系统操作规范、志书交换、年鉴赠阅、读志用志服务、强化管理等环节按照省、青岛市方志馆建设与管理规范开展工作。在原有志书基础上，全年共接收志书180种，3000册，并按要求全部上架，同时完成方志馆面积达标和内部系统建设任务。莱西市方志馆被评为全省优秀方志馆。

基层志编修

2018年，市史志办与店埠镇、望城街道、沽河街道等单位和部门沟通协调20余次，着重对《店埠镇志》《辇止头村族谱》《西杨格庄村志》编写进度进行实地监督指导。截至12月末，《店埠镇志》第2稿已修改完成，第3稿正在修改中；《辇止头族谱》已出版；《西杨格庄村志》按照青岛市史志办提出的审读意见，已完成修改和相关资料充实工作。

（莱西市地方史志研究中心）

图书发行

2018年，莱西市新华书店把社会效益放在企业发展的首位，主营业务收入和利润保持两位数增长，实现社会效益和经济效益双丰收。年内先后获青岛市工会先进职工之家、山东省2016至2017年度守合同重信用单位、山东省版权保护示范单位等荣誉称号，继续保持山东省文明单位称号。

政治理论读物宣传发行

作为党的宣传阵地和社会主义精神文明建设的重要窗口，市新华书店成立专门领导小组，全面组织、协调政治理论读物宣传发行工作。动员全体，发动全店干部职工，跑机关、进企业进行宣传征订。开展上门服务，第一时间将政治理论读物送到广大党员、干部手中。宣传工作上，利用图书码堆造型、电子屏、展架、海报、条幅和微信公众号等形式，做好政治理论读物的宣传工作，营造学习宣传政治理论读物的氛围。全年共计发行各类政治理论读物1.86万册，其中发行《习近平谈治国理政》2400册、《习近平中国特色社会主义三十讲》1.1万册。

服务教育市场

做好全市中小学教材、教辅征订发行工作。提升教材教辅发行的质量和水平，加强与教育部门的沟通与协调，确保"课前到书、人手一册"落到实处。发挥服务教育积累的经验和形成的优势，既当好供应商又当好服务商。2018年中标小学生游泳培训服务采购项目，暑假期间正式开始培训。全市共设洙河小学、济南路小学、滨河小学、南岚中学、沽河小学、绕岭小学6处培训点，共计培训学生6700余人。邀请著名儿童文学家薛涛、邓秀茵、肖定丽走进校园开展讲座50余场；倡导开卷有益、与书为伴的寒暑假读书征文活动已连续举办十余届，成为全市中小学生寒暑假品牌读书活动，社会效益显著。

门店升级改造

坚持以市场为导向，以服务读者为中心，打造以书为主的多元复合型、体验式文化消费空间。在原有基础上提升卖场运营结构，发展实体书店。2018年，重点对书城二楼儿童乐园进行局部优化升级，打造书城一站式儿童消费平台，新增扁柏木木粒池以及丛林钓鱼池、城堡积木车等活动区域，增强乐园可玩性和消费黏合度，为书店聚集流量，带来人气，促进新华书店品牌和商业价值的提升。

提升阅读体验

4月22日，由市委宣传部、市文广新局、市教体局、市综合行政执法局主办，莱西市图书馆、莱西市新华书店承办的2018年"4·23"世界读书日暨"书香莱西"读书节活动在书城拉开帷幕。市新华书店以书香莱西建设为契机，向社会推荐各类优秀图书，营造阅读氛围，倡导全民阅读。参与文化惠民消费季活动，通过公众号、朋友圈、顾客群等广泛宣传，让更多市民畅享文化实惠。联合市委宣传部在书城举办全民读书月启动仪式，联合教体局、团市委等开展讲故事演讲比赛、小书虫诵读等活动。元旦、春节、"六一"儿童节等各类主题营销活动丰富多彩，开展莱西市新华书店改革开放40周年图片展，提升群众参与度、平台辐射面和品牌号召力。传承红色基因，在马连庄镇河崖村筹建胶东第一个新华书店旧址，得到青岛市委常委、宣传部部长孙立杰的认可。

拓展线上销售渠道

抓住互联网发展机遇，在原有网络销售平台基础上，建立拼多多、阿里巴巴1688平台店铺，打造自营平台的全渠道运营模式。通过不断扩展和完善电商平台渠道，线上销售实现跨越式发展。2018年，实现线上销售收入5584万元，图书销到全国各地，商流带动物流，促进地方经济发展。

（市新华书店）

崔子范美术馆

由莱西市政府与著名国画大师崔子范共同兴建，1998年11月奠基，1999年8月落成。位于莱西市文化路，背倚月湖公园，面对洙河长堤。馆舍建筑面积2600平方米，为中国四合院式仿古风格。主要陈列、研究崔子范不同时期的书画作品及生平资料；开展艺术交流，主办和承接各种类型的中外美术作品展览；建立中国近现代美术史料、艺术档案，开展各类学术活动。

2018年是崔子范美术馆建馆20周年，根据年初制定的“月月有展览”工作目标，开展庆祝崔子范美术馆建馆20周年系列活动，共举办首届月湖书画名家作品展、徐华州中国画作品展等书画展览16次，接待书画爱好者、游客总量逾3.6万人次。承接两当县党政代表团等公务团体11个，接待大众报业战略运营部、世界休闲组织等各级接待、参观、考察工作6批次，提供免费讲解17场，为全市文化事业发展做出贡献。

创新展览方式，实现文化惠民。年初举办书法名家新春送福活动；开展签约书画家活动，先后与8名书画名家签约，建成崔子范美术馆签约书画家展厅，提高展览档次，实现所有展厅常年对外免费开放。

拓宽渠道，丰富藏品数量。通过与崔子范四子崔新建对接，接收其捐赠书画作品56件，连同通过举办展览接收的藏品，2018年以来共增加馆藏作品72件。

（市崔子范美术馆）

教育·体育

综　述

2018年，莱西市围绕质量和公平两个核心，加强教育系统党的建设，落实立德树人的根本任务，深化教育内部改革，加快推进教育现代化，办好人民满意的教育。《中国教育报》、《中国教师报》、人民网、大众网等媒体，先后30余次宣传报道莱西教育创新与特色发展经验。

加大教育投入

2018年全市财政性教育经费15.46亿元，占公共财政预算支出比例为20.15%。其中，教育附加1.1亿元，比2017年的1.08亿元增加108.86万元，增长1%（青岛教育附加1106.91万元，比上年减少1931.14万元；莱西教育附加9850万元，比上年增加2040万元）。公办初中、小学生均公用经费分别达到1163.20元和1099.74元。落实义务段教育“两免一补”政策，全年累计为义务教育段学生减免教科书款851.06万元、作业本款145.56万元，发放寄宿生生活补助57.33万元，随班就读学生交通补助金8.28万元。2018年共发放助学金797.23万元，受助学生8234人次。其中，为家庭经济困难儿童发放助学金239.2万元，受助儿童2657人次；为普通高中家庭经济困难学生发放助学金396.83万元，受助学生3965人次；为中职学校家庭经济困难发放助学金161.2万元，受助学生1612人次；为244名家庭经济困难的大学生办理了生源地信用助学贷款，金额204.5万元。

总投资300万元的实验中学、第二实验小学消防配套工程和总投资1580万元的职业中专女生宿舍楼工程，竣工验收；完成总投资730万元的莱西一中实验室设施配备工程，为14个实验室购置普教仪器、辅教用品等1400余项。投资950万元，为6所学校建成青岛市中小学校标准化食堂；投资3800余万元，为102所学校建成同步课堂102间；投资123万元为40所薄弱学校配备电子书618台，开通人人通学生账号5400个、家长账号1.08万个、教师账号600个。投资3.2亿元的山东省莱西市第二中学新校区主体工程完工。水集中心小学、滨河小学、实验小学、第二实验小学、九联小学、济南路小学、香港路小学、莱西七中获青岛市教育信息化应用创新示范校称号；城关中学、实验小学获全国青少年人工智能活动特色单位称号。 2018年5月莱西第七中学被评为第七批省级绿色学校；12月3日，莱西市13所中小学、幼儿园入选首批“家校（园）共育”数字化试验区。

全域统筹规划，优化布局，出台《关于改革城区部分中小学管理体制的工作方案》，解决城镇普通中小学大班额问题。投资3000万元的城东小学改扩建工程、投资1500万元的城关中学综合楼新建工程、投资2000万元的洙河小学综合楼新建工程、投资2000万元的城关小学改扩建工程，均按期竣工，新增班额36个，新增学位1700人，为未来5年适龄学生上学提供充足学位。12月28日，城关中学、城关小学、洙河小学完成市直化改革，由镇办学校升格为市直属学校，推进教育城乡一体、优质均衡化发展。中国教育新闻网以《青岛莱西化解中小学大班额，落实七个到位》为题，《中国教师报》以《山东莱西：“改薄”为农村学校“强筋壮骨”》为题分别报道莱西市坚持改革与发展并重，因地制宜、多措并举、综合施策解决城镇普通中小学大班额问题。

队伍建设

2018年面向社会招聘新教师174人，面向全省招聘16名在编在职优秀骨干教师。安排18名中小学校长、364名教师进行了交流轮岗；安排11名教师分别赴西藏、新疆、甘肃、菏泽支教帮扶；对青岛26名支教教师进行妥善工作安排；区域内安排34名支教教师赴薄弱学校支教。修订《莱西市教师常规管理规定》，组织全体教师学习《新时代中小学教师职业行为十项准则》《中小学教师违反职业道德行为处理办法（2018年修订）》《关于严禁中小学校和在职中小学教师有偿补课的通知》（鲁教师字〔2015〕24号）等文件，开展师德师风专项教育活动，全体教职工签订《拒绝有偿补课公开承诺书》，严格规范教师从教行为，杜绝有偿家教、违规征订教辅材料等现象。

实施领导干部综合素质能力提升培训工程。按照严格管理，形式多样，强化服务，注重效果的培训要求，采用军事训练、拓展活动、专家讲座、名校考察、警示教育相结合的培训模式，组织培训6期，提升参训学员的团队意识、执行能力、管理能力和创新能力。4月至8月，组织30名小学初中校级领导参加校长任职资格培训。5月至10月，组织中小学72名青年骨干教师，分期次在北京师范大学和厦门大学参加高校高端培训。

加强新入职教师培训。8月至11月，对新入职教师进行职业道德规范、教学常规、专业成长规律、课程改革等内容的培训。加强岗位提升培训，开展“以德立身，明礼诚信”读书活动、“读教育名著、做智慧教师”读书实践工程和学用《红蕾·教育文摘》等优秀书目的校本研学。莱西一中启动“以老带新，以新促老，师徒结对，共同提高”的“青蓝工程”，给青年教师搭建一个快速成长的平台。莱西四中、莱西市济南路中学、莱西七中、莱西实验学校等采取师徒结对、城乡联动、结对帮扶、外出考察学习等方式，推进青年教师快速成长。5月组织对“全国向上向善好青年”高海清、“莱西最美青年教师”实验小学全方莹等先进教师事迹进行集中展映， 发挥典型示范效应，激励广大青年教师敬业爱岗、改革创新，《中国教育报》《中国教师报》《山东教育报》分别给予专题报道。2018年9月10日，市委市政府召开第34个教师节庆祝大会，对298名优秀教师、优秀教育工作者进行表彰。

精神文明和未成年人思想道德建设

4月，开展缅怀先辈、传承文化、铭记责任系列主题实践活动，组织7万多中小学生开展网上祭奠活动。5月，组织评选2018年青岛市教育系统活力团组织、先进团支部、优秀团员和最美团支书评选活动，莱西市教体局团委被评为青岛市“五四红旗团委”，实验小学四（3）中队获全国优秀“动感中队”称号。6月，组织协调埃维集团举办向莱西市各中小学爱心图书捐赠仪式。8月，实验中学代表队进入2018年第39届世界头脑奥林匹克中国区决赛。9月，在青岛市第三届中小学生“学国学、诵经典、传美德”竞赛活动中水集中心小学（赵桐、冷奕萱、崔嘉薇）获团体季军。10月，莱西市滨河小学、香港路小学等16家单位获莱西市首批文明校园称号。11月，月湖小学、第二实验小学、滨河小学代表莱西市参加青岛市“蓝色家园——我的海洋朋友”科普讲解大赛，获区市组第一名。

家庭教育

创新工作机制，扩大家庭教育知识的宣传和普及，构建起家庭教育与学校教育、社会教育相协调的服务网络。2018年2月莱西市香港路小学“共情润心”家庭教育服务站、莱西市第七中学“启迪”家庭教育服务站、莱西市实验小学“水杉”家庭教育服务站获青岛市家庭教育服务站称号，莱西市第二实验小学、莱西市月湖小学、莱西市望城街道办事处中心中学获青岛市家庭教育示范中小学幼儿园称号。12月，洙河小学、沽河街道中心中学、实验中学等10所学校的家长学校获青岛市示范家长学校称号。12月，莱西市被评选为全国家庭教育改革试验区。《人民日报》刊文《让留守儿童走进亲情的绿洲》中节选莱西经验，教育部门户网站以《山东省莱西市构建家庭教育工作体系》为题刊发莱西经验，中国文明网、人民网等各大主流媒体分别转发。

艺术体育和卫生

落实教育部《中小学校艺术教育工作自评办法》《中小学校艺术教育发展年度报告办法》和《中小学生艺术素质测评办法》文件精神，以促进教育均衡发展、全面提高学生综合素质为目标，出台《莱西市中小学生艺术体育素质测评方案》，推进体育、卫生、艺术教育课程和教学的改革，加强常见传染病防治、艾滋病防治、禁毒和青春期教育，建设面向全体学生，内容丰富、形式多样的美育社团，组织开展丰富多彩的艺体竞赛活动，将日常检查与竞赛成绩纳入各学校绩效考核，推动全市学校体育、卫生、艺术教育工作持续健康发展。

4月5日，市教体局配合卫生部门在月湖小学开展“健康进校园”活动，在传染病防控、慢性病防治、儿童口腔项目预防等方面对学生开展培训指导。4月21日，与莱西市红十字会合作，对150余名班主任、体育教师进行三期应急救护培训，提升师生危急情况处置能力。

3月，莱西市组织22支代表队参加青岛市第28届“市长杯”足球赛。4月26日，2018年青岛市中学生运动会在莱西市体育中心召开，青岛市2000余名运动员、教练员、裁判员参加赛事，莱西市32所学校2500余名学生参加开幕式，青岛电视台对开幕式进行实况录像并连续数日滚动播放。5月9日，莱西市第十五届中小学生运动会在市职教中心体育场举办，共6人5次打破5个项目运动会最高记录。7月，在青岛市第四届乡村学校少年宫成果展乒乓球比赛中，莱西市获团体亚军，院上中学学生董婕获女子单打季军，取得历史最好成绩。7月至8月，济南路小学等6处学校安装支架泳池，免费对全市3年级5000余名小学生进行游泳培训。8月，莱西市第二届中小学生羽毛球赛举办。9月，莱西市参加全国“肯德基杯”三对三篮球赛青岛大区赛。9月，莱西市第四届“市长杯”校园足球联赛举办。11月8日，市教体局组织16处学校参加青岛市中小学生啦啦操比赛。11月10日，落实青岛市“十个一”项目计划，武术进校园活动启动仪式在职业中专举行。11月，组织莱西市第十四届中小学生乒乓球比赛。12月，组织中小学武术教师教学专项培训。

5月24日，市教体局组织全市中小学生现场书画比赛活动，共有400余名学生参加比赛。6月27日，莱西市第28届中小学生艺术节举办，3000名中小学生参加此次活动。6月21日，组织100名音乐教师参加2018年青岛市中小学艺术骨干教师合唱指挥班培训活动。9月底至10月，分别组织学校参加青岛市第二十八届舞蹈、合唱、器乐和戏曲戏剧类展演。10月19日，青岛市“戏动城乡”全市中小学班级优秀戏剧（戏曲）剧目进乡校活动在九联小学和望城中心小学举办，李沧区东川路小学、四流中路第三小学、北山小学和李村小学带来的戏剧节目受到莱西师生的欢迎。

贯彻《山东省教育督导条例》

落实经费保障制度，每年按9.7万元列入市财政预算，为督导开展活动提供资金保障。规范督学责任区建设，2018年8月，为全市幼儿园配备16名兼职督学，新增11个幼儿园督学责任区，实现了全市各学段教育责任督学的全覆盖。围绕“零起点教学”、“全面改薄”、幼儿园办园行为、教学常规、冬季取暖等组织专项督导，提升全市中小学（园）办学水平。

体质监测和学业水平监测

2018年6月，完成24所国家质量监测样本莱西相关学校的监测任务，被教育部授予县级优秀组织单位称号；11月，完成60所青岛市选中样本校的质量监测工作；12月，完成2017年青岛质量监测问题专项督查，解决学生在身心健康和学业发展等方面存在的薄弱问题。2018年10月，印发《莱西教育满意度提升工作实施方案》，借助第三方评估与监测力量，做好教育热点与难点问题的调研、分析与整改工作，提升群众教育满意度。

（市教育和体育局）

学前教育

2018年，全市共有幼儿园146所，其中公办幼儿园118所、民办幼儿园28所；省级示范性幼儿园10所、青岛市级示范性幼儿园31所、青岛市十佳幼儿园2所。共有幼儿教师1091人，其中非事业编制幼儿教师994人，在园幼儿1.64万人，学前三年入园率达到99%。

2018年，面向社会招聘非事业编制幼儿教师120人，幼儿教师专科学历达到90%以上，50%以上具有本科及以上学历，幼儿教师资格持证率达75%，保育员持证率达到100%。审批注册登记民办幼儿园7处，新增学位300个，新注册幼儿园3处，新审批幼儿园4处。投资1100万元、12个班规模的莱西市实验幼儿园南京路分园开园招生，新增学位360个。投资600万元，新建开发区小红花幼儿园，新增班级9个，新增学位270个。投资750万元，新建梦想望城小区幼儿园，新增班级10个，新增学位300个。投资600万元，完成院上镇武备中心幼儿园改扩建工程。2018年幼儿园建设任务完成率达100%。

按政策继续提高非公办幼儿教师工资待遇，幼儿教师平均工资达到3700元；公办幼儿园生均公用经费标准达850元；学前教育特殊群体资助标准达1800元，为在公办幼儿园就读的学前残疾幼儿、孤儿免除保教费，在民办幼儿园就读的按照不低于同类公办幼儿园保教费的标准给予补助；配齐（街道）中心幼儿园、村（社区）幼儿园办公和保教设施配备；将学前家庭经济困难幼儿生均资助标准提高到每年2000元以上；幼儿园教职工培训经费列入市财政预算，按不低于5%的比例安排教师培训经费。

2018年1月，莱西市实验幼儿园和香港路幼儿园获山东省卫生先进单位称号。2月，莱西市实验幼儿园《游戏材料的适宜性研究》、香港路幼儿园《幼儿园家庭教育探索与实践》课题成果分获青岛市教学成果二等奖和三等奖。9月23日，莱西市实验幼儿园的《主题背景下活动区游戏材料投放的策略研究》在青岛市课题研究阶段成果报告会上发言交流。11月15日，青岛市幼儿园课题协作成果交流暨幼儿园一日活动开放活动中，实验幼儿园和香港路幼儿园分别做了题为《提高教师有效指导，提升区域文化内涵》《多元互动，提升家庭教育指导的实效性》的成果交流；《生活课程方案》《健康教育课程》校本课程获青岛市幼儿园精品课程称号。12月3日，实验幼儿园、香港路幼儿园入选国全国首批“家校（园）共育”数字化试验区、试点校（园）。12月6日，香港路幼儿园园长李秀玲在青岛市妇联家庭教育指导服务暨家庭和儿童工作培训班上，做了题为《多措并举，引领家庭教育质量有效提升》的发言。12月，香港路幼儿园园长李秀玲被评为山东省百佳园长。

（市教育和体育局）

义 务 教 育

概况

全市共有义务教育学段学校100处，教职工5251人，在校学生6.19万人。其中，普通小学70所，教职工2526人，在校学生3.22万人；初中29所（含2处公办及1处私立九年一贯制学校），教职工2856人，在校学生2.95万人；特殊教育学校1处，教职工48人，在校学生102人。

坚持德育为首，立德树人，市教体局印发《莱西市关于深化基础教育课程改革的实施方案》《莱西市初中教学效能提升活动实施方案》《莱西市普通中小学学科素养培养实施方案》，出台《莱西市中小学办学质量考核评价办法》，深化各项改革，推进各学段优质均衡发展，促进教育公平，努力办好人民满意的教育。

2018年3月，出台《关于印发义务教育优质均衡发展县（市）创建工作方案的通知》，成立专项领导小组，细化分工，落实责任，对义务教育优质均衡发展进行全面部署，明确工作目标及措施，提升办学水平。10月，组织评选济南路小学等92所莱西市首批“美丽校园”，引领中小学培育积极向上的精神文化、营造和谐优美的环境文化、构建育人为本的课程文化、创建丰富多彩的社团文化、建设绿色健康的网络文化，规范学校文化建设制度。

围绕让学生全面而有个性地健康发展，在课程设置、课程实施、课程评价等方面进行创新改革，开发一批符合学校实际、富有学校特色的拓展性课程。重视生命关怀，以省课题《县域中小学开展生命教育专题研究》为核心，加强生命教育探索实践，立足中小学教学需求，建立生命教育教学资源视频库，指导中小学生树立积极向上的人生观、价值观、世界观，提高珍爱生命的意识和能力。

教育活动

2018年1月3日，莱西市第二实验小学承办青岛市小学语文素养提升策略研讨会。4月2日，青岛海洋研究所专家走进莱西实验小学，开展同心九三科普行活动。4月11日，莱西市第二实验小学承办青岛市小学英语自然拼读教学现场会。5月17日，青岛市初中国家课程校本化实施研讨现场会在莱西市实验中学举行，莱西市教育体育局和实验中学分别进行经验交流。5月25日，莱西市济南路小学承办青岛市小学语文基于群文阅读与表达的主题学习研讨会；同日，青岛市初中英语教学研讨会在莱西四中举行。6月19日，由青岛市语委、青岛市教育局主办，莱西市语委、莱西市教体局承办的第九届青岛市写字节暨端午节诗文诵读展演活动在莱西市第二实验小学举行。10月15日，青岛市初中语文学科城乡交流研讨活动在莱西市实验中学举行。10月30日，莱西市第二实验小学承办青岛市小学地方课程（传统文化）校本化研讨会。11月16日，在莱西国开实验学校举行青岛市初中地理城乡交流活动。11月21日，在莱西市实验学校举办青岛市初中地理学科基于核心素养暨多媒体及信息技术的应用教学研讨会；同日，莱西市香港路小学承办青岛市教育科学“十三五”规划课题“基于学科核心素养的小学语文课型研究”暨整本书阅读教学观摩会。11月21日，莱西市济南路小学承办青岛市小学科学“空间与宇宙领域”教学研讨会。12月25日，青岛市初中英语名师开放暨城乡交流活动在莱西市实验中学举行。

10月11日，市教体局邀请著名教育专家王敏勤对全市近700名学科骨干教师进行备课和“三说”专题培训讲座。11月，组织莱西市中小学“三说”比赛，80名中青年参赛教师分获一二三等奖。《半岛都市报》、《莱西市情》、青岛教育局网、莱西教育网对全市教育教学效能提升改革活动进行新闻报道。

教育成果

2018年，在青岛市组织的中小学机器人竞赛、FEG（未来教育集团）竞赛、程序设计、信息技术创新与实践竞赛活动中，莱西市获一等奖28个，二等奖70余个。1月10日，实验学校学生吕子涵、李彦君获全国信息学奥赛山东赛区一等奖。2月2日，青岛市第七届初中学生生物、物理、化学创新实验展评活动中，莱西市获一等奖4个，二等奖11个。2月26日，在青岛市探究性学习成果评选中，莱西市初中数学学科获一等奖1个，二等奖2个。7月27日，在NOC（全国中小学信息技术创新与实践大赛）竞赛活动中，莱西市获二等奖2个。12月，实验小学、第二实验小学、香港路小学、济南路小学、九联小学、滨河小学、水集中心小学、七中获青岛市教育信息化应用创新示范学校称号。

2018年，34个研究项目立项青岛市“十三五”2018年度教育科学规划课题，47个课题立项青岛教育学会2018年专题研究项目，26个学校立项申报山东省教育学会2018年度科技教育专项课题。全市共发表论文107篇，出版教育著作5部，开发校本教材70余套；共有15个项目在青岛市教育教学成果评选中获奖。8月23日，青岛九联小学的核心素养教育、姜山中心中学的家庭教育、水集中心小学的思维导图与校本课程开发创新等研究成果在青岛市课题研究阶段成果报告会上发言交流。11月20日，实验小学“4C教学法”在山东省首届STEM（科学、技术、工程、数学）教育高峰论坛暨岛城教育家成长论坛上发言交流。

全年共举行莱西市公开课136节，青岛市公开课18节，参加青岛市一师一优课比赛获得一等奖19人，15人获青岛市教学能手称号。5月，莱西市实验学校教师仇冬梅在广西南宁举行的第七届全国初中语文教师教学基本功展评暨教学观摩研讨会上获全国优秀课例一等奖。9月18日，望城兴华中学教师刘佳获实验优质课山东省一等奖。10月20日，院上中心中学教师王孟竺、实验中学教师星艳然在山东潍坊举行的全国第九届中小学数学建模优质课比赛中分别获得一等奖。11月22日，月湖小学教师赵红获青岛市STEM教育优质课比赛一等奖。12月，济南路中学教师胡绍霞《光的传播》被评为教育部2018年度“一师一优课、一课一名师”活动优课。

特殊教育事业

印发《莱西市第二期特殊教育提升计划（2018—2020年）》，加大投入力度，改善办学条件，保障残疾儿童接受义务教育，对当前和今后一个时期莱西市的特殊教育工作做出重要部署和长远规划。创新以随班就读、送教上门、医教康教结合育人新模式，推动全市融合教育和送教上门工作的深入开展。3月25日，莱西特殊教育中心康复基地正式揭牌启用，市特教中心与青岛海氏海诺集团达成协议，海诺集团3年捐款60万元，用于自闭症儿童的康复训练等，帮助孩子回归正常生活、融入社会。

（市教育和体育局）

普通高中教育

全市共有普通高中4所（含1处完全中学及1处私立高中），教职工1277人，在校学生1万人。

2018年，莱西市教师研究和探索新课程理念下的课堂教学模式，增强课程的价值力和影响力。以“教师专业成长”及“高效课堂建构”主题，推行“问题式调研、菜单式服务、讲座式培训、典型式推广” 四位一体服务模式。紧跟“新高考方案、新课程方案、新课程标准”改革步伐，突出核心素养培育，实施以“德育为首、素养为本”的教学策略，加强“和谐高效、思维对话”教学课题研究，让每一位学生全面而有个性的发展，让立德树人和核心素养落地生根。创新学生选课走班模式，根据校情、教情、学情，针对学生内涵发展的需求，采用集中教研、分散教研、网络教研等形式，加强对学生“6选3”选课的指导，推进选课走班工作，进行多次研讨、模拟测算，共有20多种不同类型的班级。

2018年11月8日，组织20余人参加北京学科竞赛网在北京化工大学举办数理化生教练员培训活动。2018年数学省赛区赛全国二等奖4人，三等奖1人，省级获奖135人；物理全国二等奖4人，三等奖29人；化学全国二等奖8人，三等奖5人，省级获奖14人；生物省赛区赛二等奖2人，三等奖3人，省级获奖74人；“语文作文大赛”全国决赛5人获得银牌。

全年出示青岛市公开课19节，莱西公开课81节，青岛市名师开放课12节，城乡交流课14节，青岛市一师一优课一等奖7节，二等奖16节；青岛市优质课一等奖5节；共12人次在青岛市三轮复习研讨会上交流发言，各学科教研员开展学科主题讲座30多场。2018年5月，教师战玉琪在山东省中学化学教学研讨会上出示《以“草酸”为载体的微专题复习》省级公开课，战玉琪与历史学科教师李林芳分别获青岛市优质课第一名。

加强中考改革创新，推进普通高中多样化发展，出台《莱西市初中学业水平考试与普通高中招生改革实施方案》，实施初高中“七年一贯制”改革，在课程设置、课时安排、评价考核等方面探索创新，全面提升学生核心素养，学校生态向好，教育质量稳步提升。《中国教育报》、中国教育新闻网以《青岛莱西试点初高中“七年一贯制”改革—— 踏出一条教改“非常”路》为题，宣传莱西市改革取得的成效。2018年1月16日，青岛市普通高中课程与教学工作会在莱西市实验学校召开，青岛二中和莱西一中分别进行典型经验交流。

以“平安考试，阳光招生”为目标，完成高考、中考、夏季高中学业水平考试、自学考试、教师资格证考试、民航招飞等共计4.51万人次的各级各类招生考试工作。2018夏季高考中纯文化课本科达线突破2000人，达线率85.3%，一本达线1253人，达线率53.4%，349名学生被全国“双一流”全国重点高校录取，其中清华录取3人、北大录取2人。在全省普通高考考试质量考核中，莱西考区取得满分成绩，被青岛市招生考试委员会评为2018年度普通高考考务质量管理“零差错”考区，莱西一中、莱西实验学校被评为“零差错”考点和高考优秀考点；莱西市招生考试办公室被青岛市评为2018年普通高等学校招生考试志愿填报指导竞赛优秀组织单位。

（市教育和体育局）

职业教育与社会力量办学

职业教育

全市共有职业学校2所，均为国家级重点职业学校，教职工634人，共有专任教师430人，在校生6658人。民办学校21处，含中等非学历学校20所，中等学历学校1所，专兼职教师179人。2018年职业学校共招生1965人，高中段职普比例5.1:4.9。毕业生职业资格鉴定通过率达到98%，对口就业率达到98%，优质就业率达到92%。共有289名学生参加春季高考，本科达线75人，本科达线率为26%，比上年高出6个百分点。

全市共开设汽车维修、机械、电子、财会、服装、烹饪、学前教育、建筑、畜牧等37个专业，共有青岛市双高名牌专业2个，青岛市骨干专业1个，山东省教学改革试点专业2个，国家级重点建设专业4个。成立26个学科（专业）中心教研组，聘任70名中心教研组骨干教师。2018年10月，职教中心被国家教育部正式确定为国家千所示范学校。2018年1月，职业中专被省教育厅认定为山东省规范化中等职业学校、全国国防教育特色学校。共有11个专业获五年一贯制和三二连读办学资质，办学层次进一步提升。职教中心烹饪、计算机专业，机械工程学校数控技术专业被青岛市教育局认定为第三批现代学徒制试点专业。12月，莱西市职业中专被评为山东省技能考试工作先进集体。

实施“全员素质提升工程”“名师培养工程”“双师工程”和“青蓝工程”，加大专业带头人和骨干教师培养力度，有9名教师获青岛市“一师一优课”称号，2名教师被评为青岛市学科带头人。

2018年4月8日，莱西市第二届产教融合推进会在职业教育中心召开。5月16日，第一届莱西市职业教育市民互动体验节在月湖广场举办。6月，参加全国职业技能大赛，莱西市获银牌3枚、铜牌1枚；同月，职业中专承办青岛市中职学校艺术插花、果蔬嫁接两项技能大赛和建筑专业国赛选拔赛。7月7日，首届“职教情·中国梦”莱西市职业学校专场汇报演出举办。9月，全国机械行业职业院校智能制造创新创业大赛在莱西市举行，全国51所职业院校、95支参赛队伍、393名选手同场竞技，是全市有史以来承办的规格最高的职业教育专项赛事，《中国教育报》《中国职业教育》《人民日报数字青岛》先后对其进行报道。

社会力量办学

加强外资高端教学资源引进，构建开发、多元、集团化办学新局面。2018年1月，青岛北方航空职业学校青岛国开第二中学取得办学许可证， 正式开始招生办学。项目总占地600公顷，包括航空职教园区、奇幻航空城、梦想花园、通航小镇等12个板块，总投资198亿元。其中航空职教园区以“打造全国一流职教园区、创建世界最美大学”为目标，涵盖“本科、高职、中职、培训”四位一体的全链条航空教育体系。

青岛国开第二中学（莱西一中分校）、莱西国开实验学校位于莱西市济南路与深圳路交汇处，是经青岛市教育局和莱西市教体局批准举办的两所学校，两所学校占地20余公顷，建筑面积30万平方米，总投资20亿元。莱西国开实验学校既承担区域内义务教育教学任务又面向社会独立招生，是小学至初中九年一贯制的寄宿制学校；青岛国开第二中学（莱西一中分校）

招收高中部学生，两所学校管理体制实施社会投资、政府管理的模式，全面纳入莱西市教体局的统一管理和指导，和国办学校共享教育资源。

12月10日，山东文化产业职业学院莱西校区项目通过抗震设防专项审查。校区位于望城街道，国道204线以东、南京南路东西两侧、学院路以北、莱西北站以南区域，总投资8至10亿，2018年12月开工建设，2019年8月竣工。校区总建筑面积100余万平方米，计划三至五年内升级为本科高校，届时将设置17个学院77个专业，学生总人数将达到3万人左右。莱西校区建成后，将加强与国内外重点高校合作，引进先进的办学理念，培养更多文化产业领域的创新型人才。

12月15日，天津南开公能教育公司成立的青岛莱西南开学校，在姜山镇举行项目建设启动仪式，项目占地26.67公顷，建筑面积16万平米，投资约8至10亿，计划于2020年前形成学前、小学、初中、高中一体化基础教育完整体系。

（市教育和体育局）

学校选介

莱西市第一中学

位于市区东部，洙河西岸，占地面积约19公顷。有高中部、初中部教学班107个，在校学生近4600人，教职工567人，其中特级教师1人、高级教师101人，中级以上职称302人。学校始建于1908年，历史悠久、文化底蕴深厚，为国家培养了一大批优秀人才，姜春云、崔子范、李新良等是其中的杰出代表。学校先后获国家级平安校园示范校、山东省文明单位、山东省教学示范学校、山东省示范食堂、青岛市教学工作先进单位等称号。

以教学为中心提升教学质量。打造“双五+双十五”的集体备课模式，集思广益，缩小教师在区域认知方面的差距，促进青年教师迅速成长，培养一批业务尖子。打造卓越的青年教师培养平台，“青蓝工程”是莱西一中培养青年教师的特色工程之一，学校教导处搭台、各级部跟踪帮助、老教师辛勤指导，是莱西一中“青蓝工程”的三大要素。提高课堂效率，课堂是高中教学的主阵地，通过级部与学校举行的教学“大比武”等活动，推动“汇报课”“先行课”的进行，推动课堂改革，提升教师的业务水平。

加强全方位管理，推进教育现代化。高考模式的多元探索，莱西一中在2015级学生升学模式基础上做了进一步探索。学生自主管理的大胆尝试，尝试学生自主管理模式，通过学生会，探索学生自主设计、自主检查、自主反馈等自主管理模式，推动教育质量提升。由学生担任莱西一中的“莱西一中年度人物评选晚会”“成人礼”等大型活动主持人取得良好社会效果。利用好“莱西一中校友会”这一资源，把校友会资源、家长资源和社会资源引进到学校教育中来。通过优秀校友提供最前沿的信息，和国际接轨，推动学校现代化、国际化。

加强课程设置改革，提升办学层次。家长培训课程设置以学部为单位，利用家长会这一平台，确定培训的内容，先由一位班主任打造模板，全体班主任进行观摩和讨论，确定无问题后定稿。推动体育课程改进，在高三级部探索，向学生征求高三体育课设置建议并筛选，最后选出多种既能保证安全又能锻炼身体、放松身心的课程形式，提高学习效率。游学课程的传承，在2017级华商班暑假游学课程的基础上，2018级学生对课程进行传承，让其走进大都市、走进名胜古迹、走进重点大学校园、走进大学实验室，见到更多英雄人物，学到课本上没有的知识和实践能力。

在2018年高考中，莱西一中纯文化课一本达线702人，达线率达83.17%；普通本科（含艺体生）达线率99.03%；基本实现人人上本科的目标。学生李少玉以689分的高分获莱西市理科第一名；张梁以655分的成绩夺得莱西市文科第一名。程怡文、杨佳琳、李少玉被清华大学录取，马泽宇、张志汜被北京大学录取。

莱西四中

地处莱西市城区，有百余年的办学历史，是莱西市规模最大的初级中学。学校坚持绿色健康教育理念，按照“率先发展、科学发展、创新发展、和谐发展”的办学目标，锐意改革，开拓进取。先后获全国学校安全先进单位、山东省初中教学工作先进单位、山东省教育普法工作先进单位、山东省行风建设先进单位、山东省心理健康教育先进单位等称号。2018年，莱西四中综合考评继续名列全市第一。

改造教学过程，实现教学效能提升。通过改造集体备课制度、上课制度、作业批改制度、听评课制度，组织春学、冬学竞赛，聚焦课堂，教学质量继续保持领先水平。中考毕业生805人，重点高中自主招生录取77人（占全市24%）；“3+4”录取6人（占全市26%）；重点高中以上累计录取451人，录取率达56%（高出全市平均21个百分点）；普通高中累计录取551人，录取率68%，高出全市平均19个百分点。各项数据继续位列全市第一。在史、地、生、信息技术、政治会考中取得优异成绩，初三会考历史A等21.94%、初二会考地理学科A等27.60%、信息技术会考合格率89.90%、初四体育测试合格率93%、思想品德会考合格率94%。

借助社团建设和校本课程开发，为学生综合发展搭建平台，学生综合素质有了新的提高。在莱西市“市长杯”足球赛中，学校4支代表队，夺得冠军2个，亚军1个，8人入选全市最佳阵容；在青岛市“市长杯”比赛中校初中男子乙组打入16强。在莱西市乒乓球比赛中，夺得男女团体冠军2个，男女单打冠军2项；在青岛市中小学生乒乓球比赛中，获得青岛市男女团体各第六名。在莱西市程序设计比赛中，4名同学获代表莱西参加青岛市比赛资格。莱西四中代表莱西参加青岛市中小学生艺术节合唱比赛、戏曲比赛、啦啦操比赛；在青岛市中小学生“学国学、诵经典、传美德”竞赛活动获三等奖；在青岛市中小学信息技术竞赛活动中获三等奖。在青岛市中小学电脑制作活动中的“微视频（英语数码故事创作）”获三等奖，青岛市“西觅亚FLL工程挑战赛”获二等奖，在青岛市童谣比赛中获得一等奖。

加强培养，锻造优秀教师团队。学校支出师训经费近20万元，先后选派骨干教师参加各级各类教研活动160余次，国家级培训8人次，省级以上培训10余人次，市级以上培训150余人次。33名青年教师在学校教师“青蓝工程”中与老教师班主任结对帮扶。7人出示莱西市公开课，3人出示青岛市公开课，1人出示青岛市城乡交流课，2人在联盟校活动出示示范课。在莱西市“一师一优课”评比活动中，16人获奖；在青岛市“一师一优课”评比活动中全校10人参评，9人获奖，10位老师发表论文12篇。

莱西市济南路中学

位于莱西北部新区，占地3.77公顷，总投资1.5亿元。2017年开班授课，有初一、初二两个级部，26个班，学生1225人。学校配有体育馆、报告厅、机器人教室、创客实验室、物理、化学、生物实验室等各种专用教室。2018年，学校被中共莱西市教育和体育局党组授予基层党组织五星级党支部称号，并先后获2018年度教育系统信访维稳工作先进单位、2018年度“平安校园”建设先进集体、2018年青岛市卫生先进单位等称号。

学校通过集体备课、青蓝工程、班主任读书沙龙、高效课堂打磨等形式为教师搭建成长平台，促进教师专业化成长。在一师一优课评选中，教师胡绍霞获教育部“一师一优课、一课一名师”优课奖；栾柯芝等三名教师获青岛市一等奖；在市教体局组织的优质课比赛中，李志刚、王秋霞、倪帆获一等奖。教师栾欢行莱西市信息技术与学科融合优质课一等奖。

开展丰富多彩的社团活动，建立学科培优、3D打印、编程、创客、机器人、国际象棋等41个特色社团。在2018年莱西市程序设计比赛中，初中组获一等奖4人、二等奖7人。在莱西市第四届“市长杯”校园足球联赛中获初中男子乙组冠军。在第七届山东省中小学机器人大赛比赛中，校机器人队获省中学组一等奖2个、二等奖1个。在青岛市第二十八届中小学艺术节啦啦操比赛“示范花球系列”中获特等奖。

11月26日，莱西市济南路中学与英国克里夫顿学院正式签约缔结为友好学校，成为全市首所国际化教育学校。双方在教师实训、交流互访等方向加强合作，为学校师生提供更加广阔的舞台。学校开办 “文史哲科”大讲堂活动，先后邀请清华大学教授张磊、美国哈佛大学学者Michaela Donato、维和英雄迟黎伟等来校讲座。

莱西市日庄镇中心中学

位于日庄镇驻地、莱西湖畔，学校始建于1969年，占地面积3.48公顷。有教学班17个，学生728人；教师94人，其中本科以上学历85人、中级以上48人。体育场馆面积1.64万平方米，教学仪器设备价值195.19万元，图书2.84万册。拥有理化生实验室及仪器室、师生阅览室、多媒体教室等设施。先后获全国“家校（园）共育”数字项目试点学校、青岛市地震科普示范学校、青岛市文明单位标兵、青岛市德育先进集体、青岛市教科研先进集体等称号，学校德育品牌“善正立本”被评为青岛市中小学首批十佳德育品牌。

学校坚持办良心教育、享幸福人生的办学思想，开展“激情课堂”“善正教育”，打造幸福健康校园、智慧成长校园、和谐文明校园。校啦啦操代表队参加青岛市展演获一等奖，莱西市绘画、书法比赛中有8人分获一二三等奖。近年来，筹措资金改善办学条件，2015年投资80万元高标准兴建塑胶运动场，投资36万元改造标准化食堂，投资600余万元教学楼于2018年9月投入使用，改善了办学条件。

莱西市南墅镇中心中学

始建于1994年，位于莱西市南墅镇山青路。学校占地面积4公顷多，建筑面积8千多平方米，各类教学设施齐备。先后获莱西市教育科研示范学校、莱西市中小学德育工作先进集体、莱西市美丽校园和莱西市文明校园等称号。

学校现有22个教学班，在校学生近千人，一线教师学历达标100%。教育质量是学校的生命线，学校以深化课堂改革为契机，关心教师成长，重视学生的养成教育，向45分钟课堂要成绩，提升教学质量。在近几年的学业水平测试及毕业升学考试中，南墅中学始终位居全市乡镇中学前列。南墅中学从农村中学的实际出发，选择全面发展、艺体特色的办学之路。突出艺体工作特色。2018年12月在促进中小学生全面发展“十个一”项目行动计划工作现场会中，学校展示体育大课间及艺术素养社团活动。校啦啦操队屡次代表莱西市到青岛市参加展演并获奖。全市中小学生艺术节文艺汇演中，学校音乐社团屡获佳绩。2018年莱西市中小学运动会中，南墅中学蝉联全市中学组冠军，实现4连冠。10月，被教育部命名为2018年度教育部全国足球特色学校。

莱西市职业教育中心学校

位于莱西市区，占地8公顷，是一所面向现代服务业和先进制造业办学的国家中职改革发展示范学校。2018年，学校获山东省卫生工作先进单位、山东省职业技能考试工作先进集体，莱西市首批“美丽校园”称号。

学校建有汽车运用与维修、酒店服务与管理2个国家级实训基地，服装设计与工艺、计算机应用、中餐烹饪3个青岛市级实训基地，实训场所65个，设备总值3788万元。开设交通运输、信息技术、财经商贸、旅游服务、文化艺术等5大类18个专业，其中计算机专业是青岛市骨干专业，服装设计与工艺专业是青岛市双高名牌专业、山东省教学示范专业，餐旅专业是国家示范性职业学校数字化资源共建共享计划（二期）课题项目组组长单位，汽修专业为“岛城最受学生欢迎专业”，经贸专业为最有发展潜力专业。2018年，3人被评为青岛市级教学能手，7人被评为莱西市教学能手；6项课题获青岛市“十三五”教育科研课题立项；2名教师分别获山东省优质课二、三等奖；2名教师获青岛市优质课一等奖；1名教师获中国烹饪大师称号；1名教师获齐鲁名师称号。

组织了校企深度融合现场会、月湖广场技能节市民体验活动、“职教情、中国梦”专场文艺汇报演出等活动展现师生技能水平。参加各级技能大赛，获国家级银牌2枚，铜牌1枚；获青岛市一等奖7个、二等奖18个；春季高考本科达线人数连年位居莱西市第一，2018年达线29人。

学校根据学生成长规律，按照“高一认岗认知、高二跟岗实训、高三顶岗实习”的培养模式，安排经贸学部学生到青岛天天购电子商务有限公司开展电商运营与销售实训；餐旅专业学生到青岛豪邦度假村跟岗实习；服装专业学生参加青岛市公共实训基地培训，并到青岛酷特智能有限公司开展生产性实训。新增莱西华玺大酒店、青岛宏运投资集团、青岛三菱重工海尔公司、青岛举鑫帮厨、山东国金汽车等6家新合作企业，学生对口就业率98%，优质就业率87%。

莱西市机械工程学校

位于莱西市望城街道驻地，是一所以加工制造类专业为主的中等职业学校，始建于1966年。学校占地面积4公顷，建筑面积1.42万平方米。有在校生1100余人，教职工110名，其中“双师型”教师42名、高级技师5名、技师12名，高级工19名，有省、市级教学能手28名。学校现开设机械加工技术、数控技术应用、焊接技术应用、机电技术应用、商务韩语等专业，为学生打通高端就业、高职升学、出国深造三条绿色发展通道。

学校与中车集团、北汽新能源、青岛威奥集团、海阳承翱电子科技有限公司、青岛固德物流系统工程有限公司、青岛钜祥精密模具有限公司等企业合作，开展“现代学徒制”及“订单式”培养，90%的学生1至3年成长为企业技术骨干，实现了高薪就业的梦想。近年来，学生在青岛市乃至全国性技能大赛中成绩优异，获12牌31银35铜。高考班本科升学率连年攀升，在2018年春季高考中，学生本科达线率95%，居青岛市同类学校第一名；2018年，学校承办全国机械行业智能制造领域教育教学创新及创新创业大赛并获“突出贡献单位”称号。

莱西市水集街道办事处中心小学

始建于1982年，1994年迁入新址。学校占地面积1.33公顷，体育活动场面积5387平方米。有专任教师106人，50个教学班，2041名学生。2018年，学校被评为首批青岛市新农村优质学校、青岛市教育信息化应用创新示范学校、中国新样态联盟实验学校、全国青少年校园足球特色学校、苏霍姆林斯基教育思想示范学校、苏霍姆林斯基研究示范基地学校，承办莱西市小学数学教学研讨会。

学校累计投入500余万元用于硬件建设。建成无线局域网，实现全校园无线覆盖。建有计算机网络教室2个，多媒体教室1个，录播教室

1个，同步课堂1个，实现所有班级“班班通”，实现教师网上办公。校园监控系统全覆盖，可保留录像约120天。所有教室、办公室都已覆盖校园广播。配备媒体设备52套，购置高拍仪50套。全校图书共计6.6万册，人均30册。近两年水集街道办事处先后投入240余万元为学校铺设塑胶跑道，硬化操场，改造厕所。

学校通过“体验→思考→分享→整合→应用”课堂教学流程，改革课堂教学模式，提高课堂效率。实行家长驻校制，每天都有家长到校参与学校管理。成立家委会负责监督学校管理、处理校内信访、参与学校重大比赛活动等。开发学校特色课程，以促进学生多元发展、锻造学生特长为突破口，以多样社团为载体，注重学生个性发展。依托“小水滴”精品课，培养学生核心素养。依托“小水滴银行”，培养学生责任意识。成立思维导图研究团队，探索思维导图在不同学科的应用，探讨课堂教学“三图三构教学模式”，深度教研打造高效课堂。

莱西市第二实验小学

始建于1986年，位于莱西市黄岛路11号，是市教育体育局直属完全小学。先后获山东省规范化学校、山东省教学示范学校、山东省艺术教育示范学校、山东省语言文字工作示范学校、山东省校本研修先进单位、首批国家级“足球特色学校”等称号30余项，承办青岛和莱西市现场会20余次，青岛电视台、莱西电视台、《青岛教育》等媒体先后报道学校特色办学经验。

学校以翰墨文化为主题，统一规划校园文化，布置校园主干道花坛、书法墙壁文化、楼内书法文化。打造“1234”书法教育体系。6月19日，承办第九届青岛市写字节暨端午节诗文诵读展演活动，师学组建软笔、硬笔三个表演方阵，并在多功能厅展示学校“书香墨韵文化节”优秀书法作品。借助“书香悦读”课程群重点引导学生养成多读书、读好书、好读书的习惯。每学期开展“漂流图书”“同读一本书”活动，精心打造“读书节课程”“1+X阅读融合课程”“晨读课程”“绘本阅读课程”“阅读分享课程”“观影课程”等阅读课程。养成学生每天读书半小时的良好习惯。2018年，学校举办“书香墨韵校园文化节”。

4月，承办青岛市小学英语自然拼读教学现场会。10月，承办青岛市小学地方课程（传统文化）校本化研讨现场会，展示“班级、级部、学校”三级社团开设成果。在2018年莱西市办学质量考核中，学校位列市直小学第一，并获莱西市办学质量考核优秀单位称号。

莱西市香港路小学

建于2009年8月，位于莱西市北部新区，占地2.29公顷，是一所市直属完全小学。有专任教师100余人、教学班44个、学生2500余人，先后获山东省中小学远程研修组织工作先进单位、山东省地震科普示范校、青岛市语言文字工作示范校、青岛市足球特色学校、青岛市首批现代化学校、青岛市海洋教育特色学校、青岛市中小学德育工作先进集体等称号。

学校从精神、环境、课程、网络、制度五个层面丰富学校文化，创建美丽校园，形成“精神文化是根本、环境文化是基础、课程文化是核心、网络文化是补充、制度文化是保障”的格局，被评为莱西市首批“美丽校园”。研发《崇礼尚序》校本课程，开发养成教育系列微课，使学生行有礼、做有序，良好习惯逐步形成。《整理书包》和《下课三件事》两段习惯养成教育视频在莱西电视台教育频道播放。

课程改革　以“以爱育爱”办学理念为背景，学校建立“五爱”课程体系，通过优化国家课程，整合地方课程、研发学校课程，提高国家课程的教学质量，实施地方课程，满足学生多样化发展需求。通过推进信息技术与学科整合，提高课程实施质量。2018年，学校在全市中小学质量调研中成绩优异。

教师培养 针对学校青年教师多的现状，学校把教师培养作为一项重要工程，以外出培训、联动教研、校本教研为载体，提升教师的教学理念和课堂教学能力；以骨干引领、师徒结对、座谈交流为途径，促进青年教师成长，提高学校教师队伍整体素养。2018年，2名青年教师出示市级公开课； 4名年轻教师获莱西市教学能手称号；3名教师出示青岛市公开课，2名教师获“青岛市学科带头人”称号。

特色活动 学校秉承“活动是学生成长的最好载体”的理念，通过开展读书活动激发学生读书兴趣，培养良好读书习惯；通过开展跳绳节、运动会、大课间等一系列体育活动，将运动理念深入到学生生活，引领学生投身体育活动；通过美术、音乐、体育、计算机等各类社团，促进学生特长发展。2018年香港路小学被评为青岛市信息化应用创新示范校，并承办莱西市“十个一”现场会。在全市年度小学生乒乓球比赛中，校乒乓球队获小学男团冠军、女团亚军，男子单打获一、三、四名；在羽毛球比赛中获团体冠军、男子单打冠军；足球比赛获季军，体质监测获莱西市第一。2018年在莱西市中小学生艺术节比赛中，舞蹈、合唱、器乐和课本剧均获一等奖，现场书画大赛获团体第一名，5位同学获书法比赛一等奖，4位同学获绘画比赛一等奖，学校获优秀组织单位称号；在莱西市啦啦操比赛中，获第四名，并在“市长杯”足球比赛上进行展演，在青岛市啦啦操比赛中获一等奖；在山东省第七届机器人大赛中，获优秀组织单位称号，学生王书宏、纪晓帆、张圣熙获机器人接力赛一等奖；在2018青岛市能力风暴WER（世界教育机器人大赛）能力挑战赛中获三等奖，在青岛市西觅亚FLL工程挑战赛中获二等奖，青岛市英语数码故事比赛中获一等奖。

家校沟通 通过建立校级、级部、班级QQ群，落实三级沟通网络，通过建立“爱心家长护路”，密切家校合作；通过开设家庭教育讲座，提高家长家教水平。2018年开学前一年级新生家长培训，从不同角度提升家长素质。学校获青岛市优秀家庭教育服务站称号。

莱西实验幼儿园

原为莱西机关幼儿园，始建于1951年，有石岛路园和南京路园两处幼儿园，是全日制市属公办幼儿园。先后获国家级首批家园数字项目试点园、山东省“家园共育”百佳示范园、山东省语言文字示范校、山东省卫生先进单位、青岛市十佳幼儿园、青岛市示范幼儿园、青岛市学前教育先进集体、青岛市食品安全进校园先进单位等称号，2018年幼儿园通过省市级示范幼儿园复评验收。

2018年9月，南京路分园启用。校园占地总面积3552平方米，建筑面积2500平方米，户外活动场地2000余平方米。园内幼教设施配套齐全，设沙水池、种植区、运动区等功能区域，配备中央空调、防雾霾三层过滤换新风系统，多媒体一体机、钢琴、计算机等高标准教育设备配置齐全，达到省级城市幼儿园办园标准。优化城区公办园布局，解决东部新区幼儿入公办园难的问题。

幼儿园采取学、训、研相结合的方式，从师德修养、教育理念、教学能力等各个方面促进教师专业化成长，激发教师敬业、乐教、奉献的职业精神。在教学方面，组织推门课、汇报课、优质课，一师一优课，强化课堂教学研究，教师在学习、实践、反思中不断成长。教师学历达标率100%。开展生活教育课程，把孩子们感兴趣的场所与活动设置到区域游戏中。举办户外活动，自制多种玩具，妙用各种器材，创新游戏玩法，并按照不同年龄班编排与流行音乐相结合的早操，开展混龄活动。2018年被评为青岛市精品课程。

在省级科研课题“游戏材料投放的适宜性研究”进行过程中，共有20多篇课题研究论文在省教科所论文评选中获奖。《材料主题一体化》《激活学习动机》《创设适合小班幼儿的美工区》等多篇论文在国家级、省级期刊发表。2018年课题研究获青岛市优秀教学成果奖。8月23日，幼儿园在青岛市教育科研骨干培训暨“十三五”课题阶段性成果交流研讨会中做题为《主题背景下活动区游戏材料投放的策略研究》的汇报交流；9月24日，园区特色化建设经验在青岛市课题研究阶段成果汇报上发言交流。11月15日，在青岛市幼儿园课题协作成果交流暨幼儿园一日活动开放活动中做了题为《提高教师有效指导，提升区域文化内涵》的汇报交流。

店埠镇中心幼儿园

始建于2014年，位于店埠镇政府驻地，占地面积6830平方米，建筑面积3650平方米，为全日制市属公办幼儿园。学校配有幼儿活动室、保健室、科学发现室、舞蹈室、美工室、早教活动室等设施。办园以来，先后获青岛市示范幼儿园、青岛市语言文字示范校等称号。

开展师德师风教育，树立良好教师形象。重视新教师的培养，发挥骨干教师的示范作用，带动新老师成长。分级组织教学竞赛活动，如小班队列比赛、中班区域活动研究、大班足球比赛、吊饰比赛以及区域创设比赛，提高了教师的动手操作能力。10月，《0—3岁早期教育指导与服务策略研究》立项为青岛市“十三五”规划课题。发掘幼儿园所在地域的的元素和特点，作为园所文化建设的基点。收集店埠镇乡土资源“猴石头”这一天然石料，组织孩子发挥想象力搞石头创作。为使办园特色更加鲜明，学校把创设和谐幼儿园文化、建构本土特色课程作为发展目标。开展以元旦主题教育、国庆节“祖国妈妈我爱您”、“做家长满意的教师”、“包饺子”亲子活动等特色活动，探索家园共育新模式。2018年9月，幼儿园获莱西市美丽校园称号 。

（市教育和体育局）

体　育

竞技体育

2018年，莱西市竞技体育屡获佳绩。在山东省第24届运动会中，市体校获得金牌22枚、银牌20枚、铜牌19枚，各项数据创历史新高。

张梦瑶在阿根廷布宜诺斯艾利斯青奥会上夺得射箭女子个人淘汰赛冠军，这是中国第二次夺得该项赛事的冠军，也是山东省第一个青奥会射箭冠军。同时张梦瑶在山东省第24届运动会射箭预赛暨2018年山东省射箭锦标赛女子30米单轮比赛中，以358环的总成绩打破14年以来的357环的全国纪录。李康获2018年世界散打锦标赛56公斤级冠军。任钦康获2018年全国皮划艇激流回旋锦标赛男女混合双人划艇团体赛冠军。

群众体育

坚持“走出去、引进来”的原则，联系相关体育赛事落户莱西。2018年共引进省级以上体育赛事21场。其中，9月3日至9月10日，承办中国足协室内五人制足球青年（U19）锦标赛，并首次成立体育项目国家队。11月21日，中国乒乓球俱乐部超级联赛期间中央电视台第一次对在莱西市举办的赛事进行全程现场直播。

发展体育总会、协会、俱乐部，构建体育健身网络体系。2018年，先后成立足球、篮球、排球、羽毛球等4个体育协会以及5个俱乐部。全市以7个体育单项协会、21个体育俱乐部、8个镇级体育总会，1557名社会体育指导员的群众体育组织网络为主要阵地，形成“政府主导、部门合作、协会联动、社会参与、运转协调”的管理体制，使广大体育爱好者能找到自己的群众体育组织。

体育设施

2018年，新建笼式健身广场10处。全市村级健身路径工程覆盖率达到98.5%，镇级健身工程实现全覆盖，社区健身工程44处，笼式足球场和笼式健身广场共40处，基本建成“农村15分钟、城镇8分钟”的健身圈。

承办省运会赛事

2018年，山东省第24届运动会在青岛举办，莱西市承办乒乓球、射箭、武术散打共3项赛事。赛事落幕后，得到省筹委会的肯定和表扬。

体育学校教学活动

2018年，市体校以创新发展引领体育发展，创新教学模式，引进军事化管理，吸引射箭、皮划赛艇、举重等青岛市二线队伍到莱西市建队训练。2018年，市体育中心获山东省举重训练基地称号。

（市体育中心）

2018年莱西市体校输送运动员在省级以上比赛成绩表

序号	姓名	赛事名称	项目	名次
1	张梦瑶	第三届青年奥林匹克运动会射箭比赛	女子反曲弓个人淘汰赛	1
		山东省第24届运动会射箭决赛	女子个人淘汰赛	1
		山东省第24届运动会射箭决赛	女子个人远距离赛	1
2	李康	世界散打锦标赛	男子56公斤级	1
3	任钦康	全国皮划艇激流回旋锦标赛	男女混合双人划艇团体赛	1
4	曲彦好	山东省第24届运动会射击比赛	男子甲组双多向150靶	1
5	仇绍成	山东省第24届运动会射击比赛	男子乙组25米标准手枪	1
6	张超男	山东省第24届运动会皮艇比赛	女子甲组双人皮艇200米	1
7	李文倩	山东省第24届运动会赛艇预赛	女子2000米双人双桨	1
8	陈宇涛	山东省第24届运动会射击决赛	男子甲组飞碟双多向团体	1
9	史泽龙	山东省第24届运动会射击预赛	男子甲组飞碟双向团体	1
10	闫华中	全国射击射箭重点城市联合会	射击10米激光手枪	1
		全国射击射箭重点城市联合会	射击10米气手枪	1
		山东省第24届运动会射击决赛	10米气手枪	1
11	王若云	山东省第24届运动会射击预赛	25米团体	1
		山东省第24届运动会射击决赛	25米团体	1
12	左国彭	山东省第24届运动会田径比赛	男子甲组4×100米接力	1
13	谢文琳	山东省第24届运动会射击比赛	女子乙组个人25米手枪	1
14	于小雯	山东省第24届运动会射箭比赛	女子甲组70米排名赛团体	1
15	王冲	山东省第24届运动会散打比赛	男子乙组60公斤级	1
16	曲宁宁	山东省第24届运动会皮划艇比赛	女子乙组1000米	1
17	姜晓辉	山东省第24届运动会射击比赛	男子甲组双多向150靶团体	1
18	徐楠	山东省第24届运动会射击预赛	女子甲组25米手枪	1
19	李文龙	山东省第24届运动会举重比赛	男子乙组105公斤级	1
20	张舜尧	山东省第24届运动会射击比赛	男子个人125靶102中	1
21	赵耿江	山东省第24届运动会跆拳道比赛	女子乙组47公斤级	1
22	宋洋洋	山东省第24届运动会排球比赛	女子乙组	1
23	李茹	山东省第24届运动会武术比赛	男子女子甲组对练全能	1

卫生·医疗保障

综　　述

2018年，莱西市卫生和计划生育局落实市委市政府卫生计生重点工作部署，以新时代卫生与健康工作为中心，推进“健康莱西”建设，多措并举，各项卫生计生工作得到稳步发展。

重点工程及市办实事

基层医疗卫生机构标准化建设　在房屋建设方面，已完成工程设计的公开招投标，设计院正在绘制施工图；人员配备方面，依托2018年事业单位公开招聘，为基层卫生院招录专业技术人员64人，已全部到岗；设备购置方面，申请北京健和公益基金会以精准扶贫名义捐助设备2562.3万元。市财政配套安装运输费用532.9万元已全部到位。

院前急救单元建设　已完成施工图设计、工程概算编制等工作。施工单位于10月进驻4处中心卫生院开始施工建设。已落实救护车和调度终端设备的各项参数，正在与厂家协商急救车辆及车载设备购置、安装事宜。

探索医共体建设新模式

医联体模式　全市三所二级医院分别与青岛市级医院签约医联体协议，形成常态化合作关系，将市级医疗资源“引进来”，每周都有三甲医院专家前来坐诊，让老百姓“足不出户”就可以享受到专家优质医疗服务。以市内三家二级医院为龙头的医联体模式日趋完善，对口支援、双向转诊、指导下沉等各项工作有序开展，初步形成小病不出镇（街）、大病到市级医院、康复回基层的良好就医格局。

医共体建设　按照全市医保支付方式改革的总体部署，加快医共体建设步伐。3月以来，在多次考察学习即墨、滨州无棣、安徽天长等地医共体建设先进经验的基础上，拟定莱西市区域医共体建设实施方案和财务、人员、耗材采购等6个具体配套方案。下步将在原有医联体的基础上，通过资源整合，建立3家二级医院为龙头的3个纵向联合的紧密型县域医共体，在县域内初步建立基层首诊、双向转诊、急慢分治、上下联动的分级诊疗制度，推动医疗服务重心下移，提升基层群众看病就医获得感和满意度。

“六大体系”建设

疾病控制体系　提升预防为主的免疫规划管理水平。2018年，加强预防接种门诊督导检查力度，在每月督导检查过程中进行业务指导，加强接种人员信息化培训工作。全市有四家接种门诊配备电子签核系统，保证接种相关资料的应用及保存，为提升信息化接种工作奠定基础。疫苗补种工作有序开展。长春长生公司疫苗问题共涉及全市4287名接种儿童，7月以来，莱西市多次连夜召开紧急会议进行部署，安排专人与当事人沟通；通过掌上莱西、莱西电视台等媒体、微信公众平台和电话向公众进行答复，消除家长疑惑；经乡镇政府、公安部门支持，通过签订责任书等方式，确保补种工作稳步推进。已有4217名儿童家长同意补种。其中3628名儿童的补种工作已结束，其余儿童将根据各自接种时间节点进行补种。严重精神障碍患者收治工作进展良好。为保障重大活动期间安全稳定工作，市市立医院自行垫付80余万元，满足全市严重精神障碍患者救治需求。截至2018年底，在市立医院收治住院患者237人，望

城卫生院托管患者60人，均按照诊疗方案进行对症治疗。全市居家服药患者2617人，病情基本处于稳定状态。患者管理率、服药率、面访率等指标均超过上级部门要求。

妇幼健康服务体系　抓好产科建设，保障母婴健康。组织专家对全市86名技术人员进行母婴保健技术培训，并进行现场考核。严格实行准入制度，考核合格后发放《母婴保健技术服务合格证》。及时调整充实危重孕产妇救治专家组，并定期对各助产机构进行产科质量检查，提高产科服务能力。各助产机构每月进行2次急救演练，建立急危重症绿色通道，确保孕产妇安全分娩。截至10月底，全市共有4953名产妇分娩，出生4968名新生儿，无产妇死亡案例，新生儿死亡3例，孕产妇死亡率为0，新生儿死亡率为0.6‰。开展出生缺陷综合防治工作。实行“市镇二级联动”，将免费孕前优生健康检查工作分解到各镇街，同时将目标人群覆盖率纳入计划生育人口目标责任制考核，坚持每两月调度一次，掌握各镇街目标完成情况。同时，加大对出生缺陷防治工作的宣传力度，向准婚青年、计划怀孕夫妇及孕妇宣传各项工作的意义及重要性。共有6737人进行免费孕前优生健康检查，目标人群覆盖率为108.9%；4921名孕妇进行免费产前筛查，筛查率为99.35%；4933名新生儿接受新生儿疾病筛查，筛查率为99.3%；出生缺陷综合防治率为101.95%。

基本公共卫生服务体系　加强健康素养的引导和宣传。教育引导群众树立正确的健康观，形成健康的行为和生活方式。举办全市第二届结核病防治网络知识竞赛。制作发放海报11期，展板60面，发放各类宣传资料11万份；累计举办健康教育讲座和咨询活动2080场，受益群众26万人。完善公共卫生专业指导团队。制定《莱西市基本公共卫生服务项目专业指导团队工作方案》，建立《莱西市基本公卫知识题库》，组织专业公共卫生机构对各基层医疗单位开展项目培训。截至10月底，已累计为63.11万名城乡居民建立规范化的电子健康档案，电子档案建档率达到82.58%；精细管理65岁及以上老年人、孕产妇、0—6岁儿童、严重精神障碍患者、高血压和糖尿病患者等重点人群21.75万人。为提高全市基本公共卫生查体的效率规范性，经对接，北京健和公益基金会赠送莱西市查体车4辆（包括生化工作站、彩超、心电图工作站等车载设备）共价值960万元，查体车相关手续办理列入日程。重点传染病得到有效防控。2018年，莱西市疫情直报网络实现全覆盖，网络畅通。全市26家传染病网络直报单位及时上报率达100%。完善辖区中小学校因病缺课症状监测网络直报工作，强化疫情管理、预警预测，使传染病患者得到及时规范的流调、治疗，有效应对手足口病、禽流感、甲流、埃博拉出血热等疫情，实现全市不发生重大传染病暴发的目标。截至10月底，全市共报告法定传染病病例1907例，无H7N9疑似病例，无突发公共卫生事件发生。推进“智慧卫监”行动，提升监督执法水平。继续保持打击非法行医和非法美容的高压态势，在青岛地区率先推行手持执法终端在市镇两级的正式运行，在全市二级医疗机构试点对医院的医疗废物暂存处、消毒供用中心安装实时监控系统并运行。行动开展以来，共立案34起，吊销并注销《医师执业证书》1起，责令停业整顿1起，罚没款35万元，移交公安机关1人，移交食药部门1人，清理非法医疗广告85处，全市医疗市场得到净化。

“互联网+医疗健康”服务体系　上半年，与农商银行莱西支行签订项目建设合作协议，总投资1153万元，用于全民健康信息平台建设及基层信息系统升级改造工作。此次建设将区域内镇、村两级基层医疗机构的信息系统完全统一，实现区域内医疗与基本公共卫生服务系统高度融合。已完成市妇保中心、皮肤病医院、16处卫生院及4处民营医院系统升级建设。同时开通运行家庭医生签约系统，新系统运行情况良好。另外，与微医集团“互联网+健康莱西”项目的战略合作，围绕全市区域、产业发展，依托微医集团人才、技术等优势，搭建莱西市互联网医疗服务体系。经过与微医集团负责人多次洽谈，合作协议内容已确定，即将签订战略合作框架协议。

“医养结合”养老服务体系　依托公共卫生服务，结合莱西市医疗养老资源实际，创建全省医养结合示范市，已于10月底以满分成绩通过省专家督导组现场考核评估。全市已有4家养老中心内设卫生院或开办一级医院。市康馨护理中心依托莱西市市立医院医疗技术力量建立，采取“医养一体”的养老模式。已为257名老年人提供治疗期住院、康复期护理、稳定期生活照料以及临终关怀一体化的健康养老服务，实现既养又医、有病治病、无病养老。“一键三呼”，打造智慧健康养老社区。建设医养结合服务体系智能化，以智慧健康养老信息平台及综合服务中心为基础，培育2家（青岛路社区卫生服务中心和月湖街社区卫生服务站）以一站式医养服务平台为依托的智慧健康养老社区，通过实时在线系统随时监控居家老年人的身体健康状况，也可通过一个电话或网络指令，就能足不出户享受到医疗急救、康复护理、居家安防等健康养老服务。发挥中医药在健康养老服务中的作用。以市中医医院为龙头，以16家卫生院国医馆为分支，开展中医体质辨识、中医诊疗等服务，把中医治未病、中医药保健、康复医疗融入健康养老全过程，为老年人开展慢病防治、养生保健、临床诊疗、康复护理、心理干预等服务，提升老年人身心健康和生活质量。

全方位“健康扶贫”体系　落实健康扶贫便民惠民政策。为全市6165名贫困人口印制《健康扶贫明白纸》，传授高血压、糖尿病防治知识，方便贫困人口对政策的了解和咨询。在各基层医疗机构建立精准识别、自动减免结算模式，实现“三免两减半”费用直接减免。各医疗机构共减免4188人次，减轻贫困人口的就医负担。依托家庭医生签约服务工作，开通贫困人口就医“绿色通道”，实现“一站式”结算，加大医疗入户巡诊或定点义诊覆盖范围，切实解决农村贫困人口看病难的问题。依托公共卫生服务项目，为贫困人口制定免费健康查体项目、建立健康档案，各基层卫生院共为3312名贫困人口进行免费查体，高血压免费治疗2.32万人次，糖尿病免费治疗2100人次。

优质医疗资源引进

引进三甲医院　为填补莱西市没有二级以上医疗机构的空白，市政府与国药集团签订合作意向书，约定在市立医院基础上总投资5亿元，新建一所三级综合医院，项目已进入拟定合作合同阶段。国药青岛器械公司申请在莱西设立分公司，开展仓储物流业务，已完成注册工作，年底可形成税收100万元；国药医管公司11月注册完成，医院建设工作将正式进入实际操作阶段。

北大新世纪言鼎（青岛）医疗产业园项目建设　项目总投资17亿元。主建中西医结合专科医院、医养结合项目，并配套建设小学、幼儿园。项目规划设计方案已审批，有序开展土地“招拍挂”准备及土地清障工作。

对接《中华中医昆仑》项目　意向在莱西市建设中华中医昆仑高峰论坛永久会址；培育、建设国家级中医药特色小镇，打造中医药种植园区；引进名中医打造中医特色专科。首批名中医2名已于10月进驻莱西市中医医院坐诊；“妆字号”药品项目正在报批，11月完成科研立项。

行风建设

加大对医务人员医德医风方面知识培训，以“病人第一、质量第一”为宗旨，做到检查细心、治疗精心、护理耐心、服务贴心，使病人满意、社会满意。全面做好门诊和住院患者满意度调查，探索门诊和住院患者电话回访、电子问卷调查等多种形式的满意度调查方式，完善社会评价指标体系。做好行风投诉举报的受理、反馈、报告等工作，按照“管行业必须管行风”和“谁主管，谁负责”的原则，做好分管职责范围内的行风投诉举报的处理工作。对各医疗单位整改落实情况进行全面检查和督导，对整改不力、行动滞后、消极对待群众反映问题的单位，定期通报，并在年终考核中予以奖罚。

（市卫生健康局）

疾病控制与卫生监督

·疾病控制·

概况

市疾病控制中心占地面积7803平方米，建筑面积3032平方米，其中业务用房2720平方米，在职职工67人。2018年度，市疾控中心先后获山东病毒性传染病防制工作先进集体、全省传染病信息与突发公共卫生事件报告管理工作先进集体、青岛市文明单位称号称号，并获青岛市传染病防治工作岗位技能竞赛团体三等奖。

固定资产和基础建设

全年固定资产总额1038.83万元，与上一年比较上升1%。2017年经莱西市市委常委会重大建设项目审议，确定由市财政投资1725.42万元对疾控中心实验室进行升级改造工程项目。工程项目已经开工，计划于年内竣工并投入使用。

疫苗流通和预防接种管理

正确引导舆论，回应社会和公众关切问题。2018年，长春长生生物“疫苗事件”舆情持续发酵，按照上级工作部署，市疾控中心加强对疫苗接种点的监督检查工作。第一时间将检查情况通报给相关部门，采取相关应对措施。

经核实后相关接种点立即停用该公司生产狂犬病疫苗及其他疫苗，封存并使用其他公司同类疫苗代替。按照国家卫健委要求，做好长春长生狂犬病疫苗接种者跟踪观察、咨询服务和疫苗补种等相关工作。

通过多种途径搜寻到所有接种过问题百白破的儿童，并电话告知其补种，告知率100%。全市预防接种不良反应无异常增加情况，2018年至今全市无狂犬病疫情报告。

结核病防治

为方便结核病人的诊治，改善结核病防治所办公条件，2018年市政府斥资1000余万元将莱西市梅花山卫生院扩建为莱西市结核病防治所。新建的结核病防治大楼已投入使用，结核病患者治疗环境与条件提升。按照“十三五”规划要求，重点加强结核病防治知识宣传，提高群众的知晓率和疑似患者就诊率，加强确诊患者的管理，使结核病发病率逐年下降，初诊就诊率和患者治愈率逐年提升。重点推广使用电子药盒，全程监控病人服药，对病人规则服药率和治愈率起到提升作用。

健康宣传专项行动

为宣传推广维持健康体重、促进健康生活理念，普及健康生活方式，结合实际情况，扩大行动层面和力度，开展一系列的专项活动。在全市30多家医疗单位同时开展本次活动，一级医疗卫生机构深入基层，广泛开展健康生活方式“六进”活动，宣传健康知识；二级医院深入基层，开展健康监测、评估和义诊服务。活动共发放各种宣传材料3000多份，通过微信传播活动内容和知识100多次，通过报纸宣传4次，广播电视宣传2次，全市医疗卫生单位举办培训班1次，进入社区和农村集市宣传50余次，通过教育部门开展学校健康教育10余次。

食源性疾病监测

精心部署，完善机制。2018年初，立足全市食源性疾病监测工作现状，及时呈报市卫计局组织召开各哨点医院主管领导参加的全市食源性疾病监测工作会议，印发工作方案，部署工作任务，统一检测方法和上报形式，为监测工作开展提供依据。开展培训增强素质。举办全市食源性疾病监测工作培训会，并邀请青岛市疾控中心专家对各哨点医院相关科室负责人及食品监测网络直报员进行业务培训。专门对食源性疾病诊断要点、监测工作方案进行详细解读，并就系统操作的有关事项等进行讲述，提高全市食源性疾病监测、报告的敏感性、规范性和准确性，提升相关工作人员的综合素质。及时通报督促落实。2018年，先后开展定期督导2次，重点对采样办法、信息审核、资料填写等进行指导。8月起对全市17家哨点医院食源性疾病监测情况进行每月通报，共通报5次。在此基础上，将市直三家哨点医院（莱西市人民医院、莱西市市立医院、莱西市中医医院）食源性疾病监测工作列为卫计系统年度绩效考核，全面落实食源性疾病监测工作，坚决杜绝迟报、漏报、瞒报等情况。全年共处置疑似食源性疾病事件16起，全市17家哨点医院共上报食源性疾病病例监测信息907例。

（王庆玺）

·卫生监督·

概况

市卫生计生综合监督执法局位于莱西市石岛东路10号，建筑面积2654.65平方米，业务用房面积1485平方米。先后获全省卫生计生监督执法微课大赛二等奖、青岛市文明单位标兵、2018年度青岛市卫生计生监督执法系统优秀工作成果三等奖、2018年度青岛市卫生计生监督执法系统优秀调研报告三等奖、2018年度青岛市十佳行政处罚案卷、2018年青岛市卫生计生监督执法技能竞赛团体二等奖等称号。

医疗监管

保持打击非法行医和非法医疗美容的高压态势，共查处无证行医55起，吊销并注销《医师执业证书》1起，罚款64.67万元，没收违法所得24.57万元，没收药品39箱，没收器械90件。

加强医疗机构综合监督检查，以监督检查医疗机构内放射诊疗、口腔诊疗、检验科、妇（产）科、血液透析、麻醉药品、院感管理、医疗废物（污水）处置情况等为依据，依法监督，督促医疗机构依法执业。自去年起打破常规，对8个管理所实行异地交叉执法，提高医疗机构特别是村卫生室、诊所的依法执业水平。共立案190起，罚款28.32万元，责令停业整顿1起。

开展疫苗专项监督检查工作，从事预防接种、狂犬病伤口暴露处置工作的机构和人员经检查均具有资质，共出具监督意见书26份，提出整改意见40余条。

公共卫生监督检查

开展生活饮用水监督检查和水质监测工作，向13个镇街和单位发送《关于整改饮用水卫生安全隐患的函》和《关于催报饮用水卫生安全隐患整改情况的函》，通报检测结果，并督促按照要求和时限整改问题和回复。

对4家饮用水供水单位的水源卫生防护、水质处理、消毒、检验等开展多频次检查。在水质抽检中，发现4家单位的部分指标不合格并予以罚款4.2万元，将存在问题和水质检测结果向市水利局发送整改函，督促市自来水有限公司整改供水存在问题。

完成全市集中式供水、现制现供水、学校

直饮水、托幼机构保温桶水监督检查和水质检测工作，共检测集中式供水279份，供水的感官和一般化学指标、毒理学指标、微生物指标合格率分别为85.30%、58.42%、71.68%，合格率呈逐年上升态势；检测现制现供水、学校和托幼机构直饮水1075份，合格率分别为75.47%、73.63%、51.09%。

开展游泳场所、集中空调通风系统、住宿服务场所等公共场所卫生专项整治活动，督促办理卫生许可证119个，变更延续3个，对58个单位进行立案处罚，罚款7.3万元。

对全市学校开展以传染病防控为主的学校卫生综合检查工作，共检查190个，对存在问题向市教体局发送《莱西市卫生和计划生育局关于学校托幼机构呼吸道传染病防控工作监督检查情况的函》，函请教育部门和学校整改。

推进“智慧卫监”行动

在青岛地区率先推行手持执法终端在市镇两级的正式运行，通过手持终端现场打印相关执法文书并实时上传监督处罚结果，规范了执法流程及文书书写，提高了工作效率，强化了科学管理，提升了卫生执法形象。

加强远程监控工作。在市人民医院支持下，投资2.56万元，在1家二级医疗机构安装监控系统，实时对医疗废物暂存处、消毒供应室进行监控。同时医疗机构按照季度将医疗废物收集、转运情况上报，市卫生计生综合监督执法局对医疗废物情况做到实时监督掌握，杜绝医疗废物流失。

投资11.87万元购进电离室巡测仪、有效氯测定仪等6件快检设备和2套放射防护服，满足卫生监督检查工作的需要。

重大活动卫生监督保障

为确保上海合作组织青岛峰会和国家中高考考试顺利进行，防止发生突发公共卫生事件，全局制定相关保障工作方案，成立工作小组。上合峰会期间，共出动保障车辆100车次，保障人员270人次，检查医疗机构47家，公共场所180家，委托检测机构检测集中式供水36份，现场取得快检数据408个，下达监督意见书1001份。国家中高考考试期间，检测学校直饮水215份，快检312份，发现风险隐患160个，向教体局发出整改函，经教体局督促，所有检测饮用水不合格的学校均经复检合格并恢复供水。

提高执法人员业务水平

组织人员参观学习先进区（市）的经验做法，请上级部门及专家现场指导培训，全面提升卫生监督人员的业务知识水平和监督执法能力。

为更新业务知识，尽快适应执法工作需要，从年初开始每周五下午组织全市卫生计生执法人员培训，相关单位主要负责人带头讲，带头学。已举办培训班38期，讲课59人次，参加培训2000余人次，营造浓厚的学习氛围。

定期召开医疗机构负责人，口腔、放射工作人员专项等多次培训会议，累计培训1000余人次，加强医疗卫生从业人员法律法规掌握程度。

法制宣传

发挥主要新闻媒体、官方网站和微信等平台作用，共发表宣传信息35篇。

投资4.45万元在市区主要街道及乡镇人流密集区域喷涂打击非法行医、打击非法医疗美容动漫宣传画36幅；投资3万元在全市农村、学校及幼托机构增设17块生活饮用水卫生知识宣传栏；投资2.3万元在单位大厅及楼层摆放展板、看板，宣传卫生监督工作开展情况。

在全市范围内开展以“执法为民、护卫健康”为主题的宣传周活动，在月湖广场开展打击非法医疗美容等一系列主题宣传活动，共出动宣传人员87人次，摆放宣传展板41块，悬挂横幅34条，发放宣传材料1万余份，开设法制咨询台，接受法律咨询520余次，当场收到举报线索2条。

提升综合监管效能

严格按照“双随机一公开”要求开展监督检查工作，共随机抽取单位173家，其中国家双随机108家、莱西双随机65家，已完成100%，并通过网站进行公示。

认真受理、查处举报投诉案件。2018年，共受理举报投诉案件85起，查处率、回复率均达100%，维护人民群众的合法权益。

（市卫生计生综合监督执法局）

医疗机构选介

·莱西市人民医院·

占地面积6.49公顷，其中业务用房面积5.4万平方米。年内职工总数1356人。医生360人，护士669人，医生与护士的比例0.54∶1，床位总数1225张。医院下设职能科室27个、临床科室37个、医技科室18个。被青岛市院前急救评为青岛市院前急救先进集体，被莱西市总工会授予工会工作优秀单位、年度工会工作先进单位称号。

设备更新、基础建设

年内固定资产总值2.73亿元，同比增长2.7%。年内新增添医疗设备79台件，其中20万元以上设备6台件，主要有脉动真空灭菌器2台、肌电图诱发电位仪1台、电子输尿管肾盂镜1台、手术显微镜1台。通过政府招标平台，完成保洁、司梯、院区绿化养护、电梯维护和工作手机的招标实施工作。投资487万元的污水处理工程竣工并投入运行。完成行政办公楼的装修改造工程。

业务情况

年门急诊人次59.92万人次，同比增长3.6%，其中急诊人次8.79万人次，同比增长27.3%。住院人数4.12万人，同比下降7.1%。床位使用率66.4%，同比下降3.2%。病床周转次数33.6，同比下降7.4%。入、出院诊断符合率99.9%，同比增长0.1%。手术前、后诊断符合率96%，同比增长0.4%。治愈率27.7%，同比增长7.4%。好转率69.4%，同比下降3.3%。病死率0.7%，同比增长40%。全年业务收入4.39亿元，同比下降14.6%。

医疗特色

普外二科与肿瘤科、内镜室、介入科合作开展晚期梗阻性大肠癌的转化治疗，取得良好疗效。急诊医学科率先在莱西市开展消化内镜技术及消化道早癌筛查技术。10月肌电图室成立，完成神经电生理检查70人次。胸外科和神经外科开展鼻窦镜下微创高血压出血手术，切口小，愈后好，缩短住院时间，减少病人费用。骨一科开展肩关节镜手术15例，拓宽关节微创手术在骨科疾病的应用范围。

卫生改革

党总支、理事会调整充实公立医院改革领导小组成员，选拔6名临床科室主任为成员，发挥医务人员在改革中的主力军作用。领导小组结合医院“十三五”发展规划，制定年度改革发展目标计划，明确分工，落实职责，保证改革工作的推进。由党总支、理事会、监事会召开会议，专题研究《莱西市人民医院绩效工资考核分配方案》，综合考虑职责履行、工作量、服务质量、费用控制、运行绩效、成本控制、医保政策执行等因素，分配方案突出把公立医院改革的主要指标纳入基本考核项目，最后经职代会讨论表决通过，投入实施后，调动医务人员工作积极性，控费指标明显下降。

（刘志平　王云文）

·莱西市中医医院·

始建于1985年7月，位于莱西市文化中路11号，是莱西市唯一一所二级甲等中医医院。占地面积9513平方米，其中业务用房面积1.8公顷。开设床位399张，床位使用率为80%。设职能科室12个，临床科室18个，医技科室12个。医院职工总数519人，其中卫生技术人员443人，占职工总数的85.4%，行政工勤人员76人，占职工总数的14.6%。卫生技术人员中，高级职称38人，占卫生技术人员的8.6%，中级职称187人，占卫生技术人员的42%，初级职称218人，占卫生技术人员的49.4%。医生149人，护士182人，医护比为1：1.2。

业务情况

2018年，医院完成门诊量16.41万人次，其中急诊1.48万人次，分别比上年增长0.03%和0.001%，收住院病人1.1万人次，比上年增长0.001%，入院与出院诊断符合率为100%，治愈率为27.8%，好转率为70.8%，死亡率为0.3%，院内感染率为0.017%，甲级病案符合率为99%。

全年业务收入1.11亿元，同比下降1.29%。全院固定资产总值8583万元，同比减少3%。新购置1.5T超导核磁共振、美国贝克曼全自动生化分析仪。

医疗特色

发扬传统中医文化，突出做好现代治未病工作。全方位做好孕产相关工作。立足孕产延伸相关医疗服务，开展孕妇大讲堂，从备孕孕期管理，产后康复，婴幼儿早期训练发展为切入点，加强孕产期的管理。以针灸推拿康复科业务为主线，对颈肩腰疼痛建立起立体化治疗方案。开展医健结合、体医融合工作，把运动健康纳入到慢性病的治疗，成立运动医学康复中心，并与体育中心联合成立全民健身指导中心，做好疼痛康复治疗，产科体系服务，。

卫生改革

医院在省中医药大学的扶持带动下，开展中医院专家学术经验的继承和创新工作，建成徐瑞荣、毕荣修、郭宝荣、耿立东四个青岛市级名老中医工作室，中风病、督灸、六合埋线、针刀四个青岛市中医专病专技门诊，带动医院的专科专病建设和中医学术的整体发展，医院核心竞争力提升。

发挥莱西市中医医院医联体作用，定期派专家到医联体成员单位查房、帮助解决疑难病例，为基层群众提供质优价廉的中医医疗服务。筑牢健康扶贫“最后一公里”，经常组织医护人员深入乡村、企业、学校，为群众送医问诊，全年共为2000名群众义诊，受到当地群众好评。

2018年，医院加强信息化建设，HIS基本医疗系统、LIS检验系统、PACS影响系统、EMR电子病历系统已趋于完善。后续模块全院疾控、院感系统、临床路径系统、合理用药系统、手术麻醉系统等不断完善，运行稳定，不仅为患者就医提供方便，在医院发展和管理方面的作用也日趋显现。基于大数据管理的“互联网+医疗”模式正逐步形成，开发患者智能服务系统，开通医生、护士、患者之间的互联互通，为下一步的互联网医院打下基础。

（吴鹏程）

·莱西市市立医院·

占地面积2.6公顷，建筑面积1.8公顷。2018年在编职工343人，其中卫生技术人员291人，占职工总数的84.8%，行政工勤人员52人，占职工总数的15.2%。卫生技术人员中，高级技术职称38人，中级技术职称182人，初级技术职称56人，分别占卫技人员的13.1%、62.5%、19.2%，医生与护士比例为2.46：1。开设床位550张，设有职能科室9个，临床科室23个，医技科室9个。3月2日，医院被评为2017年度科学发展综合考核先进单位。6月，市立医院被中共莱西市委评为莱西市先进基层党组织。

业务情况

门诊人次为48.45万人次，比上年增加21.39%；其中急诊7038人次，比上年增加34.8%；收住院1.34万人次，比上年下降3.79%；床位使用率为83.70%，床位周转次数为26.31人次，出院诊断符合率为100%，手术前后诊断符合率为100%，抢救危重病人126人次，抢救成功率78%，治愈率21%，好转率为66%，病死率为0.32%，院内感染率为0.097%，甲级病案符合率为99.8%。2018年，市立医院业务收入2.1亿元，比上年增长18.41%。

设备更新、基础建设

2018年，市立医院固定资产总值1.12亿元，比上年增长5.66%。投资300余万元引进腹腔镜及配套手术器械，用于开展各类腹腔镜手术；透析科新增透析机7台，血滤机2台，更新水处理机；更新购置胃镜、BC超、空气消毒机、AB超、ABS双摇床、针灸理疗机、脑电图机等设备。

将原精神科三楼改造为中医科，设置独立病区，扩大病房面积，增加床位至30张。重新改扩建血液透析科、内窥镜室、产房，透析科规模可容纳透析设备30台，内窥镜室和产房布局达到医院要求。对住院外墙和玻璃幕墙进行粉刷和清洗，更新住院楼电梯1部，为解决中医科病房和透析科行动不便人员上下楼梯问题购置爬楼梯电动轮椅2部。在门诊病房走廊和卫生间安装扶手，为后勤职能科室、精神科病房及医护场所、康馨护理中心安装空调，改善病人的住院条件和医护人员的办公环境。

卫生改革

市立医院加强基础学科建设、设立无假日门诊，开展改善医疗服务行为活动，建立门诊服务中心、优化门诊设施布局、加强合理用药、规范诊疗行为，发展医养结合养老模式，不断提升服务水平，让群众“病有所医”。致力于重点学科建设，带动一般科室共同发展，规范临床诊疗操作过程，强化技术的引进和人才培养，响应医改取消药品加成减轻患者负担，增强与上级医疗机构的合作，通过整合学科资源，扶持特色，打造品牌，开展应用特色技术，实现“病有良医”。

建立医联体后，医联体内逐步开通远程会诊系统，实现医联体内居民健康档案共享、全科诊疗记录共享、诊断及医嘱信息共享、检验检查报告共享等，实现健康信息的互联互通。双方按照规定执行双向转诊程序，开通转诊绿色通道，三级联动，转诊急症住院患者可以直接入住病房，转诊、检查患者以预约形式优先就诊，预约各项检查按照技术规范规定时间完成，从最大程序上方便群众就诊。

医疗特色

2018年，医院利用请专家讲座、手术示范等形式，协助骨科开展关节镜手术，外科、妇产科开展腹腔镜手术，超声科在超声引导下肿瘤的射频消融术，心血管内科、肝胆外科在X线引导下的介入手术，心胸外科在X线引导下的肺肿瘤穿刺活检术等，医院多个科室通过巩固、强化开展新业务，形成专科特色。

（姜绍磊）

·莱西市皮肤病医院·

始建于1955年，2002年7月更名为莱西市皮肤病医院，位于广州路6号，是市政府批准建设的一所集医疗、科研、预防、健康教育于一体的皮肤病、性病、美容理疗专科医院，是全市城镇职工医疗保险和城镇居民医疗保险（含原新农合）定点医院。医院占地面积2987平方米，建筑面积2157.45平方米，其中业务用房2157.45平方米。拥有固定资产406.4万元，其中，专用设备106.52万元。有职工50人等12个职能科室。以公立医院延伸服务的形式承办泰安路社区卫生服务站（团岛路汇景苑1号楼），承担1万余名市民的全科医学和基本公共卫生服务。

业务情况

2018年门诊3.02万人次，比上年增长6.43%，人均门诊人次604人次，开放床位40张，床位使用率66.96%，比上年增长31.04%。人均住院日196天，出院与出院诊断符合率100%。全年医疗收入430.87万元，比2017年增长49.49%。

医疗特色

医院突出专科优势，擅长治疗银屑病（牛皮癣）、白癜风、带状疱疹（蛇盘疮）、神经性皮炎、湿疹、荨麻疹、手足癣等常见皮肤病以及梅毒、淋病、软下疳、腹股沟淋巴肉芽肿、尖锐湿疣、非淋菌性尿道炎、生殖器疱疹、前列腺炎、盆腔炎等泌尿生殖系统疾病。引进国内外先进设备和技术，开展嫩肤、脱毛、祛皱、祛斑增白、祛痣、祛疣、祛纹身、皮肤CT检测、中药药浴等美容项目，具有无痛苦、效果好等特点。实验室设备齐全，可迅速查找32种常见过敏原，对症下药，为久治不愈的患者解除痛苦。

卫生改革

加强合理用药和抗菌药物使用管理，建立健全药品用量动态监测及超常预警制度，每月对药占比以及抗菌药物进行专项检查，并纳入医生绩效考核管理。

护理工作方面，医院以护士临床实践与服务能力为考核重点，将奖励分配与护士岗位责任、工作量、工作质量、患者满意度、技术职称等多要素挂钩，在护士群体中营造良性竞争激励机制。

信息化建设方面，HIS系统已经全机上线使用，门诊电子处方，电子病历已经在全院铺开。医生工作站启用，检验结果全部实现自助打印。启用支付宝，微信等电子支付方式，方便患者缴费。

（市皮肤病医院）

·莱西市妇幼保健计划生育服务中心·

莱西市妇幼保健计划生育服务中心占地面积1公顷多，其中业务用房面积6600平方米。年内职工总数86人，医生与护士之比是1.2∶1。开设床位40张，职能科室4个，临床科室5个，医技科室3个，保健科室2个，社区卫生服务中心1个。

业务情况

全年门诊总人次为9.89万次，比上年降低3万人次。收住院病人2101人次，比上年增加93人次，增长8.3%。床位使用率62%，较上年增长11.8%，床位周转52.5次，抢救成功率99%。治愈、好转率99.5%，病死率为零，院内感染率为零，甲级病案符合率99.7%。2018年业务总收入为2273.37万元，较上年增加247.26万元，增长15.36%。

固定资产、设备更新

2018年，全院固定资产总值3014.47余万元，较上年增加33万元，增长8%。

完善全院HIS软件系统，为确保信息安全完成病毒防护工作。完成中心发热门诊、肠道门诊建设项目。启用北京健和公益基金会下拨美国四维彩超VOLUSONP8、电阻抗乳腺诊断仪。启用妇女发展基金会超早期宫颈癌筛查系统、远程母婴监护系统，开展母婴保健、新生儿筛查和农村妇女“两癌”筛查。

医疗特色

市妇幼保健计划生育服务中心以“一法”“两纲”为核心，做好各项保健工作。

配合市卫生和计划生育局对从事母婴保健技术服务的单位进行综合性检查。配合青岛市妇儿中心及市卫生和计划生育局对从事母婴保健技术服务的人员进行培训和考核工作。

执行新生儿疾病筛查制度。全年新生儿疾病筛查5873人，筛查率为100%。听力筛查5868人，筛查率为100%。产前筛查8020人，筛查率为73.44%。出生缺陷23例，出生缺陷发生率为3.92‰，孕产妇保健工作重点加强产科建设、高危妊娠管理、产科专业技术人员的培训环节。2018年莱西市围产儿死亡率3.75‰，婴儿死亡率1.50‰，孕产妇死亡率为0，孕产妇系统管理率96.10%，儿童系统管理率94.33%。

做好农村妇女“两癌”筛查工作。妇幼保健计划生育服务中心是莱西市农村妇女“两癌”筛查医疗机构定点之一，全年共筛查1.3万人次，其中筛查出宫颈癌41例，乳腺7例，高度病变144例。

继续教育

2018年，选送业务骨干参加上级业务部门组织的托幼卫生保健知识、儿童保健及婚姻保健知识培训。在全院开展岗位大练兵活动，鼓励职工参加各类再教育，不断提高医务人员的整体技术水平。

精神文明建设

强化医德医风教育，改善服务态度，提高服务质量。开展爱国主义、集体主义、社会主义教育和社会公德教育。医院整体工作效率明显提高，医患关系得到改善，群众满意度达98%以上。

（崔玉贤）

医疗保障

构建“惠民医保”

建起“基本医保+大病保险+补充医保+长期护理+医疗救助”的多层次医疗保障体系，打造了“保障基本、兜住底线、促进公平”的民生保障网。2018年，职工、居民社会医疗保险市内住院患者住院实际报销比例分别达到80.39%、68.1%，医疗保障待遇稳定在较高水平。

提高居民医保筹资标准

2018年，居民医保成年居民一档筹资标准由上年的930元提高到1080元，其中个人缴费由370元提高到390元、各级财政补贴标准由560元提高到690元；成年居民二档及少年儿童筹资标准由2017年的655元提高到870元，其中个人缴费由175元提高到260元、各级财政补贴标准由480元提高到610元。

提高居民医保待遇水平

提高了二档缴费人员在一级定点医疗机构的基本医疗保险报销比例，住院费用报销比例由80%调整为85%，门诊大病费用报销比例由75%调整为80%；提高二档缴费人员大病医疗保险超出最高支付限额医疗费的报销比例，由75%调整为80%；提高二档缴费人员、少年儿童的门诊统筹年度最高支付限额，由原来的300元提高到400元；提高二档缴费人员长期医疗护理保险报销比例，由60%调整为70%。

落实护理保险制度

将医疗护理与生活照料整合纳入护理保险保障范围，升级实施筹资多元化、保障多层次、服务精准化、管理标准化的“全人全责”新型长期护理保险制度，减轻了重度失能失智老人的医疗和生活护理负担，惠及更多失能老人。

实施“补充医保”

及时将国家、省确定的53种抗癌药物纳入医保报销范围，创新实施了定点医院和特供药房“双渠道”供药，让老百姓买得到、用得上、能报销。青岛市在全国率先实施全民补充医疗保险，通过谈判降价、以量换价等举措，推动一批高价刚需救命药纳入医保报销，惠及全市参保人。

做好“精准扶贫”

市财政拨付资金272万元为6863名农村贫困人员缴纳居民医保，确保贫困人员100%参保；参加居民医保的农村贫困人员享受大病医疗保险起付标准减半、医疗费用支付比例提高5%及补充医疗保险取消5万元起付线等医保待遇，全年为169名农村贫困人员发放居民医保扶贫补助款43.1万元，对贫困人口兜底保障更加有力。

全面落实“一次办好”

坚持网上办是原则，不上网是例外，推行“全程网办”。“智慧医保”信息网络系统上线运行，经办服务模式实现了从业务驱动到流程驱动的重大变革，网络化经办服务效能进一步提升，群众服务体验更加便捷。

（市医疗保障局）

社会生活

人力资源和社会保障

2018年，市人社局落实市委、市政府各项决策部署，聚焦五大领域，凝心聚力，实现人力资源社会保障工作高质量发展。先后获上合组织青岛峰会服务保障工作先进集体、青岛市创业就业工作先进单位、莱西市科学发展综合考核先进单位、莱西市脱贫贡献奖、莱西市先进基层党组织等称号。

就业创业

加大促进就业资金投入，全年审核发放就业专项资金4600万元，落实促进就业政策24项。利用人力资源社会保障网、“智慧人社”微信平台、莱西市情等开放性载体，累计发布招聘信息2万余条次，引导城乡劳动者自主选岗就业。开展促进就业“春风行动”等系列劳务洽谈活动67场次，搭建人力资源供需对接平台，全年实现新增城乡就业2.1万人，完成目标的175%，离校未就业高校毕业生总体就业率95.8%。采取政策激励、培训引导、基地孵化等措施，鼓励劳动者踊跃创业，全年实现政策性扶持创业1030人，完成目标的104%，发放创业补贴940.4万元，新增创业担保贷款1140万元。

社会保险

采取扩大政策宣传、实行信息预警、开展专项行动、实施欠费清缴等措施，加大各项社会保险扩面征缴，全年累计征缴各项社保费36.7亿元。调整企业退休人员养老金标准，月人均增加123元，调整机关事业单位退休人员养老金标准，月人均增加251元。调整城乡居民养老保险月基础养老金标准，由150元调整为168元。提高居民医疗保险筹资标准，成年居民一档由930元提高到1080元，成年居民二档及少年儿童由655元提高到870元。提高居民医保基本医疗、门诊大病等项目报销比例，完善医保异地结算制度，推进医保支付方式改革，减轻参保患者医疗负担。加强社保基金支付管理，优化待遇支付流程，累计支付各项社保费27.2亿元。

人才引育

人才引育鼓励企业和优秀人才申报专家工作站、泰山产业领军人才等人才平台和荣誉，2人获得全国技术能手，1人获得山东省技术能手，1人获得齐鲁友谊奖。组织开展“弘扬爱国奋斗精神，莱西海归茶话会”。与聊城大学、青岛农业大学等高校开展校园招聘活动。与省内外高校开展对接，搜集发布高校毕业双选活动信息，通过QQ群、微信群等网络渠道进行发布，为企业招揽引才提供便利。采取外出引才、定向引才、以才引才等方式，广泛引进各类人才，2019年新增硕博、高级职称及高技能人才165人，完成目标任务145人的114%；本专科学历及其他专技人才2259人，完成目标任务2100人的108%。

人事管理

全面做好机关事业单位公开招录工作，招录事业单位工作人员350人，招录公务员及参公人员50人，面向全市自收自支和部分差额拨款事业编制人员遴选全额拨款事业编制人员50人。落实国家人事培训制度，组织50名2018年度新考录公务员在行政审批中心进行为期五天的实训，组织59名2018年度新考录事业单位工作人员在市委党校进行为期六天的封闭式岗前培训。

完成2017年度机关事业单位正科级及以下工作人员年终考核工作，共计574人受到记功、嘉奖。配合市委组织部做好全市中层干部考察评议工作，对15个单位25个经测评存在问题的股级干部进行免职，对全市8个单位29个股级职位人选进行推荐考察。出台《莱西市事业单位年度工资总额核定办法》，印发《工资总额使用手册》，理顺备案工资秩序。制定公务员职务职级并行新津贴补贴标准，兑现工资待遇203人。开展事业单位人事管理示范点创建，推进公务员职业道德建设，提升人事管理水平。

劳动维权

落实企业工资分配调控政策，推进劳动合同和集体合同签订，签订率分别达到99%和95%。开展农民工工资支付情况专项检查、人力资源市场秩序专项清理整顿和劳动保障监察书面审查等活动，共检查各类用人单位1500余户（次），受理劳动监察案件730余起，为劳动者追讨工资2372万元，追缴社保费673万元。建立劳动人事仲裁首问首接服务制度和风险告知制度，探索推行“要素式精准化”办案，累计受理劳动人事争议案件750起，按期结案率100%，为职工追回各类经济损失1300余万元。实施工伤案件分类处理办法，建立“会审前置”和“跟踪回访”制度，累计受理工伤案件850起，按期结案率100%。

（市人力资源社会保障局）

民政工作

社救工作

在社会救助规范化管理方面，3月实施2018年度城乡低保家庭复核工作，截至12月，保障农村低保对象8231余人，共发放低保金3673.6余万元，保障城市低保对象165人，共发放低保金145.4余万元；制定《莱西市民政局深入推进社会救助领域专项治理行动方案》。

在医疗、临时救助方面，建立起紧急救助绿色通道备用金制度，重新修订印发《莱西市城乡困难居民临时救助实施细则》，共对78户城乡困难居民实施临时困难救助，其中紧急救助10户，共发放救助金约11.1余万元；实施新的城乡居民医疗救助制度，救助标准年最高限额由3万提高到13万，共救助7392人，发放医疗救助金2074万元。开展特困人员生活自理能力评估，农村生活不能自理特困人员集中供养率达59%。抓好扶贫工作，实现有效衔接，做好第三方评估机制规范化建设。

组织减灾委相关成员单位进行《莱西市自然灾害救助应急预案》桌面演练，共建青岛市级综合减灾示范社区两处。

社会福利

做好智慧健康养老信息系统和呼叫平台的落地运行，此平台是青岛市唯一的信息化居家养老服务平台，老人通过配置的呼叫器呼叫，服务平台根据老人的需求上门提供家政、配餐、送餐、医疗、康复等服务，老人不出门就可以享受到便捷的居家养老服务。完成2处社区助老大食堂改造，为水集街道办事处康寿社区助老大食堂和院上镇武备社区助老大食堂，在镇（街）政府的协调和支持下历时近3个月完成改造，9月投入运营。12月28日，召开庆祝首届“护工节”表彰大会等系列活动。

青岛言林健康产业管理有限公司获民政部、工信部、卫计委三部委联合颁发的2018年度全国智慧健康养老示范单位称号。2018年，在青岛市民政局青岛市养老服务协会联合举办的青岛市养老服务从业人员职业技能大赛中莱西市获集体奖1个、单项奖11个。

基层政权

完成村委会换届选举工作　去年12月底，正式启动第十二届村委会换届选举工作。组织指导村委会换届选举工作。学习领会上级有关政策文件，组建选举工作班子，研究制定莱西市选举工作意见和实施方案，编印换届选举工作手册，培训换届选举工作人员，指导镇、街道坚持保法不保人，严格选举程序，精心周密组织实施，确保选举工作顺利完成。及时做好换届选举的后续工作。指导镇街及时做好新老班子工作移交、设立村（居）委会下属委员会、推选村民代表和村民小组长、建立村务监督委员会等换届选举等工作，保证新当选的村（居）委会班子顺利开展工作，巩固换届成果。做好村（居）委会社会信用代码赋码及证书打印工作。从5月开始，组织镇街对村（居）委会统一社会信用代码基础信息进行采集核对和确认基础上进行代码证书打印和发放。启动乡镇服务能力建设。确定河头店镇作为乡镇服务能力建设试点镇进行试点，制定印发《莱西市乡镇服务能力建设实施方案》。

推进农村社区服务中心运转　持续抓整改。围绕贯彻落实2017年全市农村社区运转推进会议精神，督促各镇制定社区规范运转整改方案，并按照整改方案进行整改。多种方式抓督查。分镇街建立社区微信工作群，通过实时位置共享定位功能，进行社区人员在岗情况督查，并安排专人实地抽查，全市所有农村社区服务中心规范运转督查实现全覆盖。督促各镇街农村社区服务中心安装监控系统，通过监控系统监控社区人员在岗情况。树标导向，表彰先进。开展第四届优秀品牌社区评选活动，在各镇（街道、经济开发区）自荐基础上，根据优秀品牌社区评选条件，水集街道北京路社区等12个社区被评为第四届优秀品牌社区，并给与一定的资金奖励，发挥树标导向做用。

探索社会工作新方式　筹备成立莱西市社工和志愿者联合会，3月5日，召开联合会成立大会。制定《莱西市和谐使者选拔管理办法》。6月25日，以莱西市人民政府办公室名义制定印发《莱西和谐使者选拔办法》（西政办发〔2018〕35号），9月12日，市委组织部、市民政局联合印发《关于做好首届“莱西和谐使者”推荐选拔工作的通知》（西民发〔2018〕24号），启动首届“莱西和谐使者”评选活动。开展第三届青岛和谐使者推荐上报工作。徐健、高俊、姜磊3人被选拔为第三届青岛和谐使者，是青岛各区市中获评第三届青岛和谐使者人数最多的区市。4月，开展社会工作人员的继续教育培训和考前培训，提高社工的理论水平、实践能力和专业化服务水平。

公共服务

市婚姻登记处开展星级服务标准活动，促服务质量全面提高，开展婚姻家庭辅导服务，依法办理婚姻登记，确保婚姻登记合格率达到100%。

进行婚姻登记情况分析。对全市2013至2017年婚姻登记状况进行深入分析，写出分析报告，递交市政府并被采用，作为市级领导参阅件给予转发。

8月17日上午9点30分，“乐在莱西·爱在七夕”美满婚姻颁证活动在华玺大酒店举办，现场为16对共同度过70年、60年、50年的白金婚、钻石婚、金婚老人颁发纪念品，同时还为6对新人颁发结婚证书，进行宣誓仪式，推进和谐婚姻、和谐家庭与和谐社会建设，促进社会文明进步。

区域界限及地名

行政区域界线工作　按照山东省民政厅《关于做好第五轮县级行政区域界线联检工作的通知》（鲁民函〔2017〕22号）要求，2018年对“莱西——莱阳”线进行联合检查。全线共有界桩24棵，三交点界桩2棵。通过联检，界桩周围杂物得到清除，界桩文字得以重新描红，界线实地位置更为清晰，维护边界线的完整性、法定性和稳定性，避免界线争议和纠纷的发生，保证沿线群众安定的生产生活。

地名工作　完成第二次地名普查档案建设，其中业务卷3482卷、成果类63卷、其他类15卷、成果图10幅、文书类4卷。按照《山东省第二次全国地名普查档案验收评分标准》，分类进行归档，做到文件材料分类清晰，类别齐全，组卷合理，排列有序。所有归档材料均为原件，文件材料的载体和书写材料符合耐久性要求，归档材料要真实可靠。经过自查认为，莱西市第二次全国地名普查档案自查得分99.5分，达到验收标准，准备迎接青岛市级、省级达标验收。

（市民政局）

慈善工作

概况

2018年，全市社会各界积极参与慈善基金和日常慈善捐赠活动，共收到善款1146.2万元。市慈善总会按照《章程》实施“助医、助学、助困、安老、慈孤”等救助项目，全市共支付慈善资金878.7万元，为困难家庭及时送去慈善关爱。筹集善款374.2万元，会同市扶贫办开展助学、助医、关爱留守儿童、救助困难居民、建档立卡贫困户巩固再提升工程、经济薄弱镇(村)、对口帮扶等精准扶贫工作。

提升慈善影响力

打造“慈善莱西·一路有你”公益品牌，推行“以项目吸引资金”，设计慈善救助项目，动员社会爱心企业以定向救助项目的方式参与慈善活动，形成“慈善莱西·一路有你”为品牌的助幼、扶老、帮困救助体系。为提升慈善形象，整合慈善资源，6月3日在济南路小学举办莱西市慈善“双十佳”（十佳单位和十佳个人）表彰晚会。聘请莱西籍2008年奥运女子射箭冠军张娟娟为莱西市首位“慈善大使”，通过名人的影响力引领和带动更多的爱心人士促进莱西慈善事业发展。

提高慈善救助能力

市慈善总会把“精准扶贫”作为重中之重，筹集善款259.6万元，会同市扶贫办开展“寒冬送暖·慈善迎春”系列活动，资助2处省级贫困镇设施提升、4外省级贫困村帮扶，走访590户困难家庭、36户现役军人困难家庭，结对帮扶28户困难家庭，对479户贫困户予以医疗救助、对77户新识别贫困家庭定向救助，为931名白内障困难老人进行免费复明手术等八项内容，为打赢脱贫攻坚战贡献力量。

做好助医、助学、助残、助困、赈灾等五大类救助活动。春季对全市春蕾女童和留守儿童进行救助，发放救助款36.9万元，受助女童615人；夏季对全市困难家庭中14周岁以下患大病的儿童给予救助，共救助符合条件的大病儿童26人，发放救助款30万元；秋季开展慈善助学活动，救助困难大学生141人、高中生53人，发放救助金48万元；冬季开展寒冬送暖活动，走访困难群众361户，发放慰问金36.1万元。每月开展慈善助医活动，对全市因患重大疾病导致困难的家庭按个人自负额给予适当救助，全年累计救助126户，发放救助款55.68万元。

会同市教体局、市扶贫办举行2018慈善助学活动，共救助困难学生158人，发放助学金33.8万元。通过助学活动，体现了党和政府及社会爱心人士对弱势群体的关爱，展示了困难大学生自强不息，奋发向上的精神，扩大了慈善助学的影响力。

协同市委、市政府加大对口帮扶力度，参与东西部扶贫协作和对口支援工作，对扶贫任务重、脱贫难度大的贫困地区开展携手奔小康行动。2018年，发动企业采取定向捐助的方式，对口支援甘肃省两当县慈善资金120万元，助其发展经济。

充实慈善资金实力

在慈善“双十佳”表彰晚会上组织爱心企业、社会团体开展集中募捐活动，现场捐款313万元，现场拍卖5件作品，共募集善款63万元。开展“慈善一日捐”活动，市委办、市政府办联合印发《关于开展2018年“慈善一日捐”活动的通知》，并专门召开会议进行动员部署，莱西市主要领导带领市机关党委结合七一党的生日，在市行政办公中心集中开展一次“一日捐”捐款活动，现场共募集善款21.6万元。截至2018年9月底，全市共接收慈善“一日捐”资金329.4万元。以第二次会员大会为契机，发动副会长、理事、会员积极捐款，共接收社会捐款560.3万元。

形成慈善组织网络

形成“纵向到底”的慈善组织网络。市慈善总会推动在各镇、街道成立慈善协会、在各村（居）和社区成立慈善工作站。2018年，全面建成市、镇、村三级慈善组织网络，镇、村两级慈善组织依托各自的社会影响力，动员各方面的力量参与到慈善事业中。镇级慈善协会成立以来，积极开展募捐活动，确定贫困家庭救助项目，为本级党委、政府解决了不少难题。

（市慈善总会）

烈 士 褒 扬

2018年，青岛莱西革命烈士陵园管理处共接待瞻仰社会团体、企事业单位100余家、学校10余所，群众3.5万余人，纪念馆接待参观群众1.5万余人，讲解烈士事迹40余场。

设施改造

2018年，落实上级资金100万元，更换纪念碑碑文，更换无名墓底座为大理石，维修英名录墙及两侧台阶石，更换烈士纪念馆外墙大理石。申请项目经费20万元，进行栽植乔木、铺种草坪等绿化等工程，提升了烈士墓区环境档次。硬件的提升，为前来瞻仰凭吊的群众提供一个陶冶情操、净化心灵的场所。2018年，被莱西市委组织部、市委党校评为莱西市干部培训现场教学基地。

纪念活动

遵循“褒扬烈士、教育群众”的宗旨，清明节期间开展“清明祭奠烈士”活动，共接待企事业单位、社会各界50余家，5000人次；结合“五四”青年节、“六一”儿童节、“七一”建党、“八一”建军等重大节日，开展主题鲜明、形式多样的教育活动，讲解烈士事迹40余场，接待群众3万余人，纪念馆接待瞻仰群众1万余人。陵园管理处与望城机械工程学院共建爱国教育基地，培训学生志愿者30人，其中讲解员4人、引导员26人，有针对性地促进望城机械工程学院师生的精神文明建设。9月30日第五个“烈士纪念日”，成立筹备工作小组，设计活动方案；制作《不忘初心，砥砺前行》宣传片，并使用LED大屏播放，增强教育效果；创新烈士纪念日公祭烈士方式，采用每人手持鲜花登纪念碑献花的方式，让群众心灵得到净化，得到市委、市政府的肯定。纪念日共接待社会团体60余家，学生200余人、青年代表30余人、驻军代表30余人。

宣传和其他活动

挖掘英烈事迹，增加教育内容，利用网络、

新闻、报纸、宣传栏等多种手段，发挥中华英烈网信息平台作用，采取“走出去与请进来”相结合的方式，宣传英烈事迹，在全社会弘扬英烈精神。2018年12月26日，《人民日报》刊登抗日英雄孙春林烈士事迹。开展“烈士寻亲万里行”活动，2018年先后帮助烈属查找烈士信息100余条。组织本地烈属到外地祭扫烈士活动，横跨广西、云南、黑龙江三省，参与祭扫烈属50余人，得到烈士家属和社会各界的赞誉。

（青岛莱西革命烈士陵园管理处）

双拥工作

机构设置

根据上级统一部署，莱西市委、市政府决定，2018年11月组建莱西市退役军人事务局，整合市民政局的退役军人优抚安置职责，市人社局的军队转业干部服务管理、企业军队转业干部服务管理等职责，主要负责做好退役军人各项管理服务工作。

拥军优属

落实拥军优属政策。元旦、春节期间，由市级领导带队组成12个慰问组对各镇1户困难重点优抚对象代表和市光荣院进行走访慰问，为每户优抚对象送去1000元慰问金和慰问品，为市光荣院送去6000元现金和慰问品，其他优抚对象由各镇组织走访慰问，发放慰问信信1.2万份，为2468名重点优抚对象发放节日慰问金123.4万元；各共建单位共走访慰问莱西驻军单位10个，赠送价值5.5万元的现金和慰问品。八一期间，全市组成6个慰问小组，对所属15个驻军单位进行走访慰问，发放慰问金、慰问品28万元。“八一”期间为2388名重点优抚对象发放节日慰问金71.64万元，密切军政军民关系，推进双拥工作健康待续发展。在烈士公祭日期间，全市组成12个慰问小组，对所有享受抚恤补助待遇的烈士遗属进行普遍走访慰问，发放慰问品价值约6.6万元。

2018年，共对227名家庭困难军队退役人员实施临时困难救助，发放临时困难救助金106.4万元。发放优抚对象抚恤补助金5301余万元。走访慰问一等功家庭1户，二等功家庭3户，三等功家庭48户，优秀士兵家庭151户，发放奖励金21.5万元。

军队退役人员接收安置

2018年，全市共接收计划安置军转干部12人，自主择业军转干部11人，随调家属2人，退役士兵360人，其中308人自主就业，52人符合政府安排工作条件。市委、市政府高度重视转业干部和退役士兵安置工作，军转干部全部安置为市直部门的行政编制。为确保退伍军人有充分的岗位可以选择，在青岛市级以上提供的39个国有企业指标的基础上，市委编办又下达22个全额事业编制计划和9个莱西市属国有企业指标。12月11日，莱西市退役士兵公开择岗，其中选择全额拨款事业单位22人，选择央企7人，选择省属企业2人，选择青岛市属企业单位5人，选择莱西市属国有企业9人，自愿选择自谋职业7人。

退役士兵合法权益保障

2018年全市共采集自1978年以来符合政府安排工作条件退役士兵2382人，其中33人选择公益性岗位，1381人选择专项岗位，148人选择灵活就业，128名已退休退役士兵领取养老金差额。符合政策条件、有上岗需求的退役士兵基本得到妥善安置。

（市退役军人局）

残疾人事业

残疾人工作

开展残疾人信息核查评定工作，为惠残政策提供精准依据。为避免因残疾等级发生变化或残疾人死亡、户籍迁移等不符合条件的残疾人继续享受惠残政策，确保残疾人对惠残政策应享尽享、应退则退，市残联自4月1日开始，在全市范围内开展残疾人信息核查评定工作。全市共核查残疾人4401人，其中符合原等级的2843人、降级的151人、升级的11人、医院重新核查的1314人、不符合残疾等级的16人，死亡的45人、失联的21人。维护残疾人合法权益，为保障“两项补贴”等惠残民生工程的实施打下基础，得到上级领导和社会的认可。

推行残疾人证“一次办好”新举措，最大限度为残疾人提供优质服务。为深入贯彻上级“放、管、服”工作要求，最大限度为残疾人提供方便，提高服务质量，推行残疾人证“一次办好”新举措。新办证程序取消原市行政服务中心残联窗口受理审核、医院评定的办理方式，改为残疾人申请、审核、医院评定一次性办好，2018年共办理证件1469个。11月8日，青岛市残疾人证“一次办好”工作会在莱西市召开，青岛及各区市残联领导和业务骨干一行30余人，实地参观市立医院精神残疾、智力残疾人证办理处，了解残疾人证“一次办好”开展情况，对市残联工作给予好评。此项工作得到青岛市和莱西市政府领导的肯定，人民数字联播网、快助网、山东机构编制网、青岛机构编制网、《半岛都市报》等媒体，先后对此进行报道。

残疾人实事办理

实施残疾人免费乘坐公交车政策。印发《关于切实做好残疾人公交专用乘车卡办理工作的通知》（西残联〔2018〕4号），在《莱西市情》、政府网站刊发《通知》，印发《致残疾人朋友的一封信》1000份并在各村村务公开栏张贴，做到政策家喻户晓。截至2018年底，已办理残疾人公交卡2277张。

开展残疾人法律援助工作。会同市司法局制定印发《关于进一步加强残疾人法律援助工作的意见》，在莱西市级建立市法律援助中心，在市残联建立残疾人法律工作站，在12处镇街建立镇级法律援助工作站（点）。降低门槛，法律援助覆盖面由低保困难群体向低保边缘和更多低收入残疾人群体拓展。简化流程，实行“即时受理、即时审批、即时指派”的便民服务。截至2018年底，共为37名残疾人免费提供法律援助服务。

开展困难重度精神残疾人集中托养工作。组织各镇街通过进村入户讲政策、谈利益，发动精神残疾人集中入托。会同市政府督查室组成3个督查组开展工作督查，通过听取镇街汇报和随机入户调查的方式对全市开展困难重度精神残疾人（含公安、卫生部门管控的严重智障患者）集中托养工作进行现场督查，促进了工作的开展。截至2018年底，已集中入托困难重度精神残疾人80人。通过“医养结合”的集中托养方式，为重度精神残疾人提供集中、长期的医疗、生活、护理、康复等一体化服务，改善残疾人的生活水平和生存状况，减轻残疾人家庭负担，防范社会稳控风险。

残疾人康复服务

市残联坚持把康复服务作为残疾人事业的中心任务，开展康复服务。开展残疾预防和康复知识科普宣传。实施残疾人康复救助活动，让全市上千名残疾人得到康复服务，其中为103名残疾儿童做好康复救助，为943名困难精神病人做好服药救助，为142名困难精神病人做好住院救助，完成年初工作目标。

残疾人精准扶贫

开展残疾人贫困户精准识别工作。按照“不落一户、不落一人”的精准识别要求，对残疾人家庭信息建立动态化、常态化管理机制。规范扶贫档案。按照上级要求，制定《关于贯彻落实〈市委、市政府印发关于实施乡村振兴战略的意见〉的规划》《关于开展重度精神残疾人托养服务工作的实施意见》《关于进一步加强残疾人法律援助工作的意见》《关于切实做好残疾人公交专用乘车卡办理工作的通知》等助残政策性文件，对各项政策落实建立专门档案，实行专人管理。实行残联领导班子成员包联镇街制度，带队深入乡镇进行工作调研和督查。

残疾人教育救助

为提升贫困残疾人家庭学生和残疾学生的素质和能力，市残联对符合条件的残疾学生或残疾人家庭学生，进行精准核实发放教育救助和奖励。2018年，共救助残疾学生或残疾人家庭学生146人，发放救助金21.38万元。

残疾人基本数据动态更新

残疾人基本服务和动态数据更新工作是2018年度中国残联的重点工作，市残联按照“前期准备严、实施方案细、组织发动早、开展调查实”的工作思路，共计调查896个村（社区），持证残疾人1.67万人，按期完成上级下达目标任务，为惠残政策实施提供基础材料。

开展助残日和宣传活动

5月20日是第二十八次全国助残日，市残联围绕“全面建成小康社会，残疾人一个也不能少”的活动主题，开展系列公益活动，25家爱心企业参与，共捐款捐物价值6万余元。通过活动增强社会各界对残疾人事业的支持和参与意识，形成扶残助残的良好氛围。开展专题宣传活动，利用“全国助残日”“全国爱耳日”“全国爱眼日”“国际聋人节”等重大节日进行宣传，共发放各种宣传资料2万余份，在各级新闻媒体，刊发稿件40余篇，在社会上营造扶残助残的良好氛围。

残疾人文体活动

为活跃残疾人群众性文化、体育生活、科学健身、愉悦身心、提高素质，市残联组织具有各方面特长残疾人参加各类体育活动。

加强对年轻优秀残疾人运动员的选拔培养。2018年，莱西市运动员董凌云在山东省第十届残疾人运动会女子T60级跳高、女子T60级三级跳远和女子T60级跳远比赛中分别获第一名；刘俊娜在女子聋人800米比赛中获第二名，1500米和5000米比赛中第三名；女子T60级4×100米和4×400米接力比赛分别获团体第一名。在第十六届青岛市残疾人运动会上，莱西市运动员获总分第六名，其中获第一名8个，第二名4个，第三名11个。

组织社会公益团体为残疾人提供公益服务。2018年，市残联组织公益团体为残疾人进行文艺演出、包饺子、一对一辅导等公益活动20多场次，参与人数3000余人次，受到残疾人的欢迎。

（市残疾人联合会）

老 龄 工 作

概况

2018年全市60岁及以上老年人口16.97万人，老年人口占总人口的22.78%，80岁及以上老年人口2.75万人，90岁及以上老年人口3800人，百岁及以上老年人口79人，全市老年人口具有快速老龄化、空巢化、高龄化等特点。实现“老有所养、老有所医、老有所学、老有所为、老有所乐”五个老有保障水平和经济社会协调发展，莱西市各项老年社会福利水平不断提高，老龄事业发展规划“十三五”年度定量目标任务全面完成。老龄办综合科被继续认定为山东省敬老文明号称号，老龄办获青岛市精神文明单位称号、获青岛市“纪念改革开放40周年”老年文艺汇演组织奖、青岛市老年书法美术摄影大赛组织奖。夏格庄镇夏南庄社区获山东省银龄之家称号，河头店为民服务中心、南墅中心卫生院获青岛市敬老文明号称号，耿兰修获十佳青岛市敬老先进典型称号，刘晓获提名奖，推荐的老人张金栋获“青岛老人·2018”称号并参与青岛电视台拍摄。

高龄津贴金及优待证发放

根据市政府《关于公布2016年市政府重点办好的实事的通知》（西政发〔2016〕1号）的要求，2018年全市继续实行高龄津贴金发放制度。市老龄委向各镇（街道）印发通知，对开展发放活动进行部署。市老龄办印发优惠老年政策明白纸，共发放近2万张，同时在各新闻媒体、新兴媒体进行宣传动员。全年共为2.74万名80岁及以上老人发放高龄津贴金拨付1144.41万元。其中80至84岁共1.53万人，按照每人每年200元标准，共拨付306.12万元；85至89岁共8344人，按照每人每年600元标准，共拨付500.64万元；90至99岁共3691人，按照每人每年800元标准，共拨付295.28万元；百岁老人共79人，按照市财政每人每年2400元标准，青岛财政按每人每月300元（只发到老人健在的当月）、老年节每人200元标准，共拨付发放42.37万元。以上各年龄段的津贴金现按照相关要求精准划拨到各适龄老人账户中。

开展为全市老年人免费办理老年人优待证工作。全年共为3500名老年人办理《山东省老年人优待证》，累计为老年人办证7.5万人，为外出到景点优惠提供了保障。

开展老年活动

开展敬老送温暖活动。元旦春节和“敬老月”期间，市委书记、市四大班子领导先后走访康馨护理中心、市老年福利服务中心，分别为每处送去3万元的慰问金，同时走访百岁老年人、老党员代表等。老龄办开展走访2018年新增百岁老人、高龄空巢老人活动，共走访12位百岁老人家庭、12位空巢老人家庭，为每个走访对象送祝福、送政策、送慰问品。

在敬老月期间开展2016至2018年发放高龄津贴执法检查活动。市老龄办联合市财政局开展为期一个月的高龄津贴发放情况大检查，对从2016到2018年的发放情况进行全面检查。市老龄办在12个镇（街）随机选取24个村，入户48位老年人家中，通过咨询、调查问卷、现场查验等手段，总结经验，发现问题及时整改。

开展四月份老年维权宣传月活动。主要以宣传老年人防电信诈骗和远离非法集资，老年维权集中宣传月期间，市老龄办动员各级各单位开展老年维权宣传活动。并协调各相关单位开展一次集中宣传活动，共发放老年维权宣传材料2万份。

开展青岛市庆祝改革开放40周年活动老年文艺系列活动。2018年3月12日，青岛市印发

《关于举办青岛市老年文艺汇演的通知》，以此为契机对年度老年文艺活动工作进行部署，动员各老年文艺社团开展活动。

市老年书画研究会每季度印制书画海报或书画集刊，老年节期间在崔子范美术馆开展书画展1次，展出优秀作品100多幅。经过逐级开展比赛选拔活动，莱西市参与省及青岛市比赛书画作品130余幅，参与文艺汇报演出队伍15支，摄影作品百余幅。

（市老龄委办）

居 民 生 活

2018年，莱西市全体居民人均可支配收入3.17万元，比上年增加2534元，比上年增长8.68%。其中，城镇居民人均可支配收入3.95万元，比上年增长8.91%；农村居民人均可支配收入2.04万元，比上年增长7.44%。

（国家统计局莱西调查队）

民族宗教事务

少数民族事务

莱西市是少数民族散杂区，共有少数民族44个，4919人，其中常驻少数民族38个，朝鲜族人数最多，为978人。流动少数民族主要以外来务工的维族、回族为主，共有1037人。少数民族流动人口较为集中的企业有2家，是姜山镇的泰光制鞋有限公司和沽河街道的九联集团。依法登记的少数民族团体1个，即莱西市民族团结进步协会。市委统战部落实党的民族政策，把握“共同团结奋斗、共同繁荣发展”的工作主题，立足实际，创新工作思路，巩固和发展平等、团结、互助、和谐的社会主义民族关系，开创民族工作新局面。

为少数民族群众办实事、解难题，及时将党和政府的关怀送至手中。2018年，争取市财政支持，及时为27户穆斯林农户发放牛羊肉价格补贴（每户400元），为76名穆斯林群众发放牛羊肉价格补贴（每人100元），并列入年度财政预算。节日前夕，通过各镇（街）对全市被列入较为困难的少数民族家庭进行集中走访慰问，共走访慰问少数民族困难家庭12户。

开展好民族团结进步月活动。动员各镇（街）召开民族团结进步宣传月动员部署大会，在全市共发放民族政策宣传资料5000余份，悬挂横幅100余条，张贴宣传标语300余条，举办文艺晚会、广场舞大赛等活动4场。到九联集团查看少数民族职工的工作生活情况，加强对九联集团民族团结进步创建活动的建设。古尔邦节期间，携手市总工会到泰光公司慰问维族员工并送去了文艺晚会。

宗教事务

上半年，对全市宗教活动场所进行全面摸排，开展消防知识培训、消防演练和消防安全检查，维护全市宗教领域安全稳定，保障上合组织青岛峰会顺利开展。2018年3至7月，在全市范围内开展7期宗教政策法规大宣讲活动，1000多名各级干部参加培训，在全市掀起学习宗教事务条例的热潮。下半年，以“四进”活动为依托，加强对宗教活动场所教职人员的爱国爱教教育，引导宗教与社会主义社会相适应。

（市委统战部）

旅　　游

综　　述

·旅游业概况·

2018年，莱西市旅游局以“乐在莱西”品牌培育为统领，立足资源禀赋，加快业态、路径创新，推动旅游业提档升级，全市旅游业步入品牌支撑、特色引领、重点带动、面上开花的良性轨道，获2018年度中国十大全域旅游示范县市称号。

截止到2018年末，全市拥有国家AAA级旅游景区5处、AA级旅游景区6处，国家四星级饭店1家、三星级饭店1家，旅行社7家（其中山东省AAAA级旅行社1家、山东省AAA级旅行社2家），旅行社分社5家，旅行社服务网点32家。有山东省旅游强镇6处，山东省旅游特色村10处，有山东省农业旅游示范点31家，山东省工业旅游示范点5家，山东省精品采摘园24家，山东省好客人家农家乐12家，山东省开心农场2家，山东省金牌旅游购物商店2家，青岛市全域旅游示范镇1家，青岛市乡村旅游特色村9处，青岛市乡村旅游特色点17处，青岛市乡村旅游合作社1家，青岛市旅游信息咨询中心3家。

·旅游规划与开发·

培育“乐在莱西”品牌

6月16日上午，“乐在莱西”品牌LOGO暨旅游产品发布会在姜山湿地举行。副市长丁朝霞发布“乐在莱西”LOGO，莱西市旅游局局长徐云发布“运动休闲·乐在莱西”28条经典旅游产品线路。根据《“乐在莱西”品牌培育工作实施方案》（西发〔2017〕16号）总体部署，牵头制定《2018年“乐在莱西”品牌培育工作方案》（西乐领字〔2018〕1号），安排19项重点工作，明确年度重点任务，每月调度通报进展情况，增强工作协同性和针对性。市财政安排1000万元专项资金，专项用于重点活动举办、重点业态扶持等品牌培育工作。印发《2018年度“乐在莱西”品牌培育工作考核内容及评分细则》，将“乐在莱西”作为加分项目纳入市直单位和镇街综合考核体系，设立镇街“乐在莱西”工作奖。与专业设计公司合作，广泛筛选莱西市文化旅游等元素，确定以“乐”为主体的“乐在莱西”LOGO，完成品牌VI设计，统一规范对外旅游宣传标识。

丰富旅游发展业态

对全市具有历史文化底蕴、个性显著、特色鲜明的“文化标识”和“本土记忆”旅游资源，包括古迹、古树、古村落、民俗等进行全面搜集摸底，完善旅游招商项目库。根据青岛全域旅游规划和莱西市总规划，推进《莱西市全域旅游规划》编制。

指导姜山镇前保驾山一村、马连庄镇河崖村、沽河街道董家山后村被评为山东省旅游特色村，青岛丰泰林家庭农场、怡禾家庭农场、青岛九龙花园农业种植专业合作社、金妈妈观光示范园被评为山东省农业旅游示范点，青岛德州扒鸡有限公司生产线参观、北京新能源汽车股份有限公司青岛分公司被评为山东省工业旅游示范点，沽河街道被评为青岛市全域旅游示范镇，望城街道辇止头村、沽河街道曲家庄村被评为青岛市乡村旅游特色村，青岛双龙泉家庭农场、青岛黑虎山生态农业观光园、草化山庄、大沽河万亩果品生态园被评为青岛市乡村旅游特色点。围绕大沽河生态轴，重点打造姜家许村、产芝村等重点民俗特色村庄。

深入挖掘旅游资源，科学设计旅游产品，策划推出“春季赏花踏青·休闲采摘”“夏季沽河休闲·精品研学”“秋季登山赏叶·休闲体育”“冬季温泉养生·休闲健康”多条四季休闲度假旅游产品，进行宣传推介。

举办特色惠民活动

坚持以游客为中心，细分市场，精心策划，组织木偶戏、吕剧等传统剧目进景区（点）展演，举办2018“乐在莱西”全国摄影大赛、“蟠公酒”杯2018莱西市美食大赛、2018青岛·莱西第二届大沽河国际休闲节、2018青岛旅游惠民月暨莱西第六届东大寨苹果丰收节等节庆活动60余个，招徕了游客、刺激了消费、拓展了产业链条。

联合平度市成立青岛北部旅游景区联盟，面向两地市民发放“旅游惠民卡”（2018年）20余万张。11月，开展“旅游助力美好生活”惠民月活动，东鲁农业公园等7家旅游景区推出降免门票、特定群体开放日等优惠措施，开展“城乡互动游”“旅游爱心巴士”“千张门票免费抢”活动，累计惠及游客4000余人。

创新宣传营销方式

运营市旅游局官方微博、微信，微信粉丝量接近3万人；注册运营“乐在莱西”官方抖音，组织“乐在莱西·抖音来袭”挑战赛，搭建起镇街、企业、游客三位一体的推介体系。在莱西北站、市内公交站亭、青岛地铁站、青岛中石化加油站等投放“运动休闲·乐在莱西”宣传广告，密切与青岛经济广播、《半岛都市报》《青岛早报》《莱西市情》、莱西电台、莱西电视台等媒体合作，策划宣传版面、制作旅游专题。拍摄制作“乐在莱西”旅游体验短视频，在腾讯视频等网站进行传播宣传。在微信朋友圈开展定向推介、精准营销。出台游客招徕奖励政策，与山东和易国际旅行社、青岛明德致远旅行社等合作，鼓励扶持旅行社全方位、多渠道拓展客源市场。

提升公共服务水平

对全市19块旅游道路标识牌进行更新改装。按照“数量充足、干净无味、实用免费、管理有效”标准，组织全市重要旅游景区（点）新（改）建旅游厕所18处。组织全市24个单位开展观光购物餐饮场所品质提升工作。对全市27个主要旅游景区点在《青岛市商务旅游地图》进行标注，对全市39个酒店、景区、博物馆、民俗村等资源在高德地图、百度地图等电子地图上进行标注。青岛白鹭湖大酒店有限公司被评为“山东省乡村旅游培训基地”。开展培训考察，举办2018首批乡村旅游培训班，选取3处乡村旅游示范点负责人赴日本、德国、荷兰参加考察交流，组织重点打造民俗村和乡村旅游扶贫村负责人赴袁家村、日照申家坡等地进行考察学习，增强景区（点）自我规范发展能力。

·旅游行业管理·

强化旅游安全监管

与全市58余家旅游企事业单位签订2018年安全生产目标责任书和经营服务质量承诺书，举办2018年青岛·莱西突发旅游安全事件应急演练A级景区消防演练。完善第三方专业化旅游安全委托管理模式，统筹和规范旅游安全生产管理，对全市60余家旅游企事业单位进行五轮拉网式安全隐患大排查，查改安全隐患点800余处。借助安全生产月、应急安全宣传周等活动，利用全市各类公益、商业宣传媒体广泛发布安全公益广告和旅游安全宣传信息，提高游客防范意识和自救互救能力。

净化旅游市场环境

制定《莱西市旅行社市场专项整治工作方案》，会同市综合行政执法局联合开展旅行社专项整治活动，确保旅游旺季市场秩序。联合综合行政执法局等相关部门，加强春节、“五一”、暑期等节点旺季市场秩序和安全生产部署和巡查工作。通过旅游官方网站、微博、微信，莱西市电视台《与法同行》专栏和《莱西市情》专版持续发布“文明旅游，理性消费”等旅游消费注意事项。开展旅游消费警示下乡宣传工作，以“文明旅游·理性消费”为主题，通过在镇街村集市等重要地段、人群聚集区发放宣传单页、公告栏张贴宣传画、悬挂宣传横幅等方式从正面引导旅游消费，提高农村居民防范意识。2018年新增旅行社1家，备案旅行社分社1家，旅行社服务网点3家，处理旅游投诉15件，处结率、满意率均为100%。

（市文化和旅游局）

旅游景区（点）

山后韭菜生态休闲农业园

国家AAA级旅游景区、山东省农业旅游示范点、青岛市乡村旅游特色点（田园采摘）。位于莱西市沽河街道董家山后村，距大沽河1.5千米，园区占地133.33公顷，年接待游客15万人次。园区一年四季30多种农产品，并配套建设农耕文化博物馆、国防教育基地、企业培训、DIY手工作坊、开心牧场、手工体验馆、CS拓展区、花海、乡村游乐场等，是集居住、会议、休闲、旅游、采摘、餐饮及加工生产为一体的大型生态田园综合体。

沁楠香休闲岛

国家AAA级旅游景区、山东省农业旅游示范点。位于莱西市河头店镇龙泉湖东畔，项目规划占地106.67公顷，采取多元化投资方式和经营管理模式，以自然生态环境资源综合利用和发展高科技生态农业为主导，建成接待中心、餐饮中心、篝火广场、百年贡梨园、房车木屋露营地、帐篷酒店、撒欢部落、户外拓展基地、牡丹园、薰衣草高档休闲体验区、开心农场等一系列旅游景观，是一处集高效农业、种苗繁育、旅游、休闲、环保为一体的多功能生态旅游区。

鲜多多农场

国家AAA级旅游景区、山东省精品采摘园。位于莱西市店埠镇东庄头村，是青岛国际农副产品物流交易港配建项目，分现代农业示范、休闲田园游乐、休闲田园采摘、休闲田园观光四大板块，包含射箭、儿童摸鱼垂钓、真人CS、儿童游乐、航空游乐、梦幻花园等项目40多种，建有游客集散中心、特色文化街、酒店、购物中心、大型停车场，以体验原生都市田园生活为核心，打造全程开放、透明的全景互动式农场。

花岭农创园

国家AAA级旅游景区。位于莱西市沽河街道南部，是集示范种植、休闲观光、特色农家乐、果蔬采摘、农场认种、民俗文化、科技研发推广于一体的现代农业示范园。园区规划面积66.67公顷，建有大型日光温室十二栋、休闲餐饮区一个、产品深加工区一个及一系列配套服务设施，果蔬品种多样，有葡萄、大樱桃、枣、桃子、杏、草莓、无花果、桑葚、柿子、猕猴桃、圣女果等，园区推出研学旅游、果树认领、DIY农家宴等主题活动。

崔子范美术馆

国家AA级旅游景区。由莱西市人民政府与

中国著名国画大师崔子范共同兴建，于1998年11月奠基，1999年8月落成。美术馆位于莱西市文化路，背倚月湖公园，面对洙河长堤，建筑面积2600平方米，为中国四合院式仿古风格。有六个大型展厅，主要陈列、研究崔子范先生不同时期的书画作品及生平资料；开展艺术交流，主办和承接各种类型的中外美术作品展览；建立中国近现代美术史料、艺术档案，开展各类学术活动。

洙河公园

国家AA级旅游景区。是在原洙河河道基础上经改造建设而成的开放式滨河公园，东起李家疃大桥，西至水院路大桥下游橡皮坝，总长3190米，陆地面积13公顷，水面面积29公顷。始建于1992年，始称滨河公园，莱西市政府于1999年8月1日命名为洙河公园。2008年，市政府投资3500万元对洙河公园进行分期改造，改造后的洙河公园自西向东，依次出现源远流长、飞虹凌波、月台远眺、滨水剧场、城市栈道、别有洞天等6个主要景点，为莱西增添一道靓丽的风景线。

沙岭河公园

国家AA级旅游景区。公园借沙岭沟故道，历两载改造而成，长1360米，宽约50米，面积6.8万平方米，是一处集景观绿化、滨水休闲、娱乐、教育等功能于一身的城市开放性公园。公园由“水与大地”“水与生命”“水与人”三个有机联系的景观序列组成，河两侧绿地分别建设观赏景观区、儿童活动区、安静休息区、老年活动区、林荫健身区、入口集散区、文娱活动区等。

莱西市博物馆

国家AA级旅游景区。前身为莱西市文物管理所，隶属于莱西市文化和旅游局，于2009年5月实行免费向社会开放。博物馆共有展品300多件，包括先秦文化遗址和汉代墓葬出土文物、历代出土和传世陶器及书画、典籍、石刻和竹木牙雕、铜、玉器杂项等，基本体现莱西历史发展的序列，涵盖多方面的内容。

仙足山风景区

国家AA级旅游景区，位于莱西市区西北方向10千米、潍莱高速公路和沈海高速公路交汇处。仙足山上的观音寺，据记载自元代修建，经大清康熙年代扩建，同治二年四月修复，民国初期改名为北普陀观音寺，在文革期间被毁，2007年进行复建，修“三圣殿”，主持僧、行僧常规佛事，香火兴旺，游人络绎不绝。景区内种植有果桑园53.33公顷、樱桃园26.67公顷、板栗园66.67公顷，以及柿子、杏树、猕猴桃等，是游客观光、采摘为一体的场所。

店埠博物馆

国家AA级旅游景区。位于莱西市店埠镇兴店路西，店埠中心社区服务中心南，馆区建筑面积1500平方米，馆内共收集藏品200多件。博物馆为二层徽派建筑风格，一楼分民俗、文化、现代、未来四大展区。民俗与文化区，集中展示桃花乡地域的风土人情、民俗文化、农业耕作、居民生活与切语、花棍舞等非物质文化遗产；现代与未来区，以青岛国际农副产品交易物流港为发展点，集中展示店埠镇蔬菜产业、物流产业、现代农业、商贸经济等方面的成果与未来发展规划。二楼为桃花乡戏曲展厅，通过采用多种生动活泼的形式深入挖掘店埠镇的镇域历史、民俗、文化、经济内涵，展现了店埠历史变革、风土人情和经济社会发展的巨大变化，是店埠“文化城镇”的标志。

（市文化和旅游局）

旅游节庆

莱西市日庄镇第四届梨花节

4月15日，莱西市日庄镇第四届梨花节开幕式在日庄镇堤上村举办。梨花节不设门票，市民和游客在盛开的梨花海洋中徜徉，赏着梨花、品读着梨花诗，远离城市的喧嚣，静心感受乡村的风景。因堤上村地势平坦，主办方特意搭建梨花观景台，方便市民从高处欣赏万亩梨花。赏花、拍照、看节目的同时，市民还可以到特色农产品展区品尝日庄镇特产——日庄火烧，以及梨、草莓等特色农产品和特色小吃。

第三届沁楠香牡丹节暨第二届春季风筝节

4月29日，青岛沁楠香休闲岛旅游度假区推出“乐在莱西”第三届沁楠香牡丹节暨第二届春季风筝艺术节”。牡丹节期间市民和游客可以免费参加节日主题活动、观看明星演出，还可免费到“撒欢部落”尽情体验山坡爬网、蹦床、勇攀珠峰、趣味探险桥、儿童滑索、海洋球、梦幻撒网、滚筒、滑梯等项目。

沽河游乐园趣味马戏嘉年华

4月29日至5月1日（“五一”假日期间），沽河游乐园推出以“趣味马戏团，欢乐嘉年华”为主题的首届大马戏表演活动——狮虎同台与狗熊表演、空中飞人特技绸吊表演与小丑表演等节目，掀起小长假旅游高潮。“五一”期间共接待2万余人，再创开园以来最高游客记录。

青岛2018时光音乐节

6月16日至18日，青岛2018时光音乐节在莱西涌泰湿地公园举行。朴树、齐秦等音乐人和郑钧、好妹妹、赵照、声音碎片、FrankiD、Csir等三十余组涵盖摇滚、流行、民谣、说唱、电子等多种音乐风格的音乐人和乐队现身莱西，为广大乐迷和游客奉献了一场户外音乐盛宴。音乐节期间还向乐迷和游客提供配套专业的露营区，体验舒适的木屋别墅、房车客房、精致美食、新奇的创意集市等，3天共接待游客约4万人次，是省内第2个、胶东第1个大型户外音乐节。

2018青岛·莱西第二届大沽河国际休闲节

9月28日，2018青岛·莱西第二届大沽河国际休闲节在沽河游乐园开幕。本届大沽河国际休闲节以“运动休闲·乐在莱西”为主题，由大沽河国际休闲节暨“万人游莱西”活动启动仪式、大沽河休闲骑行活动、大沽河生态彩绘跑、“乐在莱西”旅游摄影大赛采风、莱西市首届中国农民丰收节以及第三届姜山湿地国际马拉松比赛等十项内容组成，做深“乐在莱西”的品牌内核。

（市文化和旅游局）

镇·街道

水 集 街 道

·经济和社会发展·

概况

水集街道辖57个行政村，22个社区居委会，总面积147.14平方千米，人口12.73万人。2018年，水集街道实现地区生产总值9.33亿元，居民人均可支配收入2.3万元；税收收入8.70亿元，增长17.1%；地方财政收入10.45亿元，增长20%；实现工业总产值79.48亿元，增长22.52%；外资到账8344万美元，进出口总额5.84亿美元；固定资产投资完成24.35亿元。

经济发展

水集街道以“突出项目建设、优化企业服务、加强招才引智”作为经济建设的目标，积极融入全市新旧动能转换。

项目建设　2018年，新引进亿元项目10个，新开工亿元项目9个，主要包括北大新世纪言鼎（青岛）医疗产业园、中合新农超农超综合体、富尔玛家居超市、永敬金固新型建材等。新投产亿元项目4个，分别是青岛核盛智能环保设备有限公司、青岛喜龙果食品有限公司、青岛祥和凯润物流有限公司和天机机械设备项目。

企业服务　一对一包联重点项目和重点企业，建立“领导牵头负责、相关部门全力配合”的项目建设推进机制，做好企业服务工作。

招才引智　通过加强与高校合作的形式多方引进人才。目前，万福集团与青岛大学联合成立专家工作站、海慧新辰与海洋大学联合建立研究生培养基地，北大言鼎项目的干细胞生物学研究所、皮肤3D生物打印研究所、高端医疗器械研究院已入驻。

农旅文产业融合发展

水集街道坚持农业农村优先发展，将“乐在莱西”品牌创建融入乡村振兴战略，通过打造“一区两带”，促进农旅文产业融合发展。

农业产业示范区　发挥位居莱西湖畔的优势，以产芝水库坝下区域为核心，规划建设386.67公顷，集循环农业、创意农业、农事体验于一体的田园综合体，带动周边20多个村庄的发展。

美丽乡村　围绕大沽河生态轴，提升周边村庄美丽乡村建设水平。茂芝场村流转土地26.67公顷，规划打造乡村休闲生态园，已建成葡萄采摘大棚等；中庄扶村打造美丽乡村示范村，5月成功举办第四届仙足山田园采摘节，吸引上万人参与；产芝村在原有进士故居、泥塑柳编馆的基础上，打造面食文化街和特色民宿，先后迎接省委书记刘家义调研乡村振兴战略，承接各级现场会，接待考察团数千人，被列入第一批美丽村居建设省级试点；中庄扶村和产芝村入选山东省森林村居。

红色文化　实施解文卿烈士纪念馆提升工程，已完成红色文化大院的打造；深度挖掘下马庄红色交通站历史；对永兴街文化胡同进行提档升级，打造青少年教育基地；打造北庄村新时代文明实践站。

民生事业

水集街道高度重视民生事业，牢固树立以

人民为中心的发展思想，聚焦群众最关心的教育、住房、环保问题，不断推进各项民生实事工程。

处理热点问题　水集地处城区，群众关心关注的环保、交通、物业问题比较多，每月为民服务热线、政民互动达600多条，街道强化责任落实，加大热线办理力度，实行“马上就办”立即响应机制，及时处理群众反映诉求，按时回复办结率99%。

改善居住环境　2018年累计拆除违建8.24万平，“无违村”验收比例达100%；全力推进沙旺庄棚户区改造工作，已签约133户、159栋，剩余21户、37栋；南京路提升工程需拆迁的13户二层楼已全部拆除完毕；完成凤台埠5户征迁房屋的拆除工作，烟台路北延工程顺利施工；投资80余万元，硬化北七至圈子村通村路，辖区内全部村庄实现村村连通；推进无物业管理的老旧小区小广告清理工作，共清理小广告5000余处，粉刷墙面约7000平方米，提升小区居民生活环境。

民生工程　完成17个美丽乡村达标村的建设工作和15个村庄的自来水改造提升工程；投资8500万元，实施城区4所学校改扩建工程，主体均已完工；投资200万元，完成城北中学、前车小学、大疃幼儿园的校园环境改善工程；投资85万元，通过购买第三方服务的方式，解决改厕后续污染问题；投资90万元，完成供水东干渠、炉上河等清淤工程；投资400万元，整修深圳路和梅山路社区服务中心，为周边群众提供便捷服务。

党建工作

水集街道贯彻市委召开的“深化作风建设，推进创新发展”会议精神，担负起管党治党责任，推动全面从严治党向纵深发展，为实现“走在前列”的目标提供坚强的组织保障和纪律保障。

树点带面引领发展　选取水集二村“党委+市场+商户”、产芝村“党支部+合作社+农户”、永兴街社区“党支部+居民+志愿者”等典型村庄和社区，打造基层党建示范点6个，辐射带动其他村庄和社区不断提升党建水平。

强化教育增强能力　实行班子成员、部门、村居三级工作例会制度，并加大“请进来”和“走出去”学习教育力度，组织机关部门负责人、村党支部书记等100余人进行培训。7月，全街道开展“党建活动月”系列活动，以多种形式增强党员的凝聚力和战斗力。

干部下沉提升服务　在原有天津路、琴岛路社区党群服务中心的基础上，新建深圳路和梅山路两个社区党群服务中心；启用11个农村社区，抽调50余名机关党员干部下沉到一线岗位，打通服务群众“最后一千米”。

·特色村庄选介·

产芝村

位于风景秀美的“莱西湖”景区。有村民427户，1300余人，耕地面积100余公顷。

党建工作。将支部建设作为提高治村能力的基础，从“群众服务、党员管理和支部引领”三个方面进行创新。探索“街长制”模式。将村庄划分成5个街区，由5名“两委”干部担任街长，负责村民矛盾调解、环境卫生等各项事务，缩短办事流程，减少矛盾积累。探索“特色党小组”模式，根据党员的工作性质，在支部下划分“商业党小组”“农业党小组”“文化党小组”，既向企业派驻党员，又能就近吸纳村民入党，让党员紧紧团结在企业、村民身边。探索“结对共建”模式，实行一个领导、一个强村、一家企业的“三包一”模式，与水集街道班子成员、水集二村党委、凯源祥化工党支部结对，共同发展民俗产业，建设“民俗博物馆”。

村庄面貌。产芝村始建于明朝洪武年间，

村落整体保护较好。为保障和改善民生，村党支部以“修旧如旧”为原则，修缮房屋置换危房；以“白墙黛瓦”为基调，重新粉刷外墙，重现古香古韵。借助美丽乡村建设契机，积极争取专项资金，硬化8条街道，对中心大街铺设沥青，沿街栽植各类苗木2.6万株。党员干部还在村东种植杨树200余棵，建设1处纳阴乘凉的小公园。临近公园建设“乡村大舞台”，通过日常组织文艺活动和播放电影，丰富村民精神文化生活。

文旅产业。产芝村因靠近产芝水库而著名，也因靠近水源地，百姓世代靠种粮为生。为带领群众致富，村党支部带头流转土地，发展特色农业，打造开心农场，建成百果采摘园、草莓和甜瓜采摘大棚30余公顷。依托进士故居、家族祠堂等明清古建筑，深挖乡村文化旅游资源，建成泥塑馆、国学讲堂、博物馆等民俗场馆，成立旅游合作社，注册“产芝老家”旅游品牌。积极与春风十里旅游投资、百年维康生物科技等公司合作，打造特色鱼馆、农家乐5家，特色民宿10余家，面食工坊3家，为村集体、群众和企业增加收入100多万元。

乡村治理。产芝村党支部坚持以德为先，自治法治兼顾，将突出德治作为三治融合的重要前提。一是弘扬传统文化，培树道德典型。完善村规民约、家风家训，绘制传统文化墙，潜移默化地教育村民与人为善、互帮互助；组织道德评比会，定期评选“四德模范”“优秀乡贤”“文明家庭”，将荣誉称号在门前公示。二是规范村务管理，提高自治水平。月均召开党员、群众会议四五次，各项事务严格按照“四议两公开”程序办理，由全体党员和群众代表会议商讨，并邀请村内德高望重的老干部、老前辈予以监督，实现“阳光村务”。三是深化法治保障，增强法制意识。成立村民调解小组，全年依法调处化解各类矛盾40余起；加强反邪教、禁毒等工作宣传，提高村民遵纪守法意识；聘请律师对从事生产经营活动的农户、合作社提供法律服务。

水集二村

位于莱西市城区中心，全村共有村民841户、3782人，党员120人。近年来，村庄将村民幸福作为出发点和落脚点，探索“建设市场、兴办企业”的发展模式。2018年，村庄总资产达3.6亿元，集体收入达3千余万元，人均收入达2.2万元。先后获省级文明村、山东十大和谐村庄、青岛市社会主义新农村建设先进村等称号。

党建工作。根据村庄既有企业又有市场的特点，划分农委、西特碳素、东方实业总公司3个党支部，支部下再划分6个党小组，网格化管理党员。村庄开展工作采取“党员包联”的形式，每名党员包联5至10户村民，由党员冲锋在前，点对点服务群众。投资38万元高标准建设党建馆，打造以“弘扬莱西经验，传承愚公精神”为主题的特色党建品牌，持续发挥教育引导作用。

产业发展。1995年起，村庄因地制宜，发挥城区交通便利、客流量大的优势，提出“建设市场，强村富民”的发展思路，陆续建成水沟头农贸市场、瑞尔市场、三木装饰装潢市场等7家市场，成为“市场专业村”，其中“马连庄果蔬批发市场”打破地域限制，将产业目光投向莱西全域。村庄提出“兴办企业，解决就业”的惠民政策，发展阿玛尼商务酒店、荣浩翔物流园等8家企业，实现村民在家门口就业。通过建设市场与兴办企业，村民年均收入从1999年的3200元增加到2.2万元。近年来，村庄又先后购入原二轻公司办公大楼、原莱西市燃料公司大楼等房产19处、土地25.47公顷，引入项目进行盘活，为村庄发展注入新生动力。

和谐村庄构建。先后投入近5000万元，集中整治村容村貌，实施棚户区改造工程，开发别墅、公寓，改善村民居住环境。投资2700余万元，建设胶东民俗文化博物馆、文化广场、农家书屋和文化活动室，丰富村民的精神文化生活。在全市率先完成产权制度改革，村民变成股民，从2018年开始可以分红。给所有家庭办理财产保险，为60岁以上老人每月发放300至600元养老金。对考上重点大学的学生发放万元助学金，成立慈善小组救助困难家庭。水集二村真正实现老有所养、学有所助、病有所医。

茂芝场村

茂芝场村位于大沽河西岸，距城区8千米，有626户，1843人，党员60人，耕地143.33公顷，是山东省生态文明村、山东省美丽乡村、山东省文明村镇。

以党支部为核心，探索有效治理新路径。党员带头示范，发挥党员表率作用。在拆违过程中，党员干部带头先行拆除，仅一个月的时间就拆除违建140多间，畅通5条梗阻路，村庄没有花费任何补偿；2015年村庄环境卫生综合整治活动中，党员干部以义务出工的方式带头清理整治卫生，筹资硬化道路6公顷多，栽植绿化苗木10余万株，村庄面貌焕然大变。村民自治规范，提升群众自治能力，党支部团结党员群众，严格修订执行《村规民约》，将村庄各项事务全部交由全体党员和群众代表共商共议，聘请村老干部组成协会予以监督，形成共识后再实施，顺民心、合民意。依法治理保障，注重发挥法律约束作用，将依法办事与依法治村、依法治组相结合，确保党务、村务、财务等重大事项依法公开，在阳光下运行。

以高效农业为依托，建设宜居新乡村。规划高效农业种植区、特色林果种植区、滨水休闲观光带等5大板块，成立合作社引领发展。流转土地50余公顷发展高效农业，其中2018年借助美丽乡村建设新建25个藤稔葡萄大棚，以每年2万元/棚的价格承包给村民，村集体增收50余万元；依托长广河打造观光带，新种植玫瑰5余万株，樱花8000余棵，种植优质桃树等20余公顷，将高效农业与田园采摘、观光旅游相结合，打造春天临水赏花、夏秋尝果品桃的模式，打造生态宜居环境，增加农民收入。

以商会为纽带，营造文明新乡风。村党支部发挥在外乡贤能人的作用，成立村级商会，鼓励在外经商人员主动为村庄发展献计献策，商会每年凑集10余万元，用于70周岁以上老人发放福利，修建公共澡堂，65周岁以上老人免费洗浴；修建活动室2处，组建秧歌队，通过开展文化活动提高遵纪守法意识，邻里、家庭矛盾明显减少，党风、村风、民风蔚然。

（水集街道办事处）

望城街道

·经济和社会发展·

概况

望城街道位于莱西城区南部，距市中心5千米，总面积70.8平方千米，辖39个行政村，2个社区，1.1万户，4.5万人。党工委辖63个党支部，1939名党员。2018年，实现地区生产总值41.07亿元，居民人均可支配收入2.18万元。完成地方税收收入1.45亿元，同比增长17.1%；完成地方财政收入2.02亿元；完成规模以上工业产值38.3亿元，同比增长20.6%；外资到账4978万美元，完成外贸进出口额1.65亿美元，同比增长35.6%；亿元以上新开工投资项目累计完成投资3.4亿元；固定资产投资12亿元。先后获省级生态乡镇、青岛市文明村镇标兵、青岛市农村环境卫生整治优秀街道办事处等称号。

经济发展

望城街道是莱西市的工业重地，落户核工业部二四八大队、山东省花生研究所等科研机构，吉明美机械、博锐克制动等高端制造业企业，天邦营养、中科润美等“两院”院士项目，以及东方雨虹等行业龙头企业。为抢抓高铁机遇，街道明确“一区二园三带”的发展新思路，科学规划高铁中央商务区、高新技术产业园和铁路物流园等产业园区，以及204国道、南水线、南京路三条经济发展带。

重点项目推进 青岛市重点项目青岛东方雨虹建筑材料有限公司防水卷材车间正式投产，两条生产线现已全负荷运转，日产防水卷材13万平；亚洲首条完整高分子TPO生产线及水性砂浆涂料生产线进入试生产阶段，智能物流仓储项目于9月开工建设，主体已封顶。莱西首所独立建制高等院校——山东文化产业职业学院项目成功奠基，12月开工建设，计划总投资57亿元、占地200公顷、建筑面积120公顷。青岛润富樱家纺和天邦营养科技等投资过亿元项目主体完工。

政商关系营造 深化为企服务理念，优化营商环境，协调税务部门解决青岛琦泉生物发电有限公司秸秆开税票的难题。得益于良好的配套服务，2018年，辖区多家企业作出增资扩建和新建企业的决定，博锐克制动增资2000万元、吉明美机械增资4000万元，永隆科技投资1.2亿元将公司在广东的瑞盛欧家居项目搬迁至望城。

旅游产业发展 街道地处胶东半岛的几何中心，辖区204国道南北贯通，青龙高速、南水线、省道209穿境而过，蓝烟铁路莱西站、青荣城铁莱西北站落户境内，莱荣高铁摆上议事日程，潍莱高铁已开工建设，建成通车后，莱西到北京仅需2.5小时，半岛交通枢纽地位将进一步凸显。东接草化山、西靠大沽河，有湿地沙洲景观和丰富的地下水资源。依托良好生态资源，街道发展乡村游游产业，打造“好山好水，宜居宜业”的旅游名片。

实施乡村振兴战略

美丽乡村建设 高起点设计、高标准规划，重点打造刘家庄、东贤都、东谭等3个美丽乡村示范村，以及埠后、后堤等7个美丽乡村达标村。累计打造省级美丽乡村示范村4个、美丽乡村达标村14个，39个村庄全部纳入城乡环卫一体化管理，村庄面貌改善。刘家庄村在青岛市美丽乡村观摩工作中，得到青岛市领导的认可。精准扶贫成效显著，辖区内建档立卡贫困户204户、391人全部稳定脱贫。

违法建设管理 在存量违法治理已基本清零的情况下，注重长期机制建设，实施网格化管理，严格落实治理违法建设检查责任，明确划分违法建设防控责任区，实行定区域、定人员、定责任、定标准管理。加大区域执法巡查力度和密度，对新增违法建设严格执行即查即拆，以“零容忍”态度完成拆除，坚决遏制在萌芽状态，实现“严打击、停增长”。全年组织大型集中拆除行动4次，清理违法建筑近4公顷，39个村通过“无违村”验收，完成总比例达到100%。

改善生态环境 落实河长制工作措施，完成清河行动“回头看”34处河道整治任务，街道水环境得到改善。加快推进畜禽粪污资源化利用，辖区内33户规模以上畜禽养殖场和75户规模以下养殖场全部完成粪污资源化利用设施配建工作，并通过验收，粪污资源化利用率达100%。启动第二次全国污染源普查工作，2018年完成入户工作。

民生事业

精准扶贫 以“村不漏户、户不漏人、人不漏项”的标准，做好贫困户排查工作，清除沙子户1户；做好户产业项目，投入18万元，为136户困难家庭提供产业项目，为2名困难学

生认养奶牛，年底分红。完成低保户、五保户危房改造4户，改善困难家庭生活居住条件。青岛琦泉生物质发电有限公司开展“寒冬送暖·企业帮扶”活动，通过资助10户困难家庭开展生物质燃料收购创业，提供工作岗位，资助困难学生等途径，助力街道精准扶贫工作。

扫黑除恶　深入推进扫黑除恶专项斗争，对辖区内企业、单位、房屋、居民开展地毯式排摸，对涉黑涉恶线索、邪教党员及邪教公职人员进行拉网式排查3次；对辖区内59名涉毒人员实行“三包一”“五包一”，打造高标准社区戒毒、社区康复办公室。配合公安、纪检机关做好田格庄李晓庆案件查办工作，扫清田格庄村黑恶势力影响。

学区制改革　创建“多彩教育”体系，学区制改革走在全市前列，望城学区的学生们先后获得山东省机器人大赛一等奖、青岛市市长杯足球联赛四强等优异成绩。2018年中考综合排名全市第一。

群众合法权益维护　成功化解凯志拉链劳资纠纷，43名工人获得工资、保险及劳动补偿款150万元。

安全生产　开展攻坚治理和执法大检查行动，在安全生产各个领域开展一次拉网式大检查，紧盯易发事故的重点领域、重点区域、重点环节、重点部位，确保隐患整改及时到位。开展“大排查快整治严执法”集中行动、“打非治违”专项行动，狠抓隐患排查整治，全年共排查整改一般隐患400多项，未发生一起重大安全事故。

干部队伍建设

巡察组反馈问题整改　做好莱西市委第三巡察组反馈意见，以及青岛市委专项巡察四组扶贫领域腐败和作风问题巡察反馈意见的整改落实工作，建立起“一个问题、一个整改方案、一名责任领导、一套工作班子、一抓到底”的工作机制，将各项整改任务落实到位，巡察组反馈的问题现已全部整改完毕。

街村两级干部队伍建设　在街道层面，加强机关建设，通过开展“大学习、大调研、大改进”和解放思想大讨论活动，营造良好学习氛围，改进工作作风。村级层面，完成村“两委”换届选举工作后，街道党工委围绕乡村振兴、党风廉政建设、信访维稳等工作对新一届村“两委”干部队伍开展3轮培训，提升村“两委”干部队伍的履职能力。依托每月党员主题活动日和灯塔党建知识竞赛，抓好党员教育管理工作，党员干部理论素养得到提升。

监督执纪　2018年，街道纪工委共受理上级转办问题线索32件，信访举报件43件，给予24名党员党纪处分，其中李晓庆案件涉案人员4人均给予开除党籍处分。街道纪工委利用街村干部工作例会时间开展“廉政教育讲堂”9期，结合通报违法违纪案件对机关干部进行警示教育，筑牢机关干部拒腐防变的思想防线。

·特色村庄选介·

刘家庄村

村域面积130.13公顷，耕地面积57.27公顷，有村民340户，1040人。

产业发展。协助党工委、办事处开展招商引资工作，村庄周边已落户吉明美机械、博锐克制动系统等一批先进制造业企业，帮助约230名村民实现家门口就业。山东文化产业职业学院即将落户刘家庄，村党支部聚焦产业兴村，承接学院配套产业项目落户，在村北打造一条商业街，重点发展文化、电商、体育、餐饮等高校服务业，探索服务高校型的新农村建设模式。

生态建设。村党支部不断加快美丽乡村的建设步伐，农村环境卫生整治、违法建设治理等工作均走在办事处的前列。通过美丽乡村建设，刘家庄村基础设施更加完善，硬化路面5

条、面积近1公顷，安装路灯110盏，栽植苗木800株，绿化面积达村庄的90%，村庄“五化”水平全面提升。

乡风文明建设。刘家庄民风质朴敦厚，乡风文明和谐，历来有孝亲敬老、邻里友善的优良传统，全村12个姓氏都较好地传承了家族家训。村庄美丽乡村建设紧密围绕“和睦邻里刘家庄”这一主题，打造“乡风、家风、民风”文明街，福禄廊、济世廊等文化宣传长廊，以及玄亭塘、济世塘等亲水景观，村庄文化底蕴更加浓厚。

治理有效。村党支部班子团结，凝聚力强，村干部威信高，去年支部换届中，村支部书记全票当选。在村庄管理上，支部强化党建统领，融家训文化于村规民约，构建和谐友善的村民关系。美丽乡村建设全体村民齐上阵，累计捐资30余万元，出义务工1000余人次。

产业致富。高效农业、畜牧养殖是村庄的优势产业，全村已发展优质果蔬6.67公顷，建设蔬菜大棚36个，发展博宇畜牧养殖有限公司，养殖奶牛5000余头，牛奶年产量2.5万吨，村民人均可支配收入达1.8万元。按照“旅游富民”的思路，村党支部在村南规划果园21.33公顷，发展以大樱桃为主的特色林果业和以樱桃采摘为主的乡村旅游业，拓宽群众致富门路。

辇止头村

建于明永乐年间，原名崒岵庄，传说清康熙帝曾乘御辇寻访孝庄皇后义子任惟灿到过该村，遂改名辇止头，意为御辇停留之处。全村508户，1800人，党员51人，村民小组6个，土地134.4公顷。近几年，村庄建设快速发展，五化工程结束后，抓好村容村貌改造升级，整个村庄整洁靓丽。曾在“掌上莱西”最美村庄公众评选中获全市第三名。先后被评为望城街道明星村庄，莱西市、青岛市文明村庄，山东省历史文化名村。

区位优势明显，交通便利。东北距莱西市区6千米处，东距莱西火车站、轻轨莱西站和G204国道均3千米，S209省道绕村南西行，连接莱西湖和姜山湖的莱西市南水路纵贯村东。潴河、大沽河和长广河在村后交汇，形成了数千亩湿地。

历史文化底蕴丰厚。建村600年间，先后受到皇帝旌表的就有十人之多。前人为村庄留下长堤春树、崒岵晓霁、平沙积雪、`石崖避暑、南楼观涨、古井清泉六大历史景点。

特色农业成效显著。发展水果采摘园，在村东新建大樱桃新模式栽培基地1处，注册“任氏大樱桃”商标。共培育大樱桃8公顷，其中日光温室大鹏2公顷，连栋大棚1.33公顷，陆地栽培4.67公顷，主要品种有美早、黑珍珠等。

开展无公害冬暖式蔬菜大棚种植。全村已累计投入362万元，在村后建成高标准蔬菜大棚26个，棚内设有现代化滴灌设施，棚区内道路全部硬化。每日到大棚区批发蔬菜车辆络绎不绝。每个大棚每年可直接为村民带来经济收入6至7万元，每年为村民增收200余万元。大棚蔬菜生产中坚持探索优质高效无公害之路，开辟农业增产、农民增收的新渠道。

推动旅游业发展。在新农村建设过程中，村“两委”依托村庄历史文化，立足于临近大沽河，水、沙、树木丰富的资源优势，打造旅游村庄，投资200万元修复“崒岵晓霁”和“古井清泉”两个历史景点。

（望城街道办事处）

姜 山 镇

·经济和社会发展·

概况

姜山镇位于山东半岛东部，居青岛、威海、烟台、潍坊四个对外开放城市几何中心，是全国重点镇、山东省重点示范镇、2016年《青岛城市发展总体规划》确定的10个次中心城市之一。全镇总面积217.28平方千米，辖94个行政村，10.2万人口。2018年姜山镇完成地区生产总值103.48亿元，地方财政收入7.3亿元；地方实际税收5.5亿元，同比增长17%；规模以上工业企业总产值168.8亿元，同比增长1.4%；固定资产投资29.91亿元，同比增长16%；限额以上贸易业销售额58.7亿元，同比增长60%；外资到帐完成1.2亿美元，同比增长11.2%；外贸进出口额完成12.7亿美元，同比增长11.6%；农民人均纯收入2.35万元，同比增长8.5%。

新旧动能转换先行区

抢抓国家新能源发展战略机遇，重点以北汽新能源青岛产业基地为龙头，打造世界级纯电动汽车卓越制造基地，截至2018年底，已是全国最大世界第二大纯电动汽车产业基地。北汽二期总装、焊装、冲压、涂装四大车间已竣工并进入调试阶段，全部达产后产能将达25万辆/年，结合北汽一期10万辆/年的产能，北汽新能源青岛产业基地将实现产能35万辆/年，产值350亿元。

从打造大青岛北部“蓝色经济”增长极着眼，姜山镇盯住新能源汽车产业链条，加大新能源汽车产业园、汽车零部件产业园基础设施配套建设，确保尼桑电池、中铁中基等40多家重点汽车配套企业和关联企业加快推进，抓好2018年北汽新能源汽车青岛基地供应链大会新签约的20家配套企业的对接联系，确保配套企业尽快落地、集中开工、快速推进；实施“平台招商、金融招商、产业链招商”，争取汽车配套和关联企业达到100家以上，通过“基地引领，配套跟进，智能提升”，形成研发、制造、销售、流通等全产业生态圈。

坚持用最大精力加快新能源汽车产业发展，做好与北汽集团紧密配合、无缝对接。2018年基地产量达9万辆，实现产值70亿元，带动上下游产值达100亿元，后续随着C35、EX360、EX3等新车型的导入，北汽新能源产业基地将快速实现百亿级企业目标，形成千亿级产业链，把姜山打造成为全国新能源汽车制造第一镇、整车配套第一镇、电动汽车职业教育第一镇、绿色出行第一镇，成为中国乃至全球新能源汽车产业的新高地。

生态旅游产业

2018年举办湿地时光音乐节，齐秦、朴树等明星的到来提升了姜山湿地知名度，助推“乐在莱西”品牌建设。姜山镇秉持“绿水青山就是金山银山”发展理念，以打造世界级文旅小镇的标准，致力于抓好1330余公顷姜山湿地统筹规划，确保按照美国设计团队编制完成的南通三建文旅小镇规划图加快推进，抓好野生动物世界、全国青少年研学基地等规划建设，重点抓好长隆野生动物世界建设进程，打造世界级野生自然主题公园，抓好5A级国家生态度假区、全国青少年研学基地、野生动物繁育中心、国际野生动物会议中心等建设。

沿姜山湿地周边，引进定位高远、业态高

端、国内一流大企业，把姜山湿地的生态优势转化为产业优势，围绕姜山湿地形成文化、娱乐、休闲、旅游、颐养、金融、传媒融合发展的产业生态圈，打造国内一流、国际知名的生态旅游特色小镇，助推高端生态旅游业发展。

特色基金小镇

2017年6月3日，由中国创投委指导，莱西市政府和清科集团联合主办的2017中国基金小镇高峰论坛圆满落幕标志着姜山镇成为山东省第一个基金小镇。按照“政府引导、市场运作、金融助力、产业主导”的思路，基金小镇发展迅速。2018年，基金小镇已募集基金440多支，管理资金规模超300多亿元。第二届基金小镇高峰论坛的成功举办，提升了姜山基金小镇的知名度、号召力、聚集力，下步基金小镇运作将重点引入国务院直属机构和国内一线投资机构对接基金，争取基金规模尽快达到1000支以上，管理资金规模突破1000亿元。

基金小镇物理空间建设，确保7个组团、59个单体的商业、办公、旅游配套项目全面完成，随着物理空间投入使用后，逐步形成基金托管、集中办公、整体运营的金融服务新模式，不断放大基金小镇的倍增效用，用基金杠杆撬动更多优质资源落户姜山，成为姜山新城建设和乡村振兴的经济命脉和源头活水。

特色文化教育小镇

为了给落户企业和广大群众提供更加舒适的现代化生活条件，姜山镇抓住2016年被列于青岛市组团发展的10个次中心城市之一的机遇，加快新城核心区服务产业配套建设。加快新建的姜山中心中学和中心小学手续办理，确保建筑面积3.5万平方米、可容纳66个教学班、3000多名学生的现代化新校舍尽快投入使用，改善中小学的办学条件。百年南开教育顺利举行奠基仪式，将加快进度促使南开中学、小学、幼儿园建设全面开工，争取2019年部分校舍投入使用，初步具备招生条件，强化百年南开教育为引领作用。加强与城投集团对接，确保投资6亿元的职业技师学院尽快开工建设，尽快形成集办学、教育、培训为一体化的特色职业教育。围绕特色文化小镇建设，加快建筑面积9万平方米的新城蓝领公寓、商务中心、酒店等配套项目推进，提升姜山新城的城市服务功能，把姜山新城打造成为“创智新高地、生态宜居城”。

生态和基础设施配套

2018年以来，姜山镇持续加大投入，夯实民生事业，投入近900万元用于环卫一体化建设，有村庄保洁工人524人，园区保洁工人127人，垃圾清运车8辆，道路清扫车1辆，垃圾装卸工人12人，形成软硬件均过硬的保洁队伍。全镇共配备垃圾箱2450多个，摆放规范有序，对全镇生活垃圾日产日清，做到垃圾无积压，车走地净，生活垃圾实现日产日清，镇域环境得到全面提升。列支300多万元，对村级开展的环境整治、生态绿化和公益事业建设通过“以奖代补”给予扶持，以美丽乡村建设为重点，突出资源禀赋、产业发展和村民需求，指导前保驾山一村、前保驾山二村、中保驾山村等3个美丽乡村建设示范村、28个达标村开展美丽乡村建设。配套上级资金200多万元，对16个新建、38个村级办公场所进行修缮。针对部分村庄党群服务中心内部设施破旧缺失的现象，镇党委政府出资20多万元，对50多个村庄进行基础设施配套，村党群服务中心内外面貌焕然一新，为村庄党员群众开展服务奠定坚实的硬件基础。在实事办理中让姜山老百姓分享改革发展的红利，营造欢乐祥和的干事创业氛围。

·特色村庄选介·

大河头村

地处莱西、莱阳、即墨三市交界，全村650户，2100人、320公顷耕地。近年来，通过文明引客商、服务促发展，先后引进内外资企业16

家，项目总投资达到1.6亿元，2018年村集体经济收入达60余万元，农民人均纯收入2.06万元。村庄先后被中国文化部、中国妇联联合授予“美德在农家”示范村庄、获山东省安全文明村庄、山东省村镇建设明星村、山东省生态文明乡村建设先进村、青岛市十佳文明村庄、青岛市“五个好先进党支部”等40多项称号。

开展道德评议，弘扬良好文明村风。按照群众公选的办法，由责任心强、觉悟性高、群众威信高的30多名老党员、老干部组成村民道德评议会，确立“以评立德、以德治村”的道德评议方向，按照“急事先评、大事大评、一事一评”的原则，对村庄倾向性问题和群众关注的热点问题，实行每月一小评，半年一大评，大事急事随时评。2011年以来，先后进行6次集中评议，村庄先后拿出两万多元对评选出来的60余名“好婆婆”“好媳妇”“十星级文明户”进行表彰奖励，调动广大村民参与文明建设的积极性。特别在村容村貌的管理上，由道德评议会对每户家庭的门前“三包”情况进行每月一评，根据卫生整治情况分成甲乙丙丁四个等级，并把评议等级张贴在每户的家门口，促使群众养成良好的卫生习惯，村容村貌整治走上规范。

重点改造，提高群众的幸福感。从解决事关群众生活的突出问题入手，自2007年开始，村庄投资260多万元，利用3年的时间，对村庄11条大街、31条小巷全部进行硬化、亮化和绿化，硬化面积4.2万平方米、安装路灯89盏，栽植紫薇、黄杨、法桐、金叶女贞等绿化苗木1.5万株。2011年以来，又投资30多万元，开展“奋战300天，整治环境美化家园”活动，制定门前卫生“三包”责任制，建立保持村容整洁的有效机制。投资200多万元，完成400多户群众的厕所改建，并结合改建，新建成沼气池、沼气灶400多个，既解决农村厕所脏乱差问题，又做到合理利用新能源，提高了群众生活质量。投资50万元，对流经村庄的蒲河进行高标准整治，新建蒲河公园，并结合蒲河改造新建农民文化娱乐休闲广场，从生态绿化入手，新栽植绿化苗木3600多株，并修建假山喷水景点，小广场成为村庄开展文明建设、文艺活动、方便群众休闲纳凉的乐园。

发展经济，提高群众的获得感。村“两委”倡导全村群众，招商引资，先后引进16个内外资项目，项目总投资1.6亿元人民币。依托项目建设，村内有500多人进企业上班，其中40岁以上的大龄劳动力有200多人，在企业就工的农民双职工家庭有100多户，工人平均月工资达1500元。招商引资成为村庄富民强村的主渠道。依托农村信息服务站、定期组织党员群众收看网上的种植、养殖等实用技术，提高群众的致富本领。2018年以来，先后组织党员群众学习培训300多人次，有22户群众利用学的知识建起种植大棚，每户年可收入2万多元。

前保驾山一村

位于莱西市姜山湿地北岸，距莱西市区20千米，全村共有218户，506人，耕地面积83.13公顷，是山东省美丽乡村。村庄历史悠久，传说唐王李世民兵败后，因保佑唐王脱险，被唐王命名为保驾山。1927年12月，胶东第一个农村党支部——前保驾山村支部委员会在该村成立。近年来，村党支部注重传承红色基因，挖掘历史传统，坚持绿色发展，在乡村振兴中走在前列。

挖掘资源，传承红色基因。姜山镇深入挖掘本地红色文化资源，积极推进红色教育基地建设。近年来，先后投资111.8万元，完成姜山镇前保驾山一村“胶东农村第一个党支部”旧址基础修缮工作，并建成开放“胶东农村第一个党支部纪念馆”。截至2018年底，“胶东农村第一个党支部”旧址已累计接待青岛和莱西市级参观学习超过12万人次，纪念馆全面建成后，年接待量将达到3万人次。

支部引领，发展绿色产业。村党支部成立果蔬农业合作社，通过土地流转方式，集中26余公顷农田，大力发展生态农业和观光农业，先后建成68个农业高效大棚、占地1公顷多的现代农业和瓜果观光采摘园，每年为集体增收70多万元、为群众增收200多万元。发挥“保驾泉水”品质优良和村庄制作豆腐历史悠久、工艺纯熟的优势，注册“保驾泉豆腐”商标，并对生产场地、生产工艺进行提档升级，对上下游产品进行系列研发，丰富产品种类，提升产品品质，增加村集体和群众收入。

民主管理，维护社会稳定。村“两委”严格落实“四议两公开”、党务村务财务公开等民主管理制度，健全调解委员会、道德评议会、村民议事会等运行机制，第一时间化解矛盾纠纷。成立专门治安队伍，配备专职治安队员5人，在全村主要路口、重点区域安装摄像头32个，实现全天24小时人机治安防范，保证群众安居乐业。

张家庄村

位于烟青一级路东，距烟青一级路700米，共290户，1007人，党员33人。村庄共有耕地面积80公顷。近年来，村党支部从严加强党员管理，夯实村庄党建基础，提升村庄党组织的凝聚力和战斗力，连续8年在全镇农村绩效目标考核中荣获一等奖，村庄先后获青岛市文明村庄、青岛市绿化示范村、青岛市美丽乡村建设示范村称号。

加强党员管理，筑牢村庄发展基础。抓村“两委”干部的管理。村“两委”干部坚持以身作则，要求党员群众做到的首先自己高标准做好，要求党员群众禁止做的首先自己不准做，真正发挥好带头作用。工作上实行分工负责，各管一摊，制定工作目标考核制度，每年分半年和年终两次组织村民代表分别对村“两委”干部和党员按优秀、合格、基本合格、不合格四个档次进行评议，增强村“两委”干部的责任感。

实施党员“包户结亲”，夯实组织“根基”。根据村庄实际，将全村党员划分责任区，每名党员包联18户群众，在基层党组织建设、环境卫生整治、计划生育、综治维稳等方面进行政策要求宣传并带领各户主动参与共建，发挥模范带头作用，通过上下联动、户户结合实现村里事大家知、大家议、大家办。实行党员之家公示制度。在全村党员家庭中悬挂 “共产党员户”标识牌，以党员之家为核心充分辐射周围邻里，激发党员干事创业、为民服务的热情。既宣传党的政策、方针，又带动群众参与各项村庄活动和工作，营造共同协商、共同参与的氛围。

建设美丽乡村，提升群众生活幸福感。聘请专业的规划设计团队，对村庄美丽乡村建设进行高起点规划，通过规划引领，先后新建400平的村级办公活动场所，并配套相关设施；共硬化大街小巷8条，水泥硬化面积7000多平方米，铺设沥青路1.2公顷；安装太阳能路灯68盏；沿街打造楸树一条街、榉树一条街、黄金柳一条街、美国红枫一条街；新建1500平方米的农民健身娱乐公园，组织村民在晚上开展扭秧歌、健身舞等娱乐活动60多场次，丰富群众的精神文化生活。结合村庄精神文明建设，以乡村文明行动和党建督查行动为抓手，推进村庄党建文化建设。近两年，共粉刷墙壁1.5万平方米，绘制党建宣传画8副，喷绘宣传标语12条，设立宣传栏2组。通过党建宣传文化街的形式向村民展示近期党建活动计划，丰富党组织建设的形式，增强凝聚村庄建设的正能量。

（姜山镇）

夏格庄镇

·经济和社会发展·

夏格庄镇位于莱西市南部，面积108平方千米，辖54个行政村，3.3万人，人均占有耕地面积0.19公顷，是莱西市人均耕地最多的镇。距青岛国际机场51千米，距青岛港76千米，距莱西火车站15千米，距青荣铁路莱西北站16千米，距烟青一级公路10千米，距同三高速公路15千米，距青龙高速出口12千米，距青银高速灵山路口22千米。新拓宽的209省道全线通车并贯穿整个镇区，直通即墨市区，青荣轻轨站点夏格庄站建成，到青岛半小时路程，到荣成1个半小时路程，夏格庄镇的区位优势日益凸显，与姜山同称为“莱西南大门”。2018年，夏格庄镇实现地区生产总值24.51亿元，地方财政收入9902万元，居民人均可支配收入2.2万元；外资到账2598万美元，外贸进出口总额8930万美元；完成固定资产投资15.44亿元。先后被评为全国村务公开民主管理先进乡镇、国家环境优美小城镇、首届中国乡镇投资环境300佳、山东省中心镇、省级文明镇、省级安全镇、青岛市生态文明示范镇、青岛市装配式超低能耗及绿色建筑产品生产示范产业基地、青岛市优秀基层党组织。

项目发展以“绿色建筑小镇”为发展定位，以新旧动能转换为引领，着眼绿色建筑产业，正逐步形成以天一新能被动房产业园区为核心，以雅居乐集团装配式建筑产业基地和英良集团殿堂级石材产业园为提升的集研发、孵化、生产、销售、展览为一体的大型综合体产业聚集区。夏格庄镇是国家级千亿斤粮食生产示范基地，蔬菜种植主要以白萝卜、胡萝卜、大白菜为主，规划建设渭田生态休闲农业示范园、万田春生态农业示范园等8个现代农业项目。全镇社会稳定、计划生育、教育、卫生、基层党建等工作在莱西市处于前列，连续15年获平安青岛建设先进单位等称号。

·特色村庄选介·

夏格庄三村

位于镇驻地，紧邻209省道。村庄共323户，1170人，耕地面积170.67公顷。近年来，村党支部创新党建工作方法，以党建引领文化、民生、村集体经济等方面全面发展，获青岛市社会治安综合治理先进单位等称号。2018年，村党支部书记李文获青岛市担当作为好书记称号。村庄已列入全省“十百千示范村”工程。

拓宽渠道增加村民收入。村党支部先后三次组织群众、种植户到寿光、日照等地学习现代农业种植技术，带动村庄60余户从事桃子、胡萝卜、紫甘蓝等经济作物种植，建起现代蔬菜大棚240余个。通过土地流转、临街商业网点开发等形式，多渠道增加村民收入。

文化先行，本土特色文化谱出新篇。村庄历史文化资源丰富，书法、绘画、手工艺人才辈出，建有设施齐备的文化娱乐活动场所，并有恐龙古化石遗址一处。党员干部牵头成立吕剧小组、书法绘画小组、玉石鉴赏小组等活动小组十余个，并吸纳周边村庄600余人参与；工艺葫芦、手指绘画、玉石雕刻成为莱西地区家喻户晓的文化品牌；每年承办市镇书法绘画、秧歌、广场舞等活动40余场。

党员带头，民生实事建设美丽乡村。党员干部带头参加义务劳动，村庄污水改造、厕所改造、违章建筑拆除等重点、难点工作推进有序，规划建设高标准党群服务活动中心，硬化村庄道路11条，配备路灯80盏，栽种绿化树木3000余棵，绘制精神文明建设文化墙，村庄面貌焕然一新。

东双山村

位于394省道以南、五沽河北，距离市区约30千米。全村共有373户，1380人，总面积560公顷，现有耕地330余公顷，人均耕地面积0.24公顷。村庄共有党员48人，村庄民风淳朴。东双山村地处姜山大洼，土壤肥沃，适合种植胡萝卜、白萝卜。全村种植胡萝卜100公顷，白萝卜50余公顷。

近年来，东双山村党支部紧密团结和依靠党员群众，推进乡村振兴建设，2018年作为"美丽乡村"示范村进行打造，硬化村庄道路，安装太阳能路灯122盏。在原有双山小学旧址的基础上，建设青岛市政德教育基地，基地初步分为两部分来进行打造，第一部分为双山乡贤文化陈列馆，第二部分为李伯颜革命纪念馆（或国学教育基地），截至2018年底，基地外观建筑已建设完成，内部布局及展览陈列在进一步设计建设中。基地建成后，将传承"清慎勤智仁勇"的家风、家训，弘扬双山乡贤文化，以家风建设之"根"铸乡村文化振兴之"魂"。

程家庄村

位于镇政府驻地西北1.5千米处，全村共有310户，总人口980人，村两委干部6人。村庄总面积180公顷，人均耕地面积0.14公顷。

近年来，村庄以乡村振兴契机，以项目脱贫为基础，以绿色发展为导向，通过政府牵线、企业搭台、农民唱戏，着力打造一二三产融合发展的现代化综合体样板项目。依托正果公司，规划打造集产业+旅游、采摘、休闲体验为一体的万亩桃园基地，已完成土地流转133.33公顷，一期桃树栽植已完成。

（夏格庄镇）

店 埠 镇

·经济和社会发展·

概况

店埠镇位于莱西市西南，莱西市、即墨区、平度市三地交界，总面积107.5平方千米，耕地6666.67公顷，辖66个行政村，1.75万户，6.2万人。2018年，店埠镇实现地区生产总值39.61亿元，地方财政收入8786万元，居民人均可支配收入2.17万元；外资到账2540万美元，外贸进出口总额1.44亿美元；完成固定资产投资12.63亿元。先后被农业部命名为"中国香菜之乡"和"中国大白菜之乡"，是全国重点镇、国家级生态乡镇、全国"一村一品"示范镇、中国蔬菜之乡和全国标准化气象灾害防御镇，获评华旅奖"中国最佳乡村旅游示范乡镇"，是山东省示范镇、山东省文明镇、山东省绿化模范镇、山东省旅游强镇。航空文化小镇为首批省级特色小镇。

项目建设

优化招商环境、营商环境，推进项目快速落地、建成投产。航空职业学校、有田二期、正大桃园、盛泰隆食品、机动车检测站等项目相继投产。已开工柏札莱奶酪生产、高端调味品研发生产、西微雅休闲食品深加工等过亿元项目4个，德邦节能环保新材料项目被列为青岛市重点项目。新签约青岛庆嘉源食品有限责任公司航空食品研发生产等亿元以上项目9个，其中5亿元以上项目2个。加快推进羽萌工艺品生产等项目的签约。外出招商、接待客户120余次。

现代农业

推动园区建设升级提升，聚焦生态优先、加快绿色发展。加快1330余公顷高标准农田建设项目的摸底、核实、前期规划工作，确保2019年按期实施。申报农业农村部、财政部推进农村一二三产业融合发展和产业兴村强县示范行动项目，经青岛、省、部专家评审，概算投资4600万元的特色胡萝卜产业强镇项目成功入选，是青岛市唯一入选项目，首期争取财政资金1200万元，已开工建设。8月，省乡村振兴“十百千”示范创建工程，店埠镇与宋村、中菜湾庄2村庄入选。12月，店埠胡萝卜现代农业产业园申报青岛市产业园区项目。

培育新型经营主体，培育家庭农场，规范发展农民合作社。规范农民到即墨、平度等周边地区发展农业规模化种植的“走出去”行为，鼓励注册家庭农场、发展农民合作社、创建品牌，并给予相应扶持、必要支持，实现产业链前端在外，为加快产业转型升级提供必要支撑。年内共培育家庭农场20个、合作社20个，青岛市级示范农场5个、合作社5个，省级示范合作社1个。青岛鲁林脱水蔬菜有限公司、青岛联盛益康食品科技有限公司2家企业被认定为农业产业化省级重点龙头企业。

发展品牌农业，以“店埠胡萝卜”品牌打造为示范，引导农产品品牌化经营。抓住上合峰会供菜基地建设机遇，谋划所供4种蔬菜的品牌化发展，安排专人全天24小时监管，完成供应任务，获“上海合作组织青岛峰会农产品专供基地”称号。帮助企业、合作社等主体推进农产品品牌化运作。加快“东庄头”蔬菜、“中菜凤鸣”蔬菜、“宋小黄”白菜、“孙洲庄”青萝卜、西张格庄“西张蜜宝”甜瓜品牌、西张格庄白萝卜等产品品牌的发展，推荐争创“三品一标”和青岛、省、国家级知名品牌。“宋小黄”蔬菜品牌获得青岛农业大学土壤水质采样的数据支持，与山东四海绿仓农业科技有限公司合作建立线上线下零售新模式。西张格庄创办青岛兴店果蔬专业合作社，试营村级电商中心“西张电商运营中心”，走蔬菜品牌化、电商化道路。“店埠胡萝卜”获评省知名产品品牌，中国品牌建设促进会评估其品牌价值8.92亿元。“耿·田”牌店埠胡萝卜获评“市民最喜爱的青岛农产品品牌”。

发展休闲农业与乡村旅游，打造农业与乡村旅游融合发展的新业态，推动农业园区逐步向田园综合体转型升级。扶持鲜多多、桃花溪等园区发展体验型农业、创意农业、研学游等创新业态，实现园区品牌、价值提升。深挖21.4千米大沽河产业带和沿岸20个村庄资源，以承兴寺、大沽河服务区等为突破口，因势发展农家乐、休闲采摘、文化观光等各具特色的休闲旅游项目。

建设绿色畜牧，申报创建山东省级畜牧业绿色示范镇，打造省级示范场3家，强化畜牧养殖粪污无害化处理，规范规模养殖场25家、提升完善养殖专业户67家。结合水利部门对“河长制”的落实，清除禽畜养殖违章万余平方米，巩固了清河行动成果。

加快农业科技研发步伐，与青岛农业大学等知名院校合作，推进智慧农业、精准农业、生态农业、农产品精深加工等科技研发。保护性耕作和土地深耕作业，创建省级农机合作社3家。加强胡萝卜、绿萝卜、设施蔬菜等农产品标准化生产，依托镇检测中心、东庄头市场检测中心等8处检测机构强化农产品质量检测，完善品牌农产品质量追溯体系建设，走质量兴农之路。完成1.2万平方米的种苗繁育中心核心区和1万平方米种苗繁育中心新区建设，建成工厂化育苗车间2个。开展农民培训，选拔培养懂农业、爱农村、爱农民的“三农”人才队伍。有田农业总经理耿琪超，“海归种胡萝卜”事迹入选农业部全国农村创业创新第二批优秀带头人典型案例。

推进剩余3个村庄的土地确权登记颁证工作，完成剩余13个村的集体产权制度改革。精选基础好、班子强、创业劲头足的村庄，整合农村资源资产，加大资金投入和技术、制度创新力度，促进“资源变资产、资产变资本、资本变资金”，让农村“沉睡的资产”活起来。重新完善镇三资管理办法，完成全部66个村庄清产核资工作，并纳入平台管理。

城镇化建设

完善店埠中心社区等集聚社区的配套与服务，加强社区消防建设，提高宜居水平。完成金运太阳城剩余住宅销售，推进产权办理等后续工作。调整优化管区结构、数量，将全镇由4个管区调整为8个管区，与社区结合，包联班子成员为社区党委书记，管区书记兼任社区党委副书记，管区干部与社区服务中心工作人员，既处理管区事务，又服务辖区村庄群众，切实解决为民服务“最后一千米”问题，实现“权力有效监督，服务真正下沉，工作紧贴群众”，促进社区高效、稳定运转。

强化基础设施建设。争取扶持，投资1600万元实施1200米的桃花大街西延工程，投资1400万元实施迟狼路翻修改造工程。开展违法建设治理，拆除违章建筑10万平方米，65个村庄完成“无违村”验收。

加快美丽乡村建设。投资800万元建设葛家疃村青岛市级“美丽乡村”，投资440万元实施毛家山后、沙湾埃、天井山、崔家岭、双河、狼埠、前屯、徐林庄、前朴木、东黄埠、西南阁、西黄埠、后埠、杏花村、永兴庄、宋村、鲍家庄、张家横岭、李家横岭、中由格庄、程家村21个“美丽乡村”达标村建设，葛家泊社区创建为青岛市2018年农村新型示范社区。

民生工作

提高社会保障水平。加大对农村五保、低保、残疾等弱势群体供养力度，改善困难群众生活。改造农村危房18户。精准扶贫，退出163户，剩余216户。落实上级资金30万元，建设中心幼儿园食堂；争取社会资金30万元，改造朴木中学部分校舍。开展离任村主职干部补贴发放统计，按时为符合条件农村干部办理生活补贴手续。

丰富农村体育文化生活。加强村庄、社区广场建设完善，争取上级扶持，完善农民健身路径，建设笼式运动场1处，推动全民健身活动开展。充分利用社区广场、文化大院、镇博物馆、镇域内文化景点等文体场地，引导各村秧歌队、小剧团等群众文化团体利用农闲、晚间开展活动，丰富群众精神文化生活，挖掘、传承农村传统文化，增强文化自信，走乡村文化兴盛之路。店埠镇书画协会成立葛家泊分会，《店埠镇志》付印。

干部队伍建设

狠抓服务理念转变与党风廉政建设。围绕思想、组织、制度、作风四大建设，开展“大学习、大调研、大改进”、解放思想大讨论活动，继续推行干部包村、党员先锋指数考评、“三会一课”、主题党日活动制度，加强学习型、服务型、创新型、诚信型、廉洁型“五型机关建设”，狠抓党建骨干、包村指导员、支部书记三支队伍建设，将管区结合社区服务调整优化为8个，增强服务认识，转变服务方式，提高服务质量。按市委巡察反馈要求，抓好问题整改。落实“两个责任”，加强党风廉政建设与反腐败工作，厉行节约，严控开支，营造良好的干事创业氛围。打造“产业+支部”模式，中莱湾庄村获评省级“发展壮大集体经济示范村庄”，事迹入选省编案例。参加省“灯塔·党建在线”学习竞赛，获全市第一名，马家小里、东庄头、后水口、中由格庄、李家小里、西庄头村党支部等6个村庄党支部被评为省灯塔学习型党支部。

完善村级绩效考核制度，推广村庄民主管理“五议两公开决策流程机制”，不断规范村级议事程序；严格按照农村“三资”管理要求，规范村级财务管理，强化资金、资产、资源规范处置。加强以过硬党支部建设为核心的村级组织建设，开展新履职村干部培训。强化镇务、村务公开，利用《店埠镇情》、政务网、“美丽店埠”微信公众号、宣传栏等阵地，进行宣传教育，增强群众知情权，提高群众满意度。落实目标考核，调动镇村两级工作积极性，签订年度工作目标责任书，使各项工作有问责、有成效。

航空文化小镇

2016年以来，店埠镇引进航空学院、通用机场与航空产业项目，规划打造航空文化小镇，核心区位于店埠镇驻地北，规划面积5.3平方千米。2017年6月，由小镇实施主体四川泛美教育投资集团委托青岛阿尔本建筑设计有限公司完成《青岛·莱西·航空文化小镇项目》设计。项目包含航空产业园、航空教育区、科技研发区、通航机场、旅游休闲区、生活居住区六大板块，将建成以航空产业为主导，集“产、学、研、游、住、育、商、创”于一体的特色小镇。2017年1月，航空文化小镇被列为山东省首批省级特色小镇。

小镇已开始推进航空教育、通航机场、航空制造、通航旅游四大板块建设。储备航空产业园与通航机场建设用地约167公顷，航空教育板块已建成青岛北方航空职业学校一期。

旅游板块已建成的梦想花园（鲜多多农场），总占地面积约66.67公顷，集有机农产品生产配送、农业高新技术研发与示范推广、生态休闲观光、研学游为一体。成立有青岛市农业广播电视学校农民田间学校，是莱西市青少年现代农业实践基地、莱西市校外实践活动基地、青岛市新型职业农民培训基地、青岛市乡村旅游特色点、青岛市首批智慧旅游企业。先后被评为国家3A级旅游景区、国家级休闲农庄、山东省农业旅游示范点、山东省精品采摘园、山东省生态休闲农业示范园。

莱西店埠通航机场项目，预选址距离莱西市城区22.7千米，距镇驻地2.6千米，规划投资总额6亿元，占地约36.67公顷，建筑面积12万平方米，主要建设航空服务基地、航空综合培训楼、800米低空飞行跑道、停机坪、塔台及物流园等。2018年6月，店埠通用机场被山东省政府列入“十三五”规划和2022年前建设的A1类通用机场。

航空制造产业方面，拟引进航空工业哈尔滨飞机工业集团有限公司Y12E飞机改装线。

胡萝卜文化节

2018年6月16日上午，第五届店埠胡萝卜文化节在店埠镇国家级现代农业园举行。文化节采取社会化运作的方式，由镇辖区及周边地区在店埠镇有经营业务的企业自由筹资，通过举行胡萝卜雕刻大赛、休闲商品展、种子农机展、产业发展论坛、摄影比赛、书画笔会、文艺联欢会、休闲采摘等丰富多彩的活动，推介店埠“萝卜小镇”特色文化和“店埠胡萝卜”品牌，打造店埠镇“沽水菜乡·萝卜小镇”城镇品牌形象。

一二三产业融合国家试点

根据农业农村部、财政部《关于深入推进农村一二三产业融合发展开展产业兴村强县示范行动的通知》（农财发〔2018〕18号）和山东省农业厅、山东省财政厅《关于深入推进农村一二三产业融合发展做好产业兴村强县示范行动项目申报工作的通知》文件精神，结合乡村振兴战略实施，莱西市遴选出店埠镇产业兴村强县项目作为示范行动典型，经青岛、山东省和农业农村部审核，成为青岛市唯一入选项目。

项目主要采取扶持店埠镇内农业产业化龙头企业的方式，带动创新农民利益联结共享机制的方式实施。总投资4600万元，其中实施主体自筹配套资金2300万元。

·特色村庄选介·

中菜湾庄村

位于镇西部偏南，共287户，871人，党员33人，耕地面积123公顷。村党支部依托蔬菜产业优势，带领党员、群众成立青岛中菜凤鸣蔬菜专业合作社和凤鸣蔬菜加工厂，通过土地托管、带地入社、统一供种、种植管理指导等方式，发展外向型经济，建立蔬菜基地，实现统一收购、集中加工、出口内销于一体，带动了村民增收致富，村庄事迹入选山东省委组织部发展壮大村集体经济典型案例。

村合作社主要经营的蔬菜有大白菜、白萝卜、胡萝卜、白菜花、西兰花、西芹、甘蓝、生菜等20多个品种，并先后在宁夏回族自治区固原市、河北省张北县建立蔬菜生产基地80公顷，发展大白菜、白萝卜等蔬菜种植。蔬菜年出口量达1万余吨，主要销往韩国、日本、马来西亚、新加坡、加拿大、迪拜等国家和地区，实现菜销全球。不仅让村民增收致富，还辐射带动周边十几个村庄扩大了蔬菜种植规模，推动店埠镇形成蔬菜全产业链发展模式。

在村党支部和合作社的努力下，中菜凤鸣蔬菜专业合作社被评为2018上海合作组织青岛峰会食材供应商，基地被评为上海合作组织青岛峰会农产品专供基地，被省农业厅列为家庭农场省级示范场，通过品牌化创建，“中菜凤鸣”蔬菜品牌被评为青岛市最受百姓喜爱的农产品品牌。

在发展产业的同时，中菜湾庄村党支部充分发挥党组织的凝聚引领作用和示范带动作用，2018年，中菜湾庄村民主议事经验被青岛电视台《青岛新闻》栏目报道；基层组织建设先进经验，被拍摄为《五彩田园致富路——中菜湾庄村发展纪实》在青岛电视台《岛城先锋》栏目播出。中菜湾庄村“党支部+合作社”典型经验入选山东省委组织部印发的《抓党建促村集体经济发展工作读本》，先后被农村大众、农民日报、山东省电视台、《青岛日报》等多家媒体专题报道。山东电视台《乡村季风》栏目制作的中菜湾庄村专题片，被列入山东省农业厅《山东农业的世界地图》系列报道。

宋村

位于店埠镇驻地东2.8千米，村庄耕地面积41.47公顷，95户、306人，党员12人。据传，清乾隆五十四年（1789年），店埠村有五户崔姓农民因受水灾，房屋倾圮，被会首崔荣送至此处建村，遂取“送”之谐音“宋”，命名村庄为宋村。是青岛市2018年度“美丽乡村”达标村。

宋村种植黄心白菜的历史已近一百年，白菜个头小，每颗约重一千克左右，口感甘甜，可生食。当地流传着这样一种说法：胶州白，城阳青，还有莱西宋小黄。“宋小黄”是“宋村小颗黄心白菜”的简称。因产量低，鲜有大面积种植，市场也无买卖销售，但因其味美甘甜，大量村民在自留地中种植以供自家食用。2017年，山东四海绿仓农业科技有限公司与驻村“第一书记”王玉峰在宋村共建绿色生态基地，将这一隐藏在传统村落的特色农产品挖掘出来，建成“宋小黄”种植基地，严格规范种植标准、包装标准，采用统一采购、分批次包装，使用统一制作的包装盒，统一使用“宋小黄”品牌商标，在黄心白菜品牌推广建设上不断创新，成为继青岛的胶白、城阳青之后又一个具有地方特色的白菜品牌。

葛家疃村

位于镇驻地西，共475户，1560人，耕地面积172公顷。

2018年葛家疃村在市镇两级的大力支持下，

投资850余万元，完成青岛市“美丽乡村”建设。修建、疏通完善排水沟4200余米，铺设排水管道890米，浆砌排水沟520米，排水沟盖板760米。解决村庄下大雨堵水、积水的问题。硬化村街路面8000余平方米，村中心主道铺沥青路面8450余平方米，方便村民的交通出行与生产生活。建设村碑一处。安装太阳能路灯125余盏，村内主要街道全部实现亮化，解决村民夜晚出行问题。对村内主要街道进行绿化，栽植丛生树木791株，乔木200株，色带7479平方米。粉刷墙面4万平方米，做到村庄宜绿尽绿，改善村庄的村容村貌和居住环境。

（于忠成、李彩玉、于江波）

院 上 镇

·经济和社会发展·

概况

院上镇位于莱西市西南部，总面积169.2平方千米，辖103个行政村，人口8.4万人，耕地1.03万公顷，有党支部112个，党员3221人。镇内沈海高速、潍莱高速等主要干线纵横交错，南城线（602省道）贯穿南北，309国道横贯东西，位于青岛、烟台、威海、潍坊四市1小时经济圈内，大、小沽河流经并在境内交汇。镇域有始建于北齐（550~577年）、距今1400多年的古靖林寺禅院（遗址）。

2018年，院上镇完成地区生产总值50.39亿元，地方财政收入6989万元，居民可支配收入2.05万元；完成地方税收4476万元，占年计划的125%，同比增长46.4%；实现外资到账2594万美元，外贸进出口额7618万美元，同比增长32.7%。实现规模以上工业总产值14.45亿元，同比增长30.6%；完成地方税收4476万元，占年计划的125%，同比增长46.4%。完成固定资产投资7.97亿元。先后获青岛市文明单位、青岛科学·关爱·和谐示范乡镇、青岛市敬老文明号等称号。

项目建设

树立“发展是第一目标，项目是加快发展的第一动力”的思想，加大招商引资力度，探索引才引智新路子，推进“双招双引”和项目建设工作。利用平台招商、产业链招商、以商招商等方式，针对不同行业、不同企业、不同企业家，量身定制针对性强的招商方案，推动项目落地、投产见效。开展以商招商，依托中宝塑业引进的投资3亿元的新胜石油机械设备生产项目即将开工建设。与京东集团签订战略合作框架协议，京东云仓项目被列为山东省新旧动能转换重点项目，为打造电商公共服务体系，服务区域经济发展奠定基础。投资3.5亿元的天地园农产品综合物流园项目、投资1.2亿元的丰福工艺品项目、投资1.5亿元的创石新型建材项目均已签约落地，计划开工的宏特广泰、迪士尼、丰福、创石四个项目已全部开工。投入300万元，加强园区基础设施建设，改善招商硬环境。以葡萄全产业链示范区创建为契机，启动投资5.8亿元、面积20平方千米的葡萄风情小镇一期规划建设工作，逐步打造集休闲旅游、产业融合、乡村振兴于一体的产业集聚区。

特色农业与休闲农业

坚持“规划先行、创新驱动、产业融合、共享发展”理念，实施品种、品质、品牌战略，通过新六产融合，打造1000公顷集种苗培育、品质检测、葡萄贮藏酿造等为一体的农业开发创新示范区、新旧动能转换试验区、乡村振兴战略先行区。推进3500余公顷亿斤粮食和小农水项目建设，实施节水灌溉工程，夯实农业发展基础。优化升级吴格庄毛桃、王家庄油桃等10处千亩“一村一品”特色农业示范区，提升规模化水平。利用媒体平台，扩大葡萄、油桃、西兰花、板栗、山楂等特色农产品品牌知名度，推动农业增产、农民增收。

依托浩丰、大好河山、鼎龙农业示范园等农业龙头企业，发展观光农业、休闲农业。深化“乐在莱西”品牌建设，打造蟾公老酒坊、老磨坊等民俗旅游点，建成占地面积1000余平方米的蟾公酒文化博物馆，馆藏展品500余件，成为全市第3家非遗博物馆。以全市打造“一馆六区”为契机，推动院上镇花园头村胶东抗战教育基地和纪念馆建设，实现红色旅游新突破。

民生工作

投入1070万元，开展镇驻地改造（三期）工程、光伏发电项目、镇综合服务中心和工业园基础设施配套建设，改善镇域环境，积蓄发展后劲。全面打赢脱贫攻坚战，整合一事一议资金110万元，在5个经济薄弱村进行项目建设；用好用活产业、致富、绿化资金74万元，打造吴格庄毛桃基地，改善提升农业生产条件。对50名贫困学生实施“雨露计划”，累计资助15万元，杜绝贫困家庭学生因贫辍学、因贫失学的情况。加强环保问题整改，抓好污水管网运营，持续开展农村环境综合治理，保持良好生态。投入1000万元，新建武备幼儿园、改建院上中心幼儿园，改造3处农村薄弱学校；投资300万元，实施院上中心卫生院达标建设工程。

依托丽馨居家养老服务中心，构建多层次养老保障体系，武备社区建成全市唯一的农村助老食堂，是青岛市2018年度民生实办重点项目，每天最多为周边150名贫困老人提供就餐服务。推广丽斌合作社土地托管服务、线上线下电商销售等先进经验，全托管土地达200公顷，农业效益显著提高。引进第三方服务机构，深化“一童一策·精准关爱”服务品牌建设，对全镇所有留守儿童实施常态化帮扶，保障留守儿童健康成长。强化阵地建设，筹资260余万元对45个村级党群活动场所进行新建、修缮。健全常态化管护机制，2018年在全镇开展村级活动场所规范化建设，103处场所全部达到规范化要求。发挥24名乡村振兴工作队队员和第一书记的驻村帮扶作用，累计投入资金364万元，实施引水灌溉、道路硬化等民生工程12项，群众生产生活条件明显改善。累计投入约2700万元，完成41个美丽乡村示范（达标）村建设工作；在葡萄小镇片区的仇家庄、山口村已投入200万资金，用于改造村容村貌和基础设施，争取在产业振兴、生态振兴等方面创造可复制、可推广的发展样本。

党建工作

以党建工作为统领，全面推进“三化”建设和党建“五化”机制，用作风建设新成效凝聚发展新力量。深入推进机关“三化”（标准化、规范化、制度化）建设和党建“五化”机制（标准化建设、专业化教育、规范化管理、一体化服务、常态化考评），区分农村、机关、“两新”组织领域，梳理定制53大类、89条工作标准，制定30余张工作流程图，提升党建工作规范化水平。选派118名党建指导员，结合“乡村振兴村村行”活动，每月2次到村指导基层党建等任务，在灯塔知识竞赛、村庄“三会一课”等工作中发挥作用，形成层层抓落实的工作格局。党建指导员人手一本《民情日志》，深入企业、村庄集中调研8次，围绕产业发展、村庄稳定、扶贫脱贫等方面发放调查问卷1000余份，使热点难点问题一线发现，一线解决。

抓好新一届村“两委”班子建设，建立村党支部书记月例会制度，提升农村“领头雁”履职能力。严格推行党员先锋指数考评，对重点工作落实一周一通报、一月一总结制度，严抓量化考核。依托“双百共建·建设过硬党支部”活动，打造毛家埠中村“理想信念教育实践基地”等党建品牌示范点，以点带面，增强镇村干部创业干事激情和基层党组织执行力。

·特色村庄选介·

七岌村

位于院上镇驻地西6千米，全村共有486户，1585人。村庄位于小沽河中下游东岸，地势平坦，自西北向东南倾斜，海拔最高点27.6米，最低点仅8.2米。属北温带大陆季风气候，冬暖夏凉，四季分明，年平均气温11.5度，年平均降雨量750毫升。其土质多为潮黄土、两合土、沙壤土，土壤肥沃，质地适中。七岌村土肥水丰景美，西临青岛市饮水工程的小沽河，土壤呈弱酸性，非常适合七岌葡萄的生长。七岌葡萄自上世纪九十年代规模化种植以来，更凸显出了其特色。七岌葡萄果穗整齐，果粉完整，平均穗重高达500克以上，果粒椭圆形，果皮亮红色，白色较厚果霜，含糖量高达19%，果皮中厚，果肉细腻脆甜，糖酸比合理，品质极佳，适口性好。七岌葡萄将优质的品质和耐运输储贮藏等特点于一身，深受广大客户青睐，每年10月中旬成熟上市时节，英国泰国等东南亚国家和浙江、上海、天津等国内外客商纷纷前来收购。

村庄突出葡萄这一特色，加大资金投入，成功打造葡萄一条街、特色采摘园等以葡萄为主导的地方名片。新设宣传栏3个，主要介绍葡萄相关知识及村庄种植葡萄历史。投入12万元，浆砌小花墙3600米，动员村民以葡萄树为主要绿化苗木，搭设葡萄架。走进现在的七岌村，满目都是盈红的葡萄，在翠绿的叶片映衬下，别有一番风味。

注重产业发展与环境治理相结合，将更多的资金投入到环境整治中来。已投入资金70余万元，清理垃圾120余立方米，硬化村庄道路3条，安装路灯56盏，栽植绿化苗木1200余株。村党支部实行月月村情制度，村两委向村民代表报告本月财务收资、村工作情况及计划安排、表彰好人好事、批评不良现象、收集并答复村民意见和建议等，对有关重点内容印发明白纸，营造村内文明、健康向上、安居乐业的良好氛围。

姜家许村

位于院上镇驻地东偏北5千米，坐落在大沽河畔，全村共有511户、1332人，耕地面积149公顷，是青岛市首批建设的美丽乡村示范村。村庄先后被评为山东省文明村庄、青岛市卫生模范村庄等荣誉称号。

产业发展带动美丽乡村建设。以发展高效农业作为优势产业，种植优质果品、蔬菜73.34公顷，从事果业、蔬菜生产的农户达280户。全村有蔬菜大棚70余个，产量达1200吨；葡萄大棚85个，产量达90吨。

环境整治推动美丽乡村建设。投资289万元，建设污水管网1.07万米。村内道路全部完成硬化、绿化、亮化，生活环境显著改善。村党支部争取上级支持，建有社区服务中心、幼儿园、老年人日间照料中心，配套完善公共服务设施，群众幸福感、满足感不断提升。挖掘传统酿酒技艺，打造蟾公老酒坊和金蟾湾广场，建成蟾公老酒博物馆，馆舍占地面积2000余平方米，馆藏展品500余件，成为全市第3家非国有博物馆。

岘沽村

位于院上镇西北部，西临小沽河，距镇驻地13.5千米，为岘沽社区中心村。有住户867户，人口2563人，耕地233.33公顷。多次被评为青岛市文明村庄、莱西市先进党支部，并获山东省科技示范村称号。

全村安装路灯106盏，配有600平方米的健身广场，村内七条主街全部硬化，两侧铺有路沿石和面包砖，村庄绿化以玉兰花为特色，每到年初，玉兰花香沁润全村。环境整治过程中，浆砌排水沟3000多米，栽植苗木1400余株。发挥党员干部、村民小组的作用，发动村民参与环境卫生整治，取得良好效果。投资210万元，铺设沥青路面3万平方米，实现全村七条主街全部硬化。

近几年来，村庄立足自身实际，因地制宜，发展葡萄种植等特色产业。全村有葡萄大棚900个，面积86.67公顷，露天栽培葡萄1公顷多，年收入4500万元，年人均收入达1.7万元，村集体年均收入20余万元。全村呈现出经济持续发展，社会安定团结，人民安居乐业的良好局面。

（院上镇）

沽河街道

·经济和社会发展·

概况

2018年，沽河街道完成地区生产总值69.66亿元，居民人均可支配收入2.03万元；地方财政收入完成3.2亿元，同比增长36.8%；税收收入完成2.3亿万元，占年初计划数的101.32%；规模以上工业总产值130.14亿元，同比持平；外资到账5957万美元，外贸进出口总额4.21亿美元；固定资产投资8.2亿元。2018年，沽河街道落实“1+5+4”目标体系，围绕“生态沽河、休闲小镇”建设，强化党建示范引领，突出发展休闲食品、休闲旅游、休闲农业三大产业，先后被评为青岛市中医药特色小镇、全域旅游示范镇，入选山东省乡村振兴“十百千”工程示范乡。

项目建设

全年外出招商50余次，对接洽谈项目50余个，签约11个项目。泰石岩棉、布鸽花场、九和宜生、鲁红科瑞等项目建设进展顺利。围绕建设高档食品聚集区和高科技产业园区，积极运作雀巢公司在东莞的咖啡生产项目向街道转移，雀巢公司年税收3.8亿元，是全市唯一一家纳税地方留成过亿元的企业；九联集团、海盛达制罐、润达鞋业、泰华鞋业等规模以上企业效益明显好转。在抓好项目引进的同时，注重加强对老企业的保姆式服务，推动人才创新、企业发展。经济建设稳步增长，地方财政收入增幅及完成比均居全市第2位；招商引税工作实现从无到有，列全市第1位。

乡村振兴

创新强化党建引领　在发展现代农业示范基地建设中，探索实行“党组织+合资公司+有限合伙企业+合作社+农户”的联动发展模式，由政府流转、整合闲置土地38公顷，用于山后先行有机农业基地建设，已建设设施大棚11座，争取农业开发专项资金120余万元，正在修建排水沟、平塘、电力设施、节水灌溉等农业基础配套设施。

加强示范基地建设　依托金妈妈和现有品牌，沽河街道根据跟村庄资源优势，重点打造现代农业示范基地，纵向延伸农业产业链，横向拓展农业多功能，促进农业“接二连三”融合发展。南部的山后韭菜、前我乐葡萄、西赵地瓜、黑岚埠茄子、望连庄秋月梨等，以黑岚埠茄子为例，街道鼓励村民发展茄子大棚种植，每亩收入可达到10万元，已发展到6.67公顷。2018年，茄子基地又投入300万元，建成15个大棚，建成面向全国推广的“金秋一号”示范基地，配套深加工，做成茄子产业的一系列产品，实现群众致富增收。全街道共有茄子大棚

40余公顷，“金秋号”茄子正在以莱西市沽河街道为中心，飞速的奔向全国各地。

创新土地流转模式　现有耕地9066.67公顷，通过农业公司、农业合作社及种植大户三种主要方式，流转2800公顷，重点发展山后田园综合体、布鸽田园花场、万亩苹果生态园等农业园区和基地12处，各类果园种植大户500余户。前我乐村党支部以林邦果蔬专业合作社作为平台，已流转土地66余公顷，发展葡萄大棚200个，种植葡萄40公顷，注册“林帮葡萄”商标，年收入1600万元，村民人均年纯收入3万元。牛溪埠村以引进外来农业公司推动村庄土地流转80公顷，村集体年收入20万元，带动村民务工收入90万元。

全域旅游

2018年，山后田园综合体入选山东省第一批田园综合体示范点，沽河街道被评定为2018年度青岛市全域旅游示范镇，曲家庄村被认定为青岛市乡村旅游特色村，大沽河万亩果品生态园被认定为青岛市乡村旅游特色点，沽河街道以获批“沽河休闲小镇”“青岛市乡村旅游特色镇”“全域旅游示范镇”为契机，将区域内农业园区、雀巢咖啡、九联集团、白鹭湖温泉酒店等工业、商业和服务业组织起来共商共议旅游发展，实现资源共享，抱团推动。

成立休闲沽河旅游联盟会，联盟会多次开展活动。举办“乐在莱西·休闲沽河”休闲旅游品牌发布会暨山后人家第三届农业嘉年华、2018中国旅游日主题活动暨“寻味沽河”第一届旅游文化节等活动，人民网、大众网、《中国旅游报》《中国食品报》、山东卫视等省级以上媒体先后刊发推介有关景区和活动60余次，提升沽河休闲旅游的知名度。

脱贫攻坚

建立精准扶贫走访日记。5次系统培训帮扶责任人对贫困户帮扶政策，做好扶贫成果的宣传，各级共计宣传22次；填写扶贫手册，帮扶责任人三次入户核实。为贫困户发放爱心包；发放免费体检卡，共计436张；每户发放一张2018年扶贫特惠保险精准投保卡，将扶贫保险政策宣传到位；为贫困户发放挂历、奶、面粉等；修缮贫困户房屋20户。建立2018至2020年户青岛市建档立卡贫困户脱贫手册“一本清”；脱贫享受政策167户383人，脱贫不享受政策各项程序均已完成；村项目“五通十有”全面完成。

民生与维稳

莱西二中、栾家寨小学等重点民生项目进展顺利。莱西二中主体已经结束，室外配套工程建设有序开展；投资6000万元的2660余公顷的高标准农田建设项目已全部完工；确定“一事一议”项目22个，总投资551万元。开展清河行动，长广河、团结河、我乐河、于林河、夏西沟等5条河流的99处已全部完成。推进拆违工作，全街道99个村庄创建无违村99个，完成首批无违镇街创建工作。安保维稳呈现新高度，党工委、办事处狠抓信访维稳工作，全力维护和谐稳定。在全国“两会”、上合组织青岛峰会期间，沽河街道实现去青到省进京上访“零登记”。做好扫黑除恶专项斗争，根据全国、省、青岛市和莱西市关于扫黑除恶专项斗争的部署要求，迅速部署全街道开展扫黑除恶专项斗争。打掉涉恶霸痞团伙1个，抓获团伙成员6人，破获案件1起，取得阶段性成效。

基层党建

加强班子建设，打造过硬干部队伍。印发基层党建工作实施方案等制度10余项，严格党员干部坐班和十项纪律规范，与99个党支部签订《党建目标责任书》。开展党员夏训、解放思想大讨论活动，组织20余名党员干部参外出学习4次，组织村“两委”干部到先进村庄观摩4次。推选青岛市“担当作为好书记”1人，莱西市级优秀党员4人，曲家庄村获莱西市先进基层党组织称号。精心部署灯塔党建答题工作，第

五、六期蝉联镇街第一名，付家疃村党支部排名全省前500名。

创新工作，注入党建工作活力。发挥党建核心引领作用，“党建+合作社+农户”联动发展，建设山后韭菜等15处示范基地，增加村集体收入180余万元，户均纯收入3万元。创新实施“乡村振兴+田园综合体”工程，成立山后人家田园综合体党委，发挥党组织统领作用，整合区域发展资源，迎接上级党建调研观摩20余次，被列为青岛市抓党建促乡村振兴工作会议现场观摩点，相关经验在《光明日报》刊发。创新庄扶社区社区党委“1+3”模式，配套便民服务中心、产业服务中心和基层治理中心三大中心，打通为民服务“最后一千米”。

提升基础，加强基层组织建设。向3个软弱涣散村派驻工作组，由班子成员包联，精准制定方案，全部完成转化。投资40余万元对30处党群服务中心进行规范化建设，对99个党群服务中心进行阶段验收。拨付823.2万元村级运转经费，发放140万元用于支部书记考核奖励，保障村级工作正常运转。继承和弘扬“莱西经验”，在后庄扶村开展无职党员争创“十大管理员”活动，在郭旺庄村设置“街长制”开展党员联户。重点打造牛溪埠村、曲家庄村等党建示范点10余处，牛溪埠村和后庄扶村入选山东省乡村振兴“十百千”工程示范村。

·特色村庄选介·

郭旺庄村

2016年以前，郭旺庄村一直被列为空心村、经济薄弱村，村集体年收入几乎为零，村民人均年收入不足万元。2017年以来，根据乡村振兴目标任务，村庄实施“三联动”党组织建设和工作模式，成立5个乡村振兴党小组，创建“农村党员街巷制”党建品牌，形成“1+5+N”的组织模式，以组织振兴引领村庄迅速发展。2018年，村集体经济收入已达10万元，村民人均纯收入1.8万余元，较2016年翻一番。

探索“1+5+N”组织模式。村党支部将村委会、妇联、团支部、民兵连等村级组织成员重新优化调整，成立产业兴旺、生态宜居、乡风文明、治理有效、群众富裕5个党小组，分别选拔有能力有责任心的党员干部担任小组长和成员。以村民居住的12条街巷为单位，选出12名党员担任街巷长，主要负责街巷内的党建、环境卫生、拆违清理、治安防控、矛盾调解、困难帮扶、民意收集、政策宣传和民生服务等9项工作，形成“1+5+N”的组织模式。

兴旺产业，推进村庄发展致富。选准发展生态观光农业的路子，村党支部牵头组建郭旺庄生态农业发展有限公司，与第三方公司合作，重点发展休闲民宿、休闲饭庄、休闲铺子等项目，通过发展休闲农业增加村集体和村民收入，推动农业“接二连三”。将市慈善总会捐助的10万元“寒冬送暖”资金，投向特色民宿旅游项目，带来约占投资额5%的年收益，每年产生投资收益5000元。引入第三方资金打造50、60、70年代不同风格的休闲村居，培育休闲农业与乡村旅游产业，给农业产业发展注入新的生机与活力。产业兴旺党小组用3个多月时间将村庄垃圾场改造成一个蓄水量达3万多立方米的平塘，为周边26多公顷农田发展高效农业创造条件，向平塘投放鱼苗7000余尾并建造钓鱼平台。引导村庄盘活资产，对池塘周边0.27公顷集体闲置土地进行开发，建设“幸福农场”，采取托管方式对外出租，每分地700元，可增加村集体收入3万元左右。

合理规划，实现村庄和谐美丽。村党支部积极对外联系协调，先后投资160余万元，对村庄进行净化、硬化、绿化、亮化、美化，建起党建一条街，村庄旧貌换新颜。建设村民文化广场，粉刷墙壁和绘画8000余平方米，安装路灯24盏，铺设自来水管道，建设笼式多功能健身广场、安装健身器材等，为村民安装净化水、更换老旧线路等，不断提升宜居品质。依托村级新时代文明实践站建设，从村规民约、慈善公益和文化引领等方面入手，制定村民诚信宣言，成立诚信评议协会，组建志愿服务队，设立“爱心基金”，每年支出1.44万元用于奖励好人好事和帮助贫困群众。乡风文明党小组组织“四德模范人物”评选活动，评选出鞠月英等仁爱模范3人，宋翠花等诚信模范3人，张爱玲等勤奋模范3人，郭日松等敬业模范3人，带动其他村民争创模范。

规范工作，保障治理长效常态。各街巷长找准定位，落实责任，村民在生活中遇到疑难问题可找辖区街巷长解决，街巷长解决问题后将结果反馈给村“两委”，由“两委”干部督查落实情况，情况复杂无法解决的则由村“两委”集体商量解决。实行街巷长工作记实制度，村党支部为街巷长们印制《郭旺庄村街巷长户访记录本》，规定街巷长每周至少要到所管辖的村户中走访2次，将走访了解的情况、解决的问题如实记录在工作纪实本上，并由相关村民签字确认，采用“发现问题、协调处置、结果反馈、督查落实”四步工作法变被动为主动，第一时间发现问题、解决问题，实现“小事不出巷，大事不出村”。村党支部建立巡查和考评制度，探索推行“日巡、周查、月评、季点名”机制，每月召开街巷长会议，彼此交流经验，党支部书记总结并部署下一步工作计划，每季度对街巷和街巷长进行评比，激发街巷长积极性和村民的参与度。村党员干部是落实街巷长制的排头兵，街巷长各司其职，村“两委”成员可以腾出更多精力谋划产业振兴等工作。

郭旺庄村“1+5+N”的组织模式，加强了党支部对农村各项工作的领导，促进农村各类自治组织的融合，发挥农村党员特别是无职党员的模范带头作用，让党员干部在为群众办实事、办好事的过程中获得成就感，而群众获得的幸福感和信任感又转变成党员干部干事创业的动力，“三联动”成为干群同心实现乡村振兴的动力来源，将党建工作融入乡村振兴产业兴旺、生态宜居、乡风文明、治理有效、生活富裕五个方面。组织设置联动、运行运转联动、服务发展联动是沽河街道在全面推进落实乡村振兴战略新的历史条件下，深化拓展“莱西会议”精神的探索和实践，这种模式正在逐步复制推广。

后庄扶村

位于莱西市中部，沽河街道驻地偏东。共有685户，2600人，耕地面积100公顷。先后荣获山东省农村工作先进单位、山东省文明村庄等称号。20世纪90年代，村办企业蛋鸡养殖场进行股份制改造成立九联集团股份有限公司，并逐步发展成为大型企业集团。九联集团是后庄扶村经济发展的核心。

村企互利共赢，带动产业兴旺。九联集团依托自身优势，定期向村里实行以“资金帮扶、智力帮扶、信息帮扶”为内容的帮扶计划，后庄扶村则帮助九联集团做好水、电、地和经营发展等方面的协调服务，成为九联集团经济发展坚强的后盾。九联集团的蓬勃发展推动村庄第一产业的发展，村庄的养殖大户、种植大户与日俱增。带动村庄第二产业的发展，创建村办企业——后庄扶面粉厂。促进村庄第三产业的发展，餐饮、零售业发展迅速。村企共建探索出一条企业和村庄共同发展、和谐发展的新路子。

改善基础设施，实现环境宜居。九联集团为推进后庄扶村新农村建设步伐出谋划策、出钱出力，实现“硬化、绿化、美化、亮化、文化、净化”6个全覆盖，全面健全村庄基础设施和配套建设，村民自发成立环境志愿服务队，义务清扫村内卫生，改善村庄生态环境，后庄扶村成为青岛市首批“小康示范村”之一。

提升村庄内涵，推动乡风文明。村庄积极

搭建“企业支部党员+村支部党员”互帮互助、共同进步的“党员联心”机制。定期组织村庄和企业党员参加座谈会、信息交流会、联谊联欢会等，九联出资，先后开展文明家庭、最美庄扶人等评选活动。九联集团发扬尊老爱幼的传统，每年对中、高考优秀生进行奖励，每逢重阳节给老人送去温暖，让尊老爱幼、尊师重教的氛围代代相传。

发挥党建引领，实现有效治理。探索“村企双联、组织共建”的党建发展新模式，建立党员干部街巷长制，村庄实行村干部全天坐班制度，制定坐班办公安排表，开展无职党员争当“十大管理员”活动，鼓励无职党员积极争当，发挥先锋模范作用。学习探索“自治+法治+德治”的乡村治理模式，制定村规民约，村级重大事项决策及时公示，依托村务监督委员会打造阳光村务、党务，让群众明白、给干部清白。

推动村民创收，拓宽致富渠道。随着企业发展和村集体经济不断壮大，村民增收致富门路越来越广，依托村办企业后庄扶面粉厂，由党支部委员兼任厂长，年销售收入达到70余万元；依托九联集团建厂租赁村庄集体土地可增加村庄集体经济收入40余万元；通过对外租赁门面房每年可增加村庄集体经济收入20余万元；后庄扶村根据九联企业的用工需求，引导企业优先招收本村劳动力，增收致富明显提速。

牛溪埠村

位于沽河街道办事处驻地，莱西市区以西10千米处。全村共有647户，1978人，总面积290公顷，现有耕地200余公顷。村庄先后获山东省村镇建设明星村、青岛市文明村庄、莱西市标兵村、莱西市卫生村、莱西市养老爱老模范村庄等称号，村党支部被评为莱西市先进党支部。

1990年“莱西会议”的召开，给牛溪埠村发展带来契机。在党支部引领下，通过书记示范、干部带头、党员带动，积极进行土地流转，帮助村民加快发展特色优势产业，给农业产业发展注入生机与活力，“转”出农业增效和农民增收的效益，激活发展新动能。

组织引领与村民自治相结合，村务管理规范高效。投资16万元建起2000余平方米的牛溪埠文化大院1个，300余平方米的小文化广场2个。党支部开展最美婆婆、最美媳妇、最美家庭等最美评选，在党支部的带领下成立秧歌队、健身舞队、老年人太极拳队，引进包晓星画室，为群众举办小型画展5次、培训班10余次，丰富群众文体生活。完善民主管理制度，实行党务公开、村务公开、财务公开，对村级重大事项决策严格执行“五议两公开”，村务监督委员会严格按照村里实际情况，对党支部提议的决策事项进行审核，并及时向村民会议或村民代表会议报告监督情况，最后由村民代表决议。在不违反规定的条件下，由村民点题，通过固定公开栏、微信群、大喇叭、村民会议等形式进行公开，坚决杜绝弄虚作假、一言堂、不切实际、损害群众利益的问题发生，打造阳光村务、党务，让群众明白，给干部清白。

开源与节流相结合，壮大村庄集体经济。村集体经济收入近三年都在18万左右，主要靠转移支付与机动地承包。为发展壮大村庄集体经济收入，三鼎农业发展有限公司项目，支付占用的公共沟渠、道路租金，实现增加集体收入20余万元。项目建成后，还可吸纳村庄一部分劳动力。盘活村民“闲置”房屋，通过购买村庄空置房屋进行转卖、租赁等方式增加村庄集体经济收入。“中央八项规定”实施以来，严格执行农村财务内部管理制度，坚持村务公开、强化民主监督等多种措施，严格控制管理费用开支。通过开展村干部带头奉献、每月开展党员义务奉献日活动，发动党员干部参与村庄环境卫生整治，减少环境卫生整治人力、物力各方面的开支，减轻了村级负担。

用活政策与强化服务相结合，促进农民增收致富。党支部在街道党工委、办事处的指导下，创办润农种植农业合作社，引导群众主动加入合作社，自主经营、自我管理、自我发展，切实保证合作社“民办、民管、民受益”，合作社规模不断扩大。截至2018年底，合作社社员达到130余户，流转土地50余公顷，种植丹参，亩产收入约1万元，实现增收720余万元。另外，鼓励有条件的村民购买中心街商铺，发展小吃、母婴、家电、商店等多种形式的经营，扩宽群众致富增收渠道。实施大规模高产创建示范活动，发展胡萝卜、花菜、土豆示范方100公顷，强化党支部服务，推广紧凑耐密型高产品种、种肥一体化、精细播种、合理增密、科学配方施肥等技术，开展党员与社员群众“1+1”结对帮扶，一对一为社员传授种植经验，并定期邀请农业技术专家直接为农民开展田间管理、技术培训和现场指导等工作。

（沽河街道办事处）

南墅镇

·经济和社会发展·

南墅镇位于莱西市西北部，镇域面积165平方千米，辖75个行政村，5.1万人。2018年，南墅镇在招商引资、项目建设、脱贫攻坚、城乡建设、环保整治、乡村振兴等各项工作中都取得阶段性进展。2018年，完成地区生产总值37.64亿元，居民人均可支配收入1.75万元；地方财政收入1.02亿元，同比增长12.9%；实现外资到账2560万美元，外贸进出口总额6390万美元；固定资产投资总量达7.99亿元，同比下降33.89%；规模以上工业总产值达13.59亿元，增速达25.45%。

产业升级

南墅镇确立“七个一”碳材料推进战略，即一套专门班子、一个行业商会、一个总体规划、一个技术服务平台、一个园区基地、一个创业企业产业园、一个先进碳材料交易中心。通过搭平台、聚企业、引人才、兴产业，建设“绿色碳谷”小镇，促进石墨产业发展提档升级。针对石墨新材料产业链条薄弱和缺失环节，开展延链、补链招商，向负极材料、成品锂电池、石墨烯制品加工等精深加工领域开展招商工作，推动产业升级。依托现有石墨产业资源，寻求合作和加速引进国内具有先进技术的石墨新材料龙头企业和重大项目等。引进贝特瑞石墨纯化及锂电池负极材料项目、华腾锂电池负极材料项目、姚响博士石墨烯分散剂项目、华高墨稀5000吨氧化法石墨烯导电导热剂项目，项目相继开工，碳材料产业链条被有效拉长。

乡村振兴

按照绿水青山就是金山银山的发展理念，围绕打造青岛北部生态屏障的工作目标，创新土地流转方式发展林果业，实施荒山绿化工程。2018年完成造林860余公顷，造林总面积达到3330余公顷。与中国五矿集团合作投入11.59亿元实施5330余公顷的土地综合整治工程，已进行施工方案编制。工程主要包括土地平整工程、灌溉与排水工程、道路工程、防护林的修建四个方面，项目完成后将大大提高耕地质量。

实施新型农业经营主体培育工程。土地流转“东石模式”运转良好，实现经济收益80万元。推动资产公司+农业大户的“国有公司孵化”模式，已流转土地130余公顷。注重培育农业大户。培育青岛珑雨生态农业开发公司、青岛黑虎山生态农业科技发展有限公司、青岛东牛小马哥果蔬专业合作社、东鲁农业公园等大户。实施农业品牌战略，已完成东鲁苹果、黑虎山有机桃等5家企业的有机食品认证。

民生工作

镇安监站、矿产管理办公室对辖区内矿山企业、建筑工地等领域开展细致的摸排工作。检查企业89家，其中非煤矿山企业9家，烟花爆竹批发零售点5家，危化品生产企业2家，经营企业4家，涉尘行业32家，一般行业10家。共清理非法盗采河沙、风化砂点12处，停业整顿大理石开采加工企业1家，非法加油加气点2家，停业整顿涉水污染企业32家。共查处安全隐患623项，下达限期整改指令书62份，完成整改570项。保障全镇安全生产工作的平稳有序。75个村庄通过无违村验收，通过率达100%。20个村庄的美丽村庄建设已全部完工。城乡环卫一体化工作成果持续保持较好水平，村庄路面保洁每月达1000多千米，清运生活垃圾3000吨，清理乱贴乱画广告260处，在半年观摩中成绩获全市第二名。

基层党建

强化阵地建设。完成新建、修缮村级党群服务场所21个，打造北墅村党支部等党建示范点3处。推行党员积分量化管理，指导80个党支部按时召开组织生活会，组织党员接受爱国主义教育活动2次，党员队伍向心力进一步增强。

抓好基层党支部建设。完成70个村级党组织的换届任务，村级组织的战斗力和凝聚力进一步增强；以落实“三会一课”、主题党日等制度为基础，推进“两学一做”学习教育常态化制度化；农村党员干部队伍结构和农村党员干部素质普遍提高。上半年，发展入党积极分子6人，发展正式党员5人。

落实从严治党主体责任，党风廉政建设。逐级逐人签订从严治党责任清单，将从严治党责任无缝压实。通过开展以查找防控“廉政风点”为核心的党风廉政建设活动，机关作风大幅提升。

·特色村庄选介·

东石格庄村

东石格庄村位于莱西市最北部，南墅镇东北角，属莱西与招远交界处，青黄路东，交通便利。全村共有156户，430人。村庄耕地总面积50余公顷，水利资源丰富、土壤肥沃，以栽植优质高产果树为主。先后被授予莱西市先进党支部、莱西市社会主义新农村建设示范村等称号。

东石格庄村依托国家农业综合开发项目，以复垦矿坑为中心进行土地流转，村民将自家土地流转至村集体统一管理运营，栽种矮化苹果、桃和葡萄等高效经济作物，村级集体经济不断发展壮大。

成立青岛洪海农作物土地专业合作社。已栽种苹果21.67公顷、葡萄5.53公顷、桃子10.67公顷。

合作社采取“土地+分红+工资”运营模式，即村民将手中土地流转至合作社，合作社支付土地流转费用约每亩510元，受发展规模限制，其他未流转土地村集体每年支付120元，由村民负责管理耕种，若村集体需要流转集中经营，按当前承包费用无条件收回；合作社盈利后，净利润按照“三三四”原则进行分红，即30%利润归土地流转户，30%利润用于合作社运营及扩大再生产，40%利润归村集体所有。

荆家村

位于南墅镇西北，共136户，360人，耕地面积60公顷。荆家村以书记带头、干部先上的方式，带动村民建设葡萄大棚。在村北规划土地6公顷多，按每亩800元价格统一征用，农户在规划区域内建葡萄大棚，村集体每亩补贴200元，只向农户收取费用600元。村集体免费为农户耕地、打井、拉电、修平塘、修路，通过配备齐全硬件设施。已形成连片葡萄基地13公顷多、葡萄大棚110多个，年产出800多万元。2010年村葡萄专业合作社成立，社员达40多户。合作社为农户提供产前产后服务，实现产、销、供一条龙服务。2018年村集体新征土地2公顷，加上自行进行调地的农户，已统计准备新上大棚28个。

每年6月底、7月初，是藤稔葡萄收获的季节，合作社联系的北京客户亲自到村里收葡萄，80%的葡萄销往北京地区。根据近两年的市场行情，每亩纯收入可达3.5万元。村庄葡萄大棚种植已经行成一定规模，为突出特色，荆家村正着手建设全市最大的葡萄长廊，村集体准备年内前将通往大棚的四条生产道路进行硬化，打造乡村葡萄旅游景点。

袁家村

2005年，袁家庄村培育出一种晚熟优质桃新品种，经山东省品种委员会鉴定命名为“中华寿桃”。之后，村民不断的品种选育和改良，又发展其他晚熟和极晚熟桃，主要包括金秋红蜜、映霜红、寒露蜜、晚红脆等10余个品种。2018年，袁家村种植桃树已有160余公顷，以种植金秋红蜜、映霜红为主。2017年，仅桃子销售收入一项就达2000多万元，产品远销浙江、北京、福建、上海等地，村民每户年均收入达10多万元。

桃产业已经成为袁家村及周边村庄的主导产业，也成为村民的主要收入来源，桃产业发展的规模效应已经凸显。南墅镇以袁家村为中心，形成优质晚熟桃生产基地，种植面积约666公顷，占全市桃树种植面积的三分之一，全镇2017年生产商品桃1.6万吨，产值达9000万元。2017年，南墅镇政府在袁家桃产业园区举办第一届桃花节，仅桃花节当日就吸引4000多人前来游玩。

（南墅镇）

日 庄 镇

·经济和社会发展·

概况

日庄镇位于莱西市西北部，距市区20千米，总面积103平方千米，辖87个行政村，1.6万户，5.1万人，耕地面积5200公顷。位于大沽河、小沽河之间，境内有白石河、福山河、芝河、杨家河等河流，水资源丰富。沈海高速、莱潍高速在境内交接，胡李路、日院路、黄水路、南城路等主干道路穿境而过。主要农产品有无核葡萄、丰水梨、西兰花、付庄芹菜、日庄火烧等。先后获山东省文明单位、山东省旅游强镇、青岛市文明单位标兵、青岛市农村“三资”管理规范化镇级示范单位等称号。

2018年，实现地区生产总值32.1亿元，同比增长6.3%；居民人均可支配收入1.72万元；实现地方税收收入3669万元，完成全年任务的144.2%，同比增长68.8%；地方财政收入5271万元，完成全年任务的100.4%；规模以上工业总产值33.2亿元，完成全年任务121%；固定资产投资6.8亿元；实际利用内资15.2亿元，完成全年任务的138%；实际利用外资3865.87万美元，完成全年任务的154.6%；外资到账2520万美元，外贸进出口额1.08亿美元，完成全年任务的115%；服务外包1620万美元，完成全年任务；完成亿元以上新签约项目7个，新开工项目5个，新竣工项目2个。日庄镇是青岛市第一大库区镇，有库区整体搬迁村31个，分散安置村35个，2014年被确定为青岛市经济薄弱镇，共确认省级贫困村20个，青岛市级经济薄弱村4个，已全部脱贫摘帽。

项目建设

招商引资　利用“飞地招商”政策，在姜山昌阳工业园引进总投资5.2亿元的青岛力孚流体连接件项目；利用驻地闲置土地厂房，引进总投资2.6亿元的鸟林现代物流项目、总投资2.5亿元的一沐禾阳生态科技项目及总投资1.2亿元的富凯达建筑机械项目，有效盘活闲置土地7公顷，合理利用闲置厂房8000平方米。

招商引贸　建立占地3000平方米的总部经济培育中心，引进平安、太平洋、天安、人寿等保险公司4家，2018年共上缴税款1580万元，地方留成1246万元；引进森林禾沐、崇德致远、智途服务外包等商贸公司4家，2018年共上缴税款1074万元，地方留成537万元。

招商引智　到北京航空航天大学与长江学者特聘教授丁希伦就精密机械制造，与北航“千人计划”专家徐晔就人才引进等事项进行洽谈，就在莱西建立北航青岛研究院莱西分院进行初步探讨，该院与青岛宝芝泉精密机械研发制造有限公司在精密设备研发制造、石墨烯等方面达成合作意向；与国家青年“千人计划”专家罗思达就石墨烯研发、合作等进行对接；与中国国际工程咨询公司国防事业部主任莫增斌就军民融合领域合作事宜进行洽谈。

企业服务　召开“凝心聚力 共谋发展”企业交流座谈会，深入了解并逐一落实企业生产环境改善、产品转型升级、产业政策扶持等方面的问题需求。针对当前企业安全生产、环保形势，由企业与保险公司签订安全生产、环保责任保险协议，实行企业以预防代赔偿，组织专家对企业安全、环保等方面工作提前接入，提前化解企业安全生产、环保风险。

现代农业

强化特色品牌效应　成立大美日庄农业专业合作社联合社，申请“日庄牌”等商标12类。发挥青岛、莱西乡村振兴工作队优势，与城阳供销社开展深入合作，协助开辟产品销路；由大美日庄联合社与村庄签订供销合同，统一对外销售；村庄合作社负责通过产销对接，逐步拉动全镇农业生产上档次、上水平。

实施规模标准发展　培育富景农业、乐享自然和泽林家庭农场等高端农业示范园区，基本形成以沟东村为中心的环湖万亩葡萄园，以堤上村为中心的小沽河万亩梨园，以东、西朱毛为中心的西蓝花种植区和以付庄为中心的芹菜种植区。

生态环境建设

完善基础设施　投资2000余万元，实施青年路、铁改路、府前路、光明路改造提升工程和干渠路翻新工程；投资140万元，实施黄水路综合整治提升工程；投资120万元，建设占地约7000平方米的群众文化广场。

提升农村生态环境水平　高标准开展植树绿化活动，完成造林700公顷，造林面积位于全市前列。加大拆违工作力度，共拆除各类违法建设364处、面积8万余平方米。在全市率先完成改厕任务，共改厕7482座。

发展乡村休闲旅游　融入“乐在莱西”旅游品牌，先后举办莱西市“第四届梨花节”、“第四届环湖葡萄节”，央视《第一时间》等媒体进行宣传报道。挖掘库区文化内涵，莱西市库区移民文化纪念馆基本完工。

社会管理

夯实基层党建基础　建立党员干部“每周一课”常态化学习机制，不断提升党员干部综合素质。实施党建示范村达标建设，沟东村被山东省委组织部授予全省干事创业好班子称号，东白石山村被评为青岛市社会科学普及示范村。完善村级三会一课、主题党日等党务工作规范，指导编制《农村干部工作程序规范指南》，镇村实现标准化、规范化管理。

创新社会服务模式 健全镇、社区、村庄、党员干部四级网格化垂直服务网络，研发网格化智能平台，实行“党员联户”网格化精准服务新模式。四级网格员在网格内开展民情民意大走访，并通过平台将巡查信息以文字、图片等形式进行反馈，实现了网格管理的全时段、全方位、高效性和精准性。

实施乡村振兴 抓住国家实施乡村振兴的机遇，主动为乡村振兴工作队做好服务，将鲍格庄、淤场、堤上、五子埠后、东朱毛5个帮联村庄和东白石山村、沟东村打造成产业兴旺、生态宜居、乡风文明、治理有效、生活富裕的示范村庄。

·特色村庄选介·

沟东村

位于莱西湖北岸，距镇政府驻地6千米，共有127户、396人，党员16人，耕地面积28.67公顷。近年来，沟东村积极探索“党建+旅游+扶贫”模式，推动村庄发展、群众致富。先后被评为全省干事创业好班子、山东省旅游特色村、青岛市文明村庄、莱西市先进基层党组织，被确定为国家乡村旅游重点扶持村。

支部引领，发展壮大集体经济。村党支部建立沟东果业专业合作社，注册“巍玉葡萄”商标，带动102户群众种植无核葡萄23.33公顷，年人均收入达到1.2万余元。立足濒临莱西湖的区位优势，发展乡村休闲旅游产业，建设占地3.33公顷的葡萄采摘区，占地1.33公顷的休闲垂钓区，占地6000多平方米的移民公园，400多米的葡萄观光长廊，并连续举办四届环湖葡萄节，累计吸引游客参观采摘6万余人次，村集体经济年增收达11万元。实施“文化名村、旅游强村”战略，结合莱西市库区移民文化纪念馆的开办，打造全市“文化+农业+观光”的旅游新模板。

院里村

位于小沽河东岸，西临平度市旧店镇，东距镇驻地6.5千米，共有590户、1886人。村庄占地面积300公顷，其中耕地、果园等土地面积153.33公顷。近年来，院里村党支部以农业发展为基础，向农产品加工、服务、销售转型，发展工商业，推进乡村一二三产业融合。

依托优势谋出路。在工商业方面，依靠地理位置及原商贸重镇的优势，发展小型餐饮业、服务业及商贸企业。有综合性商业街1条，个体工商户120余家，发展安豪汽车有限公司等企业12家。在农业方面，发展现代高效农业，成立金晶阳等规模农业合作社11家，建立有机梨、西兰花等农业品牌3个，试点建设智能联动大棚3公顷。

发挥党员的先锋模范作用，以产业及活动为基础，创新发展模式，农产品主要种植大棚葡萄26公顷、韩国有机梨40余公顷、西兰花20余公顷、苹果13公顷，产品远销周边省、市及国家。

东白石山村

位于日庄镇驻地东北3千米处，共206户，500人，党员26人，耕地面积64公顷。近年来，东白石山村坚持“真情为民先锋”的党建理念，农村发展成果显著，是全国文明村镇、山东省文明村庄、新农村建设先进村、青岛市村（镇）文明村。

新建进高标准奶牛养殖小区，实行“奶牛托管”，推动村庄产业规模化发展，全村奶牛存栏达到1000余头。组织党员到寿光等地学习先进大棚种植技术，带动村民发展高效农业，新发展无核葡萄等果树26公顷多，梨树20余公顷。村集体经济收入达到28万元，农民人均纯收入达到1.86万元。

持续加大基础设施投入，累计投资1000多万元，对全部道路进行硬化、绿化、亮化，硬化率达100%，栽植法国梧桐、樱花等树木6000余株。新建文化广场2处，新建农民文化大院、图书室等活动场所，每天对外开放。建立“传温暖、送关怀”制度，每逢妇女节、“六一”节、重阳节、春节等传统节日，全体党员干部集中走访村内的老人、贫困户等特殊群体，以行动传递村庄“正能量”。近年来，村党支部集体走访特殊群体群众50余人，送去生活必需品。

（日庄镇）

马连庄镇

·经济和社会发展·

概况

马连庄镇位于青岛市最北部，东靠莱阳市，北倚招远市，总面积143.48平方千米，耕地面积7200公顷，辖77个村，5万人，龙青高速纵贯南北并设马连庄出口。2018年，马连庄镇按照创建国家级田园综合体、打造全域生态旅游红色小镇发展目标要求，坚持党建引领，围绕项目建设，深化农业农村综合改革，抓好民生实绩。先后获山东省文明单位、山东省文明村镇和全省干事创业好班子、青岛市农业普查先进集体等称号，连续三年被评为全市科学发展考核优秀等次。

2018年，完成地区生产总值22.94亿元，居民人均可支配收入1.88万元；完成地方财政收入6865万元，同比增长17%；地方税收收入4515万元，同比增长28%。实现规模以上工业产值5.7亿元，外贸进出口额2906万美元，实际利用外资2580万美元，税收收入4515万元，招商引税2051万元。

镇域特色

瓜果资源丰富，是胶东“瓜果之乡”。近年来，马连庄镇依托镇域良好的生态环境，引导群众发展瓜果种植，已形成苹果、甜瓜、草莓、葡萄等“一年四季、瓜果不断”的果业种植格局，建立高效农业示范基地3300余公顷，其中甜瓜种植面积达到2000公顷，被称为“甜瓜小镇”，培育海升果业等占地百亩以上农业园区30多家。

红色资源丰富，是“胶东小苏区”。马连庄镇红色革命历史悠久，抗战时期涌现出“顾家一门三烈”“黄金小道”“八路胡同”等红色事迹，因在抗战中发挥突出作用，被称为“胶东小苏区”。目前仍保存胶东行署、胶东第一个新华书店等红色旧址。近年来通过深入挖掘红色资源，对胶东行署旧址进行规划打造，建设集党建教育、企业职工培训和中小学生校外拓展为一体的红色教育基地。

实施土地流转改革，助推乡村振兴。依托镇域红绿资源优势，提出“红色马连、绿色崛起”发展思路和创建国家级田园综合体，打造全域生态旅游红色小镇总体发展目标，探索农村土地承包经营权流转改革，推进农村三资运营。通过新模式土地流转面积500余公顷，带动增加村集体收入100多万元，增加农民土地流转收入200万元，为深化“莱西会议”精神，探索新形势下加强农村党建、消灭村集体经济薄弱村开辟一条新路。

招商引资

通过优化招商队伍、活用招商政策、创新招商模式，将企业难题作为党委政府议题，项目建设实现新突破。2018年建成投产项目4个，在建项目5个，新签约项目10个，在谈项目5个。

土地流转

依托农村土地三权分置，实施土地流转改革，搭建“公司+村集体+农户+经营主体”的土地运营模式。已通过新模式在朱耩村、顾家、郑格庄等村流转土地480余公顷，引进建设郝家蔬菜、牧草、金银花等现代化园区，带动村集体增收100多万元，群众增收300多万元。

通道林工程　抓住青岛实施北部绿色生态屏障工程的契机，通过公司造林模式，实施通道林工程，沿军武河、榆院路、龙青高速连接线等流转土地，进行大规模造林。

规模经济林工程　抢抓大规模造林政策补贴有利时机，以镇农业公司为龙头，发展现代化农业经济林产业，以此带动全镇发展规模经济林360余公顷。

青岛菜盛园果蔬种植基地　由青岛郝家营绿色无公害蔬菜专业合作社投资建设，占地6.67公顷，位于马连庄村，主要规划建设高标准冬暖式日光温室，从事无公害蔬菜生产和种植技术培训。

扶贫产业园　项目位于马连庄镇李家草泊村，总投资667万元，占地面积11.83公顷，新建冬暖式日光温室32个。

党建筑基

严格落实“三会一课”“两学一做”等常规党建制度，建立“四级书记”抓党建工作格局，成立社区党建专员和村党建信息员两支队伍，协助抓实基层各类党建活动，累计开展各类基层党建活动1300多次，党员存在感和获得感明显提升。

特色打造　坚持传承红色基因，深入推进河崖红色教育基地建设，完成红色记忆大走访活动，编辑两本红色书籍。河崖美丽乡村示范村基本建设完成，完成行署周边房屋回收工作，由同济大学建筑设计院对红色教育基地进行布馆设计。全年组织、接待各单位参观50多次。

廉政建设　坚持将党风廉政建设融入到日常工作，通过研究制定廉政风险点，重新规范制定各类文件，开设廉政教育课堂，印制应知应会政策制度汇编，贯彻落实日常约谈等制度，全镇党员干部的廉政意识得到明显提升。

典型培育　实施村级“领头雁”工程，抓住支部书记这一“关键群体”，开展“支书讲坛”等活动，让支部书记始终保持干事创业的温度，涌现出以于乐美为代表的一大批省、青岛和莱西市“担当作为好书记”。

问题导向　实施社区工作改革，选派工作人员充实社区工作力量，实现人员和业务双下沉，成立党建、经管、便民等5大专员，有效提高社区服务能力；针对农村财务管理薄弱，不断规范会计流程，加强业务知识培训，农村集体经济账务得到全面规范。

实绩惠民

坚定推进农村违法建设治理工作，新拆除各类违法建筑7万多平方米，77个村庄全部通过无违村验收。争取4000多万元实施河崖、于家屯、下洼子等村庄美丽乡村示范村、达标村和宜居宜业村庄建设，打造绿化特色村20个。

环保力度不断加大。以中央、省环保督查为契机，持续开展环保整治，关停整治小散乱污企业5家，完成23处畜禽养殖场整治，加强秸秆禁烧宣传，连续多年未发生一起秸秆焚烧事件。实行环卫一体化，村庄环境明显改善。

民生实事得到快速推进。深化扶贫领域作风建设，搭建“四级书记”抓扶贫工作格局，不断扩大公益岗位设置数量，巩固户脱贫成效。先后实施龙青高速连接线、大沽河上游河库联通工程等各类惠民工程，彻底改善区域基础设施条件，提升群众出行便捷性，增强群众幸福感。

乡风文明不断加强。在全市乡镇率先创建新时代文明实践中心，举办第一届道德模范评选活动，举办第三届“马连庄”甜瓜节暨第四届乡村文化艺术节，不断提升“瓜果之乡”知名度，丰富群众业余文化生活。

·特色村庄选介·

崔格庄村

位于莱西市北25千米，共520户，1430人，耕地面积约200公顷。近年来，村庄以创建服务型党组织为依托，坚持红色党建引领绿色产业发展，发展甜瓜种植140公顷，是远近有名的“甜瓜专业村”，村党支部多次获莱西市先进基层党组织称号，是青岛市文明村庄，在近三年村庄工作考核中都获一等奖，被列入2019年青岛市美丽乡村示范村建设计划。支部书记于乐美为省人大代表、青岛市人大常委，先后获全国巾帼标兵、山东省优秀共产党员、山东省劳动模范、省巾帼增收带头人等称号。

崔格庄村规划两大甜瓜核心种植区，对园区内水、电、路、低压管道等设施配套完善。聘请高级农艺师为技术顾问，与科研院站所建立业务联系，全部采用生物肥料和玉米秸秆反应堆技术。甜瓜由传统种植向科学化、规范化种植转型。合作社发展社员120人，种植面积达140余公顷，户均增收10万元。

注册“药王泉”牌商标，组织成立甜瓜销售经纪人团队，培育大连、青岛等10余个重点客户城市群。加大与利客来等大型企业的“农超对接”及高档住宅区的“农社对接”，实行协议价收购，降低市场风险，增加社员收入。引进农村淘宝发展线上销售渠道。药王泉甜瓜已成为市场上的明星产品，均价比其他村高0.5到1元，亩均增收2000到3000元。

河崖村

位于马连庄镇驻地东北10千米处，共410户，1120人，耕地面积286.67公顷。有苹果、甜瓜、大梨等优质果品生产基地23.47公顷，专业合作社2处，流转土地40公顷，建成金银花基地1处。

村庄红色遗迹和红色资源丰富，胶东行署旧址、八路胡同、胶东第一个新华书店、战时邮局等一大批红色旧址在此，被誉为“胶东小延安”，是青岛科技普及示范村、莱西市爱国主义教育基地、莱西市文明村庄。规划建设的马连庄红色教育基地工程已施工。

“红色党建+”引领，助力红色教育基地打造。作为马连庄镇创建“全域生态旅游红色小镇”核心区，围绕红色党建示范村打造来谋划，力求实现“以红色文化吸引人”。远赴济南、上海、北京等地采访老革命、老党员以及其后代，到招远、莱阳、海阳、烟台、济南、青岛等地搜集史料，已经形成文字近22万字，征集历史文档、老照片、旧物300余件，并编纂书籍《红色记忆》《儿女英雄传》，为马连庄镇红色教育基地的建设奠定基础。

开展红色教育，发挥党员先锋模范作用。开展红色党建教育活动，力争打造成为青岛市党建教育基地、青岛市企业职工爱国主义教育基地和青岛市中小学生校外实训基地。通过重温入党誓词、瞻仰红色旧址、倾听革命故事，接受红色历史熏陶，年接待量达5000余人。在红色革命教育的熏陶下，党员的主旨意识不断提高、为民服务能力明显增强、村内民风持续改善。

抢抓政策机遇，建设生态宜居美丽乡村。2018年，投资800万的青岛美丽乡村示范村项目，实施“整修水电路，整治河崖河”等系列工程，有效完善村内基础设施，提升村庄绿化美化水平。下一步，将通过多部门联动、多政策整合，实现红色旅游、休闲颐养、特色采摘等多产业融合发展。

朱耩村

位于龙水路东，距镇驻地1千米，共460户，1280人，耕地面积230余公顷。属于镇域经济强村之一，果业、高效农业产业等发展迅速，并形成集聚集群、产业化发展经营格局，龙头带动明显。

发展现代农业产业园，优化产业发展环境。在村西形成占地6公顷多的大棚产业园，主要种植甜瓜、草莓、西红柿、黄瓜等经济作物，每个棚年收入6万元左右。在村北建立占地10余公顷的秋油桃产业园，共种植秋油桃1300余棵，在管理得当的条件下，每亩产桃可达8000至1万斤，纯收入3万元左右。

围绕产业振兴，深化农村土地制度改革，以农村土地流转经营为重点，打造高速路连接线沿线经济林带、军武河绿化带。沿龙青高速连接线打造经济林带，共流转土地11公顷多，栽种经济林8769棵。沿军武河沿线打造沿河绿化带，占地6.67公顷，栽种各类绿化苗木1.1万余棵，实现了经济效益、生态效益、社会效益三合一。

（马连庄镇）

河 头 店 镇

·经济和社会发展·

概况

河头店镇位于莱西市东北部，地处山东半岛中心位置。镇域总面积122平方千米，南北最大长度13千米，东西最大跨度11.5千米，耕地面积5733.33公顷，辖70个村，1.4万户、4.38万人口。西临莱西湖，内辖龙泉湖，大沽河、洙河南北穿越全境，是青岛唯一拥有2湖、2河、23座水库的乡镇。交通条件便利，沈海、青龙高速，国道长莱路及龙水、小莱两条省道纵横贯穿全境，沈海高速、青龙高速在镇驻地设有出口。先后获国家级生态镇、全国村务公开民主管理先进乡镇、中国物流文化小镇、、中国乡村振兴发展示范镇、省级文明乡镇、省旅游强乡镇、青岛市农村电子商务示范镇、青岛市重点建设小城镇等称号。

2018年，河头店镇完成地方财政收入4402万元，同比增长17.1%；居民人均可支配收入1.99万元，同比增长8.5%；实现地区生产总值26.49亿元，同比增长7.57%；规模以上工业总产值11.04亿元，同比增长34%；固定资产投资总量6.53亿元；实际利用外资2537万美元，外贸进出口总额4092万美元，限额以上贸易业1.93亿元，营利性服务业4383万元，总体经济情况运行平稳。

党建工作

坚持抓班子、带队伍，抓基层、打基础，抓重点、求突破，加强全镇党建工作，先后召开党委会议12次，研究部署基层党建工作。党政班子团结一致、风清气正，为精诚合作打下基础。修订完善镇、村干部考核制度，从班子成员、机关干部、村支部书记制定责任清单，对照清单抓好落实。

强化队伍建设。严格落实“三会一课”、主题党日、专题组织生活会等组织生活长效机制，组织91名党员干部赴井冈山开展党性教育。组织各党支部制定发展党员三年规划，建立工作台账，先后推动7个不发展党员村庄启动党员发展。投资8万元为全镇70个村庄更换破旧党建刊版300余块，及时按要求公开规定内容。

从严管党治党。全面履行党风廉政建设“两个责任”，细化责任清单，落实“一岗双责”。修订完善机关考勤、请销假等10余项规章制度。利用周五机关学习例会，开展廉政教育6次，受教育700余人次，组织90名镇村党员干部参观青岛市反腐倡廉警示教育基地，提高党性修养，增强纪律意识。用好监督执纪四种形态，诫勉谈话8人，批评教育10人，给予党政纪处分18人。

激励创先争优。围绕党建突破项目实施，高标准打造龙泉湖田园综合体党委、韩埠村党支部2个党建示范点，成立全市首个社会公益组织关工委——小雨滴志愿者服务中心关工委，指导成立沁楠香、丛林鹿、小雨滴3个“两新”组织党支部。实施机关“优化组合、双向选择”工作，把勇于担当、善于突破、敢于争先的干部选拔任用起来。召开庆祝建党97周年暨“七一”表彰大会，表彰7个先进农村基层党支部、7名优秀农村离任干部、24名优秀共产党员。在党建引领下，河头店镇在全市率先完成无违村创建，举办甜瓜节等活动4次，新发展种植园5处等，村庄发展呈现新面貌。

招商引资

项目引进成效显著。围绕“一个中心，三大工程”乡村振兴发展定位，引进绿色循环、优质高效产业项目。新签约亿元以上项目12个，主要有青岛华睿弘利能源、现代农业创业园、联合越野小镇、绿色养护产业园项目和新希望六合食品等。在建项目6个，主要有青岛（莱西）畜禽粪污资源化利用综合项目、胶东乡村物流示范基地二期、青岛鲁星食品、农创园等，其中青岛（莱西）畜禽粪污资源化利用综合项目实现当年签约当年开工，迈出实现生态发展、绿色崛起的第一步。在谈项目有中医药特色小镇项目、氢动能发电设备项目、智慧云仓项目等24个。

营商环境提档升级。秉持“店小二”服务理念，建立企业服务包联机制，对项目开工建设实行全程跟踪服务。推行“一次办好”改革，启用新为民服务中心，设立17个服务窗口，整合经管站、建委、民政等6大业务部门，优化办事流程，提高服务效率。推行帮办代办制度，为群众企业提供“贴心代办”服务，变群众企业跑腿为代办跑腿。投资182万元，铺设污水管网2800米，对企业生产污水进行统一收集、集中排放。

农村电商逐步壮大。完善以电子商务服务运营商、电子商务平台、物流仓储、人才培训等服务为支撑的电子商务服务体系。卡行天下胶东物流枢纽、胶东马邦城际城乡配送中心、天能电池、五星电器仓储配送中心签约落地。开展电商基本技能培训10余次，培训意向电商创业者300多人。孵化生鲜馆电子商务、美农商贸等电商企业5家，其中美农商贸已实现网上农产品销售5000余万元。淘宝村级服务站已发展到12家，基本实现全镇70个村庄农村淘宝业务全覆盖。

现代农业

水利基础设施不断加强。投资2035万元，实施小莱路以北农业综合开发项目，改善18个村庄866.67公顷农田灌溉面积；投资92万元，实施水利扶贫项目，改善4个贫困村66.67公顷农田灌溉面积；投资190万元，对41个村庄实施农业水价综合改革，促进农业节水，提高水资源利用率；投资260万元，完成2个村庄自来水巩固提升工程；投资125万元，开挖疏通溢洪道15.3千米，对10条主河道及支流进行全面疏通，对2座塘坝进行加固，8座桥涵进行改进，确保辖区水库、塘坝、河道均能安全泄洪。

现代农业更加富有特色。依托镇域内生态环境优美、农业文化资源丰富的优势，通过项目组合互动，建设立足莱西、辐射半岛的三产融合高端农业综合体，打造涵盖现代农产品、农业科教、农村电商、商务办公、居住休闲于一体的新农村资源整合平台“半岛农业CBD”。一期规划占地13.33公顷，已于11月11日正式开工。按照“分区发展、点轴扩张”的思路，围绕“两湖三线”，规划实施松旺庄万亩国家级设施蔬菜示范区、东大寨万亩休闲观光果品示范区、韩埠村万亩甜瓜示范区、姜格庄千亩高端草莓采摘观光区等省级农业发展项目，打造东大寨苹果采摘园、青岛碧初味猕猴桃庄园、杨家寨大樱桃采摘园等16个特色采摘园，培育壮大“卞家韭菜”“肖家庄小米”“韩埠甜瓜”“松旺庄蔬菜”等10个优质农产品品牌。完成农产品质量抽样检测6600批次，认证“三品一标”1个，入选山东省乡村振兴“十百千”工程示范村1个，发展经济林260余公顷。

乡村旅游蓬勃发展。引进九龙湾庄园、联合越野小镇2个休闲旅游项目，创建农业旅游示范点1处，规划乡村旅游精品路线3条，将国家3A级景区沁楠香休闲岛旅游度假区面向市民免费开放，成为莱西市又一个市民公园。举办2018青岛旅游惠民月暨第六届东大寨苹果丰收节、沁楠香牡丹节等乡村旅游节会活动10次，累计吸引游客15万余人次，提升了全镇乡村旅游的知名度，成为“乐在莱西”旅游品牌的重要承载地。

民生工作

精准扶贫卓有成效。完善镇村两级结对帮扶工作机制，配强帮扶力量，帮扶责任全面压实；强化走访调研，精细化贫困户信息动态采集，贫困底账清透明晰；用足用好用活各类扶贫政策，为26户贫困户修缮房屋，212户已脱贫但仍享受扶贫政策的贫困户购买扶贫特惠险，136户贫困户申报户产业帮扶项目，脱贫成效稳固提升。

社区搬迁进展迅速。作为国家发改委、财政部、水利部三部委批复的移民避险解困试点项目，龙泉湖社区二期3月正式启动高格庄村整体搬迁程序，已签订搬迁协议468户，完成选房417户。

违建治理成绩突出。全年累计拆除违法建设7.4万平方米，验收合格无违村70个，完成比率达100%，在全市率先完成无违村创建。

教育环境不断改善。投资700余万元，对全镇学校墙面进行粉刷，为学校操场铺设草坪、塑胶跑道，新建高标准教学实验室，学校硬件设施得到改善。5月，全市美丽校园建设观摩会在河头店镇召开。凝聚社会爱心力量，重启青岛市圆梦行动，提升学生综合素质，促进学生全面发展。召开教师节表彰大会，表彰40名美丽教师，激励广大教师弘扬高尚师德，潜心立德树人。

美丽村镇建设

粪污配建扎实推进。全镇87处规模养殖场全部完成配建，114户养殖户已完成配建104户。

造林绿化成效显著。投资1300万元，新增造林200公顷，植树40万株，完成14个村庄绿化，栽植樱花、海棠等绿化苗木2.6万棵。

环卫整治持续深化。先后两次组织镇村干部开展“环境卫生奉献日活动”，累计清理镇驻地和村庄各类垃圾100余吨。通过党员干部的引领，带动广大村民参与环境保护的积极性和主动性。

河长制工作全面落实。重点整治乱占乱建、乱围乱堵、乱采乱挖、乱倒乱排“八乱”现象，拆除河道两岸违章建筑16处，清理垃圾、水面漂浮物2700立方米，河道环境面貌改善。推进农村集体经济产权制度改革，完成14个村庄的产权制度改革工作。

平安建设

强化安全管理。开展安全宣传3次，发放宣传材料2万余份。开展辖区安全生产大检查11次，排查隐患338处，完成整改285处。组织企业应急演练50次，开展安全知识培训2次，培训安全员86人，完成职业卫生体检150余人次，指导2家企业完成安全双重预防体系建设。开展专家查隐患，村、社区每月查隐患等创新活动，实现全年安全生产零事故目标。

建设平安村庄。以网格化为基础，推进基层精细化管理，以基层党建为引领，实现治安巡逻常态化，构筑农村安全防护网，化解矛盾纠纷30余起、信访积案5起，发现好人好事10

起。开展扫黑除恶专项斗争，发放一封信、明白纸3万余份，悬挂横幅350余幅，喷绘固定标语360余条，摸排收集线索13条、处结7条、查办6条。

·特色村庄选介·

东大寨村

位于河头店镇东北部，距镇驻地1千米。全村499户，1660人。204国道由村前东西穿越，同三高速、青龙高速从村西穿越，交通便利。

全村共有耕地面积260公顷，其中苹果种植规模已达80余公顷。东大寨果蔬专业合作社引导东大寨苹果实行产业化经营并探索建设新模式果园，培育矮化苹果等新品种。东大寨苹果先后通过国家绿色A级食品、无公害农产品和国家地理标志认证，被确定为2008年北京奥运推荐果品，成为村里的支柱产业。

实施苹果小镇打造工程，对现有路灯、道路、房屋设施进行改造，利用空闲地、闲置宅基地进行景观打造，房屋进行因地制宜的立面改造，利用废旧老屋还原乡愁记忆，在整体打造中添加休闲功能设施，注重旅游六大元素注入，突出苹果主题元素。改造原有村委办公室旧址上，建设村史馆、苹果文化博物馆、农耕文化馆，突出苹果文化氛围。依托东大寨九个山头，打造快乐采摘园、休闲运动体验区、苹果文化主题公园。2017年举办的中国东大寨国际苹果文化节，提升了东大寨苹果品牌影响力。

河头店村

位于河头店镇驻地，东邻莱阳市，西邻小里庄村，南邻泥湾头村，北靠东大寨村，耕地面积120.93公顷。全村637户，1795人。

近年来，河头店村整合多方资金，将村内主干道进行硬化，整修水泥路面1.6万多平方米，修建低压灌溉泵站2处、灌溉线路1600米，对村庄环境进行综合整治。高效农业为村庄主导优势产业，全村发展优质果品、蔬菜73.33公顷，其中果园24公顷，从事果业生产、蔬菜生产的农户达120户。全村有蔬菜大棚50余个、葡萄大棚15个。同时，村庄与沁楠香景区合作，发展乡村旅游产业，截至2018年末，河头店村有好客人家30户。

松旺庄村

位于河头店镇驻地南5千米，距莱西市区15千米。南邻开发区，交通便捷。全村共457户，1480人，土地218.87公顷。先后被莱西市委、市政府授予双学双比先进单位、小康村、文明村等称号。

高效农业是松旺庄村优势产业，有优质蔬菜80公顷。村民收入主要来自大棚果蔬、林业种植和二三产业发展。全村发展优质果品、蔬菜80公顷，从事果业生产、蔬菜生产的农户达300户。在蔬菜合作社引领下，以黄瓜、西红柿、草莓大棚为重点发展方向。2018年，新发展芦笋种植13.33公顷，为发展订单农业、增加农民收入打下基础。

（河头店镇）

人 物

现任市级领导干部简历

·市委书记、副书记、常委·

庄增大 男，汉族，1968年11月出生，山东省青岛市人。省委党校在职研究生学历，中共党员。中共莱西市委书记、市委党校校长，二级巡视员。

姜水清 女，汉族，1970年10月出生，山东省平度市人。省委党校在职研究生学历，中共党员。中共莱西市委副书记，市政府党组书记、市长。

张升山 男，汉族，1970年5月出生，山东省莱西市人。省委党校在职研究生学历，中共党员。中共莱西市委副书记。

郝曙光 男，汉族，1975年11月出生，山东省东营市人。大学学历，中共党员。中共莱西市委常委，中共莱西市政府党组副书记、副市长，二级调研员。

黄迪勇 男，汉族，1973年9月出生，山东省青岛市人。在职研究生学历，中共党员。中共莱西市委常委、市委组织部部长，二级调研员。

纪玉水 男，汉族，1976年3月出生，山东省青岛市人。省委党校在职研究生学历，中共党员。中共莱西市委常委、市委宣传部部长，三级调研员。

孙明明 男，汉族，1976年2月出生，山东省平度市人。省委党校在职研究生学历，中共党员。中共莱西市委常委、市委统战部部长、市社会主义学院院长，三级调研员。

战洪贤 男，汉族，1968年8月出生，山东省莱西市人。省委党校在职大学学历，中共党员。中共莱西市委常委、市委办公室主任，三级调研员。

张　笑 男，汉族，1971年10月出生，山东省平度市人。省委党校在职研究生学历，中共党员。中共莱西市委常委、市委政法委员会书记、市委群众工作部部长，三级调研员。

崔坤山 男，汉族，1969年11月出生，山东省青岛市人。大学学历，中共党员。中共莱西市委常委、市纪委书记兼市监察委员会主任。

王清秀 男，汉族，1975年5月出生，山东省平度市人。大学学历，中共党员。中共莱西市委常委、市人民武装部部长。

（市委组织部）

·市人大常委会主任、副主任·

赵希胜 男，汉族，1962年12月出生，山东省莱西市人。省业余大学学历，中共党员。莱西市人大常委会党组书记、主任，14届市委委员。

李信斋 男，汉族，1962年12月出生，山东省莱西市人。在职大学学历，中共党员。莱西市人大常委会党组副书记、副主任，二级调研员。

王志强 男，汉族，1965年11月出生，山东省莱西市人，大学学历，无党派人士。莱西市人大常委会副主任，二级调研员。

刘　莉 女，汉族，1965年2月出生，山东省莱西市人。省委党校在职大学学历，中共党员。莱西市人大常委会党组成员、副主任，三级调研员。

张显杰 男，汉族，1967年11月出生，山东省莱西市人。大学学历，中共党员。莱西市人大常委会党组成员、副主任，莱西市姜山镇党委书记，14届市委委员。

万国才 男，汉族，1964年8月出生，山东省莱西市人。大学学历，中共党员。莱西市人大常委会党组成员、副主任，，三级调研员，中共莱西市委党校党委书记、副校长，市行政学校校长，14届市委委员。

（市人大办公室）

·市人民政府市长、副市长·

姜水清 女，汉族，1970年10月出生，山东省平度市人。省委党校在职研究生学历，中共党员。中共莱西市委副书记，市政府党组书记、市长。

郝曙光 男，汉族，1975年11月出生，山东省东营市人。大学学历，中共党员。中共莱西市委常委，市政府党组副书记、副市长，二级调研员。

曹杰军 男，汉族，1968年10月出生，山东省莱西市人。大学学历，中共党员。莱西市政府党组成员、副市长，14届市委委员。

丁朝霞 女，汉族，1972年3月出生，山东省日照市人。在职硕士研究生学历，无党派人士。莱西市政府副市长，三级调研员。

张方宝 男，汉族，1962年9月生，青岛市即墨区人。在职大专学历，中共党员。莱西市政府党组成员、副市长，市公安局党委书记、局长、督察长，14届市委委员，市委政法委员会委员，三级调研员。

江联军 男，1975年12月生，青岛市即墨区人。省委党校研究生学历，中共党员。莱西市政府党组成员、副市长，14届市委委员。

谭建武 男，汉族，1973年7月出生，甘肃省陇南市两当县人。省委党校在职研究生学历，中共党员。2017年11月，挂职担任莱西市政府党组成员、副市长。

史立伟 男，汉族，1980年6月出生，山东省莒南县人。在职博士研究生学历，中共党员。2017年11月，挂职担任莱西市政府党组成员、副市长（时间一年）。

范丽平 女，汉族，1982年8月出生，福建省永定县人。硕士研究生学历，中共党员。2018年5月，挂职担任莱西市政府党组成员、副市长（时间一年）。

张子栋 男，汉族，1986年1月出生，山东省莱西市人。博士研究生学历，中共党员。2018年10月，挂职担任莱西市政府党组成员、副市长（时间一年）。

（市政府办公室）

·市政协主席、副主席·

邹学新 男，汉族，1963年1月出生，山东省平度市人。省委党校在职大学学历，中共党员。莱西市政协党组书记、主席，14届市委委员。

赵彦军 男，汉族，1962年3月出生，山东省莱西市人。大学学历，中共党员。莱西市政协党组副书记、副主席，三级调研员。

李美玲 女，汉族，1965年10月出生，山东省莱西市人。大学学历，民建成员。莱西市政协副主席，三级调研员。

王志超 男，汉族，1963年12月出生，山东省莱西市人。在职硕士研究生学历，九三学社成员。莱西市政协副主席，三级调研员。

孙焕伟 男，汉族，1963年6月出生，山东省莱西市人。本科学历，无党派人士。莱西市政协副主席、市工商联主席，三级调研员。

姚　军　男，汉族，1970年1月出生，山东省招远市人，省委党校在职大学学历，中共党员。莱西市政协党组成员、副主席，14届市委委员。

吕英志　男，汉族，1970年11月出生，山东省莱西市人。省委党校在职大学学历，九三学社成员。莱西市政协副主席、市文化广电新闻出版局局长。

（市政协办公室）

·市人民法院院长·

张　杰　男，汉族，1971年6月出生，山东省邹城市人。山东大学在职研究生学历，中共党员。莱西市人民法院党组书记、院长、三级高级法官、审判委员会委员，14届市委委员，市委政法委员会委员。

（市人民法院）

·市人民检察院检察长·

王中开　男，汉族，1969年8月出生，青岛市即墨区人。在职硕士研究生学历，中共党员。莱西市人民检察院党组书记、检察长、四级高级检察官、检察委员会委员，14届市委委员、市委政法委员会委员。

（市人民检察院）

·市人武部部长、政委·

王清秀　男，汉族，1975年5月出生，山东省平度市人。大学学历，中共党员。中共莱西市委常委，市人武部部长、部党委副书记，青岛警备区党委委员。

刘俊峰　男，汉族，1975年8月出生，四川省蓬安县人。大学学历，中共党员。莱西市人民武装部政治委员、部党委书记。

（市人武部）

驻莱西的山东省人大代表（2名）

姜水清　女，中共莱西市委副书记、市长。

孙永建　日庄镇东白石山村党支部书记。

（市人大办公室）

见义勇为模范事迹简介

2018年，莱西市见义勇为协会共确认表彰见义勇为行为5起8人，其中获“莱西市见义勇为模范”称号4起5人，获“莱西市见义勇为模范群体”称号1起3人。经市见义勇为协会推荐，夏格庄镇梁兆兴（事迹见2017年见义勇为模范事迹简介）、河头店镇姜世强2人获青岛市见义勇为模范称号，马连庄镇解金才、王君、顾云阳3人获青岛市见义勇为模范群体称号。

河头店镇姜世强勇救冰中儿童事迹

姜世强，男，1953年11月出生，莱西市河头店镇臧格庄村人。

2018年2月22日（农历正月初七）下午1点30分左右，65岁的姜世强在邻村大棚帮女儿干活，一个孩子从50多米外的水塘边慌慌张张跑来说："爷爷不好了，有个小孩掉到水里快淹死了。"姜世强赶紧向水塘跑去，到塘边一看，一个孩子在离岸边五六米远水里，快要沉下去了。他是在冰层上玩耍时冰裂了掉进去的，由于水温低和棉衣浸水，孩子无力挣扎。姜世强马上跳入水中，到孩子身边时水已没到下巴，他伸手去抓孩子的头没抓住，又趁孩子向上浮出一点时，使劲探出身子抓住孩子的衣领往回拽，一步一滑地退向岸边。到岸后姜世强冻得浑身哆嗦，他将孩子头朝下在护坡上，不断按压背部。孩子吐出几口水发出声音后，姜世强将孩子抱到三轮车上拉到村里打听后找到孩子的家，帮忙抬到炕上给孩子脱掉衣服，才穿着湿漉漉的衣服回家。被救孩子的父母多方打听后找到姜世强表示感谢。2018年3月22日，莱西市综治委、市见义勇为协会授予姜世强莱西市见义勇为模范称号，奖励人民币5000元。

马连庄镇三人勇救车祸被困人员事迹

解金才，男，1975年11月出生，莱西市马连庄镇望屋庄村人。

王君，男，1963年4月出生，莱西市环卫处马连庄垃圾转运站职工，马连庄镇马连庄村人。

顾云阳，男，1969年9月出生，莱西市马连庄镇顾家村人。

2018年2月20日12点30分左右，省道215线马连庄镇驻地北面一辆轿车发生事故，车上4人昏迷不醒。解金才经过看到后，与事故车同行的朋友一起将后座一名伤者救出，又与顾云阳将后座另一名伤者救出，后发现车辆开始冒烟，赶紧拦车借灭火器。上班经过的王君拦下一辆出租车借到灭火器，由于火势变大灭火器不起作用，解金才招呼众人："先救人！"又与其他人将驾驶员救出车外。此时大火已经蔓延到驾驶室，副驾驶室的伤者大声呼救。由于右侧车门变形，顾云阳猛拉前后门都打不开，解金才从左侧钻进车里从内部也打不开，便捡起一块石头将右侧车门玻璃砸破，与王君等三人一起将伤者从窗户拽出，又将其身上火苗扑灭。由于担心车辆发生爆炸，王君、顾云阳等一起将伤员拖到安全地带。120急救车赶到后，他们才默默离开。解金才回家后感到手掌疼痛，经检查发现用力过度手掌骨断裂。2018年3月22日，解金才、王君、顾云阳三人被莱西市综治委、市见义勇为协会授予莱西市见义勇为模范群体称号，分别奖励人民币5000元。

店埠镇李宁勇救落水老人事迹

李宁，男，汉族，1989年10月出生，莱西市店埠镇李家小里村人。

2018年3月28日下午3点左右，院上镇一名70岁老人在大沽河北岸洗衣服时不慎落入水中，同伴急忙呼救。正在大沽河南岸玩耍的李宁看到后，立即沿着拦河坝跑过去，边跑边脱下外套跳入水中。这时落水老人已经漂离岸边大约10米，面朝下趴在水中失去意识，李宁游过去将老人翻过来面部朝上，用胳膊夹住她，奋力游回岸边，与其他人一起抬到岸上。落水老人已无呼吸，脸色青紫，李宁顾不上休息，急忙采取心肺复苏措施按压胸部，又将老人放在倒扣的脸盆上按压，老人吐出一口水后，恢复呼吸。120急救车赶到后，李宁将老人送上救护车后离开现场。由于救助及时，落水老人已无大碍。李宁救人事件被围观群众拍下视频并在微信朋友圈广泛转发，得到社会点赞认可。2018年11月21日，市综治委、市见义勇为协会授予李宁莱西市见义勇为模范称号，奖励人民币5000元。

院上镇周良勇救落水儿童事迹

周良，男，汉族，1979年9月出生，莱西市院上镇院上村人。中共党员，退伍军人，莱西市圆洁机动车检测中心职员。

2018年4月15日下午2点左右，院上镇鸿林苑小区两名小孩在小区公园玩耍时，年龄较小的孩子不慎掉进小区人工湖里，年龄较大的孩子赶忙下去拉他，由于湖水有1.8米深，两个孩子不习水性都陷入危险当中。这一情况被一名妇女发现，急忙找人施救，正走到小区门口的周良听到后，急忙扔下电动车跑向人工湖，边跑边脱下外套。距离岸边约1.5米左右，大孩子在水中仰面拽着小孩子头发一浮一沉大喊救命，小孩子只露出头顶，情况十分危急。周良立即跳入水中，一把抓住孩子的衣服将其托起来走到岸边，被赶来的群众拉上岸。较小孩子眼睛上翻、脸色青紫，周良一边让人拨打急救电话，一边利用在部队学到的急救知识，给孩子控出几口水后进行胸部按压，几分钟后孩子发出呻吟声，慢慢睁开眼睛，120救护车将孩子送到医院，经救治孩子平安。2018年11月21日，市综治委、市见义勇为协会授予周良莱西市见义勇为模范称号，奖励人民币5000元。

河头店镇牟洪顺、初常松勇救落水儿童事迹

牟洪顺，男，汉族，1973年10月出生，莱西市河头店镇杨家屯村人。中共党员，退伍军人，河头店镇政府职员。

初常松，男，汉族，1972年8月出生，河头店镇杨家屯村人。

2018年4月5日（清明节）上午9点左右，河头店镇杨家屯村一名7岁小男孩与小伙伴一起到村委会北边水塘边玩耍，不慎从陡峭的护坡滑入深达3米的水中。这时，驾车从山上扫墓回来的牟洪顺发现这一险情，立即停车跑向孩子落水处，只见孩子离岸大约3米，在水中只露头顶，情况十分危急。牟洪顺不顾自身不会游泳，脱下外套跳入水中，一把抓住孩子的棉衣从水中托起来，慢慢向岸边靠，由于坡陡湿滑，两人上不了岸。与此同时，家住水塘边的村民初常松也看到孩子落水，立即拿来一根长竹竿，伸进水中将牟洪顺和孩子一步步拉上岸。赶来的孩子父亲将小孩控出几口水后，小孩发出了哭声，二人看到孩子没事后才各自回家。2018年11月21日，莱西市综治委、市见义勇为协会授予牟洪顺、初常松莱西市见义勇为模范称号，分别奖励人民币5000元、3000元。

（市委政法委）

2017—2018年度（第七届）“感动莱西”道德模范事迹简介

“献血达人”臧永栋

臧永栋自2002年第一次无偿献血起，16年来坚持无偿献血，献血次数已达43次，累计献血量2.26万毫升。如果按一个成年人全身血量为4000毫升计算，他献的血是自己全身血液的5.65倍。如果按救助一个病人平均需要800毫升血液计算，他所献的血已能救活28个病人。16年间，臧永栋以自己的滚滚热血挽救了一个个鲜活的生命，让世人看到爱心和正能量的无限传递。臧永栋先后获“全国无偿献血奉献奖”铜奖、银奖、金奖，《人民日报》数字青岛、青岛大众网对其进行专题报道。2018年4月，当选第二届“最美莱西人”。

“平民英雄”王友华

王友华，男，1974年8月生，莱西市日庄镇寨里村人。2017年5月26日，邵学英、王淑花母女到日庄镇寨里村赶集，装钱的手提包被一名戴着墨镜的年轻人偷走。王淑花见状大喊“抓小偷”！王友华听到呼喊后跟着追了200多米，试图夺回被偷的手提包。穷凶极恶的盗窃嫌疑人拨出身上所带的20多厘米长的匕首向王友华连刺数刀，王友华倒在血泊中，盗窃嫌疑人扔下提包乘乱逃跑。众人拨打了110报警，并把王友华送到青岛401医院救治，经过4个多小时的抢救才脱离危险。危难时刻王友华挺身而出，舍生取义，被授予莱西市见义勇为模范称号。

“火中救人”解金才

2018年2月20日，农历大年初五，莱西市马连庄镇发生一起车祸导致车辆起火，四人被困车厢，情况万分紧急。在这千钧一发之际，马连庄镇望屋庄村村民解金才不顾个人安危率先营救，后在多位热心路人的帮助下成功将车内四名伤员一一救出，为抢救赢得了宝贵的时间，自己却因用力过猛导致右手掌骨断裂。经过大众网、《半岛都市报》、青岛在线等媒体报道后，解金才舍己救人的义举广为人知，他也被网友称赞为“救人勇士”。2018年4月，当选“青岛市文明市民”；6月，当选“山东好人”。

“拾金不昧”麻瑞玲

麻瑞玲是一位普通的农家妇女，常年在莱西市烟台路昌隆市场附近摆摊卖烤地瓜。2016年10月30日下午，一对粗心的准新人在前往购买结婚用品时，将装有身份证等重要证件、4万多元积蓄的存折和1300多元现金的背包遗落在路边。麻瑞玲无意中捡到背包，在寒风中苦等失主，在等待未果的情况下，第二天来到派出所，将失物交给民警。在丢失背包近19个小时后，失物完璧归赵。失主带着礼品感谢麻瑞玲，但她执意不收，朴实地说“一句谢谢就足够了”。靠着经营小摊维持生计的麻瑞玲能坚守诚信、急人所急，被赞为最美“地瓜姨”。

“播洒爱心”高明龙

在莱西58条城乡公交线路上，一提起403路驾驶员高明龙，众人纷纷竖起大拇指。高明龙总是每天提前30分钟到岗，清理车内卫生，检查车况。多年的驾驶经验让他明白，很多车辆的故障往往都是因为一些小毛病却得不到重视造成的。只要有时间，他就习惯性的检修车况。高明龙始终坚持千重要万重要，安全行车最重要。自1995年以来，他驾驶过小轿车、大货车、中型客车、大客车、电视直播车等多种车型，行程上百余万千米没有一次安全责任事故和投诉。先后获“讲文明、树新风”先进个人、文明交运人、交运集团莱西事业部十大能工巧匠等称号。他的个人工作法被总结成“高明龙快乐车厢”工作法，在交运集团全面推广。

农村公益电影放映员李成江

李成江是莱西市夏格庄镇一名农村公益电影放映员。从当上电影放映员的那一天起，就和电影结下了不解之缘，迄今已有40个年头。为了让村民尽可能多地享受到电影带来的精神文化生活，40年间他带着放映机跑遍全镇54个村庄的大街小巷，累计放映2.6万余场。先后18次荣获省、市级优秀电影放映员称号。1987年被文化部、国家广电总局联合授予全国农村公益电影放映先进工作者称号。2018年4月，当选第二届“最美莱西人”。

“城市美容师”曲成志

曲成志2004年来到环卫处，在平凡的岗位上一干就是十几年。他负责的烟台路位于市中心，人流密集、车辆繁多、垃圾量大，毫无怨言，无论严寒还是酷暑，总能在大街上看见他忙碌的身影。曲成志不但对工作认真，在生活中也是一个热心人。有一次他在干活时捡了一部手机，等了一天也没有人来认领，便让儿子想办法联系上失主，把手机还了回去，这样的事在曲师傅十几年的工作中发生的太多了，他总是笑着说不值一提。2018年4月，当选第二届“最美莱西人”。

“忠诚铸警魂，真情赢民心”刁新宇

从警多年来，无论在哪个岗位上，刁新宇都始终牢记自己是一名共产党员，爱岗敬业，恪尽职守，以实际行动践行着自己的入党誓言。面对危险，临危不惧，他是群众生命的保护神；扎根基层，他是警队里执着的奉献者；爱民情切，他是群众身边的贴心人。因工作成绩突出，刁新宇先后被青岛市公安局荣记个人二等功1

次、个人三等功1次、授予优秀社区民警和全市公安机关三基工程先进个人称号，多次被莱西市委、市政府嘉奖。2018年1月，当选青岛市文明市民。

“女婿如子”姜玉文

1994年，姜玉文与妻子刘永美结合，刘永美常年药不离身、岳母李桂香没有劳动能力，两个孩子年幼，家境异常艰难。面对老弱病残，他扛起了家庭的重担。2004年，妻子刘永美病逝后，姜玉文毅然留下照顾老人、拉扯孩子。2005年，姜玉文结识现任妻子曲红英，她被姜玉文的善良打动，带着孩子搬到泊子村与其一道担负起赡养李桂香老人的责任。如今，87岁的李桂香逢人就夸他们夫妻俩孝顺。面对家庭的不幸，姜玉文不离不弃，23年如一日坚守着一份没有血缘关系的亲情，一份没有法律义务的担当。2018年2月，获“感动青岛”道德模范提名奖；2018年5月，当选“山东好人”2017十大年度人物。

老年人的健康守护者林政伟

2012年，林政伟主动承担起300位老人的日常护理工作。他每天坚持亲自带领医生、护士团队挨个床头为老人查体，嘘寒问暖，专业且专注地悉心照料每一位老人。一年365天中没休过一次完整的假期，即便是休班，也总是要先查完房，一天的休班时间实际上变成了半天。老人们有事总爱找林政伟，他总是耐心听老人唠叨，陪老人说话，给老人们无微不至的关怀。林政伟用专业的医术、辛勤的汗水和春风化雨般的爱，告诉世人——关爱老人就是关爱明天的自己，被人需要也是一种幸福！林政伟先后被评为全国孝亲敬老先进个人、青岛市助残先进个人等。

（市委宣传部）

荣 誉 榜

2018年度莱西市所受表彰奖励

所受奖励
“莱西会议”被评为庆祝改革开放四十周年最具影响力事件
山东省食品安全市
被农业农村部授予一县一业典型示范县称号
被农业农村部授予农村创业创新典型县称号
山东省农产品加工示范县
全国主要农作物全程机械化示范市

2018年度市直部门受表彰奖励表

单 位	所受奖励
市委办	2017年度青岛市应急管理先进单位
	全市密码工作先进单位
	上海合作组织青岛峰会山东服务保障工作先进集体
组织部	周明金被中共中央、国务院授予“改革先锋”称号
	周明金同志获山东省庆祝改革开放40周年感动山东人物称号
	“莱西会议”被评为山东省庆祝改革开放40周年最具影响力事件
宣传部	省委理论学习先进单位
统战部	中央统战部授予《中国统一战线》宣传先进单位称号
政法委	上海合作组织青岛峰会山东服务保障工作先进集体
政府办	上海合作组织青岛峰会山东服务保障工作先进集体
人大办公室	山东省人大办公厅授予《人民权利报》2018年度宣传工作先进单位称号
	山东省人大办公厅授予《山东人大工作》2018年度宣传工作先进单位称号
法院	最高人民法院新闻传媒总社授予在司法宣传工作中作出突出成绩的人民法院称号
	山东省高级人民法院授予集体二等功
检察院	全省检察文化建设示范院
	全省检察机关“六型”建设先进单位

续表

单 位	所受奖励
总工会	全国职工教育培训示范点
	中华全国总工会授予模范职工之家
	全省工会工作先进单位
	2018年山东省工会示范单位
编委办	大众报业集团授予《机构与行政》宣传工作先进单位称号
机关工委	青岛市文明单位标兵
	山东省委机关工委授予2018年度机关党建宣传报道工作先进单位称号
信访局	上海合作组织青岛峰会服务保障工作先进集体
发改局	国家发改委价格认定中心授予价格认定工作先进单位称号
	国家发改委价格认定中心授予2018年度价格认定系统信息宣传突出单位称号
妇联	全国妇女新闻宣传阵地建设先进单位
商务局	国家商务部授予国家外贸转型升级基地称号
	山东省商务厅授予兴农扶贫品牌服务站称号
教体局	青岛市先进基层党组织
	教育部国家教育行政学院授予全国家校共育数字化试验区称号
公安局	上海合作组织青岛峰会服务保障工作先进集体
民政局	山东省银龄之家
财政局	省级文明单位
	全省国资监管工作先进单位
	全省非税收入管理工作先进单位
	全省创建规范化乡镇财政所先进单位
人社局	上海合作组织青岛峰会服务保障工作先进集体
	青岛市创业就业工作先进单位
国土局	山东省国土资源厅授予永久基本农田划定工作中表现突出单位称号
	全省国土资源系统先进集体
环保局	全省环保公安联勤联动执法工作先进单位
农业局	全省农村土地承包颁证先进集体
水利局	2018年全省水利系统执法案卷二等奖
卫计局	2016–2017年度全省无偿献血促进奖
	山东省卫计委授予疾病预防与控制工作先进单位称号
	全省卫生计生宣传工作先进单位
统计局	全省第三次农业普查先进集体

续表

单　位	所受奖励
食药监局	全省食品药品监管系统先进单位
	中共青岛市委授予军警民共建先进单位称号
水产局	全市海洋与渔业工作先进单位
	上海合作组织会议保障先进单位
行政服务中心	省级文明单位
市场监督局	全国工商、市场监管部门企业登记工作成绩突出窗口单位
	全国工商行政管理系统专项行动先进单位
	全国工商行政管理系统打击假冒先进集体
	国家工商行政管理总局授予诚信市场创建工作突出单位称号
	全省商标办案先进单位
	全省系统优秀企业登记窗口
	全省工商系统消费者权益保护先进单位
	全省工商系统2017年度网络商品监管先进单位
	全省工商系统2017年度新农村建设工作先进单位
	全省工商系统宣传工作先进单位
	省级依法行政示范单位
档案馆	山东省优秀史志成果
	全省优秀年鉴
产芝水库管理局	全国休闲渔业示范基地
	山东省十佳水利风景景区
市联社	全省供销合作社综合改革试点工作先进单位
	山东省供销合作社联合社授予安全生产先进单位
扶贫办	山东省妇女联合会授予城乡妇女岗位建功先进集体称号
	全省扶贫系统先进集体
邮政局	2016年山东邮政营销“卓越”团队
	山东邮政服务质量十佳县分公司
供电公司	山东省工商行政管理局授予“守合同重信用”企业称号
水文局	全省水文系统文明单位

（市考核办）

附　　录

市委文件目录

2018年市委文件目录（西发）

文　号	题　目	发文时间
西发〔2018〕1号	关于认真学习贯彻十九届二中全会精神的通知	1月22日
西发〔2018〕2号	关于印发《中共莱西市委常委会贯彻落实中央八项规定精神实施办法》通知	2月9日
西发〔2018〕3号	关于印发《市委常委会2018年工作要点》的通知	2月14日
西发〔2018〕4号	关于认真学习贯彻习近平总书记在参加十三届全国人大一次会议山东代表团审议时的重要讲话精神的通知	3月12日
西发〔2018〕5号	关于学习宣传贯彻宪法的通知	3月13日
西发〔2018〕6号	关于实施乡村振兴战略的意见	3月14日
西发〔2018〕7号	关于扎实推进农村集体产权制度改革的意见	3月15日
西发〔2018〕8号	关于规范农村土地承包经营权有序流转的实施意见	3月15日
西发〔2018〕9号	关于认真贯彻中发〔2018〕10号文件精神切实抓好宪法学习宣传和贯彻实施的通知	3月16日
西发〔2018〕10号	关于认真学习宣传贯彻全国“两会”精神的通知	3月24日
西发〔2018〕11号	关于坚决维护和服从以习近平同志为核心的党中央集中统一领导的意见	3月26日
西发〔2018〕12号	关于印发《2017年度市委常委会民主生活会整改工作方案》的通知	4月3日
西发〔2018〕13号	关于印发《中国共产党莱西市委员会常务委员会议事决策规程》的通知	4月27日
西发〔2018〕14号	关于加强市委常委会自身建设的意见	4月27日
西发〔2018〕15号	关于印发《中共莱西市委常委会及其成员职责清单(试行)》通知	4月27日
西发〔2018〕16号	关于印发《莱西市“十三五”时期民兵规模结构调整实施方案》的通知	4月11日
西发〔2018〕17号	关于印发《莱西市扫黑除恶专项斗争实施方案》的通知	5月21日
西发〔2018〕18号	关于印发《2018年度市直单位综合考核意见》的通知	6月16日
西发〔2018〕19号	关于印发《2018年度镇街综合考核意见》的通知	6月16日
西发〔2018〕20号	印发《关于开展“乡村振兴村村行”活动暨选派乡村振兴工作队实施“双百引领”工程的实施方案》的通知	6月25日
西发〔2018〕21号	关于认真学习贯彻习近平总书记对上合组织青岛峰会服务保障工作重要批示精神推动各项工作再上新台阶的通知	7月5日
西发〔2018〕22号	关于印发《莱西市贯彻落实中央环境保护督察组督察反馈意见整改方案》的通知	7月17日
西发〔2018〕23号	关于印发《学习贯彻习近平总书记在参加十三届全国人大一次会议山东代表团审议时的重要讲话精神分工方案》的通知	7月20日

续表

文　号	题　目	发文时间
西发〔2018〕24号	关于印发青岛市委第五巡察组巡察莱西市情况反馈会有关领导同志讲话的通知	8月3日
西发〔2018〕25号	关于深入学习贯彻习近平总书记视察山东重要讲话精神的通知	7月30日
西发〔2018〕26号	关于印发《中国共产党莱西市委员会工作规程》的通知	7月30日
西发〔2018〕27号	关于推进新旧动能转换重大工程的实施意见	8月8日
西发〔2018〕28号	关于做好中央巡视组反馈意见整改落实工作的通知	8月7日
西发〔2018〕29号	关于全面深入推进中央巡视反馈意见整改落实工作的通知	8月14日
西发〔2018〕30号	印发《关于青岛市委第五巡察组扶贫专项巡察反馈意见整改落实工作方案》的通知	8月9日
西发〔2018〕31号	印发《关于青岛市委第五巡察组延伸巡察反馈意见整改落实工作方案》的通知	8月9日
西发〔2018〕32号	关于彻底清除孙政才、令计划恶劣影响的决定	8月23日
西发〔2018〕33号	关于认真贯彻落实习近平总书记重要指示精神切实做好防汛救灾工作的通知	8月27日
西发〔2018〕34号	转发《中共青岛市委关于进一步激励广大干部新时代新担当新作为的实施意见》的通知	9月17日
西发〔2018〕35号	关于发展壮大村级集体经济的实施意见	9月20日
西发〔2018〕36号	关于扶持培育新型农业经营主体发展壮大的实施意见	9月20日
西发〔2018〕37号	印发《关于开展解放思想大讨论的实施方案》的通知	9月29日
西发〔2018〕38号	关于进一步完善产权保护制度依法保护产权的意见	10月18日
西发〔2018〕39号	关于认真学习宣传贯彻习近平总书记在民营企业座谈会上的重要讲话的通知	11月5日
西发〔2018〕40号	关于庆祝改革开放40周年活动的通知	11月14日
西发〔2018〕41号	关于印发《莱西市加强污染源头防治推进“四减四增”三年行动方案(2018-2020年)》的通知	11月14日
西发〔2018〕42号	关于人才支撑新旧动能转换工作的实施意见	11月27日
西发〔2018〕43号	关于打赢脱贫攻坚战三年行动的意见	11月27日
西发〔2018〕44号	关于印发《新时期产业工人队伍建设改革实施方案》的通知	12月10日
西发〔2018〕45号	关于印发《关于服务实体经济防控金融风险深化金融改革的若干措施》的通知	12月10日
西发〔2018〕46号	关于印发《莱西市扫黑除恶督导反馈问题整改落实工作实施方案》的通知	12月26日

（市委办公室）

2018年市委文件目录（西委）

文　号	题　目	发文时间
西委〔2018〕1号	关于公布市委非公有制经济组织和社会组织工作委员会成员名单的通知	1月4日
西委〔2018〕2号	关于江联军同志因公出国(境)有关情况的说明	1月4日
西委〔2018〕3号	关于2017年工作情况的报告	1月9日
西委〔2018〕4号	关于同意提名市残疾人联合会第七届执行理事会理事长、副理事长候选人的通知	1月16日
西委〔2018〕5号	关于崔坤山等同志任职的通知	1月16日
西委〔2018〕6号	关于封芝宝同志免职的通知	1月16日
西委〔2018〕7号	关于吕世宝等同志免职的通知	1月16日
西委〔2018〕8号	关于成立莱西市环境保护督察反馈意见领导小组的通知	1月17日
西委〔2018〕9号	关于江联军同志因公出国(境)有关情况的说明	1月18日
西委〔2018〕10号	关于莱西市人代会选举结果的报告	1月21日
西委〔2018〕11号	关于人大常委会表决结果的报告	1月21日
西委〔2018〕12号	关于人大常委会表决结果的报告	1月21日
西委〔2018〕13号	关于给予刘吉玉同志党纪处理的批复	1月22日
西委〔2018〕14号	关于2017年党建工作情况的通知	1月31日
西委〔2018〕15号	关于确定郝曙光等同志为晋升三级调研员人选考察对象的报告	2月1日
西委〔2018〕16号	关于2017年度计划生育工作情况的报告	2月6日
西委〔2018〕17号	关于封芝宝等同志任免职务的通知	2月9日
西委〔2018〕18号	关于任日青等同志免职的通知	2月9日
西委〔2018〕19号	关于孙玉忠同志免职的通知	2月9日
西委〔2018〕20号	关于贯彻落实青岛市委维稳专题会议精神的情况报告	2月10日
西委〔2018〕21号	关于李超涛等同志任免职务的通知	2月14日
西委〔2018〕22号	关于吴法先等同志任免职务的通知	2月14日
西委〔2018〕23号	关于展翼等同志任免职务的通知	2月14日
西委〔2018〕24号	关于姜淑英等同志任免职务的通知	2月14日
西委〔2018〕25号	关于刘旭光等同志任免职务的通知	2月14日
西委〔2018〕26号	关于刘术林等同志任免职务的通知	2月14日
西委〔2018〕27号	关于张春霞等同志任免职务的通知	2月14日
西委〔2018〕28号	关于程岗等同志任免职务的通知	2月14日
西委〔2018〕29号	关于王国庆等同志任免职务的通知	2月14日
西委〔2018〕30号	关于于少军等同志任免职务的通知	2月14日
西委〔2018〕31号	关于曲志军等同志任免职务的通知	2月14日
西委〔2018〕32号	关于王军政等同志任免职务的通知	2月14日
西委〔2018〕33号	关于王冰等同志任免职务的通知	2月14日

续表

文 号	题 目	发文时间
西委〔2018〕34号	关于王进辉等同志任免职务的通知	2月14日
西委〔2018〕35号	关于陈德利等同志任免职务的通知	2月14日
西委〔2018〕36号	关于孙学广等同志任免职务的通知	2月14日
西委〔2018〕37号	关于刘建武等同志任免职务的通知	2月14日
西委〔2018〕38号	关于陈军等同志任免职务的通知	2月14日
西委〔2018〕39号	关于李涛同志免职的通知	2月14日
西委〔2018〕40号	关于倪芳贵同志免职的通知	2月14日
西委〔2018〕41号	关于王美玲同志免职的通知	2月14日
西委〔2018〕42号	关于李兆敬同志免职的通知	2月14日
西委〔2018〕43号	关于公布王清秀同志任职的通知	2月14日
西委〔2018〕44号	关于调整市委常委和市政府党组成员、副市长工作分工的通知	2月26日
西委〔2018〕45号	关于公布王清秀同志工作分工的通知	2月27日
西委〔2018〕46号	关于温德克航空产业项目有关情况的报告	2月27日
西委〔2018〕47号	关于莱西市迅速贯彻落实张江汀书记指示精神的报告	2月27日
西委〔2018〕48号	关于召开市委常委班子民主生活会的请示	2月28日
西委〔2018〕49号	关于市委常委班子民主生活会有关情况的报告	2月28日
西委〔2018〕50号	关于学习贯彻党的十九届三中全会精神情况的报告	3月1日
西委〔2018〕51号	关于江联军同志因公出国(境)有关情况的说明	3月4日
西委〔2018〕52号	关于刘术林等同志任免职务的通知	3月7日
西委〔2018〕53号	关于郝才福等同志任免职务的通知	3月7日
西委〔2018〕54号	关于确定郝曙光等同志为晋升二级调研员人选考察对象的报告	3月7日
西委〔2018〕55号	关于学习贯彻习近平总书记参加山东代表团审议时的重要讲话精神情况的报告	3月12日
西委〔2018〕56号	关于设立中共莱西市委离退休干部工作委员会的通知	3月13日
西委〔2018〕57号	关于贯彻落实龚正同志赴莱西市调研指示精神的报告	3月30日
西委〔2018〕58号	关于郝曙光等4名同志晋升二级调研员的请示	4月18日
西委〔2018〕59号	关于调整莱西市化工产业安全生产转型升级专项行动领导小组的通知	4月23日
西委〔2018〕60号	关于设立中共莱西市委教育工作委员会的通知	4月27日
西委〔2018〕61号	关于对张维振严重违纪问题处理意见的复函	5月5日
西委〔2018〕62号	关于孙永高同志兼任莱西市老年人体育协会主席的请示	5月9日
西委〔2018〕63号	关于表彰2017年度优秀预备役军官的通报	5月11日
西委〔2018〕64号	关于同意召开中国共产党莱西市综合行政执法局委员会党员大会进行换届选举的通知	5月9日
西委〔2018〕65号	关于表彰2015-2017年度莱西市劳动模范的决定	5月16日
西委〔2018〕66号	关于范丽平同志任职的通知	5月19日
西委〔2018〕67号	关于范丽平同志任职的通知	5月19日

续表

文　号	题　目	发文时间
西委〔2018〕68号	关于史先桥同志免职的通知	5月19日
西委〔2018〕69号	关于贯彻落实省委主要领导同志调研指示精神的报告	5月21日
西委〔2018〕70号	关于姜水清同志因公出国(境)有关情况的说明	6月7日
西委〔2018〕71号	关于莱西市综合行政执法局党委换届候选人预备人选的批复	6月7日
西委〔2018〕72号	关于确定优秀镇街党委书记推荐人选和优秀镇街党委班子推荐对象的报告	6月12日
西委〔2018〕73号	关于学习贯彻习近平总书记视察山东重要讲话精神的报告	6月16日
西委〔2018〕74号	关于表彰2017年度科学发展综合考核先进单位的通报	6月16日
西委〔2018〕75号	关于邀请青岛市委领导会见北汽新能源公司郑刚总经理的请示	6月22日
西委〔2018〕76号	关于表彰莱西市优秀共产党员、优秀党务工作者和先进基层党组织的决定	6月25日
西委〔2018〕77号	关于表扬莱西市担当作为好书记的通报	6月25日
西委〔2018〕78号	关于青岛市优秀共产党员、优秀党务工作者、先进基层党组织推荐情况的报告	7月3日
西委〔2018〕79号	关于确定赵秀磊同志为提拔交流担任青岛市市直机关副处级领导干部人选考察对象的报告	7月5日
西委〔2018〕80号	关于邀请青岛市委领导会见中国建材集团彭寿总裁的请示	7月13日
西委〔2018〕81号	关于印发《莱西市盐业体制改革实施方案》的通知	7月16日
西委〔2018〕82号	关于丁朝霞同志因公出国(境)有关情况的说明	7月17日
西委〔2018〕83号	关于张言伟同志因公出国(境)有关情况的说明	7月17日
西委〔2018〕84号	关于莱西市部分干部政治常识测试有关情况的报告	7月24日
西委〔2018〕85号	关于孙明明同志因公出国(境)有关情况的说明	7月25日
西委〔2018〕86号	关于臧智福等同志任免职务的通知	7月25日
西委〔2018〕87号	关于臧智福等同志任免职务的通知	7月25日
西委〔2018〕88号	关于赵志宇等同志任免职务的通知	7月25日
西委〔2018〕89号	关于王德刚等同志任免职务的通知	7月25日
西委〔2018〕90号	关于成立市委网络安全和信息化领导小组的通知	7月27日
西委〔2018〕91号	关于当前莱西市意识形态领域情况的报告	7月27日
西委〔2018〕92号	关于设立(撤销)有关党组的通知	7月27日
西委〔2018〕93号	关于姜水清同志因公出国(境)有关情况的说明	8月6日
西委〔2018〕94号	关于成立青岛市委第四轮巡察反馈意见整改工作领导小组的通知	8月14日
西委〔2018〕95号	关于姜浩亮等同志任免职务的通知	8月15日
西委〔2018〕96号	关于迟延政等同志任职的通知	8月15日
西委〔2018〕97号	关于程珂同志任职的通知	8月15日
西委〔2018〕98号	关于姚旺同志任职的通知	8月15日
西委〔2018〕99号	关于徐蕾同志任职的通知	8月15日
西委〔2018〕100号	关于王志同志任职的通知	8月15日
西委〔2018〕101号	关于周佳佳等同志任免职务的通知	8月15日

续表

文 号	题 目	发文时间
西委〔2018〕102号	关于罗晓宇等同志任免职务的通知	8月15日
西委〔2018〕103号	关于张问等同志任免职务的通知	8月15日
西委〔2018〕104号	关于邢雅楠等同志任免职务的通知	8月15日
西委〔2018〕105号	关于调整市委党的建设工作领导小组的通知	8月20日
西委〔2018〕106号	关于组建莱西市委深化机构改革协调小组的通知	8月20日
西委〔2018〕107号	关于莱西市委常委会巡视整改专题民主生活会有关事项的报告	8月21日
西委〔2018〕108号	关于成立莱西市保障省环保督察工作协调联络组的通知	8月21日
西委〔2018〕109号	关于巡视整改落实情况的自查报告	8月22日
西委〔2018〕110号	关于同意给予孙立慎、仇维祥同志党纪处分的批复	8月23日
西委〔2018〕111号	关于彻底清除孙政才、令计划恶劣影响的情况报告	8月27日
西委〔2018〕112号	关于成立青岛(莱西)2019世界休闲体育大会组织委员会的通知	8月27日
西委〔2018〕113号	关于莱西市委常委会巡视整改专题民主生活会有关事项的报告	8月29日
西委〔2018〕114号	关于同意给予张俊武同志党纪、政务处分的批复	9月6日
西委〔2018〕115号	关于同意给予李日海政务处分的批复	9月6日
西委〔2018〕116号	关于表彰2017年度目标绩效考核先进个人的通报	9月6日
西委〔2018〕117号	关于贯彻落实张江汀同志调研指示精神的报告	9月6日
西委〔2018〕118号	关于李春雷等同志任免职务的通知	9月7日
西委〔2018〕119号	关于李春雷同志免职的通知	9月7日
西委〔2018〕120号	关于表彰教育教学工作先进个人和尊师重教先进单位的通报	9月8日
西委〔2018〕121号	关于庄增大同志因公出国(境)有关情况的说明	9月12日
西委〔2018〕122号	关于设立中共国家税务总局莱西市税务局委员会的通知	9月18日
西委〔2018〕123号	关于李晓庆涉黑社会性质组织案件剖析发现问题整改情况的报告	9月25日
西委〔2018〕124号	关于刘坤等同志任免职务的通知	9月30日
西委〔2018〕125号	关于刘坤等同志任免职务的通知	9月30日
西委〔2018〕126号	关于调整市委巡察工作领导小组成员的通知	10月9日
西委〔2018〕127号	关于曲永建等同志任职的通知	10月18日
西委〔2018〕128号	关于邀请青岛市委领导会见北汽集团徐和谊董事长的请示	10月19日
西委〔2018〕129号	关于青岛市委巡察组扶贫领域专项巡察反馈意见整改落实情况的报告	10月10日
西委〔2018〕130号	关于青岛市委巡察组延伸巡察反馈意见整改落实情况的报告	10月10日
西委〔2018〕131号	关于张子栋等同志任免职务的通知	10月29日
西委〔2018〕132号	关于张子栋同志任职的通知	10月29日
西委〔2018〕133号	关于基层党建突出问题专项治理工作开展情况的报告	11月2日
西委〔2018〕134号	关于邀请青岛市委主要领导会见阿根廷萨米纳股份公司总裁卡尔霍普斯曼博士的请示	11月19日
西委〔2018〕135号	关于姜水清同志因公出国(境)有关情况的说明	11月22日
西委〔2018〕136号	关于同意给予吕少丽党纪处分的批复	11月26日

续表

文　号	题　目	发文时间
西委〔2018〕137号	关于同意给予赵振太政务处分的批复	11月26日
西委〔2018〕138号	关于同意给予王祺党纪政务处分的批复	11月26日
西委〔2018〕139号	关于设立中国共产党莱西市退役军人事务局党组的通知	11月26日
西委〔2018〕140号	关于王仁江等同志任免职务的通知	11月27日
西委〔2018〕141号	关于王仁江同志任职的通知	11月27日
西委〔2018〕142号	关于程汉杰等同志任免职务的通知	11月27日
西委〔2018〕143号	关于李杰同志免职的通知	11月27日
西委〔2018〕144号	关于组建莱西市退役军人事务局工作机构的通知	11月27日
西委〔2018〕145号	关于莱西市开展解放思想大讨论工作情况的报告	11月27日
西委〔2018〕146号	关于青岛市委第五巡察组扶贫领域专项巡察反馈意见整改落实情况的通报	12月9日
西委〔2018〕147号	关于青岛市委第五巡察组延伸巡察反馈意见整改落实情况的通报	12月9日
西委〔2018〕148号	关于贯彻落实习近平总书记视察山东重要讲话重要指示批示精神情况的报告	12月12日
西委〔2018〕149号	关于实施乡村振兴战略情况的报告	12月12日
西委〔2018〕150号	关于2018年莱西市河(湖)长制工作情况的报告	12月12日
西委〔2018〕151号	关于李晓阳等同志任免职务的通知	12月12日
西委〔2018〕152号	关于吕少丽通知免职的通知	12月12日
西委〔2018〕153号	关于史延庆等同志任免职务的通知	12月12日
西委〔2018〕154号	关于张鲁同志免职的通知	12月12日
西委〔2018〕155号	关于2018年度计划生育工作情况的报告	12月18日
西委〔2018〕156号	关于中央巡视组反馈意见整改落实进展情况的报告	12月20日
西委〔2018〕157号	关于报送《莱西市镇(街道)行政管理体制改革方案》的请示	12月21日
西委〔2018〕158号	关于张康利同志任职的通知	12月21日
西委〔2018〕159号	关于张康利同志任职的通知	12月21日
西委〔2018〕160号	关于补选莱西市第十八届人民代表大会代表提名的通知	12月24日
西委〔2018〕161号	关于补选莱西市第十八届人民代表大会代表提名的通知	12月24日
西委〔2018〕162号	关于补选莱西市第十八届人民代表大会代表提名的通知	12月24日
西委〔2018〕163号	关于补选莱西市第十八届人民代表大会代表提名的通知	12月24日
西委〔2018〕164号	关于补选莱西市第十八届人民代表大会代表提名的通知	12月24日
西委〔2018〕165号	关于补选莱西市第十八届人民代表大会代表提名的通知	12月24日
西委〔2018〕166号	关于补选莱西市第十八届人民代表大会代表提名的通知	12月24日
西委〔2018〕167号	关于设立莱西市国有文化资产管理委员会的通知	12月27日
西委〔2018〕168号	关于《莱西市机构改革方案》的请示	12月26日
西委〔2018〕169号	关于按期解除张仁坤降级处分的意见	12月26日
西委〔2018〕170号	关于2018年工作情况的报告	12月28日

（市委办公室）

市政府文件目录

2018年市政府文件目录（西政发）

文件字号	文件名称	发文时间
西政发〔2018〕1号	关于公布2018年市政府重点办好实事的通知	1.23
西政发〔2018〕2号	关于对岳石矿坑废水治理延期的请示	1.15
西政发〔2018〕3号	关于申请授权对新天地等公司生态环境损害进行索赔的请示	1.16
西政发〔2018〕4号	关于封芝宝免去职务的提名	1.17
西政发〔2018〕5号	关于注销封芝宝莱西市监察局局长职务的备案报告	1.17
西政发〔2018〕6号	关于兵役登记的通告	1.20
西政发〔2018〕7号	关于邀请青岛市政府领导参加“北汽新能源2018年全球伙伴大会”的请示	1.23
西政发〔2018〕8号	莱西市人民政府关于印发2018年政府工作报告确定事项责任分解的通知	2.2
西政发〔2018〕9号	关于邀请青岛市政府分管领导会见北汽新能源郑刚总经理的请示	2.6
西政发〔2018〕10号	莱西市人民政府关于进一步坚决从严打击取缔地条钢工作的报告	2.6
西政发〔2018〕11号	莱西市政府2017年度法治政府建设情况报告	2.13
西政发〔2018〕12号	关于吴法先等工作人员任免职务的提名	2.14
西政发〔2018〕13号	关于对小沽河清淤工作延期的请示	2.26
西政发〔2018〕14号	关于组团赴日本、韩国开展项目洽谈活动的请示	2.27
西政发〔2018〕15号	关于申请新天地公司处置费用的请示	2.27
西政发〔2018〕16号	关于邀请青岛市政府分管领导会见京东方科技集团陈炎顺首席执行官的请示	2.27
西政发〔2018〕17号	关于《莱西市贯彻落实青岛市第一环保督察组》的报告	3.3
西政发〔2018〕18号	关于印发《莱西市土壤污染防治工作方案》的通知	3.10
西政发〔2018〕19号	关于对莱西市大沽河林场改革工作进行验收的请示	3.26
西政发〔2018〕20号	关于邀请青岛市政府领导拜访中国国新控股有限责任公司的请示	3.28
西政发〔2018〕21号	关于开展“绿满莱西”国土绿化行动的实施意见	4.11
西政发〔2018〕22号	关于2017年耕地保护责任目标履行情况的自查报告	4.16
西政发〔2018〕23号	关于邀请青岛市政府领导出席2018中日韩车联网研讨会的请示	4.17
西政发〔2018〕24号	关于赴意大利及美国进行项目洽谈活动的请示	4.28
西政发〔2018〕25号	关于贯彻实施《青岛市国有土地上房屋征收与补偿条例》有关问题的通知	4.28
西政发〔2018〕26号	关于邀请青岛市政府领导会见世界休闲组织罗杰·科尔斯主席的请示	5.9
西政发〔2018〕27号	关于对新建潍坊至莱西铁路莱西北站站房外观方案变动的请示	5.15

续表

文件字号	文件名称	发文时间
西政发〔2018〕28号	关于任命范丽平职务的提名	5.19
西政发〔2018〕29号	关于省政府安委会巡查莱西市安全生产工作发现问题整改完成情况的报告	5.23
西政发〔2018〕30号	关于组团赴韩国及美国进行项目洽谈的请示	5.29
西政发〔2018〕31号	关于公布现行有效的市政府规范性文件目录的通知	5.31
西政发〔2018〕32号	关于公布废止和宣布失效的规范性文件目录的通知	5.31
西政发〔2018〕33号	关于拨付新天地环境整改保障资金的请示	6.6
西政发〔2018〕34号	关于公布范丽平副市长工作分工的通知	6.4
西政发〔2018〕35号	关于申请将原青岛石墨股份有限公司非经营性土地资产划拨地方政府的请示	6.15
西政发〔2018〕36号	关于深化户籍制度改革的实施意见	6.20
西政发〔2018〕37号	关于邀请青岛市政府主要领导和分管领导会见北汽新能源公司郑刚总经理的请示	6.22
西政发〔2018〕38号	关于莱西市店埠镇申报2018年深入推进农村一二三产业融合发展产业兴村强县示范行动的情况报告(青岛财政局)	6.26
西政发〔2018〕39号	关于加大转移支付的请示	6.28
西政发〔2018〕40号	关于规范土地收回补偿和经营性用地出让净收益分配的通知	6.28
西政发〔2018〕41号	关于印发《莱西市省定贫困村引用水水源地保护范围划定方案》的通知	6.28
西政发〔2018〕42号	关于组团赴巴西及阿根廷参加第十五届世界休闲大会和开展项目洽谈活动的请示	7.9
西政发〔2018〕43号	关于提请中央环保督察交办群众信访件825-216号销号的报告	7.30
西政发〔2018〕44号	关于加强困境未成年人关爱保护救助工作的实施意见	7.11
西政发〔2018〕45号	关于邀请青岛市政府主要领导会见中国建材集团彭寿总裁的请示	7.12
西政发〔2018〕46号	关于铁路莱西北站二站合一改扩建工程有关问题的请示	7.18
西政发〔2018〕47号	关于邀请青岛市政府领导出席2018第二届中国基金小镇高峰论坛活动的请示	8.7
西政发〔2018〕48号	关于支持吉利新能源产业链项目的请示	8.13
西政发〔2018〕49号	关于邀请青岛市政府领导出席第二届农产品流通大数据与乡村振兴高峰论坛暨莱西市农业大数据平台启动仪式的请示	8.17
西政发〔2018〕50号	关于对青岛新天地固体废物综合处置有限公司突出环境问题整改工作进行验收的请示	8.16
西政发〔2018〕51号	关于组团赴德国、荷兰和阿根廷开展项目洽谈活动的请示	8.23
西政发〔2018〕52号	关于邀请青岛市政府分管领导参加北汽新能源公司重组更名暨上市活动的请示	9.13

续表

文件字号	文件名称	发文时间
西政发〔2018〕53号	关于印发莱西市综合交通工程集体土地上房屋搬迁安置补偿方案的通知	9.26
西政发〔2018〕54号	关于邀请青岛市人民政府主要领导和分管领导参加北汽新能源汽车青岛基地2018年供应链伙伴大会暨莱西市招商引资大会的请示	10.19
西政发〔2018〕55号	关于免去李春雷同志职务的提名	9.21
西政发〔2018〕56号	关于审批《莱西市推进相对集中行政许可权组建市行政审批服务局改革方案》的请示	9.30
西政发〔2018〕57号	关于开展莱西市第三次国土调查的通知	10.24
西政发〔2018〕58号	关于任命张子栋职务的提名	10.29
西政发〔2018〕59号	关于印发莱西市打赢蓝天保卫战作战方案暨2013-2020年大气污染防治规划三期行动计划(2018-2020年)的通知	11.5
西政发〔2018〕60号	关于调整城镇土地使用税税额标准的请示	11.12
西政发〔2018〕61号	关于将青岛姜山先进制造业功能区升级为省级经济开发区的请示	11.23
西政发〔2018〕62号	关于确认青岛万富集团股份有限公司及其前身设立变更改制产权转让等事项的请示	11.23
西政发〔2018〕63号	关于于学东反映土地规划手续问题调查处理情况的报告	11.23
西政发〔2018〕64号	关于任命王仁江职务的提名	11.27
西政发〔2018〕65号	关于加大转移支付的请示	12.4
西政发〔2018〕66号	关于山东文化产业职业学院项目涉及国有土地上房屋征收的决定	12.10
西政发〔2018〕67号	关于山东文化产业职业学院项目涉及国有土地上房屋征收的公告	12.10
西政发〔2018〕68号	关于申请北汽新能源专项扶持资金的请示	12.12
西政发〔2018〕69号	关于任命张康利职务的提名	12.21

（市政府办公室）

2018年市政府文件目录（西政字）

文件字号	文件名称	发文时间
西政字〔2018〕1号	关于吕世宝等工作人员免去职务的通知	1.17
西政字〔2018〕2号	关于闫高文等反映青岛宏东建设工程有限公司拖欠工资问题办理情况的报告	1.25
西政字〔2018〕3号	关于公布2018年第一批市级行政权力事项调整目录的通知	2.2
西政字〔2018〕4号	关于免去任日青等工作人员职务的通知	2.9
西政字〔2018〕5号	关于展翼等工作人员任免职务的通知	2.14
西政字〔2018〕6号	关于将姜山先进制造业功能区升级为省级经济开发区的请示	2.23
西政字〔2018〕7号	关于莱西市姜山湖生态保护及基础设施提升项目的批复	2.26
西政字〔2018〕8号	关于提供新旧动能转换重大工程规划项目相关情况的复函	3.4
西政字〔2018〕9号	关于莱西市海绵城市建设项目的批复	3.15
西政字〔2018〕10号	关于莱西市东欧产业新城园区建设及配套工程项目的批复	3.15
西政字〔2018〕11号	关于郝才福等工作人员任免职务的通知	2.27
西政字〔2018〕12号	关于2017年度实行最严格水资源管理制度考核自查报告	3.16
西政字〔2018〕13号	关于2018年度安全生产监督检查计划的批复	3.29
西政字〔2018〕14号	关于莱西市土地整治规划（2016–2020年）的批复	3.29
西政字〔2018〕15号	关于对山东文化产业职业学院项目涉及国有土地上房屋实施征收的批复	4.4
西政字〔2018〕16号	关于确定山东文化产业职业学院项目涉及国有土地上的房屋征收范围的批复	4.4
西政字〔2018〕17号	关于公布莱西市综合行政执法局行政执法主体和执法范围的通知	4.18
西政字〔2018〕18号	关于对莱西市潍莱高铁建设项目涉及国有土地上的房屋实施征收的批复	4.28
西政字〔2018〕19号	关于确定潍莱高铁建设项目涉及国有土地上的房屋征收范围的批复	4.28
西政字〔2018〕20号	关于印发莱西市专业产业园区认定管理办法的通知	5.5
西政字〔2018〕21号	关于莱西市垃圾综合处理项目的批复	5.28
西政字〔2018〕22号	关于飞机施药防治美国白蛾和杨树舟蛾等食叶害虫的通告	6.3
西政字〔2018〕23号	关于印发国家土地督察济南局2018年例行督察反馈问题整改方案的通知	6.6
西政字〔2018〕24号	关于成立莱西市2018年苹果有机肥替代化肥试点县领导小组的通知	6.8
西政字〔2018〕25号	关于城区老企业搬迁改造有关问题的通知	6.27
西政字〔2018〕26号	关于商请报送《莱西市城市总体规划纲要（2014–2035年）》的函	6.29
西政字〔2018〕27号	关于助推新旧动能转换进一步做好就业创业工作的实施意见	7.5
西政字〔2018〕28号	关于对部分镇街新增道路命名的通告	7.11

续表

文件字号	文件名称	发文时间
西政字〔2018〕29号	关于开展第四次经济普查工作的通知	7.25
西政字〔2018〕30号	关于对莱西市青岛福瀛建设集团有限公司"5.12"一般伤害事故调查报告的批复	7.31
西政字〔2018〕31号	关于对莱西市帝一城海鲜酒店"5.29"一般触电事故调查报告的批复	7.31
西政字〔2018〕32号	关于印发莱西市新旧动能转换重大工程实施规划的通知	8.6
西政字〔2018〕33号	关于成立莱西市新旧动能转换重大工程及经济运行协调推进领导小组的通知	8.6
西政字〔2018〕34号	关于臧智福等工作人员任免职务的通知	7.27
西政字〔2018〕35号	关于对中央巡视反馈土地资金管理问题自查自纠情况的报告	8.10
西政字〔2018〕36号	关于印发莱西市新旧动能转换重大工程及经济运行协调推进体系分工方案的通知	8.10
西政字〔2018〕37号	关于公布2018年第二批市级行政权力事项调整目录的通知	8.21
西政字〔2018〕38号	关于公布市级政务服务事项中介服务项目清单的通知	8.21
西政字〔2018〕39号	关于迟延政等工作人员任免职务的通知	8.16
西政字〔2018〕40号	关于印发《青岛市农村危房改造工作作风建设专项巡察反馈问题整改方案》的通知	8.23
西政字〔2018〕41号	关于国务院大督查第十五组第74号转办单核查处理情况的报告	8.24
西政字〔2018〕42号	关于中央巡视反馈土地资金管理问题整改情况的报告	8.27
西政字〔2018〕43号	关于国务院大督查第十五组第74号转办单核查处理情况的报告(续报)	8.30
西政字〔2018〕44号	关于收取代扣代缴社保费的情况报告	8.31
西政字〔2018〕45号	关于对《关于青岛军强投资有限公司小东馆银金矿扩界(扩能)范围是否与生态红线及自然保护区重叠情况的请示》的批复	9.4
西政字〔2018〕46号	关于对《关于青岛昌宏矿业有限公司桑行铁矿区采矿许可证延续范围是否与生态红线及自然保护区重叠情况的请示》的批复	9.4
西政字〔2018〕47号	关于对《关于出具山东省莱西市围子山金矿勘探探矿权是否与生态红线区重叠意见的请示》的批复	9.4
西政字〔2018〕48号	关于对《关于出具青岛有成矿业有限公司大森格庄铁矿扩界(扩能)范围是否与生态红线及自然保护区重叠意见的请示》的批复	9.4
西政字〔2018〕49号	关于对《关于申请龙口南山中石油天然气管道工程莱西境内场站的请示》的批复	9.4
西政字〔2018〕50号	关于印发莱西市棚改拆迁工作联席会议成员名单、职责和议事规则的通知	9.4
西政字〔2018〕51号	关于潍莱铁路线路安全保护区划定的公告	9.7
西政字〔2018〕52号	关于对紫悦府幼儿园工程迁移树木的批复	9.7
西政字〔2018〕53号	关于对书香河畔住宅小区出入口工程迁移树木的批复	9.7

续表

文件字号	文件名称	发文时间
西政字〔2018〕54号	关于对《莱西市美丽乡村建设项目PPP合同》的批复	9.18
西政字〔2018〕55号	关于对《姜山湖生态保护及基础设施提升项目PPP合同》的批复	9.18
西政字〔2018〕56号	关于向镇街推行审批服务“就近办”事项的通知	9.18
西政字〔2018〕57号	关于公布2018年第三批市级行政权力事项调整目录的通知	9.25
西政字〔2018〕58号	关于对《莱西市垃圾综合处理项目PPP合同》的批复	9.28
西政字〔2018〕59号	关于对《莱西市海绵城市建设项目PPP合同》的批复	9.28
西政字〔2018〕60号	关于成立莱西市生态治理与修复工作领导小组的通知	9.28
西政字〔2018〕61号	关于对《全市农村危房改造工作开展作风建设专项巡察情况的反馈意见》的整改工作报告	9.28
西政字〔2018〕61号	关于对《全市农村危房改造工作开展作风建设专项巡察情况的反馈意见》的整改工作报告	10.19
西政字〔2018〕63号	关于组织实施莱西市矿产资源总体规划(2016-2020年)的通知	10.24
西政字〔2018〕64号	关于对莱西市“9.13”伤亡事故调查报告的批复	10.24
西政字〔2018〕65号	关于对泰富玫瑰园西门及幼儿园工程迁移树木请示的批复	10.29
西政字〔2018〕66号	关于王德刚等工作人员任免职务的通知	10.15
西政字〔2018〕67号	关于对《关于青岛南墅透辉岩开发有限公司莱西市南墅镇曹家透辉岩采矿权范围是否与生态红线及自然保护区重叠情况的请示》的批复	11.5
西政字〔2018〕68号	关于对《关于青岛平原矿业有限公司莱西市南墅镇新村石墨矿探矿权范围是否与生态红线及自然保护区重叠情况的请示》的批复	11.5
西政字〔2018〕69号	关于莱西市日庄镇总体规划的批复	11.9
西政字〔2018〕70号	关于2018年度姜山镇批次建设用地使用林地有关情况的报告	11.12
西政字〔2018〕71号	关于对《关于青岛耀岩矿业有限公司莱西市岳石地区金矿探矿权范围是否涉及自然保护区及生态红线的请示》的批复	11.9
西政字〔2018〕72号	关于对《关于南墅透辉岩开发有限公司莱西市南墅曹家透辉岩采矿权范围是否与生态红线及自然保护区重叠情况的请示》的批复	11.30
西政字〔2018〕73号	关于对莱西市“10.6”山东中晨飞翔路桥建筑有限公司一般车辆伤害事故调查报告的批复	11.30
西政字〔2018〕74号	关于程汉杰等工作人员任免职务的通知	11.27
西政字〔2018〕75号	关于对违法违规举债融资行为的通报	12.14
西政字〔2018〕76号	关于进一步调整完善市镇财政管理体制的通知	12.18
西政字〔2018〕77号	关于免去吕少丽同志职务的通知	12.19
西政字〔2018〕78号	关于印发《莱西市推进相对集中行政许可权组建市行政审批服务局改革方案》的通知	12.26
西政字〔2018〕79号	关于无偿划转莱西市大沽河部分水利设施用地的批复	12.28

（市政府办公室）

2018年市委重要文件选编

中共莱西市委关于印发《中国共产党莱西市委员会工作规程》的通知

各镇（街道、经济开发区）党（工）委，市直各党委、党组，有关党（总）支部：

《中国共产党莱西市委员会工作规程》已经市委十四届五次全体会议审议通过，现予印发。

中共莱西市委

2018年8月3日

中国共产党莱西市委员会工作规程

第一章 总 则

第一条 为深入学习贯彻习近平新时代中国特色社会主义思想和党的十九大精神，落实全面从严治党部署要求，加强和改进中国共产党莱西市委员会工作，提高执政能力和领导水平，根据《中国共产党章程》《关于新形势下党内政治生活的若干准则》《中国共产党地方委员会工作条例》《中国共产党青岛市委员会工作规程》，结合莱西实际，制定本规程。

第二条 本规程适用于中国共产党莱西市委员会（以下简称市委）及其常务委员会（以下简称常委会）。

第三条 市委在全市总揽全局、协调各方，紧紧围绕落实进行伟大斗争、建设伟大工程、推进伟大事业、实现伟大梦想的各项任务，紧紧围绕统筹推进“五位一体”总体布局和协调推进“四个全面”战略布局，坚持稳中求进工作总基调，坚持新发展理念，对全市经济建设、政治建设、文化建设、社会建设、生态文明建设实行全面领导，对全市党的建设全面负责，强化率先走在前列的责任担当，把创新作为引领发展的第一动力，紧紧抓住创新这个“牛鼻子”，加快建设大青岛北部绿色崛起的典范之城。

第四条 市委工作遵循以下原则：

（一）坚持旗帜鲜明讲政治，坚决维护习近平总书记党中央的核心、全党的核心地位，坚决维护党中央权威和集中统一领导，坚决在政治立场、政治方向、政治原则、政治道路上同以习近平同志为核心的党中央保持高度一致，坚决全面贯彻党的基本理论、基本路线、基本方略，坚决贯彻执行党中央决策部署，任何决策部署都以贯彻党中央精神为前提，做到党中央提倡的坚决响应，党中央决定的坚决执行，党中央禁止的坚决不做，确保党中央政令畅通。

（二）坚持高举中国特色社会主义伟大旗帜，以马克思列宁主义、毛泽东思想、邓小平理论、“三个代表”重要思想、科学发展观、习近平新时代中国特色社会主义思想为指导，不忘初心、牢记使命，牢固树立政治意识、大局意识、核心意识、看齐意识，坚定中国特色社会主义道路自信、理论自信、制度自信、文化自信。

（三）坚持以人民为中心的发展思想，认真践行党的根本宗旨和群众路线，站稳群众立场，增进群众感情，始终保持党同人民群众的血肉联系。把人民对美好生活的向往作为奋斗目标，围绕不断满足人民日益增长的美好生活需要，认真倾听群众呼声，真情关心群众疾苦，多为群众办好事、办实事、解难事，实现好、维护好、发展好最广大人民的根本利益。

（四）坚持解放思想、实事求是、与时俱进、求真务实，坚持理论联系实际，一切从实际出发，全面落实习近平总书记视察山东重要讲话、重要指示批示精神，结合莱西实际创造性开展工作，紧紧围绕突出创新引领、实现“三个更加”目标要求，落实“一三三五”工作思路，扎实推进“1+5+4”目标体系，研究新情况、总结新经验、解决新问题，不断增强学习本领、政治领导本领、改革创新本领、科学发展本领、依法执政本领、群众工作本领、狠抓落实本领、驾驭风险本领，奋力开创经济社会发展新局面。

（五）坚持民主集中制，坚持民主基础上的集中和集中指导下的民主相结合，既充分发扬民主，又善于集中统一，增强市委领导集体活力和团结统一。

（六）坚持和加强党的全面领导，坚持党要管党、全面从严治党，以加强党的长期执政能力建设、先进性和纯洁性建设为主线，以党的政治建设为统领，以坚定理想信念宗旨为根基，以调动全市各级党组织和广大党员的积极性、主动性、创造性为着力点，全面推进党的政治建设、思想建设、组织建设、作风建设、纪律建设，把制度建设贯穿其中，深入推进反腐败斗争，不断提高党的建设质量。

（七）坚持在宪法和法律范围内活动，依据党章和其他党内法规履职尽责。

第五条　市委在全市实行全面领导，把方向、谋大局、定政策、促改革：

（一）确保党中央各项决策部署和省委、青岛市委工作要求在全市贯彻落实。

（二）对全市重大问题作出决策。

（三）通过法定程序使市委的主张成为规范性文件或者其他政令。

（四）加强对全市宣传思想文化工作的领导，牢牢掌握意识形态工作领导权。

（五）按照干部管理权限任免和管理干部，向国家机关、政协组织、人民团体、国有企事业单位等推荐重要干部。

（六）支持和保证人大、政府、政协、监察委员会、法院、检察院、人民团体等依法依章程独立负责、协调一致地履行职能、开展工作、发挥作用。

（七）加强对全市群团工作和统一战线工作的领导。

（八）积极支持国防和军队建设，推进经济建设与国防建设协调发展、军民融合深度发展。

（九）动员、组织全市各级党组织和广大党员，团结带领群众实现党的目标任务。

第二章　组织和成员

第六条　市委由市党代表大会选举产生，由委员、候补委员组成，每届任期5年。常委会由市委全体会议（以下简称全会）选举产生，由市委书记、副书记和常委会其他委员组成。

第七条　市委委员、候补委员配备应当具有代表性，符合党龄、年龄、性别、专业等方面要求。人选应当包括书记、副书记和常委会其他委员，一般还应当包括市政府领导班子成员，市人大常委会、市政协、市法院、市检察院主要负责同志，市委、市政府有关部门主要负责同志，市总工会、团市委、市妇联主要负责同志，镇（街道、经济开发区）党（工）委、政府（办事处、管委会）主要负责同志，以及适当比例的基层党员。

市委任期内，委员出缺的由候补委员按照得票多少依次递补，递补后仍有空缺的可以召开市党代表大会或者市党代表会议补选。

因调离本市、辞去公职、退休等原因不适宜继续担任市委委员、候补委员的，应当辞去或者由市委按照程序免去其市委委员、候补委员职务。死亡、丧失国籍、被追究刑事责任、被停止党籍、受到留党察看以上党纪处分的，市委委员、候补委员职务自动终止。辞去、免去或者自动终止市委委员、候补委员职务的，按照规定报青岛市委备案。

第八条 常委会委员配备，遵从上级党委决定。市委设书记1名、副书记2名。

市委换届时，书记、副书记和常委会其他委员由全会选举产生，并报青岛市委审批。新当选的书记、副书记和常委会其他委员一般应当任满一届。在市党代表大会闭会期间，书记、副书记和常委会其他委员的调动、任免，遵从上级党委决定。

第三章 职 责

第九条 市委在市党代表大会闭会期间，贯彻执行党的理论和路线方针政策，贯彻省委、青岛市委工作要求，组织落实市党代表大会的决议、决定，领导全市的工作。

市委通过召开全会的方式履行以下职责：

（一）制定学习贯彻习近平新时代中国特色社会主义思想的重大措施。

（二）制定贯彻执行党的理论和路线方针政策的重大措施。

（三）制定贯彻推进“两学一做”学习教育常态化制度化的重大措施。

（四）制定贯彻省委、青岛市委工作要求和组织落实市党代表大会决议、决定的重大措施。

（五）讨论和决定全市经济社会发展战略、重大改革事项、重大民生保障等经济社会发展重大问题。

（六）讨论和决定全市党的建设方面的重大问题，审议通过重要市委规范性文件。

（七）决定召开市党代表大会或者市党代表会议，并对提议事项先行审议、提出意见。

（八）听取和审议常委会工作报告或者专项工作报告。

（九）选举书记、副书记和常委会其他委员；通过市纪律检查委员会全体会议选举产生的书记、副书记和常委会其他委员。

（十）决定递补市委委员；批准辞去或者决定免去市委委员、候补委员；决定改组或者解散下一级党组织；决定或者追认给予市委委员、候补委员撤销党内职务以上党纪处分。

（十一）研究讨论市辖行政区域区划调整以及有关党政群机构设立、变更和撤销方案。

（十二）对常委会提请决定的事项或者应当由全会决定的其他重要事项作出决策。

第十条 常委会在全会闭会期间行使市委职权，主持经常工作。其主要职责是：

（一）坚持旗帜鲜明讲政治，牢固树立政治意识、大局意识、核心意识、看齐意识，坚决维护习近平总书记党中央的核心、全党的核心地位，坚决维护党中央权威和集中统一领导，坚决在政治立场、政治方向、政治原则、政治道路上同以习近平同志为核心的党中央保持高度一致。

（二）深入学习领会习近平新时代中国特色社会主义思想，全面贯彻党的基本理论、基本路线、基本方略，认真学习贯彻党章党规，及时传达学习贯彻党中央重要文件会议精神、重大决策部署和省委、青岛市委工作要求，结合莱西实际，研究制定贯彻落实措施并抓好组织实施。坚决落实习近平总书记“坚持和发展中国特色社会主义要一以贯之，推进党的建设新的伟大工程要一以贯之，增强忧患意识、防范风险挑战要一以贯之”的要求，切实做到信念过硬、政治过硬、责任过硬、能力过硬、作风过硬，以时不我待、只争朝夕的精神投入工作，确保习近平新时代中国特色社会主义思想在我市落地生根、开花结果。

（三）决定召开市委重要会议。召集全会并确定议题，向全会报告工作并接受监督；对拟提交全会讨论和决定的事项先行审议、提出意见；组织实施全会决议、决定。

（四）向青岛市委请示报告工作，讨论和决定下级党组织请示报告的重要事项，研究讨论市委书记和常委会其他委员涉及全面政策、原则问题的讲话稿。

（五）履行全面从严治党主体责任，把党的政治建设摆在首位，统筹推进党的各项建设，研究制定全面从严治党的重要举措，推动全面从严治党党委主体责任和纪委监督责任的落实；研究制定严肃党内政治生活、严明党的纪律的重大措施，建设正气充盈的党内政治文化，营造风清气正的政治生态；讨论决定全市党的政治建设、思想建设、组织建设、作风建设、纪律建设的重要部署、重大事项、重大问题；研究制定贯彻推进“两学一做”学习教育常态化制度化的重大措施；履行意识形态工作主体责任，定期研究意识形态工作，推动意识形态工作责任制落实到位；讨论决定全市党的制度建设重大事项，审议通过市委重要规范性文件。

（六）深入贯彻党的纪律特别是政治纪律和政治规矩，严防“七个有之”，做到“五个必须、五个绝不允许”，严格执行中央八项规定及实施细则精神。

（七）讨论和决定全市经济社会发展战略、重大改革事项、重大民生保障等经济社会发展重大问题，对全市经济建设、政治建设、文化建设、社会建设、生态文明建设的重大事项作出决定。

（八）对全市宣传思想文化工作、组织工作、纪律检查工作、群众工作、统一战线工作、民族宗教工作、安全稳定工作、政法工作、军民融合工作等方面经常性工作中的重要问题作出决定。

（九）研究制定常委会工作要点，审议市委向市党代表大会的报告、常委会向全会的工作报告，审议市纪律检查委员会向市党代表大会的工作报告。

（十）按照有关规定推荐、提名、任免干部，必要时对重要干部的任免征求市委委员意见；加强干部队伍建设，教育、管理、监督干部；研究决定党员干部纪律处分有关事项；严格执行上级党委对违反党纪的党组织和党员作出的处理决定。

（十一）研究审定市政协党组报送的市政协年度协商计划。

（十二）定期听取市人大常委会党组、市政府党组、市政协党组、市法院党组、市检察院党组工作汇报。

（十三）对重大突发事件和紧急情况，及时研究对策，作出处理决定，并向青岛市委报告。

（十四）对应当由常委会决定的其他重要事项作出决定。

第十一条　市委书记主持市委全面工作，组织常委会活动，协调常委会委员的工作，对市委工作负主要责任。

担任市长的市委副书记主持市政府全面工作，组织市政府党组活动。不担任市政府职务的市委副书记主要协助书记抓党的建设工作，同时根据市委安排，协调和负责其他方面工作。

常委会其他委员根据分工负责有关工作，履行分管领域从严治党责任。

第十二条　市委建立职责清单制度，明确常委会及其成员职责，并在一定范围内公开。

常委会委员分工按照规定向青岛市委报备。

第十三条 市委认真履行全面从严治党主体责任，书记履行抓党建第一责任人职责，常委会其他委员履行“一岗双责”，抓好分管领域党建工作。常委会定期研究党建工作，每年至少向全会和青岛市委专题报告1次抓党建工作情况。

市委充分发挥市委党的建设工作领导小组职能作用，认真研究党中央关于党的建设重大决策部署和省委、青岛市委相关工作要求的贯彻落实工作，加强对全市党的建设工作的系统谋划、统筹协调、整体推进、督促落实。

市委加强基层党组织建设，常委会每年听取各镇（街道、经济开发区）党（工）委书记和市直有关党（工）委书记履行全面从严治党责任和抓基层党建工作述职，并进行评议考核。完善党建工作考核综合评价体系，确保党建各项部署落到实处。

第十四条 市委认真履行意识形态工作主体责任，把意识形态工作作为党的建设的重要内容，纳入重要议事日程，纳入党建工作责任制，纳入领导班子、领导干部目标管理，与经济建设、政治建设、文化建设、社会建设、生态文明建设和党的建设工作紧密结合，同部署、同落实、同检查、同考核，每半年向青岛市委专题报告1次意识形态工作。

常委会应当将意识形态工作作为向全会报告工作的重要内容，常委会委员应当将意识形态工作作为民主生活会和述职报告的重要内容，接受监督和评议。

第十五条 市委认真履行党风廉政建设主体责任，把党风廉政建设作为党的建设的重要内容，与经济社会发展各项任务同部署、同落实、同检查、同考核。领导和支持市纪律检查机关履行监督责任，坚持纪在法前、纪严于法，严格执行和维护党的纪律，推动形成不敢腐、不能腐、不想腐的廉洁从政环境。

常委会每年应当将严肃党内政治生活、严明党的纪律、执行中央八项规定及实施细则精神、落实党风廉政建设责任制的情况，专题报告青岛市委、青岛市纪委，同时作为向全会报告工作和民主生活会的重要内容。

第四章 组织原则

第十六条 市委每年向青岛市委作1次全面工作情况报告，执行党中央某项重要决定和省委、青岛市委某项重要部署的情况作专题报告。研究涉及全局的重大事项或者作出重大决定和遇有重大突发事件、重大问题及时向青岛市委请示报告。

市委委员、候补委员必须强化组织观念，工作中重大问题和个人有关事项必须按照规定和程序向组织请示报告，不得隐瞒或者变相隐瞒应当向组织报告的个人、家庭、亲属重大事项，离开岗位或者工作所在地必须事先向组织请示报告。

第十七条 市委支持和保证下级党组织依法依规正常履职。凡属下级党组织职责范围内的事项，如无特殊情况，由下级党组织处理。

市委作出同下级党组织有关的重要决定，一般事前征求下级党组织意见。需要住莱西全国党代表大会代表、省党代表大会代表、青岛市党代表大会代表和莱西市党代表大会代表，以及下级党组织和党员了解的重要情况和重大问题，采取印发文件、召开会议、公开报道、举行新闻发布会等方式及时通报。

市委加强对下级党组织工作情况报告的运用，总结经验、发掘典型、分析问题、完善政策。

第十八条 市委坚持民主集中制，实行集体领导和个人分工负责相结合的制度。凡属应当由全会或者常委会会议讨论和决定的事项，必须由集体讨论、按照少数服从多数作出决定，任何个人或者少数人无权擅自决定。坚决反对和防止独断专行或者各自为政，坚决反对和防止议而不决、决而不行、行而不实，坚决反对和防止以市委集体决策名义集体违规。在集体讨论和决定问题时，个人应当充分发表意见。个人对集体作出的决定必须坚决执行，有不同意见的可以保留，也可以向青岛市委、省委直至党中央报告，不得违背集体决定自作主张、自行其是。对市委确定的目标、任务和重要提法，不得随意变动更改，更不得自作主张另提一套。常委会委员应当根据分工和集体决定，勇于担当、敢于负责，

切实履行职责，对不属于自己分管的工作，也应当从全局出发关心支持，加强研究，积极提出意见和建议。常委会委员外出、病假、休假或者工作时间安排冲突时，出席有关会议和活动，处置有关临时、紧急事务，可以根据实际工作需要，由书记、副书记指定常委会其他委员代为处理。

第十九条　市委书记应当带头执行民主集中制，充分发扬党内民主，善于集中正确意见，对常委会其他委员工作进行督促检查，自觉接受常委会其他委员监督，不得凌驾于组织之上、班子之上，不得搞独断专行。

常委会其他委员应当支持书记开展工作，自觉接受书记对其工作的督促检查，不得把分管工作、分管领域和地方当作“私人领地”，不得搞独断专行。

常委会委员应当在党性原则基础上维护团结，互相信任、互相谅解、互相支持、互相监督。

第二十条　在市委及其常委会的工作和活动中，该以组织名义出面不能以个人名义出面，该由集体研究不能个人擅自表态，不允许用个人主张代替党组织的主张、用个人决定代替党组织的决定。

常委会委员代表市委发表讲话和文章，个人发表署名文章，须报市委批准。除市委统一安排外，常委会委员个人不公开出版著作、讲话，不发贺信、贺电，不题词、题字、作序。

常委会委员在调查研究、检查指导工作或者参加其他公务活动时发表的个人意见，应当符合中央精神，符合省委、青岛市委要求，符合市委集体决定意见。

第五章　议事和决策

第二十一条　市委及其常委会议事决策坚持集体领导、民主集中、个别酝酿、会议决定，实行科学决策、民主决策、依法决策。

第二十二条　市委及其常委会应当健全决策咨询机制，完善专家参与决策制度和法律顾问制度，重大决策一般应当在调查研究基础上提出方案，充分听取各方面意见，进行风险评估和合法合规性审查，经过全会或者常委会会议讨论和决定。

提交全会、常委会会议审议的规范性文件，会前应当由市委党内法规工作机构进行合法合规性审查。

第二十三条　全会每年至少召开2次，遇有重要情况可以随时召开。全会由常委会召集并主持，议题一般由常委会征询市委委员、候补委员意见后确定。

全会应当有三分之二以上市委委员到会方可召开。市委委员、候补委员因故不能参加会议的应当在会前请假，其意见可以用书面形式表达。根据工作需要，常委会可以确定有关人员列席全会。

表决可以根据讨论和决定事项的不同，采用举手、无记名投票或者记名投票等方式进行，赞成票超过应到会市委委员半数为通过。未到会市委委员的意见不得计入票数。候补委员没有表决权。

对市委委员、候补委员作出撤销党内职务以上党纪处分决定，必须由全会三分之二以上多数决定。在特殊情况下，可以先由常委会作

出处理决定，待召开全会时予以追认。对市委委员、候补委员的上述处分，必须经上级党委批准。

第二十四条 常委会会议一般每月召开2次，时间相对固定，遇有重要情况可以随时召开。

常委会会议由市委书记召集并主持。书记不能参加会议的，可以委托副书记召集并主持。会议议题由书记提出，或者由常委会其他委员提出建议、书记综合考虑后确定，一般不临时增加议题。常委会委员应当自觉主动将涉及全市的重大问题和需要提请常委会会议研究决定的事项报请常委会会议研究。提交常委会会议审议的议题，涉及多个部门的，应当事先协调沟通，达成一致意见。

常委会会议应当有半数以上常委会委员到会方可召开。讨论和决定干部任免事项必须有三分之二以上常委会委员到会。常委会委员因故不能参加会议的应当在会前请假，其意见可以用书面形式表达。市人大常委会党组书记、市政协党组书记、市政府办公室主任列席常委会会议。根据工作需要，会议召集人可以确定有关人员列席会议。

表决可以根据讨论和决定事项的不同，采用口头、举手、无记名投票或者记名投票等方式进行，赞成票超过应到会常委会委员半数为通过。未到会常委会委员的意见不得计入票数。会议讨论和决定多个事项，应当逐项表决。口头表决实行主持人末位表态制。对少数人的不同意见，应当认真考虑。对重要问题如有不同意见，双方人数接近，除紧急情况下必须按照多数意见执行外，应当暂缓作出决定，进一步调查研究、个别酝酿、交换意见，条件成熟时再提请常委会会议讨论。

常委会会议由专门人员如实记录，决定事项应当编发会议纪要。会议纪要由市委书记签发，印发市委委员、候补委员。会议决定事项印发督办通知，分送相关市领导同志和部门(单位)。

遇重大突发事件、抢险救灾等紧急情况，不能及时召开常委会会议决策的，书记、副书记或者常委会其他委员可以临机处置，事后应当及时向常委会报告。

第二十五条 市委及其常委会可以根据工作需要召开扩大会议，但不得代替全会、常委会会议作出决策。

市委可以根据工作需要召开市委工作会议、市委务虚会议。

第二十六条 需要提交常委会会议审议的重要事项，可以先召开书记专题会议进行酝酿。书记专题会议由书记主持，副书记和其他有关常委会委员等参加。酝酿干部人事任免事项和听取市委巡察工作情况汇报，由书记、副书记和分管组织、纪律检查工作的常委会委员参加。酝酿干部人事任免事项前，市委组织部先形成拟提交酝酿的工作方案，报书记同意后，在书记专题会议参加人员范围内个别沟通，深入听取意见；酝酿时，市委组织部介绍有关情况，与会人员充分沟通、发表意见。书记专题会议不得代替常委会会议作出决策。

常委会委员可以根据工作需要，在其职责范围内主持召开议事协调会议，研究解决有关问题，但不得超越权限作出决策。

市委加强对市人大、市政府、市政协等的领导，建立健全沟通协调机制，及时通报重要情况。注重通过国家机关、政协组织、民主党派、工商联、人民团体、基层单位等渠道，就全市经济社会发展重大问题和涉及群众切身利益实际问题，广泛协商、广集民智、增进共识、增强合力。

第二十七条 经全会或者常委会会议审议通过、以市委名义上报或者下发的文件，由市委书记签发。市委发布的规范性文件，应当按照规定报青岛市委备案。

第二十八条 市委委员、候补委员应当切实增强保密意识，对应当保密的会议内容、讨论情况以及会议决议、决定，必须严守秘密，不得泄露。对研究中出现的不同意见，必须严格控制在会议范围内，不得在会外传播。

第六章 组织实施和督促检查

第二十九条 市委坚决贯彻执行党中央决策部署和省委、青岛市委工作要求，及时召开常委会会议或者全会，传达学习习近平总书记重要指示批示精神，传达学习党中央重大决策部署和省委、青岛市委工作要求，研究制定措施，抓好贯彻落实。

第三十条 市委通过全会作出的决策，由常委会负责组织实施；常委会作出的决策，由常委会委员分工负责组织实施。市委书记对重大决策部署的贯彻落实负总责，履行抓落实第一责任人职责。常委会委员应当带头贯彻执行常委会作出的决策、决定，重要进展情况及时向常委会报告。

第三十一条 市委建立有效的督查、评估和反馈机制，实行定目标任务、定工作措施、定责任主体、定完成时限的督办制度，有计划、有重点地开展多种形式的督促检查，及时督促推动各级各部门各单位贯彻落实党中央重大决策部署和省委、市委工作要求，确保决策落实到位。

常委会定期听取督查落实情况汇报。市委督促检查工作机构具体承办党中央重大决策部署和省委、青岛市委及莱西市委工作要求贯彻落实的督促检查工作。建立市委督促检查工作联席会议制度，协调推进重大督查工作任务。实行重要工作情况统计调度和定期通报制度，及时通报各级各部门各单位贯彻落实党中央重大决策部署和省委、青岛市委及莱西市委工作要求情况，推进决策落实。

决策执行过程中需作重大调整的，按照谁决策、谁调整的原则通过召开全会或者常委会会议决定。

第七章 纪律和作风

第三十二条 市委及其成员必须强化政治责任，牢固树立政治意识、大局意识、核心意识、看齐意识，坚定执行党的政治路线，严格遵守政治纪律和政治规矩，坚决与违反党章、破坏党的纪律、危害党中央集中统一领导的言行作斗争，坚决防止和反对个人主义、分散主义、自由主义、本位主义、好人主义，坚决防止和反对宗派主义、圈子文化、码头文化，坚决反对搞两面派、做两面人，把对党忠诚、为党分忧、为党尽职、为民造福作为根本政治担当，始终坚持一切出于公心、一切为了事业、一切按规矩办事，永葆共产党人政治本色。

市委及其成员必须把坚定理想信念作为思想建设的首要任务，用习近平新时代中国特色社会主义思想武装头脑，把对马克思主义的信仰、对社会主义和共产主义的信念作为毕生追求，在改造客观世界的同时不断改造主观世界，解决好世界观、人生观、价值观这个“总开关”问题，不断增强政治定力，坚决落实“三个一以贯之”“五个过硬”的要求，自觉做共产主义远大理想和中国特色社会主义共同理想的坚定信仰者和忠实实践者，坚定中国特色社会主义道路自信、理论自信、制度自信、文化自信，以实际行动让党员和群众感受到理想信念的强大力量。

第三十三条 市委加强和改进理论学习中心组学习，把理论学习中心组学习列入重要议事日程，纳入党建工作责任制，纳入意识形态工作责任制，科学制定学习计划，每月集中学习不少于1次。理论学习中心组学习应当弘扬马克思主义学风，创新学习方式，改进学习方法，完善学习制度，规范学习管理，坚持知行合一、学以致用，增强学习的吸引力、针对性、实效性，推进学习规范化、制度化。市委及其成员应当发挥“关键少数”的示范和表率作用，自觉学习、带头学习，努力成为建设学习型党组织和学习型领导班子的精心组织者、积极促进者、自觉实践者，在全市营造善于学习、勇于实践的浓厚氛围。

第三十四条 市委及其成员应当带头尊崇党章、遵守党规，带头推进“两学一做”学习教育常态化制度化，坚持融入日常、抓在经常，长期坚持、形成常态，确保党的组织充分履行职能、发 挥核心作用，确保党员领导干部忠诚干净担当、发挥表率作用，确保广大党员党性坚强，发挥先锋模范作用。严格执行党的政治纪律、组织纪律、廉洁纪律、群众纪律、工作纪律、生活纪律，知敬畏、存戒惧、守底线，习惯在受监督和约束的环境中工作生活。坚持开展批评和自我批评，坚持惩前毖后、治病救人，运用监督执纪“四种形态”，抓早抓小、防微杜渐。大力弘扬党的优良作风，严格落实中央关于改进工作作风、密切联系群众的各项规定，大兴调查研究之风，坚决反对形式主义、官僚主义、享乐主义和奢靡之风，坚持抓常、抓细、抓长，巩固拓展落实中央八项规定精神成果，继续整治“四风”问题，坚决反对特权思想和特权现象。把践行“三严三实”贯穿于全部工作生活中，带头践行社会主义核心价值观，弘扬中华民族传统美德，培育高尚道德情操，大力倡导忠诚老实、公道正派、实事求是、清正廉洁等价值观，始终做到不恋权、不贪财、不好色、不妄议、不懈怠。严格遵守中国共产党廉洁自律准则等有关规定，切实做到为民、务实、清廉。

第三十五条 市委坚持加强和规范党内政治生活，严格执行新形势下党内政治生活若干准则，发扬斗争精神，着力增强党内政治生活的政治性、时代性、原则性、战斗性，不断增强自我净化、自我完善、自我革新、自我提高能力，不断提高领导水平和执政水平，提高拒腐防变和抵御风险能力，自觉抵制商品交换原则对党内生活的侵蚀，营造风清气正的良好政治生态。市委及其成员必须坚持不忘初心、牢记使命，坚持率先垂范、以上率下，为全市各级党组织和广大党员作出示范。

市委委员、候补委员必须增强党的意识，时刻牢记自己第一身份是党员，按照规定参加民主生活会和组织生活会。

常委会每年召开1次民主生活会。遇到重要或者普遍性问题，出现重大决策失误或者对突发事件处置失当，经纪律检查、巡视巡察和审计发现重要问题，以及发生违纪违法案件等情况的，应当专门召开民主生活会，及时剖析整改。

常委会民主生活会会前应当采取双向约谈、召开座谈会、发放征求意见表、网上征求意见等形式，广泛征求对常委会及其成员的意见。常委会民主生活会应当开展严肃认真的批评和自我批评，认真查摆问题、深刻剖析根源、明确整改方向，增强解决自身问题的能力。常委会及其成员对民主生活会检查和反映的问题，应当分别制定整改方案和整改措施，列出整改清单，落实具体责任，明确完成时限，切实加以解决。

常委会委员应当以普通党员身份参加所在党支部组织生活，按照规定自觉交纳党费，带头为基层党员干部讲党课，推动所在党支部建设成为示范党支部。

第三十六条 常委会委员应当加强调查研究工作，根据市委常委会年度工作要点和工作要求，从实际出发，结合分管工作，每人每年下基层调研时间不少于2个月，完成1至2篇高质量调研报告，改进调研工作作风，力求调研实效，提高决策科学化、民主化、法治化水平。

第三十七条 常委会委员应当认真落实直接联系群众制度，带头深入基层，带头开展群众工作，帮助基层加强组织建设、谋划长远发展思路，帮助群众解决实际问题。

第八章 监督和追责

第三十八条 市委向市党代表大会负责并报告工作，自觉接受党中央领导和工作监督，自觉接受省委、青岛市委领导和工作监督，并接受上级和同级纪律检查机关监督，接受下级党组织和党员群众的监督，接受各民主党派和无党派人士的民主监督。

市委有计划地邀请市党代表大会代表列席全会或者常委会会议等重要会议，适当增加列席的人员数量和频次。定期组织市党代表大会代表进行专题调研，组织市党代表大会代表开展提案提议，充分听取意见和建议。

第三十九条 市委完善综合考核工作，推动党中央重大决策部署和省委、青岛市委及莱西市委工作要求贯彻落实。

市委每年对所管理的领导班子和领导干部履行职责情况进行考核，建立健全奖惩机制。考核具体工作由市委组织部牵头，市纪律检查机关和有关部门参与。

第四十条 违反本规程有关规定的，按照干部管理权限，根据情节轻重，给予批评教育、责令作出检查、诫勉谈话、通报批评或者调离岗位、责令辞职、免职、降职等处理；应当追究党纪政纪责任的，依照《中国共产党纪律处分条例》《行政机关公务员处分条例》等有关规定给予相应处分；涉嫌违法犯罪的，按照国家有关法律规定处理。

第九章 附 则

第四十一条 本规程由市委负责解释，具体工作由市委办公室商市委组织部承担。

第四十二条 本规程自2018年8月3日起施行。

中共莱西市委、莱西市人民政府关于推进新旧动能转换重大工程的实施意见
（2018年8月8日）

为全面落实国务院批复的《山东新旧动能转换综合试验区建设总体方案》和省委省政府印发的《关于推进新旧动能转换重大工程的实施意见》、省政府印发的《山东省新旧动能转换重大工程实施规划》，组织实施好《青岛市新旧动能转换重大工程实施规划》《青岛市新旧动能转换重大工程实施意见》，充分发挥各级各部门的积极性、主动性和创造性，构建以绿色产业为主导的现代产业体系，打造全省县域经济转型升级示范园区，率先全面实现高质量发展，特制定本意见。

一、统一思想认识，进一步明确新旧动能转换的重要意义和总体要求

（一）充分认识实施新旧动能转换重大工程的重要意义。实施新旧动能转换重大工程，是党中央、国务院在新时代赋予山东的重大政治任务，是省委、省政府开创新时代现代化强省建设新局面的重大部署，是青岛实现转型发展、创新发展、领先发展的重大机遇，是推动莱西践行新理念、实现新跨越、建设大青岛北部绿色崛起典范之城的重大举措和现实需要。全市上下要切实增强紧迫意识、责任意识和使命意识，以“功成不必在我”“建功必须有我”的责任担当和雷厉风行、久久为功的工作作风，紧紧围绕青岛市委突出创新引领、实现三个更加目标要求，扎实推进莱西市委“1+5+4”的目标体系，推动思想再解放、改革再深入、工作再抓实，在推进新旧动能转换中创造莱西经验。

（二）准确把握实施新旧动能转换重大工程的总体要求。省新旧动能转换重大工程实施意见提出了“三核”引领、多点突破、融合互动的新旧动能转换总体布局，着力做强做优“十强”产业，加快建设全国重要的“四新”经济发展聚集地，打造东北亚地区极具活力的增长极。青岛市提出了以“四新”为核心，着力在创新前沿、要素集聚、企业培育、产业升级等方面率先突破，建设“四新”集聚地，打造“四化”试验区，形成国家东部地区转型发展增长极，努力当好全省经济发展的龙头，争创国家中心城市，建设国际海洋名城。按照省和青岛市实施意见总体要求，结合我市实际，扎实推进“1+5+4”的目标体系，以供给侧结构性改革为主线，以实体经济为着力点，突出生态优先、坚持绿色发展，实施乡村振兴，强化转换动力、坚持改革创新，着力构建以绿色产业为主导的现代产业体系，实现新兴产业提规模、优势产业提质效、跨界融合提潜能、品牌高端提价值，推动经济发展质量变革、效率变革、动力变革，打造全省县域经济转型升级示范园区，加快建设大青岛北部绿色崛起的典范之城。到2022年，初步构建以绿色产业为主导的现代产业体系，县域经济转型升级示范园区建设成效显著，基本形成新动能主导经济发展的新格局。

二、发展绿色产业，打造新旧动能转换产业新体系

（一）突出发展绿色产业。实施“绿色崛起”战略，突出莱西绿色产业优势，壮龙头、强配套、提能级，推动新能源汽车、节能环保（含绿色建筑）、新能源、现代物流、休闲旅游、生态农业等6大绿色产业快速发展，打造一批千亿级、百亿级产业和具有核心竞争力的龙头企业。新能源汽车制造产业，发挥北汽新能源汽车莱西

基地整车制造的龙头作用，加快延伸新能源汽车上下游产业链，着力提高本地化配套率，融合新一代互联网、人工智能等产业要素，构建集研发、制造、营销、服务于一体的新能源汽车产业生态圈，打造国家级新能源汽车产业基地，到2022年新能源汽车制造产业链产值突破700亿元，到2028年形成千亿级新能源汽车制造产业链。节能环保产业，全面推进绿色建筑、高效节能、先进环保、资源循环利用产业体系建设，打造全国领先的节能环保产业特色基地，到2022年节能环保产业（含绿色建筑）产值力争达到100亿元。新能源产业，坚持绿色发展理念，以新能源装备制造、清洁能源应用等为重点，大力发展新能源产业，大幅度提升新能源应用比例，全面推进能源资源节约和生态环境保护，到2022年新能源产业产值力争突破50亿元。现代物流产业，突出加强移动互联网、物联网、大数据、云计算等新一代信息技术与物流仓储的深度融合，着重发展分拨仓储业、邮政快递业、乡村物流和工业物流，增强对半岛城市群物流辐射作用，打造半岛物流集散中心，到2022年现代物流产业增加值突破50亿元。休闲旅游产业，贯彻全域旅游和精品旅游发展理念，整合河湖山水一体化休闲旅游资源，重点发展休闲度假、休闲体育、通航服务等产业，游客接待人次年均增长率保持在10%以上，打造国际休闲旅游目的地。生态农业产业，依托农业产业化传统优势，坚持现代农业发展理念，推进农业与互联网融合发展，重点发展农业“新六产”、现代高效农业，创新农业经营服务模式，大力打造国家现代农业示范区，到2022年农业增加值达到70亿元以上。（责任单位：市发改局、市科工信局、市服务业发展局、市旅游局、市交通运输局、市环保局、市农业局、市畜牧兽医局）

（二）培育壮大新兴产业。密切跟踪国内外科技突破和产业变革最新趋势，培育壮大新材料、新一代信息技术、高端装备、生物医药、医养健康等5大新兴产业，实施倍增赶超计划，推动新兴产业加快崛起、扩容倍增，培育形成新动能主体力量。新材料产业，依托优势矿产资源和雄厚产业基础，加强自主创新能力建设，突破一批关键核心技术，大力发展石墨新材料、先进橡塑制品、前沿新材料等行业领域，着力提高新材料应用水平，建成具有较强竞争力的新材料产业体系，到2022年新材料产业产值达到140亿元。新一代信息技术产业，把握数字经济发展规律和行业趋势，大力发展工业互联网、电子器件元件制造、物联网、人工智能等重点领域，深入实施“互联网+”行动计划，加速推进移动互联网、物联网、大数据、云计算等新一代信息技术在各行业、各领域的深度应用，构建新一代信息技术产业体系，到2022年新一代信息技术产业产值力争突破50亿元。高端装备产业，以高端装备制造作为发展先进制造业的主攻方向，深入对接“中国制造2025”，重点发展通用航空飞机、增材制造装备、工业机器人等行业领域，开展数字车间、智能工厂、互联工厂改造示范，打造具有核心竞争力的高端装备产业基地，到2022年高端装备产业产值突破100亿元。生物医药产业，面向人民健康、农业发展、生态保护等重大需求，把握生物技术、基因技术融合创新和广泛应用的重大机遇，重点发展生物医药、医疗器械、生物农业等行业领域，到2022年生物医药产业产值力争突破60亿元。医养健康产业，顺应休闲养生服务需求日益扩大的发展趋势，发挥莱西气候宜人、物产丰富、生态优良、文化厚实的基础优势，大力拉长现代医疗、健康康复、养生养老等服务产业链条，构建全产业链、全生命周期的大健康服务体系，打造生态休闲养生福地和医养结合示范城市。（责任单位：市科工信局、市卫计局、市食药监局、市民政局）

（三）改造提升传统产业。整合资源，突出创新，加快引进新技术、新业态、新模式、新管理，改造提升食品饮料、机械制造、纺织服装、商贸服务等4大传统产业，发展融合经济、平台经济、体验经济、品牌经济，促进传统支柱产业整体跃升，培育形成新动能基础力量。食品饮料产业，发挥农产品资源丰富和品质优良的传统优势，依托国家地理标志农产品、中国名牌农产品形成“地缘品牌”，注重产品质量和食品安全管理，重点发展食品制造、农副食品加工、酒类饮料制造等行业领域，打造全国知名的食品饮料产业新高地，到2022年食品饮料产业产值突破500亿元。机械制造产业，按照高端化、规模化、集群化和品牌化方向，重点发展通用设备制造、专用设备制造等行业领域，实施自动化、智能化、绿色化改造，提升技术研发水平和协作配套能力，增强产业综合竞争实力，到2022年机械制造产业产值达到100亿元左右。纺织服装产业，结合个性化定制消费新需求，利用“互联网+”新技术新模式改造提升服装服饰、皮革制鞋、纺织纤维等重点行业领域，突出工业设计和品牌建设，按照时尚化、休闲化、运动化方向，增品种、提品质，加快纺织服装转型升级，到2022年纺织服装产业产值达到100亿元左右。商贸服务产业，顺应多样化、个性化的商贸流通消费需求，整合资源，优化布局，利用“互联网+”、O2O等新技术、新模式，大力构建电商对接、大数据应用、农网衔接等新业态、新机制，推动批发、零售、餐饮、住宿等产业转型发展，到2022年商贸服务业销售额力争达到400亿元以上。（责任单位：市科工信局、市农业局、市食药监局）

三、优化空间布局，拓展新旧动能转换空间

（一）突出“双核驱动”。突出中心城区发展核心，地域范围包括水集街道、望城街道、沽河街道和经济开发区，发挥中心城区人口密集、配套完善、产业集聚的核心优势，拓展城区发展空间，突出抓好质态提升，完善城市综合功能，着力发展区域性总部经济、现代服务业、高新技术产业和战略性新兴产业，全面增强中心城区的经济活动影响力、资源配置能力和消费吸附力，提升中心城区对全市经济社会发展的贡献度。突出姜山新城发展核心，发挥南部核心作用和交通区位优势，强化基金小镇的金融集聚效应，以姜山南部先进制造业园区建设和北部姜山湿地资源保护性开发为依托，构建以新能源汽车及汽车配部件制造为首位产业的先进制造业产业集群，增创生物医药、医养健康、文化旅游、基金金融等产业发展新优势，促进产城高度融合，加快打造莱西城市副中心和山东第一镇。（责任单位：水集街道、望城街道、沽河街道、经济开发区、姜山镇）

（二）实施“两带展开”。建设先进制造业发展带，沿国道204、龙青高速和省道298等交通要道，打造串联姜山镇、望城街道、经济开发区、南墅镇的先进制造业发展带，推动优质项目、重点企业和资金资源向发展带沿线的各重点功能区集中，提升产业集聚集约发展水平，重点布局新能源汽车、高端装备制造、新一代信息技术、生物医药、新材料、新能源、食品饮料等产业，建设胶东半岛中部地区先进制造业基地。建设生态农业发展带，依托大沽河生态轴，打造串联马连庄镇、河头店镇、日庄镇、沽河街道、院上镇、店埠镇和夏格庄镇的生态农业发展带，充分整合发展带沿线农业、文化、旅游等资源，重点发展现代农业、农副食品精加工、休闲旅游、农产品物流等产业，打造现代农业与休闲旅游同步提升的绿色长廊，全面打造国家现代农业示范区和国际休闲旅游目的地。（责任单位：姜山镇、望城街道、经济开发区、南墅镇、马连庄镇、河头店镇、日庄镇、沽河街道、院上镇、店埠镇、夏格庄镇）

（三）强化“八区支撑”。依托区位条件、资源禀赋和产业基础，因地制宜布局八大重点功能区，着力提升各重点功能区的基础设施保障能力和公共服务设施水平，推动八大重点功能区成为实施新旧动能转换工程、实现产业集聚发展的重要载体。中心城区外围高端制造业功能区，包括水集街道、望城街道和经济开发区三个集聚区，规划面积约14.6平方千米，坚持“以产兴城、以城带产、产城融合”发展理念，加快建设创新创业平台载体，培育壮大新一代信息技术、高端装备制造、新材料、新能源、节能环保等新兴产业，改造提升机械制造、食品饮料、纺织服装等传统产业，引导功能区产业向生产性服务业、战略性新兴产业和高新技术产业转型升级，实现经济开发区与望城街道联动发展，加快打造国家级经济技术开发区；在望城铁路以南、G204以西，依托七好营养、恩宝生物等，规划建设海洋经济核心区，重点发展海洋科研、海洋高端装备、海洋新材料、海洋生物医药等海洋经济。中心城区现代服务业功能区，包括水集街道、望城街道和经济开发区三个集聚区，规划面积约64.7平方千米，充分发挥中心城区优质资源集聚、生态资源好、交通区位优的优势条件，加快建设文化、教育、医疗、体育等公共服务设施，增强中心城区综合服务功能，着力发展区域性总部经济，提升金融保险、科技信息、商务服务等生产性服务业专业化水平，推动批发零售、商贸餐饮、医养健康、休闲旅游等生活性服务业品质化转型，打造服务业态集聚、专业人才集中、要素高效流动的现代服务业集聚区。姜山先进制造业及文旅服务业功能区，规划面积约56.0平方千米，实现供热、供气、污水处理等基础设施扩容提升，加快建设文化、教育、医疗、体育等公共服务设施，突出南部核心和城市副中心作用，发挥基金小镇的金融集聚效应，全力推动人才、资金、项目等优质资源向姜山集聚，快速壮大以新能源汽车制造为主导的先进制造业，增创休闲旅游、文化创意、医养健康等产业发展新优势，实现姜山与夏格庄的联动发展，积极升级为省级经济技术开发区，创建国家级新能源汽车产业基地。沽河高端食品产业功能区，规划面积约21.2平方千米，依托莱西农业资源优势和区域产业基础，加快建设供热、供水、供气、污水管网等基础设施，强化食品研发、检验检测、质量认证等公共服务能力建设，以食品饮料产业为功能区主导产业，将“互联网+”技术深度融入食品设计、生产、营销等各环节，打造农副食品精深加工、有机食品、休闲食品、功能食品等高端食品产业链，推动食品饮料产业转型升级，打造胶东半岛食品产业新高地。南墅石墨新材料产业功能区，规划面积约3.2平方千米，发挥石墨矿产和石墨工业发源地的传统优势，着重加强污水处理、供气等基础设施建设，充分整合高端人才、科技研发、产业基础等优势资源，加强定向招商引智，以石墨新材料研发、生产、示范应用和产业化推广为核心，采取“产业基金+平台载体+PPP模式”的发展路径，建设集石墨交易中心、制造基地、文化展示区等于一体的石墨文化小镇，打造国家级石墨新材料产业基地。店埠通用航空产业功能区，规划面积约14.8平方千米，以省级航空文化特色小镇建设为契机，着重加强供热、供水、排水等基础设施保障能力，加快青岛航空科技职业学院、通用航空机场等通航设施建设，定向引进通航装备制造、航空食品制造等相关产业，构建集航空教育培训、通航装备制造、航空食品生产、通航旅游、通航物流等于一体的航空产业体系，建设全国重要的通用航空产业基地。夏格庄绿色建筑产业功能区，规划面积约8.6平方千米，全面加强供水、供电、供气、供热、污水管网等基础设施建设，依托天一新能超低能耗被动房产业园、荣华集团装配式建筑产业园、中船重工装配式建筑产业园、英良石文化产业园等重点项目，打造以低能耗装配式被动房为核心的绿色建筑产业链，建设全国领先的绿色建筑示范基地。河头店智慧物流产业功能区，规划面积约4.2平方千米，依托胶东半岛几何中心区位优势和陆路交通便利条件，着重加强供热、供气、污水管网等基础设施建设，推进电子商务、现代物流与农业农村深度融合，以农村电商示范县、示范镇、示范村为抓手，大力发展农村电子商务、农产品物流和乡村物流服务体系，打造以乡村物流为主导产业的智慧物流产业功能区。（责任单位：水集街道、望城街道、经济开发区、姜山镇、沽河街道、南墅镇、店埠镇、夏格庄镇、河头店镇）

四、持续深化改革，激发新旧动能转换活力

（一）全力争取政策试点。密切跟踪省、青岛市新旧动能转换重大政策、试点示范部署情况，积极承担涉及县域经济、农业农村、生态环保、科技创新等方面的重大政策和试点示范。关注国家乡村振兴战略推进进程，积极争取涉及土地利用综合改革、农村土地征收、集体经营性建设用地入市、宅基地制度改革等方面的试点示范。及时跟进全国中小城市综合改革试点，全力争取进入第二批改革试点名单。（责任单位：市发改局、市科工信局、市农业局、市国土局、市房管局、市财政局、市环保局，有关镇、街道和经济开发区）

（二）激发民营经济活力。引导扶持“个转企”，每年新增市场主体7000户以上、“个转企”400家以上，个体工商户转为企业后允许保留原个体工商户字号和行业特点。全力推进“小升规”，引导鼓励外地企业在莱西设立的分公司转为子公司，力争每年培育规模以上企业30家以上，对当年新增的“四上”企业给予奖励。积极开展“规改股”，建立股份制公司拟上市企业储备库和动态跟踪机制，为企业上市提供精准服务。突出抓好九联、万福、荣华集团等龙头企业转型升级，引导北汽新能源、国轩电池等企业做大做强，力争10家以上企业入选“青岛企业100强”。开展“独角兽”“瞪羚”企业培育行动，在新能源汽车、石墨新材料、新一代信息技术等领域培育“独角兽”“瞪羚”企业5家以上。开展中小企业“隐形冠军”培育行动，在新材料、高端装备、生物医药、节能环保、食品饮料等领域培育“隐形冠军”企业8家以上。促进行业协会、商会发展，支持行业协会、商会开展人力资源培训、信息发布、融资平台搭建等活动。（责任单位：市发改局、市科工信局、市服务业发展局、市市场监管局、市城建局、市金融办、市财政局、市工商联）

（三）释放基金聚集效能。全力争取省和青岛市两级新旧动能转换基金和产业引导基金注册落户姜山基金小镇。发挥姜山基金小镇金融带动作用，聚集私募股权投资基金、融资租赁、融资担保、供应链金融等新型金融业态，配套引进银行、保险等传统金融机构和金融中介机构，加速构筑完整的现代化金融体系，力争到2022年基金类企业超过500家、资金募集规模超过3000亿元。加大私募股权投资基金吸引力度，突出发挥基金的资本撬动作用，实现基金与实体经济互促互联，充分利用私募股权投资基金和新型金融业态资源，引进培育优质项目和重点企业，打造高端制造产业链体系，提升区域实体经济能级。发挥基金投资后管理优势，强化实体经济对接资本市场的金融培育和专业支持，为实体经济产业链提供招商、投资、企业培育、挂牌上市等全周期服务。（责任单位：市金融办、市财政局、姜山镇）

（四）创新投融资机制。深化城乡小额贷款保证保险“政银保”合作试点，进一步提高政府应急周转金的服务效能。扩大林权、农村承包土地经营抵押贷款试点，加快建设市级农业信贷担保机构，解决新型农业经营主体融资难、融资贵问题。深入开展苹果“保险+期货+银行”业务试点，发挥地方政府作用，通过期货市场转移农产品价格风险，创新金融服务“三农”新模式。对新设、新引进的法人银行、保险、证券、期货、信托等金融机构给予定向政策扶

持，鼓励金融机构扶持本地经济。（责任单位：市金融办、市财政局、市农业局、市林业局）

（五）坚持绿色低碳发展。严格落实环境准入制度，从严把好新上项目环保审批关，确保新上项目符合国家相关环保政策规定，符合莱西产业绿色发展方向。落实规划环评与建设项目环评联动机制，全面推行区域化环评。创新环保信用评价制度，完善企业在线监测监控体系，严惩重罚环境违法行为。严格落实环境信息发布和重大项目公示、听证等制度，实现从被动管理、突击管理向主动管理、长效管理转变。扎实推进美丽莱西三年行动，打造青岛北部山水屏风、宜居典范。推进“绿满莱西”国土绿化行动，累计造林5533.33公顷，实施青岛北部绿色生态屏障区建设工程。深化城乡环境综合整治，完善资金奖补机制，推行垃圾分类收集、集中处理新模式，促进城乡环境持续改善。深入开展水生态综合治理，实施河岸整治、清淤疏浚、生态修复等工程，打造大沽河、小沽河、洙河和五沽河“三纵一横”活力水道。在健全完善河长制基础上，建立湖长制，并将河、湖长制工作纳入水污染防治行动计划实施情况考核。严格控制石墨矿等矿产资源开采，加快实施非煤废弃矿井、矿坑地质环境治理工程，对全市露天矿坑进行生态修复。开展土壤污染调查，建立土壤污染动态档案，有序推进土壤污染治理与修复。依托本地产业优势，推广新能源汽车、绿色建筑等绿色产品，将绿色低碳理念融入日常生活。加快发展生态循环农业，推广种养结合、农牧结合、林牧结合的立体式农业循环模式，建设一批生态循环农业示范区。全面摸清资源底数，健全自然资源资产产权制度，推动资源资产化、资产资本化，提高资源开发利用和保护规范化水平。完善生态考核补偿、排污权交易、企业环保信誉评价等制度，落实“费改税”，增强制度刚性约束力。健全生态保护补偿机制，完善对水源地、林地、湿地等生态保护区的转移支付，支持“山水林田湖”生态保护和修护工程。排查环境高风险企业污染，探索开展环境污染强制责任保险投保工作。（责任单位：市环保局、市科工信局、市发改局、市城建局、市国土局、市林业局、市水利局、市财政局，有关镇、街道和经济开发区）

五、实施创新驱动，增强新旧动能转换动力

（一）建设科技创新平台。加强高校院所引进力度，多渠道接触国内外高校和科研院所，着力引进高校院所的成果转移机构、科技服务平台和人才培养基地等。出台人才引进政策，破解人才匮乏“瓶颈”。加快人才团队引进，建设中科院青能所产业研究院、河北工业大学碳材料研究院、中科创新园等创新载体，以创新载体建设吸引科研人才团队。加快建设农业大数据综合应用、农产品质量追溯监管、产品认证认可等公共服务平台，增强区域公共服务能力。支持孵化器、众创空间、加速器和科技服务中心等创新创业载体建设，到2022年各重点功能区至少建成1处创新创业平台载体。指导道一科技、东方嘉禾等众创空间、孵化器完善孵化功能，推广应用众包、众扶等创业新模式，构建“孵化器、众创空间+创业联盟+创新服务平台”三位一体的创新创业服务新模式。（责任单位：市科工信局、市教体局、市人社局，有关镇、街道和经济开发区）

（二）激发企业创新活力。激发企业内部创新源动力，支持企业设立企业技术中心、工程研究中心、工程实验室、重点实验室等内部研发机构，到2022年累计认定青岛市级企业技术中心、工程研究中心30家以上。实现高新技术企业数量倍增，制订普惠性财政后补助政策，引导企业加大技术研发投入，优化高新技术企业评审程序，到2022年高新技术企业累计达到100家以上。支持本地龙头企业联合高校院所打造产业创新联盟、联合工程技术研究中心等，依托优势资源提升企业研发能力。贯彻落实莱西鼓励改革创新的政策措施，全面落实研发费用加计扣除等税收优惠政策。每年安排一定数额的财政预算资金，专项支持科研机构和高端人才引进、创新创业平台建设、科技项目研发等。（责任单位：市科工信局、市发改局、市财政局、市税务局）

（三）突破重大关键技术。制造业领域靶向突破智能网联电动汽车、氢能源电池、石墨烯等重点领域关键技术，力争取得实用性技术研究成果。深化农业科技“展翅”行动，在智慧农业、现代种业、先进种养殖技术等方面取得一批重大技术成果，以点带面助力农业转型升级。积极融入青岛市“国际海洋名城”行动计划，着力推动海洋高端装备、海洋生物医药、海洋新材料等海洋经济科技成果在莱西产业化转化落地。鼓励军民共建共用数据信息设施和通航基础设施，支持军民两用产业融合发展示范。鼓励军民协同创新，支持军民两用技术成果在莱西产业化转化落地。鼓励莱西科研院所、龙头企业等积极承担国家、省和青岛市科技发展计划，聚焦关键共性技术和应用技术研发，以关键技术突破支撑引领产业发展。（责任单位：市科工信局、市农业局、市发改局）

（四）促进科技成果转化。打造“孵化器+加速器+产业园区”的接力式孵化体系，在南墅、经济开发区等区域建设孵化产业园，保证科研成果第一时间落地转化。完善“企业出题、政府搭台、院所研究”的技术创新模式，搭建企业与高校院所对接交流平台，推动科研成果快速熟化转化。依托姜山基金小镇，打造“专利运营投资基金——孵化器种子基金——天使投资基金——产业投资基金”链条，加强对科技型中小企业、领军人才创业初期项目的金融支持。探索完善知识产权质押融资市场化风险补偿机制，完善财政、金融、保险等支持首台（套）重大技术装备研发、检测评定、示范应用的体系和政策，积极争取促进科技与金融结合试点。延展科技创新服务链，着力发展技术转移、创业孵化、检验检测、知识产权、科技咨询等科技服务业，打造完善的创新创业服务体系。（责任单位：市科工信局、市金融办、市财政局、市人社局、市教体局、市服务业发展局，有关镇、街道和经济开发区）

六、扩大对外开放，释放新旧动能转换潜力

（一）加大对外开放力度。支持莱西经济开发区体制机制创新，扩大对外招商引资和进出口规模，申请升级国家级经济开发区。支持姜山镇申请设立省级经济开发区。依托胶东半岛地理中心区位优势，充分利用青岛、烟台“两核”辐射带动潜力，加大开放力度承接优质产业项目转移，探索区域协同发展新机制。加快融入“一带一路”国家战略，与沿线国家地区在农业、商贸、物流等方面加强国际合作。（责任单位：市商务局、市招商局、市农业局、市服务业发展局，有关镇、街道和经济开发区）

（二）扩大国际贸易规模。实施特色优势农产品出口提升行动，支持企业出境参加展会，加大花生、蔬菜、鸡肉等优势农产品出口力度。大力支持工业产品出口，提高石墨新材料、绿色轮胎等高新技术产品出口比重。加快企业“走出去”步伐，鼓励有能力的企业发展“公共海外仓”模式，提高跨境交易规模和效率。鼓励本市工业企业到境外设立加工贸易企业、生产性企业和境外研发机构，支持开展境外并购、境外资源开发。加快建设河头店物流小镇、经济开发区电商产业示范基地等跨境电商产业园区，与布瑞克农信科技集团合作打造“一带一路”跨境电商交易平台。协助跨境电商企业对接海关、商检等部门，建立跨境电子商务海关监管仓库，扩大跨境进出口贸易规模。（责任单位：市商务局、市农业局、市科工信局，有关镇、街道和经济开发区）

七、强化支撑保障，夯实新旧动能转换基础

（一）强化人才智力支撑。加快建设人才智库、金融专业人才、企业家和“工匠”人才等四支人才队伍。建立健全技能领军人才档案，创新举办“职业技能大赛”，制订莱西市首席技师管理办法，培养青岛首席技师、齐鲁首席技师储备人才。加快农村专业人才队伍建设，探索建立职业农民制度，将新型职业农民培育纳入财政预算，探索开展新型职业农民资格认定。加快建设山东文化产业职业学院、青岛航空科技学院、青岛城投职业学校等重点项目，推进职业教育与主导产业契合发展，为企业提供“订单式”技能人才委培。深入推进百万人才集聚行动，加快聚集科技领军人才、企业家人才、高技能人才以及新能源汽车、信息技术、生物医药、石墨烯新材料等领域高层次人才团队。实施“引才回乡”工程，激励和吸引莱西籍专家、学者、技能人才回乡服务。实施高校引进工程，加强与国内外知名高校、科研院所对接合作，推动高校院所在莱西设立研究院、创新园。将八大重点产业功能区作为吸引、培养和使用人才的重要平台，优化成果转化、资金服务等政策激励机制，推动国内外高端人才与产业相融、与企业互动、与项目对接。建立领导干部联系专家制度，及时了解并协调解决人才在创业创新、卫生医疗、住房保障等方面遇到的问题，提高服务人才水平。（责任单位：市委组织部、市人社局、市发改局、市教体局、市财政局、市公安局、市科工信局，有关镇、街道和经济开发区）

（二）强化制度环境支撑。深化“放管服”改革，开展“降门槛、减环节、增效率、严监管、优体制、慎用权”六大行动。加大简政放权力度，继续深化商事制度改革，加快实施“多证合一”，扩大“证照分离”范围，完善市场主体退出制度。深化行政审批制度改革，减少行政审批事项，推进行政审批规范化建设。全面落实“四减一降”，继续清理涉企收费，进一步帮助实体企业降本减负。以“最多跑一次”为目标，改进优化政务服务，全面实施项目审批“代办制”“预审制”和“清单制”，实现“企业办事、政府跑腿”，打造项目审批莱西速度。推行“一窗式”政务服务改革，全面整合线上线下服务资源，建立“前台综合收件、后台分类审批、统一窗口出件”的政务服务新模式。以“互联网+政务服务”为主攻方向推动政务大数据平台建设，打破“信息孤岛”，提高信息资源使用效率，最大限度利企便民。加强事中事后监管，在青岛市率先建立综合行政执法协作配合工作机制，消除监管盲区。争创全省信用体系建设试点县市，建立健全信用制度体系、标准体系。实行信用信息归集和面向社会公示制度，全面构建以信用为核心的行业和市场监管体系。结合智慧城市建设，加快建立覆盖全域的市场主体信用信息平台，形成部门联动的守信激励和失信惩戒机制，构建起“一处失信、处处受限”的诚信体系。培育信用服务产业，吸引企业征信、个人征信、信用评级、信用管理等信用服务机构集聚发展。引导行业组织开展诚信自律等行业信用建设。（责任单位：市编委办、市行政服务中心、市大数据中心、市财政局、市人社局、市市场监管局、市发改局，有关镇、街道和经济开发区）

（三）强化基础设施支撑。坚持交通先行，推进潍莱高铁、新莱西北站建设，争取轨道交通17号线列入青岛线网规划和青岛市城市总体规划，实施龙青高速马连庄连接线、市区道路提升、农村公路大中修等工程，将G204莱西段拓宽改造工程列入青岛建设规划，提升农村道路“村村通”水平。实施公交优先发展战略，加密跨区域公交线路，推进地面交通、轨道交通统一规划、同步建设，建设无缝衔接、换乘高效的公共交通服务体系。全面落实国家、省和青岛市电动汽车充电设施建设意见，试行“互联网充电服务+汽车分时租赁”模式，推广应用电动汽车，提前部署电动汽车充电设施建设，发展动力电池梯度利用和回收业务。加快推进城市公共充电网络建设，大型公建、交通枢纽等公共停车场优先建设公共充电设施，鼓励具备条件的加油站配建公共快充设施，适当新建独立占地公共快充站和立体式停车充电一体化设施，打造重点区域“五千米充电圈”。组织实施国家智慧城市建设试点，利用物联网、云计算、地理信息等技术，搭建跨平台、跨浏览器、实时在线的智慧城市虚拟现实管控平台。完善“智慧莱西”城市综合管理平台，推进公安天网、智能交通、应急指挥、智慧国土、数字城管等重大工程，助力“智慧莱西”建设。建立人口、法人单位、自然资源和空间地理、公共信用等一体化基础数据信息库，归集基础数据，逐步推行部门间信息交换与共享。按照多库联调、丰枯相济、多源调配、留有储备的要求，完善水源工程体系，推进城区及各重点功能区供水管网配套、水厂至城区主干供水管网连接改造等工程，构建网网相连、全区覆盖、安全可靠的供水体系，提高供水保障能力。积极推进供电电源点、变电站、输电线路等电力设施建设，加强变电站联络，形成以双环网、双辐射式为主的电力网架结构，提高区域供电可靠性。有序淘汰高耗能锅炉，积极发展清洁能源供热，加强供热管网建设，提高供热保障能力和效率。加快天然气接收站、加气站和输气管网布局建设，形成多气源联通的输气管网，实现天然气管网向各镇街、重点功能区延伸，补齐供气设施短板。以加强八大功能区承载能力为重点，全面推进重点功能区基础设施和公共服务设施建设，到2022年各重点功能区基本实现“九通一平”。（责任单位：市交通运输局、市科工信局、市城建局、市水利局、市发改局、市财政局，有关镇、街道和经济开发区）

八、突出工作实效，推动新旧动能转换落地

（一）加强城乡统筹协调。抓紧落实关于实施乡村振兴的意见，实施农业产能提升、质量兴农、农村产业融合发展、农业全产业链试点示范、新型农业经营主体培育、农业对外开放深化等六大工程，扎实推进农村人居环境整治行动，探索城乡基础设施一体化规划建设管理模式，完善城乡公共服务统筹推进机制。推进以人为核心的新型城镇化，加快建设姜山基金小镇、南墅石墨文化小镇、店埠省级航空文化特色小镇、院上葡萄小镇、经济开发区智慧新城、河头店物流小镇、沽河休闲小镇、夏格庄绿色建筑小镇、马连庄红色小镇等特色小镇，推进八大重点功能区差异化发展，统筹城乡一体发展，建立健全城乡融合发展体制机制和政策体系。（责任单位：市发改局、市财政局、市农业局、市林业局、市城建局、市交通运输局、市国土局、市房管局，有关镇、街道和经济开发区）

（二）抓好重大项目建设。坚持用工程的方法推进新旧动能转换，建立每年约100个项目的市级新旧动能转换重大项目库和基金项目库，健全新旧动能转换重大项目库管理机制，赋予各类项目最大力度的政策支持。改革项目绩效考核办法，完善重点项目市级领导牵头、部门镇街主责的推进机制，落实“一条龙”服务责任。创新招商委工作机制，实行指挥部工作体制，集聚全市资源，一线调度、一线指挥、一线督导，落实好市级领导协同工作机制和包帮、调度、督查、考核“四位一体”项目推进机制。聚焦重点项目开工达产，按照“签约项目抓开工、在建项目抓进度、竣工项目抓投产”的思路，倒排工期、挂图作战，在确保安全和质量的前提下，加快项目建设进度，尽快形成经济增长点。对区域内新旧动能转换重大项目，择优推荐列入山东、青岛重点项目库，争取国家和省、青岛市给予金融、财税、土地等政策支

持。（责任单位：市发改局、市财政局、市科工信局、市城建局、市国土局、市金融办，有关镇、街道和经济开发区）

（三）创新招商引资方式。强化基金招商，加快姜山基金小镇建设，发挥基金识别产业、企业能力，积极争取优质高端项目落户。开展产业链招商，围绕新能源汽车、通用航空、石墨新材料、绿色建筑等产业定向精准招商，培育链条完整、配套齐全、要素完备的产业体系。抓好平台招商，发挥新引进的科研院所、"双创"平台作用，加快高新技术产业化项目落地。鼓励引进境外跨国公司和国内大企业地区性总部，引导国内外大企业集团在莱西设立物流中心、采购中心、结算中心、研发中心等地区总部，支持总部经济发展。每年引进投资5亿元以上产业类项目20个以上，投资1亿元以上战略性新兴产业或高新技术项目50个以上。（责任单位：市招商委办、市科工信局、市服务业发展局、市农业局、市发改局、市金融办，有关镇、街道和经济开发区）

（四）鼓励创新先行先试。充分尊重基层首创精神，最大限度发挥基层的主观能动性，结合实际创造性推动工作。落实全省激励干部担当作为干事创业的意见，完善容错纠错机制，加强正向激励，使各级干部始终保持锐意进取的精神风貌，大胆创新、勇于担当。鼓励部门和街镇围绕转变政府职能、创新创业、产业转型升级、生态文明建设等重点领域，积极开展先行先试，为新旧动能转换探索路子、贡献经验。（责任单位：市委组织部、市纪委机关，各相关部门，各镇、街道和经济开发区）

九、强化组织保障，完善新旧动能转换机制

（一）加强组织领导。成立由市委、市政府主要领导任组长的莱西市新旧动能转换重大工程建设工作领导小组，负责部署指导新旧动能转换工作领导小组下设办公室，设在市发改局，具体负责研究提出全市新旧动能转换重大生产力布局，组织实施规划、意见和年度工作要点，做好协调推进、督导考核和宣传推介等工作。建立新旧动能转换工作机制，相应部门明确任务职责和工作分工，抓紧落实新旧动能转换各项工作，注意总结梳理典型案例和试点经验，尽快形成可复制可推广的模式。（责任单位：市编委办、市发改局，相关部门）

（二）加强督查考核。由统计部门和产业主管部门研究建立新旧动能转换指标统计制度，形成新旧动能转换数据统计体系。建立健全新旧动能转换督查考核机制，主要指标纳入经济社会发展综合考核体系，考核结果作为各级领导干部选拔任用、考核监督的重要依据。各部门综合运用考核结果，对新旧动能转换工作力度大、成效突出的部门及产业功能区，在重大项目布局、资金支持、土地指标调整等方面给予政策倾斜。（责任单位：市委组织部、市发改局、市统计局）

（三）加强责任落实。分解省和青岛市新旧动能转换总体方案、实施规划和市新旧动能转换总体规划提出的重点任务，相关部门及重点功能区制定落实方案，压实工作责任，明确工作时限，确保重大事项、重大政策落细落小落地落实。适应推进新旧动能转换工作需要，健全新旧动能转换统计指标体系。对标国内先进县市，查找改革、开放、创新等领域政策短板，制定具体落实方案，积极争取国家部委支持，开展单项重大政策先行先试，抢占政策效应制高点。制定规划年度实施计划，开展规划指标、重大举措等实施情况跟踪监测和总结评估，强化动态管理，确保规划实施效果。（责任单位：各相关部门，各镇、街道和经济开发区）

〔此件发至各镇（街道、经济开发区）党（工）委、政府（办事处、管委会），市委各部门，市政府各部门，市直各单位，省、青岛市驻莱西有关单位〕

2018年市政府重要文件选编

莱西市人民政府关于开展“绿满莱西”国土绿化行动的实施意见

各镇政府、街道办事处，经济开发区管委会，市政府各部门，各直属企事业单位，双管单位：

根据山东省人民政府《关于开展“绿满齐鲁·美丽山东”国土绿化行动的实施意见》（鲁政发〔2017〕36号）和青岛市人民政府《关于开展“绿满青岛”国土绿化行动的实施意见》（青政发〔2018〕10号）要求，现就我市开展“绿满莱西”国土绿化行动，制定以下实施意见。

一、指导思想

深入贯彻落实党的十九大精神和习近平新时代中国特色社会主义思想，全面落实省、青岛市关于开展国土绿化的工作部署，以提高国土绿化水平、增强森林生态功能、提升生态环境承载力、促进农民增产增收为主线，建立健全国土绿化推进机制，深入实施造林绿化重点工程，广泛动员全社会力量大力开展植树造林，着力增加森林资源，提高森林质量，保障生态安全，为推动“大青岛北部绿色崛起的典范之城”贡献力量，让人民群众共享生态文明建设成果。

二、基本原则

（一）坚持生态优先、保护为主。尊重自然、顺应自然、保护自然，充分利用自然生态系统的自我修复能力，促进植被恢复。严格土地用途管制，植树造林必须避让耕地，特别是永久基本农田，在尊重群众意愿的基础上，科学合理地开展植树造林。

（二）坚持突出重点、整体推进。突出重点镇街、重点工程，以全面推进北部绿色生态屏障建设为重心，以青龙高速、小莱线“两线”为着力点，整体推进山丘、平原、水系、道路、城乡绿化美化。

（三）坚持因地制宜、分区施策。根据不同地域的社会经济条件和自然环境，发展符合区域特点的国土绿化，采取适宜的绿化和管护措施。

（四）坚持政府引导、社会参与。充分发挥政府引导作用和市场导向作用，调动社会力量大力植树造林，增强发展活力。

（五）坚持以人为本、改善民生。把国土绿化与农业增效、农民增收、农村产业结构调整结合起来，实现生态、经济、社会效益协调统一。

三、总体目标

自2018—2020年，利用3年时间，围绕我市北部绿色生态屏障建设，大力开展荒山荒地造林、退耕还果还林、森林旅游提升、通道林带建设、农田林网构建、乡村绿化美化、森林生态修复、森林质量提升等工程，在完成青岛市政府根据人口数量分配的人均26.67平方米造林任务的基础上，承接好青岛其他区市异地造林3520公顷，共计造林5533.33公顷，达到生态、美丽、富民的目标。

2018年完成造林2000公顷，其中新增造林1466.67公顷、更新造林66.67公顷、退耕还果还林66.67公顷、高标准农田防护林200公顷、森林生态廊道200公顷、森林抚育333.33公顷。2019年完成造林2133.33公顷，其中新增造林1200公顷、更新造林66.67公顷、高标准农田防护林200公顷、森林生态廊道666.67公顷、森林抚育333.33公顷。2020年完成造林1400公顷，其中新增造林1000公顷、更新造林66.67公顷、高标准农田防护林200公顷、森林生态廊道133.33公顷、森林抚育333.33公顷。

四、重点工作

按照“面上发动，突出重点，点线结合，创出特色，打造两线多点”的工作思路，重点实施八大工程。

（一）实施北部绿色生态屏障建设工程。按照北部绿色生态屏障建设总体规划，以南墅、马连庄、河头店、日庄等北部山区宜林荒山、沿界道路为重点，大力开展荒山、荒地和沿界道路绿化。在宫山、围石山、袁家南山等宜林宜果山头，开展林木补植、低效林分改造、退耕还果还林，重点打造万亩级经济林新品种产业示范集群。以小莱线为主线，在小莱路、马连庄至河头店沿线及沿莱州、招远、莱阳3市与我市边界建立沿界生态屏障，结合通道林带建设提升工程，开展青龙高速、204国道等主干道路绿化美化彩化，形成色彩丰富、层次饱满的特色景观廊道。

（二）实施退耕还果还林工程。按照因地制宜、宜林则林、宜果则果、宜苗则苗的原则，在保护耕地前提下，以15度以上坡地为单元，在山丘地、重要水源地、严重污染地等实施退耕还果还林。重点在南墅、马连庄、河头店、日庄等镇大面积开展特色经济林建设，发展金秋红蜜、矮化苹果、中韩梨、桑葚、板栗等经济林1.5万亩，带动全市发展特色经济林2000公顷以上。其中，在河头店镇新发展133.33公顷优质矮化苹果，打造苹果小镇；在马连庄镇通过引进龙头企业引领带动新发展优质桃园千亩以上，建设优质苹果苗木繁育基地133.33公顷，在郑格庄村周边新发展133.33公顷优质矮化苹果，打造特色乡村；在南墅镇袁家村周边发展万亩桃园，建设千亩石榴园；在日庄镇小沽河东岸堤上村发展万亩优质梨园。扶持一批如东大寨、中和农场、绿山丰等名特优林果标准化示范观光园，建设一批高标准名特优林果生产加工基地，提高名优林果产品的生产供给能力，带动农民就业增收。

（三）实施森林旅游线路提升工程。以大旅游、大市场、大产业为主题，结合农业综合开发与全域旅游，坚持路、沟、林综合配套，大力实施森林旅游线路提升工程。北部以大青山森林公园为核心，将大青山、宫山、围石山、萌山连线打造成春观花、秋摘果，集农家体验、休闲观光于一体的生态旅游景区，实现森林保护和质量双提升；中部以莱西湖为核心，以莱西湖生态农业、富景农业等企业为主体，引导、扶持群众发展优质果品466.67公顷，并通过新增造林及对原有果园进行改良的方式增加造林面积200公顷，大力构建“一镇一业、一村一品”的产业格局；南部在望城街道草花山、水集街道仙足山周边发展桃树、桑葚、板栗等经济林133.33公顷；以姜山湿地为核心建设生态循环林业与野生动物观赏示范区，提升城镇形象和综合承载力。全力打造一批集康养、休闲、采摘、餐饮、文化的“森林+”产业集群，在全市形成万亩以上的森林康养休闲产业规模。

（四）实施通道林带建设提升工程。在符合国家法律规定的基础上，因地制宜，统筹兼顾高速路、铁路、国道、省道及县乡道造林需求，对适宜地区道路两侧一定范围内裸露土地进行植树绿化，提升通道绿化美化彩化水平。在经济开发区和水集、望城等街道围绕工业园区内道路进行绿化升级，适当增加彩叶、观花树种，增强通道林带绿化层次，进一步丰富路域景观。

（五）实施农田防护林建设工程。围绕提升基本农田粮食综合生产能力和提升生态资源持续供给能力，优化农田林网结构布局，选择适宜树种，最大限度减少林木对农作物生长影响，实现林茂粮丰、生态改善。充分发挥政府引导和市场导向作用，鼓励大户造林和调动全社会力量大力植树造林，在院上、夏格庄、店埠、姜山、河头店等镇规划打造2000公顷农田林网体系。

（六）实施乡村绿化美化工程。把植树造林纳入美丽乡村建设的重要内容，以特色小镇建设为抓手，大力开展环城、环镇、环村生态林带建设，充分利用居住区周边闲置土地、荒山荒坡荒滩和不适宜耕作的土地建设森林生态休闲公园、游园、绿地，开展省级森林乡镇、森林村居创建活动，与美丽乡村示范村建设有机结合，3年内争取创建12个省级森林村居，树立绿色生态新农村建设标杆，有效改善城乡生态和人居环境。

（七）实施森林生态修复与保护工程。充分发挥森林在涵养水源、保持水土、维护生物多样性等方面的作用，加快推进水系绿化和水系生态修复工程建设。在姜山湿地完成333.33公顷水源涵养林建设，在湿地公园及其周边实施屏障造林200公顷；在大沽河上游、小沽河、洙河、五沽河、北墅水库、高格庄水库等重要流域开展造林绿化333.33公顷，精准提升水源地生态功能。

（八）实施森林质量精准提升工程。科学编制实施森林经营方案，加强森林抚育管理，对老化、退化和低效林分进行改造提升。在莱西湖、大青山、大沽河、204国道等周边实施森林抚育1000公顷。培育发展一批优良乡土树种和珍贵树种，精准提升森林调节气候、美化环境、蓄积林材等多种功能，构建健康稳定的森林生态系统。

五、保障措施

（一）强化组织领导。牢固树立和践行“绿水青山就是金山银山”理念，把开展“绿满莱西”国土绿化行动列入重要日程，各镇政府、街道办事处，经济开发区管委会（以下简称各镇政府）及各相关单位要紧密配合，主要负责人亲自抓，分管负责人具体抓，组织专门力量对适宜造林绿化的土地进行全面调查，摸清底数，制定年度实施计划、作业设计和重点工程建设专项规划，确保绿化任务落地、责任落实、措施到位。

（二）强化产研引领。加强优良乡土树种选育等关键技术研究推广，引进国土绿化先进理念和适用技术，强化种苗保障，提高造林树种良种使用率。深入开展科技下乡活动，鼓励林业科技人员通过技术培训、咨询服务等方式培育一批造林大户、家庭林场、林业合作组织、龙头企业等新型林业经营主体。探索开展向社会主体购买国土绿化、经营管护等林业服务。

（三）强化社会参与。把宣传引导贯穿到国土绿化行动全过程，充分利用报刊、广播、电视、网络等媒体，大力宣传国土绿化行动的重大意义，动员和引导更多社会力量参与到国土化行动中来。创新义务植树尽责形式，支持社会各界和适龄公民通过捐资捐建、认管认养、爱绿宣传、购买碳汇等方式参与植树造林活动。

（四）强化督导检查。建立和完善造林实绩考核评价及奖励标准、办法。各镇政府要将造林绿化任务细化分解到山头地块，加强指导督查，确保按期完成绿化任务。对在造林绿化行动中做出突出贡献的镇街和单位给予一定的奖励政策。对工作推动不力，未完成绿化任务的，按照有关规定问责，确保稳步推进造林绿化进程，推动生态莱西建设。

莱西市人民政府

2018年4月11日

莱西市人民政府关于深化户籍制度改革的实施意见

各镇政府、街道办事处，经济开发区管委会，市政府有关部门，有关单位：

根据《省委办公厅、省政府办公厅关于加快推进农业转移人口市民化的实施意见》（鲁办发〔2016〕50号）和青岛市人民政府《关于深化户籍制度改革的实施意见》（青政发〔2018〕13号）要求，结合我市实际，现就我市深化户籍制度改革提出以下意见。

一、指导思想

全面贯彻落实党的“十九”大提出以城市群为主体，构建大中小城市和小城镇协调发展的城镇格局，加快农业转移人口市民化。深化户籍制度改革，全面放开落户政策，拓宽落户通道，在尊重群众意愿的基础上，促进有能力在城镇就业生活的农业转移人口和其他常住人口有序实现市民化，推进城镇基本公共服务常住人口全覆盖。

二、全面放开城镇落户政策

全面放开城镇落户限制，引导在城镇稳定就业和居住的人员有序转为城镇居民，积极引进各类人才，提高城镇整体发展水平。

（一）人才引进落户

符合下列条件之一的，本人及配偶、未婚子女可申请落户。

1.全日制大中专毕业生，自愿到本市就业的，可先落户后择业；

2.持有国家职业资格四级（中级工）以上证书的技能人才或取得员级以上专业技术资格证书的专业技术人才；

3.近3年，获得青岛市级以上职业技能竞赛一、二类竞赛前10名人员或莱西市职业技能竞赛二类竞赛前6名人员；

4.被莱西市级以上人民政府及其职能部门授予劳动模范、道德模范、优秀农民工、见义勇为先进个人等荣誉称号的人员；

5.符合莱西市产业发展的紧缺或急需人才。

以上人才落户，符合第1项至第4项落户条件的，由落户地派出所受理，市公安局核准后办理；符合第5项落户条件的，由人力资源社会保障部门引进后出具人才引进情况登记表，公安部门凭人才引进情况登记表办理落户手续。

（二）居住落户

符合下列条件之一的，本人、配偶、未婚子女及共同居住生活的父母，可申请落户。

1.在本市购买商品住宅房、商业用房；

2.在本市合法租住公共租赁房、商品住宅房。

（三）亲属投靠落户

符合下列条件之一，可申请投靠户口在本市城镇的亲属落户。

1.夫妻投靠：外地居民与本市城镇常住户口居民登记结婚，可随时办理投靠落户；

2.子女投靠父母：未婚子女，可自愿投靠户口在城镇的父亲或母亲落户；

3.父母投靠子女：父母可投靠成年子女落户；属父母投靠子女的，不能再以投靠父母名义办理外地其他子女的随迁落户；

4.父母双亡的未成年人，可投靠其监护人落户；

5.夫妻一方服兵役、出国（境）定居或者死亡的，另一方确与配偶父母共同居住生活的可以投靠配偶父母落户；

6.离婚或丧偶人员，在本市随父母实际居住的，且在户口所在地，无合法固定住所的人员，可以投靠城镇父母落户。

（四）务工人员落户

在本市机关、企事业单位务工或从事合法自由职业，且申报居住登记或申领《山东省居住证》的、并在本市连续缴纳社会保险满6个月的人员，本人及其配偶、未婚子女，可在合法固定住所或居住地社区公共户落户。

（五）创业、经商落户

经市场监督管理部门核发营业执照，且依法经营的个体工商业户和注册企业的投资人员，依法纳税、按规定缴纳社会保险、在本市申报居住登记或申领《山东省居住证》的，本人及其配偶、未婚子女，可在合法固定住所或居住地社区公共户落户。

（六）政策落户

按照国家、省、市有关政策规定，相关管理部门调入、接收、安置或个人申报的下列人员，本人及其配偶、未婚子女可申请落户。

1.经组织、人力资源和社会保障部门按照国家规定批准调入（含录用、聘用）的党政机关、人民团体、事业单位、国有企业的干部、职工；

2.经毕业生主管部门办理派遣接收手续的，普通高校全日制专科及以上学历毕业生；

3.符合国家、省、市有关政策规定录取的全日制普通大中专院校、技工学校新生，本市生源毕业生及退学回原籍的在校生；

4.符合国家《退役士兵安置条例》规定落户条件的退役士兵；

5.符合国家政策规定落户条件的军队转业、自主择业、军队离退休干部（士官）、随军家属；

6.符合国家、省、市有关政策规定的地方离退休安置人员、原本市人员恢复户口、无户口人员登记户口、回国（境）定居人员；

7.收养人依法收养的子女。

三、严格限制城镇居民到农村落户

（一）对城镇居民违反规定在农村购置宅基地的，一律不准落户。在城镇无合法固定住所和稳定收入，实际居住生活在农村，拥有宅基地使用权和土地承包经营权，并且以农林牧渔业为主要生活来源的户口空挂城镇人员，可申请将本人户口迁入原籍农村居住地。

（二）城镇居民投靠直系亲属在农村落户的，须投靠人在城镇无稳定工作、无合法固定住所、实际居住生活在农村；被投靠人在城镇无合法固定住所且被投靠人或同户人拥有宅基地使用权，可以申请办理夫妻投靠、未婚子女投靠父母、父或母（市外迁入的男满60周岁、女满55周岁）投靠成年子女、投靠配偶父母（限于夫妻一方服兵役、出国（境）定居或者死亡的，另一方确与配偶父母共同居住生活的），投靠后不能再申请连环投靠。

四、深化实施居住证制度

贯彻落实国务院《居住证暂行条例》《山东省流动人口服务管理暂行办法》，以居住证为载体，建立健全与居住年限等条件相挂钩的基本公共服务提供机制，保障居住证持有人依法享有基本公共服务。

五、组织领导

（一）强化规范推进。市公安部门要会同市人力资源社会保障部门根据本意见制定户籍准入实施细则，并做好组织实施和相关解读工作。

（二）完善配套政策。户口迁移人员的户口登记事项仅仅作为公安机关依法登记公民户籍信息，不作为其他部门给予享受有关政策待遇的依据，落户农村也不作为享受农村集体成员资格或待遇的依据。各相关部门负责制定与户籍制度改革相关的就业、教育、保障房、社会保险、民政、农民权益保障和计划生育等配套政策。

（三）规范办理流程。准确解读户籍制度改革政策，积极回应群众关切，简化办理手续和办理流程，建立规范化、透明化的户籍管理制度，形成改革合力。

六、本意见自发布之日起施行。

莱西市人民政府

2018年6月20日

莱西市人民政府关于加强困境未成年人关爱保护救助工作的实施意见

各镇政府、街道办事处，经济开发区管委会，市政府各部门，各直属企事业单位，双管单位：

为贯彻落实国务院《关于加强农村留守儿童关爱保护工作的意见》（国发〔2016〕13号）、《关于加强困境儿童保障工作的意见》（国发〔2016〕36号），山东省人民政府《关于贯彻国发〔2016〕13号文件加强农村留守儿童关爱保护工作的实施意见》（鲁政发〔2016〕17号）、《关于贯彻国发〔2016〕36号文件加强困境儿童保障工作的实施意见》（鲁政发〔2017〕5号）和青岛市人民政府《关于加强困境未成年人关爱保护救助工作的实施意见》（青政发〔2017〕30号），进一步加强困境未成年人关爱保护救助工作，切实为困境未成年人健康成长创造良好环境，结合我市实际，现提出以下实施意见。

一、总体要求

（一）指导思想。全面贯彻落实党的十九大精神，以习近平新时代中国特色社会主义思想为指导，按照国家、省和青岛市的决策部署，以促进困境未成年人健康成长为出发点和落脚点，坚持依法保护，不断健全法律法规和制度机制，坚持问题导向，强化家庭监护主体责任，加大社会关爱保护救助力度，确保困境未成年人基本权益得到保障、基本要求得到满足、基本素质不断提高、基本技能不断增长。

（二）基本原则

家庭尽责。强化家庭是抚养、教育、保护未成年人，促进未成年人发展第一责任主体的意识，大力支持家庭提高抚养监护能力，形成有利于困境未成年人健康成长的家庭环境。

政府主导。将困境未成年人关爱保护救助工作作为我市民生建设工作的重要内容，纳入经济社会发展总体规划，纳入全市科学发展、社会综合治理、精神文明和未成年人思想道德建设考评体系。落实各镇政府、街道办事处、经济开发区管委会（以下简称各镇政府）属地责任，强化民政、财政、教育、人社、卫计、公安、妇联、残联等有关部门、单位的责任，健全困境未成年人生活保障体系、关爱服务体系和救助保护机制，切实保障困境未成年人合法权益。

社会参与。积极营造全民参与、全社会关爱保护救助困境未成年人的社会氛围，充分发挥村（居）委会、群团组织、社会组织、专业社会工作者、志愿者等各方面积极作用，着力解决困境未成年人在生活、医疗、监护、教育、心理等成长过程中遇到的困难和问题，形成全社会关爱困境未成年人的良好格局。

分类保障。针对困境未成年人监护、生活、教育、医疗、康复、服务和安全保护等方面的突出问题，根据困境未成年人自身、家庭情况分类施策，促进困境未成年人健康成长。

（三）总体目标。加快形成家庭尽责、政府主导、社会参与、分类保障的困境未成年人关爱保护救助工作格局，建立健全与我市经济社会发展水平相适应的困境未成年人分类保障制度，困境未成年人教育体系、服务体系更加完善，全社会关爱保护救助困境未成年人的意识明显增强，困境未成年人成长环境明显改善、安全更有保障，困境未成年人数量明显减少。

二、工作任务

困境未成年人包括孤儿、困境儿童、农村留守儿童以及流浪未成年人。孤儿是指具有我市户籍的失去父母、查找不到生父母的未满18

周岁的未成年人，包含机构内集中养育的孤儿和弃婴弃童、社会散居孤儿和事实无人抚养的儿童。困境儿童是指具有我市户籍的低保家庭中的儿童，以及低保边缘家庭中父母一方死亡或失踪且另一方无法履行抚养义务的儿童、父母有一方重病重残的健康儿童、父母健康的重病或重残儿童。农村留守儿童是指具有我市户籍，父母双方外出务工或父母一方外出务工且另一方无监护能力的不满16周岁的未成年人。流浪未成年人是指自身无力解决食宿、无亲友投靠、正在流浪度日或处于流浪边缘，流浪到我市的外地户籍未成年人。

（一）建立和完善困境未成年人基本生活保障制度

1.强化困境儿童生活补助。低保家庭中的困境儿童，按我市低保政策给予落实；低保边缘家庭中父母一方死亡或失踪另一方无法履行抚养义务的儿童、父母有一方重病重残的健康儿童、父母健康的重病或重残儿童，按我市低保标准的50%给予补助。农村留守儿童中符合困境儿童条件的纳入困境儿童保障范围，享受困境儿童基本生活补助待遇。生活在低保、低保边缘家庭中的困境儿童年满18周岁后仍在全日制学校就读的，继续享受基本生活费等相应福利保障待遇；年满16周岁具备劳动能力和完全民事行为能力且未在全日制学校继续就读的，一次性发放不低于6个月的基本生活费后，自下月起停止享受基本生活费保障待遇。

2.强化孤儿生活保障。建立孤儿生活标准正常调整机制，社会散居孤儿生活养育标准由每人每月1100元提高到1200元。

（二）建立和完善困境未成年人医疗保障制度

1.强化困境未成年人医疗保障。建立健全困境未成年人医疗救助制度，做好基本医疗保险、居民大病保险与医疗救助制度的有机衔接，落实重特大疾病医疗救助政策，做好疾病应急救助工作，提高困境未成年人医疗保障水平。将小儿行为听力测试、儿童听力障碍语言训练、精神、智力和脑瘫（肢体）残疾康复治疗训练等医疗康复项目纳入基本医疗保障政策范围。对于低保家庭中的困境儿童、纳入特困人员救助供养范围的未成年人、重度残疾未成年人参加城乡居民基本医疗保险的个人缴费部分按规定给予补贴。

2.加强残疾困境儿童康复救助服务。对于因自身残疾、疾病等原因导致康复、教育、照料、护理和社会融入等困难的困境儿童，依照青岛市人民政府《关于实施同步宜居幸福工程加快推进残疾人小康进程的意见》（青政发〔2015〕32号），给予康复救助。将社会散居残疾孤儿（不含事实无人抚养孤儿），纳入“残疾孤儿手术康复明天计划”对象范围。纳入基本公共服务项目的残疾人康复等服务要优先保障残疾儿童需求。

（三）建立困境未成年人教育保障制度

1.将困境未成年人纳入教育资助体系。在幼儿园就读的困境儿童，按照有关规定享受学前教育政府助学金。从2018年秋季学期开始，全市统一免除公办幼儿园的残疾幼儿、孤儿、建档立卡农村家庭经济困难幼儿的保教费，对民办幼儿园符合条件的幼儿按照同类型公办幼儿园保教费标准予以补助。在义务教育阶段学校就读的家庭经济困难的困境未成年人，免缴课本费、作业本费和学杂费，寄宿生发放生活补助。对在高中阶段学校就读的困境未成年人发放助学金，家庭经济困难的，免除学杂费。对于农业转移人口及其他常住人口随迁子女，要将其义务教育纳入我市教育发展规划和财政保障范畴，全面落实在流入地参加升学考试政策和接受中等职业教育免学费政策。

对于残疾未成年人，要建立随班就读支持保障体系，为其中在高中阶段学校就读的家庭经济困难学生免除学杂费。支持特殊教育学校、取得办园许可的残疾未成年人康复机构开展学前教育。

2.加大农村寄宿制学校建设力度。困境未成年人人数比较多、比较集中的镇街，应会同市教育部门新建或改建具有寄宿条件的公办中小学；人数较少的镇街，应会同市教育部门根据需要依托现有公办中小学设寄宿班，满足困境未成年人入学需求，力争实现有需求的困境未成年人全部住校。

3.建立完善中小学校关爱保护救助制度。中小学校要对困境未成年人受教育情况实施全员、全程管理，及早发现并纠正困境未成年人的心理问题和不良行为。利用电话、家访、家长会等方式加强与家长、受委托监护人的沟通交流，了解困境未成年人生活情况和思想动态，帮助监护人掌握困境未成年人学习情况，提升监护人责任意识和教育管理能力；及时了解无故旷课困境未成年人情况，落实辍学学生登记、劝返复学和书面报告制度，劝返无效的应书面报告市教育部门和属地镇政府，并依法采取措施劝返复学；寄宿制学校要完善教职工值班制度，落实学生宿舍安全管理责任，丰富校园文化生活，引导寄宿学生积极参与体育、艺术、社会实践等活动，增强学校教育吸引力。加大心理健康教育专业队伍建设力度，每所义务教育阶段学校至少配备1名心理健康辅导教师或接受过心理健康指导培训的兼职教师，实现心理健康辅导常态化、全覆盖。农村中小学专门建设或结合现有功能室设立困境未成年人关爱活动室，配备图书、计算机、电话等，为困境未成年人开展阅读、亲情联络等活动提供场所等条件。

4.做好流浪未成年人教育矫治。救助保护机构要依法承担流浪未成年人的临时监护责任，为其提供文化和法制教育、心理辅导、行为矫治、技能培训等救助保护服务，对合法权益受到侵害的，要协助司法部门依法为其提供法律援助或司法救助。救助保护机构要在教育部门指导下帮助流浪未成年人接受义务教育或替代教育，对沾染不良习气的，要通过思想、道德和法制教育，矫治不良习惯，纠正行为偏差；对有严重不良行为的，按照有关规定送专门学校进行矫治和接受教育。对流浪残疾未成年人，救助保护机构应当引入专业的社会组织对其进行心理疏导、康复训练等。

（四）建立困境未成年人安全保护制度

1.建立强制报告机制。相关学校、幼儿园、医疗机构、村（居）委会、社会工作服务机构、救助管理机构及其工作人员，在工作中发现困境未成年人脱离监护单独居住生活或失踪、监护人丧失监护能力或不履行监护责任、疑似遭受家庭暴力、疑似遭受意外伤害或不法侵害等情况的，应当在第一时间向公安机关报告。上述负有强制报告责任的单位和人员未履行报告义务的，其上级机关和有关部门要严肃追责。其他社会组织积极向公安机关反映情况的，应及时给予表扬。

2.完善应急处置机制。公安机关要及时受理有关报告，第一时间出警调查，有针对性地采取应急处置措施。对于联系不上困境未成年人父母的，要就近护送至其他近亲属、村（居）委会或救助管理机构临时监护照料，并协助通知困境未成年人父母或监护人立即返回或重新确定受委托监护人。属于遭受家庭暴力的，要依法制止，必要时通知并协助村（居）委会、属地镇政府或市民政部门将其安置到临时庇护场所或者救助管理机构实施保护；属于遭受其他不法侵害、意外伤害的，要依法制止侵害行为、实施保护。对于上述两种情形，要按照有关规定调查取证，协助其就医、鉴定伤情，为进一步采取干预措施、依法追究相关法律责任打下基础。公安机关要将相关情况及时通报属地镇政府。

3.健全评估帮扶机制。属地镇政府接到公安机关通报后，要会同市民政部门、公安机关，在村（居）委会、中小学校、医疗机构、社会工作服务机构以及亲属的协助下，对困境未成年人的安全处境、监护情况、身心健康状况等进行调查评估，有针对性地安排监护指导、医疗救治、心理疏导、行为矫治、法律服务、法律援助等专业服务。

4.强化监护干预机制。对于失去父母、查找不到生父母的未成年人，纳入孤儿安置渠道，采取亲属抚养、机构养育、家庭寄养和依法收养方式妥善安置。对于父母没有监护能力且无其他监护人的未成年人，以及人民法院指定由民政部门担任监护人的未成年人，由民政部门设立的救助保护机构收留抚养。对于未成年人生父母或收养关系已成立的养父母不履行监护职责且经公安机关教育不改正的，由民政部门设立的救助保护机构临时监护，并依法追究生父母、养父母法律责任。对于决定执行行政拘留的被处罚人或采取刑事拘留等限制人身自由刑事强制措施的犯罪嫌疑人，公安机关应当询问其是否有未成年子女需要委托亲属、其他成年人或民政部门设立的救助保护机构监护，并协助其联系有关人员或民政部门予以安排。对于服刑人员、强制隔离戒毒人员的缺少监护人的未成年子女，执行机关应当为其委托亲属、其他成年人或民政部门设立的救助保护机构监护提供帮助。对于依法收养儿童，民政部门要完善和强化监护人抚养监护能力评估制度，落实妥善抚养监护要求。对于监护人将困境未成年人置于无人监管和照看状态导致其面临危险且经教育不改正的，或者拒不履行监护职责6个月以上导致困境未成年人生活无着落的，或者实施家庭暴力、虐待或遗弃困境未成年人导致其身心健康严重受损的，其近亲属、属地镇政府、村（居）委会、民政部门等有关人员或者单位要依法向人民法院申请撤销监护人资格，另行指定监护人。

5.加强流浪未成年人救助保护。民政、公安、综合执法等部门要协同配合开展积极主动的救助保护，做到第一时间发现、第一时间救助。公安机关发现流浪未成年人，应当护送到救助保护机构接受救助，其中由成年人携带流浪乞讨的，应当进行调查、甄别；民政部门要积极开展主动救助，引导护送流浪未成年人到救助保护机构接受救助；综合执法部门发现流浪未成年人，应当告知并协助公安机关或民政部门将其护送到救助保护机构接受救助。公安机关要始终保持严打高压态势，严厉打击暴力致残强迫乞讨和拐卖儿童违法犯罪行为，对来历不明的流浪乞讨和被强迫从事违法犯罪活动的儿童，要及时利用验血采集DNA等手段尽快查明真实身份并做好救助工作。要健全流浪未成年人寻亲工作机制，帮助流浪未成年人及时回归家庭。

（五）建立困境未成年人社会工作关爱制度

工会、共青团、妇联、残联、关工委、慈善总会等群团组织要发挥自身优势，积极为困境未成年人提供假期日间照料、课后辅导、心理疏导等关爱服务。妇联要将困境未成年人关爱保护工作纳入家庭教育工作总体规划，通过实施“春蕾计划”，开展“爱心妈妈”等活动，给予帮扶关爱。依托妇女之家、儿童之家等活动场所，为困境未成年人提供关爱服务，加强对困境未成年人父母、受委托监护人的家庭教育指导，引导他们及时关注困境未成年人身心健康状况，加强亲情关爱。共青团要动员、组织青年志愿者、青少年社会工作者开展“牵手关爱行动”“社区青少年社会工作服务示范工程”，采取“结对+接力”的工作方式，开展心理疏导、亲情陪护等关爱活动，积极参与困境未成年人关爱保护工作。关工委要组织动员广大老干部、老战士、老专家、老教师、老模范等离退休老同志，继续做好“四点半学校”等困境未成年人关爱与服务工作。工会组织要积极开展送温暖、“金秋助学”等活动，通过“结对关爱”等方式帮扶有困境未成年人且符合政策的困难职工家庭享受有关帮扶政策。残联要做好残疾困境未成年人康复和教育救助工作。慈善总会要积极参与困境未成年人的关爱帮扶工作，开展“为了明天·关爱未成年人”等活动。

建立市级困境未成年人关爱保护平台，联合全市社会组织，动员引导广大企业、专业机构和志愿服务力量积极参与“相伴成长”关爱行动。通过采取政府购买服务等方式，引进专业社工组织或扶持社会公益组织开展留守儿童社会工作服务，开展法律援助、亲情陪伴、心理疏导、困难帮扶、日间照料、课业辅导等多种形式的专业服务。

三、组织保障

（一）建立组织领导体系。建立由市政府分管领导任组长，民政部门主要负责人任副组长，公安、教育、卫计、人社等部门和文明办、妇联、共青团等单位负责人为成员的市困境未成年人关爱保护救助工作领导小组，定期研究困境未成年人关爱保护救助工作，协调解决工作中遇到的重大问题，确保工作顺利开展。领导小组办公室设在市民政局。各镇政府要建立相应的组织领导体系，负责协调处理本辖区困境未成年人关爱保护救助具体工作。

（二）建立财力投入机制和工作队伍。市镇两级要将困境未成年人关爱保护救助工作纳入财政年度预算，确保经费需求。要依托城乡社区公共服务设施，健全困境未成年人服务网络。在各镇政府设立困境未成年人关爱保护救助专职岗位，由民政办主任兼任儿童福利督导员；在村（居）设立由计生专干或妇女主任等兼职的儿童主任（爱心妈妈）；在农村社区服务中心和有条件的村（居）成立关爱困境未成年人志愿者队伍，负责在亲情陪伴、心理疏导、困难帮扶、课业辅导等方面开展常态化的关爱服务活动。

（三）建设工作信息化平台。通过摸底排查，精准采集数据信息，准确掌握困境未成年人家庭情况、监护情况、就学情况、行为情况等，建立健全详实完备、动态更新的困境未成年人档案、帮扶台账，在全市建立起困境未成年人信息库，实现纵向贯通各镇街、村（居），横向联接民政、教育、卫计、公安、司法、人社、扶贫、共青团、妇联、残联等部门、单位，利用云计算、大数据、物联网、移动互联网等现代信息技术，为各部门信息共享、协同办公提供技术支撑，提升管理水平，实现精准识别、精确管理。创造条件开通困境未成年人关爱保护救助热线，及时了解困境未成年人诉求，有针对性地做好困境未成年人帮扶工作。

（四）强化督查考核问责。建立完善督查机制，采取明察暗访、定期督查、随机抽查等方式，加强困境未成年人关爱保护救助工作的督查。建立健全考核机制，强化激励问责，对因关爱保护救助工作措施不落实，发生较大以上案（事）件，影响社会稳定的镇政府和单位，通过通报、约谈、警示、挂牌督办等方式督促其限期整改，造成严重后果的，严肃追究有关单位相关领导的责任。教育部门要将控辍保学目标作为教育考核的重要内容，强化责任落实。审计部门要加强对困境未成年人专项资金管理使用情况的审计监督，对截留、挤占、挪用资金的，依法严肃处理。民政部门要认真履行牵头职责，对关爱保护救助工作进行指导、督查、通报和跟踪问效，切实发挥统筹协调、监督指导作用，对认真履责、工作落实到位、成效明显的，按照有关规定予以表扬。

附件：莱西市困境未成年人关爱保护救助工作领导小组成员名单

莱西市人民政府

2018年7月11日

附件：

莱西市困境未成年人关爱保护救助工作领导小组成员名单

组　长：曹杰军　市政府副市长
副组长：于同荀　市民政局局长
成　员：王旭令　市委政法委副书记、市综治办主任
马吉鹏　市委宣传部副部长
曲永建　市人民法院副院长
周建春　市人民检察院副检察长
徐绍力　市考核办副主任
刘成欢　市编委办副主任
孙晶利　市扶贫办副主任
姜浩亮　市委老干部局局长
于志强　市委农工委办副主任
汪丽英　市总工会副主席
李春林　团市委团校副校长
张春霞　市妇联副主席
迟华庆　市残联副理事长
王同江　市政府办公室副主任、市电子政务管理和大数据发展促进中心主任
张升舟　市发改局副局长
刘显杰　市教体局副局长
王召涛　市公安局党委委员、政工室主任
刘建国　市司法局党组成员
葛书功　市财政局副局长
赵文涛　市军转办主任
隋高峰　市文广新局党委副书记
迟万胜　市卫计局党委副书记、市爱卫办主任
李　红　市行政执法监督局局长

2018年国内媒体对莱西的重点报道

山东莱西：千名干部下基层带着真情解民忧

本报济南1月9日电（潘俊强、孙　鹏）

“最近胡萝卜不好卖，这0.67公顷胡萝卜眼看就冻烂在地里了。真没想到工商联驻村工作组帮我们联系到青岛农商银行莱西支行，帮助我们解决了困难。”在山东莱西市夏格庄镇刘家疃村，种植户刘远德和刘方学看着他们的胡萝卜收获后被一车一车拉走，心里的石头总算落了地。

莱西市委市政府积极探索创新党建体制机制改革，结合农村村委工作实际，自去年9月份起在全市启动“强基固本村村行”活动。活动期间，选派近2000余名市直单位机关干部分赴861个村庄开展为期4个月的调研走访，工作组成员每周到村工作不少于两次。

工作组成员深入基层后，重点组织开展主题党日活动、协调推进村级活动场所建设、指导村“两委”换届选举、监督脱贫攻坚等，助力解决乡村振兴中存在的问题，夯实基层党建基础。

“强基固本村村行”活动开展以来，驻村工作组协调解决实际困难2782件次，组织农村党员参加“主题党日”“三会一课”3万余人次，进行十九大精神宣讲千余次，为93个贫困村庄建设了卫生室、文化室、农家书屋等便民设施。

《人民日报》（2018年1月10日11版）

山东莱西：党建+产业 致富添动力

本报青岛4月12日电（潘俊强、孙　鹏）

“以前家里比较困难，我老婆、儿子因为患病和残疾基本没有劳动能力。多亏村里成立了合作社，现在我可以通过土地流转赚租金和分红，还能在园区里打工挣工资，每年多赚1万多块钱呢。”山东莱西市南墅镇东石格庄村村民吕锡暖高兴地说。

近几年来，莱西市委市政府紧紧抓牢产业振兴的“牛鼻子”，围绕党建+产业兴旺这个重点，发挥党员带头作用，以创建县域经济转型升级示范园区为抓手，加快构建现代产业体系，为乡村振兴提供强有力的产业支撑。

目前，莱西市正结合土地“三权分置”和集体产权制度改革，试点“党组织+公司+合作社/村集体/农户”土地运营模式，推广“生产基地+中央厨房+餐饮门店”产销模式，实现小农户与大市场的有效对接，努力走出一条现代农业增值、村集体增收、农民致富的新路子。

《人民日报》（2018年4月13日11版）

山东莱西：深化“放管服”改革全程跟踪 服务便民

本报济南7月29日电（王　沛、吴小勇）

“真是太快了，从企业核名到领取营业执照，仅仅用不到21小时就能办结。”中德氢动力（青岛）有限公司负责人纪玉涛高兴地说。

近年来，山东莱西市委市政府严格按照中央精神要求，结合自身实际大力深化“放、管、服”改革，创新服务机制。在“放”的问题上，一切以企业为中心。在审批环节上，深入推行多证合一，加快推行“互联网+政务服务”，全面推行企业登记全程电子化，让信息多跑路，群众少跑腿。在办事程序上，一切删繁从简，重点推进“一窗式”审批服务改革，分类设置综合窗口，实现“前台统一受理、后台分类审批、统一窗口出件”，提升整体办事效率。同时不断完善政务服务事项网上审批，确保审批服务大厅内所有政务服务事项达到100%。通过探索实行商事登记“全域通办”，打破分辖区、分层级的固有模式，群众可以选择任一网点或窗口办理，并核发“电子执照”，实现商事主体登记“跨区域、人性化”服务。

据了解，莱西市全面推广使用了“双随机、一公开”监督检查平台，将34家行政执法部门的427项抽查事项纳入平台，逐步减少监管部门自由裁量权，有效防止了“任性”检查和执法过程中的人为干扰。

此外，莱西市还设立“最多跑一次”服务窗口，将个人独资企业登记等21项纳入“最多跑一次”服务范畴，一次性办结项目由原来的12项升级到现在的39项。全市85%以上的注册登记事项实现了“最多跑一次”，办理时限大幅缩短。“深化‘放、管、服’改革，需要上下齐心狠抓落实，只有真正做到百姓有所呼，改革有所应，才能释放更多改革红利。”莱西市委书记庄增大说。

《人民日报》（2018年7月30日6版）

青岛莱西：给百姓货真价实的获得感

（本报记者　刘艳杰　本报通讯员　吕文波）

“莱西是农业大市，乡村振兴任务艰巨。多年来，我们一直在积极拓展推动乡村组织振兴的新思路新举措，充分发挥基层党组织作用，让老百姓有货真价实的获得感。”山东青岛莱西市委书记庄增大说。

“过去办养老保险缴费业务，从村里到镇上，得花一天。有了社区党委，这项业务办理用不到一小时。”莱西市南墅镇新埠村村民孙建刚说。

从2013年开始，莱西市将基层党组织由“镇、村”两级变为“镇、社区、村”三级，将镇级服务下沉到社区。设置了115个农村社区党委，推动70%镇级机关干部下沉。

“农村社区党委”的作用立竿见影，大大缩短服务群众的距离。在农村社区设立的警务室、综合调解室等，使得矛盾调处率提高到90%以上，镇级以上信访量下降80%。

“在党委的领导下，我们的农业旅游越来越好，每天五六十辆大巴车拉着3000多人到我们这里体验田园之乐。”莱西市山后人家田园综合体创业园负责人张庆涛告诉记者。

今年3月，莱西第一家田园综合体党委——沽河街道山后人家田园综合体党委成立，这个党委由山后人家党支部、山后韭菜合作社党支部、杰丰有限公司党支部3个支部构成。

张庆涛介绍，他所在的“田园综合体党委”建立了乡土人才孵化园，培养了民俗表演、种植养殖技术、市场营销、酒店管理等各类人才200余人。同时号召党员在各自岗位上带头创新，把分散在各产业链上的人才组织起来，提高他们闯市场、搞经营的能力，不断给综合体党委发展注入了新鲜血液和生机活力。

“在乡村振兴战略实施中，我们更加注重基层党组织与产业发展相适应，努力实现党建与产业要素相结合，跟进强化党的组织和工作覆盖。”庄增大说，目前莱西市已设置“村庄+农业合作社”党组织48个、“村庄+农产品批发市场”党组织4个，选派党建工作指导员，坚持抓导向、抓统筹、抓服务，通过“把支部建在产业链上”，实现党的建设和现代农业发展的同频共振。

2017年以来，为解决农村部分基层党组织建设虚化、弱化、边缘化等问题，莱西市组织近三千名党员干部下沉基层开展“强基固本村村行”活动，构建起市委领导、大队推进、党委配合、中队联络、工作组指导、党支部落实的工作推进链条。

“近几年蔬菜市场饱和，村民增收难问题日渐突出。村‘两委’班子能人少、影响力弱，村民逐渐有了意见。”莱西市夏格庄镇宫家城村党支书许世强说，实行“村村行”活动后，工作队被派驻到了宫家城村，首先入户察民情，深挖村庄发展“症结”，找准转型升级突破口，制定了村庄三年发展规划。

2018年初，宫家城村成立了蔬菜种植专业合作社，村“两委”派种植大户、村民代表前往外地考察学习现代农业种植技术，回村发展高效大棚蔬菜种植。今年3月，合作社种植了产量高、市场俏的“金秋一号”有机茄子，每个大棚收入都在20万元左右。一系列的实干措施，让村“两委”班子强起来，有威信，说话办事群众也愿意听了。

《光明日报》(2018年8月24日5版)

开展企业“四评级”，推进行业快升级
——山东莱西：整顿“小化工”破解发展难

(本报记者　刘　成　通讯员　董建君)

新安装有毒气体检测探头、可燃气体探头，对气体泄露实行有效检测，防止安全事故发生；新增3台变频器，实行恒温恒压工作，每个月节约用电量约20%；新安装自动灌装机，将3吨日产能提升到5吨至10吨……青岛奥迪斯生物科技有限公司投资90多万元改造升级生产设备，恢复生产以来，公司月均销售额从800万元提高到1100万元，提升了30%以上。

让生产工艺落后、污染物排放严重的化工企业及早关停，让有能力通过自身更新设施、实现减排的企业在绿色生产中做大做强。这是山东省莱西市推动化工企业转型升级的策略。

截至目前，莱西市摸底排查化工企业206家，其中化工生产企业85家，现停产整顿39家，永久关停8家，15家企业变更或退出化工行业，搬迁或计划搬迁3家，正在注销1家，排污总量减少50%以上，盘活闲置厂房19000多平方米。

化工产业是莱西市的重点产业之一，为经济发展作出过贡献。近年来，化工行业面临着严峻挑战，莱西市以壮士断腕的决心，推进化工行业转型升级工作。

“按照部署要求，莱西市成立了化工产业安全生产转型升级工作组，第一时间对任务作出分解，落实专项行动的责任，层层传导压力，着力排查摸底，对全市化工企业开展‘四评级’工作。”莱西市化工专项行动办负责人介绍，截至目前全市共查出隐患3300多项，莱西市安监局、环保局分别对需停产整顿的企业下达了书面停产整改通知书，并要求企业立即停产整改。同时，落实日常监管，进一步明确镇街属地责任和监管责任，逐个企业、逐项隐患列出清单，明确监管责任人及整改责任人、措施、时限。在市级指挥部和各镇街分别实行挂图作战、销号管理。动员企业周边村居干部参与日常监管，不定期检查企业停产、排放等问题，及时上报信息，确保监管无漏洞。目前，全市化工产业安全生产转型升级工作取得阶段性成果，辖区内未发生一起安全事故。

转型升级，看上去很美，却饱含着阵痛与艰难。就莱西而言，转型怎么“转”？升级怎么“升”？绝非把化工企业“一关了之”这么简单，而是帮助原企业转型升级，破解发展难题。

新一轮“四评级一评价”是化工企业浴火重生的关键，莱西市化专办积极为企业解读评级评价标准，组织化工企业对照评级评价标准自查自改，完善达标。同时，邀请专家对全市化工企业按照“四评级一评价”标准开展预评级，引导企业升级设备和技术。目前，莱西市有凯源祥、瀚生、奥迪斯等十余家企业通过技改，转型升级。

在去年7月底恢复生产的泰源科技有限公司，以前的异味没有了，企业投资86万元新安装的有机废气治理设备将生产过程中产生的废气有效处理，减轻了空气污染。同时，企业投资72万元升级改造旧工艺、旧设备等，提高生产效率50%，增加效益1000多万元。“政府部门联系专家针对我们企业存在的问题，逐一梳理，目前，我们已经整改结束。”企业负责人贾学杰告诉记者，针对产品单一、技术不足等问题，政府积极帮助联系对接相关院所，目前，企业已经与山东农业大学、山东农科院、山东省农药研究所等多家科研机构建立了合作关系，共同研制开发新型、低毒生物农药产品，获得国家发明专利2个，农药剂型向新型环保农药方向发展。

对于隐患问题迟迟整改不到位、手续无法补办、常年处于停产状态的化工企业，结合莱西市“腾笼换鸟”政策，协调有关部门，通过转让、回购等盘活措施，腾出厂房引进效益高、无污染的高新企业。在莱西市望城街道青岛玖源化工有限公司，记者看到厂区内停满了玉米收割机。原来，玖源化工的厂房已经租赁给了青岛隆硕农牧机械制造有限公司。隆硕公司的负责人告诉记者，公司主要业务是组装玉米收割机，基本没有污染。今年2月份，经过政府牵线搭桥，与玖源化工签署了租赁合同，目前公司的设备已经安装完毕，现在正在开展环评，通过后就可以投入运营了，预计年销售收入2500多万元。

《经济日报》(2018年3月27日11版)

山东莱西：为水资源筑起“防护网”

（本报记者　刘　成　通讯员　公志程）

姜山湿地里，飞鸟翔集，梅花鹿在水边嬉戏；莱西湖面波光粼粼，鱼群若隐若现；大沽河畔草长莺飞，烟波浩渺，游人如织……近年来，随着对水污染防治与水生态环境保护工作的力度不断加大，山东省莱西市的水生态环境日益改善，境内水源地、地下水等区域水质安全得到充分保障，各类水污染问题得到有效解决，莱西市区形成全方位覆盖、全领域监管、全过程治理的水污染防治体系。

青岛的母亲河——大沽河在莱西境内干流长74.4千米，流域面积1480平方千米，占青岛境内流域面积的31%；胶东半岛最大的湖泊——莱西湖，水域面积56平方千米，总库容4.02亿立方米，被誉为“半岛明珠”；山东半岛最大的内陆湿地——姜山湿地，水域面积1066.67公顷，是青岛市最大的沼泽湿地和野生动物集聚区。54条流域面积10平方千米以上的河流在莱西穿境而过，61座湖泊星罗棋布，常年蓄水量达3亿立方米。丰富的水资源在给莱西带来无限魅力的同时，也让莱西感受到保护水生态的重要性和紧迫性。

作为重要的水源地，莱西湖的水质安全事关青岛和莱西两地城区居民饮水安全。莱西市先后投资3亿多元，修建了全长40多千米的环湖公路，两侧绿化带内栽植陆生植物、乔灌木等40多万株，并在外侧建设排污管道18.5千米，彻底阻断了周边村庄污水进入水库的途径。

为有效监测水质，莱西市投资930余万元，在莱西湖及周边安装了视频监控系统和全自动水质监测系统，并组建了涵盖水面管理、周边区域管理、警区管理等多个领域的管理队伍，实现了全方位、全天候不间断监管。

“河长制是一项常态性工作。”莱西市委书记庄增大表示。去年，莱西市出台《关于全面实行河长制实施方案》，市镇两级领导分别担任境内各条河流的河长及河段长，并明确市直部门作为各条河流的联系单位。6月份，莱西市开展了一次以清除河库（湖）岸边、滩地垃圾和水面漂浮物为主要内容的“清河行动”，全市57条河流清理工作全部完成，洪畅、水清、堤固、岸绿、景美、人与自然和谐发展的河流生态新格局进一步形成。

莱西市南墅镇是全国知名的石墨小镇，石墨产业为其主导产业。小沽河流经南墅镇全境，北墅水库也是南墅镇辖内重要的水源保护地。长期以来，产业发展与水源保护呈现紧张状态。既发展经济，又保护境内水源，南墅镇采取PPP模式，投资3亿元实施石墨污水专业处理厂建设项目，建成后处理能力将达到每天8000立方米。

在做好源头污染防控的同时，莱西市积极推进污染源治理。2017年，依法取缔“十小”企业31家，淘汰涉水污染行业落后产能10427.5吨，多个废弃矿坑治理任务顺利完成，工业废水污染得到有效治理。

污水管网是城市的脉络，也是改善民生的重要内容。在城区，莱西市先后完成了8条道路8.8千米的雨污分流改造工作，日处理100吨的污泥无害化处置项目投入运营，累计处理污泥5938.37吨，并同步实行驻厂督查，加强监管；在乡镇，探索实行“统一规划、统一建设、统一运行”模式，重点针对大沽河、小沽河、莱西湖等重要水源地沿线10个镇街57个村庄实施环境连片整治工程，累计投入资金9740万元，铺设完善污水支管网26万多米。2018年，莱西市将继续投入资金7702万元，在河头店、马连庄等7个镇街建设总长度达4.03万米的污水主管网。

东钟芝村位于莱西湖沿岸，是典型的库区村，也是水源地污染隐患村。2017年以来，莱西市通过实施“农村厕改+污水处理”模式，对东钟芝村这样的水源地沿线村庄实行改厕和农村污水处理有机结合。莱西还将其他村庄的无害化厕所改造作为污水处理的重要手段大力推进，两年内累计完成农村无害化厕所改造14万座。

作为农业大市，种植业和畜牧业一直是莱西的重要产业，但农药的使用和畜禽养殖也产生了水污染隐患。为有效解决农牧业污染问题，莱西市清查河道周边养殖场，关停162家。同时，推广测土配方施肥技术4万多公顷，实施小麦“一喷三防”专业化防治2万多公顷，并开展双低农药专项配送，使水质安全得到切实保障。

《经济日报》(2018年6月11日13版)

青岛莱西市加快新旧动能转换着力推动农业“接二连三”

（本报记者　刘　成　通讯员　王玉翠）

山东青岛莱西市深入推进农业供给侧结构性改革，既立足农业又跳出农业，着力推动一产“接二连三”，助农民增收、农业增效，农村一二三产业融合发展。

走进马连庄镇海升果业产业园，一排排苹果树整齐地连片栽植。苹果采摘后经过“选美”，“颜值”高的贴上海升“清谷田园”标签进入各大商超直接售卖，“颜值”低的则进入海升集团果汁加工企业，加工成浓缩苹果汁。“这种深耕苹果产业发展链条，推动‘牵一接二连三’的发展模式，带来的收益不仅比单纯种植苹果高出几倍，而且有效带动当地村民脱贫致富。”马连庄镇干部于永刚说。

海升果业产业园的发展模式，体现了莱西市探索三产融合发展的决心。近年来，莱西市通过一产发力，催生种养、畜牧等产业发展，为三产融合发展提供了强有力的基础。同时，该市积极引导和扶持龙头企业，充分发挥龙头企业的带动作用，实现产业链延伸、产品价值攀升，让农业真正成为二三产业的“第一车间”。截至目前，莱西市已培育壮大果品、花生、蔬菜、奶牛、生猪、肉鸡等六大产业链条，初步形成了龙头企业带基地、基地联农户的产业化经营体系。

优质农产品一头连着生产，一头连着消费。随着互联网的迅猛发展，“互联网+农业”渐成发展新趋势，也让曾经“深处闺中无人识”的莱西优质农产品，通过网络走出莱西。

林果胜地南墅镇，交通位置偏远，曾遭遇果业怎么发展、平台怎么搭、发展空间怎么拓的瓶颈。为拓展销售渠道，避免丰产不丰收现象，南墅镇以“果乡南墅U+创客产业园”特色农产品电商平台与知名电商企业天天购公司合作运营为契机，着力打通集线上销售线下生产为一体的网络营销渠道。通过借网发展，有效带动了当地林果种植，近年来南墅镇规划建设了袁家蜜桃、唐家梨、东泥牛庄葡萄等现代农业示范园区8处，发展林果1300多公顷，栽植各种果树苗木160余万株。

南墅果品销售触网成功只是莱西市农村电

子商务发展的一个缩影。近年来，该市一改传统单一的实体店销售方式，大力发展“实体店+互联网”的销售模式，价格和销量同步增加。

姜山镇烧锅庄村的大枣虽甜，却仅“闻名”于十里八乡的乡亲们。去年，村里的大枣未出村便售罄，原因是村里搞起了休闲采摘游，游客进园采摘，每斤大枣15元。村党支部书记翟守军给记者算了一笔账：“我们的枣只要一出枣园就卖不上这个价了，市场上的大枣都是10元3斤，这样一算，每斤大枣能多卖12元左右，发展大枣采摘游每年可为村民增收100余万元。”

将现代农业发展和城乡休闲观光旅游相结合，烧锅庄村并非个例。近年来，莱西市让农产品的采摘体验、销售和旅游深度融为一体，走上“一产与三产融合，农业与旅游并进”的发展模式。

如今，莱西市乡村一地一景，处处换景，其中青岛沁楠香休闲岛旅游度假区、鲜多多农场、山后人家生态园、花岭农创园等旅游景区，已成为该市乡村旅游的靓丽名片。

《经济日报》（2018年8月21日15版）

青岛（姜山）基金小镇蓬勃生长推进金融资本与实体经济互动发展

（本报记者　刘　成　通讯员　侯义凤）

在山东省莱西市1300多公顷姜山湿地之畔，山东省内首座基金小镇——青岛姜山基金小镇正在蓬勃生长。自去年6月启动，至今年7月底，小镇已注册基金企业227家，认缴资金规模251.85亿元，实缴资金规模34.99亿元，这些基金成为金融资本和实体经济互动发展的“动力核”。

今年2月份签约的AESC动力电池项目总投资60亿元，项目全面达产后，将实现年产9000兆瓦时电池生产、电池配套及运营；南开教育基地预计今年10月份启动建设，将用5到7年，逐步建成含学前、小学、初中、高中、国际学校、金融学院、教育科研和教育培训等在内的南开系列教育机构……

莱西市副市长江联军告诉记者，自基金小镇建立以来，基金团队利用本身成熟的产业资源和掌握的信息优势帮助政府招商引资、招才引智，取得了实实在在的效果。

如今，通过资本运作招商，发挥基金公司优势，利用财政资金撬动民间资本吸引优质项目落户，已成为莱西市招商引资的主攻方向之一。“过去招商，很多优质项目投资方要求享受减免税收、土地优惠等政策，地方政府比较头疼，但现在通过产业基金方式来合作，由政府背书，投资方更加感兴趣，项目成功率也比较高。”江联军说。

“项目能快速落地，离不开莱西市政府的政策优惠、服务提速，也离不开中科汇金基金公司给予的充足资金保障。”莱西市超低能耗被动式绿色建筑产业园近日开工建设，项目投资方北京天一新能科技有限公司董事长江海红告诉记者，“项目一期投资10亿元，先期开工投资4亿元，当项目遇到资金瓶颈时，基金公司当即决定注入1.6亿元建设资金，保证项目顺利进行”。

江海红遇到的情况并非个例。如今，这种基金公司运作模式在莱西日渐成型，也成为莱西基金小镇建设的最大亮点。“通过基金助推产业，是莱西市建立基金小镇的主要目的。”江联军告诉记者，过去企业与银行对接，银行只能带来资金，但基金不仅能够解决资金问题，还能在全生产链中参与产业发展。

“当前，莱西市正处于新旧动能转换的关键期，传统产业不断壮大，新兴产业不断发展。下一步，基金小镇将进一步引进各类投资基金及其管理机构，发挥资本撬动作用，助推新兴产业发展和当地传统产业转型升级。”江联军说。

在基金助推莱西市产业发展的同时，可以看到基金产业本身也是财富密集度高的绿色产业，能够直接为莱西市创造大量绿色税收。

“基金小镇成立以来，已为当地带来了超千万元税收。随着基金注入促进项目发展，其产生的税收增量将更为显著。”青岛姜山基金小镇管理有限公司总经理崔恒强告诉记者。

要让基金更好地发挥作用，成为新旧动能转换的“动力核”，首先要确保基金及管理机构在莱西的扎根、集聚，莱西良好的营商环境和“保姆式”入驻服务为此做了不少努力。

基金小镇建立了“管委会+市场主体”的运营模式，成立了姜山基金小镇管委会，下设综合协调部、审批保障部、招商运营部、风险防控部；设立了青岛姜山基金小镇管理有限公司，全面负责基金小镇的招商、运营、管理和服务。通过管委会与运营公司的有效衔接，确保基金小镇运营管理专业化、市场化、灵活化。

为吸引基金到莱西市落户、发展，莱西市先后出台《关于加快金融业创新发展的意见》《关于支持姜山基金小镇发展扶持政策》，对基金企业及管理机构从落地租房补贴、金融人才服务、贡献奖励等多方面进行扶持。秉承“服务为本”的理念，莱西开辟了基金小镇绿色通道，为入驻机构提供工商注册、银行开户、税务登记等全流程服务，各方手续无缝对接，企业落地注册流程快捷高效。

江联军告诉记者，今年，莱西将着力进行基金小镇物理空间建设，形成基金集聚效应，助力当地经济发展。“基金小镇成立之初，各基金充分发挥了本身的招商作用，‘带着项目来’，促进政府与项目的交流合作。而随着投资公司纷纷入驻，基金小镇实体建设步伐日益加快。”

根据规划，到今年年底，基金小镇将完成道路、水电、绿化等基础设施建设，小镇客厅和首批基金办公楼建设完成并投入使用，小镇内其他重要建筑分批进入施工阶段，姜山基金小镇将初具雏形。

《经济日报》(2018年10月10日14版)

从简从速从优 企业“落地”仅需21小时

——山东莱西市委市政府深化“放管服”改革，打造莱西服务“最后一千米”，让群众“不跑路”，通过“权力瘦身”吸引大批企业和大项目落户莱西

（本报记者　吴宏林　孙　鹏）

“真是太快了，以前办理这些事项，我们来回跑需要一周时间。如今，从企业核名到领取营业执照，全程仅仅用不到21小时就能办结。中德氢动力（青岛）有限公司在莱西市成功落地且能及时办好手续，这都归功于莱西市放管服的深化改革”。中德氢动力（青岛）有限公司负责人纪玉涛高兴地说。

近年来，中央高度重视简政放权、放管结合、优化服务。山东省莱西市委市政府严格按照中央精神要求，结合自身实际狠抓中央政策

精神落地，大力深化放管服改革工作，创新服务机制。中德氢动力（青岛）有限公司办事过程就是莱西市深化改革后的一个典型缩影。

去繁从简　推进“一窗式”审批

在“放”的问题上，一切以企业为中心，在审批环节上，深入推行多证合一，加快推行互联网+政务服务，全面推行企业登记全程电子化，让信息多跑路，群众少跑腿。在办事程序上，一切去繁从简，重点推进“一窗式”审批服务改革，将受理窗口由现有的80个压缩至35个，分类设置综合窗口，实现“前台统一受理、后台分类审批、统一窗口出件”，有效解决以往窗口忙闲不均、时段性办事拥挤等问题，提升整体办事效率。

进一步优化涉及多层级、多部门的审批服务环节，推动办事流程整合，深度压缩审批时限，让办事更顺畅，时间更少，流程更畅通。同时不断完善政务服务事项网上审批，实现“最多跑一次”就能把事办妥的服务宗旨。凡市场能有效调节、不需列入上级审批的事项一律取消，凡公布实施的政务服务事项，一律实施网上办理。

以实现让群众“不跑路”为目标，通过探索实行商事登记“全域通办”，打破分辖区、分层级的固有模式，群众可以选择任一网点或窗口办理，并核发“电子执照”，实现商事主体登记“跨区域、人性化”服务。

创新监管　完善信用“红黑”名单制度

据悉，莱西市在“管”上全面推广使用了“双随机、一公开”监督检查平台，将34家行政执法部门的427项抽查事项纳入平台，逐步减少监管部门自由裁量权，有效防止了“任性”检查和执法过程中的人为干扰。

不断加大信用监管力度，建立覆盖房建、市政、交通、水利等各类工程项目的诚信体系，不断完善信用“红黑”名单制度，健全信用联合奖惩机制，加大对失信者的惩戒，将企业的诚信情况与招投标、工程建设、资金拨付、银行贷款等直接挂钩，让“守信者一路绿灯，失信者处处受限”。

同时，莱西市把更多的行政资源从事前审批转到加强事中和事后监管上来。强化事中和事后的监管，既要在完成规定动作上不搞变通、不打折扣，又要适应新旧动能转换重大工程的需要，积极探索创新监管理念、监管模式和政策体系，确保行政权力“放得下”也“管得好”。

换位体验　重构政务服务体系

“‘服’可以真正让老百姓体会到‘放’和‘管’的温度，”莱西市委常委、副市长郝曙光说，莱西市在项目落地上采用全程跟踪服务，遇到矛盾问题时采用“假如我是企业办事人，你该怎么做?”的工作思路，以“更加人性化的服务创造更优质的体验”理念为民服务。

在服务上，莱西市设立“最多跑一次”服务窗口，将个人独资企业、分公司登记等21项事项纳入“最多跑一次”服务范畴，一次性办结项目由原来12项升级到现在39项。

“全市85%以上的注册登记事项实现了‘最多跑一次’，办理时限由原来的3个5个工作日压缩成现在的即时办结。通过整合线上线下政务服务资源，重构政务服务体系，最大限度优化企业和群众办事换位体验。”莱西市委常委、副市长郝曙光介绍道。

自去年至今，莱西市通过“放管服”改革，取消行政权力事项43项，整合减少行政权力事项18项，取消非行政许可事项27项。目前全市市场主体总量达到74，933户，同比增长24.67%，其中个体工商户55，999户，同比增长24.80%；企业18，934户，同比增长24.26%。

莱西市通过“权力瘦身”成功吸引了一大

批项目落户莱西，并成立了山东省首个基金小镇——青岛（姜山）基金小镇，不到一年时间，姜山基金小镇已登记进驻企业217家。

“改革从来都不是一蹴而就的事，深化‘放管服’改革，需要上下齐心狠抓落实，只有真正做到百姓有所呼，改革有所应，才能释放更多改革红利。”莱西市委书记庄增大强调说。

《中国改革报》（2018年8月6日8版）

青岛莱西试点初高中“七年一贯制”改革——踏出一条教改“非常”路

（记者 孙 军 特约通讯员 张峰林）

“初高中‘七年一贯制’，让我实现了初高中的‘直通’，免除了高中入学考试的心理负担，原来初中三年的学习，延伸到四年，时间更充裕了，我能更轻松地在学校学习。”青岛莱西七中八（1）班学生李冠良在作文中这样写道。

近年来，青岛莱西市坚持义务教育县域均衡发展“一把手”工程，坚持把中考改革作为城乡教育综合改革的切入点和重点。作为青岛地区唯一实施“小学五年、初中四年、高中三年”的“五四三”学制的区市，自2015年秋至今，在莱西七中（初中）与莱西市实验学校（省重点高中）率先实施“三年初中+三年高中”变为“四年初中+三年高中”的初高中“七年一贯制”教育体制改革试点，创新中等教育学校的类型，走出了一条教育综合改革的“非常”路径，现已初显成效。

为推进改革实施，莱西市成立了改革试点领导小组，统筹规划和落实指导，有计划、有步骤地扎实推进，确保改革的科学性、系统性。同时要求试点学校成立试点工作小组，发挥引路和辐射带动作用，发动全校教师推进课程改革深化，明确改革目标、措施、进度安排、保障条件、风险分析和应对措施、预期成果，形成具有可操作性的试点项目实施细则。

此外，改革还突出学生品德养成、身心健康、活动能力、学业水平等内容，研究制定了《学生综合素质评价方案》《学生综合素质评价信息表》和《学生学业水平测试成绩表》，坚持采用分数制、学分制、等级制、合格制等不同形式，从学生入学第一天起，即进行全时段、全方位的综合素质评价。在此基础上，全市改革中考招生办法，对实验年级学生，高中学校不再单纯凭中考成绩录取，而是兼顾学生日常综合表现及历次大型考试成绩。招生时，普通高中将名额全部放到初中学校，由初中学校根据学生综合素质，择优推荐。

“作为一个学校的管理者，要真正减轻教师、家长的负担，给孩子提供一条自己选择理想的升学之路。”莱西七中校长赵树斌解释说，学校一方面将相关跨学段、跨学科内容、不同版本教材内容，通过调整、补充、完善等方式进行有机整合，另一方面设立自主选课学习日、探索实行弹性课时制度，特别是注重因材施教，诸如对初一数学按难度开发出A、B、C三类课程，由学生自主选择，辅以教师引导的方式选课，实行了分层次走班教学，学生成绩普遍提升。

同时，学校面向全体学生，新建立了书法、阅读、国画、足球、篮球、剪纸、科技等20多个社团，每个社团均实现了活动地点、活动时间、辅导老师“三固定”，并要求每名学生每学期至少参加一项社团活动。社团活动还实行严格的学分制考核，考核分计入学生综合素质评价档案，有效培养了学生主动积极的学习态度和实践活动能力。

2017年5月，青岛市委常委、市教育局局长邓云锋等考察了莱西市该项体制改革推进情况并给予充分肯定，鼓励学校要进一步解放思想，大胆改革，不断探索新做法，创出新经验，争当青岛市教育改革的排头兵。

此项改革走过两年时间，从起初部分家长的怀疑、老师的不理解，到现在家庭教育在配合学校教育教学中发挥的角色更加积极、主动。青岛莱西市教育体育局局长李中禹告诉记者，2017年高考，莱西市实验学校再次取得优异成绩，该校毕业生夺得了全市理科状元。连年来，莱西七中频传捷报：先后获“全国优秀家长学校”“全国国防教育先进学校”“青岛市家庭教育先进学校”等荣誉称号。

“是‘七年一贯制’这条‘非常’路，让我们在实施素质教育的过程中快速成长。”李中禹说。

《中国教育报》（2018年1月23日6版）

莱西：现代产业链是如何拉长的

（本报记者　王建高　通讯员　崔福佐　侯义凤）

入冬时节，地处姜山洼地的北汽新能源青岛产业基地传来喜讯：北汽新能源EC3正式上市；三一重工、汽车小镇置信零部件产业园等投资过10亿元项目签约落户；北汽供应链的20家零部件配套项目落地……作为山东省莱西市引进的第一家整车生产企业，北汽新能源青岛产业基地占全国新能源汽车的23%，今年将实现产值70亿元，新能源汽车产业链产值达到200亿元，成为全国最大、世界第二的纯电动汽车生产基地。

新能源汽车产业链仅是莱西市“6+5+4”现代产业体系的重要组成部分。莱西市委书记庄增大在接受科技日报记者采访时表示，莱西市围绕重点产业、标靶企业，聚焦产业链，推进“双百千”工程和“一业一策”行动计划，实施产业强链、产业补链和产业建链精准“双招双引”，以产引才、以才促产，实现产业升级与人才集聚同频共振。

新能源汽车产业强链招商是莱西绿色产业发展的“重头戏”。莱西市市长姜水清表示，围绕新能源汽车产业链，莱西市推进全产业链招商，实施高新产业强链、延链、补链，激发“链”式效应。记者在采访中了解到，青岛国轩电池年产4GWH动力电池项目迅速推进，今年8月进行试产，项目达产后产值将达到60亿元，助推建设千亿级新能源汽车产业链条。与新能源汽车相关配套企业加速运行，康太源塔帕物流、鸿基合创机械、盛瑞智达精密机械等13个项目先后开工建设，AESC动力电池、NECED电极片、移动能源产业园等37个配套项目先后签约落户。

作为新经济的重要一极，生物医药产业在莱西市新旧动能转换中扮演着重要的角色。在海氏海诺新产品展厅，海氏海诺集团董事长麻兆晖拿起一盒慧兹臣修护精华液告诉记者，这种获国家专利的生物基因美容产品是国家级科研团队与海氏海诺集团研发的新一代产品，去年上市3个月就销售200万元，今年销售收入将达8000万元。

莱西市立足传统的生物医药产业，先后引进了德威生物医药、光彩干细胞等大项目，海氏海诺二期正在规划设计，生物医药产业正从传统农药向高端生物医药转型。

围绕智能制造，莱西先后引进建设了三迪时空3D打印、中科钢研、科元金属打印设备制造、智能物联产业园等项目，助推莱西开发区特色产业内涵不断丰富。

围绕航空航天产业，布局在山东省唯一的航空文化小镇——店埠镇，新签约项目6个，已落户四川泛美航空职业学院，目前青岛北方航空职业学院已开始招生，二期飞行学院项目已开工；同时，引进飞行器制造、通用机场运营方面经验丰富的温德克飞机制造项目和美国科诺集团等项目，进一步完善小镇产业链条。

为充分发挥科研院所的科技引领作用，莱西市着力搭建起企业与高校、科研院所合作的平台，为产业链拉长注入新动能。中科院能源所莱西产业研究院在姜山挂牌启动，首批项目正在落地；国科大暨中科院创新创业学院莱西研究院、中科院北京国家技术转移中心中科创新园、工信部赛迪研究院加速器、河北工业大学碳材料研究院落户莱西，武汉理工大学、北京物资学院、北京邮电大学等一批高校科研院所正在洽谈合作，在带来新项目、新成果、新技术的同时，带动莱西市当地企业嫁接改造、转型升级。

《科技日报》(2018年12月7日3版)

莱西：绿水青山变成生态“聚宝盆”

（中国城市报记者　刘天瑞　通讯员　公志程）

姜山湿地里，飞鸟翔集，梅花鹿在水边嬉戏；拦河坝前，河水潺潺，水鸟翱翔；莱西湖面波光粼粼，鱼群若隐若现；大沽河畔草长莺飞，烟波浩渺，游人如织……近年来，作为青岛北部山水屏风的山东省莱西市，始终把生态保护作为发展底线，先后获得全国最美生态旅游示范市、国家休闲城市综合标准化试点城市、2017年度中国十大品质休闲市、国家生态示范区等一张张“绿色名片”。

“生态是莱西实现差别竞争、特色取胜的潜力所在。必须牢固树立生态优先的绿色发展理念，呵护好蓝天净土，守护好绿水青山，不断放大莱西生态优势。”莱西市委书记庄增大表示。

“保护锁”守护青山绿水

美丽的产芝水库是胶东半岛最大的水库，总面积56平方千米、总库容4.02亿立方米。作为重要的水源地，莱西湖的水质安全事关青岛和莱西两地居民饮水安全，成为莱西的发展路上的一把“保护锁”，城市建设不能有一丝一毫逾越环保的特例出现。莱西人坚守生态底线，在经济发展过程中，正确处理好了开发与保护的关系。

他们是如何提高这扇“山水屏风”的含金量呢？

“莱西市的环评十分严格，任何有污染的项目都不会被允许立项的。”莱西市环保局局长宋学照对中国城市报记者表示，莱西坚持生态环境只能做加法不能做减法的原则，出台了一系列政策，推动生态环境持续改善。“严格落实环境准入制度，在项目洽谈、审批过程中实行环保一票否决制，对新、扩、改项目实行‘批前介入、批时把关、批后跟踪’的全过程环保监管，严格控制建设污染项目，坚决杜绝不符合环保要求的项目落地……”

做好源头污染防控的同时，莱西市积极推进污染源治理。仅在2017年的整治工作中，莱西就已取缔“十小”企业31家，其中制造业29家，淘汰生产线31条。

多年的坚持，成绩是非常明显的。2017年，莱西在山东省环保厅考核中水质达标率达100%，且年均值优于年度考核目标五类水；莱西湖水质达标率100%，12个重点市控断面水质状况稳定；截至目前，森林覆盖率达到35.9%，城市污水处理率达到99%以上。

绿色理念带来生态红利

“莱西的发展可以说很大一部分是坚定绿色发展理念带来的。”宋学照对中国城市报记者表示，由于水源地保护的原因，莱西的所有产业发展都必须遵循绿色生态的原则。

遵循原则，莱西市提出“发展经济依托生态优势，富民强市靠生态品牌支撑”的发展理念，不断探索生态发展新路径，走出了绿色发展的新路子，释放出强大的“绿色能量”。

如今，总投资50亿元的北汽新能源汽车莱西生产基地开启“高档位”模式，去年产量突破8万辆，实现产值70亿元，创全国同行业之最。目前，基地二期正加快推进，全部投产后，新能源汽车产量将突破25万辆。

围绕新能源汽车产业加长拓宽产业链条，莱西市带动集聚了一批产业关联企业和研发服务机构。“到2020年，莱西市将确保配套关联企业达到100家以上，新能源汽车制造产业链产值突破600亿元，构建起从配件生产、整车制造、产品销售、物流运输、技术研发于一体的千亿级新能源汽车产业链，成为莱西乃至青岛的支柱产业。”莱西市宣传部相关负责人告诉记者。

由于莱西生态和水源条件良好，成为了远近闻名的食品生产和加工基地。

在莱西东庄头蔬菜批发交易市场，记者发现这里比自己想象的要大的多。当地村民们告诉记者，本市场是山东省主要蔬菜集散地之一，一年四季都有大量鲜菜上市，品种达100多种。

“大沽河、小沽河等河流流经于此，让这里十分适宜蔬菜种植。目前，全镇有胡萝卜种植基地3333.33公顷，所产的胡萝卜大量销往韩国、日本和东南亚等国家和地区。”店埠镇宣传委员李丽娜告诉记者，如今，店埠已经成为全国“一村一品”示范村镇。

盘点莱西市一二三产业的发展，是莱西始终坚守“绿水青山就是金山银山”发展理念的体现，为莱西实现跨越发展、绿色崛起注入了新动能，开辟了县域经济转型升级的新途径。

“休闲+”让你“乐在莱西”

“莱西这几年建设得不错，景点多了，我们从青龙高速开车过来很方便。老人、孩子都喜欢在周末来体验一下采摘新鲜水果的休闲生活。”来自青岛的朱先生一家正在神岭生态园采摘水果。

游客口中的“景点多了”，是对莱西市加快休闲城市建设的直观感受。

据悉，2015年，莱西成功举办了第二届世界休闲体育大会，让莱西这座城市深深打上“休闲”的烙印。以此为契机，2017年8月，莱西市正式印发《“乐在莱西”品牌培育工作实施方案》，将通过打造“乐在莱西”旅游品牌工作，实现推动莱西旅游业的提档升级。”上述负责人表示。

记者了解到，近年来，莱西市按照全域旅游发展理念，以“一核、一带、三区”为支撑，推动旅游从“零敲碎打”向规模化发展，着力打造集金融、商旅、休闲于一体的高端旅游度假先行区和示范区。

今年5月，莱西市被确定为2019年第三届世界休闲体育大会的主办城市，下一步，该市将借助第三届休闲体育大会的举办，开发和培育休闲体育赛事市场，着力引进国内一流赛事活动，并积极布局以休闲旅游、休闲体育、休闲食品、休闲养生、休闲文化“五位一体”的“休闲+”产业体系，利用2至3年时间，将“乐在莱西”品牌建设成全国有名的旅游品牌。上述负责人表示：“到2020年，全市接待游客总人数将达2000万人次，旅游业总收入达到100亿元。”

“乐在莱西”和“休闲+”的结合是顺应大众旅游时代的行业发展趋势，在惠及莱西城市发展的同时，也将为莱西人民带来巨大的物质和精神财富。随着一座座主打“休闲+”主题的采摘园相继开园，“农户+公司+市场”的经营模式也表现出了惊叹的活力。截至目前，莱西累计新建改造乡村旅游点84个，培育“休闲田园游”示范点40个，有力地带动了周边农民脱贫致富。

如今，在莱西人心目中，绿色生态早已不是钳制发展的大锁，而是成为了发家致富的“聚宝盆”，由此，“生态惠民”“生态富民”让莱西人真正享受到了区域生态建设带来的成果。

《中国城市报》(2018年8月6日1版)

释放政策红利 青岛莱西今年签约亿元以上项目60个

(中国工业报实习记者　宫晓静　通讯员　吕文波　葛虹虹)

青岛耐克森轮胎有限公司连续3次增资；希杰（青岛）食品有限公司先后13次增资扩建；青岛雀巢有限公司再增资8000万元建设冰淇淋奶浆项目……青岛莱西市从政策、资金、技术、设施配套支持等方面做实对企业的服务工作，使企业实现了“绿色崛起”，并呈现出“群雁高飞看头雁”的招商效应。截至今年8月底，新签约亿元以上项目60个，总投资503.5亿元，新开工亿元以上项目30个，总投资134.9亿元。

清除“拦路虎”

资金是摆在中小企业成长路上的“拦路虎”。莱西出台了多个政策性文件，制定工业企业奖励扶助政策46项，奖补总额达到5000万元以上。去年共帮助企业落实上级各类扶持资金近2000万元。如今，山东首家基金小镇——姜山基金小镇经过一年的“成长”，吸引入驻企业275家，认缴资金规模超过590亿元，有力地推动了产业项目发展，今年已完成过桥64笔，周转金额5.19亿元，累计完成过桥245笔，周转金额共计18.25亿元。

北汽新能源青岛产业基地自2014年落户以来，莱西市公安局在企业设立了治安办公室，每月定期召开服务发展警企联席会，在企业周边规划建设了9个视频监控点，建立入职工人“安全档案”，共审核应聘人员2800余人次，发现有劣迹不适合人员31名。企业从落户建设至今没有发生一起案件，没有丢失一砖一瓦，每月约有600辆大型车辆需进出企业、近10000辆新车试车，未发生一起事故。北汽及其配套企业多次送锦旗对“最安全环境”表示感谢，并在一期顺利达产的基础上启动了二期项目建设，总投资达50亿元，达产后年生产规模30万辆。

破解“痛点堵点”

“去年，按照化工行业‘四评级一评价’要求，莱西市化工专项行动办、经济开发区管委会积极帮助联系我们在企业销售淡季进行技术改造升级，顺利达到国家标准，保证了企业销售旺季正常生产，当年销售额同比增加300多万元。”青岛锦鲜化工有限公司办公室主任左琳娜说道。

有了打开的大门，更有敞开的心门。自去年以来，莱西市成立由市委书记、市长挂帅，30家涉企管理服务单位和12处镇街积极参与的市企业服务工作领导小组，组织对600家规模以上和成长型企业开展了“大走访、大调研”活动。

在企业大走访中了解到，青岛雀巢公司用电因非正常波动导致生产中断，立即将其作为典型案例专题研究，现场办公，面商解决方案，直接为企业挽回经济损失约300万元，并以此为推手在全市开展了供电线路安全排查整治活动。姜山镇企业家协会先后发展成员单位230多家，建立了微信交流平台，定期召开会员联谊活动，引领欧莱仓储、沃夫特机械、海诺生物等10多个企业建立了产业合作关系。青岛奥司登精密铸造有限公司破损的机械部件过去要跑青岛、济南去选购，加入企业协会后才知道，镇内华通企业就生产这一类机械部件，既省事又省心、省钱。

力促“换道超车”

针对国家级农业重点龙头企业九联集团养殖大棚用能由煤改成天然气后成本增加3倍的情况，中科院青能所积极帮助企业进行技术攻关，已经制定出用鸡粪发酵产生沼气代替天然气的技改方案，每个养鸡棚每年可节省成本100多万元，助力企业“换道超车”。九联不仅是第一批获得出口欧盟资质的企业，而且已连续十年稳居出口日本肉鸡总量全国第一位。

在莱西市政府协调支持下，依靠与科研院所联合技术创新，青岛道一空优科技有限公司研发出世界首创的无管道空气优化系统，申请国家发明专利200多项，被授予“国家高新技术企业”称号。“技术创新是我们高质量发展的推动力。氧气传感器是产品生产中不可缺少的部件，一直从国外高价进口，单价在1200元左右，我们依靠技术研发，以仅13元的成本单价，达到了国家标准。”青岛道一空优科技有限公司总经理郭金昌介绍。

《中国工业报》（2018年11月15日4版）

推动生态资源转化为生态资本，莱西走出一条经济生态化、生态经济化的绿色发展路径，实现一二三产业高质量发展
——看莱西如何挖掘“生态宝藏”

（本报　吕树明　吕文波　张晓帆）

在姜山镇北汽新能源青岛产业基地，中国新能源汽车史上单月产量过1.5万辆的纪录刚刚诞生；

在夏格庄镇，全省唯一的国家级超低能耗装配式被动房科技创新基地开启全面建设的大幕；

……

这是发生在莱西的一个个“绿色崛起”的鲜活故事。

“十九”大报告提出，必须树立和践行绿水青山就是金山银山的理念……坚定走生产发展、生活富裕、生态良好的文明发展道路，建设美丽中国。这是新时代坚持和发展中国特色社会主义的基本方略之一，也是引航全国各地推动绿色发展的明灯。

素有“青岛后花园”之称的莱西，秉持生态优先、绿色发展的理念，加快推进“绿色崛起”，建设青岛北部绿色崛起的典范之城。

"'十九'大报告提出，必须坚持节约优先、保护优先、自然恢复为主的方针，形成节约资源和保护环境的空间格局、产业结构、生产方式、生活方式，还自然以宁静、和谐、美丽。对此，我们体会深刻。良好生态是莱西最大的优势，绿色崛起是全市人民的共同企盼，我们将以党的十九大精神为指引，按照青岛市'一三三五'工作部署，坚定不移走生态优先、绿色发展之路，努力在推动生态与产业互融互促、协调发展上走在前列、打造样板。"莱西市委书记庄增大如是说。

自戴"紧箍"——多家涉水石墨企业全部关停

位于莱西市北端的南墅镇，地下有一座巨大的"宝藏"——可供开采200年的石墨矿。但是考虑到资源、生态的可持续性，南墅镇严格控制对石墨矿的开采，石墨原材料多从外地采购。"产业的发展不能以忽视生态环境为代价南墅镇打造'绿色碳谷小镇'的战略定位，以'绿色'为出发点，从源头上避免开采过度给生态环境造成的伤害。"莱西市政协副主席、南墅镇党委书记姚军说。

与南墅镇相对、位于莱西市南端的姜山镇，辖区内有胶东半岛最大内陆湿地——姜山湿地。2005年开始，姜山湿地历时10余年的开发，三易其主经历多个公司"插手"，莱西始终坚守生态保护这一"神圣使命"。在保护性开发的"红线"下，湿地内珍稀动植物丰富多样。

守着"真金白银"却不逾"红线"，这便是莱西"生态优先"的决心和力度。对此，庄增大深有感触。他说："莱西生态环境优美，水资源丰富，这些得天独厚的自然生态禀赋，是大自然的馈赠，是莱西最大的'本钱'，更是莱西实现差别竞争、特色取胜的优势所在、潜力所在！"

基于此理念的"绿色崛起"战略定位由此框定：紧紧围绕建设大青岛北部绿色崛起的典范之城的总定位和现代化区域性次中心城市、青岛先进制造业基地、半岛交通物流中心、国际休闲旅游目的地、国家现代农业示范区5个目标，以"生态优先"发展战略为统领，牢固树立"绿水青山就是金山银山"的理念，统筹推进生态环境保护、生态文明制度建设，严格实行生态红线制度，加大环境治理力度，着力构筑以大沽河为生态中轴，以大青山为生态屏障，以莱西湖、月湖、青山湖等水体为生态原底，以滨河滨湖湿地为生态要素的生态格局，城镇污水集中处理率达到100%，林木覆盖率达到38%以上。倡导绿色生产生活方式，大力发展绿色经济、循环经济、低碳经济，培育全民绿色风尚，擦亮"田园生态休闲莱西"城市名片，建设半岛中部生态美丽标杆城市。

为此，莱西市"和自已过不去"，划定了一条条"红线"，出台了一系列政策，戴上了一个个"紧箍"——严格落实环境准入制度，在项目洽谈、审批过程中实行环保一票否决制，强调第一审批权，对新、扩、改项目实行"批前介入、批时把关、批后跟踪"的全过程环保监管，严格控制建设污染项目，坚决杜绝不符合环保要求的项目落地；水源地保护区范围内30多个村庄不允许建任何可能造成水污染的工业项目，大沽河莱西段各控制断面水质保持要达到功能区划标准，集中式饮用水源地达标率必须达到100%；在源头防控、综合治理、长效监管等方面采取系列举措，深化城乡环境综合整治，规划建设生活垃圾综合处理园区，促进城乡环境持续改善……

"生态优先"的理念成就了许多"壮士断腕"的壮举：

南墅镇10多家涉水石墨企业全部关停。为了尽可能地减少石墨产业对环境的负作用，南墅镇规划建设了诸多配套项目：投资7.4亿元进行基础设施项目建设；投资3亿元建设石墨专业污水处理厂，实现污水的闭路循环，达到零排放和资源化利用目标。

2017年，莱西市抓住中央环保督察进驻山东的有利契机，深入开展环境保护突出问题综合整治，抓好畜禽养殖污染治理、“小乱散污”企业清理整治等重点工作，扎实推进“河长制”落实，打好水、大气、土壤污染治理攻坚战，推动生态环境持续改善。

精铸“绿色名片”——好生态引来发展新动能

抢占了生态的高地，生态优势需要不断放大。莱西市提出“发展经济依托生态优势，富民强市靠生态品牌支撑”，不断探索生态发展新路径，走出了绿色发展的新路子，释放出强大的“绿色能量”，“国家环境保护模范城市”“国家生态示范区”等一张张“绿色名片”，给莱西带来巨大经济效益：千亿级新能源汽车产业圈初具规模，百亿元世界级新材料产业链已现雏形，山东省首个基金小镇正式建成，通用航空产业、现代服务业、信息产业迅速崛起……

设置了那么多的条条框框，不仅没有限制石墨产业的发展，反而吸引了国内优势企业和国际人才的集聚。南墅镇完成了石墨产业从低端的矿石开采、加工转向高端的新材料研发、生产的绿色跨越，黑色的石墨释放出“绿色动能”。

2017年，诺贝尔奖得主、“石墨烯之父”安德烈·海姆在集聚区建成了青岛德安新碳复合材料有限公司，致力于研发、生产石墨烯复合材料。目前，青岛市级石墨新材料产业集聚区，已吸引14家企业入驻，其中投资过亿元的项目达11家。

同样，莱西湿地的保护也引来了千亿级新能源产业。2014年春，正在多处选址的世界500强企业北汽决策者路过姜山湿地，认为湿地碧水蓝天、百鸟翔集的自然景观与北汽倡导绿色新能源的生态理念十分一致，决定在此投资建厂。

如今，总投资50亿元的北汽新能源青岛分公司莱西生产基地开启“高挡位”模式：随着第4万辆车下线，基地正以500%的年增长率践行着“北汽速度”。目前，投资40亿元的基地二期正在加快推进，今年8月全部投产后，新能源汽车产量将突破20万辆，2020年达30万辆。

围绕新能源汽车产业加长拓宽产业链条，莱西市带动集聚了一批产业关联企业和研发服务机构，预计到2020年，姜山新能源产业园汽车配套企业和关联企业将超过100家。目前，新能源汽车产业已构建起从汽车配件生产、整车组装、形象策划、产品销售等为一体的千亿级新能源汽车产业框架，成为莱西乃至青岛的支柱产业。

盘点5年来莱西市项目建设，新能源、新材料项目“龙头”带动作用凸显，物流、电商、休闲旅游等新业态、新模式快速增长，城市综合体、智慧产业园、大数据中心等一批高精项目先后落户……一系列可喜的变化在很大程度上，都得益于生态资源这张“绿色名片”。

关注莱西市引进的项目，“绿色”“创新”“未来”，关键词愈发突出。

坐落在莱西市马连庄镇军武河畔的青岛沃尔新源风力发电一期项目10万千瓦容量风电场，年发电量约2.4亿千瓦时，每年可节约标煤约7.5万吨，减少二氧化碳排放量近19万吨；

落户望城街道的青岛琦泉生物质发电有限公司项目是莱西首家生物质绿色直燃发电供热项目，生物质机组单机国内最大，预计年燃用秸秆33.6万吨，节约煤炭3.6万吨，年输送绿色电力3亿度，可消化掉莱西及周边地区所有农林生物质废弃物；

莱西市夏格庄镇的青岛超低能耗绿色建筑产业园是全省唯一的国家级超低能耗装配式被动房科技创新基地，以装配式被动房屋用蓄能型防火保温绿色墙体材料生产和研发技术为核心，利用超低能耗被动房独特的绿色环保、防火保温、建造快捷的集成效果和广阔的发展空间推进产业集聚发展。

一个个大项目的落地投产，是莱西项目签约、建设过程中更加注重“四新”推动“四化”的典型，除此之外，赛迪加速器、中德智慧新城、三迪时空3D打印等总投资达214.4亿元的25个新兴产业项目先后引进，更为莱西市项目引进树立了新旧动能转换的“风向标”，为莱西实现跨越发展、绿色崛起注入了新动能，开辟了县域经济转型升级的新途径。

力推“绿色惠民”——打造宜居乐游“美丽莱西”

“我们袁家村可真是交了‘桃花运’，全村已发展起中华寿桃、迎霜红、金秋红蜜三个品种的桃树120多公顷，平均每亩收入一万多元。收入20来万元的农户有很多。”南墅镇袁家村村干部赵显盛介绍，这一片果林就是一座绿色银行。

兴一方产业，不忘美一方环境、富一方百姓。莱西的生态资源，正日益成为千家万户致富的“绿色银行”。

2017年，莱西市对辖区内15度、25度以上坡和宜林荒山进行了深入调研，坚持经济为先，通过龙头企业+基地+农户、公司+合作社+农户、联合社+支部+农户等运营模式，在北部丘陵地区发展以核桃、苹果、桃、板栗等为主的特色经济林666.67公顷，植树100万株。按照“一村一品”的原则，鼓励村民选择柿子、枣、杏等树种，在村内主要街道、庭院、房前屋后种植，植树38.4万株。

充分认识到绿色产业的巨大经济效益，莱西大力实施“南菜北果”战略。目前，沿大小沽河流域重点打造了以店埠为中心的3333.33公顷胡萝卜种植区和以马连庄为中心的3333.33公顷甜瓜种植区。北部以南墅、马连庄、河头店为中心，南部以沽河、院上为中心，重点打造了6666.67公顷优质苹果种植区以及优质日韩梨种植区、优质晚熟桃、葡萄种植区，全市果园面积稳定在1.33万公顷。

在店埠镇，万亩国家级现代农业园区让人振奋。为促进农业增收致富，2014年，莱西市店埠镇依托2000公顷胡萝卜种植基地，争取国家财政扶持9000万元，同时整合青岛市农业、水利部分资金，投资1.4亿元建设面积1333.33公顷的国家农业开发现代农业园区。同时，撬动社会资本在园区及周边投资20多亿元共同开发建设一二三产业，使种、管、收、储、销产业链条链接更加紧密，辐射带动发展春季设施栽培胡萝卜3333.33公顷，出口率达60%，亩纯收入超万元，农民人均收入达2.3万元。

2015年，莱西成功举办了第二届世界休闲体育大会，让莱西这座城市深深打上“休闲”的烙印。莱西打出了“乐在莱西”的旅游品牌，高标规划旅游产业，积极对标杭州、成都等一流城市，聘请国内顶尖规划团队对莱西生态建设、旅游发展等进行规划，谋划打造“一城、一带、四区”的全域旅游格局。依托莱西湖、姜山湿地、大沽河生态资源，推出一批有特色、有档次、有内涵的拳头产品，推动旅游从“零敲碎打”向规模化发展，着力打造集金融、商旅、休闲、养生于一体的高端旅游度假先行区和示范区。

同时，莱西市将休闲旅游业与旧城改造、特色镇、美丽乡村和智慧城市建设结合起来，完善水、电、路、网等基础设施，规划建设中央休闲区、特色旅游社区和特色美食街等，特色镇村、旅游乡村在莱西已遍地开花——院上镇的葡萄酒风情小镇，打造高品质葡萄酒文化体验区；河头店镇的苹果小镇，打造以苹果主题、农旅产业融合的特色村；沽河街道的休闲食品小镇，依托青岛雀巢公司、青岛九联集团和德州扒鸡等规模以上82家企业，倾力打造休闲食品特色……

目前，莱西市整体上形成了东北部区域以沁楠香休闲岛为主，西北部区域以东鲁农业公园为主，西南部区域以鲜多多农场、山后韭菜生态休闲农业园为主，东南部以姜山湿地为主的区域旅游发展框架。此外，莱西市注重当地传统文化与乡村特色相结合，加强特色风貌镇村文化传承、容貌保护和生态维护工作，让居民从保护中改善、从整治中受益。由此，“生态惠民”让全体市民共享区域生态建设成果。

《大众日报》（2018年1月28日7版）

科技引领打造乡村振兴新引擎

（本报记者　张晓帆　通讯员　侯义凤）

“自动按照国际标准对果蔬的大小、果形、颜色、缺陷进行品质分级，颜值高的胡箩卜装箱出口销售，颜值低的可以进行再加工。”目前，在位于莱西市店埠镇的青岛有田农业发展有限公司，记者看到一台机器人正在对生产线上的胡萝卜进行360°镜面扫描。生产这台智能分拣机器人的公司创始人耿琪超告诉记者，机器可以用十八分之一秒扫描处理完胡萝卜图像，实现分拣精准快速，一秒钟可以处理100张图像，分拣6根胡萝卜。一名工人一天顶多可以拣2吨胡萝卜，而照了“CT”后，一台机器人一天可以分拣60吨胡萝卜，顶30名工人的工作量。目前，该项科研成果已经青岛市科技局认定达到国际先进水平，并获得多项发明专利。

28岁的耿琪超出生在有着“中国胡萝卜之乡”美誉的莱西店埠镇。“在莱西，两口之家每年最多能种十几亩地，而在美国，一个人运用现代机械化，轻轻松松就可以管理万亩良田。”在美国明尼苏达大学读经济学期间，耿琪超和同学到美国田间实习后，心情非常沉重，他梦想也能把家乡的父老乡亲从土地中解放出来。留学期间，他利用课余时间接触先进的农业技术和机械化作业，立志将机械化农业作业带回养育自己的家乡。

2013年大学毕业后，耿琪超回国创业，从事起了胡萝卜的种植、加工和出口生意。

“我发现乡亲们在胡萝卜的种植和管理上问题不大，但是在分选胡萝卜时，人工分拣效率低、标准无法统一、质量难以保障，不能满足外贸行业对胡萝卜的分选要求。”耿琪超就琢磨着发明个机器，解决胡萝卜的分选难题。

“仅仅研究精准控制胡萝卜运动轨迹这一项技术，我们就实验了十几种方法，整个分拣机的研发过程可以说失败了成百上千次。”研究胡萝卜分拣机是一个从无到有的过程，耿琪超带领着团队度过了艰难的创业期。

为了实现更精准的分拣，耿琪超先后与青岛农业大学、中科院自动化所青岛智能产业技术研究院联合在智能农机装备和现代农业物联网领域进行开发研究。2013年，公司成功申请为青岛市农业智能软件专家工作站，吸引了数位教授与博士进驻工作站进行科研攻关，经过四年的时间，团队成功开发了一套集计算机、人工智能、模式识别、微电子技术等高新技术为一体的胡萝卜品质检测系统及设备。

有了这样一台机器人，每年不仅可以给公司节省上百万人工成本，胡萝卜年出口量也将提高30%，给农民带来更大收益。

目前，耿琪超已经收到多家公司关于胡萝卜智能分拣机器人的订单。该项研究成果不但可推广应用在胡萝卜的深加工分级中，还可以推广到土豆、柑橘、柠檬等其他果蔬的加工分级包装中，极大提高了农产品的产业化程度及其在外贸出口中的国际竞争力。

《大众日报》（2018年4月2日2版）

党建共同体等基层组织建设创新助力乡村振兴——莱西农民为啥爱找党组织

（本报莱西讯 记者 张晓帆 李 媛 宋 弢）

莱西市水集街道产芝村一度是个空壳村，4年前村集体还负债217万元；短短几年时间，如今村里人均年收入近两万元，村集体收入增了8倍。这一变化的背后，是莱西基层组织建设的不断加强和完善。

为挖掉穷根，2014年村党支部书记王延强提出发展乡村旅游的构想，可遭到了多数村民反对："村里泥巴路一下雨就没法走，也没有像样的景点，谁会稀罕来"村民们不敢尝试，党支部15名党员"硬"下心来，带头拿出1.67公顷地，投资建设了"开心农场"，分批分期出租给城区市民。让村民们意外的是，不到3个月的时间，168块"开心农场"就全被认领，算下来年底收入能有十几万元。曾经反对搞旅游的村民很快也积极加入了乡村旅游"大军"。几年里，村集体成立的青岛产芝乡村旅游专业合作社与村民们签订流转合同，盖起了7个农家乐采摘大棚，又流转村民房屋建起了泥塑馆、老作坊、农家乐、特色民宿等。

产芝村的"开心农场"，是莱西"党支部+公司+农户"模式的一个典型，也是新时代乡村振兴中"干啥都先找党组织"的一个写照。

莱西基层组织建设有着光荣传统。1990年8月，在莱西召开了全国村级组织建设工作座谈会，确立了以党支部为核心的村级组织配套建设工作格局。在新时期，莱西继承发扬"莱西会议"精神，对基层党组织建设经验不断加强和完善，把基层党组织建设成更坚强的战斗堡垒，强化起"干啥都先找党组织、啥都靠得住党组织"的生动局面——

在纵向上看，莱西加大党组织在各类经济和服务组织中的参与力度，使基层党组织优势充分体现在农村建设中。针对当前新型农业经营主体和各类服务组织大量涌现的情况，莱西打破地域限制，将原本分散的党组织联结为紧密的党建共同体，创新形成了各种类型的党建共同体。目前，全市已涌现出村企联建型党组织14个、"村庄+农业合作社""村庄+农产品批发市场"党组织248个、农村社区型党组织115个、田园综合体党组织2个，支部建在产业链上已成了普遍现象。当前，莱西更是将"创新田园综合体党建新模式助力乡村振兴"作为市委书记抓基层党建突破项目，层次和规模上进一步突破。

"有了党组织，干啥效果都不可同日而语。"山后人家田园综合体创业园负责人张庆涛感慨，原来企业每年都举办韭菜文化节、番茄节、风筝节等大大小小五六个节庆，但人一直稀稀拉拉。今年3月，街道党委牵头建起了"街道党工委——综合体党委——党支部"三级联动体系，有了党组织的助力，人气"鼓了"，年接待游客预计可达15万人次以上。

从横向来看，莱西依托农村社区党群服务中心，建立完善了基层党组织发挥作用的抓手。近年来，全市探索建立起了115个农村社区党委，使基层党组织由"镇、村"两级变为"镇、社区、村"三级，70%镇级机关干部下沉，镇级服务直接到了社区，社区可直接办理18个、代理办理25个为民服务事项，服务群众半径由20千米缩短为5千米。"过去办个养老保险缴费，得从村里到镇上，打从有了社区党委，在家门口就能办了。”9月28日，在南墅镇青山社区党群服务中心办理养老保险缴费事项的村民孙建刚告诉记者。

“社区党群服务中心的设立，打造出了坚强的组织架构。”莱西市政协副主席、南墅镇党委书记姚军告诉记者，如此一来，镇上党的建设、村务管理、服务群众等各项工作得到深入开展。数据显示：随着农村社区党委设立，莱西社会矛盾调处率提高到90%以上，镇级以上信访量下降80%。

《大众日报》（2018年10月6日1版）

接报刑事警情、道路交通事故在区市中下降幅度最大，刑事发案连续三年在青岛农村最低，大案要案连续六年全破，社会治安创近二十年来最好水平

莱西：创新做实“安全感”

（青岛日报/青岛观/青报网记者　张　晋　通讯员　吕树明）

“中国人常说，平安是福。住在莱西，平安的感觉让人很幸福。”在莱西开出租车的王林清告诉记者，夜间出车再也不怕遇上“痞子”了，晚上卡点上盘查的公安民警让自己很有安全感。

一组数据印证了平安建设带给莱西城乡居民的安全感与幸福感——2017年，莱西市接报刑事警情在2016年下降32.6%的基础上又下降31%，在青岛各区市下降幅度最大；刑事发案连续三年在青岛农村最低；大案要案连续六年全破；道路交通事故下降幅度在青岛最大，连续3年实现肇事逃逸案件全破，死亡事故起数、死亡人数25年来最低。全市社会治安创近二十年来最好水平，荣获“山东省社会治安综合治理先进市”称号。

创新“1+3+N”警务实战模式：快破大案，多破小案，完美办案

2017年，莱西公安提出了“快破大案，多破小案，完美办案”的工作思路，打击违法犯罪活动能力水平进一步提升。

去年10月23日，案件研判中心民警研究莱西市人民医院被盗案时，发现一名女性打扮人员有作案嫌疑，便对其进行追踪调查。下午，民警便在水集新村附近发现此人行踪，并将案件线索迅速推送至侦查团队，侦查团队立即会同辖区派出所民警前往抓捕。当天傍晚，将男扮女装实施盗窃的犯罪嫌疑人抓获。

一天时间锁定犯罪嫌疑人并破案，得益于莱西公安创新开展的警务实战模式。“去年，刑侦大队打造了一个案件研判中心引领、三个侦查团队攻坚、多个派出所密切协作的‘1+3+N’警务实战新模式，极大提高了侦破侵财案件和重大系列案件的实战效能。”莱西市公安局刑侦大队教导员刘京海告诉记者，2017年，莱西市侵财类案件破案率同比提升18.6%。

偷盗一个西瓜、四个水桶、一辆电动车……对于群众举报的地地道道的“小案件”，莱西公安却是毫不马虎，认真破案。一针一线，牵动着人民群众内心的安全感。

滨河路派出所所长蔺海俊向记者讲述了这样一个案件：2017年8月24日，家住莱西奥特花园的靳先生报警称其电动车被盗。值班民警到达现场后立即展开工作，通过对天网监控大量的分析研判和走访排查后，最终锁定了嫌疑人并进行跟踪调查。当时天气炎热，民警顾不上吃饭、休息，经过三天的奋战，将嫌疑人抓

获。事后，靳先生送来了锦旗和感谢信。他说，电动车被盗不是什么重大案件，但从民警不辞辛苦帮助他寻找丢失车子的行动中，切实感受到了“人民警察爱人民”。

坚持“完美办案”，让人民群众看到实实在在的办案效果。何为完美办案？就是做到“破案必追赃”。2017年11月27日22时，上完夜班回家的李先生发现家中被盗，200元现实和一副首饰丢失。李先生说，虽然当时报警，但丢失物品价值有限，“不是大案要案”，自己也没把这件事放在心上。“但之后民警几次找我了解情况，告诉我案件进展，这让我非常感动。”一个多月后，民警告诉李先生，犯罪嫌疑人已成功抓获，就在不久前，被盗的200元现金和一副首饰由民警交到了李先生手中。通过实施“完美办案”，2017年，莱西公安为群众追回赃款及赃物折款600余万元。

创新“镇街警情研判”模式：找准矛盾发生规律，精准“防患”“减患”

2017年10月，莱西市综治委发布的《案件警情同比情况通报》显示，夏格庄镇矛盾纠纷发案率上升较大。收到情况反馈，夏格庄镇立即组织相关单位召开案件警情分析会查找原因，发现案件警情大幅上升的主要原因是作为蔬菜种植大镇，因蔬菜价格下降，采购商和经纪人与农户签订购销合同时联合压低蔬菜收购价格，由此产生了矛盾纠纷和治安案件。找到了问题的症结，夏格庄党委、政府委派司法所立刻制定了规范的合同样本，召开全镇社区、村庄会议，将合同样本发放到村庄，由各村党支部书记负责组织购销双方参照样本签定规范合同，遏制了坑农害农的行为，同时也减少了因此而产生的纠纷甚至刑事案件。

这是莱西市2017年在青岛区市中创新推出的“镇街警情研判”——案件警情月分析、同比月通报、发案率季考核三项制度的一个缩影。

“镇街警情研判中，莱西市政法委、公安、镇街等多部门联动，对各类案件发生的原因、规律进行分析研判，制定切实可行的精确打击、有效防范工作措施，实现了精准‘防患’‘减患’。”莱西市政法委副书记、综治办主任王旭令介绍了他们的具体做法：市级开展季度分析研判制度，由莱西市公安局安排专人负责，根据110指挥中心有效警情，每季度末对全市治安、刑事案件发案情况进行全面分析研判，找准发案的规律和特点，提出工作建议，指导基层派出所和镇街开展打击与防范工作，降低全市发案率；镇街实施每月分析研判制度，各镇街综治委组织辖区公安派出所，安排专人联系对接采集数据，镇综治办主任每月召集派出所、司法、综治、信访、社区等部门召开案件警情分析会议，根据辖区内每月发案警情数量、规律和特点，分析研判治安重点区域和近期突出的治安问题，集中整治；莱西市政法委建立案件警情同比考评制度，对镇街每月一通报、每季度一考核，督促推进。

这一模式在实际运行中达到了“防患”“减患”的预期效果。如，去年1月，在案件警情分析应用过程中，发现莱西市人民医院、商业街、汽车站等人员流动大的区域，侵财类案件频发、高发。为此，莱西市组织公安、综治、街道开展了“重点整治 集中打击”专项活动，在医院、车站、商业街增设25处视频监控点，加强技防设施，使视频监控无死角；组织周边3处公安派出所民警联合治安志愿者、保安人员加大巡逻频度和力度，强化人防措施；实施严厉打击，刑警大队成立专案组，利用技侦、图侦和人脸识别系统实行精准打击，以点破面，先后打掉盗窃团伙2个，刑事拘留16人，治安拘留12人，破获案件50多起。通过整治打击，重点区域治安形势明显好转，莱西市市立医院、汽车站每月发案由6到7起下降到零发案，莱西市人民医院发案由每月20多起下降至连续数月零发案。

创新群防群控“桩钉工程”：装修工商贩等成了治安志愿者

去年，莱西市某旅馆清洁人员在打扫房间时发现，房间内有吸毒的迹象，于是立即将这一情况通过旅馆负责人反映给民警。民警识别了2名外地吸毒人员的身份后，通过建立的旅馆业协会微信群发布信息，呼吁提供线索，马上得到另一家旅馆负责人的反馈——两名嫌疑人入住在他的旅馆。民警立刻赶到旅馆，将嫌疑人抓获。案件侦破仅用了不到一天的时间。

这起案件的迅速侦破，得益于莱西专业力量与群防群治的有效互动。

在莱西，行业协会是莱西治安依托的重要群防群治力量。莱西公安与旅馆业协会、租赁车协会、加油站协会等多个协会建立联系，这些行业协会通过微信群方式与莱西公安保持即时沟通，发现问题第一时间与民警联系，民警跟进处理，专群结合，在治安防控体系中发挥着日益突出的作用。

“桩钉工程”是莱西市实施社会治安志愿者工程的形象称呼。在莱西，2000余名社会治安志愿者是群防群治的重要力量，他们的身份是保洁、门卫、装修工、商贩……这些停驻在小区中的“桩”“钉”，通过“熟悉小区情况”“楼上楼下跑”，有着发现问题的天然优势，通过吸纳这些人员充当治安志愿者，可以第一时间发现问题并反馈，助力治安工作。

农村集市的治安问题始终是影响群众安全感的因素之一。2017年，莱西市创新开展集市治安巡逻工作，确保社会治安秩序持续稳定。该市在各镇确定2处规模较大、人员较多的集市开展治安巡逻。巡逻由镇综治办负责组织实施，巡逻队伍由2名派出所人员和4名村综治协管员组成，集市不散、巡逻不断、人员不撤。通过组织开展集市治安巡逻，2017年度抓获违法嫌疑人5名，及时化解各类纠纷40余起。

去年，莱西还加大了对参与群防群控人员的物质和精神奖励，调动社会各方参与治安防控的积极性。如，针对去除特殊人群安全隐患，莱西通过创新实施精神疾病监护人意外伤害险的形式，为2500余名精神疾病人确定监护人，每年为每位监护人投130元钱的意外伤害险，有力防范了精神疾病人群犯案；加大对见义勇为的表彰力度，2017年先后表彰6名“见义勇为模范”和2个“见义勇为模范群体”，发放奖金6.2万元。

《青岛日报》(2018年1月28日1版)

莱西：做“活”农地兴业富民

积极探索农村土地流转经营新路径，推动乡村产业振兴

（青岛日报/青岛观/青报网记者　张　晋　通讯员　吕文波　公志程）

今年全国两会期间，习近平总书记在参加山东、内蒙古、广东代表团审议时，多次就乡村振兴问题与代表们交流，并对如何做好乡村振兴这篇大文章进行了系统阐释，其中特别强调要推动乡村产业振兴。而要实现产业振兴，深化农村土地制度改革、搞活农村土地流转经营是关键一环。

莱西作为农业大市，除了在市级层面出台《关于规范农村土地承包经营权有序流转的实施意见》外，还充分发挥基层的积极性、创造性，

主动探索实施农村土地经营新路径、新模式，一批具有创新示范意义的典型做法相继涌现。记者日前对其做“活”农地经营推动乡村产业振兴、农民增收进行了探访。

“马连庄模式”：

镇村农业发展公司连片运作，农民、镇村、用地方三方均受益

“前些日子，村农业发展有限公司收到了我们村70户人家共13.33公顷土地流转的款项。下一步，公司就要给我们村民发钱了。”3月30日上午，莱西市马连庄镇朱耩村党支部书记徐春祝告诉记者，村农业发展有限公司已经收到每亩700元的土地流转费用，“谈下这笔不小的流转款项，可是农业发展有限公司的功劳。”

徐春祝所说的“农业发展有限公司”，是青岛马连庄农业发展有限公司的20个村级农业发展公司之一。成立农业发展公司，作为流转方服务土地所有方（村集体）、实施方（村经济合作社）、承包方（农户）、受让方（经营主体），是马连庄镇土地流转的创新和亮点。

“随着农业人口减少、农业人口老龄化的问题凸显，农业要想增产增效，设施农业才是发展方向，必须走规模化种植的道路。”马连庄镇党委书记左杰介绍，一方面，农民个体与企业对接流转土地，因为“单打独斗”，往往流转价格抬不上去，一亩只能流转二三百块钱；另一方面，在引进大项目落地的过程中，也存在土地的产业规划与现实流转的矛盾——在规划区域内已经存在的自发流转土地，往往都是中小规模的集约化种植，影响了区域规划的完整性和一体性，而搞农业基础设施建设需要征地用地时，容易被社会力量影响，提高用地成本。

于是，作为连接各方、提供服务的“中介”，农业发展有限公司应运而生。

青岛马连庄农业发展有限公司是莱西市马连庄镇财政所全资公司，注册资本金6000万元，是镇一级政府平台公司。这个公司和设在村一级的子公司，对流转土地实行统一管理、统一运营、统一对外合作，成为农民土地进入市场的载体。公司掌握连片的土地，代表农民与大企业谈合作就有了“底气”。而与此同时，由于不需要直接从农民手里流转土地，通过对接政府公司就能获得大片可利用的土地，虽然土地承包成本增加了，但是减少了时间成本和征地过程中的不可控因素，企业也欣然接受。

左杰告诉记者，土地承包经营权流转的创新，还焕发了村集体的活力。“村集体是土地所有权的拥有者，以往却成了土地三权分置的旁观者。农村土地承包经营权流转过程中，土地流转费用大都归农民所有，这样虽然保证了农民的利益，但是村集体的利益就被忽略了。”如今，村集体以村经济合作社为实施方，负责面向农民征地，以土地为资本股份制形式参与镇一级平台公司。村集体在征得村民同意后，将四荒地等集体用地转至村经济合作社，吸纳社员承包地入股。村经济合作社在征得社员同意后将划转土地、入股土地以经营权入股镇一级政府平台公司，成为公司股东，由镇一级政府平台公司与经营主体两方签订流转合同。由此，农户享有承包土地租金及企业分红收益，村集体土地所有权收益金为农户承包土地租金的20%，村集体享有四荒地等土地租金及企业分红收益。股份分红实行干股分红方式，拿到流转土地的经营主体从投资运营第八个年度开始，将利润5%分红给农户，分红数额不少于土地租金的10%。对政策性资金扶持项目，以扶持建设项目固定资产入股经营主体项目，镇一级政府平台公司列股份额的10%。

“东石格庄模式”：

成立土地股份合作社，助力个体农户和村集体“双增收”

“以前家里比较困难，老婆和儿子因为疾病

和残疾基本没有劳动能力。多亏村里成立了合作社，现在我不仅可以通过土地流转赚租金和分红，还能在园区里打工挣工资，也不耽误照顾家人，一年比以前多收入1万多块钱。”莱西市南墅镇东石格庄村村民吕锡暖告诉记者。

吕锡暖口中所提到的合作社，是东石格庄村成立的青岛东石洪海农作物土地股份专业合作社。该村通过吸引个体农户和村集体以土地入社，发展果树规模化种植，带领村民致富。

“东石格庄村因地处山区，位置相对偏僻，村庄经济一度发展缓慢。村两委班子转变发展思路，将农户手中闲散的土地拢起来，成立以村集体为主体、农户为成员的土地专业合作社。”村党支部书记吕洪海告诉记者，合作社在村内矿坑复垦的11公顷多土地基础上，以每亩510元的价格，鼓励村民将自家土地交付到村集体手中，仅此一项便促进村民增收近20万元。

“合作社将土地统一管理后，我们以村集体的11公顷多土地为中心，向四周辐射，逐渐扩展成为连片土地，用来种植苹果、葡萄、桃子等见效快、收益高的果树，由此增加村集体和个体农户收益。”吕洪海介绍，在村集体的推进下，合作社成立时土地规模达到36公顷多，规模化运作的雏形基本形成。

为合理解决利益分配问题，村集体决定将合作社收益按照3∶3∶4的比例进行分配，即当年收益的30%作为土地流转农户的分红，30%作为第二年生产发展所需农药、化肥、人工等项目的投资，剩余40%则作为村集体收入，用于村庄公共事业所需投入资金。

同时，为进一步保障村民的利益，合作社在支付流转土地固定租金的同时，优先招募凭土地入股的农户按照每人每天70元的工资待遇到园区打短工，也可以按照每月2000元的待遇专职劳作，使其在得到土地租金、收益分红的同时，还能得到务工收入，致富途径进一步拓宽。

这项创新，让村集体也有了更多收益。吕洪海介绍，四成的村集体收益用于村庄公共事业和基础设施建设，首个项目便是村里建起了敬老院。村庄里的老人冬天在敬老院集中供养，为老人提供了良好的生活条件。

“前我乐村模式”：

合作社做平台担保，土地因需“流进——流出”，让农民搭上高效农业“快车”

站在村东坡岭上远望，莱西市沽河街道前我乐村的连片大棚，如白雪铺地。

“100多座钢结构冬暖大棚20多公顷、90多座崂山棚13余公顷，棚中栽植‘藤稔’葡萄，还发展23.33公顷优质桃子、13余公顷蔬菜，每年为村民增加收入1000多万元。”前我乐村村委主任、青岛林邦果蔬专业合作社理事长李为成告诉记者，村里探索合作社土地“流进——流出”模式，让村庄发展起了高效农业，村民真正尝到甜头。

在前我乐村，村民手中的土地，可以以每亩1200元的价格流转到合作社，而合作社的社员需要流转土地发展设施农业，也以每亩1200元的价格再从合作社流转土地。“流进”土地再“流出”，看似“多此一举”，却是前我乐村探索出的经验——这棚一亩半‘藤稔’葡萄再有一个月成熟，估计能产七八千斤葡萄，能挣个十五、六万元。”村民刘在山指着一串串指头大小的葡萄告诉记者，他家只有0.07公顷地，当时计划建总占地0.53公顷的4个葡萄棚，可临近人家怕私下流转权益无法保障，无论如何不同意。“亏得村里成立了合作社，村民有了‘担保’，心里‘有了底’，最终流转成功。”

李为成告诉记者，刘在山的经历，便是村里成立合作社的初衷。一方面，农民珍视土地，“怕口粮地流转出去了，钱拿不到，土地又收不回来”，有时宁可荒着地也不愿轻易流转。而另一方面，农民想要增收，规模化种植是关键。

于是村里决定以合作社的形式，助力村民增收致富。

为解决社员建棚资金不足问题，合作社向银行推荐，银行在合作社的担保授信额度内解决社员的贷款需求。此外，李为成又以合作社的名义拿出200万元从莱阳购买建暖棚的钢材，找有资质的施工单位，确保工程质量，社员们可以先建大棚，等有了收入再还钱。

在统一种植品种方面，以合作社为载体，李为成通过介绍、宣传、示范，着力带动农民统一品种、供肥、供药，用合同订单的形式同种植户签订协议。李为成告诉记者，计划在未来两到三年里，依托本村的地理优势，改变现在单一发展葡萄的种植模式，与发展观光农业相结合，在冬暖大棚里增加油桃、草莓、樱桃、甜瓜等高效水果的种植，并探索休闲采摘游，持续推动村民增收。

《青岛日报》（2018年4月8日1版）

“家门口说唱”的力量
——莱西市新时代文明实践的三个生动场景

（青岛日报/青岛观/青报网记者 张 晋 通讯员 吕文波 赵 涛）

以文化人、成风化俗。新时代文明实践正在全国蓬勃兴起。新时代文明实践如何开展，各有各的创新载体，各有各的呈现形式。正致力于大青岛北部绿色崛起的莱西先行一步、创新作为，一批百姓家门口的“说唱”正成为新时代文明实践的靓丽风景。

“我们依托115个社区服务中心、861个村庄，利用现有村级文化大院、党员活动室等场所和设施进行改造升级，建立了市、镇街、村居三级新时代文明实践中心、实践所、实践站，实现了城乡新时代文明实践中心网络全覆盖，群众步行20分钟就可到达。而在这些距离群众最近的‘点’上，针对不同受众不同区域的不同特点，不同形式的创新说唱，已成为莱西实践新时代文明的重要载体。”莱西市委书记庄增大表示。

日前，记者来到莱西市，在三个“说唱”现场，零距离地感受到这种新时代文明的生动实践和正能量的传播力。

“颐乐诗社”传承文化经典：把“门外汉”教成诗词学会理事

“家教、家风对一个人的影响深远。《三字经》里说：‘昔孟母，择邻处’，讲的是孟母三迁……”10月30日，在莱西市水集街道北庄社区的诗社里，十余位社区居民围坐在曲崇太老人周围，听老人讲传统经典，最小的听众只有两岁。

北庄村民风淳朴、崇文爱诗。北庄村新时代文明实践所适应村民需求开设了诗词讲习班，村“颐乐诗社”社长曲崇太不定期教授村民诗词歌赋、讲传统美德故事、诵读国学经典。

“我们就住在前面这个楼。”半个小时的“讲课”结束后，站在诗社门口，抱着外孙的曲秀华向记者指示了自家位置。她告诉记者，自从得知了曲崇太在诗社带领大家诵经典、讲传统，自己便经常带着小外孙过来“受受教育”。“我认为中国的传统教育对孩子的成长十分重要。这种教育是潜移默化的，会影响他的一生。”曲秀华说，虽说小外孙才两岁多，但如今他已经养成了习惯，平日里自己要求听国学故事、来诗社“听课”。

探索“文化根性”传递文明、化解浮躁，塑造当下时代的文化气质。曲崇太告诉记者，正是这份对传统文化的认同和向往，如今，诗社已由创立初期的二三人，发展到现在正式成员几十人，远近慕名而来学习国学的居民更是越来越多。

今年42岁的李先松，就是其中的一个。学理科出身的李先松，用他自己的话说，“从没想到会和写诗扯上关系”。正是一次偶尔听曲崇太讲古代诗歌，让他突然有了了解中国传统文化的兴趣。“要先靠近，才能了解，才能热爱。正是有了诗社，我才有机会和诗词产生交集。”由此，李先松由一个“门外汉”，逐步掌握了写诗作词的要求，如今，他已经成为了莱西诗词学会的理事。

在北庄社区，因由诗社和社区其他四德硬件软件建设，吸引了众多如李先松这样的居民在此学习传统、浸润文化，居民的文明素质不断提升。“我们社区现在逐渐形成了年轻人孝顺老人、邻里之间互助友爱的良好氛围。”社区党支部书记曲志告诉记者，一个明显的判断依据是：社区之前成立了专门对社区矛盾纠纷进行评议和调解的中心，而如今这里已极少有前来申请调解的居民了。

“根深叶茂禾苗壮，诗苑花开果满园”，这是曲崇太众多诗句中的一则，讲的是扎实传统文化的根、结出乡村文明的硕果。如今，通过传播传统文化提升广大农村居民素质的新时代文明实践中心，已成为莱西市农村精神文明建设工作的主力军，在广袤的乡村发挥着日益重要的作用。

九旬老人传扬革命精神：“我总是想多讲一点”

“这条胡同我们都喊它‘八路胡同’，因为当年胡同里共住有8户人家，其中有5户中的7人参加了八路军，从这里走向抗日战争的道路，并有5人先后牺牲，因此被军民称为‘八路胡同’。而在这个村庄里生活的村民，在当时的年代，都在尽心保护着这些革命者们。”莱西市马连庄镇河崖村东侧的一条百米长、南北向胡同内，90岁的刘典章老人正在和来自青岛地铁集团的40多位青年团员讲述抗日战争的烽火岁月，大家跟随老人仔细聆听。

刘典章所在的马连庄镇，被誉为“胶东的延安”。抗日战争、解放战争时期，更是涌现了许多可歌可泣的英雄故事。这里曾是山东省第一个独立的地方红色政权胶东行政公署、胶东地区第一个“新华书店”和“八路胡同”的所在地，节假日时有许多市民、游客慕名而来参观敬仰。

“我生在这儿、长在这儿，我讲述的许多事都是自己经历过的，我要把它们讲给后人听。”结束了一段讲述，刘典章告诉记者。抗日战争时期，刘典章还是少年，但那时整个村子对八路的保护，他至今难忘。“1941年2月10日，因伤复员回乡、任自卫团团长的刘璋被敌人搜捕，当时正当村民刘恭的母亲死了，为保护刘璋，刘恭让刘璋穿上孝衣，假装孝子。在村民的掩护下，刘璋顺利脱险。”因为生活在抗战岁月，刘典章记下了许多生动的情节，或悲壮、或振奋人心，而这，也是他希望告诉后人们的。

“我总是想多讲一点，让现在的人们尤其是孩子们勿忘历史。”说起90岁高龄的他仍然要担任百姓文明实践讲解员因由，刘典章如是告诉记者。“今天我们的生活太幸福了，但正因为这样，更要让世人牢记是谁为我们创造了今天的幸福生活。”

用身边的人讲身边的事最能打动人心，这种实践方式不仅能让群众易于接受，更能拉近人与人之间的距离，提升实践效果。莱西市统筹关工委、教育、民政、文化、科技等部门力量，组建起政治过硬、素质优良、结构合理、专兼结合的新时代文明实践“人才库”，涌现出一大批活跃在一线的百姓文明实践讲解员。这些人既是百姓宣讲者，也是新时代文明实践者，形成了在各级党组织统一领导下的全民文明实践大格局。

让刘典章最为高兴的，是他的事业有了“接班人”。随着马连庄镇新时代文明实践中心的成立，镇上27岁的王琳跟随他记录、学习他经常讲起的过去的故事，并通过自己的规整，形成了讲解词。随着马连庄镇新时代文明实践中心越来越多访客前来了解学习红色文化，如今王琳也逐渐成长为这方面的“行家里手”，成为一名新时代文明实践中心讲解员。

“快乐兄妹”传播核心价值：居民捏着馒头边吃边看

“喜鹊叫喳喳，齐把婆婆夸；婆婆心态好，兴趣不单调；思远境界高，爱心不辞劳……”11月5日晌午头刚过，莱西市水集街道永兴街社区的新时代文明实践所的“快乐兄妹”宣讲队，在街道胡同口伴着清脆的竹板声就开讲《媳妇夸婆婆》了。悦耳的快板、充满激情的说唱吸引了越来越多的过往居民驻足观看，有的居民还没吃完午饭就捏着馒头跑出来一睹精彩的演出。

“用百姓话、讲百姓事、评百姓人，宣讲队自编演，传播正能量，大家都喜欢。”在一旁观看的该社区党支部书记、社区主任王守全说。王守全告诉记者，这支“快乐兄妹”宣讲队由王桂兰、王瑞英、刘海军、于凤英、左爱民等四女一男“组合”，宣讲队长年活跃在基层社区大街、小巷，每年为百姓自编自排自演快板、小品等节目100余场次，以百姓喜闻乐见的方式传播党和政府的方针政策、弘扬新时代社会主义核心价值观，成为水集街道社区文明实践中心的“招牌节目”，快板说唱演出场场听众爆满，深受社区群众欢迎。“有了他们，我们社区的文化氛围更浓了。”

“大家聚在一起，就是想用自己的文艺特长，到百姓中间，宣讲党的好声音、弘扬社会正能量。”宣讲队成员之一、62岁的王桂兰告诉记者，队员来自不同企业的退休职工，一路合作走来战果丰硕：在“共筑中国梦，唱响中华情”2018年全球华人春节联欢晚会优秀节目评选中获得金奖，并获得全国优秀艺术人才奖章。他们编创的天津快板《婆婆跨媳妇》《喜迎十九大，盛赞家乡新变化》、大型歌舞《山丹丹开花红艳艳》、合唱《在希望的田野上》等节目，令观众眼前一亮，既展现了队伍自身精神风貌，也让大家感受到了基层文化建设的欣欣向荣。

“为百姓群众宣讲要把握好4个字：精、准、通、透，关键在于引起群众发自内心的共鸣。”王桂兰说，在街头巷尾“见缝插针”的演出形式，可以轻松且潜移默化起到宣讲作用，虽然大家累点，但效果非常好。“下一步将围绕新时代文明实践中心系列主题活动，自创编排更多“接地气”节目，讲述身边的好人好事，传播“家国”好声音，大力弘扬社会主义核心价值观。

《青岛日报》(2018年12月16日1版)

(市委宣传部)

索 引

说明

1. 本索引依照国家标准《地方志索引编制规则》编制。

2. 本索引主体采取主题分析索引方法，按主题词首字拼音字母顺序排列。

3. 索引名称后的数字表示内容所在的页码，数字后面的a、b表示该索引名称所处的页码中由左至右的栏别顺序。

A

B

C

D

E

F

G

H

J

K

L

M

N

P

Q

R

S

Y

Z